2020
中国500强企业发展报告

中国企业联合会
中国企业家协会 编

企业管理出版社
ENTERPRISE MANAGEMENT PUBLISHING HOUSE

图书在版编目（CIP）数据

2020 中国 500 强企业发展报告／中国企业联合会，中国企业家协会编．
—— 北京：企业管理出版社，2020.9

ISBN 978-7-5164-2216-8

Ⅰ．①2… Ⅱ．①中…②中… Ⅲ．①企业发展-研究报告-中国-2020 Ⅳ．①F279.2

中国版本图书馆 CIP 数据核字（2020）第 169920 号

书　　名：	2020 中国 500 强企业发展报告
作　　者：	中国企业联合会　中国企业家协会
责任编辑：	郑　亮　　田　天
书　　号：	ISBN 978-7-5164-2216-8
出版发行：	企业管理出版社
地　　址：	北京市海淀区紫竹院南路 17 号　　邮编：100048
网　　址：	http://www.emph.cn
电　　话：	编辑部（010）68701638　发行部（010）68701816
电子信箱：	qyglcbs@emph.cn
印　　刷：	北京联兴盛业印刷股份有限公司
经　　销：	新华书店
规　　格：	210 毫米×285 毫米　大 16 开　37.25 印张　877 千字
版　　次：	2020 年 9 月第 1 版　2020 年 9 月第 1 次印刷
定　　价：	300.00 元

版权所有　翻印必究·印装有误　负责调换

2020 中国 500 强企业发展报告

主　编：王忠禹

副主编：朱宏任　王基铭　李建明

弘扬企业家精神　担当市场主体责任

中国企业联合会、中国企业家协会会长　王忠禹

2020年7月21日，习近平总书记主持召开企业家座谈会并发表重要讲话。指出新冠肺炎疫情对我国经济和世界经济产生巨大冲击，我国很多市场主体面临前所未有的压力。市场主体是经济的力量载体，保市场主体就是保社会生产力。要千方百计把市场主体保护好，激发市场主体活力，弘扬企业家精神，推动企业发挥更大作用、实现更大发展，为经济发展积蓄基本力量。习近平总书记的重要讲话，聚焦突出问题，回应企业关切，对企业家带领企业战胜当前困难、走向更辉煌的未来寄予殷切期望。广大企业和企业家要深入学习贯彻习近平总书记重要讲话精神，积极作为，勇于担当，在实现自身持续健康发展的同时，为推动我国经济社会发展和现代化建设做出更大贡献。

一、认真学习、深刻领会习近平总书记重要讲话精神

习近平总书记的重要讲话，就"保护和激发市场主体活力、弘扬企业家精神、集中力量办好自己的事"进行了深刻阐述，展现出新时代中国面对风险挑战毫不动摇，坚持深化改革、扩大开放的坚定决心。讲话充分肯定了市场主体为疫情防控和经济社会发展做出的贡献，强调要增强信心、迎难而上，努力把疫情造成的损失补回来，争取全年经济发展取得好成绩。讲话强调要逐步形成国内大循环为主体，国内国际双循环相互促进的新发展格局，为企业未来的战略布局调整、产业链协同发展、市场和要素资源的互动指明了方向。讲话向全社会强调新形势下保护与支持市场主体发展壮大、支持企业家发挥更大作用的重要意义，体现了党和国家对企业和企业家的高度重视。

广大企业和企业家要结合自身实际，认真组织学习习近平总书记重要讲话，深刻领会讲话的精神实质和重大意义；要牢记习近平总书记的嘱托，增强信心，迎难而上，心无旁骛发展企业。

二、弘扬企业家精神，全力担当市场主体责任

习近平总书记在讲话中要求我国企业家继续攻坚克难，在爱国、创新、诚信、社会责任和国际视野等方面不断提升自己，努力成为新时代构建新发展格局、建设现代化经济体系、推动高质量发展的生力军。广大企业和企业家要牢记习近平总书记的指示，立足服务以国内大循环为主体、国内国际双循环相互促进发展新格局，充分弘扬企业家精神，全力担当市场主体责任，牢固树立"创新、

协调、绿色、开放、共享"新发展理念，保持战略定力，主动为国分忧，坚持改革创新，积极履行社会责任，坚定诚信经营，拓展国际视野，不断提高企业活力和市场竞争力，在经济社会发展中用实际行动书写新的时代篇章。

坚定发展信心，保持战略定力。当前外部发展环境复杂严峻，企业生产经营面临的困难和问题前所未有。同时也要看到有利条件，我国疫情控制状况良好，复工复产率较高，市场回旋余地大、产业配套完备、政策稳定性强，十四亿人口消费潜力巨大，很多领域的市场还远远没有饱和，产业升级和消费升级的空间巨大。要坚定发展信心，坚持在危机中寻找机遇，在困难中寻求突破；要保持战略定力，积极主动作为，知难而上，牢牢把握发展的主动权；要做好统筹规划，深耕国内市场，集中力量办好自己的事，为"十三五"画上圆满句号，为"十四五"创造良好开端。

坚守家国情怀，主动为国分忧。要坚决听党话跟党走，做爱国敬业的典范；要主动服务国家重大战略，落实国家重大部署，落实国家发展计划，落实国家改革方案；要把企业发展同国家繁荣、民族复兴、人民幸福紧密融合在一起，带领企业奋力拼搏。

坚持改革创新，激发内生活力。要坚持市场化改革方向，从根本上激发企业的活力；要坚持创新驱动，掌握行业核心技术和关键技术，在技术上持续引领产业升级。要敢为天下先，争做创新发展的探索者、组织者、引领者，推进大数据、人工智能、云计算等技术创新与应用，加快企业生产模式、管理模式、商业模式转型升级，努力把企业打造成为强大的创新主体。要持续增加有效研发投入，不断提高科研水平与质量，加快关键核心技术突破，并加强对创新成果的商业化应用。

防范各类风险，做好产业链协调发展。要对全球创新链、全球价值链和全球产业链重构中可能出现的产业安全风险做到心中有数；要增强风险防范意识，建立健全风险防范体系。当前尤其要努力补全国内产业链、供应链断点盲点，补强产业链、供应链短板，提升国内产业链、供应链整体水平，推动国内产业链、供应链向全球中高端跃升，形成具有重要影响的产业链、供应链。

积极履行社会责任，展现负责任的良好形象。承担社会责任是时代的要求，企业既要创造更多社会财富，为全面实现小康、构建和谐社会创造坚实的物质基础，也要在尊重人权、劳工标准、保护劳动者权益、保护环境、提高就业水平、热心公益事业和促进社区稳定等方面尽到自己的责任。在举国抗击新冠肺炎疫情中，广大企业用实际行动展现了负责任的良好形象。当前经济处于特殊困难时期，要努力稳定就业岗位，关心员工健康，同员工携手渡过难关；要主动分担"六保""六稳"任务，在统筹疫情防控和经济社会发展中承担更大责任；要着眼长远，积极参与循环经济体系建设，坚守生态环境保护底线，提高环境友好产品和服务供给，有效应对气候变化等全球性和长期性风险与挑战。

坚定诚信经营，坚守法律底线。要强化法治意识、契约精神、守约观念等现代经济活动的重要意识规范；要做诚信守法经营的表率，带动全社会道德素质和文明程度提升；要努力提高合规经营意识，绝不触碰法律底线；要自律发展，为市场提供优质产品，树立良好企业形象，公平参与市场竞争。

拓展国际视野，促进开放新局。要树立远大理想，立足中国，放眼世界，带动企业积极参与国际竞争与合作；要加强国际交流，更多参与国际专利布局、国际标准制定、国际贸易规则协商，增强国际产业与贸易发展话语权；要按照"一带一路"倡议的要求，以国际产能合作、国际经济合作区建设和国际工程总承包为抓手，联合产业链上下游的企业抱团出海；要千方百计利用海外资源补足自身发展短板，增强全球供应链的控制力。

目 录

第一章 2020 中国企业 500 强分析报告 ... 1

- 一、2020 中国企业 500 强的规模特征 ... 1
- 二、2020 中国企业 500 强的效益特征 ... 6
- 三、2020 中国企业 500 强的所有制格局和发展特征 ... 12
- 四、2020 中国企业 500 强的行业特征 ... 14
- 五、2020 中国企业 500 强的总部地区分布特征 ... 23
- 六、2020 中国企业 500 强的创新特征 ... 25
- 七、2020 中国企业 500 强的国际化特征 ... 33
- 八、2020 中国企业 500 强的兼并重组活动 ... 40
- 九、2020 中国企业 500 强的其他相关分析 ... 43
- 十、河南入围企业分析 ... 50
- 十一、"十三五"以来中国企业 500 强发展的主要特征分析 ... 55
- 十二、当前中国大企业持续发展面临的主要挑战 ... 64
- 十三、"十四五"大企业进一步做优做强的对策建议 ... 68

第二章 2020 中国制造业企业 500 强分析报告 ... 73

- 一、2020 中国制造业企业 500 强规模特征分析 ... 73
- 二、2020 中国制造业企业 500 强利税状况分析 ... 77
- 三、2020 中国制造业企业 500 强创新投入与产出分析 ... 80
- 四、2020 中国制造业企业 500 强企业所有制比较分析 ... 83
- 五、2020 中国制造业企业 500 强行业指标比较分析 ... 85
- 六、2020 中国制造业企业 500 强区域分布特征分析 ... 87
- 七、2020 中国制造业企业 500 强国际化经营分析 ... 90

八、现阶段中国制造业企业发展面临的形势分析 ………………………………………… 91
　　九、新形势下促进制造业大企业高质量发展的建议 …………………………………… 92

第三章　2020中国服务业企业500强分析报告 ………………………………………… 96

　　一、2020中国服务业企业500强规模特征分析 ………………………………………… 97
　　二、2020中国服务业企业500强的经济效益情况分析 ………………………………… 100
　　三、2020中国服务业企业500强的行业情况分析 ……………………………………… 103
　　四、2020中国服务业企业500强并购情况分析 ………………………………………… 109
　　五、2020中国服务业企业500强地域分布特征 ………………………………………… 110
　　六、2020中国服务业企业500强的所有制分布特征 …………………………………… 112
　　七、服务业大企业发展面临的问题与挑战 ……………………………………………… 113
　　八、服务业大企业发展面临的机遇 ……………………………………………………… 115
　　九、促进服务大企业健康成长的若干建议 ……………………………………………… 116

第四章　2020中国跨国公司100大及跨国指数分析报告 ……………………………… 119

　　一、中国企业对外投资和国际化取得积极进展 ………………………………………… 119
　　二、2020中国跨国公司100大及跨国指数 ……………………………………………… 121
　　三、2020世界跨国公司100大及跨国指数 ……………………………………………… 136
　　四、中国跨国公司的主要差距 …………………………………………………………… 139
　　五、加快提高大企业国际化经营水平的建议 …………………………………………… 141

第五章　2020中国战略性新兴产业领军企业100强分析报告 ………………………… 146

　　一、2020中国战新产业领军企业100强基本情况 ……………………………………… 146
　　二、战略性新兴业务对企业经营发展贡献分析 ………………………………………… 159
　　三、我国企业发展战新业务面临的挑战与机遇 ………………………………………… 162
　　四、促进我国战略性新兴产业相关企业发展的相关建议 ……………………………… 164

第六章　2020中外500强企业对比分析报告 …………………………………………… 166

　　一、2020世界500强最新格局及中外上榜企业发展对比 ……………………………… 166
　　二、2020世界、美国、中国500强总体发展态势比较 ………………………………… 177

第七章　2020中国500强与世界500强行业领先企业主要经济指标对比 …… 203

表7-1　2020中国500强与世界500强财产与意外保险（股份）业领先企业对比 ………… 204
表7-2　2020中国500强与世界500强采矿、原油生产业领先企业对比 ……………… 204
表7-3　2020中国500强与世界500强车辆与零部件业领先企业对比 ……………… 204
表7-4　2020中国500强与世界500强船务业领先企业对比 ……………………… 205
表7-5　2020中国500强与世界500强电信业领先企业对比 ……………………… 205
表7-6　2020中国500强与世界500强电子、电气设备业领先企业对比 ……………… 205
表7-7　2020中国500强与世界500强多元化金融业领先企业对比 ………………… 206
表7-8　2020中国500强与世界500强工程与建筑业领先企业对比 ………………… 206
表7-9　2020中国500强与世界500强工业机械业领先企业对比 …………………… 206
表7-10　2020中国500强与世界500强公用设施业领先企业对比 ………………… 207
表7-11　2020中国500强与世界500强航空工业领先企业对比 …………………… 207
表7-12　2020中国500强与世界500强航天与防务业领先企业对比 ……………… 207
表7-13　2020中国500强与世界500强互联网服务和零售业领先企业对比 ………… 208
表7-14　2020中国500强与世界500强化学品业领先企业对比 …………………… 208
表7-15　2020中国500强与世界500强计算机、办公设备业领先企业对比 ………… 208
表7-16　2020中国500强与世界500强建材、玻璃领先企业对比 ………………… 209
表7-17　2020中国500强与世界500强金属产品业领先企业对比 ………………… 209
表7-18　2020中国500强与世界500强炼油业领先企业对比 ……………………… 209
表7-19　2020中国500强与世界500强贸易业领先企业对比 ……………………… 210
表7-20　2020中国500强与世界500强能源业领先企业对比 ……………………… 210
表7-21　2020中国500强与世界500强保健品批发业领先企业对比 ……………… 210
表7-22　2020中国500强与世界500强人寿与健康保险（股份）业领先企业对比 …… 211
表7-23　2020中国500强与世界500强人寿与健康保险（互助）业领先企业对比 …… 211
表7-24　2020中国500强与世界500强网络、通信设备业领先企业对比 …………… 211
表7-25　2020中国500强与世界500强商业银行储蓄业领先企业对比 …………… 212
表7-26　2020中国500强与世界500强邮件、包裹及货物包装运输业领先企业对比 …… 212
表7-27　2020中国500强与世界500强制药业领先企业对比 ……………………… 212
表7-28　2020中国500强与世界500强专业零售业领先企业对比 ………………… 213

第八章　2020中国企业500强数据 214

表8-1　2020中国企业500强 215
表8-2　2020中国企业500强新上榜名单 231
表8-3　2020中国企业500强各行业企业分布 233
表8-4　2020中国企业500强各地区分布 243
表8-5　2020中国企业500强净利润排序前100名企业 251
表8-6　2020中国企业500强资产排序前100名企业 252
表8-7　2020中国企业500强从业人数排序前100名企业 253
表8-8　2020中国企业500强研发费用排序前100名企业 254
表8-9　2020中国企业500强研发强度排序前100名企业 255
表8-10　2020中国企业500强净资产利润率排序前100名 256
表8-11　2020中国企业500强资产利润率排序前100名企业 257
表8-12　2020中国企业500强收入利润率排序前100名企业 258
表8-13　2020中国企业500强人均营业收入排序前100名企业 259
表8-14　2020中国企业500强人均净利润排序前100名企业 260
表8-15　2020中国企业500强人均资产排序前100名企业 261
表8-16　2020中国企业500强收入增长率排序前100名企业 262
表8-17　2020中国企业500强净利润增长率排序前100名企业 263
表8-18　2020中国企业500强资产增长率排序前100名企业 264

第九章　2020中国制造业企业500强 265

表9-1　2020中国制造业企业500强 266
表9-2　2020中国制造业企业500强各行业企业分布 282
表9-3　2020中国制造业企业500强各地区分布 291
表9-4　2020中国制造业企业500强净利润排序前100名企业 300
表9-5　2020中国制造业企业500强资产排序前100名企业 301
表9-6　2020中国制造业企业500强从业人数排序前100名企业 302
表9-7　2020中国制造业企业500强研发费用排序前100名企业 303
表9-8　2020中国制造业企业500强研发强度排序前100名企业 304
表9-9　2020中国制造业企业500强净资产利润率排序前100名企业 305
表9-10　2020中国制造业企业500强资产利润率排序前100名企业 306
表9-11　2020中国制造业企业500强收入利润率排序前100名企业 307

表9–12	2020中国制造业企业500强人均营业收入排序前100名企业	308
表9–13	2020中国制造业企业500强人均净利润排序前100名企业	309
表9–14	2020中国制造业企业500强人均资产排序前100名企业	310
表9–15	2020中国制造业企业500强收入增长率排序前100名企业	311
表9–16	2020中国制造业企业500强净利润增长率排序前100名企业	312
表9–17	2020中国制造业企业500强资产增长率排序前100名企业	313
表9–18	2020中国制造业企业500强研发费用增长率排序前100名企业	314
表9–19	2020中国制造业企业500强行业平均净利润	315
表9–20	2020中国制造业企业500强行业平均营业收入	316
表9–21	2020中国制造业企业500强行业平均资产	317
表9–22	2020中国制造业企业500强行业平均纳税总额	318
表9–23	2020中国制造业企业500强行业平均研发费用	319
表9–24	2020中国制造业企业500强行业人均净利润	320
表9–25	2020中国制造业企业500强行业人均营业收入	321
表9–26	2020中国制造业企业500强行业人均资产	322
表9–27	2020中国制造业企业500强行业人均纳税额	323
表9–28	2020中国制造业企业500强行业人均研发费用	324
表9–29	2020中国制造业企业500强行业平均资产利润率	325

第十章　2020中国服务业企业500强　326

表10–1	2020中国服务业企业500强	327
表10–2	2020中国服务业企业500强各行业企业分布	343
表10–3	2020中国服务业企业500强各地区企业分布	353
表10–4	2020中国服务业企业500强净利润排序前100名企业	362
表10–5	2020中国服务业企业500强资产排序前100名企业	363
表10–6	2020中国服务业企业500强从业人数排序前100名企业	364
表10–7	2020中国服务业企业500强研发费用排序前100名企业	365
表10–8	2020中国服务业企业500强研发强度排序前100名企业	366
表10–9	2020中国服务业企业500强净资产利润率排序前100名企业	367
表10–10	2020中国服务业企业500强资产利润率排序前100名企业	368
表10–11	2020中国服务业企业500强收入利润率排序前100名企业	369
表10–12	2020中国服务业企业500强人均净利润排序前100名企业	370
表10–13	2020中国服务业企业500强人均营业收入排序前100名企业	371

表10-14	2020中国服务业企业500强人均资产排序前100名企业	372
表10-15	2020中国服务业企业500强收入增长率排序前100名企业	373
表10-16	2020中国服务业企业500强净利润增长率排序前100名企业	374
表10-17	2020中国服务业企业500强资产增长率排序前100名企业	375
表10-18	2020中国服务业企业500强研发费用增长率排序前100名企业	376
表10-19	2020中国服务业企业500强行业平均净利润	377
表10-20	2020中国服务业企业500强行业平均营业收入	378
表10-21	2020中国服务业企业500强行业平均资产	379
表10-22	2020中国服务业企业500强行业平均纳税总额	380
表10-23	2020中国服务业企业500强行业平均研发费用	381
表10-24	2020中国服务业企业500强行业人均净利润	382
表10-25	2020中国服务业企业500强行业人均营业收入	383
表10-26	2020中国服务业企业500强行业人均资产	384
表10-27	2020中国服务业企业500强行业人均纳税总额	385
表10-28	2020中国服务业企业500强行业人均研发费用	386
表10-29	2020中国服务业企业500强行业平均资产利润率	387

第十一章　2020中国企业1000家 ……………………………………………………… 388

表　2020中国企业1000家第501名至1000名名单 ……………………………………… 389

第十二章　中国部分地区企业100强数据 …………………………………………… 404

表12-1	2020天津市企业100强	405
表12-2	2020上海市企业100强	406
表12-3	2020重庆市企业100强	407
表12-4	2020山东省企业100强	408
表12-5	2020浙江省企业100强	409
表12-6	2020湖南省企业100强	410
表12-7	2020广东省企业100强	411
表12-8	2020广西壮族自治区企业100强	412
表12-9	2020深圳市企业100强	413

第十三章　2020世界企业500强 ··· 414

　　表　2020世界企业500强 ··· 415

第十四章　中国500强企业按照行业分类名单 ·· 432

　　表　中国500强企业按照行业分类 ··· 433

后　记 ·· 468

The Development Report on 2020 China Top 500 Enterprises Contents

Chapter I : Analysis of Top 500 Enterprises of China in 2020

    Scale Features of Top 500 Enterprises of China in 2020

    Performance Features of Top 500 Enterprises of China in 2020

    Ownership and Development Features of Top 500 Enterprises of China in 2020

    Industry Characteristics of Top 500 Enterprises of China in 2020

    Head Quarters Features of Top 500 Enterprises of China in 2020

    Innovative Features of Top 500 Enterprises of China in 2020

    International Features of Top 500 Enterprises of China in 2020

    Mergers and Acquisition of Top 500 Enterprises of China in 2020

    Other Relevant Analysis of Top 500 Enterprises of China in 2020

    Analysis of Henan Enterprises Shortlisted in the Top 500 Enterprises of China in 2020

    Analysis on the Main Characteristics of the Development of Top 500 Enterprises of China in the 13th Five Year

    The Main Challenges for the Sustainable Development of Chinese Large Enterprises

    Countermeasures and Suggestions for Chinese Large Enterprises to be Better and Stronger during the 14th Five Year

Chapter II : Analysis of Top 500 Manufacturers of China in 2020

    Scale Features of Top 500 Manufacturers of China in 2020

    Analyses of Profit and Tax of Top 500 Manufacturers of China in 2020

    Analyses of Input and Output of Innovation of Top 500 Manufacturers of China in 2020

    Comparative Analysis of Ownership Features of Top 500 Manufacturers of China in 2020

    Comparative Analysis of Industry Characteristics of Top 500 Manufacturers of China in 2020

    Regional Distribution Features of Top 500 Manufacturers of China in 2020

    International Features of Top 500 Manufacturers of China in 2020

    Challenges and Opportunities in the Development of Chinese Large Manufacturers under New Conditions

Suggestions to Promote the High – quality Development of Chinese Large Manufacturers

Chapter Ⅲ: Analysis of Top 500 Service Enterprises of China in 2020

Scale Features of Top 500 Service Enterprises of China in 2020

Performance Features of Top 500 Service Enterprises of China in 2020

Industry Characteristics of Top 500 Service Enterprises of China in 2020

Merger and Acquisition of Top 500 Service Enterprises of China in 2020

Regional Distribution Features of Top 500 Service Enterprises of China in 2020

Ownership Features of Top 500 Service Enterprises of China in 2020

Challenges Faced by the Large Service Enterprises in China

Opportunities Faced by the Large Service Enterprises in China

Suggestions to Promote the Sustainable and Healthy Development of Service Enterprises

Chapter Ⅳ: Analysis of Top 100 Transnational Enterprises of China in 2020 and Their Transnationality Index

Achievements of Chinese Foreign Investment and Enterprises Internationalization

Top 100 Transnational Enterprises of China in 2020 and Their Transnationality Index

Top 100 Transnational Enterprises of the World in 2020 and Their Transnationality Index

The Main Gap of Chinese Transnational Enterprises

Suggestions for Improving the Competitiveness of Chinese Transnational Enterprises

Chapter Ⅴ: Analysis of China Top 100 Champion Enterprises in Strategic Emerging Sector in 2020

Basics of China Top 100 Champion Enterprises in Strategic Emerging Sector in 2020

Contribution of Champion Enterprises in Strategic Emerging Sector to Enterprise Development

Opportunities and Challenges Faced by China Champion Enterprises in Strategic Emerging Sector

Suggestions for Further Development of Champion Enterprises in Strategic Emerging Sector

Chapter Ⅵ: Comparative Analysis of Domestic and Foreign Top 500 Enterprises

Distribution of 2020 World Top 500 Enterprises and Comparison of Chinese and

Foreign Shortlisted Enterprises

Comparison of the Overall Development Trend of the Top 500 Enterprises in China, America and the World

Chapter VII: Comparison of Major Indicators of Leading Enterprises in Industries between Global Top 500 and China Top 500 in 2020

Chapter VIII: Data of 2020 China Top 500 Enterprises

Chapter IX: Data of 2020 China Top 500 Manufacturers

Chapter X: Data of 2020 China Top 500 Service Enterprises

Chapter XI: Data of 1000 Chinese Enterprises in 2020

Chapter XII: Data of 2020 Chinese Local Top 100 Enterprises

Chapter XIII: Data of 2020 Fortune Global 500 Enterprises

Chapter XIV: Industrial Lists of 2020 China Top 500 Enterprises, 2020 China Top 500 Manufacturers and 2020 China Top 500 Service Industry Enterprises

Postscript

第一章
2020 中国企业 500 强分析报告

2020 中国企业 500 强是由中国企业联合会、中国企业家协会连续第 19 次向社会公开发布的"中国企业 500 强"排行榜。2019 年，我国国内生产总值为 99.1 万亿元，同比增长 6.1%，按全年平均汇率折算，经济总量达到 14.4 万亿美元，人均 GDP 首次突破 1 万美元。但经济下行压力进一步加大，国内生产总值年度同比增速创下新低。2020 年，突然暴发的新冠肺炎疫情，给全球经济带来重大冲击，全球经济陷入 20 世纪 30 年代以来最为严重的衰退困境。对中国大企业群体来说，这一次的冲击也将明显大于 2008 年的国际金融危机。在党中央、国务院的坚强领导下，我国采取了严格、有效的管控措施，率先走出疫情阴霾，自第二季度以来完成了经济的 V 型反转复苏，但全年经济增长仍面临很大压力，国内复苏基础有待进一步稳固，国际上的不确定性因素更是有增无减。我国大企业，须正视当前困难，积极应对挑战，最大限度地弥补疫情损失，为"十三五"圆满收官、"十四五"良好开局奠定扎实基础。

一、2020 中国企业 500 强的规模特征

2020 中国企业 500 强营业收入继续保持增长态势，合计实现营业收入 86.02 万亿元，比上年 500 强增加了 8.75%。500 强企业对 GDP 贡献突出，近年来营业收入与 GDP 的相对比稳中略降。入围门槛连续 18 年提高，2020 中国企业 500 强入围门槛已经提升至 359.61 亿元。500 强企业的资产总额保持中低速增长，净资产与归属母公司净资产（以下简称归母净资产）增速均快于总资产。千亿俱乐部加快扩容，成员已经增至 217 家；千亿企业占全部 500 强营业收入的比重逐年相应提高，平均营业收入稳定增长。2020 中国企业 500 强员工数量小幅减少，对社会就业贡献略有下降。

1. 入围门槛持续提升，门槛增幅大幅提高

中国企业 500 强的入围门槛连续 18 年提高。2020 中国企业 500 强排名第 500 位的企业，其营业收入为 359.61 亿元；这一数值与上年 500 强入围门槛值相比，提高了 36.36 亿元，中国企业 500 强的入围门槛值继续保持提升态势。从入围门槛增加值看，2020 中国企业 500 强门槛增加值比上年实现大幅提升，扭转了前两年中国企业 500 强入围门槛增加值持续回落的态势，如图 1-1 所示。"十三五"以来

(以 2016 中国企业 500 强数据作为"十三五"的期初数,即"十三五"以来的所有变化值都是基于 2016 中国企业 500 强为基数的变化值),中国企业 500 强的入围门槛值累计提高了 116.15 亿元。

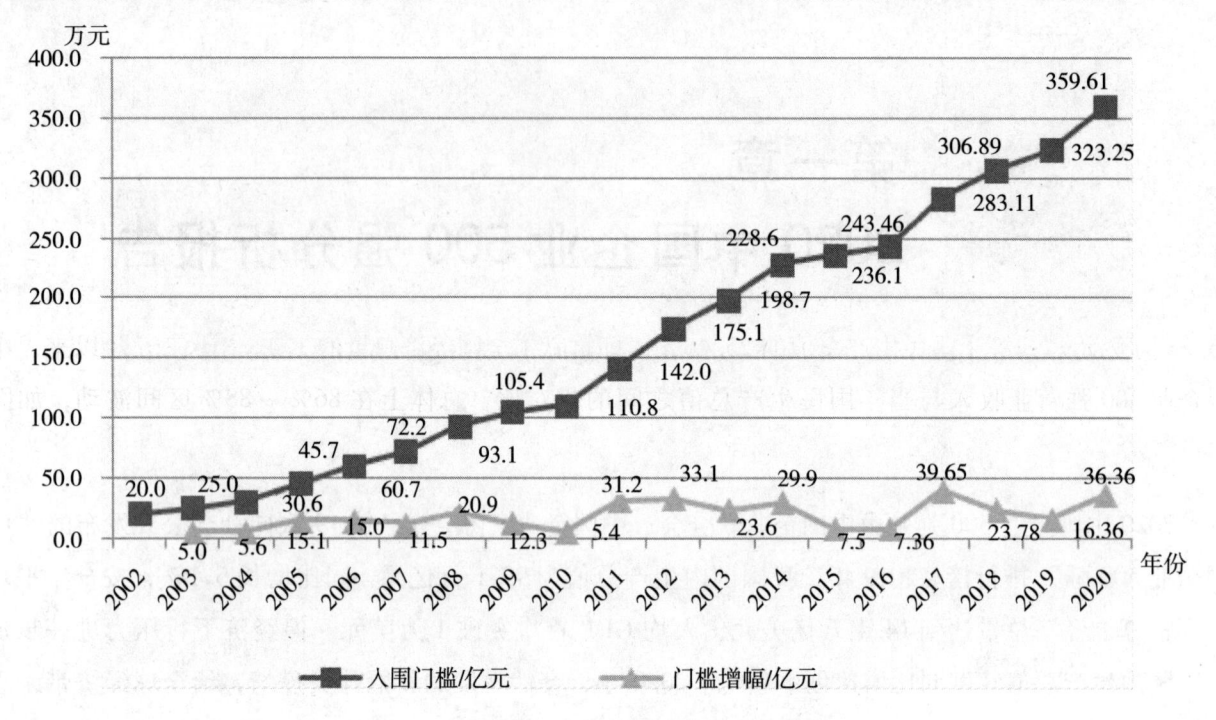

图 1-1 中国企业 500 强入围门槛及其变动趋势

2. 营业收入增速有所回落,营业收入与 GDP 相对比稳中略降

中国企业 500 强营业收入持续增长,但增速小幅回落。2020 中国企业 500 强实现营业收入为 86.02 万亿元,比上年增加了 6.92 万亿元,持续保持增长态势;与上年中国企业 500 强相比,营业收入总额增长了 8.75%,增速回落了 2.39 个百分点,如图 1-2 所示。其中,有 8 家企业的营业收入增

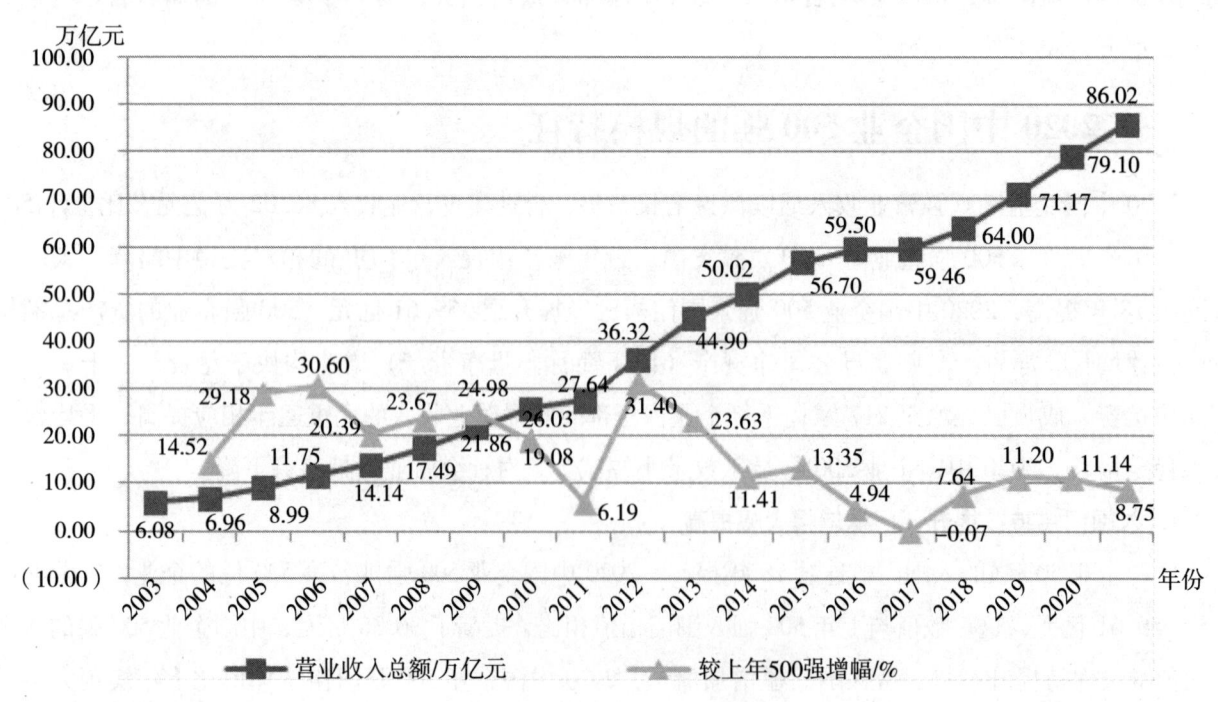

图 1-2 中国企业 500 强营业收入总额与增速变化趋势

长超过1倍以上,15家企业的营业收入增速高于50%;另外,有59家企业营业收入出现了负增长,营业收入负增长的企业连续两年增加。"十三五"以来,中国企业500强的营业收入提高了44.67%,这一增速略慢于"十三五"国民生产总值名义增速的46.42%。

中国企业500强是国民经济的重要支柱。2020中国企业500强的营业收入,大致相当于2019年全国国民生产总值99.09万亿元的86.81%,与2019年相比下降了1.05个百分点,导致这一变化的主要原因,是中国企业500强营业收入与国民生产总值名义增速之间的差异。如果用规模以上工业企业数据推算(2018年规模以上工业企业实现营业收入102.2万亿元,同年度规模以上工业企业的增加值刚突破30万亿元,营业收入与增加值的比值为3.41),2020中国企业500强的增加值大约为25.23万亿元,约等于国民生产总值的25.46%,即贡献了全国经济总量的1/4。"十三五"以来,中国企业500强营业收入与当年国民生产总值之间的相对比,总体上在86%~88%区间波动,如图1-3所示。

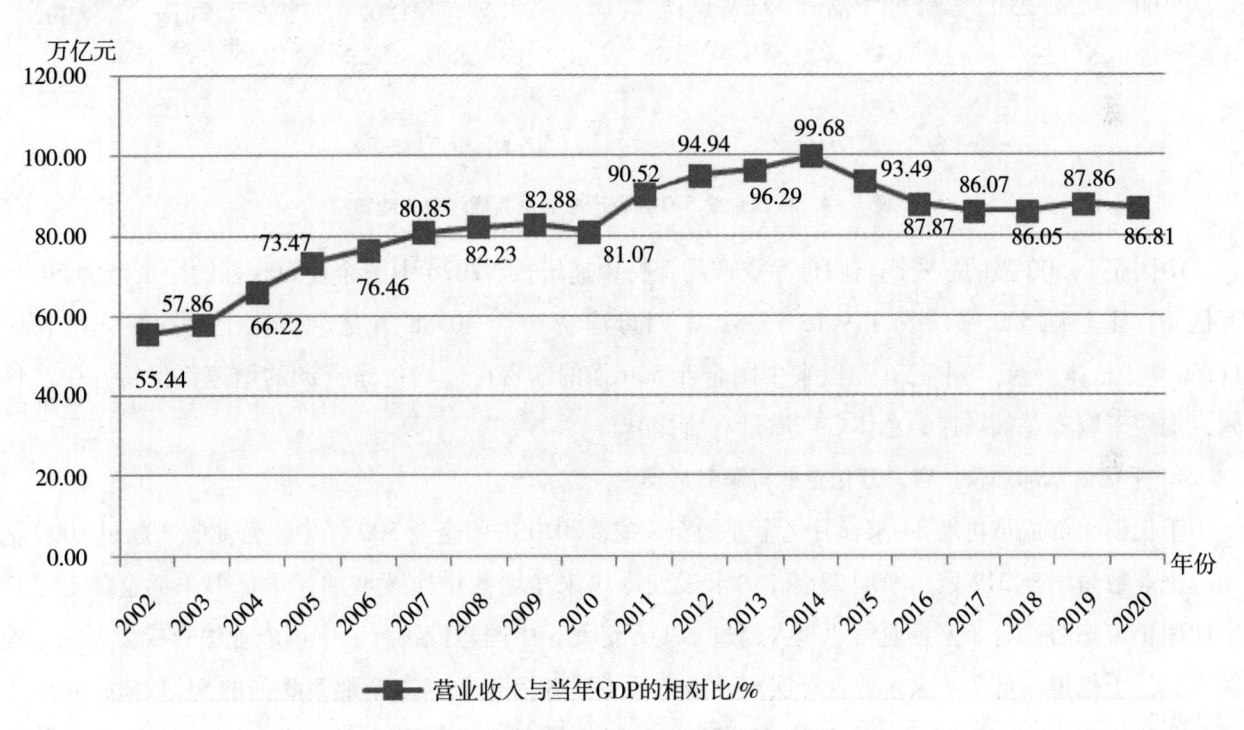

图1-3 中国企业500强营业收入与当年GDP的相对比

3. 资产总额保持中低速增长,净资产增速快于资产增速

中国企业500强资产总额继续增长,增速有所回落。2020中国企业500强的资产总额为312.35万亿元,比上年500强增加了13.20万亿元,继续保持增长;从资产总额增速看,增长了4.41%,增速比上年500强回落了4.67个百分点,呈低速增长态势,如图1-4所示。从同比口径看,2020中国企业500强的资产总额同比增长了10.03%,增速保持在中速区间。部分企业资产增长较快,有11家企业资产总额增速超过了50%;另有多达76家企业的资产总额出现负增长。"十三五"期间,中国企业500强的资产总额增长了39.90%,总体上看,"十三五"期间的中国企业500强资产总额增速有波动下降的趋势。

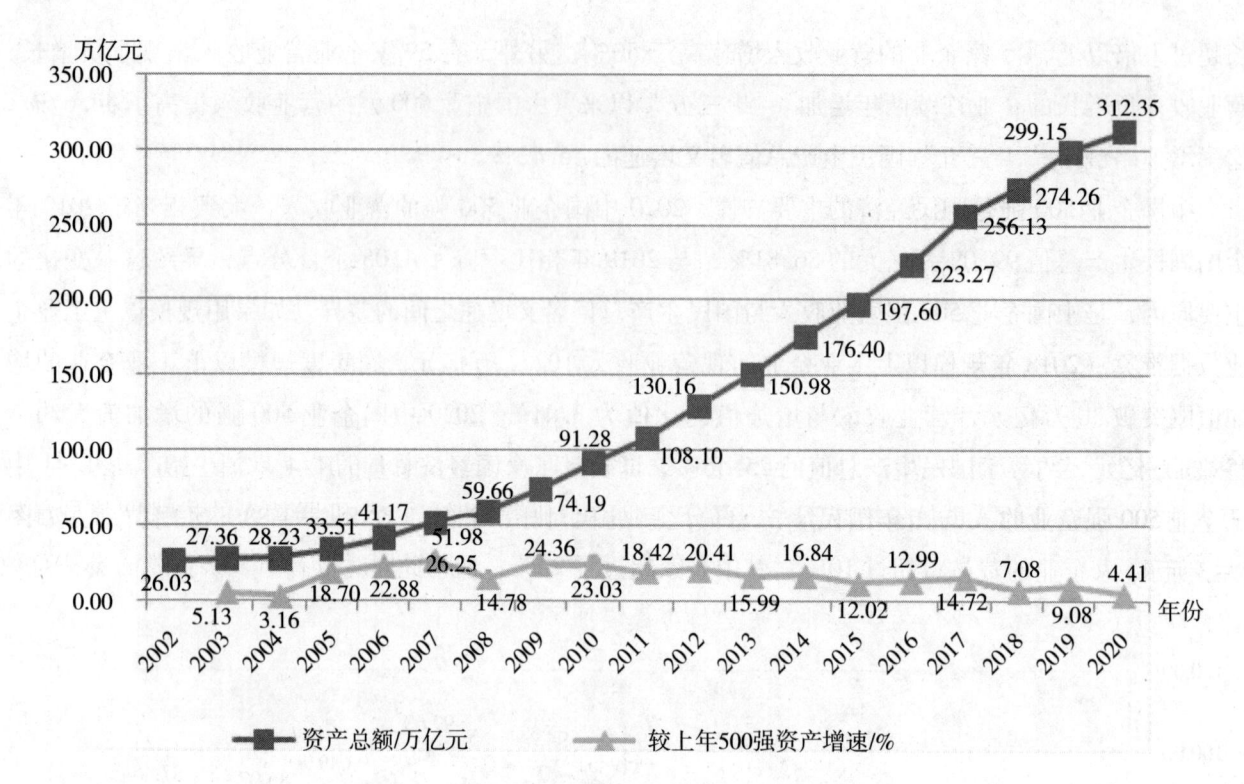

图 1-4 中国企业 500 强资产总额及其增速变化趋势

中国企业 500 强的净资产与归母净资产均保持中速增长。2020 中国企业 500 强的净资产为 50.19 万亿元，比上年 500 强增长了 9.83%，其中归母净资产为 40.88 万亿元，比上年 500 强增长了 11.66%。总体上看，"十三五"以来中国企业 500 强的净资产、归母净资产的增速都保持在中高区间，均快于资产总额增速，总体资产质量有所提升。

4. 千亿俱乐部加快扩容，万亿企业再添新成员

千亿俱乐部成员再增 24 家，万亿企业增至 8 家。2020 中国企业 500 强中，营业收入超过 1000 亿元的企业数量增至 217 家，净增 23 家，"十三五"以来净增数量连续增加，千亿俱乐部整体上呈现出加速扩容态势。有 8 家企业营业收入超过了 1 万亿元，中国建设银行、中国农业银行成为万亿企业新成员。千亿俱乐部 217 家企业合计实现营业收入 69.78 万亿元，占全部 500 强的 81.12%；企业平均营业收入为 3215.72 亿元，与 2019 年 500 强千亿俱乐部企业平均营业收入相比略有增加，如表 1-1 所示。千亿俱乐部企业平均营业收入增速的放缓，表明 500 强企业之间营业收入差距相对有所缩窄，分布略趋均匀化。

表 1-1 千亿俱乐部企业主要指标比较

年份	千亿企业数量/家	千亿俱乐部营收/万亿元	500 强营收/万亿元	千亿俱乐部占比/%	千亿俱乐部企均营收/亿元
2017	157	46.91	64.00	73.30	2988.08
2018	172	53.85	71.16	75.67	3149.14
2019	194	62.11	79.10	78.52	3201.43
2020	217	69.78	86.02	81.12	3215.72

217家千亿俱乐部企业中，国有企业有150家，民营企业为67家。30家新晋千亿俱乐部企业中，19家为国有企业，11家为民营企业。从地域分布看，北京千亿企业最多，有79家；其次是广东，有25家；再次是浙江，有17家。从行业分布看，分居前五的行业分别是黑色冶金业、煤炭采掘及采选业、房屋建筑业、商业银行业、汽车及零配件制造业，千亿企业数量分别为17家、13家、13家、11家、10家。

5. 员工总数略有减少，占全国城镇就业人员比重下降

中国企业500强员工数量总体减少，企业间增减不一。2020中国企业500强共有员工3312.89万人，比上年500强的3359.11万人减少了46.22万人，如图1-5所示。与2020中国企业500强入围企业自身上一年员工人数相比，同样也处于减少态势，但减少的量略有下降，只是小幅减少了21.57万人。500强企业的人员数量增减不一，部分企业由于业务调整，以及机器替人的推进，裁员量较大，有42家企业的裁员量超过10%，其中8家超过了20%；但与此同时也有101家企业的员工总数增速超过了10%，其中46家企业的员工数量更是增加了20%以上。

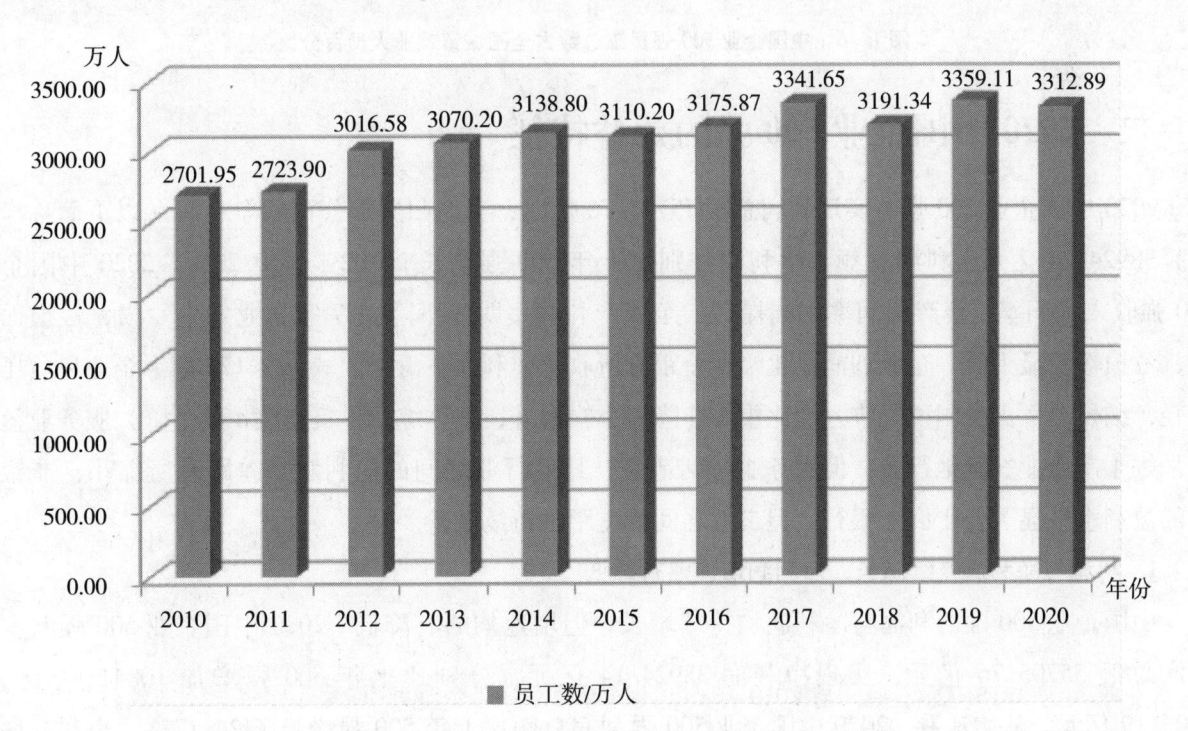

图1-5 中国企业500强员工总数及其变化趋势

中国企业500强员工占全国城镇就业人员比重波动下降。2019年，全国城镇就业人员为44247万人，2020中国企业500强就业人员相当于全国城镇就业人员总量的7.48%，比上年占比下降了0.26个百分点。总体上看，9年来中国企业500强对全国城镇就业的贡献在波动中趋于下降；"十三五"期间的均值为7.70%，低于"十二五"期间的均值8.13%。但在稳就业压力非常大的2016年、2018年，中国企业500强积极响应政府号召，在全国城镇就业总量中的占比都有所提升，为稳就业做出了突出贡献，如图1-6所示。这也从侧面证明了广大中小企业对全国就业总量与新增就业量的巨大贡献，而且中小企业的就业贡献呈现出波动增长态势。

图 1-6 中国企业 500 强员工总数占全国城镇就业人员百分比

二、2020 中国企业 500 强的效益特征

2020 中国企业 500 强共实现利润总额 55705.76 亿元，实现归属母公司的净利润（以下简称净利润）38924.14 亿元，利润总额、净利润分别比上年 500 强增长 20.02%、10.20%。2020 中国企业 500 强收入利润率、资产利润率小幅提高，净资产利润率明显下降。27 家企业发生亏损，亏损面收窄，亏损额明显下降。企业利润变化幅度差距有所收窄，利润下滑企业减少至 171 家。企业税负压力减轻，纳税总额占全国税收收入的比重 6 连降后小幅回升，整体综合税负连续 4 年下降。服务业盈利水平好于制造业、其他行业，但服务业与制造业、其他行业之间的盈利水平差距有所缩小；非银企业的盈利水平显著低于商业银行，但二者之间的差距也持续改善。

1. 利润与净利润持续增长，净利润增速略有降低

中国企业 500 强的利润与净利润均持续增长，但增速均略有降低。2020 中国企业 500 强共实现利润总额 55705.76 亿元，实现净利润 38924.14 亿元，分别比上年 500 强增加 10841.51 亿元、3603.19 亿元。从增速看，2020 中国企业 500 强利润总额比上年 500 强增长了 24.17%，净利润增长了 10.20%，利润总额增速比上年 500 强提高了 3.43 个百分点，净利润增速则下降了 0.08 个百分点。总体上看，"十三五"期间中国企业 500 强净利润高于"十二五"并保持较为稳定的增长，但增速先升后降，如图 1-7 所示。

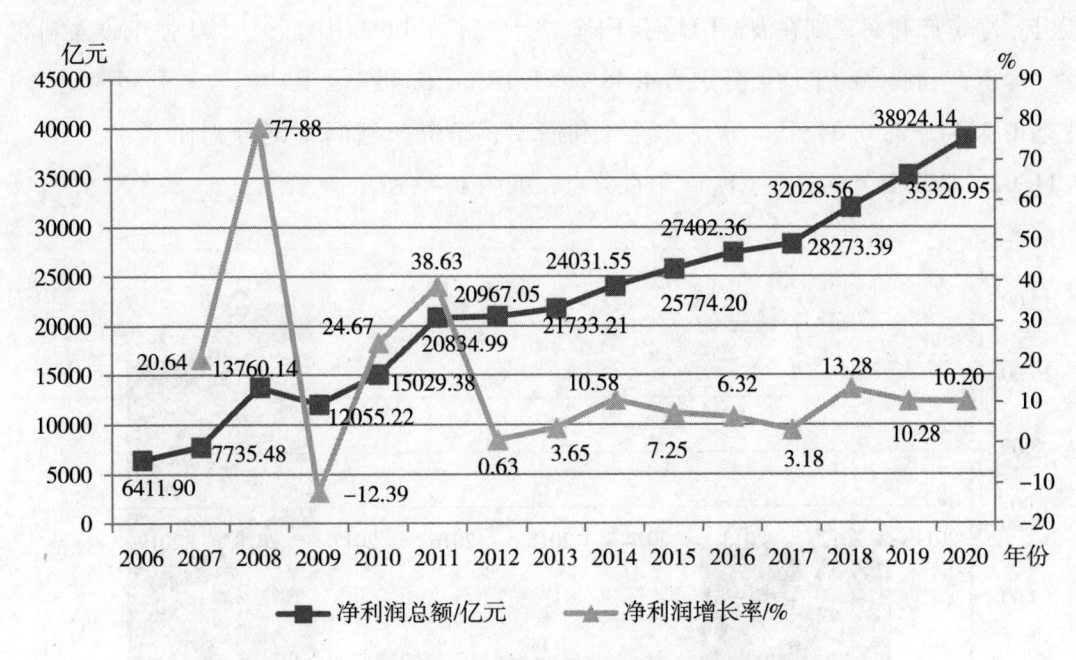

图 1-7 中国企业 500 强净利润总额及增长率变化趋势

2. 收入利润率、资产利润率小幅提高，净资产利润率有所下降

中国企业 500 强的利润率指标有升有降，其中收入利润率、资产利润率小幅提高，净资产利润率（为净利润除以母公司权益的百分比，下同）有所下降。2020 中国企业 500 强的资产利润率为 1.25%，与上年 500 强相比小幅提高了 0.07 个百分点；收入利润率为 4.53%，比上年 500 强小幅提高了 0.06 个百分点；净资产利润率为 9.52%，比上年 500 强下降了 0.13 个百分点，如图 1-8 所示。

图 1-8 中国企业 500 强收入利润率、资产利润率与净资产利润率变化趋势

中国企业 500 强的收入利润率略好于"十二五"，资产利润率、净资产利润率则低于"十二五"。"十三五"以来，中国企业 500 强的收入利润率上下小幅波动，并略有提升；资产利润率则在低位持

续缓慢提升；净资产利润率则在波动中趋于下降。"十三五"以来中国企业500强年收入利润率、资产利润率、净资产利润率的平均值分别为4.48%、1.18%、9.48%；其中，收入利润率比"十二五"期间的平均值4.44%高0.04个百分点，资产利润率、净资产利润率则分别比"十二五"期间的1.38%、11.02%低0.2个百分点、1.54个百分点，如图1-9所示。

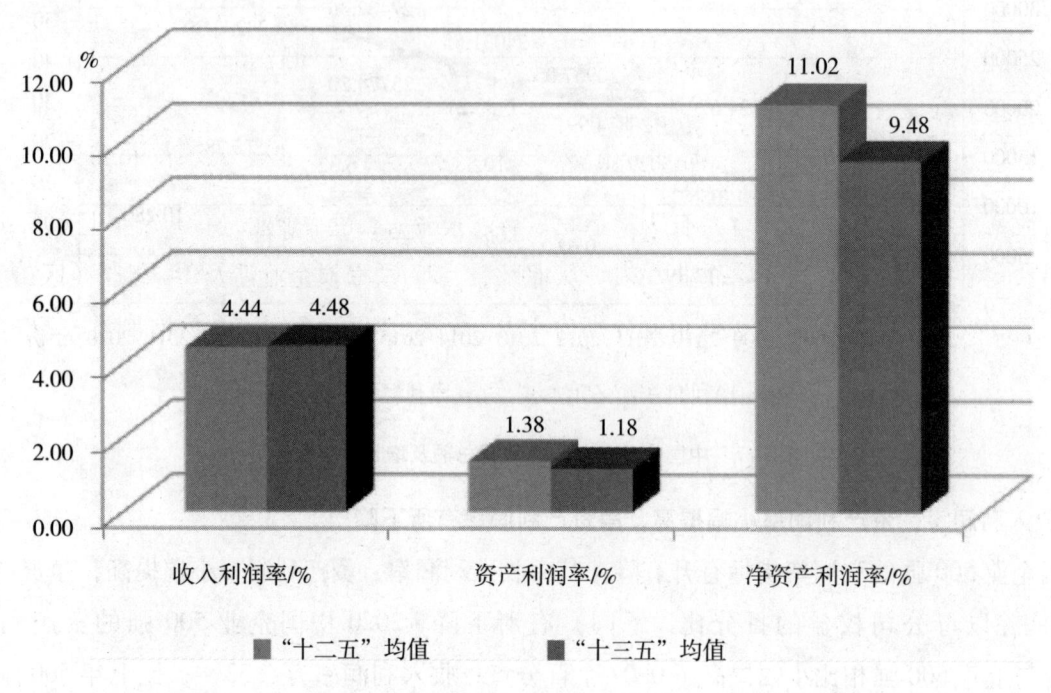

图1-9 中国企业500强"十三五""十二五"利润率指标比较

3. 企业减亏效果显著，煤炭钢铁行业依旧是亏损多发领域

中国企业500强亏损面缩窄，亏损额大幅下降。2020中国企业500强中，有27家企业净利润出

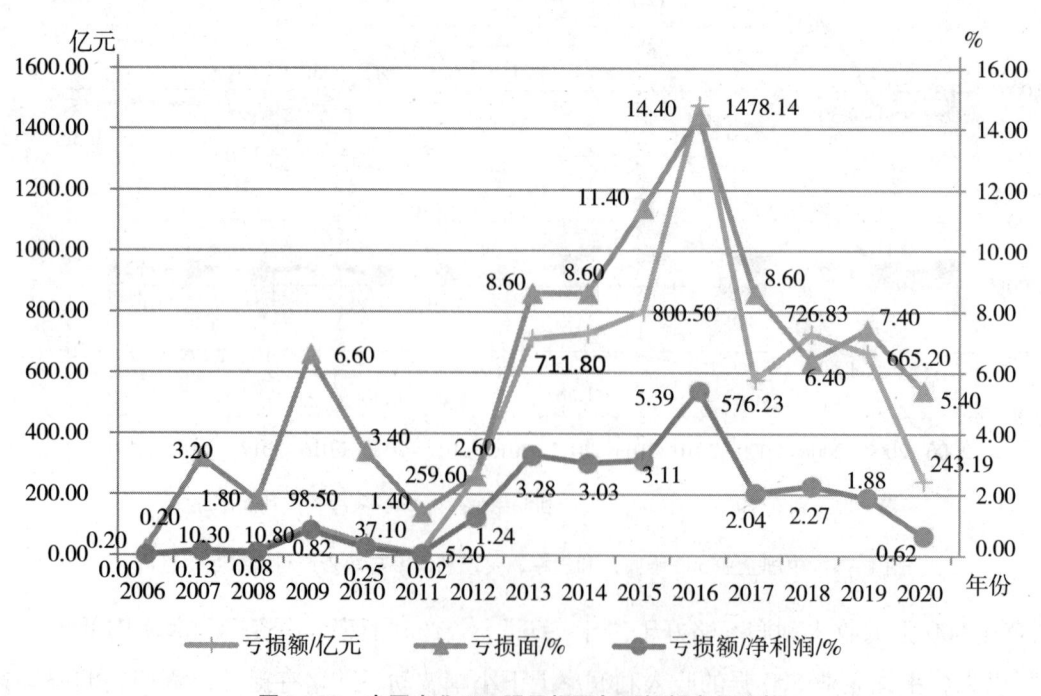

图1-10 中国企业500强亏损面与亏损额变化趋势

现亏损，亏损企业数量比上年500强减少10家；亏损面为5.40%，降低2.00个百分点。"十三五"期间，中国企业500强的亏损面总体上波动下降，而且明显低于"十二五"期间。27家亏损企业合计亏损额为243.19亿元，与2019年500强的665.20亿元相比大幅减少；企业平均亏损额（以下简称企均亏损额）从2019年500强的17.98亿元降至9.01亿元。企均亏损额在"十三五"期间同样呈波动下降态势，总体上也低于"十二五"期间。企业亏损额大致相当于2020中国企业500强净利润总额38924.14亿元的0.62%，低于2019年500强的1.88%，如图1-10所示。

27家净利润亏损企业中，4家为新发亏损；23家为连续亏损，其中8家亏损额增加，15家实现减亏。另有17家企业，在2019年实现扭亏为盈。从行业看，27家亏损企业涉及15个行业，亏损最突出的行业是煤炭采掘及采选业，共有7家企业亏损；其次是黑色冶金业，有4家企业亏损；再次是化学原料及化学品制造业，有3家企业亏损。从地区看，27家亏损企业涉及14个省（区市），其中北京、重庆、安徽、河北居前，亏损企业分别为4家、3家、3家、3家。从所有制看，27家亏损企业中，26家为国有企业，只有1家为民营企业。22家连续亏损企业，有7家为煤炭采掘及采选企业，3家为黑色冶金企业，2家为化学原料及化学品制造企业。

4. 企业利润增速差距收窄，盈利下滑企业明显减少

中国企业500强净利润增速差距有所收窄，净利润负增长企业数明显减少。2020中国企业500强净利润增速依然呈现出较大差异，但与上年500强相比，净利润增速的差距呈现收窄趋势。净利润增速在1~10倍的企业为32家，比2019年500强减少7家；净利润减少50%（不含增亏企业）的企业为39家，比2019年500强减少1家。净利润同比负增长的企业为171家，比2019年500强的181家减少了10家，也就是说，有更多企业实现了净利润同比正增长，如图1-11所示。

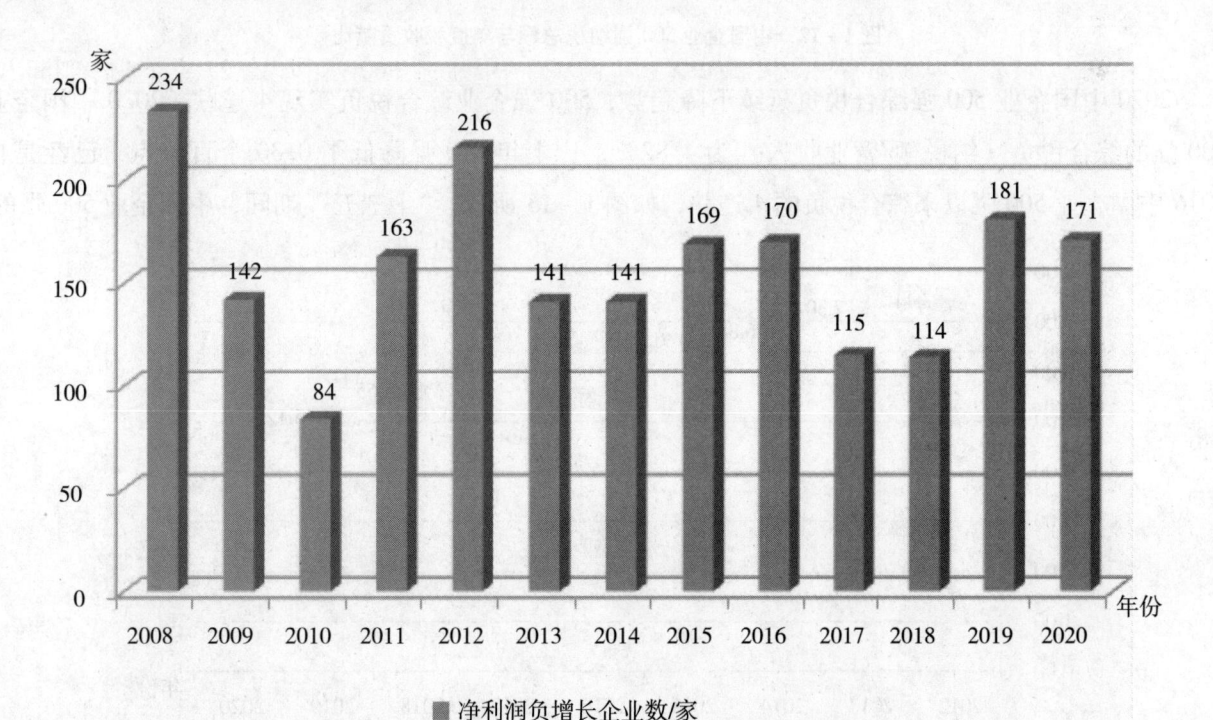

图1-11 中国企业500强净利润负增长企业数波动态势

5. 纳税贡献六连降后小幅回升，综合税负四连跌

中国企业500强纳税总额3连增，对全国税收贡献小幅回升。2020中国企业500强的纳税总额为4.15万亿元，比上年500强增加了0.10万亿元，增幅为2.47%，明显低于500强营业收入增速。"十三五"以来，中国企业500强的纳税总额连续保持增长态势，实现了3连增。从纳税贡献看，2020中国企业500强纳税总额，占2019年全国税收收入15.80万亿元的26.27%，这一占比在连续6年下降后，小幅回升了0.38个百分点。这一比例的回升，显然与2019年国家对中小企业大幅减税所带来的税收收入增速快速下降有关，如图1-12所示。

图1-12 中国企业500强纳税总额与年度税收贡献比

2020中国企业500强综合税负延续下降趋势，500强企业综合税负实现4连跌。2020中国企业500强的综合税负（纳税额/营业收入）为4.82%，比上年500强降低了0.30个百分点，已经是自2016中国企业500强以来综合税负的4连跌，如图1-13所示。"十三五"期间，中国企业500强的

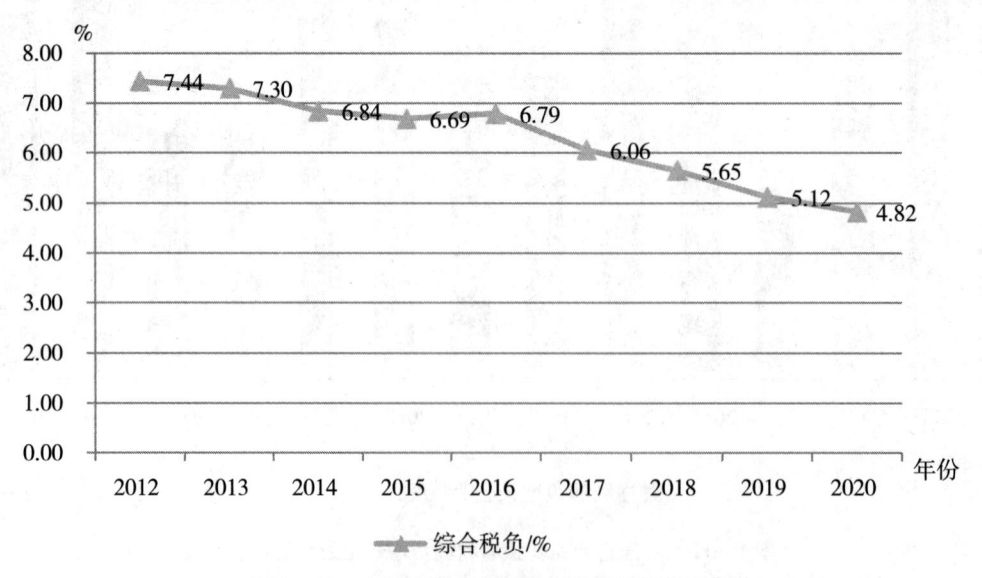

图1-13 中国企业500强综合税负率变化趋势

综合税负率的年平均值为 5.41%，明显低于"十二五"期间的 7.01%，综合税负率的总体下降态势十分明显。

6. 服务业盈利水平好于制造业，非银企业盈利水平持续改善

中国企业 500 强中，服务业的收入利润率、净资产利润率，都明显高于制造业。2020 中国企业 500 强中，181 家服务业企业的收入利润率、净资产利润率分别为 7.55%、10.30%，都明显高于 238 家制造业的 2.50%、10.00%，更是远远高于 82 家其他企业的 1.87%、5.37%。从变动趋势看，制造业的收入利润率、净资产利润率近 3 年都是先升后降；服务业的收入利润率则先降后升，净资产利润率则是持续下降；其他行业的收入利润率、净资产利润率则都呈持续提升态势，如图 1-14 所示。

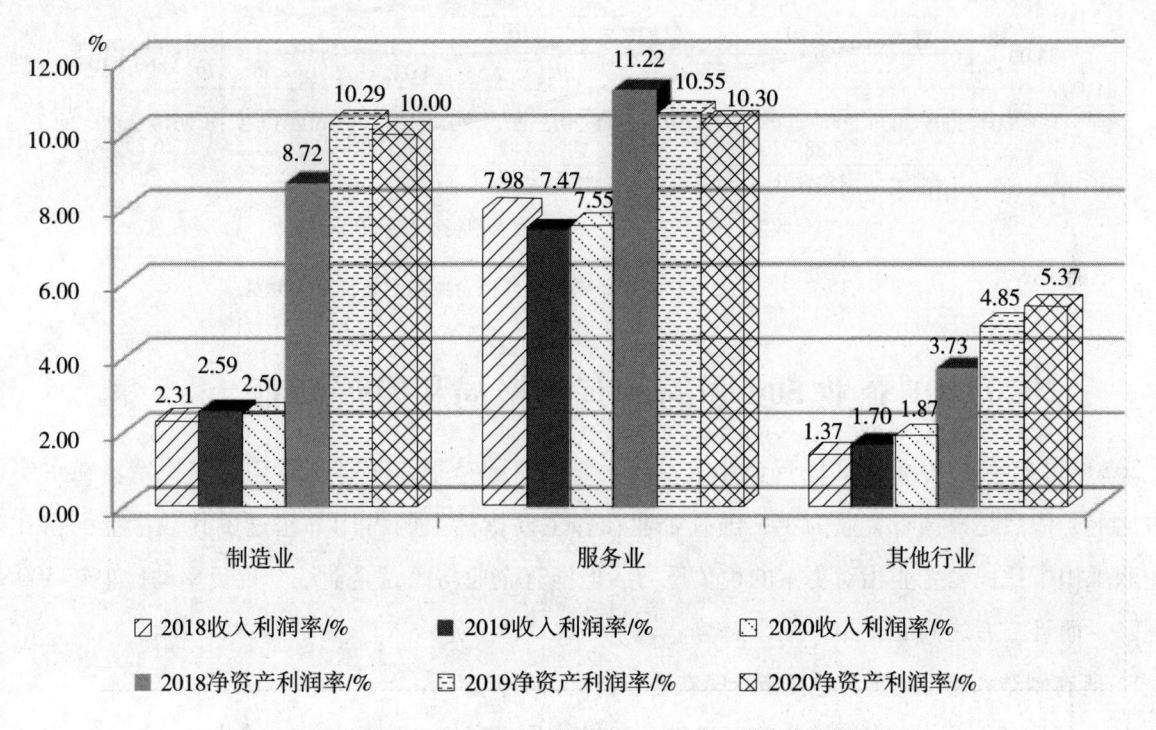

图 1-14 中国企业 500 强三大行业收入利润率、净资产利润率变化

非银企业的盈利水平持续改善，与商业银行盈利差距进一步缩小。2020 中国企业 500 强中，非银企业为 482 家；商业银行为 18 家，比 2019 年减少 1 家。482 家非银企业的收入利润率为 3.10%，比 2019 年 500 强提升了 0.24 个百分点；净资产利润率为 8.74%，比 2019 年 500 强提升了 0.40 个百分点。"十三五"以来，非银企业的收入利润率、净资产利润率都呈持续上升态势。18 家商业银行的收入利润率为 20.91%，比 2019 年 500 强下降了 0.10 个百分点；净资产利润率为 11.25%，比 2019 年 500 强下降了 1.13 个百分点。"十三五"以来，商业银行的收入利润率与净资产利润率均持续下降。总体上看，"十三五"以来，非银企业与商业银行的收入利润率、净资产利润率的差距有所缩小，如图 1-15 所示。

图 1-15 中国企业 500 强商业银行与非银企业盈利指标变化趋势

三、2020 中国企业 500 强的所有制格局和发展特征

2020 中国企业 500 强中，民营企业数量与上年 500 强持平，所有制结构基本稳定。在主要指标的占比上，依然是以国有企业为主，国有企业在各主要指标上的占比都超过了其数量上的占比。国有企业承担了比民营企业相对更重的税负压力，但国有企业与民营企业综合税负率均比上年 500 强有所下降，而且二者之间的差距有缩小趋势。

1. 所有制结构趋于稳定，主要指标国有企业占比仍然突出

中国企业 500 强的所有制结构趋于稳定。2020 中国企业 500 强中，国有企业为 265 家，民营企业

图 1-16 中国企业 500 强入围企业所有制结构变化趋势

为235家，均与上年500强持平，国有企业、民营企业分别占全部500强的53%、47%。中国企业500强中民营企业的数量在经过多年的持续增长后，"十三五"以来趋于稳定，已经连续3年在235~237家间波动，如图1-16所示。在国有企业内部，非金融央企减少了2家，为66家；地方国企增加了2家，为184家；金融央企保持未变，为15家。

国有企业在收入、资产等主要指标上，依旧占据突出地位。2020中国企业500强中，265家国有企业的营业收入为59.26万亿元，占全部500强营业收入的68.89%；净利润为25.11万亿元，占全部500强净利润的64.51%；资产、归母净资产分别为259.15万亿元、31.67万亿元，分别占全部500强资产、归母净资产的82.97%、77.47%；员工总数2428.74万人，占全部500强员工总数的73.31%，如图1-17所示。国有企业在上述指标中的占比，依旧明显高于其数量占比，表明国有企业在规模体量上，总体上仍大于民营企业。不过从变化趋势上看，国有企业在中国企业500强中的地位整体在下降，收入、净利润、资产、归母净资产、员工的占比分别比上年500强下降了1.40个百分点、4.40个百分点、3.43个百分点、3.00个百分点和0.54个百分点。

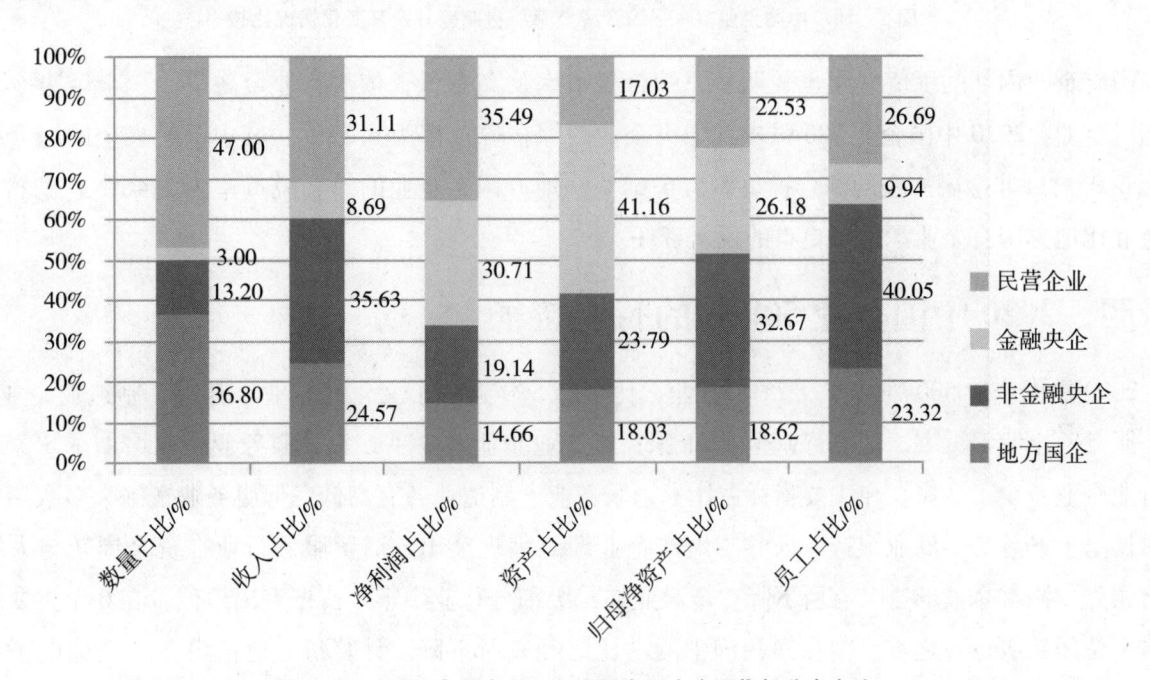

图1-17 2020中国企业500强国企民企主要指标分布占比

2. 国有企业承担更重税负压力，国有企业内部税负差距同样显著

中国企业500强国有企业、民营企业的实际综合税负存在较大差距，二者综合税负率都较2019年500强有所下降。2020中国企业500强中，475家提供了纳税数据的企业，其综合税负率（纳税额/营业收入）为5.45%；其中，国有企业的综合税负率为6.11%，比民营企业的4.04%高出2.07个百分点。从变动趋势看，无论是国有企业，还是民营企业，综合税负率都较2019年500强有所下降；其中，国有企业下降了0.36百分点，民营企业下降了0.24个百分点。"十三五"期间，国有企业综合税负率波动下降，民营企业综合税负率则先升后降，二者之间的税负差距有缩小趋势，如图1-18所示。

图 1-18 中国企业 500 强综合税负率所有制差异及其变化情况比较

国有企业内部的税负差距也较明显，综合税负率从高到低，依次为非金融央企、金融央企、地方国有企业。2020 中国企业 500 强中，中央企业的综合税负率为 6.53%，其中金融央企的综合税负率为 6.05%，非金融央企的综合税负率为 6.65%；地方国有企业的综合税负率为 5.46%。显然，中央企业比地方国有企业承担了更重的税赋责任。

四、2020 中国企业 500 强的行业特征

2020 中国企业 500 强共涉及 75 个行业，比上年 500 强少了文化娱乐业。其中，制造业企业 238 家，服务业企业 181 家，其他行业企业 81 家；制造业企业减少了 6 家，服务业企业增加了 8 家，其他行业企业减少了 2 家。在主要指标占比上，服务业、制造业各有高低，但服务业在绝大多数指标中的占比呈上升趋势。商业银行、证券与地产企业绩效表现突出，商贸服务行业在资金周转与人均营收上领先，酒类企业的排名有所下降。金融业在二级细分行业中牢牢占据突出地位，在 6 个主要指标中排名位居二级行业之首，但在净利润中的占比已经有所下降。计算机、通信设备及其他电子设备制造业在研发费用、拥有专利项数、发明专利项数、国际标准数 4 个技术性领域领先。75 个行业有企业入围，比 2019 年 500 强减少 1 个；多个行业企业入围数量发生较大变化，不同行业之间在收入增速、利润增速之间存在显著差异。金融企业盈利水平明显高于非金融企业，但二者之间盈利水平差距有所缩小。汽车行业入围企业数量保持稳定，但对营业收入与净利润的贡献持续下降，除人均营业收入外，汽车行业其他盈利指标都呈下降态势。房地产业对中国企业 500 强的收入、净利润贡献双双提升，但净利润同比增速连续两年大幅下降。

1. 制造业企业数量持续减少，服务业绝大多数指标比重提升

中国企业 500 强中制造业企业数量持续减少。2020 中国企业 500 强中，制造业企业数量为 238 家，比上年 500 强减少了 6 家，连续第二年减少；服务业企业数量为 181 家，比上年增加 8 家，实现二连增；其他类企业 81 家，减少了 2 家。从长期趋势看，中国企业 500 强中的制造业企业数量总体

呈下降态势，只是在部分年份出现增加现象，如图 1-19 所示。中国企业 500 强的服务化发展趋势稳步加强，"十三五"期间中国企业 500 强中制造业企业年均入围数量为 245 家，服务业企业为 175 家；年均制造业入围企业数量比"十二五"期间少 20 家，年均服务业入围企业数量比"十二五"期间多 23 家。

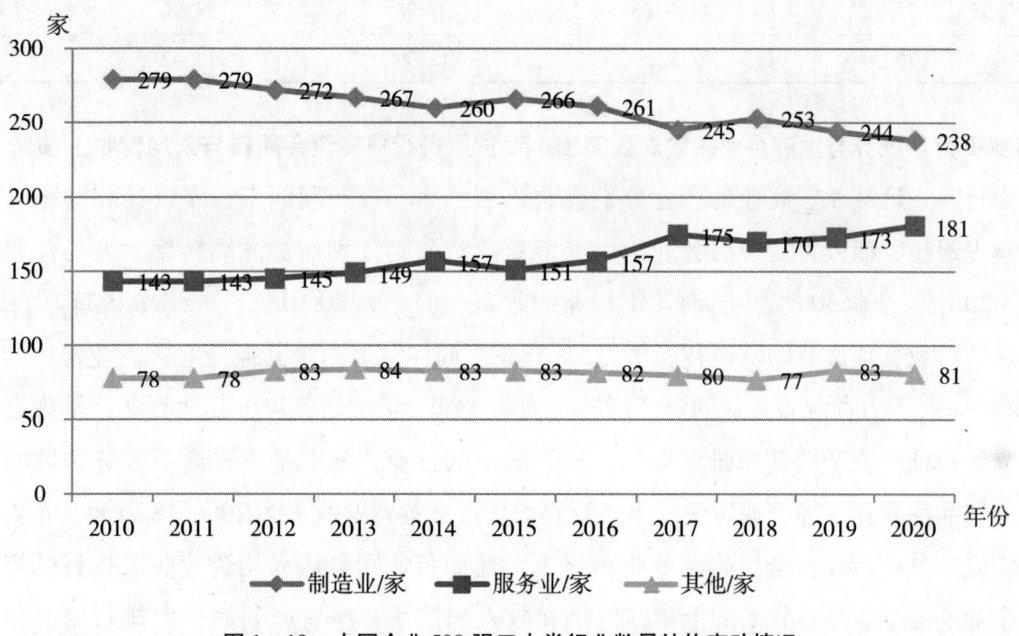

图 1-19 中国企业 500 强三大类行业数量结构变动情况

制造业、服务业主要指标占比各有高低，但服务业在中国企业 500 强中绝大多数指标中的占比呈上升趋势。2020 中国企业 500 强中，制造业在当年研发费用、拥有专利项数、发明专利项数、总标准数、国内标准数、国际标准数 6 项指标上明显领先服务业，在参股公司数上小幅领先服务业，但在营业收入、归母净利润、资产总额、归母净资产、员工人数、并购或重组企业数、全资和控股子公司数、分公司数 8 项指标占比上明显低于服务业。总体上看，服务业在规模指标上领先，制造业则在技术领域领先，如表 1-2 所示。从变动趋势看，在上述 15 项指标中，服务业除了国际标准数占比大幅下降、资产总额占比小幅下降外，其他 13 项指标的占比均有不同程度增加。

表 1-2 2020 中国企业 500 强三大类企业主要指标占比 （单位:%）

	营业收入	归母净利润	资产总额	归母净资产	员工人数
制造业	37.54	20.77	10.87	19.77	31.58
服务业	42.57	70.99	79.55	65.61	42.25
其他行业	19.89	8.24	9.57	14.61	26.17
	并购或重组企业数	全资和控股子公司数	参股公司数	分公司数	当年研发费用
制造业	25.65	35.13	39.99	8.18	61.42
服务业	65.21	43.22	36.59	78.62	19.88

续表

	拥有专利项数	发明专利项数	总标准数	国内标准数	国际标准数
其他行业	9.14	21.65	23.42	13.20	18.70
制造业	65.74	74.21	51.03	46.68	81.02
服务业	18.72	17.03	35.98	38.90	17.71
其他行业	15.54	8.75	12.99	14.42	1.27

2. 商业银行、证券与地产企业绩效表现突出，商贸服务行业在资金周转与人均营收上领先

商业银行业、证券业、商业地产业分别在收入利润率、资产利润率、净资产利润率、人均净利润上占据领先地位，而人力资源服务业、生产资料商贸业则分别在资产周转率、人均营业收入指标上领先。2020 中国企业 500 强中，商业银行业的收入利润率为 20.91%，人均净利润为 71.44 万元，均远高于其他行业；证券业的资产利润率为 13.38%，同样显著高于其他行业；商业地产的净资产利润率为 26.63%。人力资源服务业的资产周转率为 9.48 次/年，显著快于其他行业，呈现出典型的轻资产、快周转特征；资产周转率排名第二、三、四位的行业，分别是来自商贸服务领域的生产资料商贸业、金属品商贸业、综合商贸业。生产资料商贸业人均营业收入为 2086.18 万元，在人均营业收入指标上领先于其他行业；金属品商贸业和化工医药商贸业则分居人均营业收入排行的第二、第四位。酒业企业的业绩表现尽管不如上年，但仍在收入利润率、净资产利润率上排行第二位，在资产利润率和人均净利润上占据第三位。具体见表 1-3。

表 1-3 2020 中国企业 500 强主要经营绩效指标前五行业

三级行业	收入利润率/%	三级行业	资产利润率/%	三级行业	净资产利润率/%
商业银行	20.91	证券业	13.38	商业地产	26.63
酒类	15.77	饮料	10.63	酒类	24.93
互联网服务	14.09	互联网服务	9.08	证券业	21.29
商业地产	9.11	酒类	8.09	化学纤维制造	21.17
多元化金融	9.01	医疗设备制造	7.27	饮料	20.96
三级行业	资产周转率/（次/年）	三级行业	人均营业收入/万元	三级行业	人均净利润/万元
人力资源服务	9.48	生产资料商贸	2086.18	商业银行	71.44
生产资料商贸	3.62	金属品商贸	1810.12	互联网服务	50.25
三级行业	资产周转率/（次/年）	三级行业	人均营业收入/万元	三级行业	人均率利润/万元
金属品商贸	3.58	铁路运输	1083.89	酒类	48.95
综合商贸	2.73	化工医药商贸	1000.16	商业地产	45.02
证券业	2.56	化学纤维制造	729.90	住宅地产	36.33

3. 二级细分行业金融业优势最为突出，计算机、通信设备及其他电子设备制造业在技术领域领先

金融业在多个指标上遥遥领先，但净利润占比持续下降。2020 中国企业 500 强中，金融业继续在二级细分行业保持领先优势；金融业分别贡献了2020中国企业500强营业收入、净利润、资产总额、归母净资产、缴纳税款、员工人数的14.63%、46.51%、61.66%、37.89%、16.44%、16.10%，在这6个指标上均遥遥领先于其他行业；不过与往年相比，金融业在中国企业500强净利润中的占比近年来连续下降，推动了中国企业500强净利润分布的结构合理化，如表1-4所示。

表1-4 2020中国企业500强主要指标行业贡献排名前三行业　　　　　　　　（单位:%）

营业收入		净利润		资产总额		归母净资产	
金融业	14.63	金融业	46.51	金融业	61.66	金融业	37.89
金属产品	9.91	电信及互联网信息服务	9.98	房地产	4.23	采矿业	8.92
采矿业	8.45	房地产	6.04	采矿业	3.86	电信及互联网信息服务	7.94
化学品制造	7.45	金属产品	3.94	邮政和物流	3.67	公用事业服务	6.75
房屋建筑	6.91	房屋建筑	3.62	金属产品	2.54	金属产品	4.97
缴纳税款		研发费用		员工人数		并购或重组企业数	
金融业	16.44	计算机、通信设备及其他电子设备制造	17.61	金融业	16.10	公用事业服务	23.32
采矿业	15.51	电信及互联网信息服务	12.72	采矿业	11.46	食品饮料生产	11.57
化学品制造	10.37	交通运输设备及零部件制造	11.02	房屋建筑	8.30	商务服务	10.07
交通运输设备及零部件制造	7.94	金属产品	8.95	金属产品	6.41	房地产	9.89
房地产	7.91	采矿业	6.56	电信及互联网信息服务	5.22	零售业	8.68
全资和控股子公司数		参股公司数		分公司数		拥有专利项数	
房地产	13.04	机械设备	15.27	零售业	54.94	计算机、通信设备及其他电子设备制造	16.47
房屋建筑	7.95	房屋建筑	9.57	邮政和物流	10.60	消费品生产	12.02
金属产品	7.94	房地产	7.65	土木工程建筑	5.65	交通运输设备及零部件制造	11.35
零售业	6.82	电信及互联网信息服务	5.95	房屋建筑	4.79	公用事业服务	10.02

续表

批发贸易	5.89	金属产品	5.95	金融业	3.63	金属产品	5.97
发明专利项数		总标准数		国内标准数		国际标准数	
计算机、通信设备及其他电子设备制造	27.45	综合服务业	15.90	综合服务业	18.24	计算机、通信设备及其他电子设备制造	72.05
消费品生产	11.93	计算机、通信设备及其他电子设备制造	14.75	金属产品	9.73	电信及互联网信息服务	15.14
公用事业服务	8.40	金属产品	8.66	公用事业服务	8.17	消费品生产	1.72
交通运输设备及零部件制造	8.17	公用事业服务	7.28	计算机、通信设备及其他电子设备制造	7.11	交通运输设备及零部件制造	1.70
化学品制造	7.60	电信及互联网信息服务	6.15	土木工程建筑	5.54	金属产品	1.68

计算机、通信设备及其他电子设备制造业在研发费用、拥有专利项数、发明专利项数、国际标准数4个技术性领域领先。计算机、通信设备及其他电子设备制造业合计投入1893.41亿元，占全部500强研发费用的17.61%；拥有专利项数、发明专利项数、国际标准数分别占2020中国企业500强的16.47%、27.45%、72.05%。

4. 行业入围数量有增有减，收入、利润增速差异显著

金属制品加工业企业数量增加最多，黑色冶金业退出企业最多。2020中国企业500强分别来自75个三级行业，比上年500强减少1个行业，其中上年500强有企业入围航空港及相关服务业、轻工百货生产业，2020中国企业500强中没有企业入围；与此同时，2020中国企业500强新增了证券业企业入围。从各行业入围企业数量增减变动情况看，2020中国企业500强三级细分行业中，入围企业数量增加最多的是金属制品加工业，净增加了5家企业；其次是多元化投资业，净增加了4家。入围企业数量减少最多的是黑色冶金业，净减少了7家企业；其次是纺织印染业、家用电器制造业、锅炉及动力装备制造业、软件和信息技术业（IT）、生活消费品商贸业，均净减少了3家企业，如表1-5所示。

表1-5 2020中国企业500强三级行业入围企业数量变化

三级行业	变化量/家	三级行业	变化量/家
金属制品加工业	5	轮胎及橡胶制品业	-2
多元化投资业	4	一般有色业	-2
煤炭采掘及采选业	2	船舶制造业	-2
通信设备制造业	2	住宅地产业	-2

续表

三级行业	变化量/家	三级行业	变化量/家
水务业	2	纺织印染业	-3
连锁超市及百货业	2	家用电器制造业	-3
保险业	2	锅炉及动力装备制造业	-3
多元化金融业	2	软件和信息技术业（IT）	-3
商业地产业	2	生活消费品商贸业	-3
石油、天然气开采及生产业	1	黑色冶金业	-7

不同行业之间在收入增速、利润增速之间存在显著差异。75个三级细分行业中，只有港口服务业、兵器制造业、造纸及包装业、船舶制造业、化工医药商贸业、摩托车及零配件制造业6个行业营业收入同比下降，其他69个行业均实现了不同程度增长；同比增长最快的是证券业，增长了62.60%；轮胎及橡胶制品业、生产资料商贸业营业收入同比增速也都超过了50%。净利润增速差异明显大于营业收入，75个三级细分行业中，有18个行业净利润下滑，最大下滑幅度为摩托车及零配件制造业的-81.18%；净利润增长最快的是工程机械及零部件业，增速为387.45%；其次是互联网服务业，增速超过2倍；保险业、化学纤维制造业的净利润增速也都在1倍以上，如表1-6所示。

表1-6 2020中国企业500强行业收入、利润增长前十排名

三级行业	收入增速/%	三级行业	净利润增速/%
证券业	62.60	工程机械及零部件业	387.45
轮胎及橡胶制品业	60.21	互联网服务业	230.41
生产资料商贸业	51.65	保险业	183.36
化学纤维制造业	39.60	化学纤维制造业	100.69
工程机械及零部件业	39.09	食品业	96.49
半导体、集成电路及面板制造业	31.82	兵器制造业	92.16
多元化投资业	31.72	证券业	60.21
商业地产业	30.59	煤炭采掘及采选业	56.72
人力资源服务业	25.50	生产资料商贸业	43.00
互联网服务业	24.50	水务业	42.82

5. 金融企业盈利水平明显高于非金融企业，非金融企业收入与净利润增长更快

金融企业的盈利指标总体上明显好于非金融企业，但二者之间差距有缩小趋势。2020中国企业500强中，39家金融企业的收入利润率、净资产利润率分别为14.39%、11.69%，明显高于非金融企业的2.84%、8.20%；其中，18家商业银行的收入利润率更是高达20.91%，远高于非金融企业。但从变化趋势看，从2018中国企业500强到2020中国企业500强，非金融企业的收入利润率、净资产利润率都呈现出逐年稳定提升趋势；而金融企业则总体上呈波动下降态势，其中的商业银行更是持续下降；非金融企业与金融企业盈利水平一升一降，二者之间差距呈缩小态势，如图1-20所示。

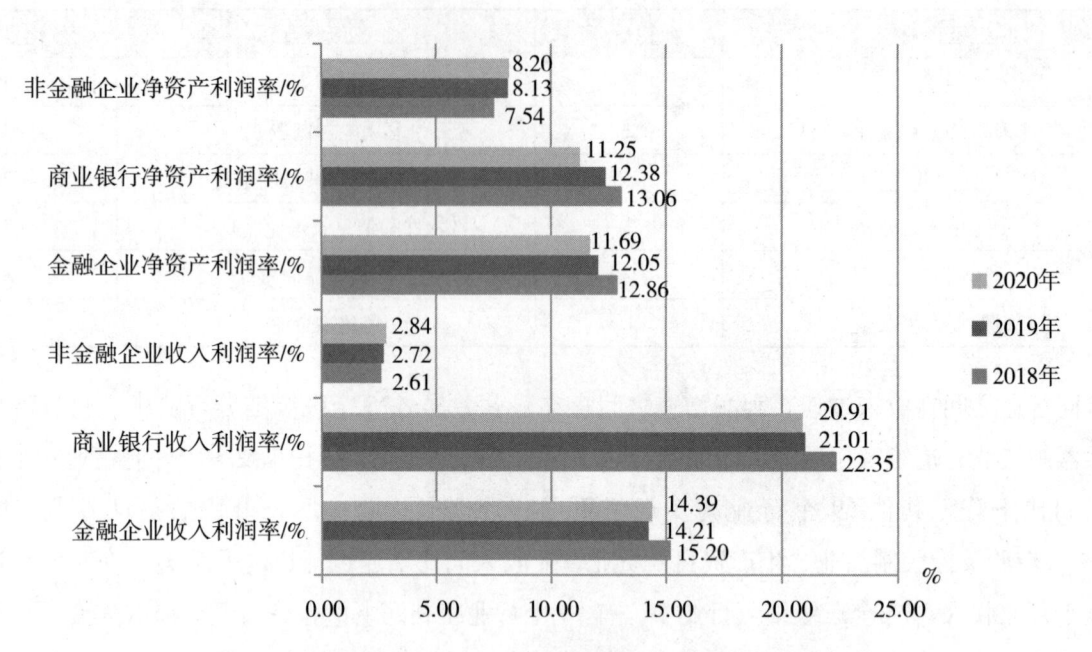

图 1-20 2020 中国企业 500 强金融与非金融企业盈利水平比较

非金融企业营业收入、净利润增速显著高于商业银行。2020 中国企业 500 强中，461 家非金融企业的营业收入增速、净利润增速分别为 10.67%、19.86%，均快于 18 家商业银行；虽然非金融企业营业收入增速低于金融企业 0.79 个百分点，但净利润增速快于金融企业 6.51 个百分点。而且从变化趋势看，从 2018 中国企业 500 强到 2020 中国企业 500 强，非金融企业营业收入、净利润增速总体上都明显加快于金融企业，尤其是快于金融企业中的商业银行，如表 1-7 所示。

表 1-7 中国企业 500 强金融与非金融企业营业收入、净利润增速变化

	收入增速/%			净利润增速/%		
	2018	2019	2020	2018	2019	2020
金融企业	10.92	8.98	11.46	6.44	3.01	13.35
商业银行	6.91	10.81	9.06	4.63	4.62	5.98
非金融企业	15.93	13.04	10.67	21.37	20.96	19.86

6. 汽车行业入围企业数量保持稳定，各项利润率指标总体下降

汽车行业入围中国企业 500 强数量维持稳定，但对营业收入与净利润的贡献与 2019 年 500 强相比均有所下降。2020 中国企业 500 强中，有 19 家汽车企业入围，与上年 500 强持平，保持在历年来的最高值。从行业企业对中国企业 500 强营业收入、净利润的贡献看，19 家汽车企业实现营业收入 4.43 万亿元，占 2020 中国企业 500 强营业收入总额的 5.14%，比上年 500 强降低了 0.42 个百分点，比 2018 中国企业 500 强降低了 0.62 个百分点；汽车企业实现净利润 881.40 亿元，占 2020 中国企业 500 强净利润总额的 2.26%，比上年 500 强降低了 0.90 个百分点，比 2018 中国企业 500 强降低了 1.22 个百分点，如图 1-21 所示。显然，在中国企业 500 强中，汽车企业的重要性在持续下降。

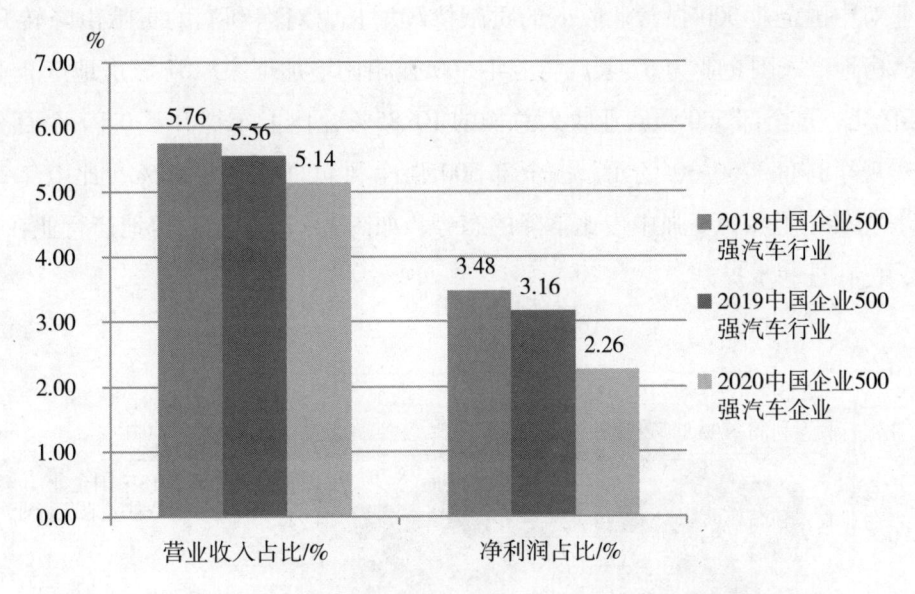

图 1-21 2018—2020 中国企业 500 强中汽车行业营业收入与净利润占比变化

除人均营收指标外，汽车企业的其他各项指标都在恶化，个别指标更是持续 5 连降。2020 中国企业 500 强 19 家汽车企业的收入利润率、资产利润率、净资产利润率分别为 1.99%、2.01% 和 9.30%，分别比上年 500 强降低了 0.55 个百分点、0.75 个百分点和 3.03 个百分点；人均净利润为 5.98 万元，比上年减少 1.36 万元。汽车企业营业收入同比增速为 0.54%，比上年 500 强中汽车企业同比增速大幅下滑 7.39 个百分点；净利润更是再次遭遇负增长，为 -17.81%。各项指标中，资产利润率已经是 5 连降，收入利润率 4 连降，营收增长率、净利润增长率都是 3 连降。汽车行业的综合税负率在减税降费改革中总体上呈下降态势，但税负水平的 3 连降，并没有带来行业盈利水平的改善，如表 1-8 所示。

表 1-8 中国企业 500 强中汽车行业主要利润率指标及其他指标变化趋势

	收入利润率/%	资产利润率/%	净资产利润率/%	人均营收/万元	人均净利润/万元	综合税负率/%	营收增长率/%	净利润增长率/%
2011	5.40	7.31	21.48	240.10	12.96	9.97	—	—
2012	2.95	4.33	11.00	272.40	8.05	10.28	19.87	-9.51
2013	2.81	4.02	9.88	281.80	7.92	11.26	5.63	1.54
2014	2.75	3.74	9.57	303.12	8.34	10.83	17.01	16.51
2015	2.92	3.79	9.82	299.23	8.72	10.70	9.14	15.21
2016	3.11	3.51	9.10	296.79	9.24	10.03	1.24	8.08
2017	2.94	3.31	8.83	288.02	8.48	10.04	14.01	18.29
2018	2.78	3.03	8.77	359.26	9.99	9.92	13.51	9.96
2019	2.54	2.76	12.33	288.88	7.34	9.08	7.93	-1.35
2020	1.99	2.01	9.30	300.42	5.98	7.06	0.54	-17.81

7. 房地产收入与利润占比双双提升，利润率指标有升有降

房地产行业对中国企业500强营业收入的贡献持续增长，对净利润的贡献由降转升。2020中国企业500强中，房地产入围企业为67家，与上年500强相比增加1家。67家房地产企业的营业收入总额为9.34万亿元，占全部500强营业收入总额的10.85%，比上年提升了0.97个百分点，保持连续提升态势；实现净利润3760.30亿元，占全部500强净利润总额的9.66%，比上年500强提升了0.87个百分点，扭转了上年500强中占比下降的态势，如图1-22所示。房地产行业在中国企业500强中的重要性，仍在进一步提升。

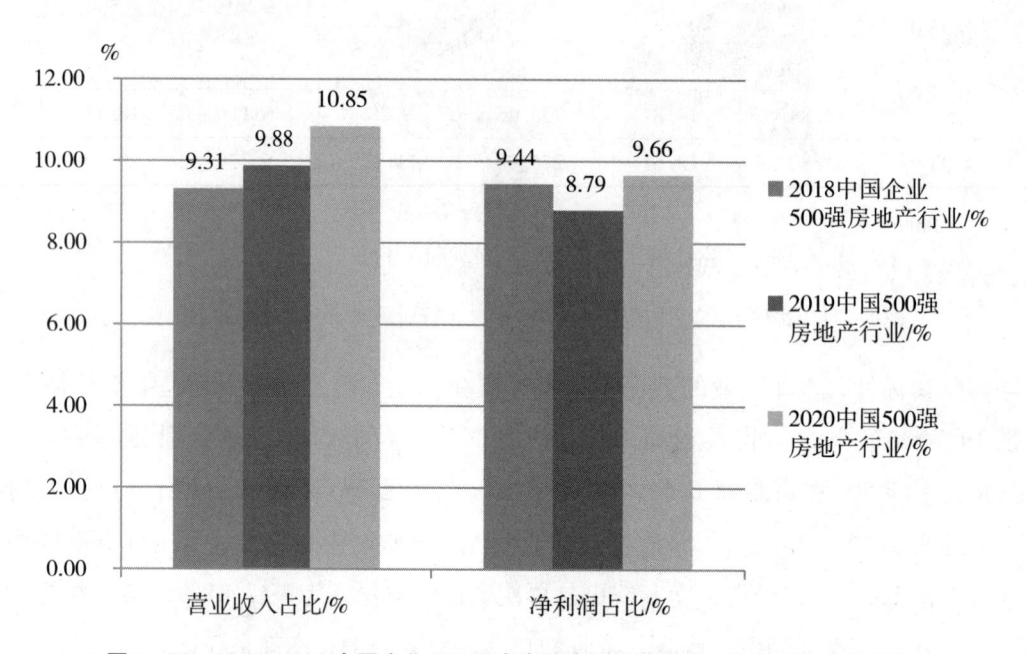

图 1-22　2018—2020 中国企业500强中房地产行业营业收入与净利润占比变化

房地产行业整体利润率指标有升有降，净利润增速连续两年回落。2020中国企业500强中房地产行业的整体收入利润率为4.03%，比上年500强房地产整体收入利润率提高了0.06个百分点，扭转了上年500强中的下降态势；资产利润率为1.80%，比上年500强房地产资产利润率下降了0.04个百分点，连续两年下降；净资产利润率为13.61%，比上年500强下降了1.23个百分点。从人均产出指标看，人均营业收入、人均净利润分别为275.90万元、11.11万元，分别比2019年500强提高了42.44万元、1.83万元。从增速变化看，2020中国企业500强中房地产行业整体营业收入同比增速为19.19%，比上年500强提高了1.06个百分点；净利润同比增速为10.42%，大幅降低了13.11个百分点，净利润同比增速连续两年大幅回落，如表1-9所示。

表 1-9　中国500强中房地产行业主要利润率指标及其他指标变化趋势

房地产	收入利润率/%	资产利润率/%	净资产利润率/%	人均营收/万元	人均净利润/万元	综合税负率/%	营收增长率/%	净利润增长率/%
2011	3.73	3.37	16.29	119.23	4.44	4.92	—	—
2012	2.65	2.30	11.83	74.63	1.98	5.42	14.99	15.44

续表

房地产	收入利润率/%	资产利润率/%	净资产利润率/%	人均营收/万元	人均净利润/万元	综合税负率/%	营收增长率/%	净利润增长率/%
2013	2.35	1.95	9.80	131.65	3.10	5.31	12.99	9.25
2014	2.65	2.24	11.41	158.52	4.20	4.77	18.53	15.49
2015	2.48	1.86	8.41	162.51	4.04	5.18	11.11	11.99
2016	3.29	1.96	8.01	169.12	5.56	5.79	8.03	15.09
2017	4.11	1.96	8.60	171.00	7.04	7.11	13.85	2.44
2018	4.56	2.18	11.23	201.71	9.20	6.11	15.54	37.17
2019	3.97	1.84	14.84	233.46	9.28	6.11	18.13	23.53
2020	4.03	1.80	13.61	275.90	11.11	5.77	19.19	10.42

五、2020中国企业500强的总部地区分布特征

2020中国企业500强中，西藏、海南没有企业入围，其他内地29个省（自治区、直辖市）都有企业入围。总体上看，各地区入围企业数量更趋分散化，头部区域与尾部区域之间差异有所缩小。中部地区入围企业数量持续减少，西部地区入围企业连续增加，东北地区减少1家，中部地区增加1家。福建新增4家入围企业，江苏减少4家，分别为新增与减少最多地区。东部地区的收入利润率、净资产利润率、人均净利润都明显高于其他地区，东北地区税负最高，但同比明显下降。

1. 头部区域与尾部区域差距进一步缩小，福建净增加企业最多

头部区域与尾部区域之间入围企业数量差距进一步缩小，中国企业500强的省级区域分布更加趋向于分散化。2020中国企业500强中，北京地区的企业有97家，与上年500强相比减少3家；第二梯队（入围企业数量在40家及以上的省级区域），包括广东、山东、江苏和浙江，共有192家企业入围，比上年500强减少了7家；第三梯队（入围企业数量在10~39家的省级区域），包括上海、河北、四川、重庆、福建、安徽、河北，共有121家企业入围，比上年500强增加了6家；第四梯队（入围企业数量在9家及以下的省级区域），包括河南等17个省级区域，共有90家企业入围，比上年500强增加4家。总体上看，近年来第一梯队、第二梯队入围企业数量持续减少，第三梯队、第四梯队入围企业有所增加，如图1-23所示。这一分布表明，随着尾部区域入围企业数量的增加，中国企业500强中头部区域与尾部区域的差距进一步缩小，500强企业在省级区域的分布继续朝着相对均衡化、分散化的方向发展。

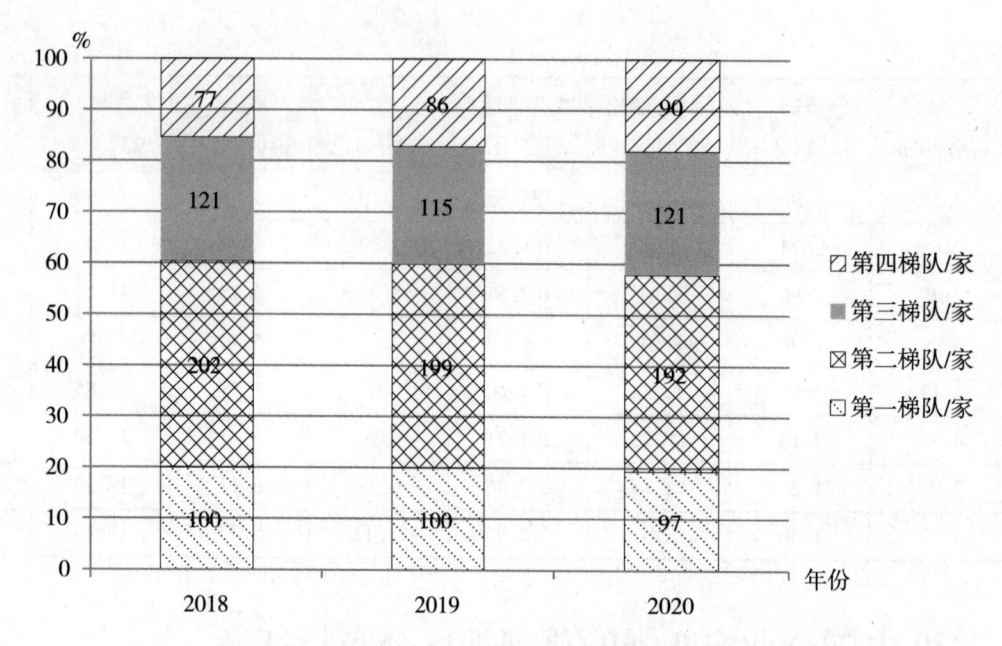

图 1-23 中国企业 500 强各梯队入围企业数量分布

多个省（自治区、直辖市）入围企业数量均有不同程度变化，福建入围企业数量增加最多，江苏减少最多。2020 中国企业 500 强来自内地 29 个省（自治区、直辖市），西藏依然没有企业入围，海南已经连续 3 年缺席中国企业 500 强。29 个省（自治区、直辖市）中，有 10 个区域入围企业数量发生增加，11 个维持稳定，8 个发生减少。福建共有 17 家企业入围 2020 中国企业 500 强，比上年 500 强净增加 4 家，是入围企业增加最多的省级区域；其次是广西与贵州，各增加了 2 家。江苏入围企业减少最多，净减少了 4 家，江苏已经是连续两年均减少 3 家以上；其次是山东、北京，各减少了 3 家。

2. 东部地区企业数量连续减少，西部地区持续增加

东部地区、东北地区入围企业数量减少，中西部地区入围企业数量增加。2020 中国企业 500 强中，东部地区入围企业数量为 365 家，在上年 500 强减少 1 家的基础上再次减少 6 家，入围企业呈持

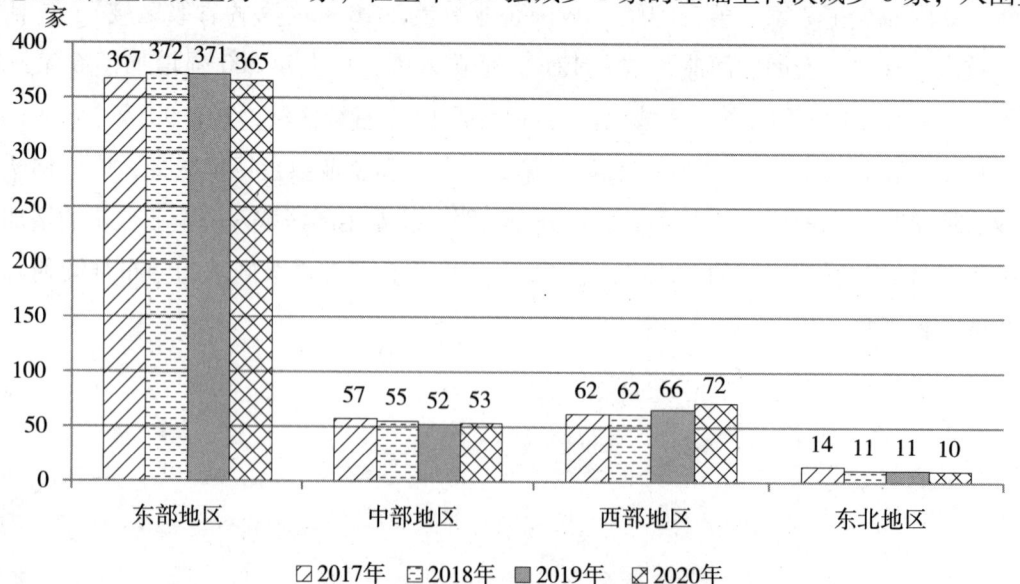

图 1-24 中国企业 500 强四大区域入围企业数量变化

续减少态势；中部地区入围企业53家，扭转了入围企业数量连续减少态势，转而增加了1家；西部地区入围企业为72家，比上年500强增加了6家，连续第二年实现入围企业数量增加；东北地区入围企业10家，比上年500强减少了1家，如图1-24所示。

3. 东部地区盈利能力领先，东北地区税负最高

无论是收入利润率，还是净资产利润率、人均净利润，东部地区都明显高于其他地区；东北地区则在综合税负、研发强度上高于其他地区。如图1-25所示，在2020中国企业500强中，东部地区的收入利润率为4.93%，分别比中部地区、西部地区、东北地区高3.40个百分点、2.29个百分点和2.37个百分点；东部地区净资产利润率为9.79%，分别比中部地区、西部地区、东北地区高2.81个百分点、2.76个百分点和2.28个百分点；东部地区人均净利润为13.07万元，分别比中部地区、西部地区、东北地区高9.82万元、5.09万元和9.25万元。东北地区的综合税负率为7.69%，分别比东部地区、中部地区、西部地区高2.22个百分点、2.90个百分点和2.48个百分点；东北地区的研发强度为2.11%，分别比东部地区、中部地区、西部地区高0.42个百分点、0.60个百分点和1.29个百分点。但从同口径角度看，东北地区10家企业7.69%的综合税负率，与2019年的8.91%相比，显著降低了1.22个百分点。

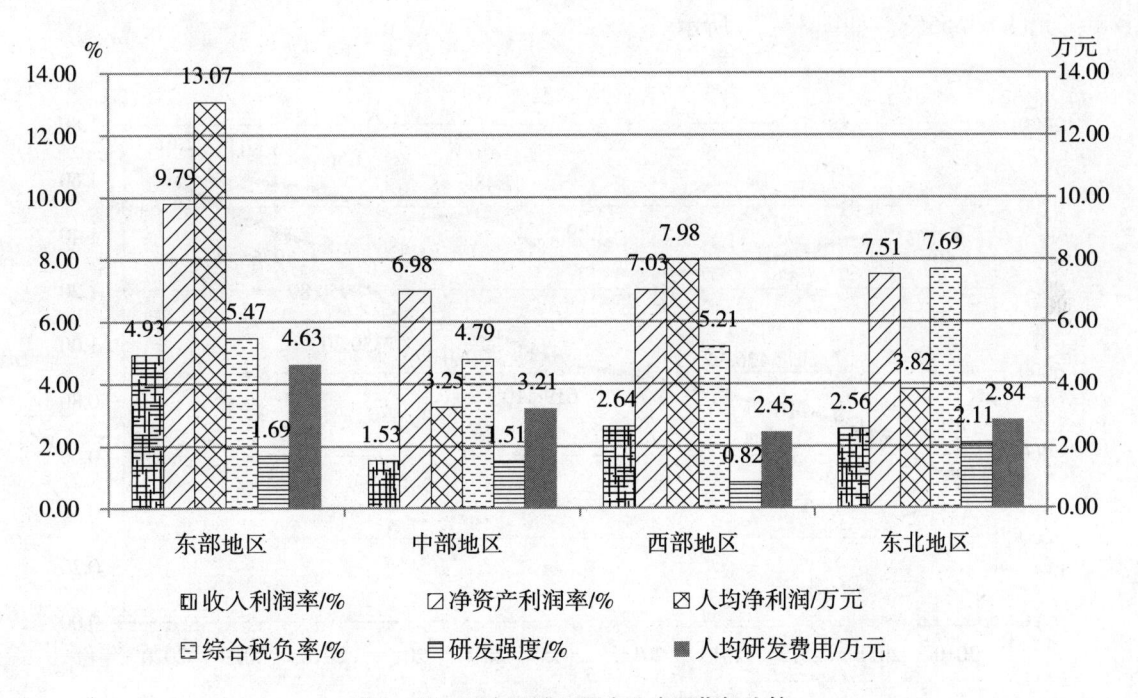

图1-25 四大区域入围企业主要指标比较

六、2020中国企业500强的创新特征

中国企业500强研发投入保持持续增加态势，研发投入总量相当于全国企业R&D经费的63.55%；研发强度维持在1.61%，回到历史最高值水平。研发投入强度在5%以上的企业数量增加2家，超过半数企业的研发强度同比都有所提升。制造业企业的研发强度持续高于服务业，并且保持上升态势。民营企业的研发强度高于国有企业，但在研发投入总量、企业平均研发投入上仍低于国

有企业，国有企业仍是研发投入的主要力量。通信设备制造业在研发强度、人均研发费用、企均研发费用的行业排名中都高居首位。广东省的企业在区域研发强度排名中位居榜首，明显领先于其他地区。中国企业500强的专利与发明专利数量持续增加，发明专利占比7连升。通信设备制造业在创新产出数量与质量上均处于领先地位，并且积极参与标准制订，具有突出的国际产业发展影响力。中国企业500强的研发投入与营业收入等主要指标的绝对值均存在显著相关关系，但与营业收入、净利润、资产、净资产、纳税的增长率不存在显著水平的相关关系。

1. 研发投入持续增加，研发强度较上年提升

中国企业500强研发投入保持持续稳定增长态势。2020中国企业500强中有431家企业提供了研发数据，这一数字与上年500强相比增加了5家，表明大企业群体的研发参与度及对研发的重视程度进一步提升。如图1-26所示，431家企业共投入研发费用10754.06亿元，中国企业500强的研发投入首次突破万亿元大关，继续保持稳定增长态势。与上年500强相比，增加了988.58亿元，增幅为10.12%；但与自身同口径比，428家（其中有3家企业未提供前一年研发投入数据）企业的研发投入同比大幅增长了17.00%。企业平均研发投入为24.95亿元，比上年500强企业平均研发投入22.92亿元增长了8.85%。2020中国企业500强研发投入总量，相当于2019年全国企业R&D经费16921.8亿元的63.55%。如图1-27所示。

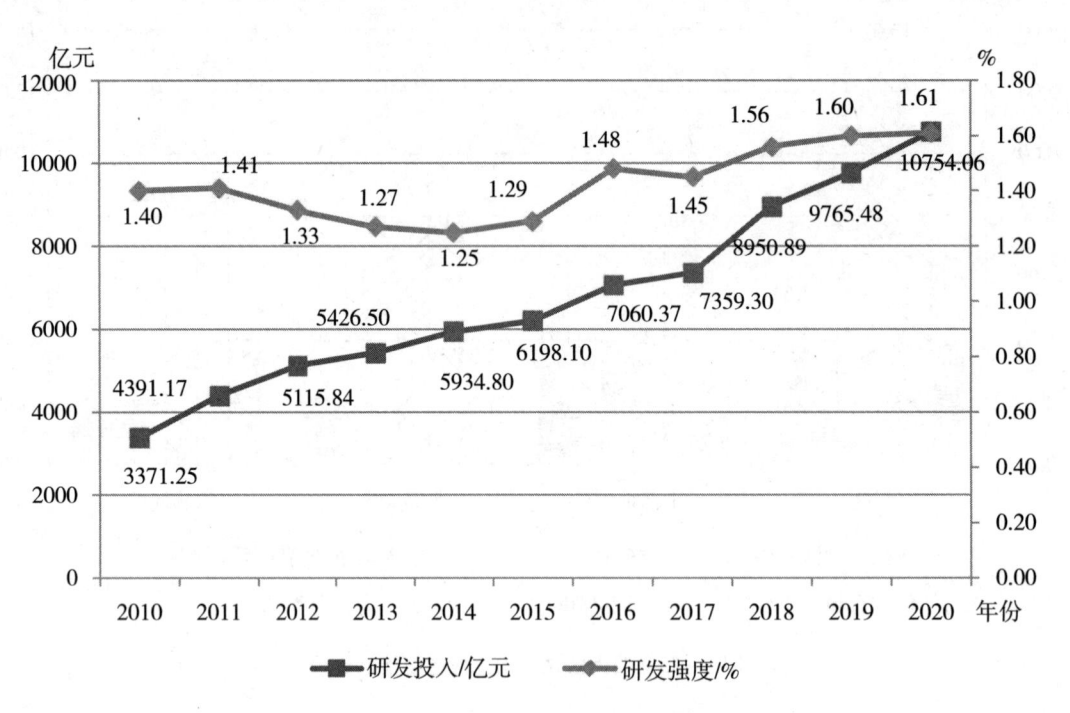

图1-26 中国企业500强研发投入与研发强度变化趋势

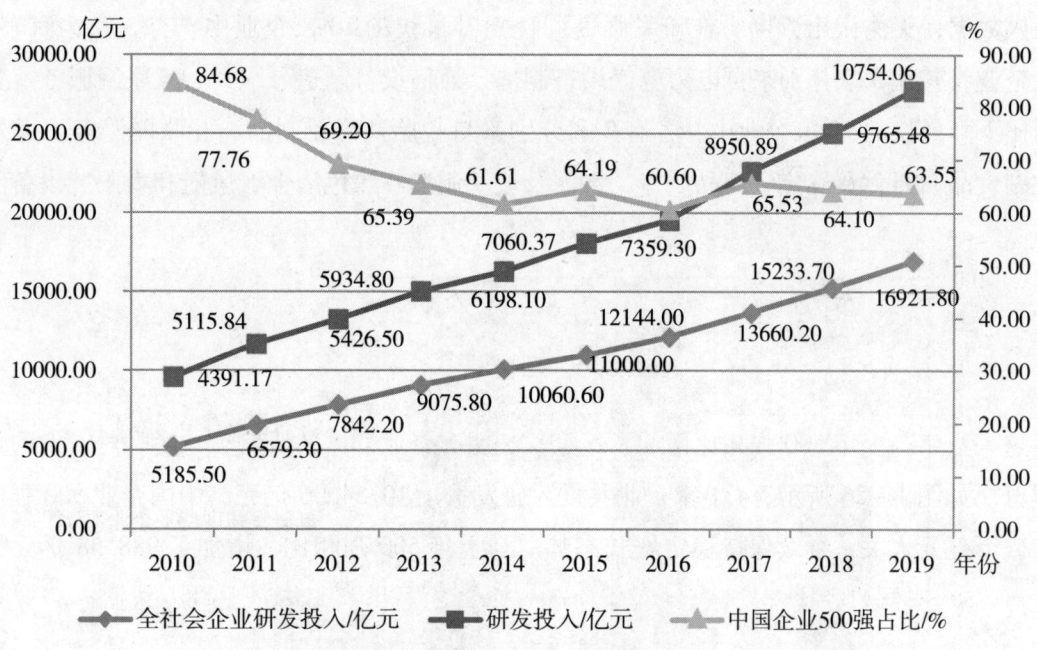

图 1-27　中国企业 500 强研发投入占全国企业 R&D 经费百分比

中国企业 500 强研发强度恢复到历史最高水平。2020 中国企业 500 强中 431 家企业研发投入总额占其营业收入 66.90 万亿元的 1.61%，企业平均研发强度连续 3 年提升，并恢复到了历史最高水平。详见图 1-26。"十三五"期间，中国企业 500 强研发强度的年平均值为 1.56%，明显高于"十二五"期间研发强度年平均值的 1.32%。

2. 企业研发投入意愿增强，多数企业研发强度提升

2020 中国企业 500 强研发投入意愿增强，区间变化存在差异。如表 1-10 所示，研发强度 10% 以上区间、5%~10% 区间分别增加了 1 家企业；其中研发强度 10% 以上的 5 家企业共投入研发费用 1982.71 亿元，占全部 500 强研发投入的 18.44%，这一区间的研发投入占比在增加 1 家企业的基础上比 2019 年提高了将近 4 个百分点；但在 5%~10% 区间，虽然企业数量增加了 1 家，但区间企业合计研发投入占全部 500 强研发投入的占比为 14.42%，比上年 500 强反而降低了 4.27 个百分点。

表 1-10　2020 中国 500 强企业研发投入强度区间分布

	企业数量	研发投入/亿元	研发投入占比/%
10% 以上	5	1982.71	18.44
5%~10%	17	1550.32	14.42
2%~5%	85	3673.35	34.16
2% 以下	324	3547.68	32.99
合计	431	10754.06	100.00

多数企业的研发强度都有不同程度提升。如图 1-28 所示，在 2020 中国企业 500 强的 431 家有研发投入数据的企业中，有 240 家企业的研发强度与本企业上年相比实现了同比提升，近三年来研发强度同比提升的企业数量保持着逐年增加态势。与此同时，151 家企业的研发强度同比下降，研发强度同比下降的企业近三年来逐年减少；另有 37 家企业研发强度同比持平，3 家企业由于缺乏上一年

度研发投入数据，无法做出判断。在研发强度同比提升最快的 10 家企业中，有 3 家为汽车企业、2 家为钢铁企业，其他 5 家分别来自电力电气设备制造、通信设备制造、水务、互联网服务、多元化投资；在同比下降最快的 10 家企业中，各有 2 家分别来自轮胎及橡胶制品、互联网服务，另外 6 家分别来自农副食品、石化及炼焦、药品制造、水泥及玻璃制造、黑色冶金、风能和太阳能设备制造。

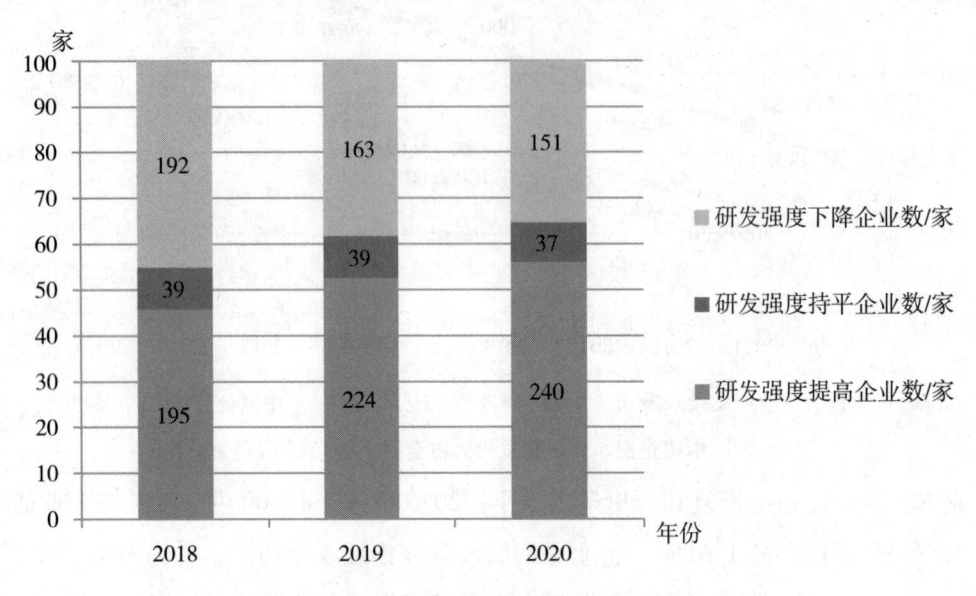

图 1-28　中国企业 500 强研发强度升降情况

3. 制造业研发强度持续上升，民营企业研发强度高于国有企业

在中国企业 500 强中制造业研发强度明显高于服务业，二者差距呈扩大趋势。2020 中国企业 500 强 231 家制造业企业的平均研发强度为 2.18%，近三年来持续提升；126 家服务业企业的平均研发强度为 1.01%，在上年 500 强服务业平均研发强度下降 0.07 个百分点的基础上，进一步下降 0.04 个百

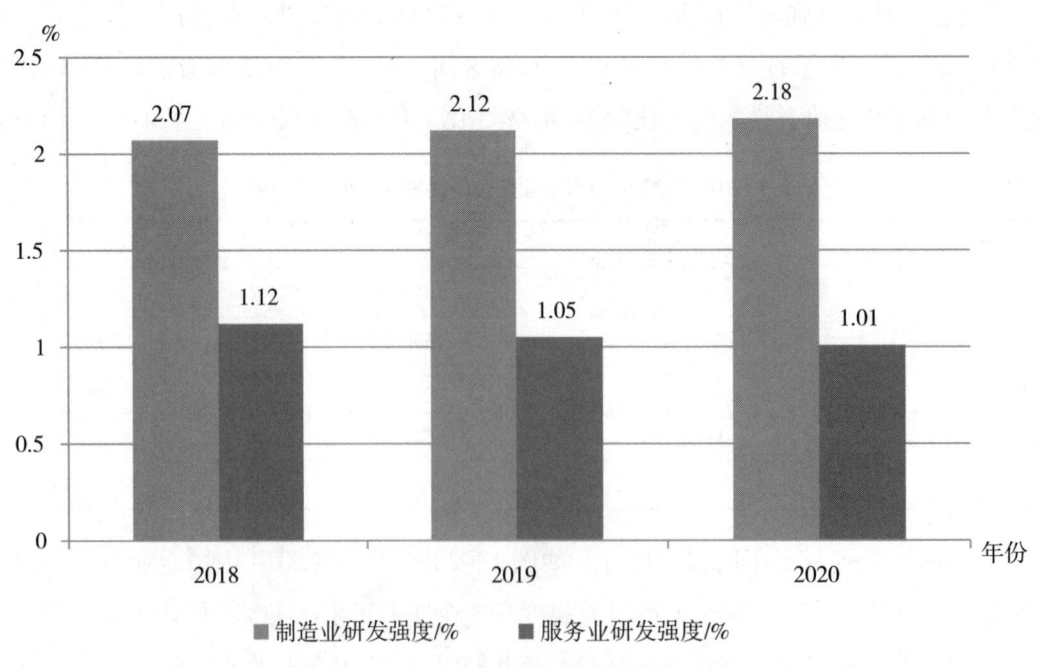

图 1-29　中国企业 500 强制造业、服务业研发强度变化

分点。近三年来，中国企业500强中制造业、服务业研发强度的差距，呈现出逐年扩大的趋势。如图1-29所示。但从同比角度看，2020中国企业500强中制造业的平均研发强度有所提升，服务业的平均研发强度有所下降；231家制造业企业的平均研发强度同比提升了0.06个百分点，126家服务业企业的平均研发强度同比下降了0.04个百分点。

在中国企业500强中，民营企业研发强度明显高于国有企业，但国有企业仍是研发投入的主要力量。在2020中国企业500强中，205家民营企业的平均研发强度为2.33%，比上年500强下降了0.05个百分点；226家国有企业的平均研发强度为1.27%，与上年500强持平。如图1-30所示。民营企业与国有企业的平均研发强度差距有所缩小。在国有企业内部，非金融央企的研发投入力度最大，明显高于地方国企和金融央企；而且与地方国企、金融央企不同的是，近年来非金融央企的平均研发强度总体上呈现出波动向上的积极态势。此外，从研发投入总量上看，205家民营企业共投入研发费用4917.02亿元，低于226家国有企业的5837.04亿元；民营企业的企业平均研发投入为23.99亿元，也低于国有企业平均研发投入的25.83亿元。无论是研发投入总量，还是企业平均研发投入，在2020中国企业500强中，民营企业都低于国有企业。

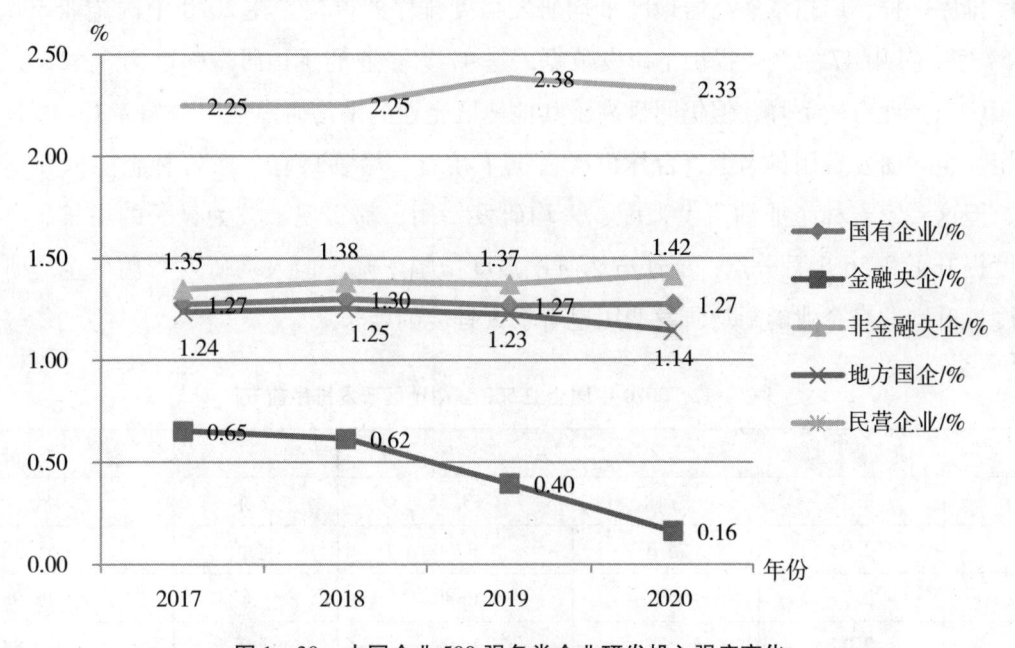

图1-30 中国企业500强各类企业研发投入强度变化

4. 高端装备制造业研发力度持续领先，广东企业研发强度整体领先

通信设备制造业在研发强度、人均研发费用、企均研发费用三项指标的行业排名中，连续高居首位。在2020中国企业500强中，共有5家通信设备制造企业，共投入研发费用1594.53亿元，行业平均研发强度为12.74%；虽然低于上年500强中3家企业的13.44%，但显著高于排位第二的半导体、集成电路及面板制造的8.14%。5家通信设备制造业的人均研发费用投入为42.76万元，也显著高于软件和信息技术（IT）的25.49万元。5家通信设备制造业企均研发费用投入为318.91亿元，同样远高于兵器制造的143.71亿元。如表1-11所示。从研发强度、人均研发费用、企均研发费用排名前五的行业看，主要是高端装备制造行业，这将有力支撑我国高端装备制造业企业的持续高质量发展。而且与上年500强相比，半导体、集成电路及面板制造业研发强度大幅提高了2.60个百分点，轨道交通设备及零部件制造业研发强度提高了0.24个百分点，挤进了行业前五。

表1-11　2020中国企业500强中行业研发排序前五

三级行业	研发强度/%	三级行业	人均研发费用/万元	三级行业	企均研发费用/亿元
通信设备制造	12.74	通信设备制造	42.76	通信设备制造	318.91
半导体、集成电路及面板制造	8.14	软件和信息技术（IT）	25.49	兵器制造	143.71
互联网服务	5.97	互联网服务	19.50	航空航天	140.32
航空航天	5.50	工程机械及零部件	15.63	轨道交通设备及零部件制造	124.11
轨道交通设备及零部件制造	5.18	电线电缆制造	12.06	石油、天然气开采及生产业	120.43

广东省企业在区域研发强度排名中位居榜首，明显领先于其他地区。与前几年中国企业500强地区研发强度排序一样，广东依然高居地区平均研发强度排序的首位。在2020中国企业500强中，广东企业有57家，其中47家企业提供了研发数据。这47家企业的平均研发强度为3.32%，尽管研发强度比上年广东企业有所下降，但仍明显高于其他地区企业的平均研发强度。如表1-12所示。在人均研发费用、企均研发费用排名上，吉林再次占据了榜首。尽管只有一家吉林企业，并不具备典型的代表性，但这一家吉林企业的研发强度、人均研发费用，都实现了较为显著的增长。此外，湖南的研发强度提升了0.56个百分点；浙江虽然研发强度微幅下降，但人均研发费用、企均研发费用都有一定程度提升；北京企业的平均研发费用也有较大程度的增长。

表1-12　2020中国企业500强中地区研发排序前五

地区	研发强度/%	地区	人均研发费用/万元	地区	企均研发费用/亿元
广东	3.32	吉林	13.55	吉林	180.95
吉林	2.93	湖南	9.60	北京	58.18
湖南	2.77	浙江	8.80	广东	46.98
浙江	2.22	广东	8.08	浙江	25.84
山东	1.78	山东	5.93	上海	23.73

5. 专利数量与质量持续提升，国际标准制定参与度更为活跃

中国企业500强的专利与发明专利数量持续增长，专利质量连续提升。在2020中国企业500强中，有396家企业提供了专利数据，与上年500强持平；396家企业合计拥有专利数123.93万件，比上年500强增加了13.13万件，增速为11.85%；其中发明专利为48.43万件，比上年500强增加了7.87万件，增速为19.40%。发明专利增速显著高于专利增速，推动发明专利占比提升；396家企业的发明专利占全部专利的比重为39.08%，比上年500强提高了2.47个百分点，发明专利占比连续7年实现提升，中国企业500强的专利质量持续改善。如图1-31所示。"十三五"期间，中国企业

500强所申报专利、发明专利的年平均值分别为101.00万件、36.58万件，比"十二五"期间的44.93万件、12.42万件分别高56.07万件、24.16万件；"十三五"发明专利占比的年平均值为35.68%，比"十二五"期间的27.49%高8.19个百分点。

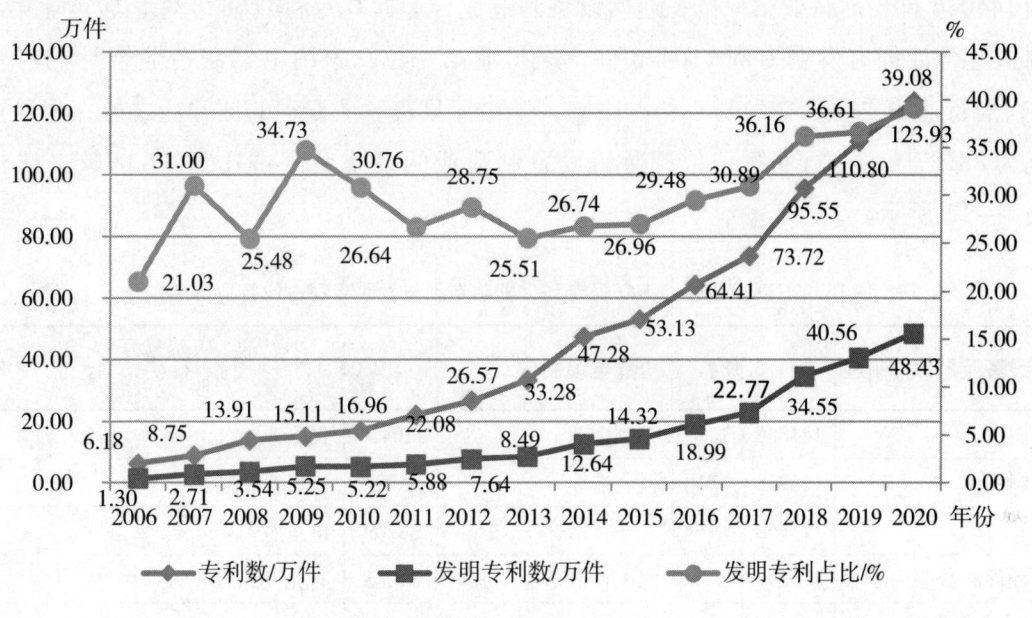

图 1-31　中国企业500强专利与发明专利、发明专利占比变动态势

企业标准制定数量大幅提升，参与国际标准制定持续活跃。2020中国企业500强有332家企业申报了标准制定事项，合计报告了标准制定事项63573项，比上年500强增加了15872项；其中参与国内标准制定55182项，比上年500强增加了10514项；参与国际标准制定7571项，比上年500强大幅增加了5666项。如图1-32所示。

图 1-32　中国企业500强企业参与标准制定情况变动趋势

6. 通信设备制造业创新产出数量与质量均领先，并且积极参与国际标准制定

家用电器制造业、通信设备制造业分别在拥有专利项数、发明专利项数占据行业排名首位，通信设备制造业在发明专利占比排名位居前列。在2020中国企业500强中，家用电器制造业合计拥有专利144086件，居行业第一位；通信设备制造业合计拥有专利126828件，居行业第二位。通信设备制造业合计拥有发明专利110426件，居行业第一位；家用电器制造业合计拥有发明专利56797件，居行业第二位。在发明专利占比上，排除掉只有一项专利的证券业之外，保险业的发明专利占比为88.27%，居行业第一位；通信设备制造业的发明专利占比为87.07%，居行业第二位。如表1-13所示。

表1-13　2020中国企业500强专利、发明专利与发明专利占比行业排名前十

所属行业	拥有专利项数	所属行业	发明专利项数	所属行业	发明专利占比/%
家用电器制造业	144086	通信设备制造业	110426	保险业	88.27
通信设备制造业	126828	家用电器制造业	56797	通信设备制造业	87.07
电网业	115662	电网业	38709	电信服务业	77.99
汽车及零配件制造业	113597	汽车及零配件制造业	31085	石化及炼焦业	69.02
半导体、集成电路及面板制造业	70000	石化及炼焦业	29970	医药及医疗器材零售业	68.82
房屋建筑业	58862	半导体、集成电路及面板制造业	20915	化学原料及化学品制造业	66.64
黑色冶金业	50578	黑色冶金业	19830	航空航天业	62.07
土木工程建筑业	50444	航空航天业	17015	兵器制造业	60.76
综合制造业	45065	石油、天然气开采及生产业	15090	航空运输业	56.76
石化及炼焦业	43421	互联网服务业	12366	软件和信息技术业（IT）	52.64

综合服务业在总标准数、国内标准数上居行业首位，通信设备制造业在国际标准制定上居行业第一位。在2020中国企业500强中，综合服务业合计参与了10107项标准的制定，其中国内标准数为10066项。无论是参与标准制定总项数，还是国内标准项数，综合服务业的数量都远高于排名行业第二位的通信设备制造业。但在参与国际标准制定上，通信设备制造业明显处于领先地位，表现出更为突出的产业发展国际影响力；通信设备制造业合计参与了5354项国际标准制定，远高于排名第二位的电信服务业的1128项。如表1-14所示。

表1-14　2020中国企业500强标准、国内标准、国际标准数量排名前十行业　　　　（单位：项）

所属行业	总标准数	所属行业	国内标准数	所属行业	国际标准数
综合服务业	10107	综合服务业	10066	通信设备制造业	5354
通信设备制造业	8937	通信设备制造业	3583	电信服务业	1128

续表

所属行业	总标准数	所属行业	国内标准数	所属行业	国际标准数
电信服务业	3594	电网业	3440	家用电器制造业	125
电网业	3540	土木工程建筑业	3057	轨道交通设备及零部件制造业	115
土木工程建筑业	3076	一般有色业	2756	半导体、集成电路及面板制造业	101
一般有色业	2777	电信服务业	2466	电网业	100
黑色冶金业	2300	电力生产业	2207	黑色冶金业	96
电力生产业	2261	黑色冶金业	2200	综合制造业	66
水泥及玻璃制造业	1900	水泥及玻璃制造业	1867	电力生产业	54
家用电器制造业	1841	综合制造业	1717	综合服务业	41

7. 研发费用与主要指标的绝对值显著正相关，与增量指标均无显著相关关系

中国企业500强的研发投入与营业收入等主要指标的绝对值均存在显著相关，但与营业收入、净利润、资产、净资产、纳税的增长率不存在显著水平的相关。利用SPSS计算得到研发费用与各指标绝对值、增长率之间的相关性分析结果如表1-15所示。从表1-15可知：企业的研发投入与营业收入、净利润、净资产、纳税、人员、专利数、发明专利数、标准项数、国内标准均存在0.01水平下的显著相关关系，但与资产、国际标准、营收增长率、净利润增长率、资产增长率、净资产增长率、纳税增长率，均不存在显著相关关系；其中与营收增长率、净利润增长率、资产增长率、纳税增长率、并购重组存在弱的负相关关系，与净资产增长率、国际标准、国际化存在弱的正相关关系。

七、2020中国企业500强的国际化特征

2020中国企业500强有249家企业申报了完整的国际化经营数据，与上年500强持平，但其跨国指数比上年500强提高了0.41个百分点。中国大企业国际化经营能力有待提升，国际化经营企业的收入利润率、净资产利润率均低于非国际化经营企业，人均收入、人均净利润也低于非国际化经营企业。从分类比较看，国有企业的国际化程度高于民营企业，制造业企业的国际化程度高于服务业企业。在国际化企业中，国有企业的收入利润率、净资产利润率均低于民营企业，服务业企业的收入利润率高于制造业企业，制造业企业的净资产利润率高于服务业企业。在75个行业中，有45个行业的企业国际化比率高于50%，但也有8个行业企业的国际化比率依旧为零。国际化经营的行业覆盖面、区域覆盖面均有所提升，但区域企业国际化比率与经济发展水平并无必然联系。企业的国际化经营与否，和营业收入等指标显著正相关，与净利润等指标则呈现弱的负相关关系。

1. 国际化经营程度与上年500强相比有提升，但海外资产占比同比回落

中国企业500强的国际化参与度有提升。在2020中国企业500强中，有249家企业申报了海外收入、海外资产与海外人员数据，这一数量与上年500强持平。这249家企业的海外资产为16.34万亿元，占当年企业资产总额的12.28%；实现海外收入7.54万亿元，占当年企业营业收入的

14.85%；拥有海外员工125.12万人，占当年企业员工总数的6.35%。249家企业的平均跨国指数为11.16%，比上年500强提升了0.41个百分点，其中海外资产占比、海外收入占比、海外员工占比分别提升了0.28个百分点、0.78个百分点、0.15个百分点。如表1-16所示。但从249家企业本身的同比数据看，平均跨国指数只提高了0.11个百分点，其中海外收入、海外员工占比分别提高了0.37个百分点、0.22个百分点，但海外资产占比反而同比下降了0.26个百分点。

表 1-15　各主要指标的相关性分析结果

	营业收入	营收增长率	净利润	净利润增长率	资产	资产增长率	净资产	净资产增长率	纳税	纳税增长率	人员	专利数	发明专利数	标准项数	国内标准	国际标准	研发费用	并购重组	国际化
营业收入	1.000	-0.052	0.527**	0.001	0.473**	-0.011	0.716**	-0.035	0.883**	-0.029	0.774**	0.623**	0.493**	0.219**	0.253**	-0.025	0.375**	-0.001	0.125**
营收增长率		1.000	-0.004	0.001	-0.032	0.358**	-0.038	0.151**	-0.052	0.149**	-0.092**	-0.062	-0.033	-0.062	-0.064	-0.036	-0.024	0.069	0.036
净利润			1.000	-0.008**	0.905**	-0.012*	0.886**	0.056	0.478**	-0.017	0.389**	0.363**	0.410**	0.143**	0.142*	0.042	0.186**	-0.017	-0.024
净利润增长率				1.000	-0.005	0.001	-0.002**	0.018	0.015	0.020	0.017	-0.032	-0.028	-0.025	-0.019	-0.114	-0.012	0.005	-0.038
资产					1.000	-0.010	0.869**	0.008	0.421**	-0.004	0.404**	0.214**	0.142**	0.087	0.100	-0.023	0.021	-0.034	-0.015
资产增长率						1.000	-0.014	0.328**	-0.016	0.139**	-0.023	-0.017	0.004	-0.066	-0.076	-0.021	-0.011	-0.011	-0.039
净资产							1.000	0.015	0.710**	-0.026	0.609**	0.497**	0.378**	0.183**	0.199**	0.011	0.194**	-0.019	0.027
净资产增长率								1.000	-0.025	0.121**	-0.027	0.007	0.020	-0.022	-0.037	0.063	0.030	0.000	0.023
纳税									1.000	-0.017	0.694**	0.453**	.356**	0.150**	0.168**	-0.005	0.276**	-0.005	0.143**
纳税增长率										1.000	-0.035	-0.037	-0.022	-0.024	-0.032	0.001	-0.028	0.029	-0.044
人员											1.000	0.522**	0.382**	0.212**	0.231**	0.010	0.271**	-0.023	0.103*
专利数												1.000	0.882**	0.401**	0.370**	0.199	0.668**	-0.010	0.078
发明专利数													1.000	0.477**	0.360**	0.434**	0.833**	-0.020	-0.028
标准项数														1.000	0.924**	0.565**	0.293**	0.015	0.205**
国内标准															1.000	0.184	0.263**	0.029	0.148**
国际标准																1.000	0.168	-0.035	0.124*
研发费用																	1.000	-0.007	0.092
并购重组																		1.000	0.130
国际化																			1.000

注：* 为 0.05 水平下显著，** 为 0.01 水平下显著。

表 1-16　2020 中国企业 500 强国际化经营情况

	2019 年指标值/%	2020 年指标值/%
跨国指数	10.75	11.16
其中：海外资产占比	12.00	12.28
海外收入占比	14.07	14.85
海外人员占比	6.20	6.35

2. 国际化经营企业的盈利能力不如非国际化企业，营收规模越大的企业越倾向于国际化经营

国际化经营企业的盈利水平低于非国际化企业，但在平均指标上各有高低。在 2020 中国企业 500 强中，249 家参与国际化经营的企业，其收入利润率为 2.86%，比非国际化企业的 6.93% 低 4.07 个百分点；净资产利润率为 7.18%，比非国际化企业的 11.82% 低 4.64 个百分点。从人均指标看，国际化企业的人均营业收入、人均净利润分别为 257.82 万元、7.37 万元，均低于非国际化企业。但在企业平均指标上，国际化企业的企均营业收入为 2039.50 亿元，高于非国际化企业的 1403.83 亿元；而企业平均净利润则低于非国际化企业的 97.26 亿元。如图 1-33 所示。

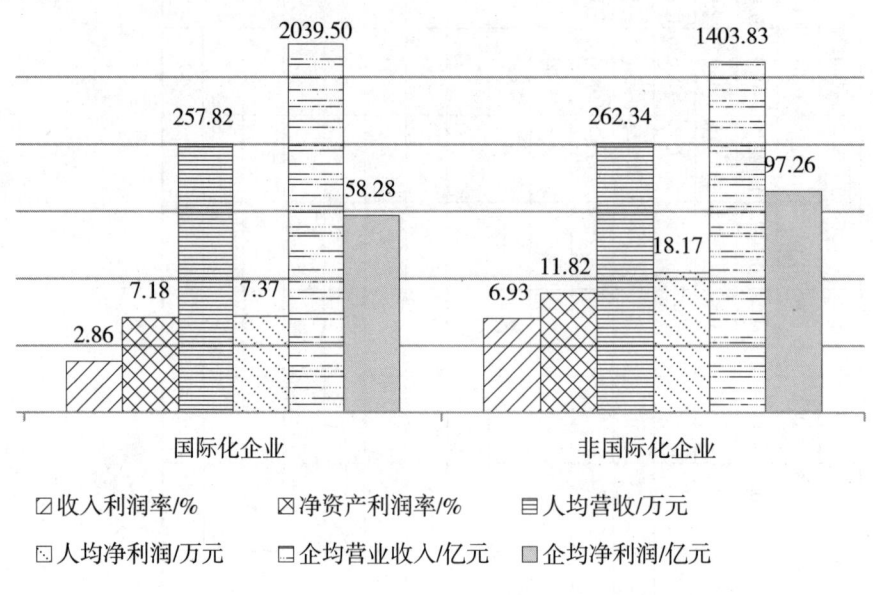

图 1-33　2020 中国企业 500 强国际化与非国际化企业比较

营收规模越大的企业，越倾向于国际化。在 2020 中国企业 500 强中，249 家国际化经营企业的企均营业收入为 2039.50 亿元，远高于非国际化经营企业的 1403.83 亿元。表 1-17 的区间分布状况也表明，排名越靠前的企业，参与国际化经营的比例越高，前 100 强企业中有 61 家企业参与了国际化经营，占全部国际化经营企业的 24.50%；排名第 101~200 位的企业中有 62 家企业参与了国际化经营，占全部国际化经营企业的 24.90%；而在第 201~300 位区间、第 301~400 位区间、第 401~500 位区间，参与国际化经营的企业数量分别为 55 家、39 家和 32 家，依次递减。这一区间的分布结果表明，企业规模与企业国际化有较大关联，规模越大的企业，越倾向于国际化经营，倾向于开拓国际市场作为新的收入与利润增长点，尽管其早期国际化经营的绩效可能并不理想。

表 1-17　2020 中国企业 500 强中国际化经营企业排名区间分布

区间分布	国际化企业数/家	分布比率/%	累计占比/%
1~100	61	24.50	24.50
101~200	62	24.90	49.40
201~300	55	22.09	71.49
301~400	39	15.66	87.15
401~500	32	12.85	100.00

3. 国有企业国际化程度高于民营企业，但盈利水平低于民营国际化企业

国有企业的国际化经营程度高于民营企业。在 249 家国际化经营企业中，161 家国有企业的跨国指数为 11.27%，高于 88 家民营企业的 10.45%；其中，国有企业的海外资产占比、海外收入占比分比为 12.70%、15.41%，高于民营企业的 9.44%、12.60%；但国有企业海外人员占比为 5.69%，低于民营企业的 9.30%。如表 1-18 所示。显然，在"走出去"国家战略的落实上，国有企业明显走在前列，发挥了应有的示范引领作用。

表 1-18　2020 中国企业 500 强跨国指数的所有制差异比较

	海外资产占比/%	海外收入占比/%	海外人员占比/%	跨国指数/%
国有企业	12.70	15.41	5.69	11.27
民营企业	9.44	12.60	9.30	10.45

国有国际化企业的绩效低于民营国际化企业，但在企均指标上高于民营国际化企业。在 249 家国际化经营企业中，161 家国有国际化企业的收入利润率、净资产利润率分为 2.67%、6.17%，均低于民营国际化企业的 3.63%、13.79%；国有国际化企业的人均营业收入、人均净利润分别为

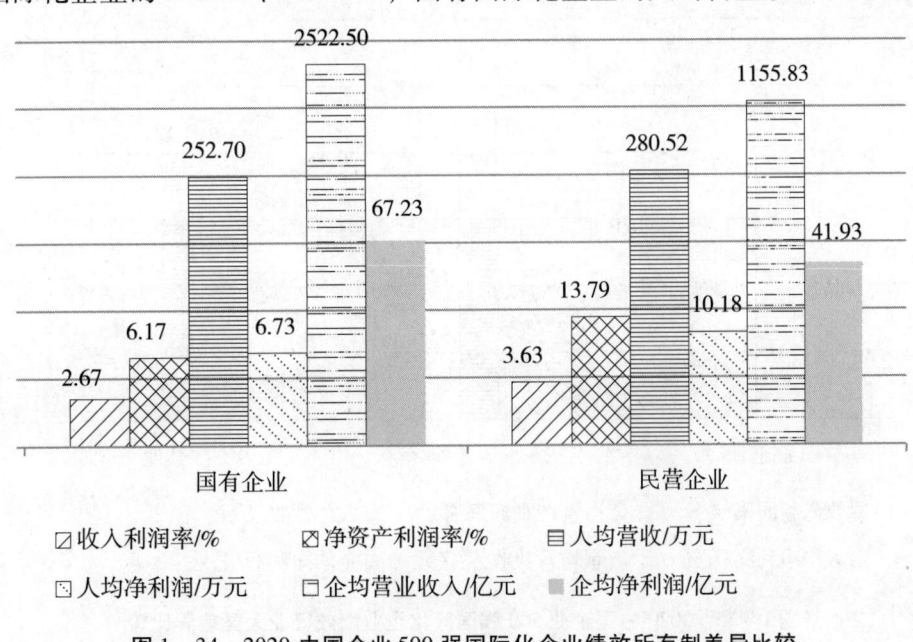

图 1-34　2020 中国企业 500 强国际化企业绩效所有制差异比较

252.70万元、6.73万元,也均低于民营国际化企业的280.52万元、10.18万元。但在企业平均指标上,国有国际化企业的企均营业收入、企均净利润分别为2522.50亿元、67.23亿元,均显著高于民营国际化企业的1155.83亿元、41.93亿元。如图1-34所示。显然,在国际化经营中,国有企业在体量、规模上明显大于民营企业。

4. 制造业国际化程度显著高于服务业,在效益、效率指标上各有优劣

制造业企业的国际化程度明显高于服务业与其他行业。在2020中国企业500强249家国际化经营企业中,制造业、服务业、其他行业企业数量分别为128家、67家、54家。128家制造业企业的跨国指数为14.29%,显著高于67家服务业企业的7.21%,也明显高于54家其他企业的12.74%。制造业企业的海外资产占比、海外收入占比、海外人员占比分别为15.46%、18.12%和9.30%,均高于服务业企业。如表1-19所示。显然,与服务业企业相比,制造业企业更快更早走出了国门,进入了国际市场。

表1-19 2020中国企业500强三大行业跨国指数差异比较

	海外资产占比/%	海外收入占比/%	海外人员占比/%	跨国指数/%
制造业	15.46	18.12	9.30	14.29
服务业	11.53	7.01	3.08	7.21
其他	12.07	19.39	6.76	12.74

在国际化经营效益效率指标上,三大行业各有优劣。在效益指标上,制造业国际化企业的收入利润率为2.05%,低于服务业国际化企业的4.88%,高于其他行业国际化企业的1.63%;制造业国际化企业的净资产利润率为8.42%,高于服务业国际化企业的7.71%和其他行业国际化企业的4.71%。在效率指标上,制造业国际化企业的人均营业收入为311.05万元,高于服务业与其他行业;

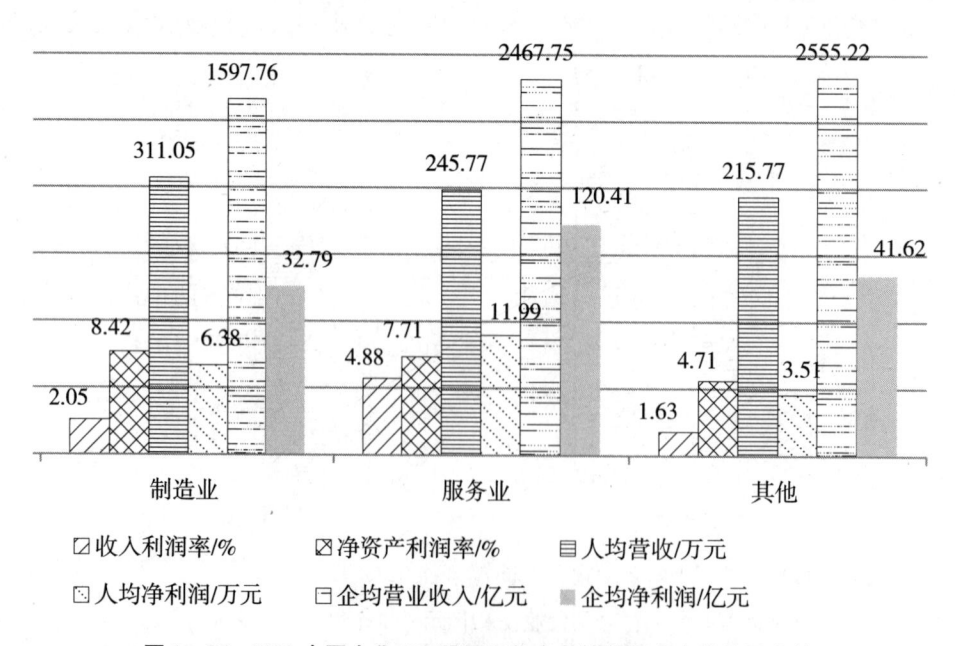

图1-35 2020中国企业500强国际化企业绩效行业大类差异比较

人均净利润为6.38万元，低于服务业，高于其他行业；企均营业收入为1597.76亿元，显著低于服务业与其他行业；企均净利润为32.79亿元，显著低于服务业与其他行业。如图1-35所示。

5. 行业国际化经营覆盖面拓宽，国际化经营参与区域增加

更多行业加入了国际化经营阵列，低参与度行业数量有所减少。在2020中国企业500强所涉及的75个三级细分行业中，有67个行业涉足国际化业务，其中，45个行业的国际化参与比率高于50%；只有8个行业没有国际化经营数据，这一数量比上年500强减少了2个。国际化参与度低于30%的行业有8个，比上年500强减少了1个。如表1-20所示。

表1-20 2020中国企业500强中国际化经营程度较低的行业

三级行业	国际化企业数量	入围企业数量	国际化比率/%
综合服务业	2	7	28.57
酒类业	1	4	25.00
造纸及包装业	1	4	25.00
金属制品加工业	2	9	22.22
住宅地产业	5	23	21.74
商业银行业	3	18	16.67
连锁超市及百货业	1	7	14.29
多元化金融业	1	8	12.50
饮料业	0	2	0.00
摩托车及零配件制造业	0	1	0.00
水上运输业	0	1	0.00
软件和信息技术业（IT）	0	2	0.00
互联网服务业	0	11	0.00
化工医药商贸业	0	2	0.00
农产品及食品批发业	0	2	0.00
汽车摩托车零售业	0	2	0.00

绝大多数区域企业都积极参与国际化布局，但国际化经营程度与区域经济水平并无必然联系。在2020中国企业500强所涉及的29个省（区市）中，只有青海、内蒙古两地入围企业没有参与国际化经营，这一数量比上年500强减少2个。从区域入围企业参与国际化经营的比例看，这一比例的高低与当地经济发展水平之间并没有必然联系，东部发达地区入围企业参与国际化经营的比例并不一定高于中西部地区。如图1-36所示。

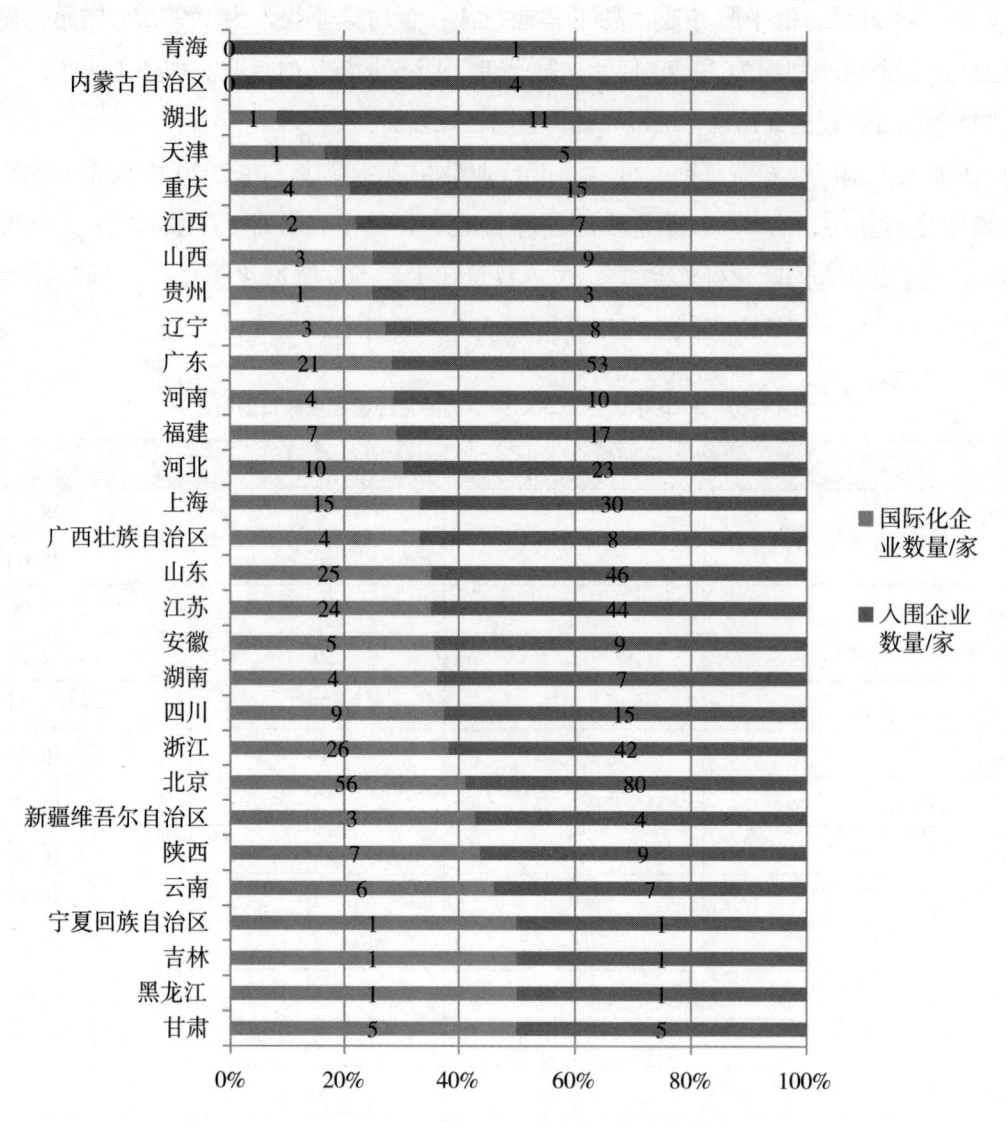

图 1-36 2020 中国企业 500 强区域企业国际化经营情况

6. 国际化经营与否和营业收入显著正相关，与净利润呈现弱的负相关

企业参与国际化经营的程度与企业的营业收入、纳税、人员、标准三项指标显著正相关，与净利润、资产及其增速、发明专利数等指标存在弱的负相关关系。从表 1-15 中的数据可知：企业的国际化经营程度与企业营业收入、纳税、标准项数、国内标准均在 0.01 水平下的显著正相关；与人员、国际标准存在 0.05 水平下的显著正相关；与净利润、净利润增长率、资产、资产增长率、纳税增长率、发明专利数存在弱的负相关关系；与营收增长率、净资产、净资产增长率、专利数、研发费用、并购重组存在弱的正相关关系。

八、2020 中国企业 500 强的兼并重组活动

2020 中国企业 500 强已经是一个包含 71085 家全资和控股子公司、19880 家参股公司、28774 家分公司的庞大企业群体。2020 中国企业 500 强的并购重组持续活跃，尽管只有 167 家企业参与了并购重组，比上年 500 强减少了 15 家；但共实施了 1072 次并购重组，比上年 500 强增加了 72 次。国有

企业是并购重组的关键力量，104家国有企业完成了567次并购重组；66家服务业企业共完成了699次并购重组，远多于74家制造业企业的275次和27家其他行业企业的98次。参与并购的企业，其资产、归母净资产、研发投入、人员与营业收入的增长整体上快于其他企业，但并购重组与各指标绝对值、变化率均不存在显著相关关系。

1. 并购重组持续活跃，国企是并购参与关键力量

中国企业500强并购重组持续活跃。在2020中国企业500强中，有167家企业实施了并购重组，共完成了1072次并购重组。尽管发起并购重组的企业数量较上年500强减少了15家，但实际完成的并购重组次数比上年500强多了72次。所以，从总体上看，2020中国企业500强的并购重组活动依然处于较为活跃的状态。从单个企业并购重组次数看，167家企业平均实施了6.42次并购重组，比上年500强的企业均值增加了0.93次。从变动趋势看，"十三五"参与并购企业数、并购重组活动次数、企业平均并购次数分别为163家、1097.75次、6.87次，分别高于"十二五"的158.2家、872.2次、5.59次；"十三五"期间中国企业500强的并购重组明显比"十二五"期间更为活跃。如图1-37所示。

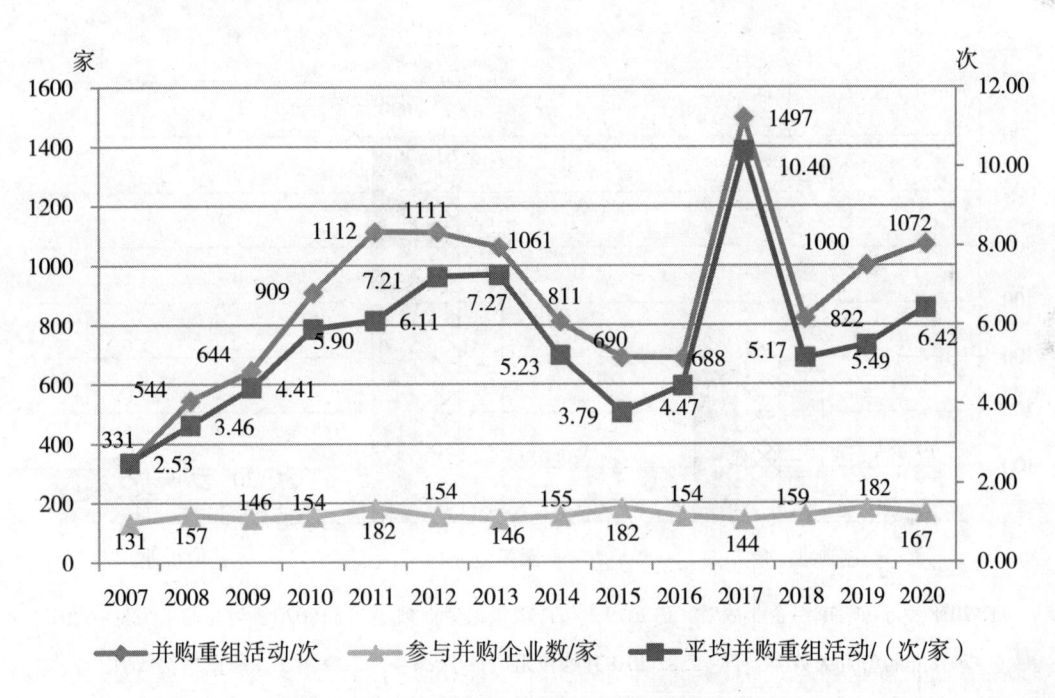

图 1-37 中国企业500强并购重组变化趋势

国有企业并购重组参与率高于民营企业，但民营企业平均并购重组次数更高。在2020中国企业500强中，104家国有企业参与了并购重组，共实施567次并购重组，无论是从参与数量还是完成次数上看，国有企业都是2020中国企业500强并购重组的关键力量。如表1-21所示，国有企业的并购参与率为39.25%，远高于民营企业的26.81%。在国有企业中，地方国企参与并购重组的积极性高于中央企业。但从平均并购重组次数上看，参与并购重组的民营企业平均并购重组次数为8.06次，远高于国有企业的5.45次。也就是说，虽然民营企业参与并购重组的积极性不如国有企业，但真正参与并购重组的民营企业的并购重组力度整体上明显大于国有企业。

表1-21 2020中国企业500强不同所有制企业并购参与情况

	并购参与企业数/家	并购次数/次	平均并购次数/次	并购参与率/%
国有企业	104	567	5.45	39.25
其中：非金融央企	27	110	4.07	40.91
地方国企	77	454	5.90	41.85
民营企业	63	508	8.06	26.81

2. 服务业并购重组力度最大，东部地区企业并购重组较为活跃

并购重组的绝大多数由服务业企业完成，而且呈连续增长态势。在2020中国企业500强中，有66家服务业企业实施了并购重组，共完成了699次并购重组，如图1-38所示。尽管参与并购重组的企业数量少于制造业企业，但服务业占了全部并购重组次数的65.21%。从企业平均并购重组次数看，服务业企业的平均次数为10.59次，远高于制造业企业的3.72次，以及其他企业的3.63次。从变动趋势上看，近三年中国企业500强中服务业所完成的并购重组次数连续增长，企业平均实施并购重组的次数也从7.68次增长到9.07次、10.59次。

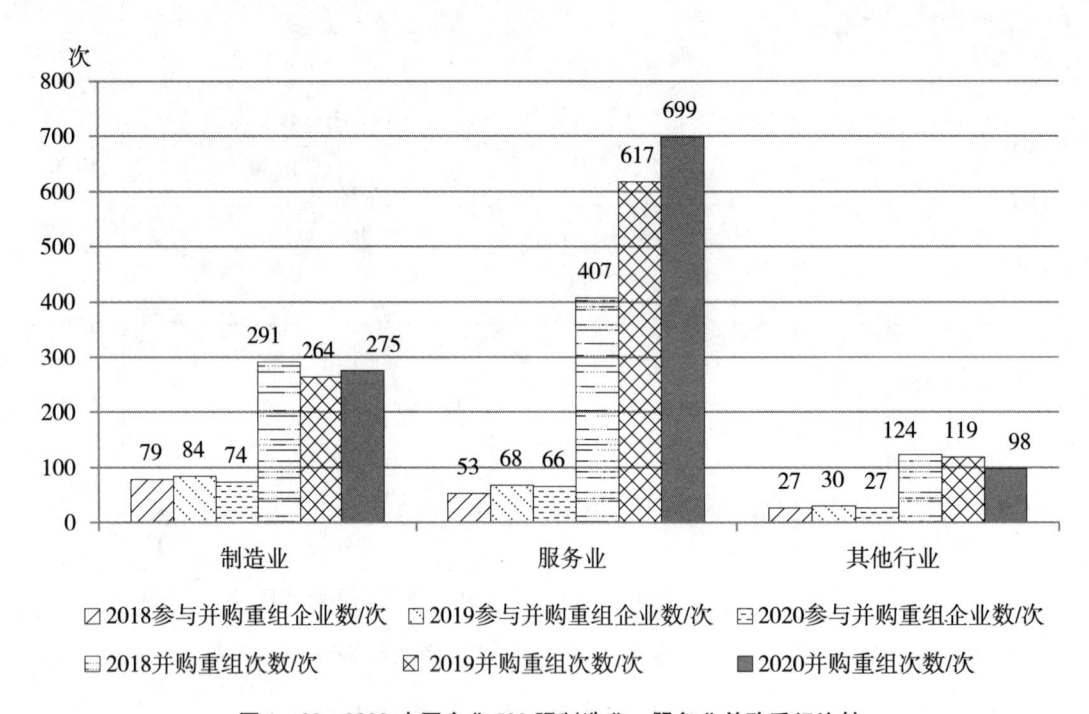

图1-38 2020中国企业500强制造业、服务业并购重组比较

东部地区是企业并购重组最为活跃的地区。从实际参与并购重组活动企业的数量上看，北京、广东、浙江、江苏、山东位居地区前五，分别有33家、22家、16家、14家、10家企业参与实施了并购重组，分别完成并购重组153次、170次、133次、28次、27次，占500强企业全部并购重组总数量的47.67%。从并购参与度上看，剔除掉只有1家企业入围的吉林外，在并购参与度排名前10的地区中，东部地区也占了3席。如表1-22所示。

表1-22 2020中国企业500强并购重组活跃地区

地区	并购企业数/家	参与并购数/家	入围企业数/家	并购参与度/%
江西	150	6	7	85.71
河南	13	6	10	60.00
四川	31	8	15	53.33
广西	11	4	8	50.00
福建	31	8	17	47.06
湖南	3	3	7	42.86
甘肃	3	2	5	40.00
广东	170	22	57	38.60
浙江	133	16	43	37.21
湖北	89	4	11	36.36

3. 并购推动主要指标更快增长，但与当年各指标均不存在显著相关关系

并购参与企业在主要指标增速上都快于无并购行为企业，但税收增速慢于无并购行为企业。总体上看，并购参与企业在营业收入、归母净利润、资产总额、归母净资产、研发费用、人员数量的增长上，都快于无并购行为企业。也就是说，并购重组活动的实施促进了并购主体企业营业收入、归母净利润、资产、人员的更快增长，并相应带来了研发投入的更快增长。并购企业由于享受了并购重组的税收优惠，因此整体税负水平呈负增长；而同期无并购行为企业缴纳的税款同比增长了3.97%。如表1-23所示。

表1-23 并购参与企业与无并购重组行为企业主要指标增长变化情况 （单位：%）

	营业收入	归母净利润	资产总额	归母净资产	缴纳税款	研发费用	人员数量
并购参与企业	13.05	17.86	12.66	15.90	-2.34	21.34	2.62
无并购行为企业	9.67	16.46	9.59	12.05	3.97	14.46	-0.89

中国企业500强的并购重组与企业当年各指标的绝对值、增速值，均不存在显著水平的相关关系。相关性检验输出结果显示：并购重组与营业收入、净利润、资产、净资产、纳税、人员、专利数、发明专利数、国际标准、研发费用，均存在弱的负相关关系；与营收增长率、净利润增长率、纳税增长率、标准项数、国内标准，均存在弱的正相关关系；与净资产增长率完全不相关。如表1-15所示。

九、2020中国企业500强的其他相关分析

2020中国企业500强的资产负债率首次实现三连降；资产周转率有所加快，国有企业持平，民营企业较快提升。企业资本劳动比持续提高，技术水平的提升推动大企业由劳动密集向资本密集转变。人均产出水平持续改善，国有企业与民营企业之间的差距再次扩大。企业换榜率自高位趋稳后

持续回落，新进企业营业收入净利润高速增长。新进上榜企业主要来自东部沿海地区；连续上榜企业的排名变化明显，部分企业的排名变动较大。

1. 资产负债率连续下降，资产周转率有所加快

中国企业500强总体资产负债率（本处所指的负债，是资产总额减去所有者权益后的剩余）连续下降，非银企业资产负债率小幅回升。2020中国企业500强的资产负债率为83.89%，与上年500强相比，下降了0.83个百分点，首次实现连续三连降。其中，17家银行的杠杆为91.61%，比上年500强中银行的杠杆率下降了0.80个百分点；483家非银企业的资产负债率为76.32%，比上年500强非银企业资产负债率提升了0.28个百分点。如图1-39所示。其中，国有企业资产负债率为84.82%，下降了0.14个百分点；民营企业资产负债率为79.38%，提高了2.98个百分点。若剔除净资产数据的缺失项，2020中国企业500强的总体资产负债率为82.81%，比上年500强下降了0.08个百分点；其中非银企业资产负债率为72.93%，国有非银企业资产负债率为72.68%，民营非银企业资产负债率为73.62%，分别比上年500强提升了0.31个百分点、0.03个百分点、1.22个百分点。这一变化趋势表明，中国企业500强充分体现了金融去杠杆、实体经济加杠杆的改革成果。"十三五"期间，中国企业500强总体资产负债率与非银企业资产负债率的年均值都高于"十二五"；其中总体资产负债率年均值为84.58%，高于"十二五"年均值0.40个百分点；非银企业资产负债率年均值为75.88%，高于"十二五"年均值3.98个百分点。

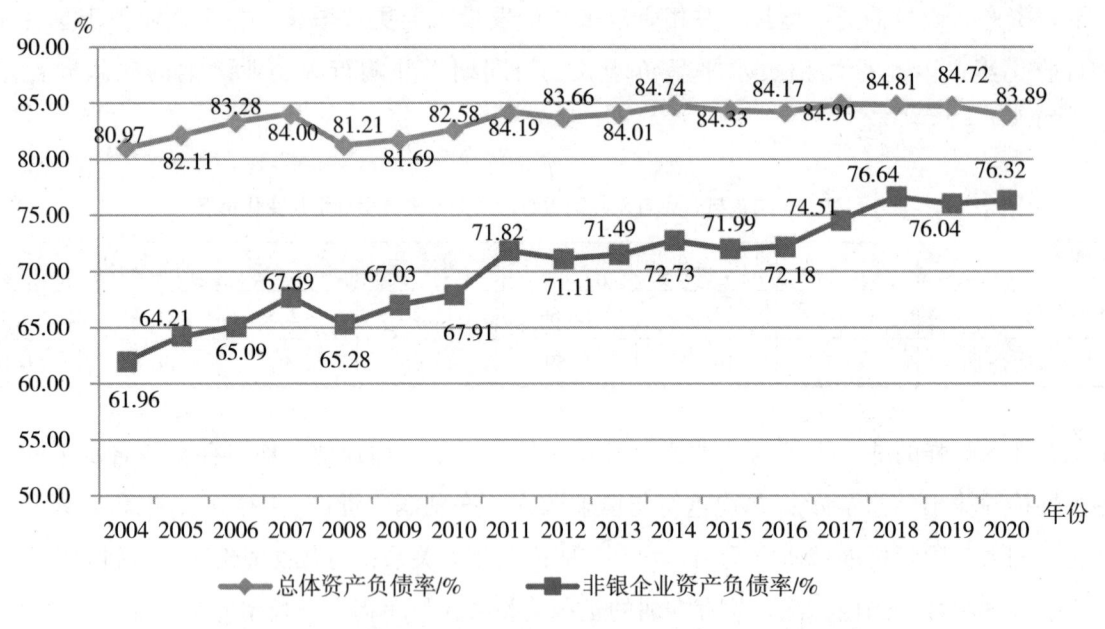

图 1-39 中国企业500强总体与非银企业资产负债率变动趋势

企业资产周转比上年有所加快。2020中国企业500强总体资产周转率为0.28次/年，比上年500强加快了0.02次/年。其中非银企业的资产周转率为0.50次/年，明显高于总体水平，但与上年500强非银企业相比，资产周转率微降了0.01次。其中国有企业资产周转率为0.23次/年，连续三年保持稳定；民营企业资产周转率为0.51次/年，比上年500强民营企业加快了0.09次。如表1-24所示。"十三五"期间，中国企业500强总体资产周转率、非银企业的资产周转率、国有企业资产周转率与民营企业资产周转率的年平均值分别为 0.26 次/年、0.50 次/年、0.22 次年、0.46 次/年，分别比"十二五"期间年平均值低 0.05 次、0.15 次、0.05 次、0.21 次。

表 1-24 中国企业 500 强资产周转率变化

	总体资产周转率/（次/年）	非银企业资产周转率/（次/年）	国有企业资产周转率/（次/年）	民营企业资产周转率/（次/年）
2004	0.32	0.68	0.29	1.31
2005	0.35	0.75	0.33	0.64
2006	0.34	0.79	0.31	1.05
2007	0.34	0.78	0.31	0.78
2008	0.37	0.75	0.32	1.29
2009	0.35	0.70	0.32	0.85
2010	0.30	0.62	0.28	0.59
2011	0.34	0.71	0.31	0.60
2012	0.34	0.71	0.31	0.61
2013	0.33	0.69	0.30	0.69
2014	0.32	0.69	0.28	0.73
2015	0.30	0.64	0.26	0.66
2016	0.27	0.54	0.23	0.62
2017	0.25	0.49	0.21	0.51
2018	0.26	0.49	0.23	0.39
2019	0.26	0.51	0.23	0.42
2020	0.28	0.50	0.23	0.51

2. 资本劳动比连续提升，人均产出水平继续改善

企业资本深化不断推进，资本与劳动的比率持续提高，技术水平的提升推动劳动密集的整体特征持续改变。2020 中国企业 500 强的人均资本投入（资产/员工数）为 942.83 万元，比上年 500 强提高了 52.27 万元；其中非银企业的人均资本投入为 506.52 万元，比上年 500 强提高了 61.10 万元。如图 1-40 所示。"十三五"期间，中国企业 500 强总体资本劳动比的年均值为 864.81，非银企业资本劳动比的年均值为 443.63，分别比"十二五"期间的年均值高 300.26、181.19。人均资本投入水平可以视为资本劳动比；人均资本投入水平的变化趋势，也就代表着资本劳动比的变化趋势。图 1-40 表明，中国企业 500 强的资本劳动比一直呈上升态势，这意味着中国企业 500 强的整体技术水平在不断改进，对劳动投入的依赖持续弱化，劳动密集型特征有所减弱，资本密集特征逐渐加强。

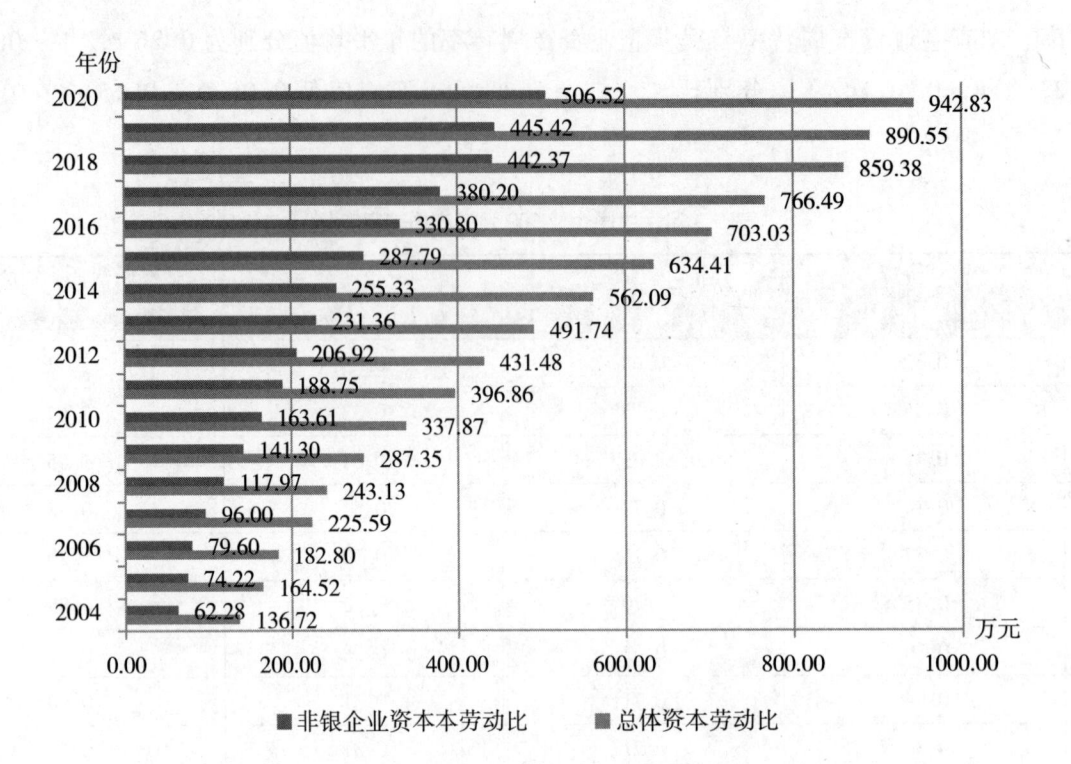

图 1-40　中国企业 500 强总体与非银企业资本劳动比变动趋势

中国企业 500 强人均产出水平继续改善，民营企业改善好于国有企业。2020 中国企业 500 强的人均营业收入为 259.65 万元，比上年 500 强增加了 24.18 万元，实现了 4 连升；人均净利润为 11.75 万元，比上年 500 强提高了 1.24 万元，完成了 3 连增。如图 1-41 所示。"十三五"期间，中国企业 500 强的人均营业收入年均值为 227.42 万元，人均净利润为 10.19 万元，分别比"十二五"期间高

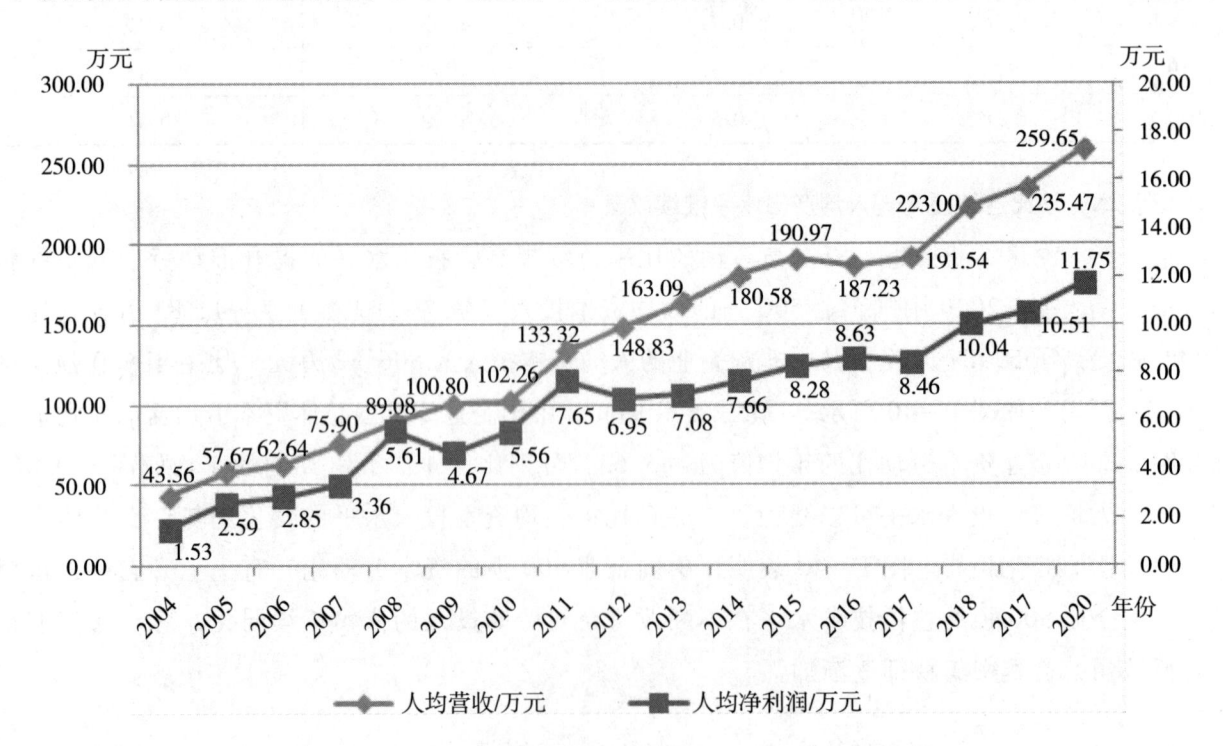

图 1-41　中国企业 500 强人均营业收入、人均净利润变动趋势

53.28万元、2.47万元。国有企业人均营业收入为244.40万元，比上年500强提高了19.79万元；民营企业人均营业收入为302.66万元，比上年500强提高了35.31万元，扭转了上年500强中的下降趋势。国有企业人均净利润为10.34万元，比上年500强增加了0.53万元；民营企业人均净利润为15.62万元，比上年500强增加了3.12万元。国有企业与民营企业之间的人均产出水平差距再次趋于扩大。

3. 换榜率持续回落，新进企业效益同比呈下降趋势

中国企业500强换榜率持续回落。2020中国企业500强有47家企业进出，换榜企业数比上年500强减少了3家，为连续第3年减少。2020中国企业500强的换榜率为9.40%，比上年500强持续回落了0.60个百分点。与2017中国企业500强11.00%的换榜率高位相比，已经回落了1.40个百分点。如图1-42所示。

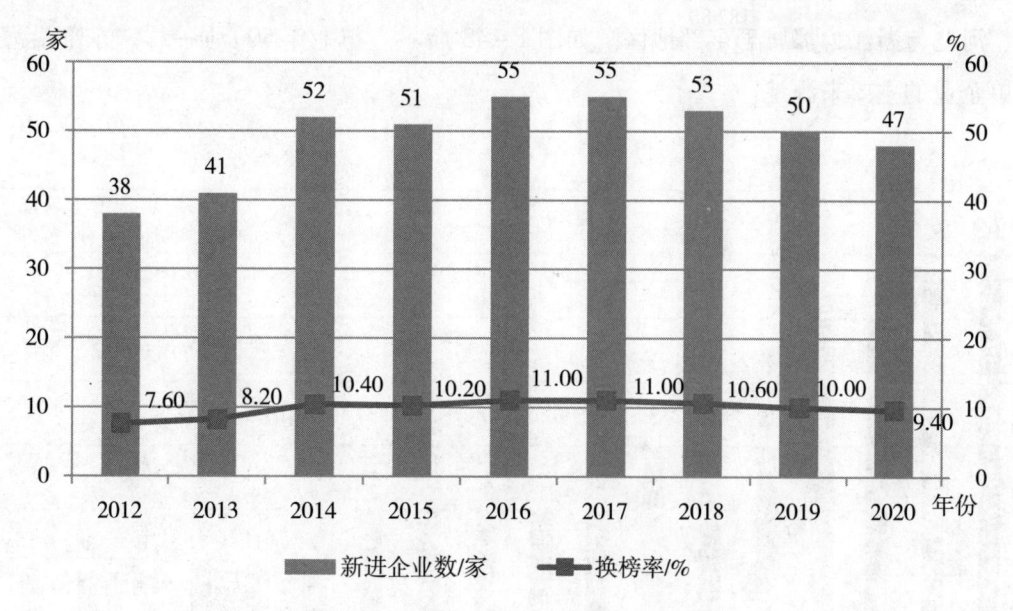

图1-42 中国企业500强换榜率变化趋势

新进企业效益同比下降，收入利润率高于连续上榜企业，净资产利润率低于连续上榜企业。2020中国企业500强47家新进企业的收入利润率为3.93%，净资产利润率为12.46%，比453家连续上榜企业的收入利润率低0.62个百分点，比连续上榜企业的净资产利润率高3.02百分点。从同比口径看，新进企业收入利润率、净资产利润率双双提升，连续上榜企业同样双双提高；新进企业的收入利润率、净资产利润率分别提高了0.03个百分点、1.32个百分点，而连续上榜企业的收入利润率、净资产利润率则分别提高了0.24个百分点和0.28个百分点。从收入与净利润增速看，新进企业收入增速为28.07%，明显高于连续上榜企业，这表明新进企业可能为了越过中国企业500强入围门槛，采取了相对更为激进的营销策略，以谋求实现销售收入的更快增长。新企业的净利润增速与收入保持同步，新企业净利润同比增长了28.81%，比连续上榜企业高12.24个百分点。如表1-25所示。

表1-25 2020中国企业500强新进企业与连续上榜企业比较

		收入利润率/%	净资产利润率/%	收入增速/%	净利润增速/%
新进企业	2018年	3.90	11.14		
	2019年	3.93	12.46	28.07	28.81
		收入利润率/%	净资产利润率/%	收入增速/%	净利润增速/%
连续上榜企业	2018年	4.31	9.17		
	2019年	4.55	9.45	10.22	16.39

4. 新进企业主要来自东部沿海地区，绝大多数企业排名发生较大变化

新进榜单的企业以东部沿海地区为主。2020中国企业500强新进榜单企业为47家，其中31家来自东部沿海地区，占全部新进企业的65.96%；新进榜单企业区域排名前6，依次为北京、广东、福建、山东、河北与浙江，都属于东部地区。如图1-43所示。与上年500强一样，东部沿海地区依旧是新进榜单企业的主要来源地。

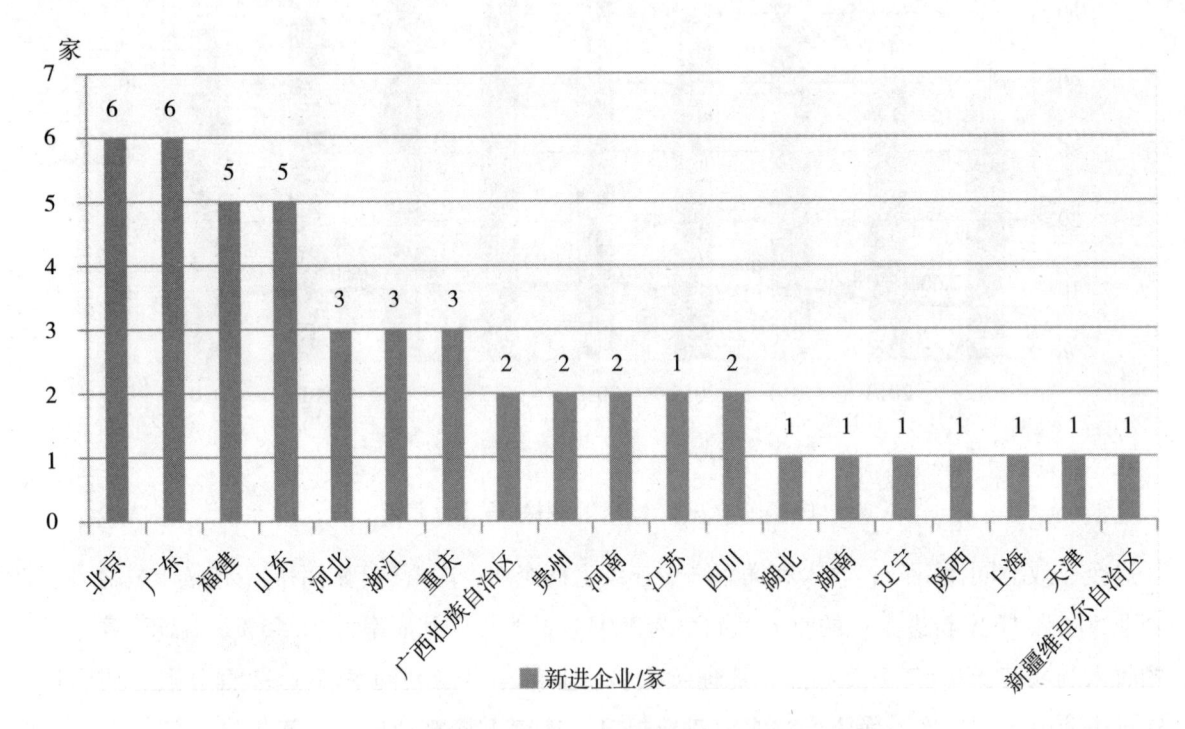

图1-43 2020中国企业500强新进企业来源地区分布

连续上榜企业的排名变化明显，部分企业的排名变动较大。在2020中国企业500强的453家连续上榜企业中，只有21家企业的排名维持不变，221家企业排名上升，211家企业排名下降；排名上升超过50位的有26家，排名下降超过50位的有18家。排名上升前十与排名下降前十的企业，如表1-26所示。从所有制结构看，在排名上升最快的10家企业中，民营企业和地方国有企业各占5家；在排名下降最快的10家企业中，8家为民营企业，2家是国有企业。从行业角度看，在排名上升最快的10家企业中，有4家是房屋建筑业企业，2家是多元化投资企业；排名下降最快的10家企业则分别来自10个不同行业。从区域角度看，在排名上升最快的10家企业中，有3家来自广东，其他7家分别来自不同地区；排名下降最快的10家企业，则有2家来自广东，2家来自天津，其他6家分别来自不同地区。

表1-26　2020中国企业500强排名变化较大的企业

2020中国企业500强排名	排名变化/位	企业名称	2020中国企业500强排名	排名变化/位	企业名称
264	232	重庆华宇集团有限公司	328	-59	网易公司
268	185	陕西投资集团有限公司	265	-67	富德生命人寿保险股份有限公司
152	170	杭州市实业投资集团有限公司	453	-68	重庆小康控股有限公司
313	158	立讯精密工业股份有限公司	407	-74	山东金诚石化集团有限公司
108	148	深圳市投资控股有限公司	389	-80	玖龙环球（中国）投资集团有限公司
160	144	冀南钢铁集团有限公司	411	-80	天津友发钢管集团股份有限公司
227	133	北京建工集团有限责任公司	447	-82	河北建设集团股份有限公司
357	129	融信（福建）投资集团有限公司	329	-84	宁夏天元锰业集团有限公司
255	97	龙光交通集团有限公司	379	-115	福建省能源集团有限责任公司
308	86	成都兴城投资集团有限公司	434	-134	天津泰达投资控股有限公司

5. 战新业务是企业利润关键来源，盈利能力强于其他业务

战新业务利润总额占比高于营业收入占比，是企业利润关键来源。在2020中国企业500强中，有208家企业申报了战新业务营业收入、资产、净利润的完整数据。这208家企业共实现战新业务营业收入5.33万亿元，相当于企业全部业务收入的16.07%；实现战新利润总额4056.46亿元，占企业全部利润总额的22.35%；其战新资产总额为10.16万亿元，占企业全部资产总额的14.64%。如图1-44所示。相对来说，在这些企业中，战新业务呈现出轻资产特征，能够以相对较少的资产创造更多的营业收入与利润总额。

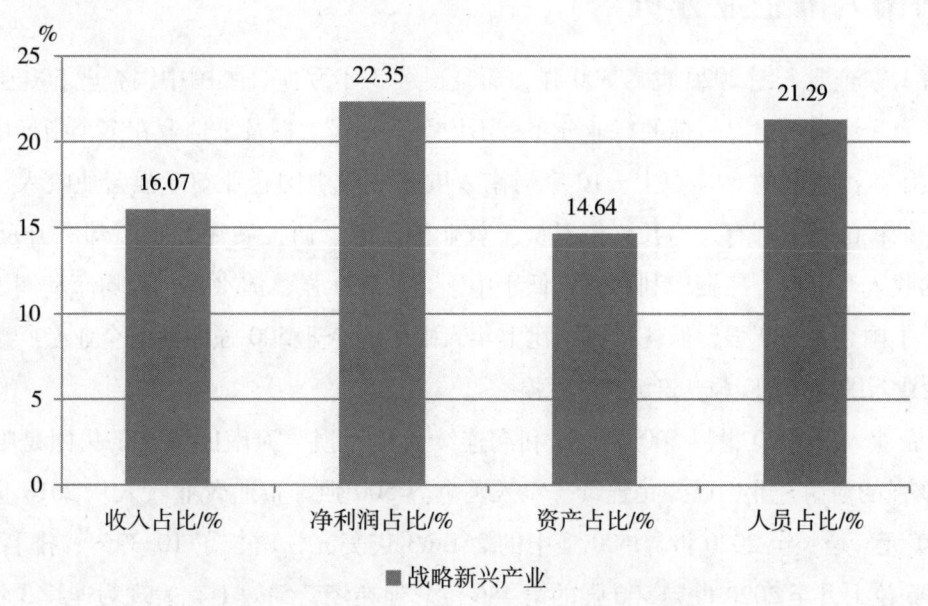

图1-44　战略新兴产业在企业主要指标中的占比

战新业务的盈利能力高于企业其他业务，也高于中国企业 500 强总体水平。由于战新业务所申报的利润为利润总额，为进行比较，所以计算了以利润总额为基础的中国企业 500 强的收入利润率和资产利润率。如图 1-45 所示，企业战新业务的收入利润率为 7.60%，明显高于企业其他业务收入利润率的 5.46%，也高于中国企业 500 强总体水平的 6.48%；企业战新业务的资产利润率为 3.99%，也明显高于企业其他业务的 2.62%，同样明显高于中国企业 500 强总体水平的 1.78%。整体而言，企业战新业务的盈利水平明显强于其他业务，也明显好于中国企业 500 强的总体盈利水平。培育发展战新业务，已经成为企业新的收入与利润增长点。

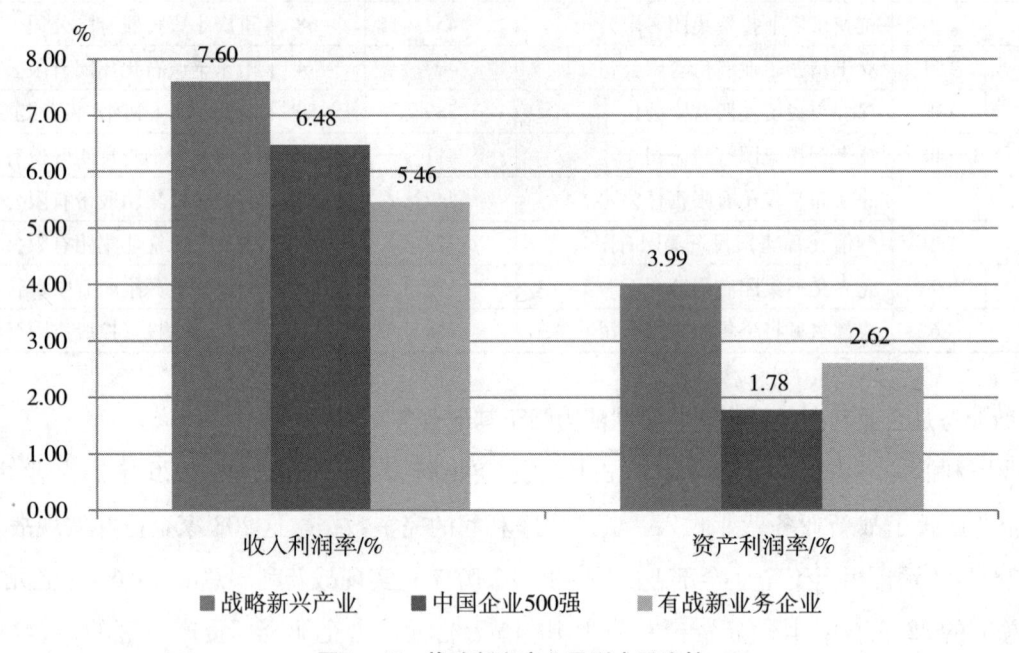

图 1-45 战略新兴产业盈利水平比较

十、河南入围企业分析

河南只有 1 家企业入围 2020 世界 500 强，而且连续 3 年亏损。入围中国企业 500 强的河南企业数量在 9~10 之间波动，主要指标的行业分布极不均衡，煤炭采掘及采选业在多个指标中占据领先地位，食品业贡献了净利润的 60% 以上。10 家河南入围企业对中国企业 500 强营业收入、资产、净资产、净利润、纳税的贡献都有所增长，但对员工就业的贡献、研发费用的贡献却不升反降。10 家河南入围企业的收入利润率、净资产利润率均低于中国企业 500 强整体水平，人均净利润、企均净利润也都大幅低于中国企业 500 强，但各指标均比上年入围中国企业 500 强的河南企业有所改善。

1. 1 家企业入围世界 500 强，连续 3 年亏损

1 家河南企业入围 2020 世界 500 强，净利润连续 3 年亏损。河南能源化工集团是唯一一家入围 2020 世界 500 强的河南企业，已经是连续 3 年入围世界 500 强。企业营业收入从 2018 世界 500 强中的 236.99 亿美元，增长至 2020 世界 500 强中的 261.63 亿美元，增长了 10.39%；排名从 2018 世界 500 强的第 496 位上升至 2020 世界 500 强的第 486 位。但在经营绩效上，表现为连续 3 年亏损，而且亏损呈逐年扩大趋势，如图 1-46 所示。

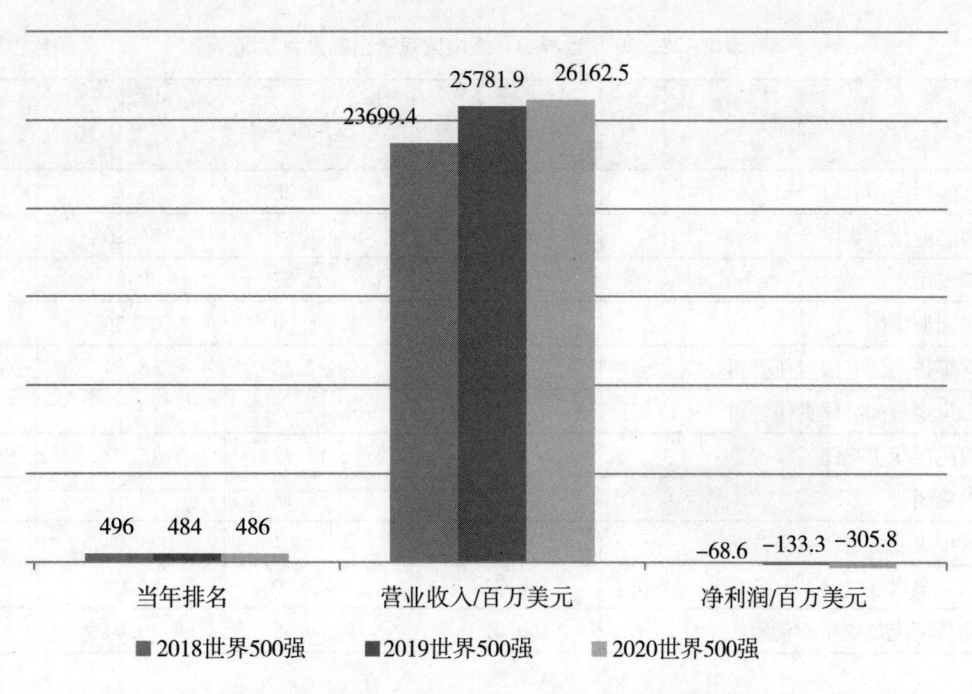

图 1-46　河南入围企业的排名及营收、净利润变化

河南入围世界 500 强的企业，其绩效指标全面落后。由于经营发生亏损，所以河南入围企业的营业收入利润率、净资产利润率都为负值，分别为 -1.17%、-12.72%，显著低于 2020 世界 500 强的 6.19%、11.32%，也低于中国入围企业（含港台地区企业）的 5.31%、9.86%。人均营业收入为 15.93 万美元，远低于 2020 世界 500 强的 47.66 万美元和中国企业的 37.79 万美元；企均营业收入为 261.63 亿美元，也大幅低于 2020 世界 500 强的 665.88 亿美元和中国企业的 656.78 亿美元，如表 1-27 所示。

表 1-27　河南入围企业与世界 500 强企业绩效指标对比

	营业收入利润率/%	净资产利润率/%	人均营业收入/万美元	人均净利润/万美元	企均营业收入/亿美元	企均净利润/万美元
世界 500 强	6.19	11.32	47.66	2.95	665.88	41.23
其中：中国企业	5.31	9.86	37.79	2.01	656.78	34.85
中国内地企业	5.25	9.72	39.09	2.05	678.81	35.65
中国内地企业（不含河南）	5.27	9.73	39.28	2.07	682.41	35.98
河南企业	-1.17	-12.72	15.93	-0.19	261.63	-3.06

即使是与 2020 世界 500 强中入围的其他中国煤炭领域企业相比，河南能源化工集团的盈利状况也不容乐观。2020 世界 500 强中，共有 11 家来自中国的煤炭领域企业上榜，在这 11 家同行企业中，河南能源化工集团营业收入处于行业倒数第 5 位，属于中下水平，人均营业收入更是排在行业倒数第 2 位；11 家同行企业中有 7 家盈利、4 家亏损，河南能源化工集团无论是绝对亏损额，还是收入利润率、净资产利润率，都在行业内处于落后地位，如表 1-28 所示。

表 1-28　2020 世界 500 强中国煤炭企业盈利状况

排名	公司名称	收入利润率/%	净资产利润率/%	人均营业收入/万美元	人均净利润/万美元
212	山东能源集团有限公司	1.41	7.28	33.80	0.48
273	陕西煤业化工集团	0.27	1.58	36.26	0.10
295	兖矿集团	0.67	5.57	40.85	0.27
406	冀中能源集团	-0.37	-5.00	28.56	-0.11
463	大同煤矿集团有限责任公司	-0.58	-2.23	18.04	-0.10
485	山西焦煤集团有限责任公司	0.81	3.43	13.35	0.11
486	河南能源化工集团	-1.17	-12.72	15.93	-0.19
489	潞安集团	0.40	2.14	24.56	0.10
496	中国中煤能源集团有限公司	1.19	3.04	21.04	0.25
499	山西阳泉煤业（集团）有限责任公司	-0.32	-2.09	25.04	-0.08
500	山西晋城无烟煤矿业集团	0.09	0.35	19.94	0.02

2. 入围中国企业 500 强的数量小幅波动，主要指标的行业分布很不很衡

中国企业 500 强中，河南入围企业的数量，总体上呈小幅波动态势。2020 中国企业 500 强中，有 10 家河南企业入围，比上年增加 1 家。自 2014 中国企业 500 强以来，河南入围企业的数量，一直都在 9—10 间上下波动。与周边省份相比，河南入围企业数量除明显低于属于东部地区的山东、河北之外，与湖北、山西、陕西相差不大。如图 1-47 所示。

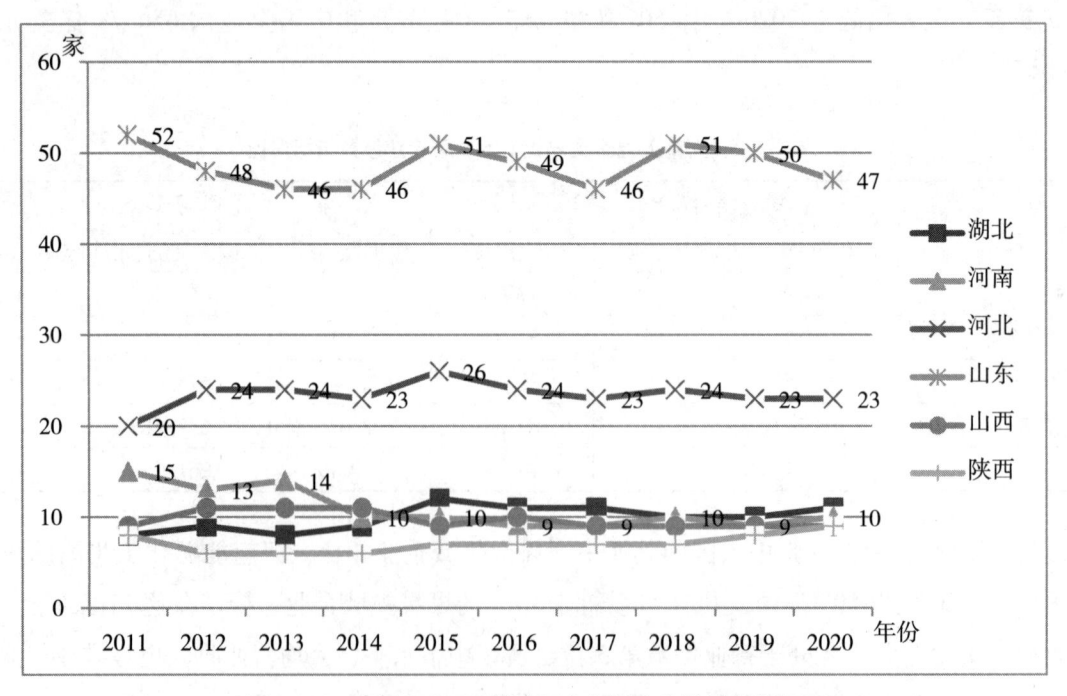

图 1-47　中国企业 500 强中河南入围企业数量变化情况

主要指标的行业占比分布很不均衡，营业收入、净利润、资产、纳税、研发费用与员工都呈现出集中来自单一行业现象。河南入围企业涉及7个行业：3家来自一般有色业，2家来自煤炭采掘及采选业，其他5家分别来自食品业、水泥及玻璃制造业、黑色冶金业、汽车及零配件制造业、住宅地产业。总体上看，河南入围企业基本上都是传统重化工企业。河南入围企业全部净利润的61.77%来自仅有1家入围企业的食品业；全部营业收入的41.45%、资产的41.38%、纳税的42.37%、研发费用的55.59%、员工的56.45%，都来自2家煤炭采掘及采选业企业，如图1-48所示。显然，煤炭采掘及采选业是中国企业500强中河南入围企业的关键力量。

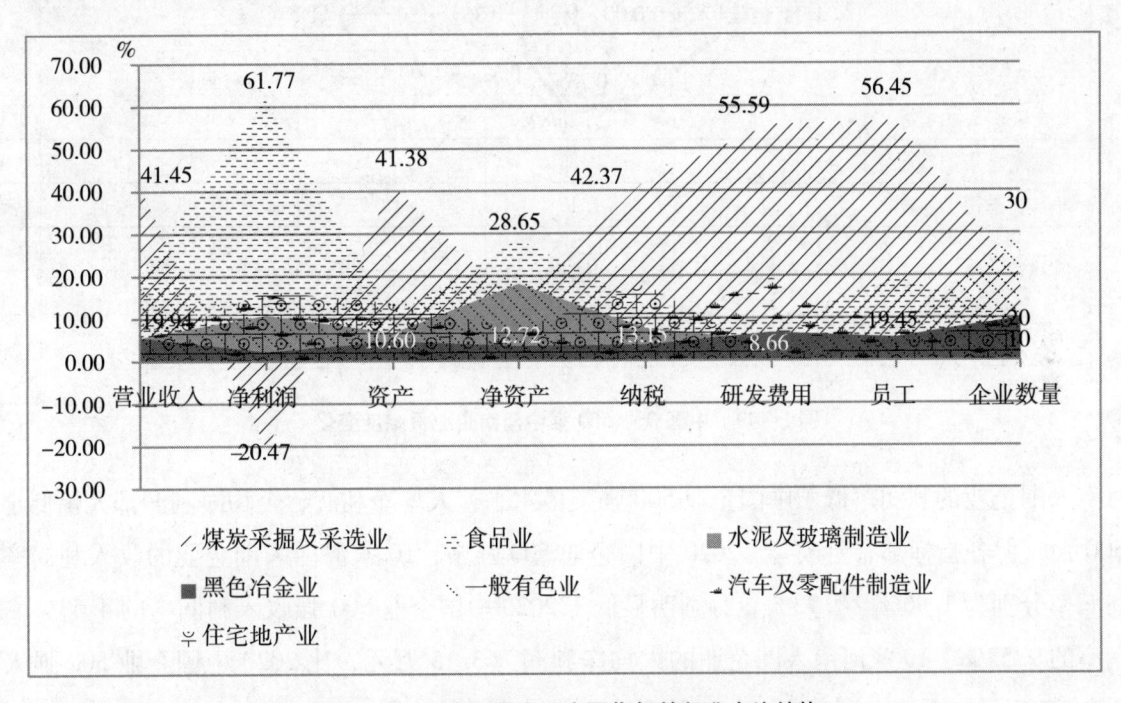

图1-48 河南入围企业主要指标的行业占比结构

3. 河南企业对中国企业500强的贡献有升有降，与500强整体水平相比盈利指标有好有差

河南入围企业对中国企业500强营业收入、资产、净资产、净利润、纳税的贡献，随着入围企业数量的增长有所增长，但对员工就业的贡献、研发费用的贡献却不升反降。2020中国企业500强中，10家河南企业的营业收入、净利润分别为8325.21亿元、163.36亿元，分别占2020中国企业500强的0.97%、0.42%，尽管远低于入围数量占比，但分别比上年500强中河南企业的贡献比提高了0.10个百分点、0.16个百分点。与此同时，10家河南入围企业的资产、净资产、纳税的贡献比也分别比上年500强河南企业提高了0.07个百分点、0.09个百分点和0.14个百分点。10家河南企业的员工总数为51.93万人，占全部500强的1.57%，比上年500强的占比下降了0.02个百分点；研发费用投入为106.60亿元，占全部500强的0.99%，比上年500强的占比下降了0.40个百分点，如图1-49所示。

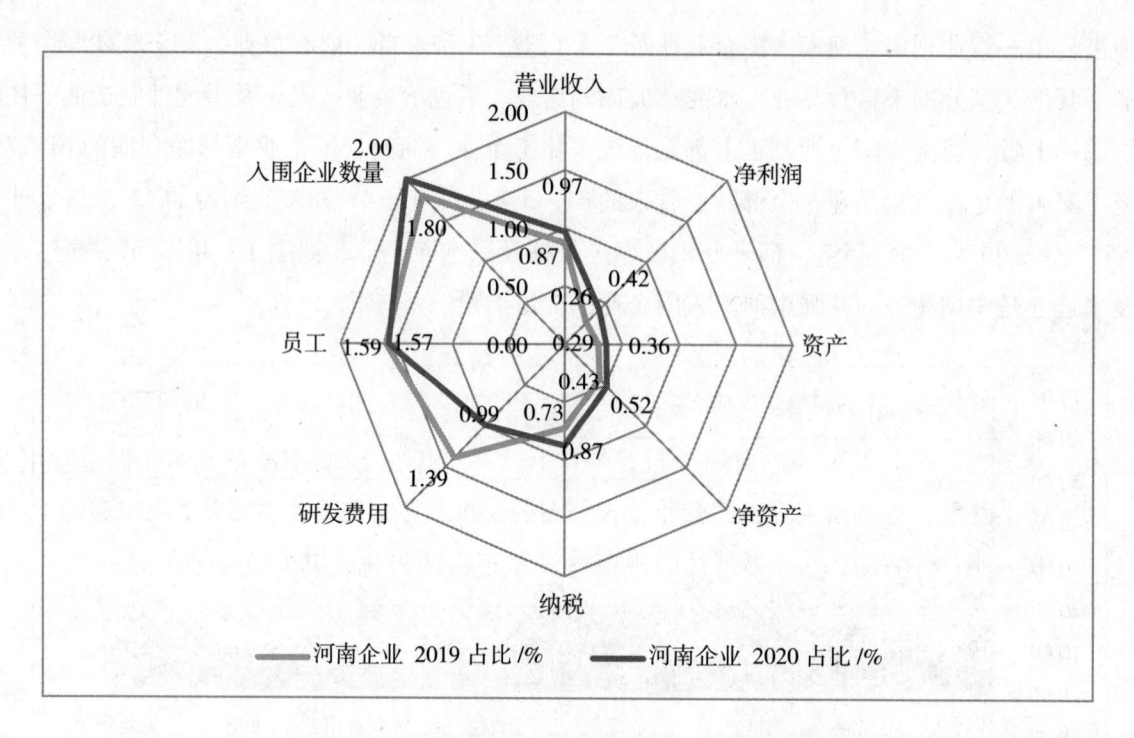

图 1-49 中国企业 500 强中河南企业贡献度变化

河南入围企业的利润率低于中国企业 500 强整体水平，人均净利润、企均净利润都大幅低于中国企业 500 强，但各指标都有所改善。2020 中国企业 500 强中，10 家河南入围企业的收入利润率、净资产利润率分别为 1.96%、7.73%，分别明显低于 2020 中国企业 500 强收入利润率的 4.53%、净资产利润率的 9.52%。10 家河南入围企业的人均净利润为 3.15 万元，比 2020 中国企业 500 强人均净利润低 8.60 万元；企均净利润为 16.34 亿元，比 2020 中国企业 500 强的 77.85 亿元低 61.51 亿元。但从变动趋势看，河南入围企业各项指标值均有不同程度提高。2020 中国企业 500 强中 10 家河南入

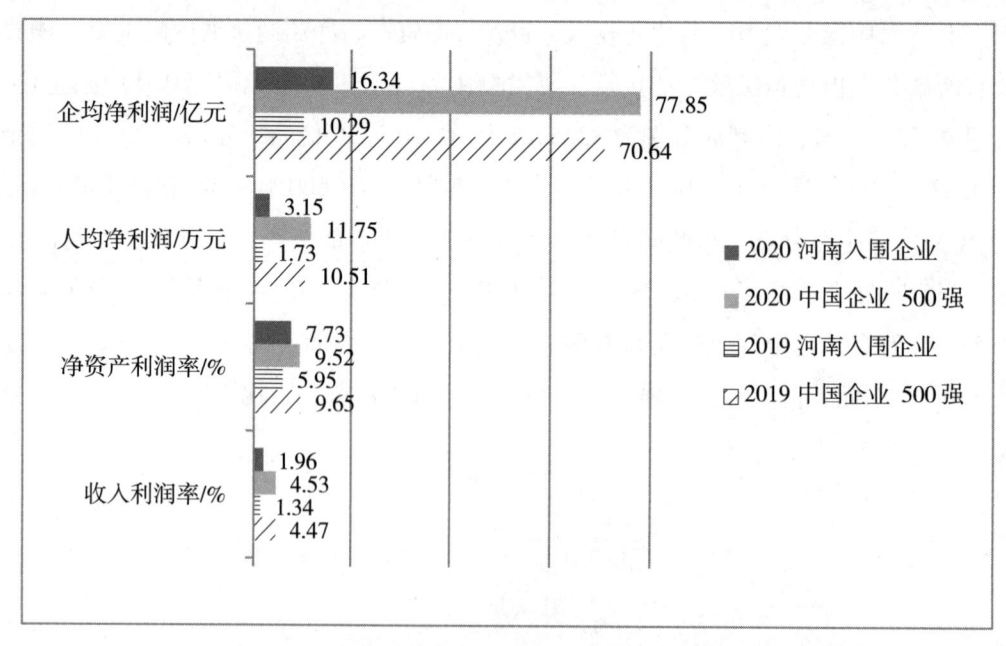

图 1-50 河南入围企业盈利水平与中国企业 500 强整体水平比较

围企业的收入利润率、净资产利润率分别比上年 500 强中河南企业高 0.62 个百分点、1.78 个百分点；10 家河南入围企业的人均净利润、企均净利润分别比上年 500 强中河南企业高 1.42 万元、6.05 亿元，如图 1-50 所示。

十一、"十三五"以来中国企业 500 强发展的主要特征分析

1. 营业收入与利润的分布态势变化分析

中国企业 500 强的营业收入呈现出典型的偏峰分布态势。"十三五"以来，2017—2019 中国企业 500 强营业收入分布的偏度值与峰度值，均呈现出增长趋势，也就是说，这三年内中国企业 500 强的营业收入呈现出进一步向低区间偏离的分布特征；但这一态势在 2020 中国企业 500 强中发生改变，无论是偏度还是峰度，都有所下降，即营业收入分布的偏离态势略有缓解，如表 1-29 和图 1-51 所示。这一分布表明：一方面，大企业群体的规模差异呈现出两极化，极少数企业的营业收入规模已经增长到非常大的水平，但绝大多数大企业的营业收入规模还是集中分布在较低规模区间；另一方面，越是营业收入规模非常大的企业，整体的增长态势越为强劲，较低规模区间大企业营业收入增速，多数年份内都落后于超大规模企业。

表 1-29 "十三五"以来中国企业 500 强营业收入分布情况统计表

	2017 年	2018 年	2019 年	2020 年
平均值/亿元	1280.10	1435.81	1581.96	1720.58
中位数/亿元	600.59	677.63	759.38	843.62
标准差	2035.45	2360.44	2597.90	2734.93
偏度	5.55	5.89	6.04	5.68
偏度标准误差	0.109	0.109	0.109	0.109
峰度	42.36	47.47	49.95	44.4
峰度标准误差	0.218	0.218	0.218	0.218
最小值/亿元	283.11	312.56	323.25	359.61
最大值/亿元	20939.72	24003.18	27427.80	28118.00

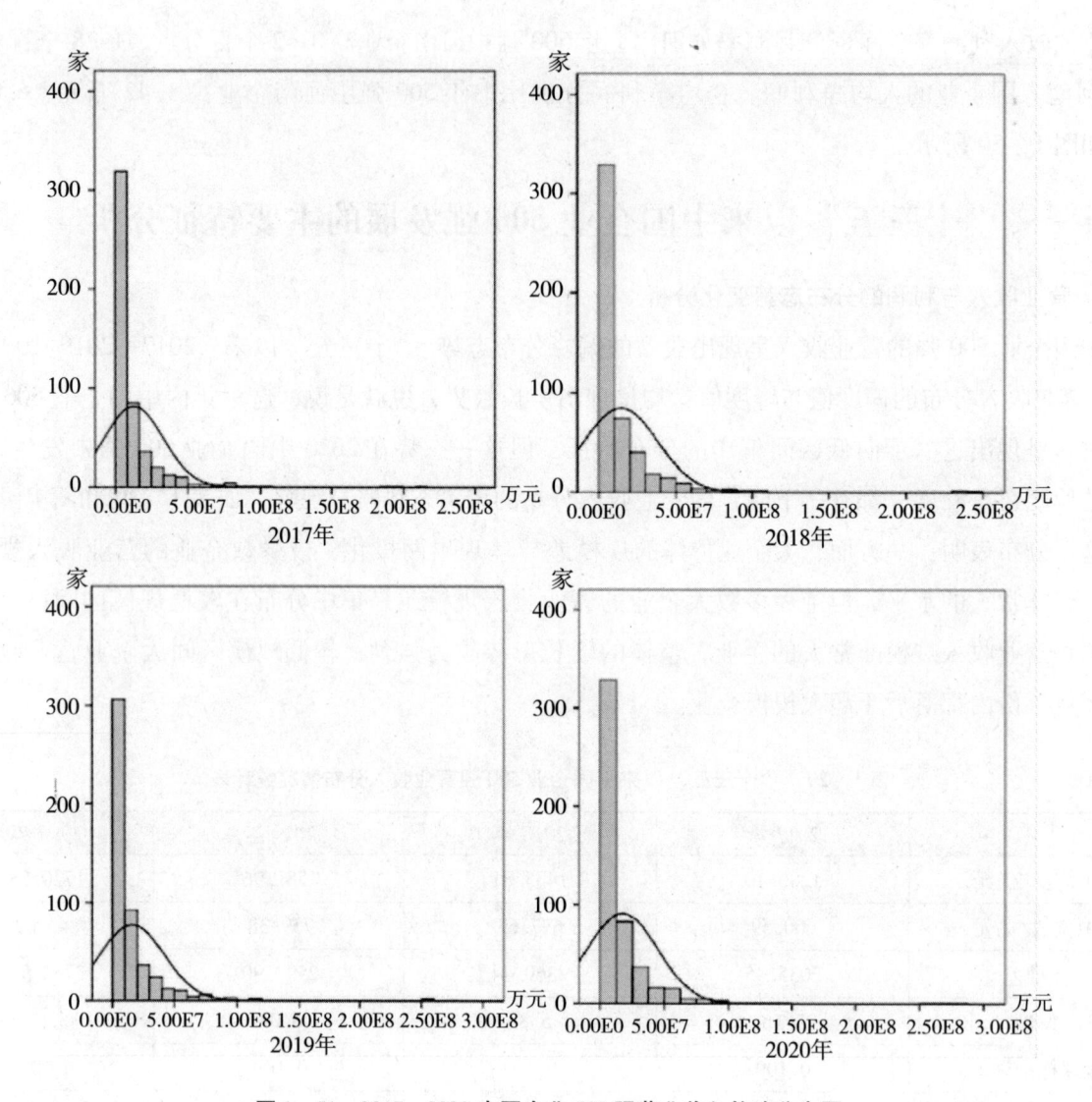

图1-51 2017—2020中国企业500强营业收入偏峰分布图

中国企业500强归母净利润的分布态势与营业收入基本相似，但在变化方向上明显有所不同。总体上看，中国企业500强归母净利润同样呈现出偏峰分布状态，而且同样都是呈左偏峰分布，即大量企业集中偏离分布在低值区间。与营业收入分布所不同的是，"十三五"以来各年度中国企业500强归母净利润偏峰分布的偏度与峰度呈现出逐年下降态势；其中峰度从2017中国企业500强的86.32逐年下降至2020中国企业500强的69.09，偏度从2017中国企业500强的8.55下降至2020中国企业500强的7.62；也就是说，中国企业500强归母净利润分布的偏离情况逐年有所好转，如表1-30和图1-52所示。

表1-30 "十三五"以来中国企业500强归母净利润分布情况统计表

	2017年	2018年	2019年	2020年
平均值/亿元	56.66	65.17	70.64	77.79
中位数/亿元	9.98	12.40	14.60	15.41
标准差	218.19	231.20	245.65	263.03

续表

	2017 年	2018 年	2019 年	2020 年
偏度	8.55	8.1	7.78	7.62
偏度标准误差	0.109	0.109	0.109	0.109
峰度	86.32	78.28	73.13	69.09
峰度标准误差	0.218	0.218	0.218	0.218
最小值/亿元	-67.81	-49.95	-169.79	-21.13
最大值/亿元	2782.49	2860.49	2976.76	3122.24

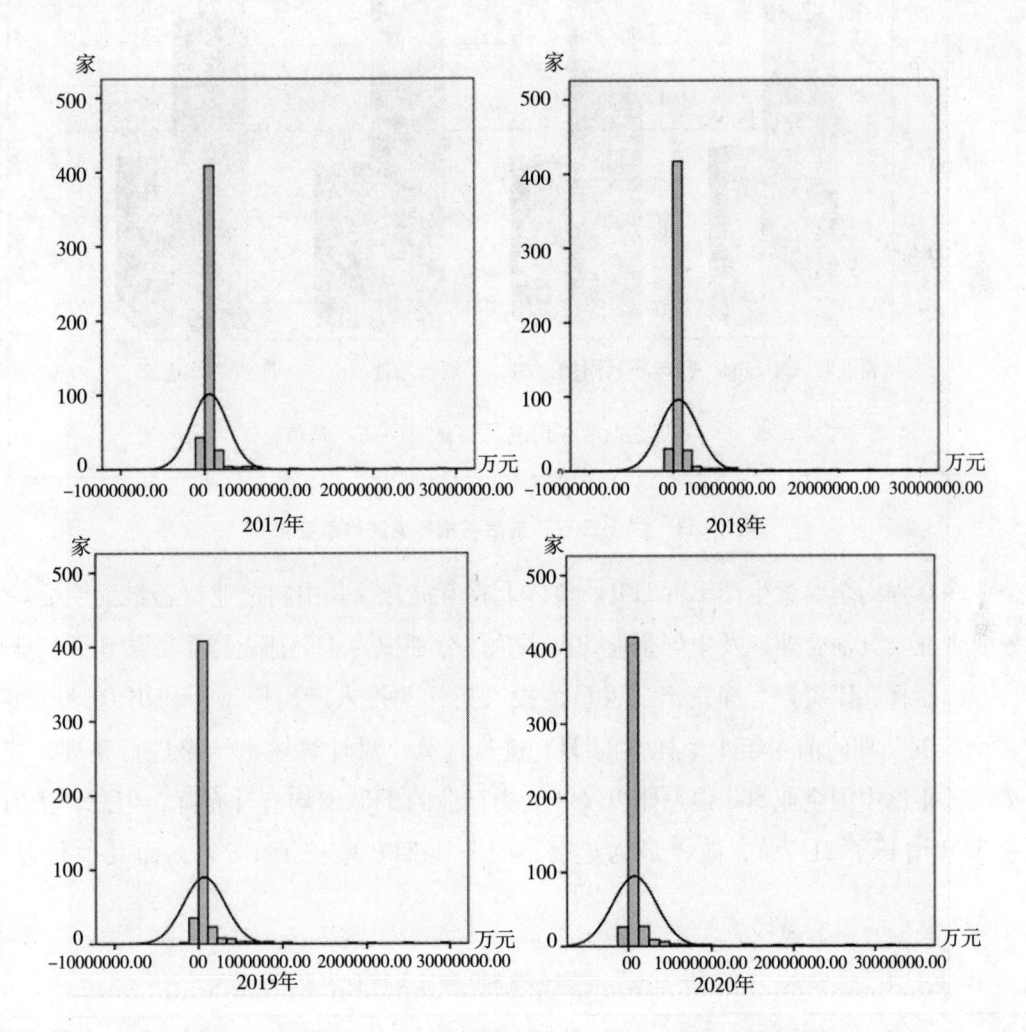

图 1-52 2017—2020 中国企业 500 强归母净利润偏峰分布图

2. 速度与效率变化分析

"十三五"期间各项指标增速均明显下滑。2017—2020 中国企业 500 强的营业收入、归母净利润、资产、净资产的增速均值分别为 9.68%、9.24%、8.82%、9.23%，与"十三五"之前各年度相应指标增速均值相比，都出现了较大幅度的下降；其中归母净利润增速均值下降最为明显，从"十三五"前的 22.16%，下降到"十三五"期间的 9.24%，大幅降低了将近 13 个百分点。而且，由于归母净利润增速大幅下滑，导致营业收入与归母净利润之间的增速关系出现逆转；"十三五"之前各年度，中国企业500强归母净利润增速总体上高于营业收入增速，企业发展质量有提升趋势；而在"十三五"期间，中国企业500强归母净利润的增速均值总体上略低于营业收入增速均值，企业发展质量处于稳中有降状态，如图1-53所示。此外，即便是在"十三五"期间，自2018中国企业500强以来，营业收入增速也已经是连续两年下降，归母净利润与资产增速，也在波动中有所降低。

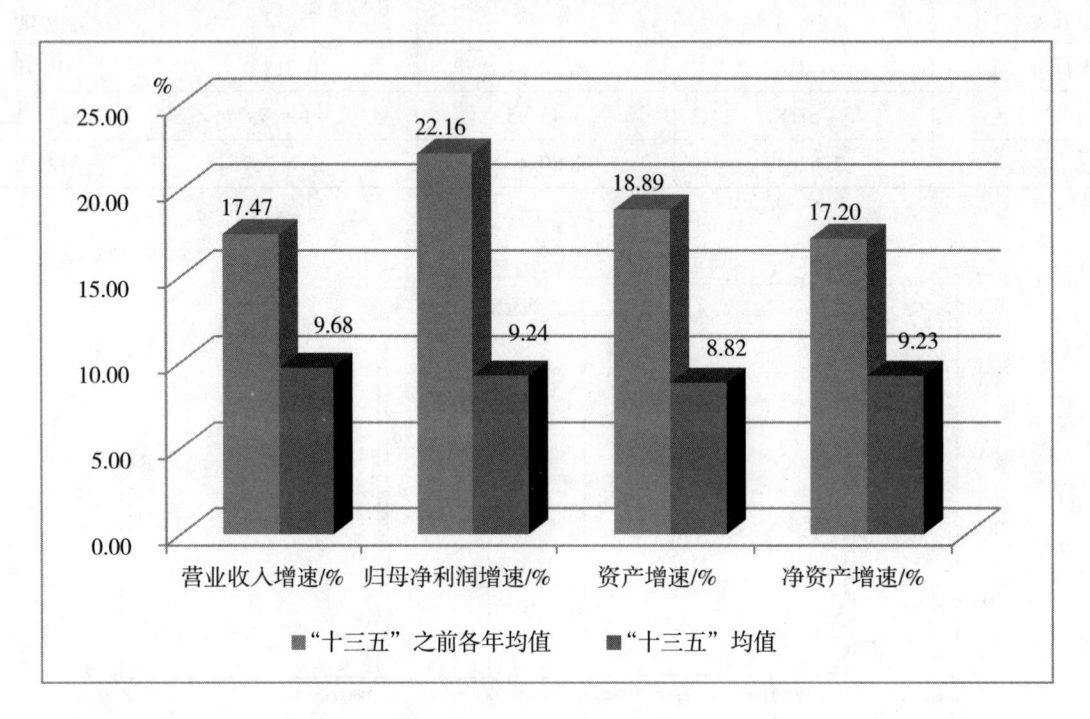

图1-53 "十三五"前后各指标增速均值变化

中国企业500强的全要素生产率（TFP）整体上有所提升，其中制造业改善最为明显。将制造业企业、服务业企业、其他企业以及中国企业500强总体分别视为4个独立样本，构建以营业收入、归母净利润为产出指标，以资产、净资产、人员为投入指标的投入产出模型，利用DEAP的TFP测量工具，对"十三五"期间前4年4个样本的TFP进行计算。对计算输出结果进行整理，如表1-31所示。显然，各年度中国企业500强总体以及3大类行业的TFP值均有升有降，但总体上看，4年间制造业企业TFP增长了21.7%，改善最为显著；服务业TFP增长了1.2%，而其他行业不升反降了5.2%。

表1-31 "十三五"中国企业500强三大行业企业TFP变化

TFP	2017—2018	2018—2019	2019—2020	2017—2020
制造业	1.962	0.837	1.098	1.217
服务业	1.557	0.596	1.117	1.012
其他	0.676	1.29	0.975	0.948
总体	1.117	0.957	1.117	1.061

中国企业500强各个企业之间静态效率的差异较大。"十三五"期间，企业之间规模效率（SCALE）的差异持续缩小，但不变规模技术效率（CRSTE）、可变规模技术效率（VRSTE）的差异

并无明显缩小趋势。各年度500强企业不变规模技术效率、可变规模技术效率、规模效率的最大值均为1，每年均有部分企业达到了技术有效或规模有效，但绝大多数企业都处于技术无效、规模无效状态，存在投入冗余或产出松弛。从最小值看，不变规模技术效率、可变规模技术效率都在 0.025 以下的极低水平，规模效率的最小值也在 0.121 以下，与最大值均相差甚远，这一分布表明，各年度中国企业 500 强中各个企业的效率水平存在较大差异。从变动趋势看，不变规模技术效率、可变规模技术效率和规模效率的均值都呈现出波动态势，其中规模效率明显好于不变规模技术效率和可变规模技术效率；而且随着规模效率最小值的逐年提高，企业之间规模效率的差异在逐步缩小，如图 1-54 所示。

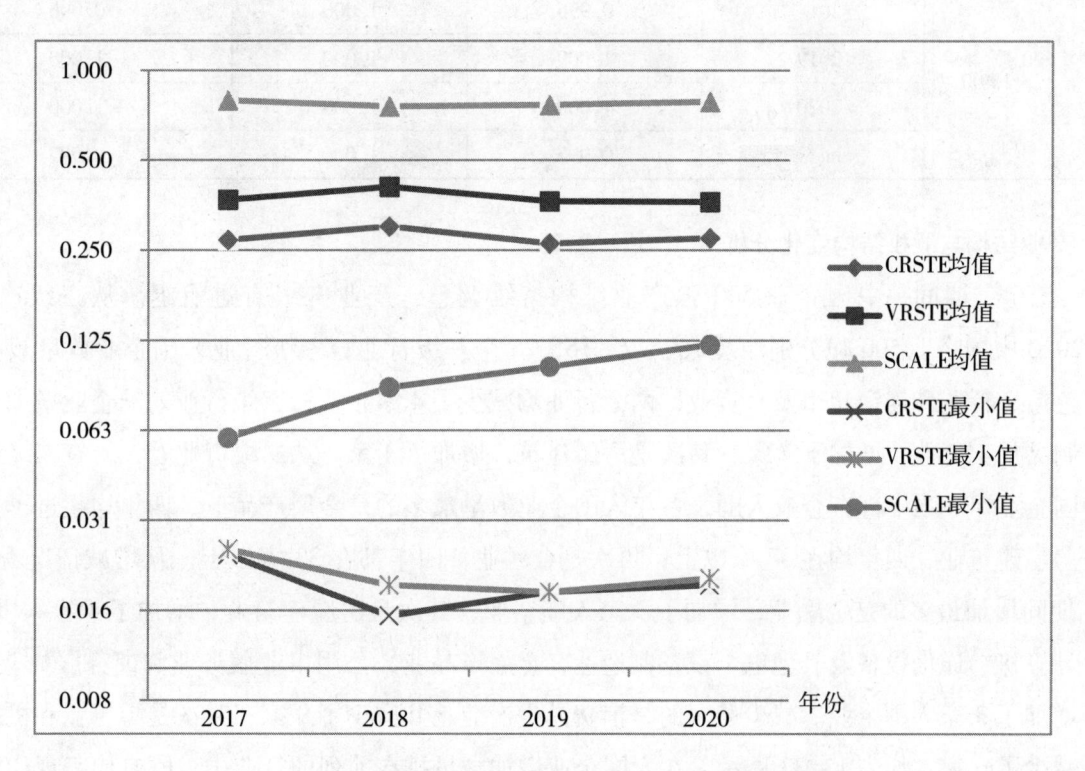

图 1-54 "十三五"中国企业 500 强静态效率指标变化趋势

中国企业 500 强的静态效率整体上低于美国 500 强。将各年度中国企业 500 强、美国 500 强分别视为独立样本，即得到 8 个独立样本。同样构建以营业收入、归母净利润为产出指标，以资产、净资产、人员为投入指标的投入产出模型，利用 DEAP 的静态效率测量工具，计算得出不变规模技术效率、可变规模技术效率和规模效率。整理输出结果，如表 1-32 所示。显然，中国企业 500 强的不变规模技术效率、可变规模技术效率和规模效率，整体上都低于美国 500 强。"十三五"期间，中国企业 500 强的不变规模技术效率、可变规模技术效率呈波动态势，而规模效率则在稳定改善。

表1-32 "十三五"期间中美两国500强整体效率比较

		CRSTE	VRSTE	SCALE
中国企业500强	2017	0.940	1.000	0.940
	2018	0.918	0.964	0.952
	2019	0.983	1.000	0.983
	2020	0.965	0.970	0.995
	mean	0.952	0.984	0.968
美国500强	2017	0.993	1.000	0.993
	2018	0.996	1.000	0.996
	2019	1.000	1.000	1.000
	2020	1.000	1.000	1.000
	mean	0.997	1.000	0.997

3. 产业结构与股权结构变化分析

"十三五"期间，中国企业500强产业结构持续调整，产业升级有进有退。从三级产业看，2017—2020中国企业500强分别涉及76、77、76、75个三级行业；三级行业入围企业数量减少最多的是黑色冶金行业和连锁超市及百货业，两个行业均减少了4家企业；三级行业入围企业增加最多的是金属制品加工行业，增加了7家，其次是房屋建筑，增加了4家。从二级行业看，所有二级行业各年度中国企业500强中都有企业入围，各年入围企业数量最多的是金属产品业，四年均超过了70家；其次是房屋建筑业，四年均在37家以上；再次是金融业，四年都在33家以上。从增减情况看，"十三五"期间增加最多的是金融业，增加了5家入围企业；其次是房屋建筑业，增加了4家入围企业；再次是计算机、通信设备及其他电子设备制造业，金属产品业，公用事业服务业和商务服务业，4个行业均增加了3家入围企业。减少最多的是消费品生产业，共减少了9家；其次是零售业和机械设备业，均减少了6家，如表1-33所示。在入围企业增加数量排在前列的行业中，既有代表现代先进产业的金融业，以及计算机、通信设备及其他电子设备制造业，也有传统的房屋建筑业、金属产品业；同样，在减少数量排在前列的行业中，既有传统的消费品生产业和零售业，也有代表先进制造业的机械设备业和防务业。因此，从整体上看，中国企业500强的产业结构在不断调整变化，但并没有呈现出明显的产业升级趋势，产业升级进退不一。

表1-33 "十三五"期间中国企业500强产业结构调整（二级产业）

二级行业	2017	2018	2019	2020	2020—2017
金融业	34	33	38	39	5
房屋建筑业	37	40	44	41	4
计算机、通信设备及其他电子设备制造业	7	8	8	10	3
金属产品业	71	77	73	74	3
公用事业服务业	14	14	17	17	3

续表

二级行业	2017	2018	2019	2020	2020—2017
商务服务业	11	10	13	14	3
采矿业	23	22	23	25	2
化学品制造业	37	42	42	39	2
批发贸易业	25	25	24	27	2
房地产业	24	26	21	26	2
交通运输设备及零部件制造业	20	21	22	21	1
综合制造业	9	10	10	10	1
电力生产业	7	6	6	7	0
药品和医疗设备制造业	8	7	6	8	0
建材生产业	6	7	7	6	0
邮政和物流业	8	7	7	8	0
综合服务业	7	7	7	7	0
电信及互联网信息服务业	16	20	18	16	0
食品饮料生产业	18	17	17	17	-1
防务业	7	8	7	6	-1
交通运输业	13	12	13	12	-1
农林牧渔业	3	2	2	1	-2
旅游、餐饮及文化娱乐业	3	2	1	1	-2
土木工程建筑业	10	7	8	7	-3
机械设备业	33	28	28	27	-6
零售业	20	14	14	14	-6
消费品生产业	29	28	24	20	-9

"十三五"以来，中国企业500强中企业的股权多元化取得一定进展。归属母公司权益情况的变化，能够在一定程度上反映出集团企业的股权多元化情况。根据各年度中国企业500强所申报数据，剔除掉当年权益与当年归母权益中存在缺失项的企业数据，同时剔除掉归母权益为负值的数据；经计算剩余企业归母权益占比的平均值，得到如图1-55所示的数据。图1-55数据表明，"十三五"以来，总体上看，中国企业500强这一大企业群体一直都在积极推进股权多元化改革，归属母公司所有的权益比例尽管中间所有波动，但总体上看呈降低走势，其他中小股东所占权益有所增加。这一变化趋势，在一定程度上表明，其他中小股东在中国企业500强中所占的股权比例，可能有所提升。

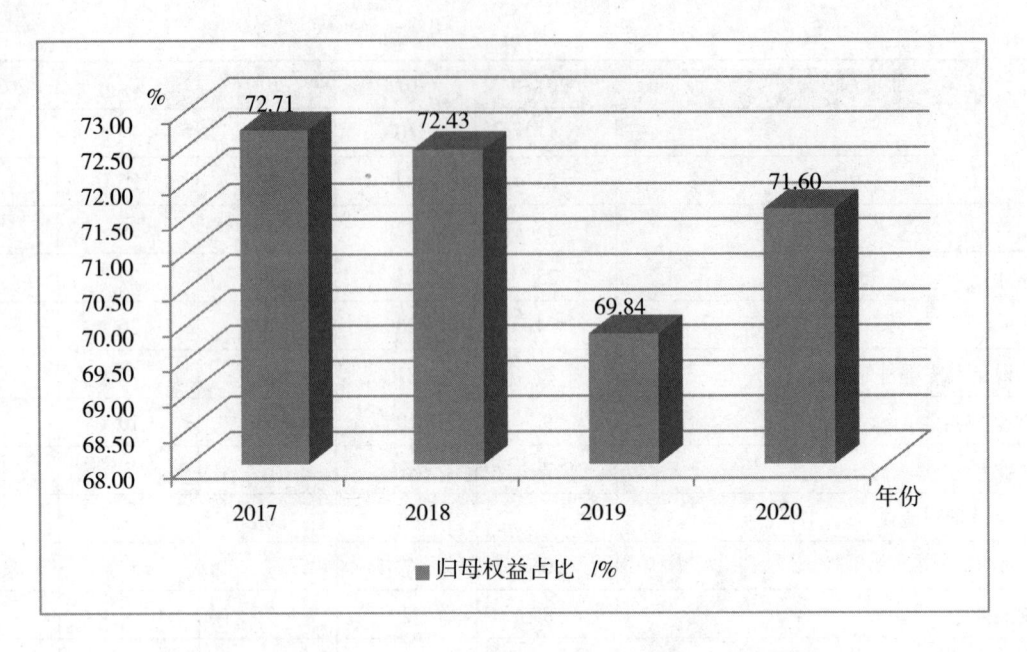

图 1-55 2017—2020 中国企业 500 强中归母权益占比变化

4. 与美国 500 强的趋势比对分析

中国企业 500 强规模扩张快于美国 500 强，相对地位持续提升。"十三五"以来，中美两国 500 强的营业收入、归母净利润均保持着逐年增长态势。以人民币计，2020 中国企业 500 强营业收入比 2017 中国企业 500 强增加了 34.40%，归母净利润增加了 37.67%；以美元计，2020 中国企业 500 强营业收入比 2017 中国企业 500 强增加了 30.67%，归母净利润增加了 36.90%。2020 美国 500 强的营业收入、归母净利润则分别比 2017 美国 500 强增加了 17.87%、37.39%。显然，中国企业 500 强营业收入增加明显快于美国 500 强，而美国 500 强归母净利润的增加则稍快于中国企业 500 强。由于中国企业 500 强营业收入增加快于美国 500 强，所以，"十三五"以来，中国企业 500 强营业收入与美国 500 强营业收入的相对比持续提升，2020 中国企业 500 强营业收入已经相当于 2020 美国 500 强营业收入的 87.89%，如图 1-56 所示。与此同时，中国企业 500 强净资产与美国 500 强净资产的相对比同步提升，2020 中国企业 500 强净资产已经相当于 2020 美国 500 强净资产的 90.05%。从"十三五"与"十二五"的对比看，"十三五"期间中国企业 500 强营业收入、净利润、资产、净资产与美国 500 强相应指标相对比值的年平均值分别为 84.03%、46.37%、93.72% 和 87.21%，均显著高于"十二五"期间年平均值的 71.48%、42.79%、75.64% 和 69.52%。

中国企业 500 强利润率整体明显低于美国 500 强，且差距有所扩大。"十三五"以来，中国企业 500 强的归母净利润增长慢于美国 500 强，而营业收入增长又明显快于美国 500 强，这导致二者之间的利润率差距进一步扩大。整个"十三五"期间，中国企业 500 强的收入利润率都在 5% 以下波动，而美国 500 强都在 7% 以上持续提升；2020 美国 500 强的收入利润率为 8.60%，几乎相当于 2020 中国企业 500 强 4.53% 的两倍。在净资产利润率上，中国企业 500 强四年都在 10% 以下波动，而同期美国 500 强则在 13% 以上逐年提升；2020 美国 500 强的净资产利润率为 15.27%，相当于 2020 中国企业 500 强 9.52% 的 1.6 倍。从变动趋势看，"十三五"期间，中国企业 500 强的收入利润率波动中有所提升，净资产利润率则先升后降；同期美国 500 强的收入利润率、净资产利润率均逐年提高，尤其是净资产利润率，提高幅度更是较为明显，如表 1-34 所示。

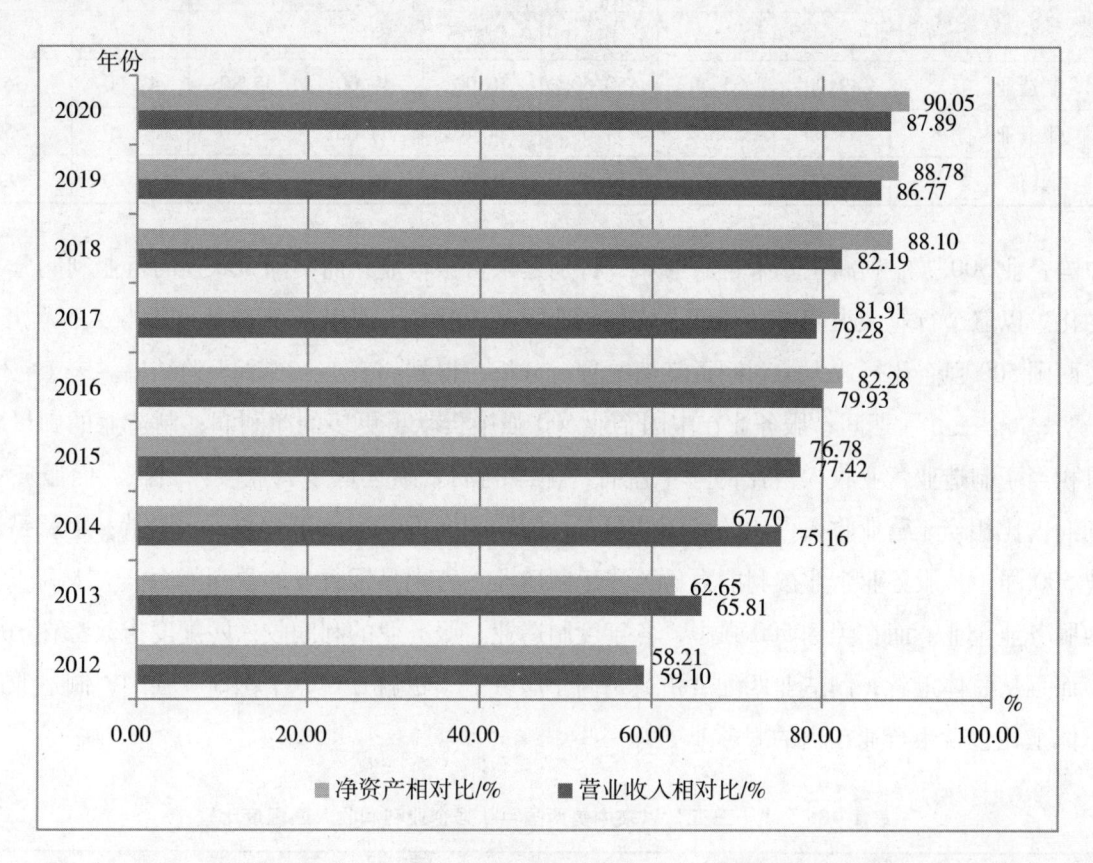

图 1-56 2012—2020 中美两国 500 强营业收入、净资产相对比变化

表 1-34 "十三五"以来中美两国 500 强企业利润率比较　　　　　　　　（单位:%）

	美国 500 强		中国 500 强	
	收入利润率	净资产利润率	收入利润率	净资产利润率
2017	7.38	13.07	4.42	9.20
2018	7.84	13.89	4.50	9.54
2019	8.28	15.16	4.47	9.65
2020	8.60	15.27	4.53	9.52

中国企业 500 强仍以制造业为主，美国 500 强早已转型以服务业为主。在中国企业 500 强中制造业一直都处于行业大类首位，"十三五"期间制造业入围企业的数量虽有所波动，但基本上都接近于 50%，而服务业企业数量的占比则在 35% 左右；但在美国 500 强中，制造业企业的数量占比都在 36% 以下，服务业企业数量占比则在 55% 左右，如表 1-35 所示。在服务业的具体行业上，除了两国入围数量都较多的商业银行、互联网服务企业之外，美国 500 强中医疗保健业、保险与专业零售领域入围企业较多，而中国入围企业数量较多的领域则是住宅地产。中国企业 500 强的服务化转型还有待加快推进，服务业的现代化水平也需进一步提升。

表 1-35 "十三五"以来中美两国 500 强企业行业大类结构比较　　　　（单位：%）

	2017 中	2017 美	2018 中	2018 美	2019 中	2019 美	2020 中	2020 美
制造业	49.00	35.40	50.60	36.00	49.00	35.80	47.60	36.00
服务业	35.00	55.20	34.00	54.40	34.60	54.40	36.20	55.00
其他	16.00	9.40	15.40	9.60	16.40	9.80	16.20	9.00

中国企业 500 强的利润主要来自服务业，特别是来自银行业；而美国 500 强的行业利润分布则比较平均化。以三个行业大类归母净利润占比与营业收入占比的百分比作为行业利润收入匹配度指标，对中美两国 500 强企业行业大类利润贡献情况进行分析，得到如表 1-36 所示的结果。表 1-36 中的数据表明，"十三五"期间，服务业在中国企业 500 强中贡献了更多的净利润；制造业的归母净利润占比只相当于制造业营业收入占比的一半左右，即净利润贡献远低于营业收入贡献；而服务业的归母净利润占比相当于营业收入占比的 1.7 倍左右，即净利润贡献远大于营业收入贡献；也就是说，中国企业 500 强中，服务业企业盈利能力显著强于制造业，特别是银行业的盈利能力，大大高于制造业与其他服务业企业。而在美国 500 强中，各年度制造业、服务业的利润收入匹配度指数都在 100 左右波动，而且从总体上看，制造业匹配度指数稍高于服务业；也就是说，美国 500 强中，制造业的盈利能力总体上比包含银行业在内的服务业更好一些。

表 1-36 "十三五"以来中美两国 500 强企业利润收入匹配度比较　　　　（单位：%）

	2017 中	2017 美	2018 中	2018 美	2019 中	2019 美	2020 中	2020 美
制造业	50.73	120.07	51.44	100.28	57.97	107.72	55.32	101.84
服务业	175.31	95.64	177.28	99.49	167.36	94.50	166.75	100.15
其他	30.29	13.67	30.49	104.77	38.01	114.42	41.43	83.57

十二、当前中国大企业持续发展面临的主要挑战

1. 全球疫情持续蔓延对中国疫后恢复构成较大压力

新冠肺炎疫情的暴发，成为 2020 年全球经济最大的黑天鹅事件。这也是 1949 年以来我国遭遇的传播速度最快、感染范围最广、防控难度最大的一次重大突发公共卫生事件，对我国经济社会发展的冲击前所未有。在党中央、国务院坚强领导下，我国采取果断举措阻断了疫情传播链，率先实现对疫情的有效控制，企业复工复产稳步推进。但在全球范围内，更多国家与地区的新冠肺炎疫情仍在继续，甚至有进一步蔓延的态势。有专家判断，全球新冠肺炎第一波疫情的高峰期还没到来，而且可能还要做好应对下半年暴发第二波新冠肺炎疫情的准备。世界卫生组织指出，新冠肺炎疫情导致史上最严重的全球卫生紧急状态。

新冠肺炎疫情对经济的不利冲击，是多方位的、深层次的。首先，为切断疫情的传播蔓延，最

有效的方式就是阻断潜在风险人员的流动，或是要求保持安全的社交距离，这一措施的实施，必然会对企业生产运营产生直接冲击；越是疫情严重的地区，对经济活动的不利影响也就越大。其次，在疫情的全面冲击下，消费显著萎缩；一方面经济活动的减少，将在事实上削弱人们的消费能力；另一方面，居家防疫措施的实施，也无疑会直接减少居民消费，尤其是会减少服务消费。最后，还会对国际经济活动产生重大影响；一方面，为阻断疫情的国际传播，国际贸易、商务活动与人员往来会减少；另一方面，消费水平的下降，也会导致对进口产品需求的减少。也就是说，一国或地区的疫情暴发，不仅会对当地的经济活动产生重大的不利影响，还将通过国际贸易的传导，对国际产业链上下游经济体的生产运营产生明显影响；而且越是外向型经济，这种不利影响可能越大。

2020年6月8日，世界银行发布了最新一期《全球经济展望》报告，报告预测，由于新冠肺炎疫情导致内需、供应、贸易和金融严重中断，2020年全球经济将下滑5.2%，是全球150年来最为严重的四次衰退之一；其中发达经济体经济将收缩7%，新兴市场和发展中经济体经济将下滑2.5%。世界贸易组织预计，2020年因新冠肺炎疫情的影响，世界贸易往来将下降13%，最坏的情况下甚至可能下降32%。富而德律师事务所发布的《2020年第二季度并购市场观点透视》显示，新冠肺炎疫情明显抑制了全球并购活动的活跃，2020年二季度全球并购交易量急剧下降，交易额仅为3186亿美元，交易宗数为7754项，创下了2003年三季度以来的新低；认为全球跨境并购市场复苏将非常缓慢，恢复到疫情之前可能需要几年时间。

这些国际机构的预测或实际统计数据，对中国经济的疫后振兴复苏显然不是好消息。好不容易在强有力的投资拉动下在上半年走出V型反转的中国经济，下半年持续增长的基础看起来并不稳固。国际疫情的持续蔓延，无论是从国际经济活动的关联影响角度来说，还是从疫情的国际传播与防控角度来说，都是中国经济恢复增长的重大不确定因素。一方面，疫情重灾区经济活动的萎缩，必然对中国外向型企业产生重大而直接的冲击，进而影响中国企业在国内生产经营活动上的顺利开展；另一方面，疫情让许多发达国家的企业估值下降，为防止外国"趁机收购国家关键资产和技术"，美国、澳大利亚、西班牙及印度等国家及地区密集出台投资规定，限制外国投资，这也将直接对中国企业进行国际化布局、掌控国际资源产生显著不利影响，这相应会影响国际国内两大循环的畅通。

2. 中美摩擦加剧推升了企业复苏发展的不确定性

特朗普政府针对中国的政策调整，升级了中美关系的紧张程度。前几年的经贸摩擦问题在艰难的谈判之中好不容易取得一些积极进展，但第一阶段经贸协议尚未有效落实，新冠肺炎疫情和美国总统换届大选的到来，又一次将中美关系推上了美国舆论和政党之争的风口浪尖。对当前的美国政府和参选政党来说，攻击和甩锅给中国，成为赢得选票、转移民众关注的共同策略。在此导向下，特朗普与美国政府自2020年年初以来，一直在持续出台对中国进行严格压制的政策举措；这些施压举措，既有经济贸易领域的，也有外交与军事领域的。美国白宫发布的《美国对中国战略方针》，将成为中美关系螺旋式下降的关键推手。总体上看，美国各政党都已经是走到了"逢中必反"的新阶段。在此前的中美经贸摩擦中，中美经贸脱钩还只是潜在可能的最坏结果；但目前看来，中美全面脱钩可能都已经成为美国政府的决策选项之一。至少有以下几件事，值得高度关注；这些事件中的任何一件的发生，都有可能给中国企业的复苏带来巨大冲击。尽管这些极端事件并不见得一定会真的发生，但提前有所预防，总比毫无准备要好。

一是美国单独或裹挟西方国家对中国实施全面技术压制。美国对中国的技术压制，已经逐步走向常态化了，有越来越多的中国企业，被美国列入了"实体清单"。据统计，被列入"实体清单"的中国企业已经超过300家，这些企业都是技术领先的企业，代表着中国技术进步的方向，也代表着中国企业的未来。随着英国日前将华为排除在本国5G领域之外，意味着可能会有更多的西方国家被迫追随美国对中国实施技术压制。这种联合压制态势一旦形成，将是中国企业所难以承受之重。

二是滥用美元霸权，将部分中国企业，极端情况下将所有中国企业排除在SWIFT系统之外。目前，SWIFT已经不再只是传统跨境支付服务系统，也是美国政府搜集相关信息的重要来源，以及对其他国家实施制裁的重要工具。伊朗、朝鲜、委内瑞拉、津巴布韦、利比亚、俄罗斯等国，都曾被美国利用SWIFT实施过制裁。2012年、2018年经历两次被踢出SWIFT之后，伊朗经济、金融活动就受到了显著影响。从贸易角度来看，与金融制裁之前的2011年相比，2019年的伊朗—欧盟双边贸易规模下降了85%，降至57亿美元，2019年伊朗—美国的双边贸易规模下降了68%，降至0.75亿美元。如果在相互关闭总领馆之后，中美冲突继续升级，美国政府可能会考虑将中国与SWIFT系统脱钩。

三是在南海或台海发生小范围的舰机冲突。随着美国军舰军机在南海、台海范围内活动的日益频繁化，以及扭转了此前在南海地区领土争端中不选边站队的政策，拒绝认可中国在南海的领土主权主张，中美两国舰机在南海区域发生小规模冲突事件，已经从过去的基本不可能转向了非常有可能。在日益频繁的互动接触中，或是双方人员在高度紧张状态下的突发性操作失误，或是试探性的有意而为之，都有可能造成双方发生直接冲突。

四是单独或联合其他国家，试图将中国企业排除出全球产业链供应链。2019年以来，美国一方面在游说美资企业撤离中国，而且后续日本跟进采取了类似举措；另一方面在恶意毒化国际经济合作环境，污蔑中国资本与企业正在进行一场"经济闪电战"，目的是"进行全球经济侵略"，是"要打劫美国"；无理指摘中国产品影响"国家安全"，无端散布"中国在全球进行信息监视与审查"的谣言，并采取了一些排挤中国企业的不公平措施。近期，更是有一些西方政客大肆鼓吹全球"去中国化"，甚至声称要给搬离中国的企业提供"搬家费"。显然，他们的目的就是试图将中国企业排除在全球产业链供应链之外。

3. 宽松货币环境与有效需求不足或助推大企业"脱实向虚"

早在2019年以来，全球多国就已经开启了新一轮货币宽松政策；2020年以来，为应对新冠肺炎疫情对经济增长的不利影响，加快实现经济重启与复苏，各国进一步采取了降息等释放更多流动性的货币政策。中国企业的快速复苏振兴，同样也得益于中央银行宽松货币政策的支持。为应对疫情冲击，中国人民银行采取一系列措施，包括3次降准（1月6日、3月16日、4月15日）释放1.75万亿元长期流动性，3000亿元用于保供的专项再贷款、5000亿元支持中小微企业复工复产的再贷款再贴现额度，1万亿元新增普惠性再贷款再贴现额度；此外还分别调降了2月3日、3月30日的逆回购利率，调降了2月17日、4月15日的MLF利率，在4月20日下调了LPR利率，在4月7日调降了超额准备金利率。很显然，提供给疫后复苏企业的是一个货币较为宽松的环境。据央行统计数据显示，2020年上半年，社会融资规模增量累计为20.83万亿元，比上年同期多增6.22万亿元；截至

6月末，金融机构人民币各项贷款余额165.2万亿元，同比增长13.2%，其中上半年增加12.09万亿元，同比多增2.42万亿元；截至6月末，广义货币（M2）余额213.49万亿元，同比增长11.1%，比上年同期高2.6个百分点；狭义货币（M1）余额60.43万亿元，同比增长6.5%，比上年同期高2.1个百分点；流通中货币（M0）余额7.95万亿元，同比增长9.5%，上半年净投放现金2270亿元。

货币的相对宽松，不仅仅是给受疫情严重冲击的企业提供了一个喘息调整的机会，也给企业创造了继续投资甚至是加大投资的机会。尽管上半年疫情在中国曾经大面积肆虐，但中国企业的投资并没有长时间受到冲击；相反，在经历了1—2月的大幅下挫后，全国固定资产投资增速逐月稳定回升：3月环比增长6.05%，4月环比增长6.19%，5月环比增长5.87%，6月环比增长5.91%。从中央企业看，3—6月的投资增速分别为4.1%、11.8%、13%、21.2%，增速更是逐月提高。据统计，2020年上半年，资本形成总额拉动GDP增长1.5个百分点，其中二季度资本形成总额更是拉动GDP增长了5个百分点，投资成为三驾马车中唯一对GDP做出正向贡献的力量。

与货币宽松和投资持续增长相对应的是有效需求的不足。一方面，出口增长乏力，尽管出口自4月份以来连续3个月保持同比正增长，但增速分别只有3.5%、1.4%、0.5%；另一方面，国内消费需求也同样不景气，整个上半年都处于同比负增长态势。总体上看，上半年中国经济的复苏，处于供给端复苏领先、消费端复苏滞后的局面。消费持续落后的复苏是不可持续的，必须采取有力举措促进消费增长，为供给端持续复苏打开更大的空间。如果后续消费不能加快增长，实体企业在实业领域的投资增长将直接受到压制。一方面是信贷环境宽松，大企业较为容易获得金融机构低成本信贷资金，另一方面大企业却又面临账上资金无处可投的尴尬局面。这可能会促使大企业不得不寻求将从金融机构获得的较为充裕的低成本资金投向虚拟经济，或是购买金融机构理财产品，从而诱发大企业新一轮"脱实向虚"。

4. 中小企业全面承压阻碍国内产业链畅通

中小企业在市场中总体上处于弱势地位，不仅抗风险能力弱，而且自己能力也不强；一旦遭遇外部市场环境的重大变化，中小企业很容易陷入经营困局，甚至最终走向破产倒闭。新冠肺炎疫情给中小企业带来的冲击之大，是前所未有的。疫情导致中小企业普遍面临订单减少、开工延后、流动资金不足等问题，资金链紧张成为复工复产首先要解决的问题。2020年2月，广东省地方金融监督管理局的问卷调查发现，受疫情影响，周转资金紧张的中小企业占比为52.3%；需要融资的中小企业占比高达82.4%，其中资金缺口达到30%以上、急需融资支持的中小企业为18.6%。

二季度以来，随着疫情逐步得到控制，全国各地企业开始加快复工复产步伐。从整个复工复产进度监测情况看，显然大型企业的复工复产明显好于中小企业。规模庞大的中央企业早在2月底复工复产率就已经超过90%，3月份基本上全面实现了复工复产；但截至5月18日，全国规模以上工业企业平均开工率和复岗率才分别回升至99.1%和95.4%，而全国中小企业复工率尚只有91%，全国中小企业的复工进度明显慢于大型企业。更何况，对绝大多数中小企业来说，复工复产只是迈出了脱困发展的艰难第一步，市场和资金仍是横亘在中小企业发展道路上的冰山与高山。在不久的将来，可能会有一批中小企业由于市场开拓受阻或是资金周转中断而退出市场。

现代产业体系的发展，更加注重产业生态圈的建设。在产业内部，既需要畅通产业链的循环，也需要促进大中小企业的融合发展。在这种错综复杂的产业链共生共荣的关系中，大型企业的持续发展与中小企业的生存与发展状况紧密相关。产业体系中某一个中小企业经营状况的波动，都会通过供应链对上下游企业的生产经营产生影响。事实上这种关联影响在上半年的复工复产进程中得到了充分体现：由于产业链各环节复工复产进度的不同步，严重拖累了整个产业的复工复产进度。也正是因为如此，二季度以来国务院及相关部委都高度重视推动产业链协同复工复产，同时也引发了对优化产业链区域布局的高度关注。

中小企业发展问题，已经不再只是中小企业自身的问题，也是关联到大企业发展与产业链畅通的问题，必须将保中小企业提升到新的战略高度。如果各级政府与大企业不能共同想办法解决影响中小企业发展的市场与资金问题，任由中小企业经营状况恶化，甚至是引发中小企业大面积的倒闭潮，这将会导致相关产业链循环出现中断，并影响产业链中大企业的正常运营。

十三、"十四五"大企业进一步做优做强的对策建议

新冠肺炎疫情的暴发，增加了我国决战全面建成小康社会、全面完成脱贫攻坚任务的难度；上半年经济的 V 形反转，以及诸多重要先行指标的持续向好，为决战全面建成小康社会、全面完成脱贫攻坚和"十三五"圆满收官奠定了坚实基础。"十四五"时期，我国将踏上全面建成社会主义现代化强国的新征程。作为国民经济重要支柱的大企业，必须按照新时期新征程的新要求，谋划与实现企业的新发展。

1. 精准分析发展环境，科学制订"十四五"企业发展规划

2021 年是"十四五"的开局之年，科学谋划好"十四五"时期的发展具有十分重要的意义。目前，各级政府及其相关部门都在紧锣密鼓地制订"十四五"时期经济、社会、科技、卫生等国家或部门、行业发展规划；企业尤其是大企业，应当根据企业发展具体情况，在有效对接政府部门有关规划方向与目标的基础上，科学制订本企业的"十四五"发展规划。大企业的"十四五"规划，应该至少包括如下主要内容：一是要明确"十四五"高质量发展的主要经济指标的目标值，以及实现目标的具体路径；二是明确"十四五"技术发展方向，提出研发投入增长目标，设定关键技术、核心技术突破目标；三是要明确"十四五"结构调整的基本思路，既要对产业与产业链布局结构调整做出科学安排，也要对区域布局结构调整做出合理规划；四是要对落实"十四五"国家与地方政府重大发展战略做出部署，确保企业规划服从并体现国家战略意图。

科学制订企业发展规划的前提，是对企业未来发展环境进行全面、精准的分析。"十四五"时期，企业所面临的将是百年未有的大变局，无论是国际环境，还是国内环境，都与以往有着根本性的改变。一方面，在国际上，中美关系将发生重大不利变化，紧密合作的基础越来越脆弱，关系的紧张将常态化，在特定领域的有限烈度内的局部冲突或时有发生；国际经济关系也更加复杂化，贸易保护主义存在抬头趋势，国际需求的增长空间日益变窄，企业发展可能更多需要依靠中国市场的内需；新冠肺炎疫情的国际蔓延可能还在继续，并将对国际政治经济发展产生深远影响。另一方面，在国内市场，消费面临阶段性饱和压力，依靠消费快速增长提供生产增长空间的机会将不复存在，

企业将被迫从规模扩张路径转向效益质量路径；消费升级将成为主流，品质、品牌将成为消费者关注的重点；完成产业链、价值链跃升成为对企业的根本要求；5G及相关技术的发展将加快推进产业结构的演进，传统产业转型与被淘汰的压力将进一步加大；在产业关系上，单打独斗式的发展不再可行，产业生态圈日益重要，产业链、供应链的整体循环对企业持续发展的影响更为突出。

"十四五"时期，大企业必须学会在危机中育新机、在变局中开新局，在高度不确定性的环境中，准确把握企业发展方向，合理确定企业发展目标，科学谋划企业发展道路，有力夯实企业发展基础，持续开创企业发展新局。

2. 坚持创新驱动，坚持创新链、产业链协同发展

"十四五"时期是开启全面建设社会主义现代化强国新征程的第一个五年。建设社会主义现代化强国，创新将成为最关键的动力，引进、模仿、改良对经济发展的重要性将显著下降。同时，"十四五"时期也是一个不确定性更高的时期，是在百年未有之大变局中寻找与把握发展大机会的时期。作为创新核心主力军的大企业，应当主动用自主创新的确定性，来应对外部环境的不确定性。

大企业应将创新战略提升到前所未有的高度，始终坚持走创新驱动发展道路。既要积极开展技术创新、产品创新，也要不断推进管理创新、商业模式创新、业态创新、制度创新与文化创新；要将创新树立为企业所有人员的共同理想与追求，要将创新打造成推动企业发展最根本的力量，要将创新作为构建与强化企业核心竞争优势的基石。"十四五"时期，大企业要在创新驱动战略下做好如下几方面的工作：一是持续不断提高企业研发强度；当前大企业的研发强度尽管已经有了一定程度的提高，但总体上看仍处于较低水平，不足以支撑我国尽快在产业核心技术、关键技术上取得重大突破。二是优化创新投入结构；要增加基础研发领域的投入，要集中资金进行关键技术、核心技术攻关。三是做好创新人才管理；既要注重引进，更要重视培养优秀创新人才；要突破时空界限，只求所用不求所有，多渠道整合全球创新人才；既要拥有创新人才，更要用好创新人才。四是完善创新机制；要加强创新经费管理，让有限创新投入形成更多高质量创新产出；要建立市场化创新激励机制，让创新者合理分享创新成果。五是做好创新成果应用与储备管理；要加快将创新成果进行商业化应用；技术研发要做到研发一批、储备一批、在用一批，能够持续有效支撑迭代升级。六是坚持产业链与创新链协同发展；要围绕产业链部署创新链，以创新突破推动产业链发展；要围绕创新链布局产业链，以创新成果优化产业链布局。

3. 加快向产业链价值链中高端迈进，增强产业竞争力与话语权

我国具有全球最为完整的产业体系，产业链也相对较为完整；除了少数"卡脖子"领域之外，我国在绝大多数产业链条上都有较为完整的布局。但一个突出的短板就是，我国企业在产业链价值链上总体上都处于中低端地位，并且在先前的很长一段时间，我国不少产业都在事实上处于低端锁定状态。产业链价值链上的低端化，显著影响了我国产业与企业的国际竞争力，绝大多数中国企业不得不依靠低成本来应对国际企业的竞争，并相应获取极为微薄的经营利润。

"十四五"时期，大企业必须带领中国企业尽快走出产业低端锁定陷阱，整体上向全球产业链价值链的中高端跃升。只有在整体上完成了向全球产业链中高端的跃升，才能有效增强中国产业与企业的国际竞争力，提升中国企业与产业的盈利水平，并确保中国产业发展的安全。当前欧美部分国家对中国产业与企业发展的压制，表面上看是技术压制，实质上也是产业链价值链高端对产业链价值链低端的压制。由于他们掌控了全球产业链价值链的高端环节，因此拥有了全球产业发展的更多话语权，所以可以凭借这一地位优势对中国产业与企业的发展采取压制措施。

向产业链价值链中高端迈进，有两条路径、四个维度。两条路径，一是技术创新，二是资源整合；四个维度，则分别是产业基础维度、产业结构维度、产业价值维度、产业链水平维度。产业基础的高级化、产业结构的高度化、产业发展的高价值化和产业链水平的现代化都可以推动完成向产业链价值链中高端的跃升。具体来说，技术创新可以推动产业基础技术水平提升、产业结构向现代化方向演进、产业整体新增价值含量增加和产业链现代化水平提升；而资源整合则可以借助存量资源配置的优化调整，或是新优势资源的进入，来达成技术创新所能实现的目标。所以，对中国大企业来说，迈向全球产业链中高端，必须坚持"技术创新与资源整合"两条腿走路、"产业基础、产业结构、产业价值、产业链水平"四维度突破相结合。与此同时，大企业在提链强链的具体进程中，还要对产业链进行深度梳理，切实做好产业链补断点、强短板的各项工作。

4. 全面提升效率、效益，打造一批高质量发展的一流示范企业

高质量发展和打造具有全球竞争力的世界一流企业，是新时代党中央对中国大企业发展提出的新要求。"十三五"时期，已经有一批优秀大企业在转型高质量发展和建设具有全球竞争力的世界一流企业的实践中进行了探索，取得了一些积极成果。"十四五"时期，中国大企业应围绕上述发展新要求，不断深化改革，持续推进创新，全面提升效率、效益，着力打造一批高质量发展的一流示范企业。这些企业，将是彰显中国大企业全球竞争力与综合实力的关键力量，也应当是所有中国企业对标学习的标杆企业。

高质量发展具有丰富内涵，至少应该包含如下主要内容：技术先进、品质优良且具有高附加价值、效率效益领先、风险可控、可持续、履行社会责任。可以将上述内容归结为企业高质量发展的五个维度：效率效益、技术创新、转型升级、运营风控、社会责任。世界一流企业目前并没有一个统一的定义，但总体上可以认为，世界一流企业应当是引领全球行业技术发展、在国际资源配置中占主导地位、在全球产业发展中具有话语权和影响力的领军企业，应当是在效率、效益和产品服务品质等方面的领先企业，应当是在践行新发展理念、守法重信、履行社会责任等方面拥有全球知名品牌形象的典范企业。显然，世界一流企业与高质量发展的一流示范企业之间有很多的共同点，都是以技术创新为驱动力的、效率效益卓越的企业。所以，对打造高质量发展的一流示范企业来说，除了狠抓技术创新之外，就是要全面提升效率、效益。

从横向比较看，当前我国企业的效率、效益还处于较低水平；除极少数领域外，我国大企业的诸多盈利指标都明显落后于美国同行大企业。所以，尽管中国大企业近年来确实在转型高质量发展、打造具有全球竞争力的世界一流企业上取得了一些进展，但离真正的高质量发展还有较大差距，绝大多数的中国大企业都称不上是具有全球竞争力的世界一流企业。"十四五"期间，中国大企业需要付出更大的努力，力争在转型高质量发展、打造具有全球竞争力的世界一流企业上有所突破，能够推出一批高质量发展的一流示范企业。为此，一是要大力推进产品的转型升级，以优质产品提升企业竞争力，同时增强企业盈利能力，改善企业财务绩效水平。二是加强企业管理，持续提升管理水平，包括提高运营风险管理能力；以管理提升保障运营，以管理效率提升企业绩效。三是要充分利用好互联网、大数据，以现代先进信息技术来提高生产效率、管理效率、营销效率，从而改善企业盈利水平。四是优化资源配置与盘活低效无效资产，提高资源利用效率，加快资金周转。五是着眼于长期可持续发展，积极承担与履行社会责任，减少污染排放，关注员工成长，实现企业与自然、人类社会协同发展。

5. 聚焦战略新兴产业发展，为中长期持续发展掌控战略制高点

对战略新兴产业的重视，起始于2008年的国际金融危机。各国政府为应对金融危机，以及加快后危机时期的经济发展，纷纷将战略重心转向了战略新兴产业，也就是那些建立在重大前沿科技突破基础上，代表未来科技和产业发展新方向，尚处于成长初期、未来发展潜力巨大，对经济社会具有全局带动和重大引领作用的产业。中国政府也高度关注战略新兴产业发展，出台了一系列扶持性的政策举措，确定了阶段性的发展目标。在产业范围上，已经从早期的7大领域扩大到了9大领域，分别是：新一代信息技术产业、高端装备制造产业、新材料产业、生物产业、新能源汽车产业、新能源产业、节能环保产业、数字创意产业、相关服务业。

与传统产业相比，战略新兴产业具有两方面的特点：一是产业发展更加依赖于技术创新的突破；二是全球各国都是站在新的起跑线上，在起跑线上的差距没有传统产业那么大，而且往往都没有一个在全球具有绝对竞争优势的领先者。在传统产业领域，落后者只能是在弯道减速时的一瞬间抓住机会加速超车；而在战略新兴产业领域，发展中国家的企业，完全可以通过变道来完成超车。

虽然从产业体量规模上看，战略新兴产业在我国经济中所占的份额还比较小，还不足以与来自传统产业的主要支柱产业相提并论；但在中央及地方政府的大力推动下，大量资本纷纷进入到战略新兴产业领域，助推了相关产业的快速发展。即使是在疫情的大力冲击下，2020年上半年规模以上工业中战略新兴产业增加值依然实现了同比增长2.9%，而同期全部规模以上工业增加值同比下降1.3%。对中国经济的长期持续发展来说，战略新兴产业具有重要战略意义：一是为增强中国经济、产业与企业国际竞争力抢占先机，持续推动中国经济增长，助推中国加快迈向全球最大经济体；二是培育新的支柱产业，实现支柱产业转型升级，夯实中国经济在全球化竞争中持续发展的基础。归根究底，大力发展战略新兴产业，就是要为中国经济的持续发展占得战略先机，掌控战略制高点。

"十四五"时期，大企业应当更多聚焦于战略新兴产业发展，通过培育壮大战略新兴产业，实现企业转型升级与产业结构调整，打造企业收入与利润新的可靠增长点。特别是国有大型企业，更应在战略新兴产业发展中发挥先行军作用。大企业发展战略新兴产业，应从以下几个方面集中发力：一是用好增量资本，调整存量资本；一方面积极寻找与把握战略新兴产业投资发展机会，增加对战略新兴产业的资本投入；另一方面，梳理现有投资，对存量投资进行战略性调整，适当从低端传统产业领域退出，将所释放出来的资金投向战略新兴产业领域。二是集中力量进行技术突破；加大战略新兴产业技术研发投入力度，将企业研发重点与科研资金投入向战略新兴产业领域适当倾斜；打造开放性研发平台，充分整合利用全球研发资源。三是充分发挥产业基金作用；联合设立战略新兴产业投资发展基金，带动更多社会资本参与战略新兴产业发展。四是协同开展市场培育，共促产业持续健康发展；避免低水平重复投资，坚持差异化发展，加强行业与企业自律，共同把好产品质量关，以优质产品加快市场成长。

6. 围绕畅通国际、国内双循环，打造国际化经营新格局

中央提出加快形成"以国内大循环为主体、国内国际双循环相互促进的新发展格局"，既是在国内外环境发生显著变化的大背景下，就推动我国开放型经济向更高层次发展做出的重大战略部署，也是在当前大变局下，指导我国企业与产业克服困难与挑战，实现持续稳定发展的具体策略安排。国际政治与经济的不确定性倒逼我们必须畅通国内大循环，并以国内循环为主来保障中国产业与企业的平稳发展。关键领域的短板、全球融合发展以及构建人类命运共同体的需要，决定了我国需要以国际循环作为国内循环的补充。

大企业应在畅通国际、国内双循环中充当主力军，通过主动带动中小企业融合发展、创新发展，来加快形成以国内循环为主、国际国内循环相互促进的发展新格局。大企业不仅要为国内消费者提供优质供给，更要在国际市场进行布局、展开竞争、获取收益；应当将国内市场的更多空间让给无力进行国际市场开拓的中小微企业，更多地担任在国际市场上彰显中国参与和中国贡献的角色，带头落实好"走出去"战略和"一带一路"倡议，在整合利用国际国内两个市场、两种资源上发挥关键作用。尽管一些国家出于本国政治斗争需要，给中国企业与资本的国际参与设置了重重障碍，甚至进行了联合打压，但中国大企业不应被这些暂时性的困难所吓倒，不能就此停下国际化布局的脚步。相反，中国大企业更应按照党中央关于加快形成国际、国内双循环发展新格局的新要求，奋力打造新时期国际化经营新格局。

打造国际化经营新格局，并非一朝一夕可以一蹴而就的事，大企业必须审慎谋划，稳妥推进；既要善于抢抓国际市场机遇，更要善于管控国际经营风险。中国大企业在国际市场上育新机、开新局，应做好如下主要工作：一是优化国内市场与国际市场关系，坚持以国内市场为主导，以国际市场为补充，国际市场的布局与发展必须服务于国内市场的需要。二是以补断点、强短板为基本遵循，推进国际产业链、供应链布局；国际业务的投资布局，应当作为国内业务的补充与延伸。三是将"高起点、高质量"作为国际化布局的决策标准，避免在国际市场进行低水平投资，要尽量寻求进入全球产业链价值链的中高端环节，力求国际化经营可以带来高投资回报。四是坚持多元化布局，要以全球化为导向，既不放弃欧美市场，也要进入亚、非、拉等地新兴国家市场；既要坚持已有阵地，更要开辟新市场。五是强化东道国政策研究，及时、准确预判政策走向，并提前采取应对举措，回避或弱化政策变化所带来的不利影响。六是服务国家重大战略，秉承打造人类命运共同体理念，加大"一带一路"沿线国家投资力度，与东道国企业共同分享沿线国家经济发展红利。

# 第二章
2020 中国制造业企业 500 强分析报告

2020 中国制造业企业 500 强是中国企业联合会、中国企业家协会连续第 16 次向社会发布的中国制造业最大 500 家企业年度排行榜。总体上看，在过去的一年，我国制造业大企业在党和国家高质量发展战略的引导下，资产规模稳步扩大，行业结构持续优化，企业创新能力不断增强，但由于受到中美贸易摩擦、企业运行成本上升等多重因素影响，整体营业收入增速进一步放缓，净利润增速出现较大幅度下滑等现象。从长期来看，由于产业结构加速优化升级、新一代信息技术和制造业深度融合、国内营商环境持续改善等因素，中国制造业向好发展的态势没有改变。

一、2020 中国制造业企业 500 强规模特征分析

1. 营业收入增速进一步放缓

营业收入增速进一步放缓。"十三五"以来，中国制造业 500 强营业收入实现了快速增长，总营业收入由 2016 年（指发布 500 强年份，下同）的 26.52 万亿元扩大至 2020 年的 37.42 万亿元，总增幅为 41.1%。自 2017 年增速由负转正后，2018 年增速创新高，达到了 12.71%。由于制造业内部外部环境发生深刻变化，2019 年中国制造业 500 强营业收入增速出现了下滑，增速下降到 9.67%，2020 中国制造业企业 500 强营业收入增速进一步下滑，下降到了 7.18%，较 2019 年下降了 2.48 个百分点。分析两年增速连续下滑主要因素有两点，一是"十三五"以来国家大力推进制造业高质量发展，加快推进制造业产业结构调整优化，着力推进去除过剩产能，短期内使得制造业营业收入增速放缓；二是中美贸易摩擦使得制造业外部环境发生了较大变化，企业出海、产品出口等都受到了一定影响，如图 2-1 所示。

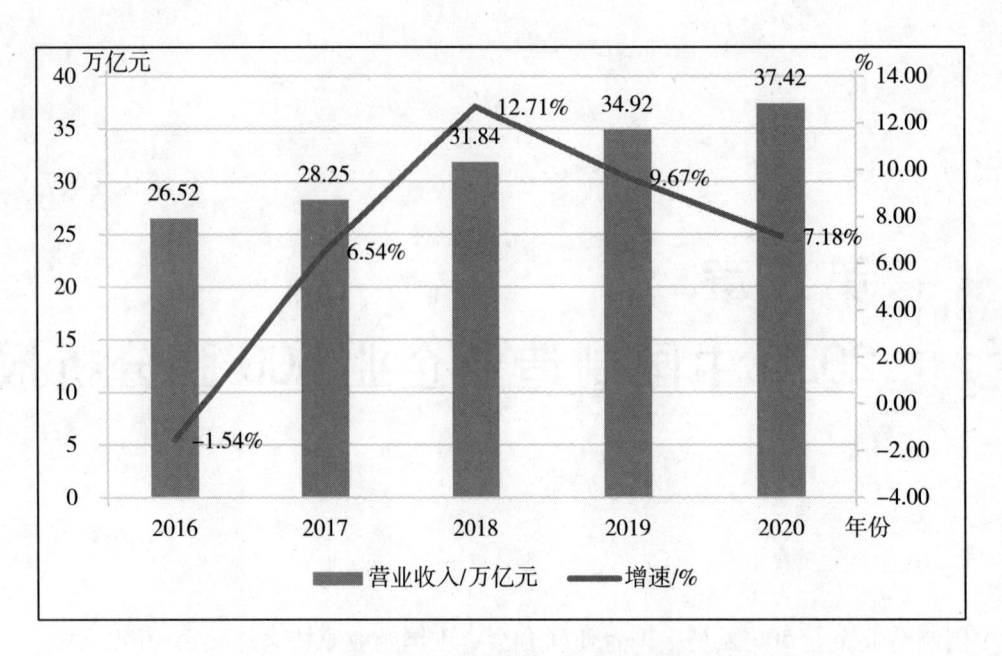

图 2-1 2016—2020 中国制造业企业 500 强营业收入及增速变化

入围门槛突破百亿元。"十三五"以来，中国制造业企业 500 强入围门槛持续上涨。入围门槛由 2016 年的 65.4 亿元，快速提升到 2020 年 100.7 亿元，入围门槛比 2016 年提高 35.3 亿元，提升幅度达到 54%。2020 年入围门槛比 2019 年提高 12.1 亿元，提升幅度为 13.72%。中国制造业 500 强入围门槛连年持续提升，一定程度上说明了我国制造业 500 强的规模在不断扩大，如图 2-2 所示。

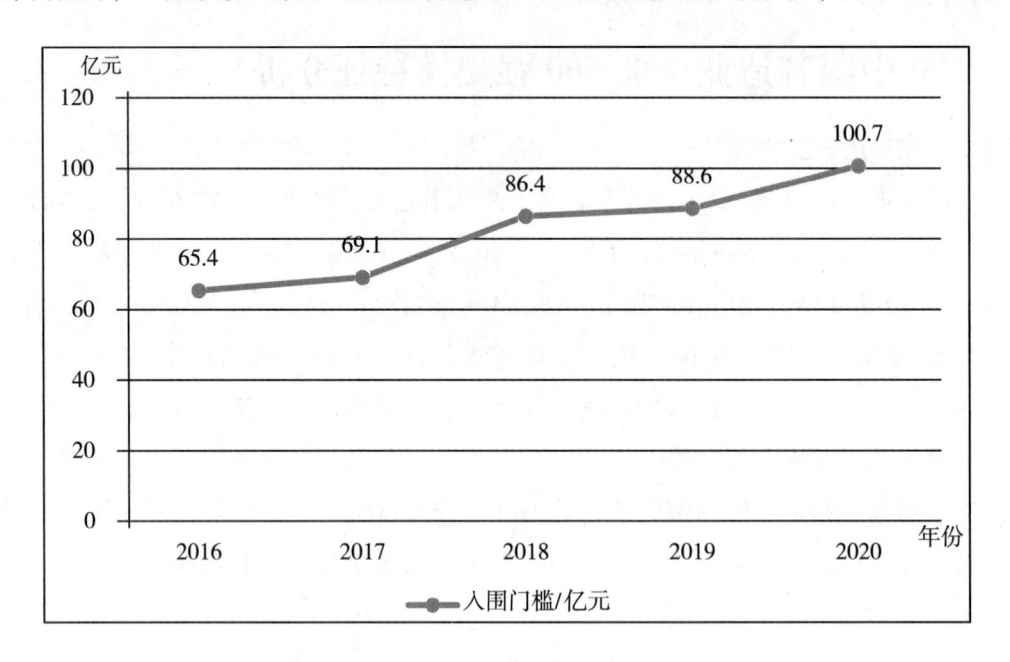

图 2-2 2016—2020 中国制造业企业 500 强入围门槛变化

人均营业收入波动增长。"十三五"期间，中国制造业企业 500 强人均营业收入总体保持增长态势，但是增速方面波动较为频繁。中国制造业企业 500 强人均营业收入增速在 2017 年由负转正之后，实现了连续两年快速提升，2018 中国制造业企业 500 强人均营业收入增速达到了 17.61%，创历史新高。2019 中国制造业 500 强人均营业收入增速出现大幅下滑为 2.47%，较 2018 年下降了 15.14 个百分点。2020 中国制造业 500 强人均营业收入增速又回升到 9.16%，人均营业收入达到 286 万元，如图 2-3 所示。

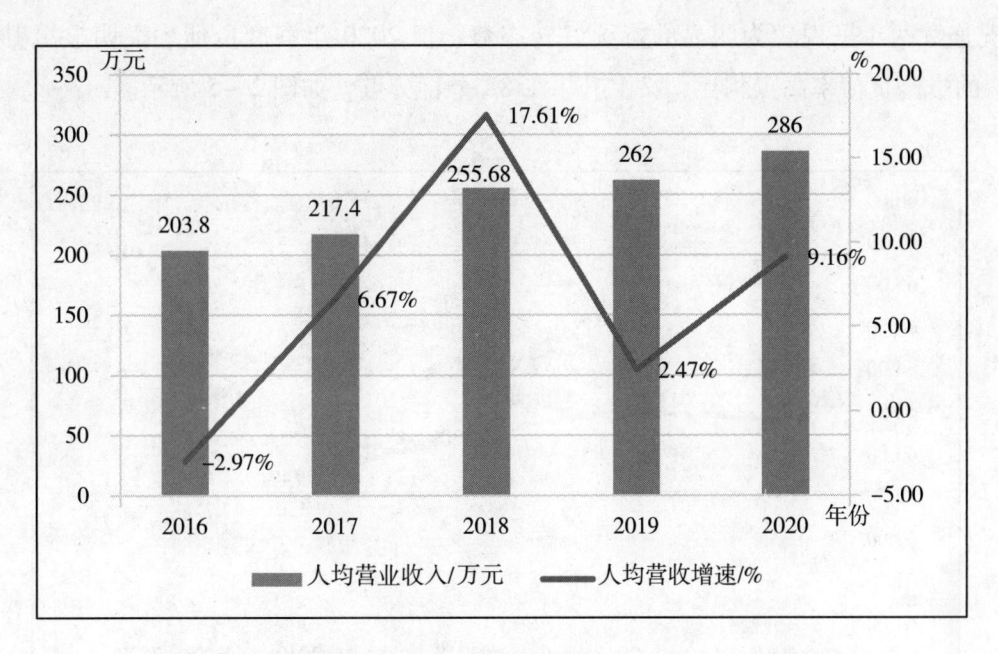

图 2-3　2016—2020 中国制造业企业 500 强人均营业收入及增速变化

2. 资产负债率有所反弹

资产规模稳步扩大，增速基本保持平稳。"十三五"以来，中国制造业企业 500 强总资产规模在绝对数量方面保持了持续扩大态势，由 2016 年的 29.07 万亿元提升到 2020 年 39.19 万亿元，提升幅度达到 34.81%。在资产增速方面，伴随我国制造业逐步迈向高质量发展阶段，由注重"增速加快"转向注重"质效提升"，"十三五"以来中国制造业企业 500 强资产规模增速虽然出现了小幅波动，但增速整体保持在 7%~9% 的合理区间，增速略快于 GDP 增速，如图 2-4 所示。

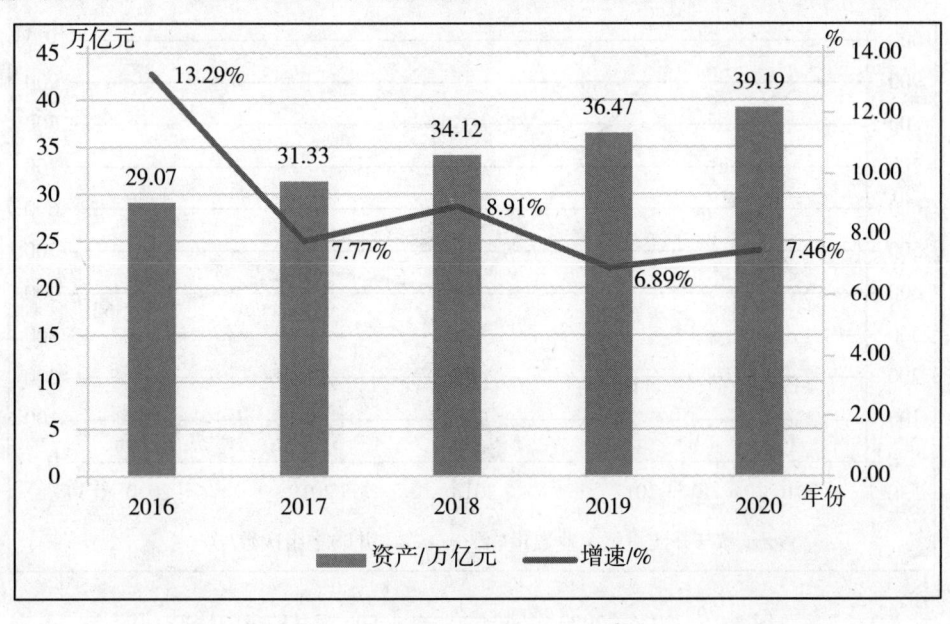

图 2-4　2016—2020 中国制造业企业 500 强资产及资产增速变化情况

资产负债率有所反弹。2020中国制造业企业500强资产负债率为65.4%，较上年上升了2.66个百分点，创造了"十三五"以来新高。"十三五"期间，2017年开始中国制造业企业500强资产负债情况连续两年呈现较为明显的持续好转态势，但2020年资产负债率又明显上升，与2017年63.52%的资产负债率高点相比，又上升了1.88个百分点，如图2-5所示。

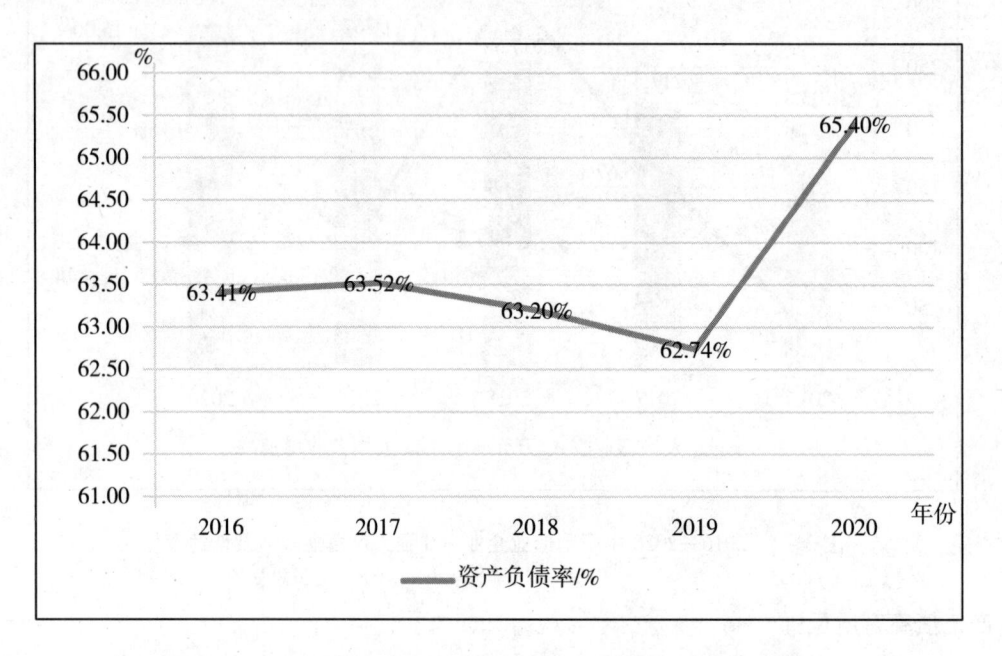

图2-5　2016—2020中国制造业企业500强资产负债率变化情况

3. 企业并购重组积极性显著回落

参与并购重组企业数量基本保持平稳，并购重组次数持续下滑。2020中国制造业企业500强在2019年参与了并购重组的企业共有122家，较上年减少了19家。"十三五"期间，中国制造业

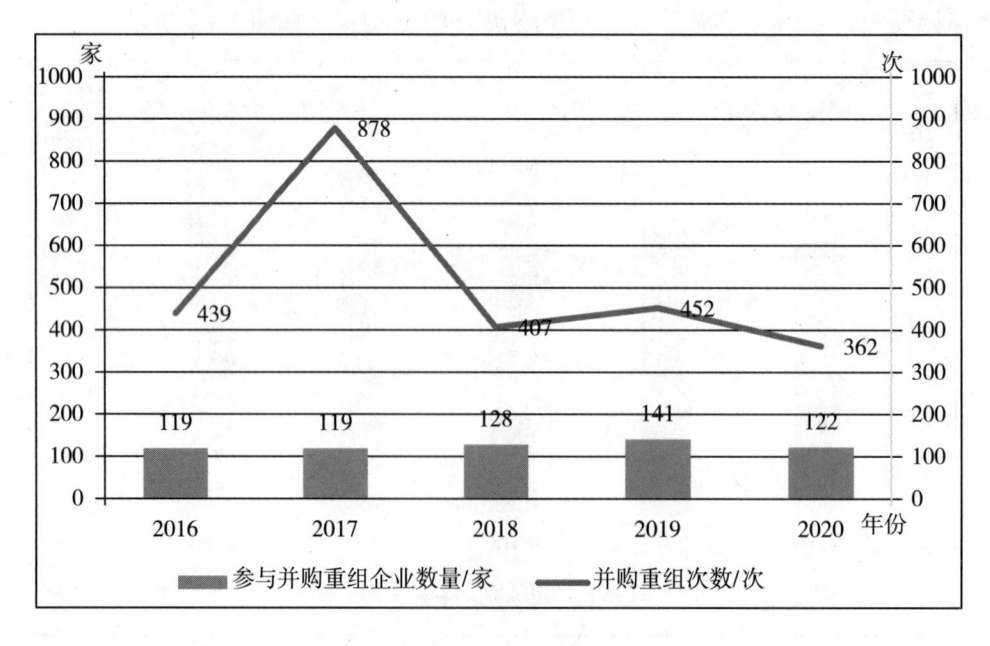

图2-6　2016—2020中国制造业企业500强并购重组情况

500强参与并购重组企业数量占比基本保持在约24%~28%。在并购重组次数方面,"十三五"期间,随着证监会在企业并购重组方面监管力度的不断加大,特别是对"忽悠式""跟风式"和盲目跨界重组等打击力度的加大,中国制造业企业500强并购重组次数由2017年的878次迅速跌落至2018年的407次,2019年虽有小幅回升,但是2020中国制造业企业500强并购重组次数再次跌落,仅为362次,较2019年减少90次,与2017年878次高点相比,减少了516次,下降了58.77%,如图2-6所示。

二、2020中国制造业企业500强利税状况分析

1. 净利润增速出现大幅下滑

净利润规模基本保持不变,但增速大幅下滑。2020中国制造业企业500强共实现归属母公司股东净利润9751.16亿元,利润较上年500强下降0.16%,增速大幅下滑,下降了19.60个百分点。"十三五"期间,自2017中国制造业企业500强实现归属母公司净利润增速由负转正后,在连续三年一直保持在18%以上后,首次出现大幅下滑,分析主要原因在于随着行业平均工资增长、国家社保制度的完善,制造企业总体支出成本在不断上升,如图2-7所示。

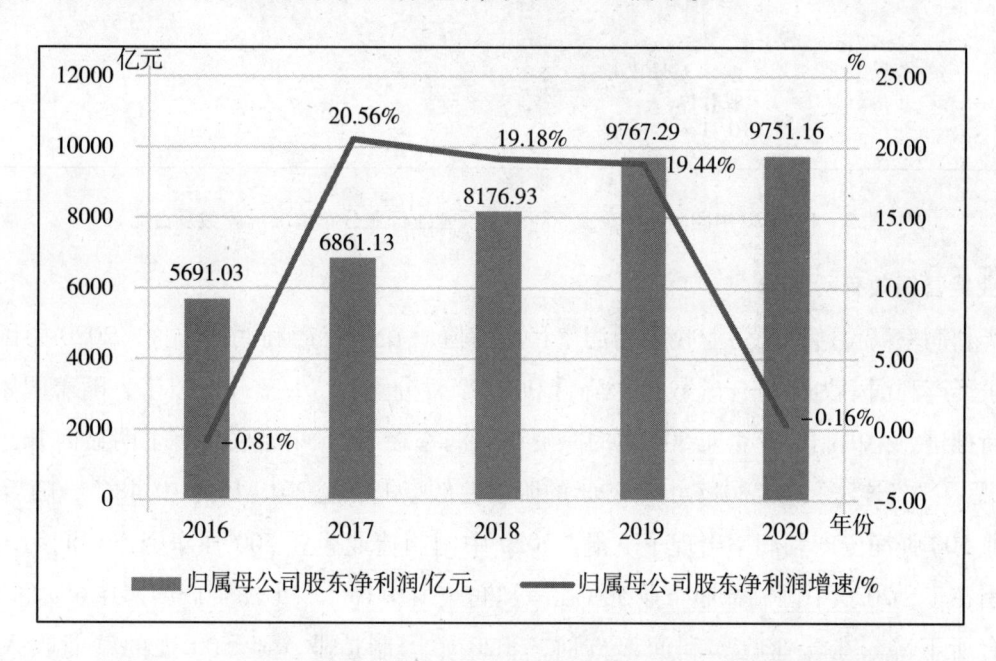

图2-7 2016—2020中国制造业企业500强归属母公司股东净利润规模及增速

企业亏损面有所缩小,亏损深度有所增加,亏损企业主要分布在产能过剩行业。2020中国制造业企业500强中有28家企业亏损,亏损面为5.6%,较上年500强的6.80%下降了1.20个百分点;但在亏损深度(亏损额/净利润总额)方面,2020中国制造业企业500强的亏损深度为6.78%,较上年500强的3.85%上升2.93个百分点,企业亏损深度有所增长。亏损企业行业分布方面,28家亏损企业中,数量最多的三个行业分别为化学原料及化学品制造(6家企业,占亏损企业的21.43%)、黑色冶金(5家企业,占比17.86%)、一般有色(3家企业,占比10.71%),该三类行业均为落后产能相对过剩行业,出现14家亏损企业,占亏损企业总数的50%,如图2-8所示。

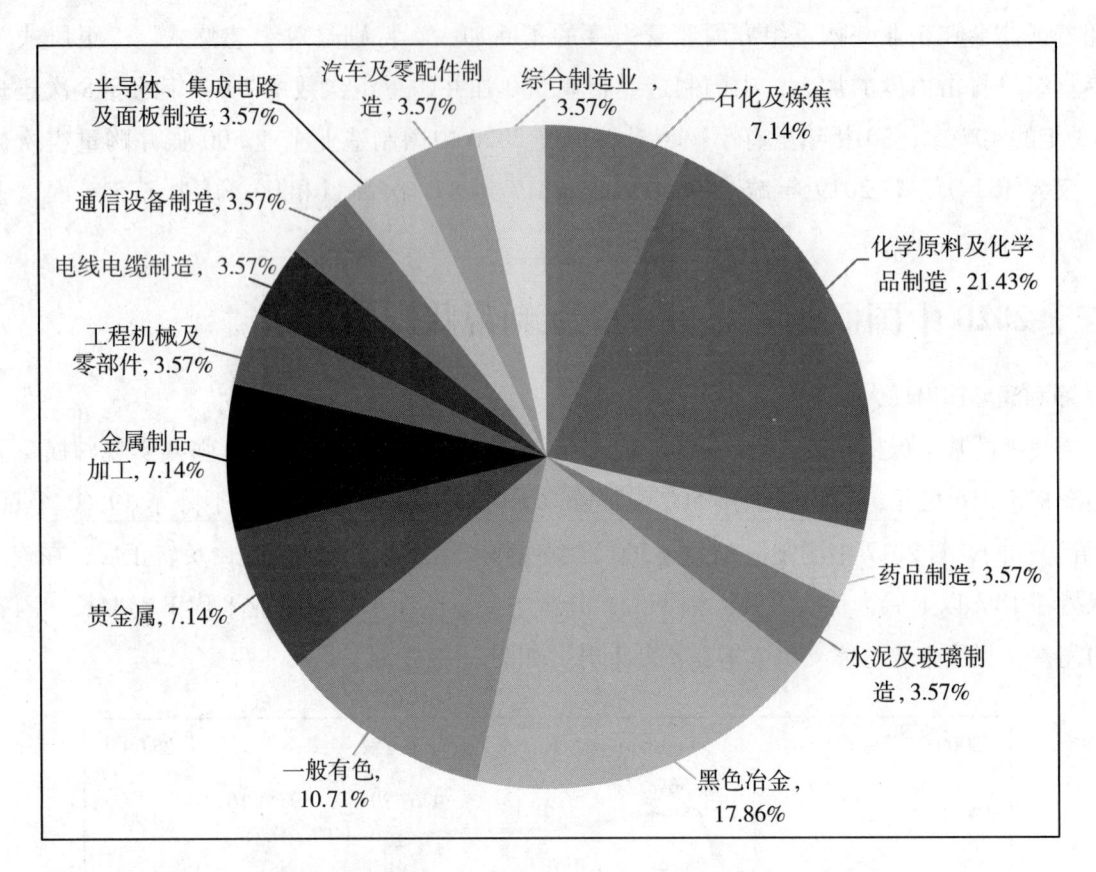

图2-8 2020中国制造业企业500强亏损企业行业分布情况（家数及占比）

2. 企业经营绩效有所下降

净资产利润率高位落回，营业收入利润率稳中有降。在净资产利润率方面，2020中国制造业企业500强净资产利润率为9.88%，较上年降低0.60个百分点。"十三五"以来，随着国家制造业转型升级不断推进，中国制造业企业500强的净资产利润率在2016年触底后有了明显回升，在2017—2019年实现了"三连涨"，从2017年7.59%的阶段性低点上涨至2019年的10.48%，随后2020中国制造业企业500强净资产利润率出现了下滑。2020中国制造业企业500强净资产利润率出现了下滑的主要原因在于，2020中国制造业企业500强净利润减少0.16%，但净资产增速在6%左右，且资产周转率也有所下降。在营业收入利润率方面，2020中国制造业企业500强的营业收入利润率为2.61%，较2019年降低0.19个百分点，为2016年营业收入利润率触底后的连续第四年上涨后首先出现小幅下滑，但仍然保持在合理区间，如图2-9所示。

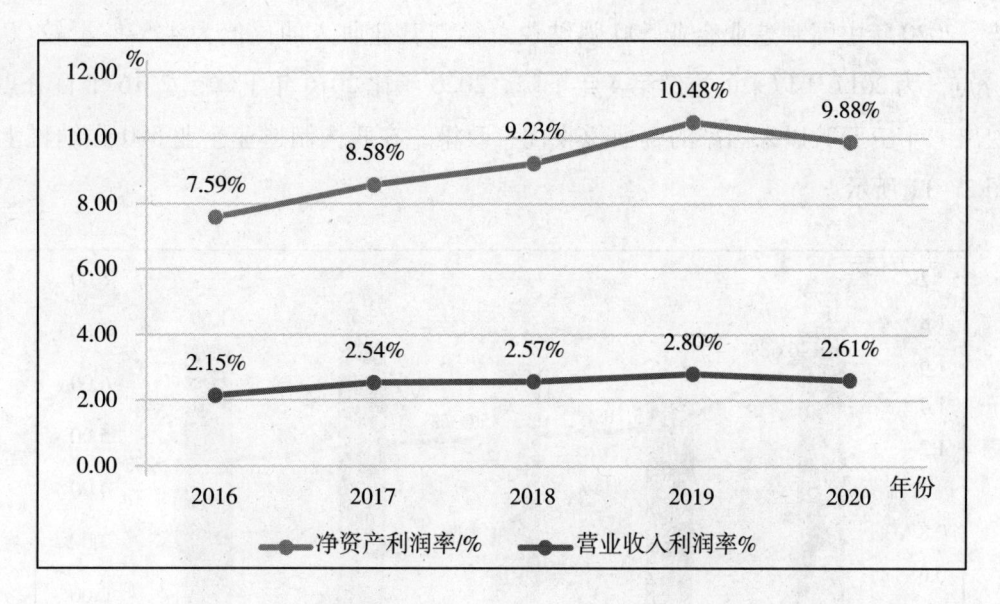

图 2-9 2016—2020 中国制造业企业 500 强净资产利润率及营业收入利润率变化

资产周转率均呈现波动态势。资产周转率方面，2020 中国制造业企业 500 强的资产周转率为 0.95 次/年，较上年降低 0.01 次/年。"十三五"以来，我国制造业企业 500 强资产周转率呈现出波动态势，于 2017 年跌至 0.90 次/年的阶段性低点，而后于 2018 年开始逐步回升，2019 制造业企业 500 强资产周转率达到了历史新高 0.96 次/年，2020 中国制造业企业 500 强的资产周转率较上一年又出现了小幅下滑，如图 2-10 所示。

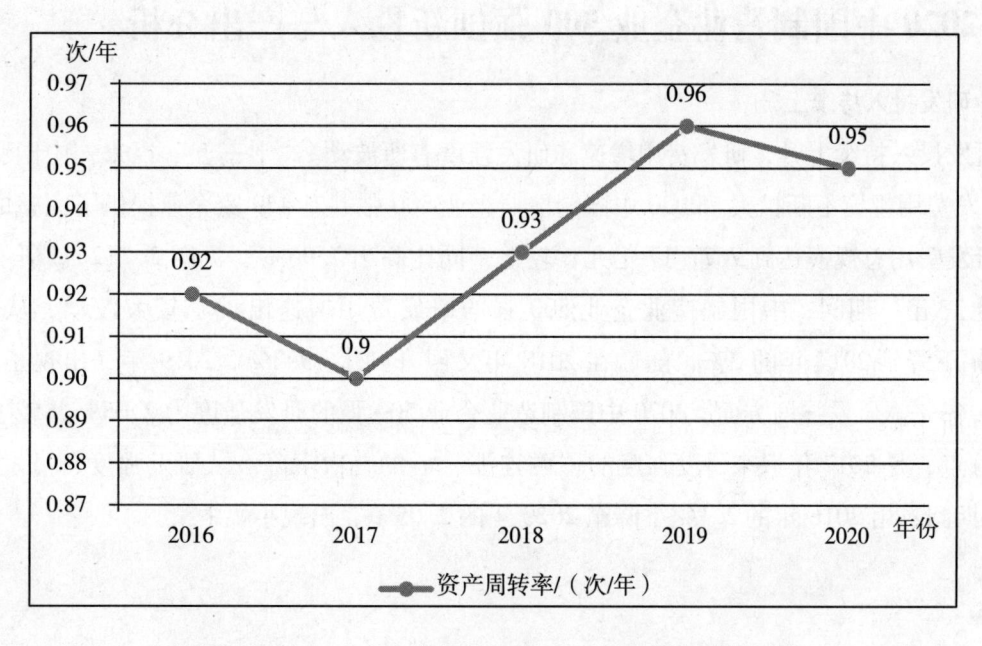

图 2-10 2016—2020 中国制造业企业 500 强资产周转率变化

3. 企业综合税负持续下降

企业纳税总额有所波动，纳税额与营业收入比值稳步下降。2020 中国制造业企业 500 强在上年全年共纳税 1.69 万亿元，基本与上年持平。"十三五"期间，企业纳税总额与营业收入比值呈现稳步下滑态势，2020年中国制造业企业500强纳税总额与营业收入的比值为4.52%，较2019年下降0.33个百分点，为2017年以来的连续第4年下降，2020年比2016年下降了2.16个百分点，在一定程度上反映出"十三五"以来国家的各项税收优惠政策，在我国制造业企业500强纳税上正在逐步显现，如图2-11所示。

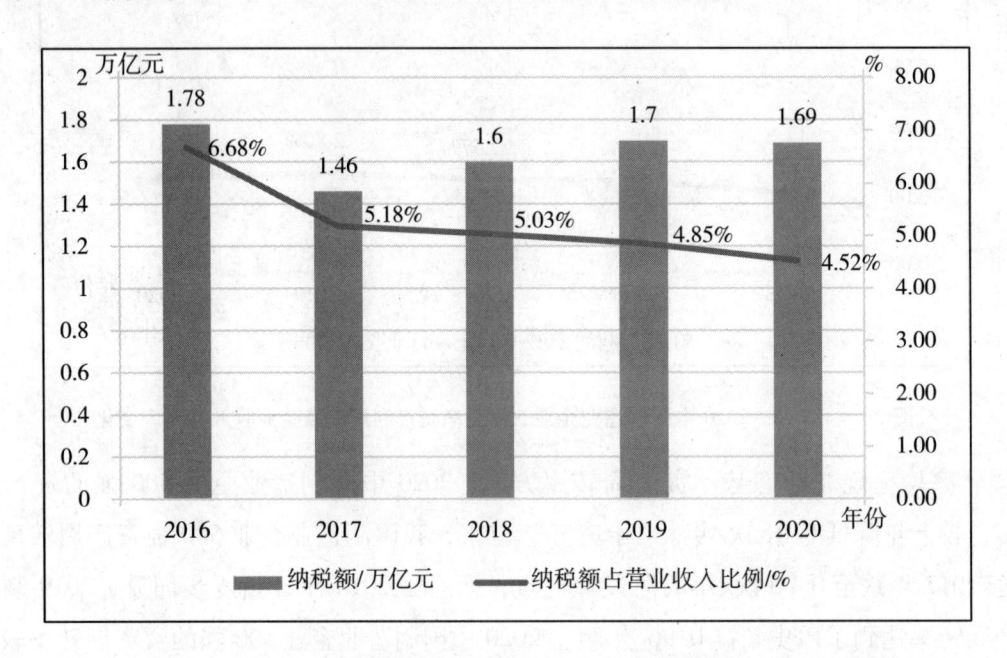

图2-11　2016—2020中国制造业企业500强纳税及纳税额占营业收入比重变化

三、2020中国制造业企业500强创新投入与产出分析

1. 企业研发投入持续上升

企业研发投入持续上升，研发费用增速和研发强度有所波动。"十三五"以来，中国制造业企业500强的研发费用规模不断扩大。2020中国制造业企业500强共有479家企业提供了完整的研发费用数据，其研发费用总规模达到7677.17亿元，较上年同比高出7.96%（见图2-12）。研发费用增速方面，"十三五"期间，中国制造业企业500强的研发费用增速出现了较大波动，从2016年的11.73%大幅下降到2017年的2%，随后在2018年又回升到了19.3%，2019年又出现了大幅下滑，下降到了8.63%。研发强度方面，2020中国制造业企业500强的研发强度为2.05%，较上年下降了0.09个百分点，是2017年以来研发强度的"两连涨"后的首次下降。从研发强度自身发展趋势看，"十三五"期间，由2016年的2.1%下降至2020年的2.05%，出现小幅下滑。

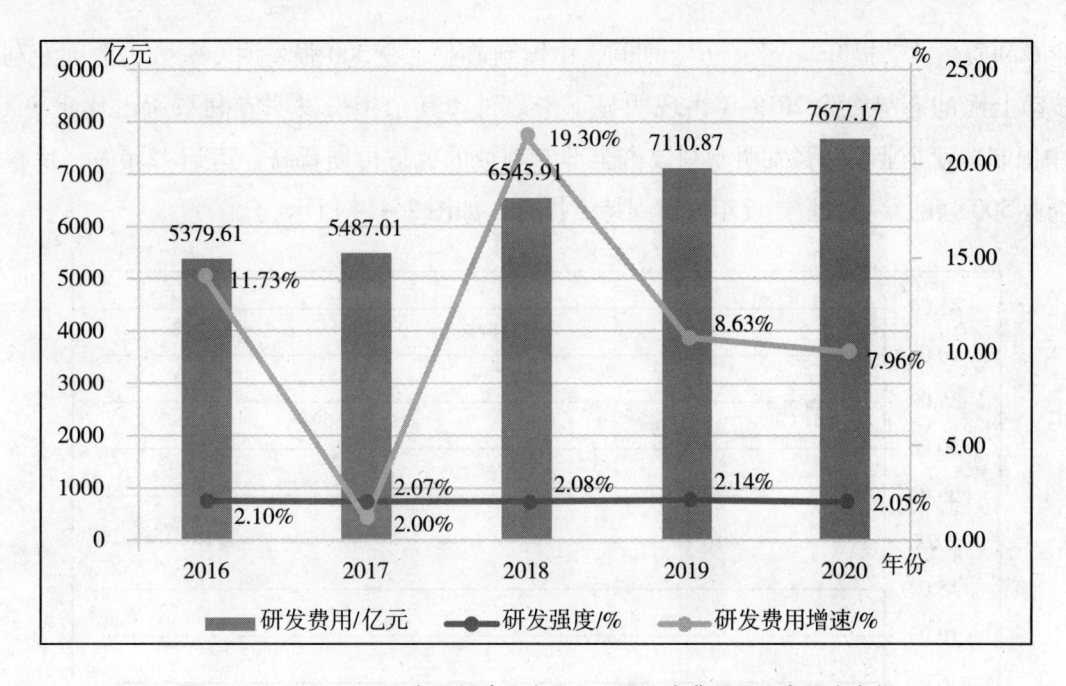

图 2-12 2016—2020 中国制造业企业 500 强研发费用及研发强度变化

2. 企业创新产出水平进一步提升

企业拥有的专利数及发明专利数快速增加。2020 中国制造业企业 500 强共有专利 952423 个，较上年 500 强高出 3.81%。"十三五"期间，企业全部专利数增速明显加快，中国制造企业 500 强专利数由 2016 年的 497457 项提升到 2020 年的 952423 项，增幅高达 91.5%。发明专利方面，2020 中国制造业企业 500 强共有发明专利 406008 个，较上年提升了 49.73%（见图 2-13）。"十三五"期间，中国制造业企业 500 强发明专利数虽然在 2019 年出现了明显下滑，但总的来看，5 年来中国制造业企业 500 强发明专利数从 2016 年的 154009 个快速增长至 2020 年的 406008 个，年均复合增速达到 27.4%。

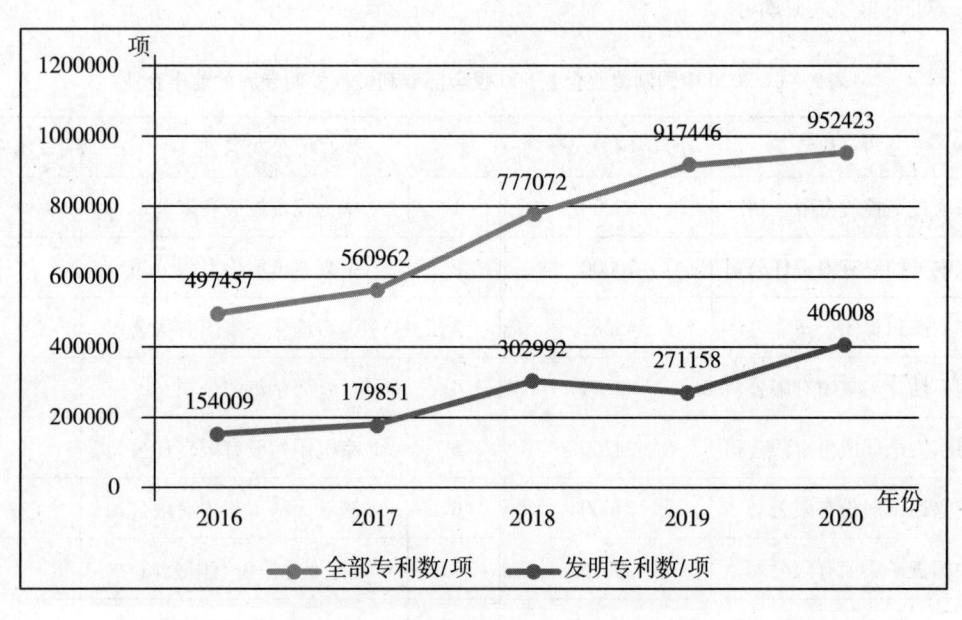

图 2-13 2016—2020 中国制造业企业 500 强全部专利数及发明专利数

企业专利质量波动提升。"十三五"期间，中国制造业企业500强发明专利数占全部专利数的比重呈现波动上涨的态势，除2019年出现明显下滑之外，其余年份发明专利数所占比重不断提升。2020年中国制造业企业500强发明专利数占全部专利数的比重再创新高，达到42.6%，反映出我国制造业企业500强的专利数量在近年来得到持续提升，如图2-14所示。

图 2-14　2016—2020 中国制造业企业 500 强发明专利数占全部专利数比重

制造业龙头企业成为创新的主体。2020中国制造业企业500强全部专利数前10位企业共拥有专利数412855个，占到当年500强全部专利总数的43.35%，与上年500强基本持平。2020中国制造业企业500强拥有发明专利数前10位企业共拥有发明专利数240382个，占到当年500强发明专利总数的59.21%，较上年提高了8.83个百分点，从侧面反映出我国制造业龙头企业在创新中的核心地位进一步凸显，如见表2-1所示。

表 2-1　2020 中国制造业企业 500 强全部专利数、发明专利数前十企业

排名	公司名称	全部专利数量/项	排名	公司名称	发明专利数量/项
1	华为投资控股有限公司	85000	1	华为投资控股有限公司	76500
2	北京电子控股有限责任公司	70000	2	中兴通讯股份有限公司	30000
3	海尔集团公司	45681	3	中国石油化工集团有限公司	29448
4	中国石油化工集团有限公司	42244	4	海尔集团公司	26512
5	珠海格力电器股份有限公司	34266	5	北京电子控股有限责任公司	20915
6	中兴通讯股份有限公司	34000	6	中国航天科工集团有限公司	17015
7	中国五矿集团有限公司	30516	7	比亚迪股份有限公司	11793
8	中国航天科工集团有限公司	27412	8	TCL集团股份有限公司	10634

续表

排名	公司名称	全部专利数量/项	排名	公司名称	发明专利数量/项
9	比亚迪股份有限公司	23182	9	中国五矿集团有限公司	8875
10	TCL集团股份有限公司	20554	10	中国兵器工业集团有限公司	8690
	合计	412855		合计	240382
	占全部专利总数比重	43.35%		占发明专利总数比重	59.21%

四、2020中国制造业企业500强企业所有制比较分析

1. 民营企业在制造业500强中影响力继续增强

民营企业数量比重持续上升。2020中国制造业企业500强中共有民营企业354家，较上年多出14家；"十三五"期间，中国制造业企业500强中民营企业数量保持持续增加，占比从2016年的63.4%持续增长至2020年的70.8%，提升了7.4个百分点（见图2-15）。民企数量与国企数量之比从1.73∶1持续扩大至2.42∶1。在千亿元级企业方面，2020中国制造业企业500强中共有89家千亿元级企业，其中37家为民营企业，占比为41.57%，较2017年和2019年分别高出14.15和1.81个百分点，占比连年增长，显示出民营企业向龙头位置不断发力的态势，如图2-16所示。

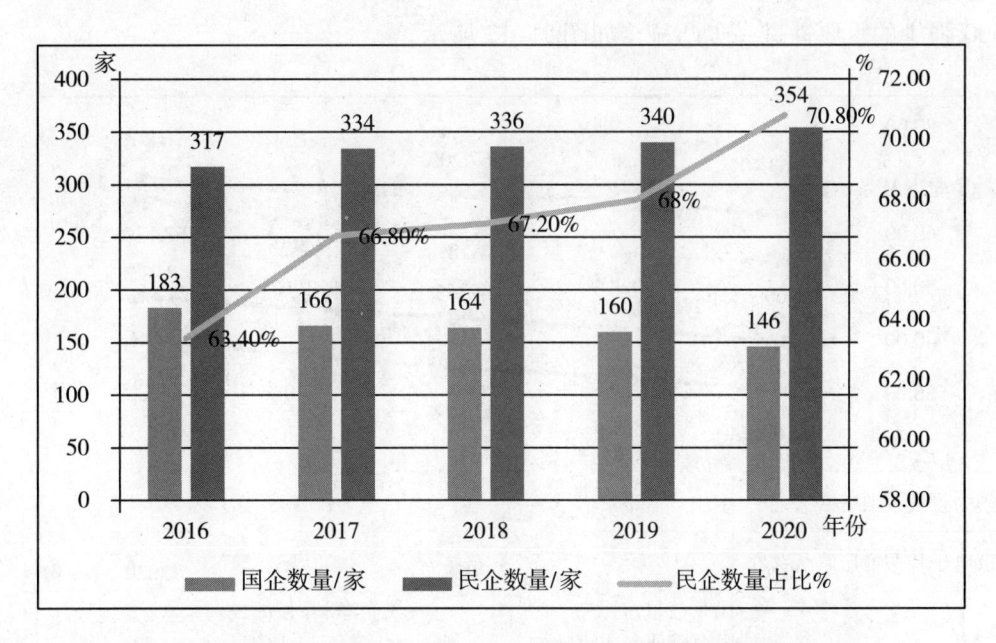

图2-15 2016—2020中国制造业企业500强民营企业、国有企业数量变化

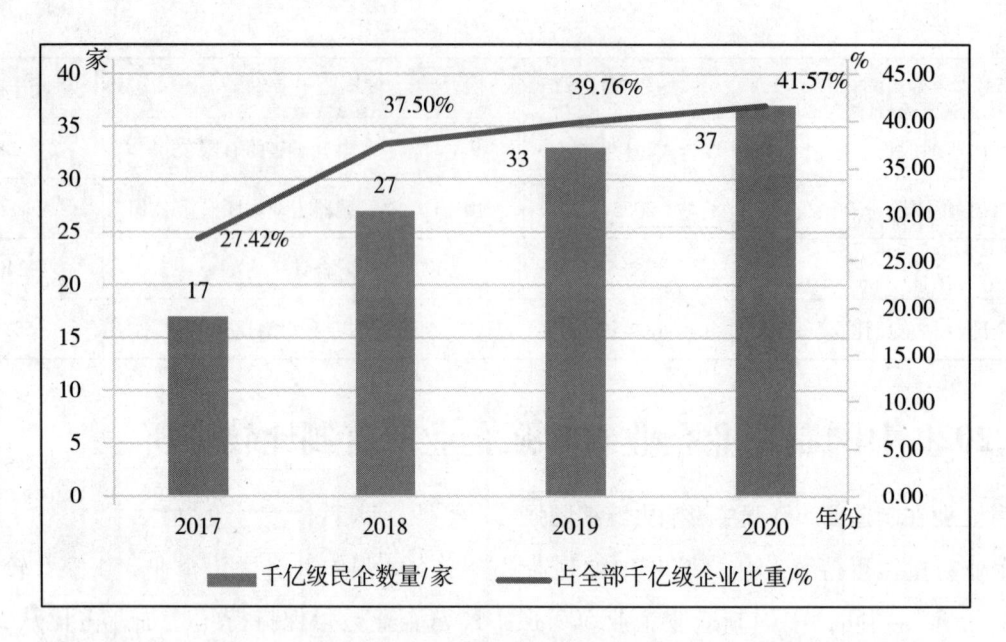

图 2-16 2017—2020 中国制造业企业 500 强千亿元级民营企业数量及占比变化

民营企业营业收入、净利润及资产占比不断提升。"十三五"期间，中国制造业企业 500 强中民营企业在营业收入、净利润及资产方面的占比，分别从 2016 年的 39.79%、54.60% 和 30.60% 持续上升至 2020 年的 48.39%、67.13% 和 40.46%，反映出民营企业力量逐步壮大，民营企业在中国制造业企业 500 强中的重要性进一步凸显，如图 2-17 所示。

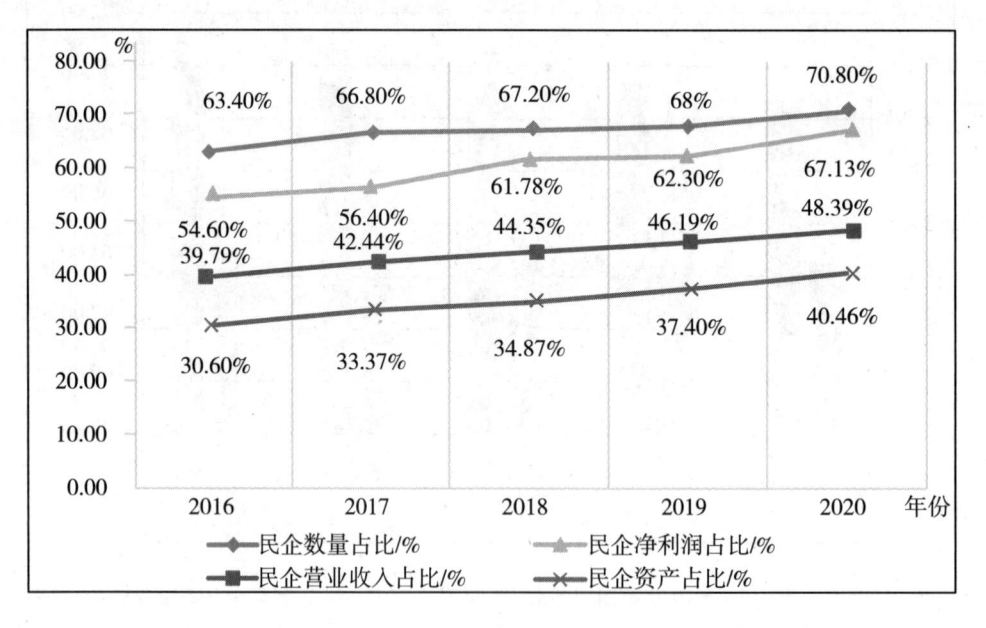

图 2-17 2016—2020 民营企业营业收入、净利润及资产占中国制造业企业 500 强比重变化

2. 民营企业盈利状况相对较好

民营企业利润率指标稳步上涨，且相较于国有企业优势凸显。2020 中国制造业企业 500 强中民营企业的营业收入利润率和资产利润率分别为 3.61% 和 4.13%，比上年分别下降 0.16 和 0.33 个百分点。同时，民营企业在营业收入利润率和资产利润率方面均明显领先于国有企业。2020 中国制造

业企业500强中，民营企业营业收入利润率及资产利润率分别高于国有企业1.95和2.76个百分点，营业收入利润率差异有所扩大，资产利润率差异有所收窄，如图2-18所示。

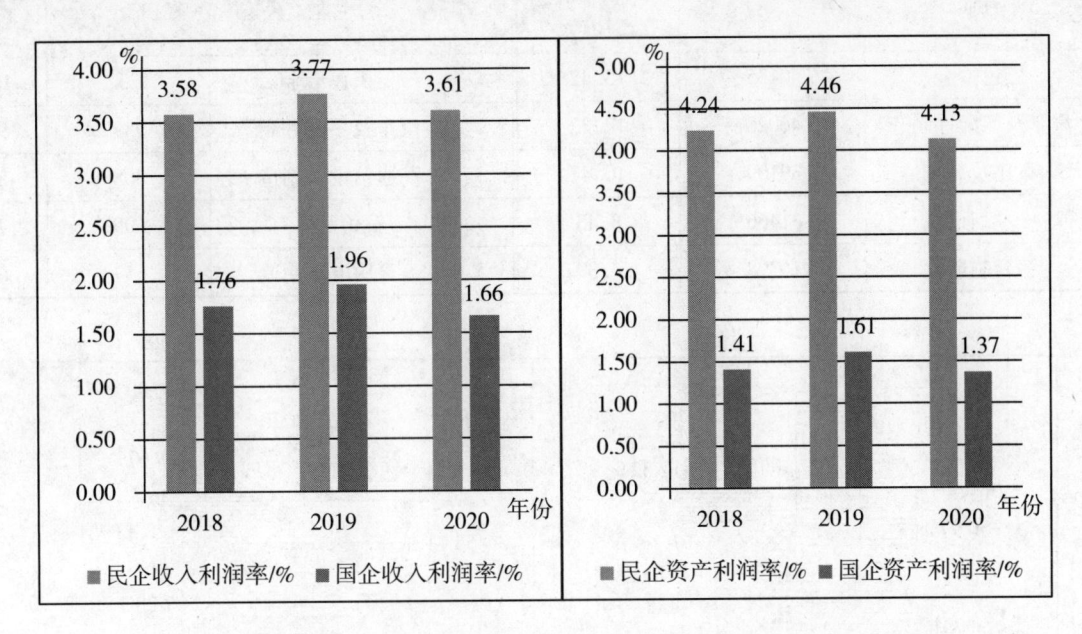

图2-18 中国制造业企业500强民企、国企营业收入利润率及资产利润率对比

五、2020中国制造业企业500强行业指标比较分析

1. 重化工行业对制造业营业收入及净利润的贡献率有所下降

行业营业收入方面，重化工行业依然占据了最主要的位置。2020中国制造业企业500强中在行业营业收入方面，黑色冶金、汽车及零配件制造、石化及炼焦、一般有色、综合制造业包揽了前5强，所涉及的38个行业类型中，营业收入规模最大的5个行业有3个为重化工行业，较上年行业营业收入前5强全部为重化工行业来看，重化工行业对制造业营业收入及利润的贡献率逐步下降（见表2-2）。5个行业的营业收入加总占到500强整体营业收入的49.03%。其中营业收入最多的为黑色冶金行业，贡献了13.42%的营业收入，较上年下降1.34个百分点；汽车及零配件制造紧随其后，以12.32%的营业收入占比位居行业第二位，较上年下降0.81个百分点（见图2-19）。

行业利润方面，通信设备制造业表现亮眼。2020中国制造业企业500强中行业利润规模最大的5个行业中，在2020年创造的利润占到500强整体利润的44.89%，比重较上年下降5.41%。重化工行业占据2席，分别是黑色冶金、石化及炼焦；其中利润规模最大的同样是黑色冶金行业，创造了全部500强12.94%的净利润，较2019年下降了3.06个百分点。作为技术密集型产业的通信设备制造业的利润规模进入了前5名的行列，位居第3位，利润规模占比达8.32%，较上一年上升0.77个百分点；石化及炼焦紧随其后，利润规模占比为7.2%，较上一年上升0.58个百分点，如表2-2和图2-19所示。

表2-2　2020中国制造业企业500强营业收入及利润前5行业

排名	行业	营业收入/亿元	营业收入占比/%	排名	行业	利润/亿元	利润占比/%
1	黑色冶金	50135	13.42	1	黑色冶金	1257	12.94
2	汽车及零配件制造	46028	12.32	2	汽车及零配件制造	939	9.67
3	石化及炼焦	39109	10.47	3	通信设备制造	808	8.32
4	一般有色	31466	8.43	4	石化及炼焦	699	7.20
5	综合制造业	16398	4.39	5	家用电器制造	657	6.76

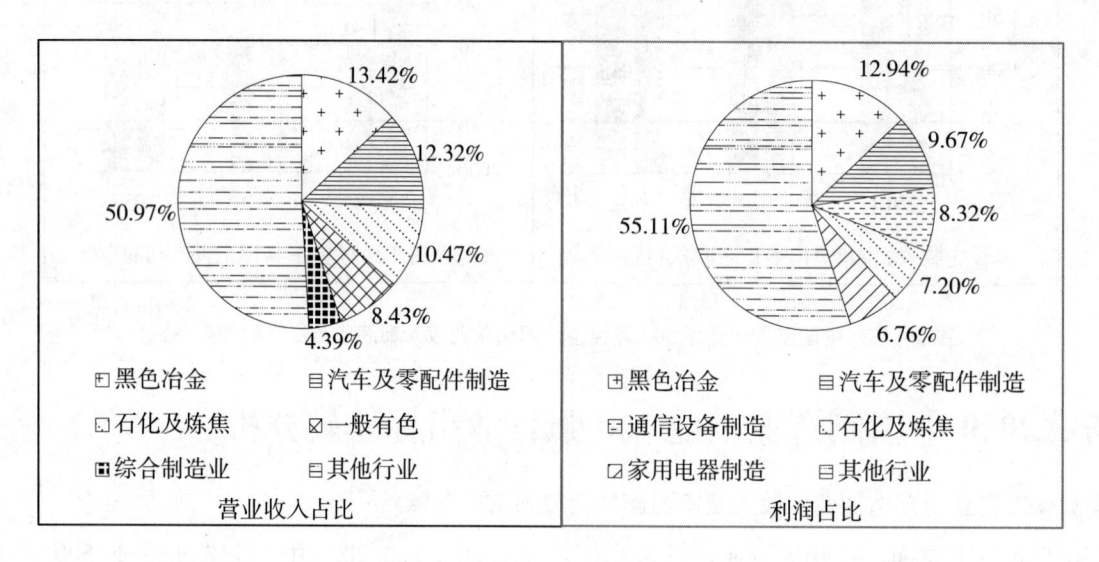

图2-19　2020年中国制造业企业500强营业收入、利润前5行业所占比重

2. 部分先进制造业行业表现突出

部分先进制造业在行业平均营业收入、平均利润及平均研发投入方面占据领先位置。在行业平均营业收入指标方面，兵器制造、航空航天、轨道交通设备及零配件制造、汽车及零配件制造、通信设备制造分列前五；在行业平均利润指标方面，航空航天、通信设备制造、兵器制造、酒类、家用电器制造分列前五；在行业平均研发费用指标方面，通信设备制造、兵器制造、航空航天、轨道交通设备及零配件制造、汽车及零配件制造位列前五。可以发现，上述行业绝大部分都是技术含量较高的先进制造业行业，如表2-3所示。在行业平均营业收入利润率和行业平均资产利润率两项指标方面，医疗设备制造业和通信设备制造业也分别进入前5名行列，如表2-4所示。但也应注意到，我国制造业企业500强中高利润率行业仍以酒类、饮料等一般制造业为主，先进制造业占比有待进一步加强；同时，在整体营业收入、利润及资产规模方面占据优势的重化工行业，在行业平均营业收入利润率及平均资产利润率方面表现平平，说明行业发展的质量和效益有待进一步提升。

表2-3 2020中国制造业企业500强行业平均营业收入、利润及研发费用排名

排名	行业名称	行业平均营业收入/亿元	排名	行业名称	行业平均利润/亿元	排名	行业名称	行业平均研发费用/亿元
1	兵器制造	3377.45	1	航空航天	118.95	1	通信设备制造	180.13
2	航空航天	3217.54	2	通信设备制造	101.99	2	兵器制造	143.71
3	轨道交通设备及零配件制造	2397.52	3	兵器制造	78.46	3	航空航天	140.32
4	汽车及零配件制造	1587.18	4	酒类	74.03	4	轨道交通设备及零配件制造	124.11
5	通信设备制造	1462.41	5	家用电器制造	50.52	5	汽车及零配件制造	39.75

表2-4 2020中国制造业企业500强行业平均营业收入利润率、资产利润率排名

排名	行业名称	行业平均营业收入利润率/%	排名	行业名称	行业平均资产利润率/%
1	酒类	14.68	1	饮料	14.59
2	饮料	10.42	2	其他建材制造	7.92
3	医疗设备制造	8.85	3	酒类	7.81
4	船舶制造	8.29	4	医疗设备制造	7.27
5	通信设备制造	6.14	5	通信设备制造	5.68

六、2020中国制造业企业500强区域分布特征分析

1. 东部地区企业持续占据主要位置

东部地区与中西部地区企业数量差距进一步扩大。2020中国制造业企业500强在东部、中部、西部及东北地区的分布情况为：东部地区占据361席，占到500强总数的72.2%，可见东部地区制造业企业仍是制造业500强中的绝对主力军。剩余139席的分布情况分别为，中部地区66家企业入围，占比为13.2%，较上年500强上升0.6个百分点；西部地区57家企业入围，占比11.4%，较上年500强下滑0.6个百分点；东北地区16家企业入围，占比3.2%，较上年500强上升0.4个百分点，如图2-20所示。

东部地区制造业企业贡献了500强企业绝大部分营业收入和利润，净利润占比显著上升。2020中国制造业企业500强中，东部地区制造业企业总营业收入及净利润分别占到500强的78.75%和81.28%，营业收入占比较上年500强高出0.43个百分点，利润占比上升4.03个百分点。如表2-5所示。需要注意的是，西部地区制造业企业的利润占比较2019年进一步下滑了5.26个百分点，反映出西部地区制造业企业在化解落后产能、推动制造业质量效益提升方面仍需进一步加强力度。

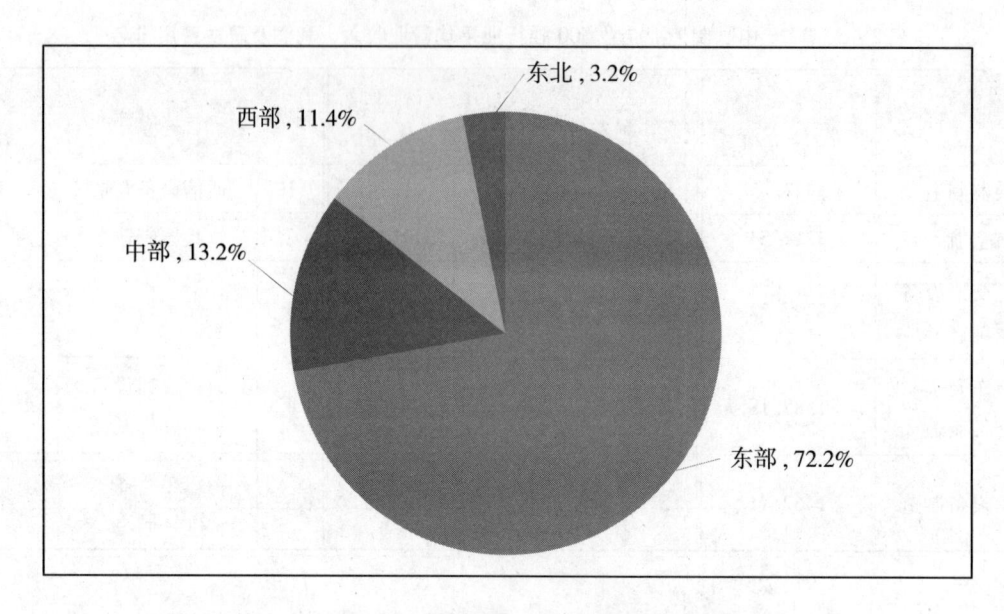

图 2-20　2020 中国制造业企业 500 强地区分布情况

表 2-5　2020 中国制造业企业 500 强营业收入及净利润分布情况

地区	营业收入/万亿元	营业收入所占比重/%	同比上年/百分点	净利润/亿元	净利润所占比重/%	同比上年/百分点
东部	29.47	78.75	↑0.43	7925.31	81.28	↑4.03
中部	3.49	9.33	↓0.22	990.98	10.16	↑0.38
西部	3	8	↓0.43	465.41	4.77	↓5.26
东北	1.46	3.9	↑0.18	369.45	3.79	↓0.85

注：同比上年变化部分，"↑"代表同比增长，"↓"代表同比减少。

2. 河北省和福建省入围企业增加较多

浙、鲁、苏、粤牢牢占据前列位置，东北老工业基地振兴任重道远，河北省和福建省企业数量上升明显。在 2020 中国制造业企业 500 强中，拥有企业最多的为浙江省，企业数量达 79 家，继续保持第一，但较上年减少 5 家。山东省则继续处于第 2 位，企业数量为 76 家，数量与上年相比减少了 7 家。江苏省和广东省紧随其后，分居第 3 和第 4 位，入围企业数量分别为 55 家和 41 家，两省入围企业数量都有小幅下降。从入围企业数量和营业收入来看，浙江、山东、江苏、广东四省领先优势巨大，与除北京和上海之外的全国其他省份相比形成了明显优势。入围企业数量比上年增加最多的省份为河北省和福建省，分别有 33 家和 16 家企业进入中国制造业企业 500 强，都较上年 500 强增加 8 家。如表 2-6 所示。

表 2-6　2020 中国制造业企业 500 强省份分布情况

数量排名	省份	企业数量/家	数量同比上年变化	营业收入/亿元
1	浙江	79	↓5	40215

续表

数量排名	省份	企业数量/家	数量同比上年变化	营业收入/亿元
2	山东	76	↓7	39545
3	江苏	55	↓1	33740
4	广东	41	↓2	37881
5	河北	33	↑8	17890
6	北京	29	↓2	92921
7	上海	18	—	23415
8	河南	18	↑2	6666
9	安徽	17	↑2	7601
10	福建	16	↑8	5881
11	四川	13	—	8139
12	天津	13	↓1	3252
13	重庆	12	↓3	4136
14	辽宁	10	—	7664
15	广西壮族自治区	10	↓1	3010
16	江西	10	—	6486
17	湖北	9	—	8776
18	山西	7	↑1	1966
19	湖南	6	↓2	3446
20	云南	5	↑1	2496
21	陕西	4	↓1	2446
22	黑龙江	4	↑1	629
23	甘肃	3	—	3990
24	新疆维吾尔自治区	3	—	1289
25	吉林	2	↑1	6347
26	内蒙古自治区	2	—	1777
27	贵州	2	↑1	1524
28	青海	2	—	570
29	宁夏回族自治区	1	—	591
30	海南	0	—	0.00
31	西藏自治区	0	—	0.00

注：同比上年变化部分，"↑"代表同比增长，"↓"代表同比减少，"—"代表与上年持平。

七、2020中国制造业企业500强国际化经营分析

1. 海外市场持续较快扩张

海外营业收入稳步扩大，且增速快于总营业收入增速。得益于"一带一路"倡议的深入推进，我国制造业企业"走出去"的步伐不断加快。"十三五"以来，中国制造业企业500强海外市场营业收入规模呈现出持续扩大态势，由2.94万亿稳步扩大至5.38万亿元。且自2017年以后，海外营业收入增速明显高于总营业收入增速，2019和2020中国制造业企业500强的海外营业收入增速分别为11.94%和27.49%，分别高出同年总营业收入增速2.27和20.33个百分点，如图2-21所示。可见，随着我国制造业技术和产品水平的不断提升，海外市场成为我国制造业企业的重要增长点，海外市场营业收入的快速扩大也在一定程度上有助于缓解国内经济下行趋势给制造业企业发展带来的压力。

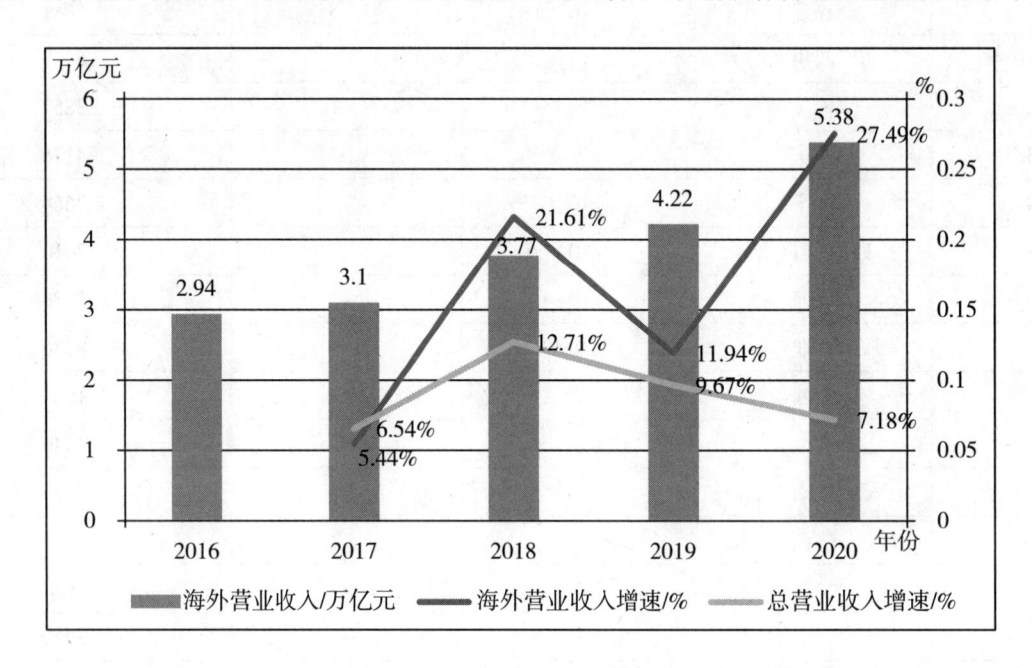

图2-21 2016—2020中国制造业企业500强海外营业收入及增速变化

2. 海外资产布局增速波动较大

海外资产规模和增速频繁波动。2020中国制造业企业500强的海外资产规模为3.81万亿元，较上年有小幅上升。"十三五"以来，海外资产增速频繁波动，2017年从2016年的27.08%下降到了5.57%，2018年又回升到了20.81%，2019年又下降到了-5.66%，2020年又出现了小幅为正，如图2-22所示。分析原因，主要是由于近年来，许多国家加强了对我国企业海外并购、海外资产购置的监管和限制，如部分西方国家提高战略性行业投资的准入门槛，加强对外资的国家安全审查，加大了我国制造业企业的海外投资难度；同时我国也出台了系列文件，加大对外海投资的监管力度等，制造企业在海外资产布局遭遇不确定性因素不断增多。

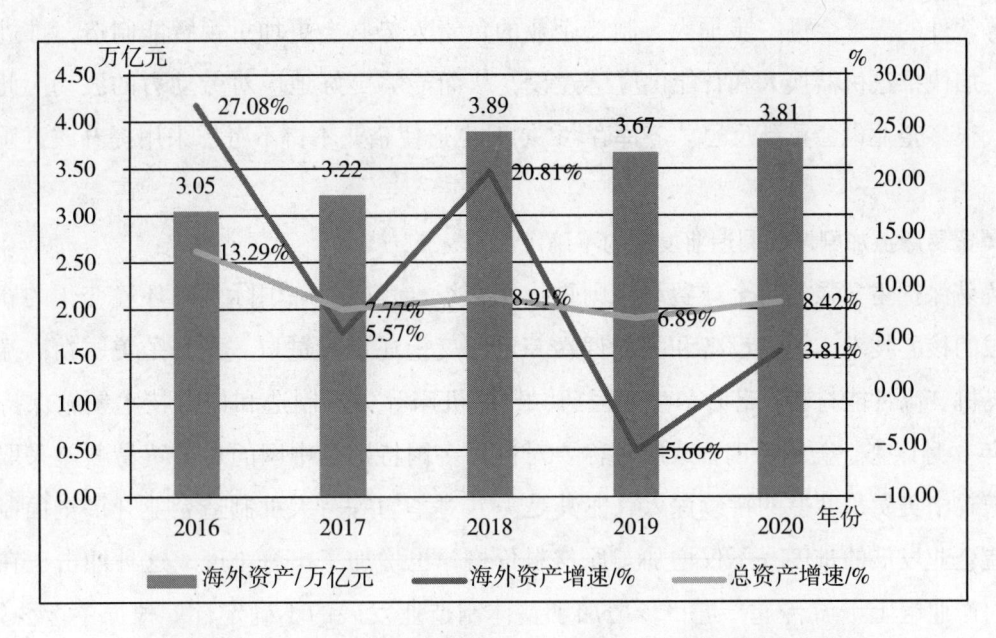

图 2-22 2016—2020 中国制造业企业 500 强海外资产规模及增速变化

八、现阶段中国制造业企业发展面临的形势分析

2019 年以来，我国制造业发展的国内外环境发生了较大变化。从全球看，国际局势日趋复杂多变，尤其是中美贸易摩擦的深入、全球新冠肺炎疫情不断蔓延等因素，影响制造业发展的不确定性与不稳定性因素明显增多；从国内看，我国经济进入高质量发展和双循环阶段，对制造业发展提出了新要求。总的来看，未来一段时间，我国制造业处在机遇和挑战并存的阶段。

1. 技术和产业革命引发了制造业的形态变革

当前，信息技术、新能源、新材料、生物技术等重要领域和前沿方向的革命性突破和交叉融合，正在引发新一轮产业变革，对全球制造业产生颠覆性的影响，并深刻改变全球制造业的发展格局。信息技术与制造技术深度融合，正催生制造业革命性和生产力的飞跃。特别是新一代信息技术与制造业的深度融合，将促进制造模式、生产组织方式和产业形态的深刻变革，智能化、服务化成为制造业发展的新趋势。2020 年 6 月 30 日，中央全面深化改革委员会第十四次会议审议通过了《关于深化新一代信息技术与制造业融合发展的指导意见》（以下简称《指导意见》），会议强调，加快推进新一代信息技术和制造业融合发展，要顺应新一轮科技革命和产业变革趋势，加快工业互联网创新发展，加快制造业生产方式和企业形态根本性变革，提升制造业数字化、网络化、智能化发展水平。《指导意见》的出台为我国制造业的融合发展指明了方向。

2. 新冠肺炎疫情常态化加速了制造业数字化转型

新冠肺炎疫情的发生使我国制造业正面临着一场大考，新冠肺炎疫情的防控措施影响了人员流动与活动，也影响了物流，使制造业特别是劳动密集型行业的生产因原材料供应、劳动力不足等受到冲击。疫情的发展对我国制造业带来的直接影响，就是大量劳工无法按期返岗和原材料供应不足。从长期来看，中国制造企业将更加主动地拥抱数字化转型，对远程协作的任务管理、项目管理、工作流管理等软件的需求会进一步加大，制造企业的负责人势必会更加重视智能制造，推进少人化和柔性生产，加快推进机器换人和智能供应链建设，从而能够更好地应对劳动力的波动。此外，通过此次疫情，很多企业也会重新反思"零库存"，同时也迫使企业不得不考虑采用提升改进国内原材料和产品。

3. 中美贸易摩擦加剧增加制造业发展的不确定性

国际贸易保护主义强化与全球贸易规则重构相交织，我国面临国际贸易环境变化的新挑战。我国部分领域的核心技术、关键设备和零部件在一定程度上还依赖进口。尤其是美国在高端制造，特别是民用飞机、高性能材料、芯片、生物医药、数控机床等尖端制造和信息技术领域保持着领先优势。2018年3月以来，美国特朗普政府宣称要对世界多国特别是中国的对美贸易顺差采取一系列反制措施。随着中美贸易摩擦的持续深入，尤其是美方对华为等一大批制造企业开展全面制裁，增加了这些制造企业发展的难度，不仅增加了原材料价格，也增加了出海难度，这种冲击正在从对企业自身冲击向产业链上下游传递，进一步增加了整体制造业发展的不确定性。根据中金公司的统计，受此次中美贸易争端影响比较大的行业有：钢铁、塑料和橡胶、3C产品、汽车和零部件、电机和电气、家电、五金产品、木工和玻璃、医疗设备等，这些行业的国内生产商和贸易商对美国的出口业务将面临价格和成本大幅度上升，业务量大幅度降低的风险。根据中国国际贸易促进委员会的调查，由于美国方面对电子零部件实行技术封锁，大幅降低了向我国出口电子零部件的数量，导致液晶面板、芯片、电容电感等核心零部件价格持续升高。

4. 高端制造回流与中低端制造转移同时发生

制造业重新成为全球经济竞争的制高点，各国纷纷制定以重振制造业为核心的再工业化战略。美国发布《先进制造业伙伴计划》《制造业创新网络计划》，德国发布《工业4.0》，英国发布《英国制造2050》等意在引导高端制造回流。越南、印度等一些东南亚国家依靠资源、劳动力等比较优势，在中、低端制造业上发力，以更低的成本承接劳动密集型制造业的转移。这对我国制造业发展形成"双向挤压"的严峻挑战。

5. 国内发展环境不断优化促进制造业新增长

党和国家高度重视制造业发展、出台系列政策加以扶持，全面深化改革不断推进，经济体制改革持续深化，收入分配、要素市场配置、竞争政策和营商环境不断优化完善，近14亿人口提供了广阔消费市场，对外开放水平不断提升，"一带一路"深入推进，都为制造业发展提供了制度保障和良好平台。

九、新形势下促进制造业大企业高质量发展的建议

随着国际产业分工和全球产业布局的深度调整，中国制造业已进入到转型升级、迈向高质量发展的新阶段，推动制造业质量变革、效率变革、动力变革是制造业高质量发展的根本要求。推动我国制造业高质量发展，必须着力优化产业供给结构，加快转变产业发展方式，积极培育产业发展新动能，在创新能力、结构优化、技术应用、业态创新、质量品牌、营商环境等方面实现新突破。

1. 全面提高制造业创新能力

制造业是我国国民经济的主导产业，是实体经济的主体，是科技创新的主战场，推动制造业高质量发展，必须把创新摆在制造业发展全局的核心位置。我国制造业在核心技术、关键产品、重大技术装备等方面存在较多瓶颈短板，必须持续加大制造业企业研发创新投入，实现关键核心技术攻关突破。深化科技体制改革，着力解决科技和产业"两张皮"的问题，围绕产业链部署创新链，健全以需求为导向、企业为主体的产学研一体化创新机制，支持企业牵头组建创新联合体，承担重大科技项目和重大工程任务。完善创新政策，在全球范围盘活用好高校、研究机构、高新技术企业等创新资源，推动分担风险和成本、共同推进科研成果的工程化和产业化，让更多科技成果转化为生产力。构建开放、协同、高效的共性技术研发平台，加快建设5G、工业互联网等新型基础设施，健全技术创新、公共服务体系，促进产业基础高级化，提升产业链现代化水平。推进科技创新、产业创新、企业创新、市场创新、产品创新、业态创新、管理创新，以融合创新提升制造业全面竞争能力。采取"揭榜挂帅"的新机制，加快重点领域攻关突破。发挥国有企业在技术创新中的积极作用，健全鼓励支持基础研究、原始创新的体制机制。

2. 加快制造业结构优化升级

优化产业结构是提升经济发展质量效益的基础，制造业是产业结构优化升级的重点。把供给侧结构性改革作为突破口，加快推进制造业转型升级，既要加快发展战略性新兴产业和先进制造业，又要稳妥腾退化解旧动能、化解过剩产能，加快改进提升传统产业，促进全产业链整体提升。深化供给侧结构性改革，实施新一轮重大技术改造升级工程，依法依规淘汰落后产能，推动传统产业改造升级。丰富政策工具，激励企业主动淘汰落后产能，开展技术装备升级改造，形成"良币淘汰劣币"的机制，增强企业转型升级的主动性。瞄准世界科技前沿的基础研究，加大资金、人才等投入，培育发展新能源汽车、新材料、人工智能等新兴产业，加快制造业向高端、智能、绿色、服务方向转型升级。推动制造企业业务重心由传统加工制造环节转向研发、生产、服务等全链条价值链延伸拓展。促进大中小企业融通发展，提升大企业综合竞争力和劳动生产率，支持更多"专精特新"中小企业和单项冠军企业成长壮大。引导资源向优势产业、优势产品集聚，不断做强长板。培育一批具有国际竞争力的世界一流制造企业，打造一批世界级先进制造业集群。

3. 推动新一代信息技术和制造业深度融合

大力推进新一代信息技术与制造业融合发展，是党中央、国务院做出的一项长期性、战略性部署，对于抢占产业竞争制高点，加速我国制造强国与网络强国建设，实现经济高质量发展具有重要意义。当前，全球产业发展的一个突出特点是专业分工和产业融合并行共进，新一代信息技术与制造业的深度融合推动制造业模式和企业形态根本性变革，全球经济正加速向以融合为特征的数字经济、智能经济转型。推进新一代信息技术与制造业融合发展，有助于充分释放我国制造大国和网络大国的叠加、聚合、倍增效应，构建形成以数据为核心驱动要素的新型工业体系。要大力推进新一代信息技术在研发设计、生产制造、经营管理、市场营销、售后服务等产品全生命周期、产业链全流程各环节的应用，不断发展壮大智能经济，形成线上线下一体联动的新业态、新模式，推动传统产业从低端走向中、高端。加快推进产业智能化升级改造，把智能制造作为传统产业改造提升的主攻方向，鼓励重点行业对关键核心装备进行升级换代。实施工业互联网创新发展工程，推动工业设备和核心业务上云、上平台，推动工业软件和工业APP研发创新和产业化推广，高质量打造多层次、系统性工业互联网平台体系。强化大数据、人工智能等新型通用技术的引领带动作用，推动5G、大数据、人工智能等新技术与工业互联网平台融合创新应用，培育基于平台的网络化协同、智能化生产、个性化定制、服务化延伸等新模式。大力发展面向中小微企业的在线监测、远程维护、电子商务、研发设计等第三方信息服务，更好提升传统产业中的中小微企业技术发展支撑能力。深入实施智能制造工程，推广应用国家智能制造标准，发展壮大智能制造系统解决方案供应商，打造完整的智能装备体系。

4. 深化先进制造业与现代生产性服务业深度融合

融合是现代产业发展的显著特征和重要趋势，也是推动制造业高质量发展的有效途径。现代生产性服务业具有专业性强、创新活跃、产业融合度高、带动作用显著等特点，是全球产业竞争的战略制高点。加快发展现代生产性服务业，有利于促进经济结构调整和经济发展方式转变，有利于提高制造业生产效率、提升制造业协同创新能力、推动制造业创新发展。打通创意设计、技术研发、生产加工、市场营销、售后服务等各个环节，构建制造业全链条融合发展新生态，加强创新协同、产能共享、技术改造、供应链管理、销售服务等环节深化合作，提高全产业链融合发展协同效能。鼓励企业结合业务特点发展网络化协同研发制造、大规模的个性化定制、云制造等新业态、新模式，延伸在线设计、数据分析、智能物流、远程运维等增值服务。引导制造业企业采用智能化理念和生产模式，发展壮大共享制造、工业电子商务、现代供应链、产业链金融等新业态。鼓励企业发展新业态、新模式，坚持"鼓励创新、包容审慎"原则，为互联网行业发展营造公平、健康的发展环境。围绕核心业务和产品共建信息、研发设计、供应链管理、工业云等平台，形成融合共生生态圈。

5. 推进制造业品牌建设

我国已成为世界第一制造大国，但还不是制造强国，突出表现是制造业品牌建设大大落后于制造业发展。在经济全球化时代，品牌已成为制造业乃至国家核心竞争力的象征，代表着一个国家的信誉和形象。提升中国制造业在全球市场的形象，离不开中国品牌在关键领域的崛起。与国际先进水平相比，我国制造业品牌建设依然相对滞后，存在品牌数量多、市场认可度较低的矛盾，品牌附加值低、竞争力弱等问题依然存在。必须加强企业自主品牌建设，让更多制造企业从贴牌生产转向创建自主品牌，生产具有自主知识产权的品牌产品，打造更多享誉世界的"中国制造"品牌。增强企业品牌意识，推动更多企业将品牌建设纳入总体发展战略和经营策略中，加大企业品牌管理投入力度，优化品牌管理制度和管理流程，积极采用先进的品牌管理技术提高企业品牌管理运营能力。引导更多制造企业制定品牌国际化战略，通过优质产品与服务"走出去"带动中国品牌"走出去"，向全球消费者传递中国品牌价值，提高中国品牌的国际认可度和知名度。有效利用主流媒体平台助力品牌建设，积极采用具有感染力的表达方式讲好中国品牌故事，传扬中国品牌的优势与价值，塑造中国品牌榜样。加强知识产权保护，为企业创新提供坚实的法律保障，严厉打击商标恶意抢注、假冒伪劣等侵权行为。

6. 加快专业人才培养

当前，我国制造业人才队伍在总量和结构上都难以适应制造业高质量发展的要求。从总量上看，新兴产业领域、跨学科前沿领域人才缺口大；从结构上看，创新型、高技能等高素质人才占比明显偏低，既懂制造技术又懂信息技术的复合型人才更是紧缺。促进学科专业设置与产业发展同步，主动适应新技术、新工艺、新装备、新材料发展需求，推动人才需求缺口较大领域的"新工科"和新型交叉学科建设，重点培养先进设计、关键制造工艺、材料、数字化建模与仿真、工业控制及自动化、工业云服务和大数据运用等方面的专业技术人才。推进工匠精神进校园、进课堂，改变"重论文、轻实践"的倾向，完善工科学生实习制度，强化学生工程实践能力培养。推进校企合作和产教融合，推广现代学徒制，强化以实践能力为导向的应用型人才培养。大力发展职业教育，加大对中等职业教育和高等职业教育的支持力度，扩大办学规模，完善办学制度，提高教学水平，加强校企合作。支持企业开展技能人才培训，完善技能认证体系，提高技能人才的社会地位和经济待遇等。

7. 营造有利于制造业高质量发展的良好环境

落实好减税降负各项政策部署，持续降低各种制度性交易成本，完善知识产权保护，增强金融服务实体经济的能力，建立公平、开放、透明的市场规则和法治化营商环境。落实减税降费政策，降低企业用电、用气、物流等成本。全面放开一般制造业投资项目审批，加快改革工业产品许可证制度，最大限度降低制度性交易成本。激发制造业领域的民间投资活力，着力破除制约民间投资的各种障碍，形成有利于民营企业转型升级，促进民间投资增长的体制机制和政策环境。全面推行准入前国民待遇加负面清单管理制度，落实船舶、飞机、汽车等行业开放政策，吸引更多的外国企业来中国发展。强化竞争政策的基础性地位，促进正向激励，营造公平、开放、透明的市场规则和法治化营商环境。营造有利于制造业创新的良好环境，充分发挥企业家精神和工匠精神，激发微观主体创新创业活力，促进公平竞争、优胜劣汰。加快构建制造业高质量发展的指标体系、政策体系、标准体系、统计体系、绩效评价和政绩考核办法。

第三章
2020中国服务业企业500强分析报告

2020中国服务业企业500强是由中国企业联合会、中国企业家协会连续第十六次向社会发布的我国服务业大企业榜单。本报告以此为对象，并着重分析了"十三五"规划实施以来，即以2016中国服务业企业500强为基年，2017—2020中国服务业企业500强在总量增长、经营效益、行业分布、地区变化、不同资本布局及并购等方面所呈现的特征和变化。

第一，规模大幅增长。"十三五"以来，中国服务业企业500强的营业收入总额从30.79万亿元增加到41.33万亿元，复合增长率高达11.14%，连续5年超过制造业500强；入围门槛由39.6亿元增加到54.8亿元，增加了15.2亿元。同时，千亿级企业大幅扩容，达到87家，和制造业500强中的千亿级企业数量旗鼓相当。

第二，经济效益持续向好，但增速变化起伏较大。"十三五"以来，中国服务业500强企业所实现的净利润由2.31万亿元增长至3万亿元，非银行服务业500强企业利润增速始终快于银行业。2020中国服务业企业500强净利润总额，无论与上年入围企业相比较，还是与自身同比，增速都出现大幅提升，分别为11.71%和19.66%。剔除掉银行业的利润贡献，服务业500强中的非银行服务业净利润增速为28.59%。银行业净利润增长相较于上年入围企业出现首次下滑，即使与自身同比增幅也很微弱。

第三，行业格局不断优化，新型服务业蓬勃发展。传统零售和交通运输的入围数量持续走低，互联网服务、金融和供应链等现代服务业企业快速崛起。随着新一代信息技术和互联网思维广泛应用在消费端和生产端，互联网服务正开花结果；金融服务业呈现多种业态发展，银行与非银行金融成两分天下之势头；供应链服务，数量和质量双双持续进步，成为生产性服务的一股新势力。2020年，受新冠肺炎疫情影响，供应链思维和能力受到空前重视，未来将会有更多的企业涌入到这个领域。但研发、商务中介服务多年来一直维持在10家左右的水平，这既是不足，也是未来服务业发展的机遇。

第四，并购整合持续升温。公共事业服务、地方投资控股平台、房地产和医药流通四大类型企业成为并购的主角。构建生态版图和转型发展、流通渠道的整合和集中、新兴业态的快速迭代、政府/

政策主导的做大做强这四大因素成为近年来推动着服务业500强企业保持并购热度的动力。

第五，地区分布上呈现金字塔五梯队的格局，广东遥遥领先，第二梯队是北京、上海、浙江和江苏；第三梯队是福建、重庆、天津、河北、山东、湖南；第四梯队是广西、安徽、四川、湖北、河南、陕西、山西、江西；最后在金字塔底端的是云南、新疆、吉林、辽宁、甘肃、内蒙古、黑龙江、贵州、青海、西藏、宁夏、海南。

第六，在所有制分布上，民营企业入围257家，首次超过国有企业。民营企业除了在入围数量上具有优势，在规模和盈利水平上也在持续进步。在不同行业分布上，国有企业和民营企业具有显著的差异。国有企业在公用事业服务、交通运输业、电信业、金融业、多元化投资等具有基础性、公共性和政府主导为特征的行业具有显著优势。民营企业则在物流、互联网服务、批发贸易、零售业、房地产等领域更具有优势，尤其是互联网服务中，民营企业有21家，国有企业仅为1家。

一、2020中国服务业企业500强规模特征分析

中国服务业企业500强增长依然强劲，2020中国服务业企业500强营业收入总额为41.33万亿元，入围门槛首次超过50亿元。中国服务业企业500强已经成为控股4.9万家、参股1.2万家、分公司2.8万家的大企业群落，是服务业产业发展的中流砥柱，对国民经济的进步具有重大的支撑作用。

1. 营收较快增长，入围门槛超过50亿元

2020中国服务业企业500强的规模继续增长，营业收入总额达41.33万亿元，资产总额达到268.16万亿元，与2019中国服务业500强企业（以下简称上年）相比较，分别增长9.82%和3.73%，较上年增幅略有下降；与自身同比分别增长12.26%和10.5%，其中营收和上年增幅基本持平，总资产增幅扩大了3个百分点，这可能是由企业并购引起。员工人数为1629万人，与自身同比增长0.21%。入围门槛为54.81亿元，比上年增长10.42%，与上年增幅持平，如图3-1所示。

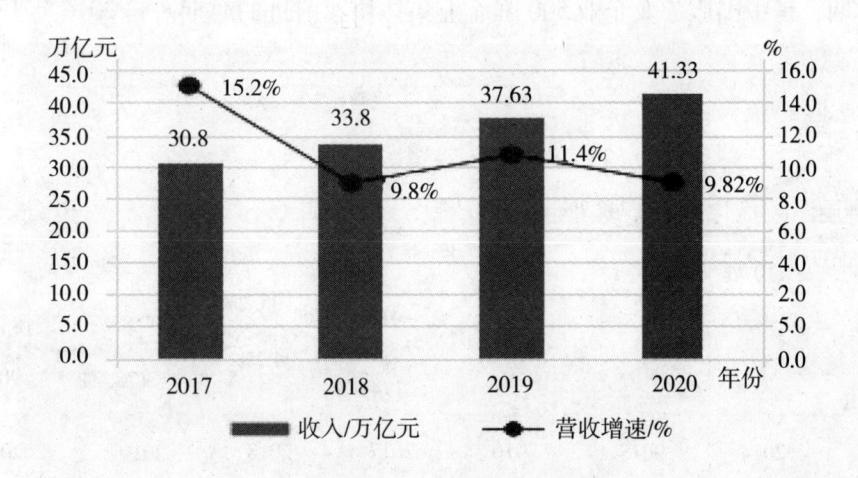

图3-1 中国服务业企业500强营业收入及增速（2017—2020）

"十三五"规划实施以来，即2017—2020年榜单发布的4年时间中，中国服务业企业500强营业收入总额由30.79万亿元增加到41.33万亿元，复合增长率高达11.14%。入围门槛由39.6亿元增加

到 54.8 亿元，增加了 15.2 亿元，如图 3-2 所示。

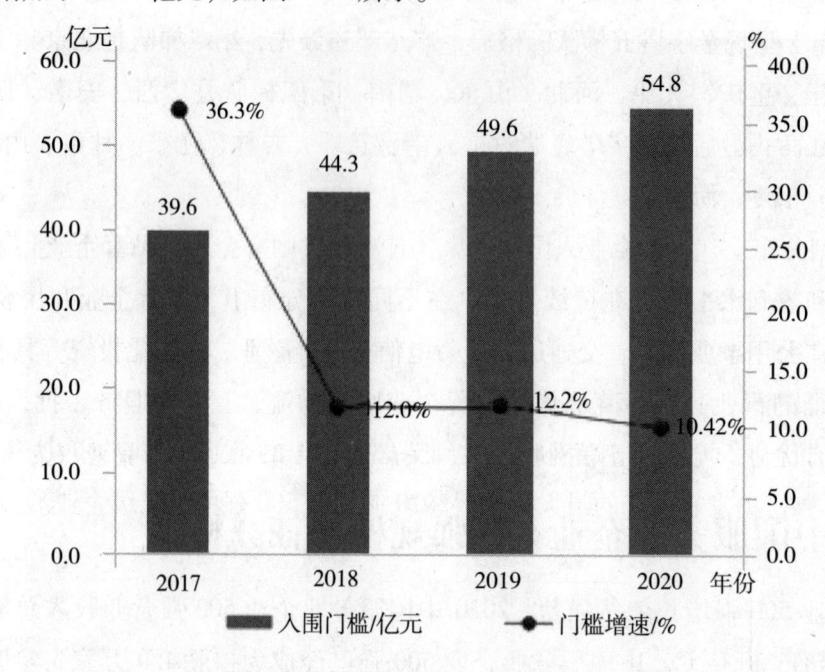

图 3-2 中国服务业企业 500 强入围门槛及增速（2017—2020）

近几年，以服务业企业做大、做强、做优为目标的政策密集出台，从"十三五"规划纲要到健康、养老、体育、文化等产业政策相继落地，双创、混改等政策持续推进，给服务业企业的发展带来重要支撑和新的生机。过去几年，新一代信息技术大范围应用，传统服务业拥抱互联网，以新技术为手段加快转型升级，新兴业态大量涌现，以服务品质提升为落脚点，我国服务业大企业正迎来增数量和提质量的双重进步。

2. 营收总额连续 5 年超过制造业企业 500 强

"十三五"时期，是中国服务业企业 500 强企业集体快速前进的时期。自 2016 年开始，中国服务

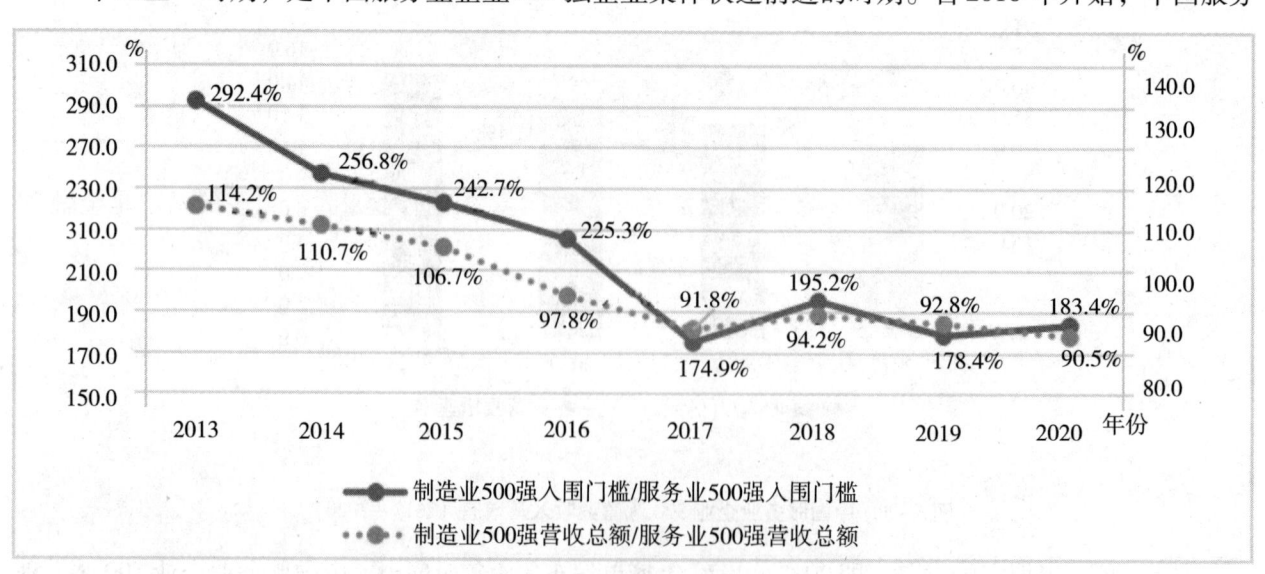

图 3-3 中国制造业/服务业企业 500 强营收总额和入围门槛比较（2013—2020）

业企业 500 强的营收总额超过中国制造业企业 500 强，这一势头已经保持了 5 年。但同时应该看到，中国服务业企业 500 强的入围门槛一直低于中国制造业企业 500 强。可以判断，相比于制造业 500 强，服务业 500 强企业在规模上存在更大的不均衡，如图 3-3 所示。

具体而言，2020 中国制造业企业 500 强的入围门槛和营收总额分别为 100.72 亿元和 37.43 万亿元，分别相当于中国服务业企业 500 强的 183.4% 和 90.5%。服务业大企业的发展由追赶到一定程度的领先，与宏观经济中的三大产业格局的更替分布具有一致性。2015 年，服务业占 GDP 的比重第一次超过 50%。此后，服务业继续一路上涨，2019 年占 GDP 的比重已经达到 53.9%，服务经济时代已然来临。

3. 千亿企业急剧扩容，金融、贸易占比最多

2020 中国服务业企业 500 强中，营业收入达到千亿元以上的企业继续增加，达到 87 家，较上年增加 11 家，出现了自榜单发布以来的最大增幅。2020 制造业 500 强中千亿级企业的数量为 88 家，服务业和制造业在超大型企业的数量上旗鼓相当。"十三五"以来的 4 年间中，服务业企业 500 强中千亿级企业共计增加了 28 家。与此同时，100 亿元以下规模区间企业数量不断减少，并逐年向高规模区间移动。2017—2020 中国服务业企业 500 强中，100 亿元~1000 亿元规模区间的企业数量增加了 85 家，100 亿元规模以下的企业数量减少了 113 家。这导致中国服务业企业 500 强由金字塔形逐渐转向橄榄形分布。这一特征开始于 2017 年开始，100 亿元~1000 亿元区间的企业入围数量超过 100 亿元规模以下的企业入围数量，企业不断向以 100 亿元和 1000 亿元为节点的橄榄形中部聚集，如表 3-1 所示。

表 3-1 中国服务业企业 500 强企业营收规模分布（2016—2020）（单位：家）

	超过 1000 亿元	100 亿~1000 亿元	100 亿元以下
2016	59	213	228
2017	66	248	186
2018	68	284	148
2019	76	284	140
2020	97	298	115

87 家千亿元企业中，国有企业 61 家，民营企业 26 家。从入围行业来看，最多的两位是金融 24 家，批发贸易 14 家。其次依次为：电信及互联网信息服务 8 家、房地产 8 家、多元化投资 7 家、交通运输 6 家、公用事业服务 5 家、邮政和物流 3 家、零售业 3 家、商务服务 2 家和综合服务业 7 家，旅游餐饮及文化娱乐、教育及医疗卫生服务两个行业均没有千亿级以上企业出现。

从地区来看，北京拥有 38 个千亿级以上服务业巨头，广东贡献了 15 家。排在第三位的是上海（9 家）。三地合计拥有千亿级以上 62 家，占全部比重的 71.26%。

相较于 2019 年，千亿元俱乐部的急剧扩容。一方面受益于并购重组，企业规模迅速做大。2019 年，国有公用事业和地方投资控股平台两大类别进行了强力的并购整合。其中浙江能源并购了 81 家企业，南昌市政并购了 47 家。深圳投资控股在 2019 年完成了对怡亚通和天音控股两家 500 强企业的并购，营收规模由 717.55 亿元跃升至 1993.4 亿元。另一方面，贸易、金融和互联网相关企业保持了稳定的增长态势，贡献出相当数量的千亿级巨头。

二、2020 中国服务业企业 500 强的经济效益情况分析

2020 中国服务业企业 500 强总体上实现净利润总额约为 3 万亿元，无论是与上年的 500 家入围企业相比较，还是与自身同比，增速都出现大幅提升。剔除掉银行业的利润贡献，服务业 500 强中的非银行企业利润增速为 28.59%，"十三五"以来，非银行服务业 500 强企业利润增速始终处于快于银行业的态势。而且，今年的榜单中，银行业净利润增长相较于上年入围企业出现首次下滑，即使与自身同比增幅也很微弱。

1. 净利润总体保持增长，增速大幅提升

2020 中国服务业企业 500 强实现净利润（指归属母公司净利润，下同）总额为 29970.83 亿元，较上年增长 11.71%，同比增长 19.66%。相较于上一年增长水平，增速出现大幅提升。"十三五"以来，中国服务业 500 强企业所实现的利润持续增长，由 2.31 万亿元增长至 3 万亿元，但利润增速变化并不稳定，起伏较大，如图 3-4 所示。

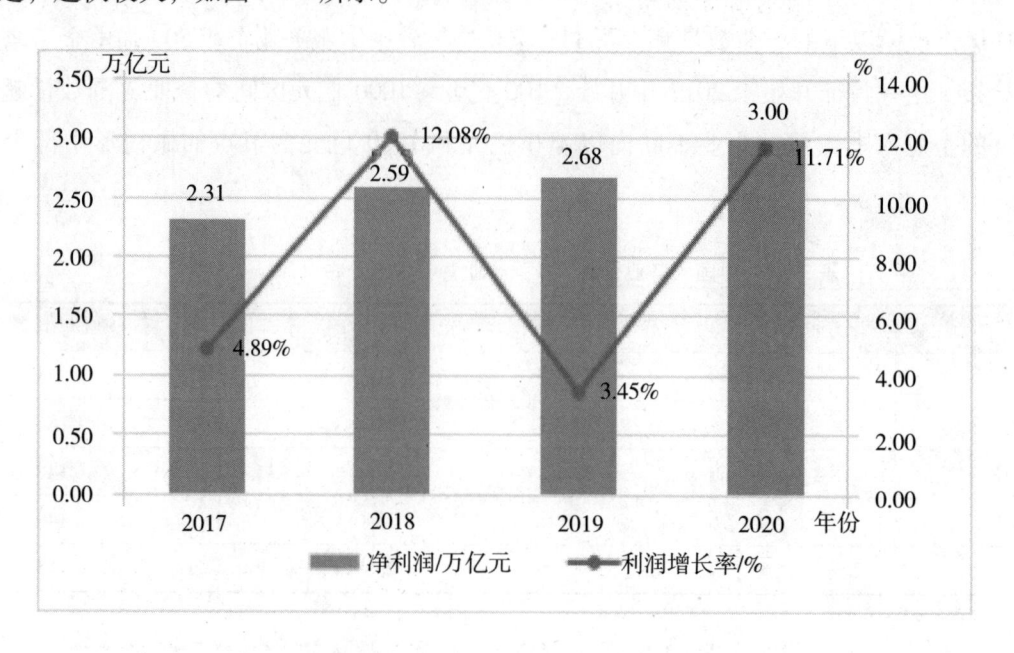

图 3-4　中国服务业企业 500 强净利润总额变化（2017—2020）

2. 银行业净利润增速首次出现下滑

2020 中国服务业企业 500 强中，非银行服务企业的净利润增长高达 28.59%。同时，银行业净利润增长相较于上年入围的银行出现首次下滑，下降了 1.19%，即使与自身同比，增幅也只有 6.02%。"十三五"以来的 4 年间，银行对服务业企业 500 强的利润贡献持续下降，从 61.5% 下降到 49.55%。但同时也应该看，尽管如此，入围榜单的 41 家银行企业还是实现了 1.49 万亿元的净利润，其中工、建、农、中四大银行的净利润就达到了 9973.98 千亿元，超出同期制造业 500 强企业的净利润总额 9751.16 千亿元。

近年来非银行服务业企业所实现的利润增长迅速,"十三五"以来,中国服务业企业500强榜单中的非银行服务企业的净利润增长78.53%,高于中国服务业企业500强总体净利润增长水平(36.24%),当然也高于银行业的净利润增长水平(9.76%)。这一变化始于2015年,彼时非银行服务企业的净利润较上年增长高达23.71%,而银行业的净利润增速降低至个位数,仅为4.59%,此后这一态势一直延续至,如表3-2所示。

表3-2 2017-2020中国服务业企业500强净利润增长情况 (单位:%)

	服务业500强	服务业500强(除去银行)	入围的银行
2017	5.02	10.37	1.68
2018	12.08	20.76	6.18
2019	3.45	4.17	2.89
2020	11.84	28.59	-1.19

3. 企业获利水平分布有所改善

2020中国服务业企业500强实现净利润超过100亿元的企业有43家,较上年增加6家;在10亿元~100亿元的企业有153家,较上年增加18家;净利润在0~10亿元的企业数合计为283家,较上年减少20家;亏损企业数量为4家。"十三五"以来,高利润区域企业数量不断增加,低利润区域和亏损企业数量在显著减少,净利润分布有所改善,如表3-3所示。

表3-3 中国服务业企业500强净利润分布企业数量变化(2017—2020)

利润	2017	2018	2019	2020
100亿元以上	32	37	37	43
10~100亿元	140	135	135	153
0~10亿元	308	300	303	283
亏损	18	25	23	19
合计	498	497	498	298

在净利润超过100亿元的43家企业中,有22家金融机构,其中银行12家,保险5家(人寿保险、泰康保险、人民保险、新华人寿和太平洋保险),多元化金融5家(信达、光大、招商局、中信和平安)。此外还有:2家电网公司(国家电网和南方电网),7家房地产公司(绿地、恒大、万科、碧桂园、龙湖、融创、华夏幸福),2家电信公司(中国移动和中国电信),4家互联网公司(腾讯、阿里巴巴、网易、京东),1家零售公司(苏宁),2家多元化投资公司(重庆金科、深圳投资控股),2家多元化服务公司(华润、保利)。和上一年相比较,这些净利润超过100亿元服务业企业中,有三家公司出现了较大的变化。中国人寿扭亏为盈,由-169.79亿元增长到321.96亿元,对服务业企业500强整体净利润增长贡献高达15.43%。网易净利润增加了150.86亿元,增幅达到245.2%。重庆金科的净利润增加了100.12亿元,增幅达到454.46%。

4. 资产利用状况与上年持平

2020中国服务业企业500强的平均资产利润率为1.12%，较上年有所提升；平均净资产利润率为9.77%，较上年略微有下降；平均资产周转率为0.1541次/年，较上年有所提升。

"十三五"以来，中国服务业企业500强的平均净资产利润率出现持续下降的态势，平均资产周转率和总资产周产率均出现向好。这或将是服务业500强企业不断降低负债水平所致。从数据来看，4年间资产负债率确实下降了将近1个百分点，如表3-4所示。

表3-4 中国服务业企业500强资产利用效率情况变化（2017—2020）

	总资产利润率/%	净资产利润率/%	总资产周转率/（次/年）	资产负债率/%
2017	1.04	10.08	0.138	88.97
2018	1.07	10.20	0.140	86.77
2019	1.04	9.89	0.146	88.4
2020	1.12	9.77	0.1541	87.99

5. 获利能力差异大，金融业获利能力最强

2020中国服务业企业500强的平均收入利润率为7.25%，较上年下降0.11个百分点。综合近几年的情况看，这一指标维持在7%~8%之间，未出现较大波动。但在不同的行业间，却出现较大的差异性。商贸零售类依旧处于较低的水平，整体的收入利润率在3%以下，这和流行业的商业模式有较大的相关性而除了保险之外金融业的所有细分行业的收入利润率都高于服务业企业500强总体水平。

收入利润率超过平均水平（7.25%）的行业有9个，分别是：商业银行（20.72%）、基金信托及其他金融服务（21.53%）、证券业（18.99%）、教育服务（14.22%）、医疗卫生健康服务（13.80%）、互联网服务（13.70%）、航空港及相关服务业（11.41%）、商业地产（10.64%）和多元化金融（8.91%），与上年情况基本一致。其他低于平均水平的33个行业中，有6个行业的收入利润率水平低于1%，而且这6个行业全部都为批发商贸。其余行业的收入利润率水平在1%到平均水平（7.25%）之间，如表3-5所示。

表3-5 2020中国服务业企业500强各个行业收入利润率比较 （单位:%）

行业	收入利润率	行业	收入利润率	行业	收入利润率
基金、信托等	21.53	保险业	4.33	科技研发、规划设计	1.89
商业银行	20.72	水务	3.43	生活消费品商贸	1.79
证券业	18.99	公路运输	3.28	国际经济合作	1.66
教育服务	14.22	航空运输	3.11	汽车摩托车零售	1.56
医疗卫生健康服务	13.80	综合能源供应	3.09	能源矿产商贸	1.32
互联网服务	13.70	连锁超市及百货	2.81	铁路运输	1.21
航空港及相关服务业	11.41	多元化投资	2.78	家电及电子产品零售	1.19

续表

行业	收入利润率	行业	收入利润率	行业	收入利润率
商业地产	10.64	软件和信息技术	2.62	旅游和餐饮	1.17
多元化金融	8.91	水上运输	2.39	生活资料商贸	0.75
住宅地产	6.81	电网	2.11	农产品及食品批发	0.65
电信服务	6.52	综合服务业	2.11	金属品商贸	0.58
港口运输	6.00	物流及供应链	2.04	人力资源服务	0.50
文化娱乐	5.36	医药及器材零售	1.95	化工医药商贸	0.43
邮政	4.97	机电商贸	1.93	综合商贸	0.33

三、2020中国服务业企业500强的行业情况分析

2020中国服务业企业500强共分布在44个小类行业，12个中类行业，包括批发贸易（104家企业）、金融业（73家企业）、零售业（61家企业）、房地产（58家企业）、商务服务及多元化投资（41家企业）、交通运输服务（34家企业）、公用事业服务（35家企业）、物流和供应链服务（32家企业）、电信及互联网服务（29家企业）、旅游餐饮及文化娱乐（17家企业）、综合服务业（14家）和教育及医疗卫生服务（2家企业）。

1. 行业格局不断优化，新型服务业蓬勃发展

观察2006—2020期间14年的中国服务业企业500强，可以发现，伴随着传统零售和交通运输等企业的持续走低，互联网、金融和供应链等现代服务业企业快速崛起，中国服务业企业所在行业表现出重大分化，产业结构持续优化，如图3-5所示。

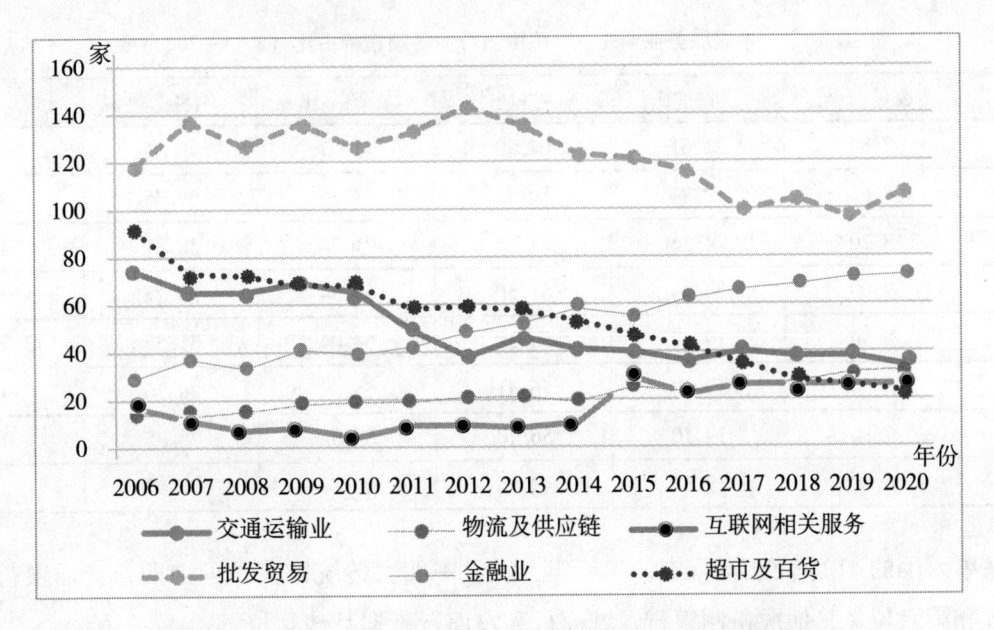

图3-5 2006—2020中国服务业企业500强行业所含企业数量变化

在2006中国服务业企业500强中，批发贸易、超市百货、交通运输三大类行业分别入围118家、

91家和74家,合计涉及283家,占比56.6%,是彼时的服务业大企业的主力军。而历经14年,超市百货和交通运输进行了大量的并购、整合和淘汰,在2020中国服务业企业500强中分别入围23家和34家,各自减少了68家和40家。

同时,批发贸易企业的入围数量并无显著变化,维持在100多家的水平。分析其原因,一是这些贸易企业大都脱离于中央商贸舰队或者地方商贸平台,历史积累中形成了巨无霸的规模。二是我国的对外开放进程从未停止,对外贸易始终是经济发展的一驾动力马车。三是这些贸易巨头在保持对外经营的水准上,也在积极拓展庞大的国内市场,用供应链的思维整合着重要原材料和商品的分销渠道。

值得欣喜的是,金融、供应链服务、互联网信息服务等行业的企业却日渐强大,由2006中国服务业企业500强中的59家攀升至130家,占比也由11.80%增加至26%。但研发、商务中介服务多年来一直维持在10家左右的水平,增量上并没有大的起色。此外,教育服务和医疗健康服务也突破了零入围的空白。这些服务行业关系着生产端的进步,也关系着人民美好生活的水平,这是未来服务业态发展的重点,也是服务企业发展的重要机遇。

2. 银行业:各项指标占比持续下降

2020服务业企业500强中,商业银行依然是特殊又庞大的存在,共入围41家,实现的营收、净利润、资产、纳税分别为7.18万亿元、1.48万亿元、161.94万亿元、4984.95亿元,从业人数为214.54万人,和上年入围的银行规模和效益先比较,出现了不同程度的下降。它们对整个服务业500强中的贡献占比分别为8.20%、17.35%、49.55%、60.34%、27.22%和12.95%。

近年来,尽管银行入围企业的数量变化不大,但其他各项指标占比出现持续下降。2013—2020中国服务业企业500强中,银行业实现的营收、净利润、资产、纳税和员工占比分别减少4.26、17.9、10.86、13.32和3.7个百分点,其中净利润的占比下滑非常显著,如表3-6所示。

表3-6 中国服务业企业500强中银行业各项指标占比(2013—2020) (单位:%)

	数量占比	营收占比	净利润占比	资产占比	纳税占比	人数占比
2013	7.80	21.61	67.50	71.27	40.45	16.65
2014	8.60	22.94	70.95	72.35	39.45	17.94
2015	8.20	24.36	67.62	71.24	38.81	17.50
2016	9.00	23.84	61.50	69.34	38.15	16.55
2017	8.40	19.47	59.54	64.04	31.37	13.42
2018	9.00	19.40	56.41	65.59	30.76	14.51
2019	7.80	19.10	56.10	63.52	28.35	13.07
2020	8.20	17.35	49.55	60.34	27.22	12.95

今年榜单入围的41家商业银行中,工、建、农、中四大传统巨头位列前四,交通银行和招商银行位居第五和第六位,其他股份制银行、城商行和农商行占据其他席位。

多年来,银行业的利润水平一直居于高位,银行侵蚀实体经济的利润等声音一直"鞭打"着银行业的发展。但有两大信号值得注意,一是2020中国服务业500强榜单中银行业的净利润总额和上年入围银行相比较出现下降，这是非常罕见的；二是自党的十八大以来，银行业的各项指标对服务业500强的贡献持续下降，饱受争议的实体经济和虚拟经济利益分配问题将得到缓解。

究其背后的原因，我们应当看到银行业的生存困境。一是息差模式除了在舆论环境中饱受诟病，也因为投资渠道多元化、消费理念不断进步，息差模式倚重的"存款"来源受到挑战。二是监管层对风控要求及存贷比的考核，决定了银行以传统手段对企业服务往往难以"雪中送炭"，新兴代替方案不断涌现，这给银行业传统的发展思路带来不利影响。三是互联网金融、Fintech（科技金融）这场由技术驱动的金融革命，对银行业的既有模式形成了强烈地冲击。

可喜的是，我们也看了银行业的转型，积极拥抱互联网和新科技革命。2017年开始，工、农、中、建四大国有银行和BATJ四大互联网巨头就开始了携手合作。其中，建设银行的数字化转型步伐可圈可点。目前，建设银行建成了国内金融行业规模最大的私有云，实现全流程的数据统一管理，同时，引入人工智能技术，打造多渠道、全方位、智能化服务平台。以此为基础，建行抓住了"简政放权"的改革契机，在智慧政务服务方面大展身手。

3. 非银金融：势头迅猛

2020中国服务业企业500强中，非银行金融企业依旧保持良好势头，共计有32家入围，其中保险公司13家，证券公司4家，基金及信托企业3家，多元化金融机构12家。非银行金融企业入围数量（32家）和银行业（41家）差距越来越小，其崛起也打破了银行业一家独大的局面，多元化的金融发展，不但是金融业健康发展应有之局面，也是对中国经济高质量发展的有力支撑。

特别需要记录的是，我国保险企业快速发展。在中国服务业企业500强，2006年仅有6家入围，到2020年已经增加到13家。世界舞台上，共有7家险企入围2020世界500强榜单，且名次都具有显著提升，其中泰康保险跃升了74位。充分竞争行业中的保险企业，在全球市场上的表现可圈可点，这是市场化的成果，也得益于国内庞大市场中保险意识的逐步觉醒。当然不能否认的是以平安集团为代表的保险企业勇于求新求变，以金融、科技为抓手，服务医疗健康、养老，不断扩大企业版图；并充分发挥保险资金长期稳健投资优势，服务国家实体经济和重要战略项目等方面所取得的重要进步。

除此之外，证券、基金、信托和多元化金融的入围数量也显著增加。金融控股集团（简称金控）入围数量达到了12家。金控"老三家"中信、平安和广大不断革新做强，新的金控企业也跃跃欲试，中国人寿控股广发银行，长城、信达、东方、华融四大资产管理公司也在朝全牌照方向努力，这是具有金融基因的金控平台。另外一侧，中航工业、中石油、华能为代表的央企产业集团，广州金控、武汉金控为代表的地方政府平台，恒大、复星、万向为代表的民企集团，以及腾讯、阿里代表的互联网企业四类产融系金控平台的格局也在形成。

4. 互联网服务业：广泛应用后开花结果

中国服务业企业500强中，互联网信息服务企业成为一股强劲的新势力，2006年只有6家互联网服务企业入围，2020年的榜单中扩张至22家，数量获得大幅增长。京东、阿里、腾讯依旧位列前三。这22家入围企业中，除了广为熟知的BAT巨头，还有网易这样的传统新闻门户和老牌游戏公司的代表，当然，网易在电商、娱乐和教育方面的建树也实现了另一个维度的扩张。2019年，网易的净利润增长了245.2%。京东、美团、唯品会、携程、景域文化的入围是互联网在购物、本地生活、旅游等消费互联领域的开花结果，他们正以O2O的方式走出和传统购物、传统餐饮、传统旅游企业不一样的成长曲线；三只松鼠、傲基科技的入围进一步宣誓了以其为代表的互联网原生企业区别于传统的食品制造企业、传统的家电企业，而是完全依赖于线上的成长之路。上海钢联和深圳中农网的入围反映着互联网在钢铁、农林产品等产业领域的崛起。令人惊喜的是，专注于农村电子商务交易服务和数字化解决方案的汇通达，2019年的营业收入增长了45.97%，净利润增长了101.01%，显示出乡村振兴中下沉市场的巨大潜力。而以上这些都需要依托于浪潮、通鼎、网宿科技、优友网络这样的互联网技术企业的支撑和推动。

互联网服务作为新兴业态的代表，很大程度上也成为各地争夺的焦点，甚至是各个地方走在时代前沿的标志。2020年入围榜单的22家企业地区分布情况是：安徽1家、北京3家、广东6家、江苏3家、上海6家、浙江2家和重庆1家，如表3-7所示。

表3-7　2020中国服务业企业500强中互联网服务企业情况　　　　　（单位：万元）

排名	企业名称	地区	营业收入
12	北京京东世纪贸易有限公司	北京	57688848
17	阿里巴巴集团控股有限公司	浙江	50971100
28	腾讯控股有限公司	广东	37728900
72	上海钢联电子商务股份有限公司	上海	12257175
90	美团点评	上海	9752853
97	唯品会（中国）有限公司	广东	8675323
104	百度网络技术有限公司	北京	7809300
122	网易公司	北京	5924100
151	通鼎集团有限公司	江苏	4502855
156	汇通达网络股份有限公司	江苏	4278661
177	深圳市中农网有限公司	广东	3656789
183	携程计算机技术（上海）有限公司	上海	3567000
241	无锡市不锈钢电子交易中心有限公司	江苏	2312911
281	上海景域文化传播股份有限公司	上海	1745488
327	广东优友网络科技有限公司	广东	1277468
336	东方明珠新媒体股份有限公司	上海	1234460
351	杭州云创共享网络科技有限公司	浙江	1167202
378	广州华多网络科技有限公司	广东	1036275
384	三只松鼠股份有限公司	安徽	1017301
12	北京京东世纪贸易有限公司	北京	57688848
482	网宿科技股份有限公司	上海	600750
493	欧菲斯办公伙伴控股有限公司	重庆	567899
498	傲基科技股份有限公司	广东	553130

5. 供应链服务业：争相涌入

2020中国服务业企业500强中，物流及供应链服务企业入围32家，比上年增加1家。上年在榜单中的怡亚通和天音通信两大分销巨头因为被深圳投资控股收入囊中而退出榜单，所以实际上2020年的榜单中供应链服务企业至少增加了3家。

排在前5位的分别为：中国邮政、厦门建发、顺丰、河北物流和振烨国际。这些物流及供应链服务企业在地区分布上排在前两位的是：广东13家，上海4家。这32家企业既包含了广为熟知的顺丰和"三通一达"类别的快递企业，也包含了河北物流、德邦这样承接大宗商品运输仓储的物流企业；既包含了玖隆钢铁、九立、振烨这样深度根植于钢铁、电子产品、有色金属等行业提供供应链服务的企业，也包含像厦门建发这样提供广度供应服务的企业，如表3-8所示。

表3-8 2020中国服务业企业500强中物流及供应链服务企业情况　　　　　（单位：万元）

排名	公司名称	地区	营业收入
11	中国邮政集团有限公司	北京	61724771
34	厦门建发集团有限公司	福建	33969015
77	顺丰控股股份有限公司	广东	11219339
123	河北省物流产业集团有限公司	河北	5902302
133	振烨国际产业控股集团（深圳）有限公司	广东	5204195
146	广西交通投资集团有限公司	广西	4803763
158	深圳金雅福控股集团有限公司	广东	4262228
163	广东省广物控股集团有限公司	广东	4178447
202	圆通速递股份有限公司	上海	3115112
206	兰州新区商贸物流投资集团有限公司	甘肃	3029065
215	深圳市信利康供应链管理有限公司	广东	2702781
221	德邦物流股份有限公司	上海	2592210
223	沐甜科技股份有限公司	广西	2583843
234	华远国际陆港集团有限公司	山西	2397273
242	申通快递股份有限公司	浙江	2308894
244	中通快递股份有限公司	上海	2210995
245	深圳市富森供应链管理有限公司	广东	2209371
293	深圳市华富洋供应链有限公司	广东	1597811
313	深圳市东方嘉盛供应链股份有限公司	广东	1412431
316	江苏大经供应链股份有限公司	江苏	1402175
323	福建省交通运输集团有限责任公司	福建	1331063
356	玖隆钢铁物流有限公司	江苏	1142472
380	深圳市博科供应链管理有限公司	广东省	1029599
390	上海天地汇供应链科技有限公司	上海	966499

续表

排名	公司名称	地区	营业收入
392	准时达国际供应链管理有限公司	广东	942095
414	青海省物产集团有限公司	青海	840580
415	深圳市英捷迅实业发展有限公司	广东	836710
416	深圳市九立供应链股份有限公司	广东	834534
417	浙江华瑞集团有限公司	浙江	833933
451	福建纵腾网络有限公司	福建	701546
463	四川安吉物流集团有限公司	四川	663132
467	深圳市昆商易糖供应链有限公司	广东	651881

过去14年来，供应链服务获得了快速增长。2006—2020年服务业企业500强中的上榜企业增加了18家。在数量上显著进步的同时，供应链企业发展的模式也在积极发生变化，从金融、贸易、分销、物流某一功能解决方案出发，逐渐转向对"物流、资金流、信息流和商流"的拓展和集合，提供综合性的解决方案，将"四流"融为一体，提供全流程的服务逐渐成为趋势，也更加趋近于供应链服务企业的全貌。如顺丰以消费端的快递起家，逐步拓展了重货、仓储、冷链、国际、同城配等新业务，收购了夏晖和DHL供应链的大中华区业务，试图提供综合型物流服务，未来将面向生产者提供供应链服务。

近年来，供应链思维无论在制造业中还是服务领域都受到更多的重视，供应链管理的内容在于把原料商、生产商、分销商、零售商和终端用户紧密联结在一起，对其进行协调、优化和管理，使各个主体之间的产品、信息等要素实现高效流动和反馈。从而降低企业经营和交易成本，推动产业跨界和协同发展。

2020年，新冠肺炎疫情对全球产业链和供应链造成破坏，各国对此空前重视。对我国经济的平稳运行而言，不断壮大起来的服务业企业也要以"生产/服务的组织者"的角色，以强大的支撑能力，畅通供应链，赋能产业链。今年以来，供应链的系统思维和能力建设正在如火如荼地展开。

6. 公共事业服务：国企的社会责任和经营责任

2020中国服务业企业500强中，共有35家公共事业服务企业上榜，涉及电力、热力、天然气、水务、航道等公共事业的供应服务。他们共计拥有资产9.86万亿元，实现收入4.5万亿元，其中国有企业27家，民营企业8家。这些企业大都以融资控股平台为形式，对城市的基础设施和公用事业进行投资、运营和管理。这35家企业掌控全资及控股企业5576家，参股企业1498家。这些分支机构遍布各地，为各地城镇提供公共产品服务。除此之外，华润、中石油等巨头也积极布局燃气、电力板块，并形成了特色的公共事业服务板块。

公共事业服务涉及民生，是城市赖以生存和发展的重要基础条件，具有自然垄断以及准公共产品的特征，产品服务标准受到政府的严格监管。国有企业以公益性和收益性为双重发展目标，成为公共服务事业的主要力量，并形成了国家电网、南方电网、内蒙古电力三大电网企业；中国燃气、新奥燃气、华润燃气、港华燃气、昆仑燃气五大燃气巨头；在各省市也形成了一批综合性的地方公共事业服务企业。随着市场化改革的深入，特许经营逐渐普及、PPP模式积极推进，国有、民营和外资各类资本共同开拓市场，《外商投资准入特别管理措施（负面清单）（2019年版）》中明确规定基础设施建设放宽对外商投资的条件，公共事业服务未来会更加市场化、竞争会更加激烈。

四、2020中国服务业企业500强并购情况分析

1. 并购整合持续升温

近年来，服务业的并购整合持续升温，2020中国服务业企业500强依然保持着较高的热情，有135家服务业500强企业，并购了992家企业。这其中，并购企业数超过20家的共计有12家：浙江能源81家、九州通医药77家、重庆金科74家、南昌市政47家、奥元集团37家、水发集团34家、顺丰30家、广物25家、新奥控股26家、北京能源24家、绿地24家。这些企业中，公共事业服务业接近一半。

从统计数据来看，2020中国服务业企业500强中参与并购的行业主要集中在：一是公共事业服务，有21家企业并购了308家企业，也因此相比于上年，入围榜单的公共事业服务企业的控股公司数量大幅增加了1239家。二是地方投资控股平台（多元化投资企业），有19家并购了149家企业。三是房地产企业，有21家并购了160家企业。四是医药流通企业，有10家并购了139家企业。这也是唯一一个行业，全部入围企业都有并购业绩，如表3-9所示。

表3-9　2013—2020中国服务业企业500强并购情况

	企业数量	重组并购个数
2013	86	357
2014	117	587
2015	99	518
2016	151	634
2017	121	906
2018	136	695
2019	144	1056
2020	135	992

2. 四种力量推动并购进程

推动服务业企业并购升温主要有以下四种力量。

一是构建生态版图和转型发展。目前，我国已经有相当一部分的服务业企业已经由发展之初的强调生存和利润，发展到了在领域、业务、区域等方面的战略扩张阶段。大企业以规模优势，以核心资源为中心，进行并购、整合已经成为服务业大企业的发展趋势。阿里巴巴和腾讯以大规模的并购为手段，快速构建了各自的互联网生态帝国。近两年房地产巨头们在存量时代的分化中纷纷布局未来的产业，可谓是服务业并购中不容忽视的势力，前有万科大手笔拓展高端酒店、养老业务和物

流业务，后有绿地集团布局酒店旅游、大健康和高科技产业。房地产行业的增长极再造的诉求可见一斑。

二是流通渠道的整合和集中。医药、电子等行业的分销零售企业近两年的并购动作，流通细分行业分销渠道龙头逐渐形成。放眼世界，国际分销巨头大都是通过不断并购重组来完善产品线、整合渠道资源，来提升行业地位，并从价格差这一微薄的利润形成模式中，转型成为更具话语权、能提供专业咨询服务和供应链支持的分销服务商。本土分销企业，也正在遵循这一路径，利用并购来迅速扩大自身规模，复制分销巨头的成长道路。相比于超市百货等一般零售终端，医药、电子等流通零售企业有更强的专业性，在互联网巨头所推动的网购浪潮的洗礼中，具有更大主动性来触网，来强化供应链能力的建设。也因此，近两年，九州通医药、老百姓大药房等都在极力夯实并扩建各自的流通渠道，通过并购整合来实现规模和协同效应。

三是新兴业态的速生成长。具有互联网基因的新兴业态，近年来大量涌现也快速迭代，并购整合成为其中的重要推手，其中不乏许多明星企业迅速突围成长为服务巨头。近年来，每隔一段时间，互联网相关行业就会发生集体的"合并同类项"。相比于BAT在建立初期的内生性增长，TMD（头条、美团、滴滴）的壮大从一开始就有了资本主导的并购的帮助，具有更显著的外生性特质。最极端的例子当属曾经火热共享单车的品牌摩拜归入了美团旗下。

四是政府/政策主导的做大做强。多年来，在政府主导下，制造领域的地方国有企业逐渐整合完毕，同时国有资本面临着要进一步增强在基础、关键领域的控制力和影响力的任务，于是符合这一特征的国有服务业企业成为并购重组的主角，如公共事业服务业，公路、水路、航空等运输服务业。服务产业依靠人的服务，和员工的积极性紧密相关，这一轮混改中对员工持股的突破，无疑能增强以人为主导的服务业企业成长的内在动力，从这个意义上，服务业具有易于突破的标杆意义。几年之前，中国外运长航整体并入招商局，中国远洋与中国海运实施重组。2019年，在公用事业领域，南昌市政和山东的水发集团分别整合并购了47家和34家企业。地方投资平台中，广东粤海并购了15家。他们一方面在积极扩大着产业版图，也同时在完成政府定下的KPI，或是千亿级目标，或是提高资产证券化水平，或是增加国有资本的控制力。

五、2020中国服务业企业500强地域分布特征

1. 地区总体分布：金字塔五梯队格局呈现

2020中国服务业企业500强分布在28个省、自治区、直辖市，宁夏、西藏、海南等地区没有企业入围。地区排在前5位的分别是：广东91家、北京55家、浙江47家、上海47家、江苏44家，合计数量为282家，占比56.4%。和上年相比，北京、上海和广东分别减少了5家、6家和8家。随着江苏和浙江入围数量的崛起，服务业企业长期集中于北上广三巨头的特点正在被打破。

遥遥领先的广东服务业登上了金字塔尖；第二梯队是北京、上海、浙江和江苏；第三梯队是福建（31家）、重庆（23家）、天津（19家）、河北（19家）、山东（19家）、湖南（19家）；第四梯队是广西（13家）、安徽（12家）、四川（11家）、湖北（10家）、河南（7家）、陕西（6家）、山西（5家）、江西（5家）；排在金字塔底端的是云南、新疆、吉林、辽宁、甘肃、内蒙古、黑龙江、

贵州、青海、西藏、宁夏、海南。金字塔五梯队的格局显著呈现出来。

2020中国服务业企业500强中，东部地区企业优势依旧显著，企业数量为372家，占比74.4%，和上年持平；中部地区58家，较上年减少5家；西部地区65家，较上年增加6家；东北部入围5家，比上年减少1家。西部地区入围数量又一次超过中部地区。

在2017—2020中国服务业企业500强中，东部企业从361家入围增加到372家，中部企业从63家入围减少到58家，西部企业从63家入围增加到64家，东北部地区企业入围数量从13家，减少到5家，如表3-10所示。

表3-10　2017—2020中国服务业企业500强地区分布　　　（单位：家）

地域	2017	2018	2019	2020
东部	361	368	372	372
中部	63	61	63	58
西部	63	61	59	65
东北	13	10	6	5

2. 地区分化，西部入围数量超过中部

服务业的发展分离于工业和农业，又随着生产服务业的壮大，对工业和农业的升级产生推动作用，三大产业的壮大推动着经济的发展和人均收入的提高，从而刺激消费服务业的发展。这是三大产业互助发展的基本逻辑，也是从需求端考量服务业企业成长的基础。而在另一侧，人口素质的提高、技术水平的进步又对服务业企业的发展形成强大的供给支撑。当然，在一个时期内，政策的利好和有力的营商环境更会有效推动服务业企业壮大。这是服务业企业成长来自外部的三个动力基础，也是地区间服务业发展差距的原因。

本不具有优势的东北地区所拥有的服务业企业数量持续减少，或将是三大外部动力全面供给不足导致。这也同时是广东遥遥领先，西部服务业崛起，超过了中部地区的直接原因。

2020年的疫情影响了湖北地区的企业申报，导致湖北地区的入围数量减少了9家，拖累了整个中部地区的整体入围水平。从更长的时间看，不同地区的入围情况，中部地区除了湖南保持着不断进步，其他地区大都处于停滞状态，甚至有所退步。而以重庆、四川为代表的西部地区则显得更加活跃，服务业发展的也更加现代和新兴。

中部和西部表现出的差异性既受到上述三大外因所致，也有不同地区发展模式的主动选择。忙着承接产业梯度转移，并试图在高端制造业中分得一杯羹的部分中部地区还没有将服务业发展纳入战略性的布局中。

需要强调的是，不同地区在服务业500强这一大企业层面的表现，和这些地区服务业增加值的总量排名具有一定的差异性。前者代表着对微观市场主体这个层面的主动扶持，后者更多是一个地区经济发展自然演进后的成果。很多服务业增加值排名靠前的省份并没有出现相匹配数量的服务业大企业，这值得深思。没有服务业大企业的引领和创造，那么服务业最多就是一个地区经济发展的附属品，即使对GDP的贡献在提升，也并不足以说明这个地区经济结构的真正优化和进步。

六、2020 中国服务业企业 500 强的所有制分布特征

1. 民营企业数量首次超过国有企业

2020 中国服务业企业 500 强中,国有及国有控股企业共计 243 家,比上年减少 10 家,占比 48.6%,比上年减少 2 个百分点。民营企业共计 257 家,比上年增加 10 家。近年来,中国服务业企业 500 强中,国有及国有控股企业数量持续减少。过去 4 年中,已经合计减少 42 家,相应的民营企业入围数量持续增加。在 2020 年的榜单中,民营企业首次超过了国有企业的入围数量。

从规模指标看,国有及国有控股服务业企业的营收、资产和人员分别为 28.05 万亿元、223.49 万亿元和 1179.76 万人,占比分别为 67.86%、83.34% 和 72.44%,相比于数量的变化,国有企业在规模上依然具有显著优势。营收、资产的占比与上年相比分别减少了 2.23 个百分点、3.78 个百分点,人员占比与上年持平。

从盈利情况看,国有及国有控股企业共获得利润 2.03 万亿元,占中国服务业企业 500 强的比重为 67.54%,相比上年减少 7 个百分点。

总体而言,民营企业不但在数量上具有了更显著的优势,在规模和盈利水平上也在持续进步,如表 3-11 所示。

表 3-11 2020 中国服务业企业 500 强所有制分布比较　　　　（单位:万亿元/万人）

名称	企业数	营业收入	利润	资产	纳税	从业人数
全国	500	41.35	3.00	268.31	1.83	1629.42
国有	243	28.05	2.03	223.49	1.29	1179.76
民营	257	13.30	0.97	44.67	0.54	448.94

2. 国企、民企优势产业差异显著

从国有和民营企业的行业分布来看,国有企业在公用事业服务、交通运输业、电信业、金融业、多元化投资等具有基础性、公共性和政府主导为特征的行业具有显著优势。具体而言,在公用事业服务中,国有企业 27 家,民营企业 8 家;在交通运输业中,国有企业 31 家,民营企业 3 家;在电信业中,国有企业 3 家,民营企业 0 家;在金融业中,国有企业 49 家,民营企业 24 家。相比而言,民营企业在物流、互联网服务、批发贸易、零售业、房地产等领域更具有优势。尤其是互联网服务中,民营企业有 21 家,国有企业仅为 1 家。商务服务、旅游餐饮文化娱乐等行业,国有和民营各有千秋,如表 3-12 所示。

总结来看,国有企业重在基础设施服务的打造,民营企业强在应用层面,这很明显的体现在两种企业在交通运输业和物流业入围榜单的区别上,体现在电信服务和互联网应用入围榜单的不同中;国有资本强在对人们生活的保障,民营企业强在对消费品质的提升。2020 中国服务业企业 500 强中,民营企业在教育及医疗卫生服务领域的突破,让服务业企业在人们生活质量的改善上具

有了更大的能量。

表3-12 2020中国服务业企业500强所有制和行业分布比较 （单位：家）

	总数	国有	民营	国有-民营
公用事业服务	35	27	8	19
交通运输业	34	31	3	28
邮政和物流	32	11	21	-10
电信及互联网信息服务	29	6	23	-17
批发贸易	103	41	63	-22
零售业	61	16	45	-29
金融业	73	49	24	25
房地产	59	15	43	-28
多元化投资	32	24	8	16
商务服务	9	6	3	3
旅游餐饮及文化娱乐	17	10	7	3
教育及医疗卫生服务	2	0	2	-2
综合服务业	14	7	7	0

七、服务业大企业发展面临的问题与挑战

1. 疫情的冲击及常态化应对

2020年新冠肺炎疫情的暴发和隔离应对，所有的企业都受到波及。交通运输、餐饮、旅游、娱乐等服务业态首当其冲。中国企联对疫情中的"中国服务业500强企业的经营状况"做了评估调查。数据表明：将近85%的企业在一季度都受到了不同程度的损失，90%的企业盈利出现下滑。一时间，企业经营成本增大、业务需求不足、资金压力等难题接踵而至。传统服务有极强的产销同步特质，更加依赖于物理的连接和面对面的服务方式，疫情隔离从供需两端都对服务业企业的正常经营产生了不可忽视的影响，活着、拥有持续稳定的现金流正成为企业的最高诉求。

从服务的需求侧来看，服务业企业面临需求总量不足和服务要更加安全、务实的双重挑战。在需求总量上，各类服务需求都出现断崖式的下跌，这导致很多企业的业务都出现明显萎缩。在需求结构上，消费需求的恢复是一个逐步放开的缓慢的过程，防控安全在一段时间内依然是重点；生产性服务的需求变得更加务实，要真正解决企业所面临的现实困境，真正能够帮助企业组织实现降本增效。需求的变化对服务业企业提供服务的方式和质量都提出了更高的要求。

从服务的供给侧来看，服务业企业面临"冗余"员工的安置、组织要保持高效灵活、经营成本上升和开拓新服务新业务的平衡难题。值得注意的是，服务业是"以人为本"的行业，员工的满意、忠诚及潜能的开发直接决定了服务的质量。如何让"每一个人有事干"，以强化员工的忠诚；如何让组织维持在高效快速地运转水平，以保证企业在危机中的战斗力，是企业需要关注的重点。随着疫

情应对常态化，以上这些都将成为一个时期内企业必须应对的事项。

2. 服务品质和专业化能力不足

当前，我国服务业正处在服务总量不断提高，新兴服务在极速涌现，但服务品质整体水平仍旧不高的阶段。消费服务领域，五星级酒店的卫生乱象不断被曝光，但似乎这已经是行业公开的秘密，成为"常态化"的卫生标准和操作规则。商业服务领域，至今也没有出现和"四大"咨询公司、"四大"会计师事务所向媲美的国际服务巨头。

这背后的原因可以归结为三点。

一是从服务产业特性看，传统服务的异质性和供需难以分离等特点使企业做大具有天然的劣势，服务业企业往往以扩大服务业务类别来实现范围经济，以多元化的发展逻辑不断扩大产业的边界，长期以来，我国服务业大企业的发展是一种"摊大饼"的发展模式，非相关多元化发展模式比比皆是，但服务能力和水平却积累不足。

二是从企业的经营理念看，过去这些年，中国经济迅猛发展，市场空间广阔，以互联网、金融和房地产为代表的增长点比比皆是，企业甚至无需在服务质量上多费功夫就能活得很好，于是怀着极大的热情追逐一个又一个发展的风口。因此，很多服务业企业都在以一种粗放式、多元化的思路在快速做大。

三是从服务需求来看，中国庞大的、多层次的消费市场，让很多服务企业正处在解决"有没有"的地步，还没有发展"好不好"的阶段；而中国制造的长期低成本、粗放发展，也没有给本土商务服务太多有效地市场锤炼的机会。

这些共同导致的问题就是专业化服务能力不足，很多服务业企业的供给能力跟不上经济发展的需求，跟不上人们对没好生活的向往需求，跟不上那些坚持高质量发展路线的企业需求。

3. 对外服务的竞争能力亟待加强

经济服务化是大势所趋，服务贸易也在世界范围内保持了快速增长。2005—2017年，全球服务贸易年均增速达到5.4%，高于货物贸易4.6%的增速（数据来源于《2019年世界贸易报告》）。如今，服务贸易占全球贸易量的比重接近20%。在过去10多年中，我国的服务业也取得了长足进步，占GDP的比重从2006年的39.5%，提升到了2019年的53.9%。但相比于全球服务贸易的增长水平，我国服务业的对外竞争能力亟待加强。一方面，服务贸易的总量规模依旧偏小。2019年，我国服务贸易占全部对外贸易的比例为仅为14.6%，明显低于全球平均水平。另一方面，我国服务贸易长期处于逆差状态。2019年，服务贸易逆差的绝对值为1.5万亿元，占整个货物贸易顺差的比重达到51.49%。这意味着，我国货物贸易顺差中有一半都被服务贸易的逆差吃掉了，"出口"这架马车在一个时期内在负重前行。这背后的原因正是我国服务业的长期发展落后，服务能力不足所致，导致服务出口缺乏竞争力。2020中国跨国公司100大榜单中，服务业企业数量仅有28家。

令人振奋的是，近年来我国不断加大服务业对外开放的力度。一方面，服务业扩大开放、创新服务贸易发展正由地区试点向全国铺开。2016年，国务院批复同意在上海、海南等15个地区开展服务贸易创新发展试点。2018年，试点范围扩大到28个地区。另一方面，电信、金融等垄断性行业的外资准入限制逐步取消。2019年，英国电信获得工信部颁发的全国性牌照，标普获准进入中国信用评级市场。2020年，金融业的外资持股比例限制取消，我国金融业全面放开。服务业正迎来了一个全新的开放格局。

对广大服务业企业而言，一方面能够有机会引进新的技术，学习先进的管理模式和专业服务经验，激发自身的成长动力。另一方面也面临着更加激烈的竞争环境，在国内服务市场，可能面临"外来的和尚好念经"的压力；在国际市场中，也可能会受困于外资所能提供的全球体系化服务的掣肘，而面临开拓和布局的困境。在鲶鱼效应中"与狼共舞"，服务业企业要尽快补足短板，成为拉动中国出口的新引擎。

八、服务业大企业发展面临的机遇

2020年，一系列黑天鹅事件频发，给经济发展、企业成长都带来一系列不确定性。"在危机中育新机、于变局中开新局"，国家政策层面做出了一系列重大安排；企业层面也在积极思变、悄然应对，我国服务业企业或将走出一条中国特色的成长曲线。当前及未来一个时期，我国服务业企业的发展面临做大和做强的双重机遇。

1. 新兴服务产业发展契机涌现

新冠肺炎疫情的暴发和蔓延，在线教育、餐饮外卖、云办公和零售电商等新兴服务逆势增长，以此为主要构成的数字经济获得意外发展的机遇，成为拉动经济增长的新动能。2020年上半年，与整个宏观经济和各个产业增速全面下降形成对比的是，我国信息技术服务业较2019年同比增长了14.5%，也因此服务业增加值占GDP比重达到了56.5%，创下新高。同时，疫情的暴发带来了医疗服务和健康服务的刚需，这将成为一个时期内服务业企业增长的新空间。

此外，2018年，我国65岁及以上人口比重达到11.9%，老龄化程度持续加深，这带来了显而易见的养老服务需求。更为重要的是，目前我国养老体系中，居家养老占比90%，机构养老仅为3%。于服务业的发展，养老产业是增量型的契机。

2. 服务需求潜力将被极大激发

"充分发挥我国超大规模市场优势和内需潜力，构建国内国际双循环相互促进的新发展格局"已经取得共识。在广阔的国内大市场中，拥有14亿人口的中国正处于中产阶级兴起的进程中，无论是中产的分子还是总人口的分母，都因庞大的绝对数量蕴含着难以想象的服务需求，这是任何一个消费端服务业企业成长的底层支撑。

在人口分布空间上，将近8亿人口处于"五环外"的下沉市场。2020年是中国社会发展历史进程中的重要节点，不仅是"两个一百年"目标中全面实现小康社会之年，还是扶贫工作的收官之年。同时，较低的房价负担和更短的工作时间让下沉市场的人们有钱又有闲，城乡居民消费增速的"剪刀差"已经形成。

此外，随着国内市场被激发和扩容，产业不断优化和分化，诸多生产性服务需求迫切，并不断被分离出来，围绕生产端的服务也将因此迎来更广阔的发展空间。

3. 新基建、新要素赋能服务进步

未来，新型基础设施建设将成为国家投入的重点，这不仅意挖掘新增长点，更强调赋能新经济发展。相比于令人心潮澎湃的5G商用，新基建包含的范围更广，除了5G、工业互联网等通信网络设施，还有以人工智能、云计算等为代表的新技术设施，和以数据中心、智能计算中心为代表的算力设施等。这将有效激发服务业企业发展的效能，提升发展的质量。此外，2020年，《关于构建更加完善的要素市场化配置体制机制的意见》以最高规格重磅发布，技术和数据作为新型生产要素具备了应用的合法性。

相比于制造业对土地和资本使用的依赖，服务业更加依靠劳动、技术和数据，而这些要素的获取、定价、使用、转移的合法性给了服务业发展更大的可能性。未来，在新基建和新要素的格局中，商业模式、新业态、新经济的创造可能远超出了今天我们的想象。

4. 从追赶到并跑的崛起性机遇

长久以来，我国服务业因为规模不足、产业结构不合理而遭遇诟病。与欧美发达国家服务业增加值对GDP的贡献高达70%相比，我国服务业占GDP的比重刚刚突破50%，也因此，我国服务业发展被认定仍旧处于低水平，处于经济发展的附属位置，处于追赶其他国家的水平。

然而，过去12年间，我国服务业迅猛发展，占GDP的比重增加了15个百分点，这在世界经济发展史上都是少有的。与此同时，我国新兴服务的强势崛起，从"Copy to China"到向海外反向输出商业模式"Copy China"，在很多领域已经形成与欧美并跑之势，甚至在某些方面，还出现了领先。2019年，胡润研究院发布了首份《全球独角兽榜单》，我国以206家的数量超过美国的203家。目前，我国已经是全球最大的电子商务市场，是移动支付最发达的国家。

更为重要的是，在我国服务业的壮大过程中，以"云大智物移"为代表的新一代信息技术和新的商业模式进行了广泛地参与和深度地渗透，当年发达国家所面临的"成本病"难题在我国服务业的壮大过程中并不显著，这是技术进步赋予中国服务业的契机。

5. 从附属到主导的探索性机遇

生产性服务业企业大都分离于制造业，并随着制造业的繁荣，更多服务需求分离出来，才逐渐发展起来，大多数时候都处于一种从属地位，很难逾越工业或者制造业的发展周期。然而，互联网等新技术的应用正在改变他们的存在方式，从被动到主动，从配角向主角转变。以宁波的生意帮、服务共享平台猪八戒网为代表的平台型服务、供应链服务、互联网服务等生产性服务模式崛起，正盘活着制造资源，构建出稳定的产业协同网络，展出了制造业转型的另一种可能性。人们所熟知的阿里巴巴打造出了集合菜鸟物流、蚂蚁金服、云计算服务等产品集成的超级供给大平台，正在扶植着数以百万计的商家"小b"一起跑出了电商领域的"S2b2c"范式。美团作为平台组织，通过IT管理系统、快驴供应链采购、外卖等产品赋能餐饮商家"小b"，进而深度服务于客户"c"。中小微企业是中国制造业甚至是中国经济的底色，阿里巴巴和"生意帮"们正帮助它们走上专业化的发展道路。

九、促进服务大企业健康成长的若干建议

1. 强化"活下来"的底线思维

2020年的新冠肺炎疫情，传统服务和新兴服务业表现出了冰火两重天。那些受到严重冲击的传

统服务企业必须强化底线思维，以活下来为最高诉求。那些逆势崛起的新兴服务企业也切莫盲目乐观，在世界大经济环境趋紧的挑战下，必须要注意控制成本，保障持现金流的稳定性。

第一，战略上以市场和销售为导向，不断挖掘客户的潜在需求。战术上要加强全员营销的思维，建立全员营销的机制。以此为机会，减少不同部门之间的既有摩擦，提升公司整体的协同能力。

第二，彻底削减成本。近些年服务业企业快速奔跑，扩张做大的本能要远大于提升管理水平、降低公司运营成本的诉求。当前市场萧条时期正是降低成本、改善企业体质的最好机会。

第三，强化与员工同呼吸共命运的公司价值导向。相比于其他产业，服务业的发展更加依赖于的员工的自觉性和素质。重大困境中，对"冗余员工"的态度和工作安排，比任何时候都更能影响劳资关系。然而这并不是以低效的劳动生产率为代价，而应该是在开拓新服务上发力。

第四，下决心提升服务品质。服务品质关乎企业的可持续发展，是服务业企业最重要的无形资产。疫情之下，整体需求萎缩，服务供给过剩，服务品质将成为企业能够活下来的竞争法宝。相比于经济繁荣期，特殊时期更加有利于企业在整体层面重视服务品质，而这种能力一旦成为企业惯性，企业将走上同时做大做强的良图。

2. 拥抱"面向未来"的创新

从理论到实践，新一轮科技革命正蓬勃兴起，并深刻改变人类的生产和生活方式。它们以新的生产要素（技术和数据）、新的基础设施建设（如5G）、新的企业组织方式和资源配置方式、新的商业经营模式为基础逻辑，正在对传统产业进行改造和升级，也同时催生出一系列新的产业、产品和新的消费体验，使经济发展呈现"新经济"特征。新经济的发展状况不仅关乎着一国经济的发展质量、世界格局，对每一个微观企业的竞争力重塑都产生了极大影响。过去一个时期内，新经济最先发端也主要体现在服务业态的创新上。未来，广大服务业企业更要抓住技术变革和产业变革所赋予的机遇，谋求发展的主动性。

首先，抓住"在线化"服务的机遇，减少传统服务运行逻辑的禁锢。疫情隔离正让那些依靠交通运输业大发展、全球贸易大流通而发展起来的行业，依赖于物理的连接和面对面服务方式的行业，正面临前所未有的困境。也同时，那些在线化、数据化和智能化的服务正取得非凡的进步。这是商业运行逻辑的改变，意义重大。

其次，要为服务创新插上技术的翅膀。近年来，依靠国内超大市场规模的优势和商业模式创新，服务新业态快速涌现，一批独角兽成长起来。2019年《全球独角兽榜单》中，绝大部分都是科技服务企业。美国入围前三大行业是云计算32家，金融科技21家，人工智能20家。我国是电子商务34家、金融科技22家、文化娱乐17家。相比较而言，美国以科技为基础的业态发展特征更加鲜明，我国的独角兽有点轻。然而，技术创新和投入正是创新服务创新的底层支柱。

最后，激活并运用好大数据的价值。服务业企业直面消费终端客户，或者聚集着大量的行业客户，服务过程中积累了多样的、鲜活的大数据资源。这是以客户为导向提升服务能力的基础，也是服务业企业深度把握云计算、移动互联等其他新一代信息技术的基础，更是服务业企业在整个产业链中从边缘、末端走向主导和中心的基础。近年来，互联网巨头盘踞在消费端，开创了大量的创新性实践；找钢网、满帮货运等产业互联企业正在依托大数据和云计算向产业客户提供更具有增值性的服务，他们都为服务业的进步进行着有益的探索。

3. 做好产业组织者和赋能者

新冠肺炎疫情对全球产业链和供应链造成破坏，各国对此空前重视。欧、美、日纷纷制订出了制造业回流计划，或者转移其他亚非国家，以实现供应的多元化，保障供应链的稳定性和安全性。对我国经济的平稳运行而言，不仅广大制造业企业要聚焦关键技术和重点环节，补短板、堵漏洞、强弱项，不断壮大起来的服务业企业也要以"生产/服务的组织者"的角色，以强大的支撑能力，畅通供应链，赋能产业链。

首先，构建有机开放的组织体系，做好底层架构，形成协同网络，为广大中小制造企业做好生产组织的角色。专注五金、塑料加工领域的生意帮平台汇集2400多家磨具厂，6500多家注塑厂和加工厂，2700多家的表面处理厂，还有500多家的组装厂。"生意帮"正为帮助这些规模不大、独立接单和议价能力都不足的小制造企业们走上专业化发展道路，并用共享的理念，盘活了这些工厂的闲置资源。未来，各个领域的"生意帮"平台将会崛起，他们叠加起来，会探索出中国制造转型升级的另一种可能。

其次，提升"三链"的整合能力，打造综合服务体系。服务业决定经济运转的效率，其根源在于服务的管道和流通功能，如贸易零售、交通运输和金融服务，他们强大的终极体现就是让商品、要素的传输更加高效、便捷、低成本。交通运输行业的整合联盟和多式联运、供应链行业的"四流"合一，流通渠道的扁平化都是有益的尝试。

最后，发挥大企业的资源能力优势，不断拓展企业成长边界，赋能经济和产业发展。过去几年，谈及于此，大都是BATJ为代表的互联网平台对线下零售、银行、出行餐饮等传统领域的变革和赋能。如今，越来越多的传统服务大企业正在以科技和数据为抓手进行着有益的探索。曾经饱受"宝宝们"冲击的建设银行，已经在金融科技方面卖出了实质的步伐，并以此为基础在智慧政务服务方面大展身手。建行秉承"四全"和"四化"，即全事项、全流程、全覆盖、全场景应用和行政审批线上线下一体化、民生支付电子化、行业应用智能化、城市服务数字化，通过多层次打通政务数据流，个性化配置政务事项与流程，为优化政府治理手段提供了有力抓手。目前，京津冀一体化服务平台、云南"一部手机办事通"、山西"三晋通"、山东"一网通办"总门户等20余个省级政务平台相继建成，传统大型国有商业银行正在进行华丽转身。

第四章
2020 中国跨国公司 100 大及跨国指数分析报告

为了贯彻党的十九大精神，发展我国大型跨国公司，提高国际化经营水平，培育具有全球竞争力的世界一流企业，同时为社会各界提供我国大企业跨国经营水平及其相关信息，中国企业联合会、中国企业家协会连续第九年推出中国跨国公司100大分析报告。

"中国100大跨国公司及跨国指数"是中国企业联合会在中国企业500强、中国制造业企业500强、中国服务业企业500强的基础上，依据企业自愿申报的数据，参照联合国贸易和发展组织的标准产生的。中国100大跨国公司由拥有海外资产、海外营业收入、海外员工的非金融企业，依据企业海外资产总额的多少排序产生；跨国指数则按照（海外营业收入÷营业收入总额+海外资产÷资产总额+海外员工÷员工总数）÷3×100%计算得出。

一、中国企业对外投资和国际化取得积极进展

2019年，世界正经历百年未有之大变局，逆全球化思潮有所抬头，保护主义和单边主义对世界经济的负面影响逐步显现，世界经济增长的动能放缓，不确定性显著上升，但中国经济稳中有进，内生动力不断增强，成为拉动世界经济复苏和增长的重要引擎。中国企业扎实推进"一带一路"高质量发展，积极融入全球价值链、产业链、创新链，对外投资更趋理性，国际影响力和竞争力继续提升。

1. 对外直接投资速度趋缓

2019年1~12月，中国全行业对外直接投资1106亿美元，同比下降8.2%。中国境内投资者共对全球166个国家和地区的5791家境外企业开展非金融类直接投资。在2016年中国企业对外直接投资出现井喷之后，2016年年底政府加强了对企业对外直接投资真实性、合规性的监管，导致2017年我国对外直接投资同比下降19.3%。2018年中国对外直接投资1430.4亿美元，同比继续下降了9.6%。虽然中美之间达成了第一阶段协议，但中国对外投资环境并没有得到改善，欧美国家对中国

海外投资的审核和限制正变得日益严厉。

2019年1~11月我国企业对外承包工程完成营业额1350亿美元，一批重大合作项目有序实施，示范效应不断增强。截至目前，中国在境外设立企业4.3万家，分布于全球188个国家和地区，对外直接投资存量将近2.1万亿美元，位居世界前列。

2. "一带一路"经贸合作不断深化

"一带一路"沿线国家正逐渐成为中国对外直接投资的重要目的地。2019年，中国企业实现对"一带一路"沿线国家对外直接投资约150亿美元，同比下降16.2%，降幅较上一年提高4.9个百分点；但占总投资的比重提高0.6个百分点至13.6%。截至目前，中国企业在"一带一路"沿线国家直接投资已累计超过1000亿美元。新加坡、越南、老挝、阿联酋、巴基斯坦、马来西亚、印度尼西亚、泰国和柬埔寨等已成为主要投资目的国家。从行业分布来看，2018年对沿线国家投资的179亿美元中，流向的前三大行业分别为制造业（32.9%）、批发和零售业（20.7%）及电力生产和供应业（9.4%），且均以高速增长。2019年1~11月，中国企业对"一带一路"沿线的56个国家有新增投资合计127.8亿美元，占同期对外投资总额的12.9%。在"一带一路"沿线国家新签对外承包工程合同额1276.7亿美元，占同期总额的61.2%；完成营业额746.1亿美元，占同期总额的55.3%。1~11月，中国对"一带一路"沿线国家和地区的直接投资流量占对外投资总量的比重上升0.5%；制造业、批发零售业投资占比分别提高2%和2.7%。中国对外投资者的投资行为更加理性、审慎，更加注重投资的质量和效益。

中国与"一带一路"沿线国家的投资合作进一步深化，一批重大合作项目有序实施，示范效应不断增强。截至2019年12月，中国已与167个国家和国际组织签署199份共建"一带一路"合作文件，还与44个国家建立了双边投资合作工作组。中白工业园、泰中罗勇工业园、巴基斯坦海尔鲁巴工业园、匈牙利宝思德经贸合作区等建设成效明显，中阿（联酋）产能合作园区、中埃苏伊士经贸合作区等稳步推进。中马友谊大桥、比雷埃夫斯港等一批重大项目落地，中老铁路、中泰铁路、雅万高铁等项目扎实推进，黑河公路桥建成，同江铁路桥合龙，中尼友谊大桥恢复通车，阿联酋哈利法港正式运营。

3. 海外并购更加重视质量

据安永发布的《2019年全年中国海外投资概览》报告称，2019年中企海外并购总体仍保持审慎，公开披露的海外并购总额为686亿美元，同比下降31%；披露的并购数量为591宗，同比减少23.5%。2019年第三、第四季度中企海外并购热情有所回升，并购金额及数量降幅均大幅收窄，当年下半年中企宣布的海外并购额同比仅下降2.8%（上半年同比下降55.9%）。2019年，亚洲跃升为中国海外第一大并购目的地，占投资总额的近三成。同时，在整体并购额大幅下挫的情况下，亚洲（223亿美元，增长19.1%）仍逆势增长，中企主要投入TMT（科技、媒体和通信）、金融服务及房地产、酒店与建造等行业。按交易金额计算，2019年中国内地企业海外并购回落至2015年的水平，各种因素共同导致大型跨境交易大量减少。但是仍然存在大量较小规模的海外并购，整体交易量保持不变，甚至略有增加。从并购活跃度上来看，民企仍然是最活跃的海外买家，尽管这些交易的总金额显著下降，超大型并购交易明显减少。从投资区域来看，欧洲的海外并购交易金额明显缩水，如德国从2018年的110亿美元下降到65亿美元，英国从2018年的45亿美元下降到14亿美元。在其他地方并购交易金额显著下降的情况下，中国企业在"一带一路"沿线国家的海外并购活动仍然保持增长，2019年的并购交易金额达到118亿美元。

跨国并购重点行业正从传统制造业和资源型行业向高技术水平和高附加值的新兴产业转变。当前，中国的产业结构调整正不断深化，企业在进行跨国并购时愈发青睐能够促进自身产业结构转型升级的行业。在海外投资政策环境趋紧背景下，中企更积极地将有限的机会投资于此类行业。2019年上半年，中企跨国并购行业主要集中在高新技术产业。其中，数字新媒体产业（TMT）无论从并购金额还是项目数量来看都位居首位，在2019年上半年总计的257起并购交易中，TMT行业交易数量67起，总金额200亿美元，占比双双接近三成；除TMT行业外，消费品行业和高端制造行业同为并购交易较为集中的领域。

4. 中国跨国公司影响力和竞争力提升

最近，联合国贸发会议出版的《2020年世界投资报告》中公布了2020世界跨国公司100大、2019发展中国家与地区跨国公司100大。中国大陆分别有9家、33家企业入围，创历年新高。入围企业数5年时间分别增加了7家、17家，如表4-1所示。入围2020世界跨国公司100大中国大陆企业分别是中国中化集团有限公司、华为技术有限公司、腾讯控股有限公司、联想控股有限公司、中国石油天然气集团有限公司、中国海洋石油集团有限公司、中国化工集团有限公司、中国石油化工集团有限公司、中国远洋运输有限公司。中国内地入围企业数排在美国、法国、英国、德国之后，与日本并列第五位。

表4-1 2016—2020中国大陆企业入围世界跨国公司100大情况

年份	2016	2017	2018	2019	2020
入围企业数	2	2	4	6	9
中国内地拥有企业数排名	8	8	7	6	5

数据来源：联合国贸发会议出版的2016—2020年《世界投资报告》。

二、2020中国跨国公司100大及跨国指数

依据2020中国企业500强、中国制造业企业500强、中国服务业企业500强的海外数据，中国企业联合会排出了2020中国跨国公司100大及其跨国指数，中国石油天然气集团有限公司、中国中信集团有限公司、中国石油化工集团有限公司、中国远洋海运集团有限公司、腾讯控股有限公司、中国海洋石油集团有限公司、中国中化集团有限公司、中国化工集团有限公司、华为投资控股有限公司、国家电网有限公司位列前10，如表4-2所示。2020中国跨国公司100大及其跨国指数有以下主要特点。

1. 规模和入围门槛继续提高

2020中国跨国公司100大海外资产总额为104526亿元、海外营业收入为73307亿元，分别比上

年提高9.87%、15.49%；2020中国跨国公司100大海外员工总数为1310300人，比上年下降5.87%；2020中国跨国公司100大入围门槛为120.22亿元，比上年提高21.64亿元，如表4-3所示。

2020中国跨国公司100大的平均跨国指数为16.10%，比2011中国跨国公司100大的平均跨国指数提高3.86个百分点。2020中国跨国公司100大的海外资产占比、海外营业收入占比、海外员工占比分别为16.80%、21.27%、10.23%，与2011中国跨国公司100大相比海外资产占比、海外营业收入占比、海外员工占比分别提高了2.07、3.93、5.56个百分点，如表4-4所示。

表4-2　2020中国跨国公司100大及跨国指数

排名	公司名称	海外资产/万元	企业资产/万元	海外收入/万元	营业收入/万元	海外员工/人	企业员工/人	跨国指数/%
1	中国石油天然气集团有限公司	92969179	423574212	125010049	261920198	133734	1344410	26.54
2	中国中信集团有限公司	58694083	748677828	9719332	51893114	34573	304260	12.64
3	中国石油化工集团有限公司	57703188	221171940	95239223	281179985	38765	582648	22.20
4	中国远洋海运集团有限公司	56639768	87702629	5644443	30849725	5790	118243	29.26
5	腾讯控股有限公司	54131126	95398600	24534598	37728900	4679	62885	43.07
6	中国海洋石油集团有限公司	52177456	128811254	45804164	75085732	4819	92080	35.58
7	中国中化集团有限公司	39956186	54889301	7689865	55527470	22623	60049	41.44
8	中国化工集团有限公司	37734266	84396177	6001625	45434692	30172	145526	26.22
9	华为投资控股有限公司	37142684	85866100	33301800	85883300	32829	198000	32.87
10	国家电网有限公司	31671314	415585039	9791915	265219573	15367	964166	4.30
11	联想控股股份有限公司	27640402	62401519	28807811	38921826	27267	87125	49.87
12	中国交通建设集团有限公司	26732455	161641403	14883914	65696723	36710	197309	19.27
13	中国铝业集团有限公司	21895304	65441146	3213853	35681711	2125	158142	14.60
14	广州越秀集团股份有限公司	19924411	63209705	366681	5860136	1748	24341	14.99
15	中国建筑股份有限公司	19620621	203445193	10403073	141983659	26914	335038	8.33
16	中国五矿集团有限公司	19075920	92951501	9949519	61041300	11568	199486	14.21
17	浙江吉利控股集团有限公司	17124313	39568809	15732713	33081765	44726	131426	41.62
18	中国电力建设集团有限公司	15006142	96881760	11052072	46543026	134682	180416	37.96
19	中国广核集团有限公司	13910633	74663180	2294281	10985062	3612	41276	16.09
20	中国兵器工业集团有限公司	13003332	42840254	23370715	47471017	13766	205075	28.76
21	潍柴控股集团有限公司	12805360	25800329	7623794	26459705	38506	88391	40.67
22	美的集团股份有限公司	12417636	30195541	12009900	27938050	33000	134897	36.19
23	海尔集团公司	11679175	39774318	9922222	29001580	33011	97477	32.48
24	洛阳栾川钼业集团股份有限公司	9613927	11686223	5951551	6867656	5890	11183	73.87

续表

排名	公司名称	海外资产/万元	企业资产/万元	海外收入/万元	营业收入/万元	海外员工/人	企业员工/人	跨国指数/%
25	万洲国际有限公司	9184865	12056269	10570246	16600941	55000	101000	64.77
26	国家电力投资集团有限公司	8380736	119433950	892408	27223992	1710	125190	3.89
27	中国华能集团有限公司	8281440	112609736	2094569	30619144	579	130764	4.88
28	中粮集团有限公司	8012863	59798361	9766680	49843634	2822	110896	11.85
29	中国能源建设集团有限公司	7794489	42528152	4055102	24946765	7897	122560	13.68
30	绿地控股集团股份有限公司	7460080	114570653	335556	42782271	492	52576	2.74
31	光明食品（集团）有限公司	7382352	27604507	5489320	15551918	22442	122565	26.78
32	兖矿集团有限公司	7117378	31854802	9599674	28548036	3239	101166	19.72
33	北京首都创业集团有限公司	6988806	35848259	270596	4745880	1873	34521	10.21
34	苏宁控股集团	6853196	37145231	1936750	66525890	1497	280135	7.30
35	河钢集团有限公司	6729127	46205473	11880766	35471499	13171	114945	19.84
36	中国铁道建筑集团有限公司	6583480	108384828	3559497	83110141	38309	364907	6.95
37	江苏沙钢集团有限公司	6538903	28911691	2144712	25207752	858	46581	10.99
38	中国铁路工程集团有限公司	6496407	106563043	4507741	85197793	9164	292485	4.84
39	中国有色矿业集团有限公司	6318388	12122841	3997394	13151977	13792	50773	36.56
40	紫金矿业集团股份有限公司	6119500	12383095	3095669	13609798	17348	19963	53.02
41	中国移动通信集团有限公司	5827987	185420203	2030623	74975548	7913	457565	2.53
42	TCL集团股份有限公司	5710455	21923403	5984421	12732811	4163	92395	25.85
43	中国宝武钢铁集团有限公司	5225725	86219413	11261137	55220616	2974	175431	9.38
44	中国华电集团有限公司	4942211	82221964	1333375	23356339	2057	107326	4.55
45	云南省投资控股集团有限公司	4845575	37561523	625343	12833226	352	33369	6.27
46	海信集团有限公司	4780211	12307215	4610118	12686273	15100	91069	30.59
47	三一集团有限公司	4681258	15726559	1589374	8757632	3628	23966	21.02
48	中国电子信息产业集团有限公司	4669552	32751739	8628796	22415918	10007	152499	19.77
49	上海汽车集团股份有限公司	4644604	84933328	3979723	84332437	25793	153937	8.98
50	浙江恒逸集团有限公司	4362837	10419573	2486405	21516382	438	19807	18.55
51	中兴通讯股份有限公司	4327826	14120214	3251955	9073658	8773	70066	26.34
52	山东如意时尚投资控股有限公司	4241532	7324876	3558974	6318159	13894	44847	48.41
53	中国南方电网有限责任公司	4234052	93365226	474521	56634191	1184	282864	1.93
54	中国国际海运集装箱（集团）股份有限公司	4055493	17210752	4049787	8581534	5038	54753	26.65
55	中国机械工业集团有限公司	3977008	38361111	2536308	29790741	13002	146792	9.25

续表

排名	公司名称	海外资产/万元	企业资产/万元	海外收入/万元	营业收入/万元	海外员工/人	企业员工/人	跨国指数/%
56	金川集团股份有限公司	3924058	11541878	4356909	23367452	2985	29291	20.95
57	青山控股集团有限公司	3922116	7050805	6712860	26260199	52457	75061	50.36
58	首钢集团有限公司	3864354	49834676	2531808	20223504	4706	97903	8.36
59	上海电气（集团）总公司	3566408	32005188	1011655	14172695	3233	51293	8.19
60	华夏幸福基业股份有限公司	3464466	45781195	139413	10520954	360	24340	3.46
61	国家开发投资集团有限公司	3449922	63185483	2247079	14194552	5383	51961	10.55
62	万向集团公司	3387554	9441057	2490979	13050755	17488	30361	37.52
63	中国东方航空集团有限公司	3255062	33466016	452730	13340695	1307	99942	4.81
64	云南省能源投资集团有限公司	3123885	18884178	1205132	11231307	732	11349	11.24
65	中国建材集团有限公司	3110513	59619589	2874641	39810386	5533	204936	5.05
66	中国中车集团有限公司	2864987	43049762	1203018	23975206	5917	185872	4.95
67	北京电子控股有限责任公司	2649159	39336558	7536633	12906481	518	77206	21.93
68	珠海华发集团有限公司	2590945	36184050	1414109	7926925	8874	28443	18.73
69	中国化学工程集团有限公司	2324305	13024473	2780322	11045295	4549	45884	17.64
70	中国联合网络通信集团有限公司	2300213	60236284	532408	29196433	855	260058	1.99
71	新疆金风科技股份有限公司	2296765	10305708	343575	3824455	594	8961	12.63
72	协鑫集团有限公司	2265355	18852637	754696	10137109	396	21007	7.12
73	北京首农食品集团有限公司	2219000	14536535	130500	14220307	387	54934	5.63
74	新华联集团有限公司	2142230	15095377	2974299	10559512	897	70598	14.54
75	青岛城市建设投资（集团）有限责任公司	2131895	27839800	77468	1921500	298	1518	10.44
76	青建集团	2033875	4750738	1114094	6515076	1430	15055	23.14
77	山东魏桥创业集团有限公司	1974283	24269723	2475054	27928123	8183	111121	8.12
78	鞍钢集团有限公司	1970146	33282903	1818411	21739994	464	119125	4.89
79	北京建工集团有限责任公司	1953942	17020403	397652	9566794	266	38907	5.44
80	浙江省能源集团有限公司	1920167	24150783	1912874	11180545	320	23214	8.81
81	中国电信集团有限公司	1905724	90096360	1325084	46539040	5347	401965	2.10
82	新希望集团有限公司	1854036	27349094	1508252	16188706	5570	88845	7.46
83	广东省广晟资产经营有限公司	1835922	12812694	1830918	6034546	3632	52074	17.21
84	铜陵有色金属集团控股有限公司	1756605	8741133	915241	19218894	2476	23124	11.86
85	江苏长电科技股份有限公司	1733171	3358189	1849392	2352628	9258	23017	56.81

续表

排名	公司名称	海外资产/万元	企业资产/万元	海外收入/万元	营业收入/万元	海外员工/人	企业员工/人	跨国指数/%
86	复星国际有限公司	1664747	71568119	12555067	14298213	5839	71000	32.79
87	万华化学集团股份有限公司	1626519	9686532	3011716	6805066	2924	15392	26.68
88	白银有色集团股份有限公司	1570559	4855039	375561	6170028	2538	14479	18.66
89	中国信息通信科技集团有限公司	1516218	9326311	403770	5419931	703	38754	8.51
90	中国大唐集团有限公司	1490395	75853345	353852	18973335	333	95748	1.39
91	东方国际（集团）有限公司	1484144	6646721	1673314	10320481	59744	81295	37.34
92	海亮集团有限公司	1470182	5715734	3262211	18797284	2539	20196	18.55
93	北京控股集团有限公司	1434274	36062500	618728	10071001	1853	81029	4.14
94	云南省建设投资控股集团有限公司	1393219	40560393	302059	13280413	1351	43874	2.93
95	雅戈尔集团股份有限公司	1391737	10138694	1443048	11161447	26815	55834	24.9
96	安徽海螺集团有限责任公司	1333766	22018127	440969	23430999	4118	55952	5.10
97	中国黄金集团有限公司	1307516	11470974	81740	10965138	1268	42677	5.04
98	上海建工集团股份有限公司	1283548	25728090	484817	20549671	473	48335	2.78
99	中国通用技术（集团）控股有限责任公司	1258375	19720204	572349	18348000	231	43197	3.34
100	徐州工程机械集团有限公司	1202161	13831549	1656225	8781398	3771	26422	13.94
	合计数	1045255640	6222747552	733069285	3447141274	1310300	12803111	16.1

注：中国远洋海运集团有限公司、腾讯控股有限公司、中国中化集团有限公司、中国化工集团有限公司、华为投资控股有限公司的海外资产、海外营业收入和海外员工数来自 2020 世界跨国公司 100 大；复星国际有限公司、美的集团有限公司、中粮集团公司、北京控股集团有限公司的海外资产、海外营业收入和海外员工数以及联想控股股份有限公司的海外资产来自 2019 发展中国家跨国公司 100 大，其余企业数据都由企业申报。

表 4-3 2011—2020 中国跨国公司 100 大有关数据

年份	2011	2012	2013	2014	2015	2016	2017	2018	2019	2020
海外资产/亿元	32503	38187	44869	52473	56334	70862	80783	87331	95134	104526
海外营业收入/亿元	31015	43517	47796	50074	51771	47316	49012	59652	63475	73307
海外员工数/人	421000	485480	624209	72392	754731	1011817	1166176	1297121	1391971	1310300
入围门槛/亿元	7.52	8.82	14.91	21.00	26.67	41.48	61.47	72.22	98.58	120.22

表 4-4 2011—2020 中国跨国公司 100 大平均跨国指数及相关指标

年份	2011	2012	2013	2014	2015	2016	2017	2018	2019	2020
跨国指数/%	12.24	12.93	13.98	13.60	13.66	14.40	14.85	15.80	15.96	16.10
海外资产占比/%	14.73	13.73	14.61	14.65	14.32	15.55	16.01	18.79	16.96	16.80

续表

年份	2011	2012	2013	2014	2015	2016	2017	2018	2019	2020
海外营业收入占比/%	17.34	21.51	22.25	20.86	20.83	20.00	19.54	20.86	20.17	21.27
海外员工占比/%	4.67	3.55	5.07	5.29	5.84	7.64	8.99	9.76	10.74	10.23

2020中国跨国公司100大海外营业收入排前10位的企业分别是中国石油天然气集团有限公司、中国石油化工集团有限公司、中国海洋石油集团有限公司、华为投资控股有限公司、联想控股股份有限公司、腾讯控股有限公司、中国兵器工业集团有限公司、浙江吉利控股集团有限公司、中国交通建设集团公司、复星国际有限公司。前10位的企业中民营企业已占到了一半，如表4-5所示。

表4-5 2020中国跨国公司100大海外营业收入排序

排名	公司名称	海外资产/万元	海外收入/万元	海外员工/人	跨国指数/%
1	中国石油天然气集团有限公司	92969179	125010049	133734	26.54
2	中国石油化工集团有限公司	57703188	95239223	38765	22.20
3	中国海洋石油集团有限公司	52177456	45804164	4819	35.58
4	华为投资控股有限公司	37142684	33301800	32829	32.87
5	联想控股股份有限公司	27640402	28807811	27267	49.87
6	腾讯控股有限公司	54131126	24534598	4679	43.07
7	中国兵器工业集团有限公司	13003332	23370715	13766	28.76
8	浙江吉利控股集团有限公司	17124313	15732713	44726	41.62
9	中国交通建设集团有限公司	26732455	14883914	36710	19.27
10	复星国际有限公司	1664747	12555067	5839	32.79
11	美的集团股份有限公司	12417636	12009900	33000	36.19
12	河钢集团有限公司	6729127	11880766	13171	19.84
13	中国宝武钢铁集团有限公司	5225725	11261137	2974	9.38
14	中国电力建设集团有限公司	15006142	11052072	134682	37.96
15	万洲国际有限公司	9184865	10570246	55000	64.77
16	中国建筑股份有限公司	19620621	10403073	26914	8.33
17	中国五矿集团有限公司	19075920	9949519	11568	14.21
18	海尔集团公司	11679175	9922222	33011	32.48
19	国家电网有限公司	31671314	9791915	15367	4.30
20	中粮集团有限公司	8012863	9766680	2822	11.85
21	中国中信集团有限公司	58694083	9719332	34573	12.64
22	兖矿集团有限公司	7117378	9599674	3239	19.72
23	中国电子信息产业集团有限公司	4669552	8628796	10007	19.77
24	中国中化集团有限公司	39956186	7689865	22623	41.44
25	潍柴控股集团有限公司	12805360	7623794	38506	40.67

续表

排名	公司名称	海外资产/万元	海外收入/万元	海外员工/人	跨国指数/%
26	北京电子控股有限责任公司	2649159	7536633	518	21.93
27	青山控股集团有限公司	3922116	6712860	52457	50.36
28	中国化工集团有限公司	37734266	6001625	30172	26.22
29	TCL集团股份有限公司	5710455	5984421	4163	25.85
30	洛阳栾川钼业集团股份有限公司	9613927	5951551	5890	73.80
31	中国远洋海运集团有限公司	56639768	5644443	5790	29.26
32	光明食品（集团）有限公司	7382352	5489320	22442	26.78
33	海信集团有限公司	4780211	4610118	15100	30.59
34	中国铁路工程集团有限公司	6496407	4507741	9164	4.84
35	金川集团股份有限公司	3924058	4356909	2985	20.95
36	中国能源建设集团有限公司	7794489	4055102	7897	13.68
37	中国国际海运集装箱（集团）股份有限公司	4055493	4049787	5038	26.65
38	中国有色矿业集团有限公司	6318388	3997394	13792	36.56
39	上海汽车集团股份有限公司	4644604	3979723	25793	8.98
40	中国铁道建筑集团有限公司	6583480	3559497	38309	6.95
41	山东如意时尚投资控股有限公司	4241532	3558974	13894	48.41
42	海亮集团有限公司	1470182	3262211	2539	18.55
43	中兴通讯股份有限公司	4327826	3251955	8773	26.34
44	中国铝业集团有限公司	21895304	3213853	2125	14.60
45	紫金矿业集团股份有限公司	6119500	3095669	17348	53.02
46	万华化学集团股份有限公司	1626519	3011716	2924	26.68
47	新华联集团有限公司	2142230	2974299	897	14.54
48	中国建材集团有限公司	3110513	2874641	5533	5.05
49	中国化学工程集团有限公司	2324305	2780322	4549	17.64
50	中国机械工业集团有限公司	3977008	2536308	13002	9.25
51	首钢集团有限公司	3864354	2531808	4706	8.36
52	万向集团公司	3387554	2490979	17488	37.52
53	浙江恒逸集团有限公司	4362837	2486405	438	18.55
54	山东魏桥创业集团有限公司	1974283	2475054	8183	8.12
55	中国广核集团有限公司	13910633	2294281	3612	16.09
56	国家开发投资集团有限公司	3449922	2247079	5383	10.55
57	江苏沙钢集团有限公司	6538903	2144712	858	10.99
58	中国华能集团有限公司	8281440	2094569	579	4.88
59	中国移动通信集团有限公司	5827987	2030623	7913	2.53

续表

排名	公司名称	海外资产/万元	海外收入/万元	海外员工/人	跨国指数/%
60	苏宁控股集团	6853196	1936750	1497	7.30
61	浙江省能源集团有限公司	1920167	1912874	320	8.81
62	江苏长电科技股份有限公司	1733171	1849392	9258	56.81
63	广东省广晟资产经营有限公司	1835922	1830918	3632	17.21
64	鞍钢集团有限公司	1970146	1818411	464	4.89
65	东方国际（集团）有限公司	1484144	1673314	59744	37.34
66	徐州工程机械集团有限公司	1202161	1656225	3771	13.94
67	三一集团有限公司	4681258	1589374	3628	21.02
68	新希望集团有限公司	1854036	1508252	5570	7.46
69	雅戈尔集团股份有限公司	1391737	1443048	26815	24.90
70	珠海华发集团有限公司	2590945	1414109	8874	18.73
71	中国华电集团有限公司	4942211	1333375	2057	4.55
72	中国电信集团有限公司	1905724	1325084	5347	2.10
73	云南省能源投资集团有限公司	3123885	1205132	732	11.24
74	中国中车集团有限公司	2864987	1203018	5917	4.95
75	青建集团	2033875	1114094	1430	23.14
76	上海电气（集团）总公司	3566408	1011655	3233	8.19
77	铜陵有色金属集团控股有限公司	1756605	915241	2476	11.86
78	国家电力投资集团有限公司	8380736	892408	1710	3.89
79	协鑫集团有限公司	2265355	754696	396	7.12
80	云南省投资控股集团有限公司	4845575	625343	352	6.27
81	北京控股集团有限公司	1434274	618728	1853	4.14
82	中国通用技术（集团）控股有限责任公司	1258375	572349	231	3.34
83	中国联合网络通信集团有限公司	2300213	532408	855	1.99
84	上海建工集团股份有限公司	1283548	484817	473	2.78
85	中国南方电网有限责任公司	4234052	474521	1184	1.93
86	中国东方航空集团有限公司	3255062	452730	1307	4.81
87	安徽海螺集团有限责任公司	1333766	440969	4118	5.10
88	中国信息通信科技集团有限公司	1516218	403770	703	8.51
89	北京建工集团有限责任公司	1953942	397652	266	5.44
90	白银有色集团股份有限公司	1570559	375561	2538	18.66
91	广州越秀集团股份有限公司	19924411	366681	1748	14.99
92	中国大唐集团有限公司	1490395	353852	333	1.39
93	新疆金风科技股份有限公司	2296765	343575	594	12.63

续表

排名	公司名称	海外资产/万元	海外收入/万元	海外员工/人	跨国指数/%
94	绿地控股集团股份有限公司	7460080	335556	492	2.74
95	云南省建设投资控股集团有限公司	1393219	302059	1351	2.93
96	北京首都创业集团有限公司	6988806	270596	1873	10.21
97	华夏幸福基业股份有限公司	3464466	139413	360	3.46
98	北京首农食品集团有限公司	2219000	130500	387	5.63
99	中国黄金集团有限公司	1307516	81740	1268	5.04
100	青岛城市建设投资（集团）有限责任公司	2131895	77468	298	10.44

2020中国跨国公司100大海外员工数排前10位的企业分别是中国电力建设集团有限公司、中国石油天然气集团有限公司、东方国际（集团）有限公司、万洲国际有限公司、青山控股集团有限公司、浙江吉利控股集团有限公司、中国石油化工集团有限公司、潍柴控股集团有限公司、中国铁道建筑集团有限公司、中国交通建设集团有限公司，如表4-6所示。

表4-6　2020中国跨国公司100大海外员工数排序

排名	公司名称	海外资产/万元	海外收入/万元	海外员工/人	跨国指数/%
1	中国电力建设集团有限公司	15006142	11052072	134682	37.96
2	中国石油天然气集团有限公司	92969179	125010049	133734	26.54
3	东方国际（集团）有限公司	1484144	1673314	59744	37.34
4	万洲国际有限公司	9184865	10570246	55000	64.77
5	青山控股集团有限公司	3922116	6712860	52457	50.36
6	浙江吉利控股集团有限公司	17124313	15732713	44726	41.62
7	中国石油化工集团有限公司	57703188	95239223	38765	22.20
8	潍柴控股集团有限公司	12805360	7623794	38506	40.67
9	中国铁道建筑集团有限公司	6583480	3559497	38309	6.95
10	中国交通建设集团有限公司	26732455	14883914	36710	19.27
11	中国中信集团有限公司	58694083	9719332	34573	12.64
12	海尔集团公司	11679175	9922222	33011	32.48
13	美的集团股份有限公司	12417636	12009900	33000	36.19
14	华为投资控股有限公司	37142684	33301800	32829	32.87
15	中国化工集团有限公司	37734266	6001625	30172	26.22
16	联想控股股份有限公司	27640402	28807811	27267	49.87
17	中国建筑股份有限公司	19620621	10403073	26914	8.33
18	雅戈尔集团股份有限公司	1391737	1443048	26815	24.90
19	上海汽车集团股份有限公司	4644604	3979723	25793	8.98

续表

排名	公司名称	海外资产/万元	海外收入/万元	海外员工/人	跨国指数/%
20	中国中化集团有限公司	39956186	7689865	22623	41.44
21	光明食品（集团）有限公司	7382352	5489320	22442	26.78
22	万向集团公司	3387554	2490979	17488	37.52
23	紫金矿业集团股份有限公司	6119500	3095669	17348	53.02
24	国家电网有限公司	31671314	9791915	15367	4.30
25	海信集团有限公司	4780211	4610118	15100	30.59
26	山东如意时尚投资控股有限公司	4241532	3558974	13894	48.41
27	中国有色矿业集团有限公司	6318388	3997394	13792	36.56
28	中国兵器工业集团有限公司	13003332	23370715	13766	28.76
29	河钢集团有限公司	6729127	11880766	13171	19.84
30	中国机械工业集团有限公司	3977008	2536308	13002	9.25
31	中国五矿集团有限公司	19075920	9949519	11568	14.21
32	中国电子信息产业集团有限公司	4669552	8628796	10007	19.77
33	江苏长电科技股份有限公司	1733171	1849392	9258	56.81
34	中国铁路工程集团有限公司	6496407	4507741	9164	4.84
35	珠海华发集团有限公司	2590945	1414109	8874	18.73
36	中兴通讯股份有限公司	4327826	3251955	8773	26.34
37	山东魏桥创业集团有限公司	1974283	2475054	8183	8.12
38	中国移动通信集团有限公司	5827987	2030623	7913	2.53
39	中国能源建设集团有限公司	7794489	4055102	7897	13.68
40	中国中车集团有限公司	2864987	1203018	5917	4.95
41	洛阳栾川钼业集团股份有限公司	9613927	5951551	5890	73.87
42	复星国际有限公司	1664747	12555067	5839	32.79
43	中国远洋海运集团有限公司	56639768	5644443	5790	29.26
44	新希望集团有限公司	1854036	1508252	5570	7.46
45	中国建材集团有限公司	3110513	2874641	5533	5.05
46	国家开发投资集团有限公司	3449922	2247079	5383	10.55
47	中国电信集团有限公司	1905724	1325084	5347	2.10
48	中国国际海运集装箱（集团）股份有限公司	4055493	4049787	5038	26.65
49	中国海洋石油集团有限公司	52177456	45804164	4819	35.58
50	首钢集团有限公司	3864354	2531808	4706	8.36
51	腾讯控股有限公司	54131126	24534598	4679	43.07
52	中国化学工程集团有限公司	2324305	2780322	4549	17.64
53	TCL集团股份有限公司	5710455	5984421	4163	25.85

续表

排名	公司名称	海外资产/万元	海外收入/万元	海外员工/人	跨国指数/%
54	安徽海螺集团有限责任公司	1333766	440969	4118	5.10
55	徐州工程机械集团有限公司	1202161	1656225	3771	13.94
56	广东省广晟资产经营有限公司	1835922	1830918	3632	17.21
57	三一集团有限公司	4681258	1589374	3628	21.02
58	中国广核集团有限公司	13910633	2294281	3612	16.09
59	兖矿集团有限公司	7117378	9599674	3239	19.72
60	上海电气（集团）总公司	3566408	1011655	3233	8.19
61	金川集团股份有限公司	3924058	4356909	2985	20.95
62	中国宝武钢铁集团有限公司	5225725	11261137	2974	9.38
63	万华化学集团股份有限公司	1626519	3011716	2924	26.68
64	中粮集团有限公司	8012863	9766680	2822	11.85
65	海亮集团有限公司	1470182	3262211	2539	18.55
66	白银有色集团股份有限公司	1570559	375561	2538	18.66
67	铜陵有色金属集团控股有限公司	1756605	915241	2476	11.86
68	中国铝业集团有限公司	21895304	3213853	2125	14.60
69	中国华电集团有限公司	4942211	1333375	2057	4.55
70	北京首都创业集团有限公司	6988806	270596	1873	10.21
71	北京控股集团有限公司	1434274	618728	1853	4.14
72	广州越秀集团股份有限公司	19924411	366681	1748	14.99
73	国家电力投资集团有限公司	8380736	892408	1710	3.89
74	苏宁控股集团	6853196	1936750	1497	7.30
75	青建集团	2033875	1114094	1430	23.14
76	云南省建设投资控股集团有限公司	1393219	302059	1351	2.93
77	中国东方航空集团有限公司	3255062	452730	1307	4.81
78	中国黄金集团有限公司	1307516	81740	1268	5.04
79	中国南方电网有限责任公司	4234052	474521	1184	1.93
80	新华联集团有限公司	2142230	2974299	897	14.54
81	江苏沙钢集团有限公司	6538903	2144712	858	10.99
82	中国联合网络通信集团有限公司	2300213	532408	855	1.99
83	云南省能源投资集团有限公司	3123885	1205132	732	11.24
84	中国信息通信科技集团有限公司	1516218	403770	703	8.51
85	新疆金风科技股份有限公司	2296765	343575	594	12.63
86	中国华能集团有限公司	8281440	2094569	579	4.88
87	北京电子控股有限责任公司	2649159	7536633	518	21.93

续表

排名	公司名称	海外资产/万元	海外收入/万元	海外员工/人	跨国指数/%
88	绿地控股集团股份有限公司	7460080	335556	492	2.74
89	上海建工集团股份有限公司	1283548	484817	473	2.78
90	鞍钢集团有限公司	1970146	1818411	464	4.89
91	浙江恒逸集团有限公司	4362837	2486405	438	18.55
92	协鑫集团有限公司	2265355	754696	396	7.12
93	北京首农食品集团有限公司	2219000	130500	387	5.63
94	华夏幸福基业股份有限公司	3464466	139413	360	3.46
95	云南省投资控股集团有限公司	4845575	625343	352	6.27
96	中国大唐集团有限公司	1490395	353852	333	1.39
97	浙江省能源集团有限公司	1920167	1912874	320	8.81
98	青岛城市建设投资（集团）有限责任公司	2131895	77468	298	10.44
99	北京建工集团有限责任公司	1953942	397652	266	5.44
100	中国通用技术（集团）控股有限责任公司	1258375	572349	231	3.34

2. 46家公司跨国指数高于平均跨国指数

2020中国跨国公司100大按照跨国指数排序，前10名的企业分别是洛阳栾川钼业集团股份有限公司、万洲国际有限公司、江苏长电科技股份有限公司、紫金矿业集团股份有限公司、青山控股集团有限公司、联想控股股份有限公司、山东如意时尚投资控股有限公司、腾讯控股有限公司、浙江吉利控股集团有限公司、中国中化集团有限公司。其中，洛阳栾川钼业集团股份有限公司居首位，达到73.87%。2020中国跨国公司100大的平均跨国指数为16.10%，比2019年提高0.15个百分点，如表4-7所示。

表4-7 2020中国跨国公司100大跨国指数排序

排名	公司名称	海外资产/万元	海外收入/万元	海外员工/人	跨国指数/%
1	洛阳栾川钼业集团股份有限公司	9613927	5951551	5890	73.87
2	万洲国际有限公司	9184865	10570246	55000	64.77
3	江苏长电科技股份有限公司	1733171	1849392	9258	56.81
4	紫金矿业集团股份有限公司	6119500	3095669	17348	53.02
5	青山控股集团有限公司	3922116	6712860	52457	50.36
6	联想控股股份有限公司	27640402	28807811	27267	49.87
7	山东如意时尚投资控股有限公司	4241532	3558974	13894	48.41
8	腾讯控股有限公司	54131126	24534598	4679	43.07
9	浙江吉利控股集团有限公司	17124313	15732713	44726	41.62

续表

排名	公司名称	海外资产/万元	海外收入/万元	海外员工/人	跨国指数/%
10	中国中化集团有限公司	39956186	7689865	22623	41.44
11	潍柴控股集团有限公司	12805360	7623794	38506	40.67
12	中国电力建设集团有限公司	15006142	11052072	134682	37.96
13	万向集团公司	3387554	2490979	17488	37.52
14	东方国际（集团）有限公司	1484144	1673314	59744	37.34
15	中国有色矿业集团有限公司	6318388	3997394	13792	36.56
16	美的集团股份有限公司	12417636	12009900	33000	36.19
17	中国海洋石油集团有限公司	52177456	45804164	4819	35.58
18	华为投资控股有限公司	37142684	33301800	32829	32.87
19	复星国际有限公司	1664747	12555067	5839	32.79
20	海尔集团公司	11679175	9922222	33011	32.48
21	海信集团有限公司	4780211	4610118	15100	30.59
22	中国远洋海运集团有限公司	56639768	5644443	5790	29.26
23	中国兵器工业集团有限公司	13003332	23370715	13766	28.76
24	光明食品（集团）有限公司	7382352	5489320	22442	26.78
25	万华化学集团股份有限公司	1626519	3011716	2924	26.68
26	中国国际海运集装箱（集团）股份有限公司	4055493	4049787	5038	26.65
27	中国石油天然气集团有限公司	92969179	125010049	133734	26.54
28	中兴通讯股份有限公司	4327826	3251955	8773	26.34
29	中国化工集团有限公司	37734266	6001625	30172	26.22
30	TCL集团股份有限公司	5710455	5984421	4163	25.85
31	雅戈尔集团股份有限公司	1391737	1443048	26815	24.90
32	青建集团	2033875	1114094	1430	23.14
33	中国石油化工集团有限公司	57703188	95239223	38765	22.20
34	北京电子控股有限责任公司	2649159	7536633	518	21.93
35	三一集团有限公司	4681258	1589374	3628	21.02
36	金川集团股份有限公司	3924058	4356909	2985	20.95
37	河钢集团有限公司	6729127	11880766	13171	19.84
38	中国电子信息产业集团有限公司	4669552	8628796	10007	19.77
39	兖矿集团有限公司	7117378	9599674	3239	19.72
40	中国交通建设集团有限公司	26732455	14883914	36710	19.27
41	珠海华发集团有限公司	2590945	1414109	8874	18.73
42	白银有色集团股份有限公司	1570559	375561	2538	18.66
43	浙江恒逸集团有限公司	4362837	2486405	438	18.55

续表

排名	公司名称	海外资产/万元	海外收入/万元	海外员工/人	跨国指数/%
44	海亮集团有限公司	1470182	3262211	2539	18.55
45	中国化学工程集团有限公司	2324305	2780322	4549	17.64
46	广东省广晟资产经营有限公司	1835922	1830918	3632	17.21
47	中国广核集团有限公司	13910633	2294281	3612	16.09
48	广州越秀集团股份有限公司	19924411	366681	1748	14.99
49	中国铝业集团有限公司	21895304	3213853	2125	14.60
50	新华联集团有限公司	2142230	2974299	897	14.54
51	中国五矿集团有限公司	19075920	9949519	11568	14.21
52	徐州工程机械集团有限公司	1202161	1656225	3771	13.94
53	中国能源建设集团有限公司	7794489	4055102	7897	13.68
54	中国中信集团有限公司	58694083	9719332	34573	12.64
55	新疆金风科技股份有限公司	2296765	343575	594	12.63
56	铜陵有色金属集团控股有限公司	1756605	915241	2476	11.86
57	中粮集团有限公司	8012863	9766680	2822	11.85
58	云南省能源投资集团有限公司	3123885	1205132	732	11.24
59	江苏沙钢集团有限公司	6538903	2144712	858	10.99
60	国家开发投资集团有限公司	3449922	2247079	5383	10.55
61	青岛城市建设投资（集团）有限责任公司	2131895	77468	298	10.44
62	北京首都创业集团有限公司	6988806	270596	1873	10.21
63	中国宝武钢铁集团有限公司	5225725	11261137	2974	9.38
64	中国机械工业集团有限公司	3977008	2536308	13002	9.25
65	上海汽车集团股份有限公司	4644604	3979723	25793	8.98
66	浙江省能源集团有限公司	1920167	1912874	320	8.81
67	中国信息通信科技集团有限公司	1516218	403770	703	8.51
68	首钢集团有限公司	3864354	2531808	4706	8.36
69	中国建筑股份有限公司	19620621	10403073	26914	8.33
70	上海电气（集团）总公司	3566408	1011655	3233	8.19
71	山东魏桥创业集团有限公司	1974283	2475054	8183	8.12
72	新希望集团有限公司	1854036	1508252	5570	7.46
73	苏宁控股集团	6853196	1936750	1497	7.30
74	协鑫集团有限公司	2265355	754696	396	7.12
75	中国铁道建筑集团有限公司	6583480	3559497	38309	6.95
76	云南省投资控股集团有限公司	4845575	625343	352	6.27
77	北京首农食品集团有限公司	2219000	130500	387	5.63

续表

排名	公司名称	海外资产/万元	海外收入/万元	海外员工/人	跨国指数/%
78	北京建工集团有限责任公司	1953942	397652	266	5.44
79	安徽海螺集团有限责任公司	1333766	440969	4118	5.10
80	中国建材集团有限公司	3110513	2874641	5533	5.05
81	中国黄金集团有限公司	1307516	81740	1268	5.04
82	中国中车集团有限公司	2864987	1203018	5917	4.95
83	鞍钢集团有限公司	1970146	1818411	464	4.89
84	中国华能集团有限公司	8281440	2094569	579	4.88
85	中国铁路工程集团有限公司	6496407	4507741	9164	4.84
86	中国东方航空集团有限公司	3255062	452730	1307	4.81
87	中国华电集团有限公司	4942211	1333375	2057	4.55
88	国家电网有限公司	31671314	9791915	15367	4.30
89	北京控股集团有限公司	1434274	618728	1853	4.14
90	国家电力投资集团有限公司	8380736	892408	1710	3.89
91	华夏幸福基业股份有限公司	3464466	139413	360	3.46
92	中国通用技术（集团）控股有限责任公司	1258375	572349	231	3.34
93	云南省建设投资控股集团有限公司	1393219	302059	1351	2.93
94	上海建工集团股份有限公司	1283548	484817	473	2.78
95	绿地控股集团股份有限公司	7460080	335556	492	2.74
96	中国移动通信集团有限公司	5827987	2030623	7913	2.53
97	中国电信集团有限公司	1905724	1325084	5347	2.10
98	中国联合网络通信集团有限公司	2300213	532408	855	1.99
99	中国南方电网有限责任公司	4234052	474521	1184	1.93
100	中国大唐集团有限公司	1490395	353852	333	1.39

3. 经济发达地区企业占大多数，国有企业仍然占据明显的主导地位

从公司总部所在地看，2020中国跨国公司100大覆盖17个省、直辖市、自治区，主要在经济发达地区，其中北京占42%，广东占11%，上海、山东各占9%，浙江占7%，江苏占5%，云南占3%，安徽、河南、河北、甘肃各占2%，辽宁、福建、湖南、湖北、四川、新疆各占1%。

从公司所有制性质看，2020中国跨国公司100大中，民营公司27家，国有及国有控股公司73家，国有及国有控股公司比2019年增加9家，说明当前大企业国际化的主力军仍然是国有及国有控股公司。

从公司所在行业看，2020中国跨国公司100大中，金属制品业16家，建筑业10家，工业和商业机械装备业、计算机通信设备及其他电子设备制造、消费品生产业各7家，公用事业服务业6家，商务服务业5家，食品饮料生产、化学品制造、交通运输设备及零部件制造业、电力生产、电信及互联网信息服务、房地产、批发贸易业各4家，采矿业、综合制造各3家，建材生产、交通运输业、综合服务各2家，军工、零售业各1家。

三、2020世界跨国公司100大及跨国指数

联合国贸发会议出版的《2020年世界投资报告》中公布了2020世界跨国公司100大及跨国指数，皇家壳牌石油公司、丰田汽车公司、英国石油公司、软银公司、道达尔公司、大众汽车、百威英博、英美烟草公司、戴姆勒股份公司、法国电力公司荣列2020世界跨国公司100大前10名，如表4-8所示。

表4-8 2020世界跨国公司100大及跨国指数

排名	公司名称	海外资产/百万美元	企业资产/百万美元	海外收入/百万美元	营业收入/百万美元	海外员工/人	企业员工/人	跨国指数/%
1	皇家壳牌石油公司	376 417	402 681	276 518	331 684	59 000	83 000	82.6
2	丰田汽车公司	307 538	485 422	68 913	275 390	227 787	359 542	50.6
3	英国石油公司	259 860	295 194	215 203	278 397	58 900	72 500	82.2
4	软银公司	253 163	343 306	29 286	56 910	55 272	74 953	66.3
5	道达尔公司	249 678	273 865	137 438	175 985	71 456	107 776	78.5
6	大众汽车	243 469	548 271	227 940	282 776	374 000	671 000	60.3
7	百威英博	192 138	237 142	44 352	52 251	148 111	171 915	84.0
8	英美烟草公司	184 959	186 194	25 232	32 998	31 196	53 185	78.2
9	戴姆勒股份公司	179 506	339 742	163 875	193 357	124 842	298 655	59.8
10	法国电力公司	174 072	340 692	30 625	79 827	34 381	165 790	36.7
11	雪佛龙公司	172 830	237 428	75 591	140 156	22 800	48 200	58.0
12	日产汽车公司	122 276	171 097	87 180	104 352	79 480	138 911	70.7
13	埃克森美孚	169 719	362 597	123 801	255 583	35 058	74 900	47.4
14	沃达丰	164 460	184 253	42 482	49 971	98 318	111 556	87.5
15	本田汽车公司	146 324	188 541	119 718	137 382	153 215	219 722	78.2
16	长江和记黄埔公司	143 367	155 523	32 556	38 163	279 001	300 001	90.2
17	Enel SpA	135 691	192 570	28 311	86 597	38 503	68 253	53.2
18	西门子	134 634	163 598	77 280	97 957	269 000	385 000	77.0
19	中国石油天然气集团公司	133 636	595 935	171 756	410 023	122 704	1 266 400	24.7
20	德国电信公司	132 443	191 723	62 605	90 140	116 422	210 533	64.6
21	宝马公司	126 609	256 160	101 614	116 644	43 360	133 778	56.3
22	微软公司	117 460	286 556	61 644	125 843	59 000	144 000	43.6
23	强生公司	116 200	157 728	39 152	82 059	97 393	132 200	65.0
24	苹果计算机公司	114 719	338 516	157 908	260 174	47 928	137 000	43.2
25	通用电气公司	112 676	266 048	55 850	95 215	135 000	205 000	55.6
26	埃尼公司	109 441	138 665	52 126	78 219	10 243	31 321	59.4
27	雀巢公司	105 661	132 416	91 983	93 155	282 322	291 000	91.9
28	嘉能可	105 588	123 568	134 032	206 882	154 828	159 345	82.5
29	西班牙电信	105 378	133 540	39 909	54 200	90 950	113 819	77.5

续表

排名	公司名称	海外资产/百万美元	企业资产/百万美元	海外收入/百万美元	营业收入/百万美元	海外员工/人	企业员工/人	跨国指数/%
30	伊贝德罗拉	102 889	137 462	22 597	40 786	25 787	35 374	67.7
31	拜耳公司	100 947	141 831	33 984	48 741	56 891	103 824	65.2
32	武田制药有限公司	99 473	118 140	22 038	30 283	42 331	50 274	80.4
33	鸿海精密工业	96 897	110 865	169 254	172 842	863 183	987 613	90.9
34	腾讯公司	95 453	137 037	2 420	54 589	40 723	62 885	46.3
35	葛兰素史克公司	93 156	105 232	41 841	43 043	57 494	99 437	81.2
36	中国石油化工集团公司	90 492	328 607	132 500	443 308	39 658	423 543	22.3
37	恩吉美敦力公司	89 247	179 502	40 111	67 224	26 201	160 301	41.9
38	菲亚特克莱斯勒公司	88 262	110 137	104 313	121 096	127 136	191 752	77.5
39	三井物产公司	88 123	108 789	33 929	63 350	2 657	43 993	46.9
40	三星电子	87 435	305 544	168 245	197 552	215 542	308 746	61.2
41	力拓公司	87 231	87 443	41 275	41 514	45 817	46 007	99.6
42	美敦力公司	86 701	89 694	30 466	30 557	87 065	90 071	97.7
43	日本电报电话	85 984	212 063	20 710	109 488	123 000	303 355	33.3
44	安赛乐米塔尔	85 125	88 092	70 509	70 509	119 735	208 503	84.7
45	IBM	82 388	152 186	40 873	77 147	190 885	352 600	53.8
46	林德公司	82 205	86 612	26 575	28 228	69 624	79 886	92.1
47	中国远洋运输股份有限公司	81 190	315 020	22 786	114 465	8 091	173 300	16.8
48	罗氏集团	78 846	85 998	61 262	61 856	55 623	97 735	82.5
49	橙色公司	76 795	119 415	26 958	47 278	59 682	147 000	54.0
50	辉瑞公司	76 273	167 489	27 898	51 750	40 211	88 300	48.3
51	三菱公司	76 196	166 318	53 867	135 990	15 985	77 478	35.4
52	福特汽车公司	75 811	258 537	57 171	155 900	90 000	190 000	37.8
53	沃尔玛公司	74 653	236 495	121 432	523 964	700 000	2 200 000	28.9
54	空客公司	69 722	128 521	53 601	78 887	73 200	134 931	58.8
55	中国海洋石油公司	69 517	176 882	65 071	108 065	4 671	94 000	34.8
56	克里斯汀·迪奥	68 261	105 403	54 785	60 074	129 608	163 309	78.4
57	诺华公司	68 049	118 370	47 755	48 624	51 127	103 914	68.3
58	华为技术公司	67 839	123 344	50 945	124 263	45 000	194 000	39.7
59	亚马逊	67 166	225 248	85 384	280 522	237 953	798 000	30.0
60	赛诺菲	65 149	126 641	38 828	42 121	54 699	100 409	66.0
61	联合利华	64 569	72 350	43 783	56 040	124 000	153 000	82.8
62	恩布里奇公司	63 989	125650	22 696	37 734	5 755	11 300	54.0
63	SAP	63 969	67 642	26 422	30 841	33 952	100 331	71.4
64	字母公司	63 589	275 909	87 014	161 857	27 403	118 899	33.3
65	宝洁公司	61 060	115 095	39 091	67 684	51 460	97 000	54.6
66	罗伯特博世有限公司	60 199	100 011	69 429	86 995	265 489	398 150	68.9
67	费森尤斯股份公司	60 188	75 271	22 645	39 634	128 272	294 134	60.2

续表

排名	公司名称	海外资产/百万美元	企业资产/百万美元	海外收入/百万美元	营业收入/百万美元	海外员工/人	企业员工/人	跨国指数/%
68	Equinor ASA	60 131	118 037	22 159	62 740	3 284	21 412	33.9
69	亚特兰蒂斯公司	59 548	91 685	7 452	14 120	16 965	30 633	57.7
70	巴斯夫公司	59 018	97 675	53 346	66 394	63 600	117 628	64.9
71	拉法热霍尔姆有限公司	58 616	60 376	26 611	27 570	51 572	72 452	88.3
72	雷诺公司	57 983	137 240	46 660	62 164	131 587	179 565	63.5
73	中国化工集团有限公司	57 275	71 200	75 201	89 308	11 023	65 271	60.5
74	中国中化公司	54 090	117 011	32 768	34 433	86 025	167 000	64.3
75	可口可乐公司	54 006	86 381	25 551	37 266	76 100	86 200	73.1
76	英美资源集团	53 703	55 922	26 580	28 727	61 000	63 000	95.1
77	雷神技术公司	53 551	139 716	29 737	77 046	93 215	243 200	38.4
78	Mondelez International, Inc.	53 093	64 549	19 243	25 868	68 000	80 000	80.5
79	RWE AG	51 725	72 110	9 274	14 691	3 474	18 244	51.3
80	索尼公司	50 915	212 295	53 270	76 000	77 000	128 400	51.3
81	英特尔公司	49 605	136 524	56 348	71 965	56 508	110 800	55.2
82	Unibail – Rodamco SE	49 099	73 021	2 445	3 784	2 542	3 625	67.3
83	太古父子有限公司	48 751	51 317	13 121	14 109	131 670	133 000	95.7
84	Altice Europe NV	48 255	53 000	16 288	16 561	41 343	45 409	93.5
85	标致雪铁龙	47 869	78 371	64 578	83 648	10 177	115 081	49.0
86	达能集团	47 099	50 957	25 853	28 304	76 799	102 398	86.3
87	施耐德电气	47 058	50 554	28 534	30 398	81 883	151 297	80.4
88	英国国家电网公司	46 985	82 412	12 973	19 592	16 414	23 024	64.8
89	Vinci SA	46 754	102 339	24 695	54 570	121 348	222 397	48.5
90	TC 能源公司	46 428	76 404	6 930	9 989	4 750	7 300	65.1
91	联想控股公司	46 331	89 647	41 968	56 702	24 360	87 000	51.2
92	圣戈班公司	46 204	56 148	9 889	47 653	137 888	180 941	59.7
93	阿斯利康公司	45 886	61 126	21 699	23 451	59 900	67 300	85.5
94	梯瓦制药工业有限公司	42 558	57 470	15 583	16 887	36 078	40 039	85.5
95	液化空气公司	45 416	49 052	21 474	24 536	41 664	67 200	80.7
96	马来西亚国家石油公司	45 031	153 978	43 580	62 177	34 000	48 001	56.7
97	通用汽车公司	45 008	228 037	26 623	137 237	68 000	164 000	26.9
98	雷普索尔 YPF SA	44 936	65 036	25 916	55 214	7 522	24 634	48.9
99	巴里克黄金公司	43 803	44 392	9 412	9 717	42 585	43 511	97.8
100	沃尔沃 AB	43 510	56 438	44 578	45 657	71 481	92 575	84.0
	合计数	95352	163542	57957	96656	94661	185151	55.8

来源：联合国贸发会议（UNCTAD）《2020 年世界投资报告》。

受近年来一些国家逆全球化思潮的涌现、贸易保护主义抬头、贸易摩擦频繁的影响，2020 世界跨国公司 100 大全球化经营出现停滞或倒退，主要指标除入围门槛指标、海外营业收入稍有提高外，其他指标出现较大幅度下降。一是入围门槛稍有提高。2020 世界跨国公司 100 大入围门槛为 435 亿美元，比2019年提升了23亿美元，比2018世界跨国公司100大的入围门槛提升了24亿美元。二是跨国指数较大幅度下降。2020世界跨国公司100大的跨国指数为55.80%，比2019年下降2.27个百分点，比2018世界跨国公司100大的跨国指数下降6.11个百分点。2020世界跨国公司100大的海外资产占比、海外收入占比、海外员工占比分别为58.30%、59.96%、51.13%，分别比2019年下降了1.67、-0.29和3.73个百分点，比2018世界跨国公司100大的海外资产占比、海外收入占比、海外员工占比下降了3.96、4.24和5.74个百分点。三是海外资产、海外营业收入增速下降，海外员工数负增长。2020世界跨国公司100大海外资产总额、海外营业收入总额、海外员工总数分别为95352亿美元、57957亿美元、9466137人，分别比2019年增长3.22%、3.89%和下降10.08%，如表4-9所示。

表4-9 2016—2020世界跨国公司100大有关指标

发布年份	入围门槛/亿美元	跨国指数/%	海外资产占比/%	海外收入占比/%	海外员工占比/%
2016	351	61.01	61.96	64.21	56.87
2017	372	61.31	62.49	64.06	57.38
2018	411	61.91	62.15	64.93	58.65
2019	412	58.07	59.67	59.68	54.86
2020	435	55.80	58.30	59.96	51.13

从跨国公司总部所在国家看，2020世界跨国公司100大主要分布在发达国家。美国有18家，法国15家，英国13家，德国11家，中国11家，日本9家，瑞士5家，加拿大、意大利、西班牙各3家，瑞典、比利时、挪威、荷兰、卢森堡、以色列、韩国、爱尔兰、马来西亚各1家。中国首次超过日本与德国并列第四位。

从跨国公司所在行业看，2020世界跨国公司100大主要分布在以下18大行业：汽车及零部件业13家，制药业10家，电力、煤气和水各9家，采矿、采石和采油业各9家，石油化工业8家，电信业7家，食品饮料业6家，计算机与数据处理业、化学品制造业各5家，批发零售贸易业4家，电子零部件、工业和商业机械、通信设备、电子设备、飞机制造、建材、建筑、运输仓储业各2家。

四、中国跨国公司的主要差距

尽管中国跨国公司发展已取得较大进步，在2020中国跨国公司100大中，有10家公司达到2020世界跨国公司的入围门槛，比2019年增加1家；有3家公司的跨国指数达到2020世界跨国公司的平均跨国指数，与2019年持平；有41家公司达到2019发展中经济体跨国公司的入围门槛，比2019年减少1家；有18家公司的跨国指数达到2017发展中经济体的平均跨国指数，比2019年增加1家。但世界一流跨国公司是在世界范围内跨国化程度高、拥有全球行业领导地位、全球资源配置高效的跨国公司。具体来说，世界一流跨国公司的一般标准包括：跨国化程度高（体现为跨国指数不低于30%），在品牌营销、技术创新、商业模式、管理水平、服务能力等方面在全球行业拥有领先地位，有能力高效配置和重组全球资源，具有较强的企业软实力或影响力。按照上述标准衡量，我国跨国公司还存在较大差距。

1. 国际化程度低于世界平均水平

2020 中国 100 大跨国公司的平均跨国指数为 16.10%，不仅低于 2020 世界 100 大跨国公司的平均跨国指数，也低于 2019 发展中国家 100 大跨国公司的平均跨国指数。2020 中国 100 大跨国公司中跨国指数在 30% 以上的有 21 家，达到 2020 世界 100 大跨国公司平均跨国指数的企业有 3 家，达到 2019 发展中经济体 100 大跨国公司平均跨国指数的企业有 18 家。

除此之外，中国跨国公司 100 大的海外资产、海外营业收入、海外员工的比例都亟须提高，海外经营业绩也亟待改善。2020 中国 100 大跨国公司的入围门槛为 120.22 亿元，而 2020 世界 100 大跨国公司的入围门槛为 3035.34 亿元，2019 发展中经济体 100 大跨国公司的入围门槛为 581.26 亿元。2020 中国跨国公司 100 大的平均海外资产比例为 16.80%，而 2020 世界 100 大跨国公司的平均海外资产比例为 58.30%，2019 发展中经济体 100 大跨国公司的平均海外资产比例为 32.22%。2020 中国跨国公司 100 大的平均海外营业收入比例为 21.27%，而 2020 世界 100 大跨国公司的平均海外营业收入比例为 59.96%，2019 发展中经济体 100 大跨国公司的平均海外营业收入比例为 34.98%。2020 中国跨国公司 100 大的平均海外员工比例为 10.23%，而 2020 世界 100 大跨国公司的平均海外员工比例为 51.13%，2019 发展中经济体 100 大跨国公司的平均海外员工比例为 36.18%，如表 4-10 所示。

表 4-10 中外跨国公司 100 大有关指标

	入围门槛/ 亿元人民币	海外资产比例/ %	海外营业收入比例/ %	海外员工比例/ %	跨国指数/ %
2020 中国	120.22	16.80	21.27	10.23	16.10
2019 发展中经济体	581.26	32.22	34.98	36.18	34.46
2020 世界	3035.34	58.30	59.96	51.13	55.08

注：汇率按照 1 美元 = 6.9762 元人民币换算。

2. 在技术、品牌方面仍存在差距

世界级跨国公司无一例外都拥有自己的企业核心竞争优势，这些核心竞争优势或者体现在产品和技术创新方面，或者体现在品牌方面，或者体现在经营管理方面。与世界级跨国公司相比，当前中国跨国公司虽然规模庞大但缺少拿得出手的"撒手锏"，即企业的核心竞争优势。具体来看，中国跨国公司与世界级跨国公司在竞争优势方面主要差在技术、品牌和管理上。一是缺技术。相当一部分中国跨国公司的技术创新能力还不够强，大多数中国跨国公司的成功与中国庞大的市场、迅速崛起的居民购买力是分不开的。而与欧美大公司相比，中国跨国公司在"核心技术"的掌握上仍存在差距。工信部前部长苗圩曾指出，我国大多数装备研发设计水平较低，试验检测手段不足，关键共性技术缺失，底层技术的"黑匣子"尚未突破，一些关键产品也很难通过逆向工程实现自主设计、研发和创新，很多关键材料、核心零部件仍然依赖进口。美国《化学与工程》杂志公布的全球科学仪器公司 Top20 名单，8 家是美国公司，7 家是欧洲公司，5 家是日本公司。中国企业在高端光学显微镜、透射式电镜生产方面几乎是空白，在移动通信和软件方面我国与发达国家仍存在差距。移动通信方面，在 FPGA（现场可编程门阵列）、DSP（数字信号处理）、AD/DA（模数—数模转换）、射频收发、功放、低噪放、驱动放大器这7个方面，全球排名前5的公司没有中国的；在滤波器、天线、基站设备这3个方面全球 Top5 有多家中国公司，其中华为在天线和基站设备上位居第一。在软件方面，操作系统、中间件、数据库、存储管理、虚拟化、安全软件、ERP、CRM、办公软件9个方面，全球 Top5 公司中没有一家中国的；桌面 OS、手机 OS、云 OS、物联网 OS、IP 核、EDA、CAD、CAE 8个方面，中国公司也较薄弱，只是在桌面 OS 上基于 Linux 进行二次开发，在手机 OS、物联网 OS 和 EAD 方面有所布局。在工业互联网方面中国和国外的差距是高端工业软件、高端可编程逻辑控制器，以及工业网络协议等。二是缺品牌。当前越来越多的我国大企业已经意识到品牌的重要性，然而拥有世界一流品牌的中国跨国公司仍然不多，在2020年 BrandZ 全球榜前20名中，除了阿里巴巴、腾讯、茅台及排名第17位的德国思爱普（SAP）和第19位的法国路易威登，其他15家都是美国品牌。三是缺管理。无论是生产管理、研发管理还是营销管理，中国跨国公司均存在不小差距。

3. 人才国际化程度低

当前我国大企业国际化程度低的问题十分严重。根据《应对中国隐现的人才短缺》报告，我国满足跨国公司所需技能要求的综合型管理人才严重不足。2020年，中国预计需要7.5万名具备国际经验的经理人，而目前中国仅具备5000名此类人才。2018世界100大跨国公司国际化员工的比例达到54.86%，而2020中国100大跨国公司国际化员工的比例为10.74%。

4. 风险管控能力有待进一步强化

与国际跨国公司相比，我国大多数参与国际竞争的企业风险管理能力较差，有些企业规章制度不健全，监督机制、合规责任追究机制缺失；有些企业内控制度与日常业务相互分离，内控事项监控失灵，重大风险事项的事先预警准备不足，亟须全面加强风险管理的各项制度建设。此外，在海外经营过程中，一些海外经营的企业合规经营意识不强，一些企业本土监管方式无法适用海外情况，在海外经营过程中简单把国内做法照搬到海外，出现了"水土不服"的情况。

五、加快提高大企业国际化经营水平的建议

当前全球大变局加速变化，国际经济、科技、文化、安全、政治等格局都在发生深刻调整。我国大企业需要深刻认识我国社会主要矛盾发展变化带来的新特征新要求，深刻认识错综复杂的国际环境带来的新矛盾新挑战，增强机遇意识和风险意识，准确识变、科学应变、主动求变，融入国内大循环为主体、国内国际双循环相互促进的新发展格局之中，把握国内外经济形势的复杂变化，及时调整发展战略，认真审视自身差距，扎实学习世界一流企业的先进经验，同时应增强紧迫感和危机意识，抓住新的机遇、迎接新的挑战，不断修炼并增强国际化能力，努力提升国际化经营水平。

1. 关注并学会把握和驾驭国内外经济形势的复杂变化

当前新冠肺炎疫情在全球扩散和蔓延，全球供应链产业链正变得越来越复杂和相互缠绕，尽管各国政府针对疫情已经采取了相应的举措，但疫情在全球蔓延已经成为世界经济面临的新形势及新挑战。近期，疫情对世界经济已经产生很大影响。同时，世界正经历百年未有之大变局。国际金融

市场波动起伏,地缘政治风险上升,不稳定不确定因素增多。特别是中美贸易摩擦将带来新的政策上的不确定性,投资环境更加复杂。风云诡谲的国际形势对我国企业的海外投资造成了极大的不确定性,也给我国企业的未来海外发展带来巨大挑战。我国企业一定要全面了解把握国际形势的复杂变化,努力把控好投资目的国的政治、法律、经济状况,并对这些发展变化有一个科学的判断,以避免大规模投资后由于经济贸易竞争形势恶化而遭受经济损失。

2. 加快构建自主全球价值链

我国大企业对外投资不能仅着眼于短期收益,而应有长远规划。大企业需要明确全球价值链的解构,促使研发设计、原料选配、加工组装、物流配送和品牌营销等环节广布于世界不同的国家或地区,各环节有序承接为完整链条,在此链条中每一环节都体现价值创造,反映其不同的增值能力。我国大企业不仅要借助对外直接投资来获取单一链节优势,如通过逆向对外直接投资来获取研发资源或技术优势,或是借助海外并购来提升品牌价值、扩展营销渠道,而且应结合国家特定优势、企业自身优势和各区位要素禀赋优势,对全球价值链进行系统治理,以赢得竞争优势,提升市场竞争力。

为突破全球价值链中的"低端锁定",我国大企业可以在价值链中进行横向和纵向的协同发展。可以通过沿着价值链条升级,即从价值链条的低端制造区段向高端研发区段、营销区段和营运区段横向升级,也可以在价值链之间进行选择升级,即从各区段价值网络的最低端,沿着模块供应商、系统集成商、规则设计商纵向升级。价值链条、价值网络上的节点企业,既可以选择横向价值链条升级的"一"字形成长模式,也可以选择纵向价值网络升级的"1"字形成长模式,还可以选择混合升级的"十"字形成长模式,纵横同步推进我国大企业全面成长。除了嵌入全球价值网络,我国大企业也可以通过构建全球价值网络,成为全球价值网络的网主企业。我国大企业只有通过建立自主发展型的价值网络,推进分工深化,才能摆脱价值链"被俘获"的处境,掌握价值链网络的主导权。

构建自主全球价值链,我国大企业首先需要以开放合作的心态在全球价值链中整合全球资源进行创新,而不是关起门来自己创新。为了突破技术瓶颈,吉利通过整合全球创新资源,迅速学习到别人在几十年,甚至上百年积累的经验和技术。通过在全球各地设置研发中心、设计中心,吉利利用这些平台与全球汽车产业链上最先进或前沿的合作伙伴们一起合作,极大地促进了其竞争力的提升。其次,需要由从过去注重整合国内创新资源到现在注重整合国际创新资源,由过去的注重引进国外先进技术到现在主动走出去并购国际先进技术企业,获得知识产权和技术人才并能持续性发展。吉利在全球汽车产业格局的变化中,抓住机遇通过跨国并购获得了像沃尔沃这样的国际知名汽车品牌,使得吉利获得了实现跨越式发展的机会。最后,需要紧跟全球行业发展潮流,与世界先进的企业和研发机构协同合作,锻炼、培养自己的技术研发、管理人才等,才有可能形成自身的创新能力,并与世界同行竞争。并购沃尔沃给了吉利突破的机会,吉利和沃尔沃在研发领域的协同布局,让吉利的触角真正伸入到了国际化研发体系循环之中。不同于传统的合资企业外方合作伙伴对核心技术的保留,吉利与沃尔沃作为吉利控股集团的两大品牌,双方可以共享资源、共同开发全新的中级车模块架构CMA,吉利在CMA架构上打造领克品牌,而沃尔沃则在CMA架构上打造40系列产品,这使得吉利和沃尔沃的协同效应和学习达到了一个更高层次。

3. 建立适应跨国经营的公司治理结构

实施有效的内部激励措施，构建恰当的组织结构，从而建立适应跨国经营的公司治理结构，对企业利用跨国经营网络内不同国家经济环境差异来应对全球不确定性至关重要。

设计良好的薪酬契约是提高管理者主动性的重要方式。企业可通过完善海外经营评价、考核和激励体系，不断优化公司内部员工的薪酬契约，实施有针对性的内部激励措施，增强员工薪酬业绩弹性，加大薪酬契约的激励效果，从而提高员工在跨国经营中的主观能动性。一是鼓励管理者在国际投资区位、规模和所有权等方面做出更好的决策，优化跨国战略布局，提高跨国经营网络，从而赋予企业更加灵活的经营弹性。二是激励管理者面对全球不确定性时主动把握时机，积极采取应对措施，提高业绩上行潜力，降低业绩下行风险。

国家间的市场环境存在显著差异，跨国公司管理者和监督者拥有的国际市场相关知识对管理和监督跨国经营活动具有重要影响。跨国公司应提高公司治理的国际化水平，实现对跨国经营活动更加有效的监督和管理。具体措施包括：聘用具有海外背景的经理人、董事和监事；加强对公司经理人、董事及监事的国际市场知识培训与交流；引入海外战略投资者，优化公司股权结构。

母公司与海外子公司之间的关系影响企业利用跨国经营网络应对外部环境不确定性的效果。跨国公司应厘清母公司和海外子公司之间错综复杂的关系，如通过合资与联营等方式，设置恰当的海外子公司股权结构；通过平衡外派员工和东道国本土员工比例，构建高水平的海外子公司管理团队，从而实现既能有效控制海外子公司又能保持其灵活性的经营目标。

在跨国公司内部构建完善的跨国经营制度体系。通过建立健全境外投资决策、授权管理及财务管理等内部规章制度，明确跨国经营各个环节的责任主体，从而进一步使跨国公司的内部治理结构制度化与规范化。

4. 加强国际化人才的培养

我国大企业要成为世界一流跨国公司就必须有世界级人才，世界一流跨国公司不仅善于从世界范围内吸引中级和高级人才，并公平对待、充分尊重具有多元文化背景的员工，全面激发员工的创造力和主动性，在企业文化上体现海纳百川的气魄，而且在构建全球知识流动机制的基础上，使员工形成开放的学习与合作态度，树立灵活的全球职业发展理念，从而最大限度地发挥全球范围的智力优势。我国大企业要在以下五个方面下功夫。一是制订明确的人才计划。要根据企业国际化发展战略要求制订全球的人才计划和分配，如哪些部门和业务环节需要本地化员工，哪些地方需要全球的管理人员。二是加大国际化人才培训力度。要依据国际化人才培训需求，完善企业内部人才培养培训体系。通过与国外跨国公司、知名院校建立战略合作关系，选派优秀人才到境外研修，培养人才的国际化思维、全球视野和跨文化经营管理能力。要注重在跨国经营和海外投资项目中培养人才，通过实践锻炼，使得大批国际化人才在跨国经营中茁壮成长。要通过多种方式选派员工参加海外工作，体验海外文化和生活方式，培养一批能够融入海外市场，具有多元文化背景的专家，使得企业的触角多元化、丰富化，如中国建筑股份有限公司大胆使用年轻的管理人员，从企业内部培养国际化的人才。通过多年的全球化运作，已经培养了一大批年轻的全球化业务骨干。30出头的年轻人，在海外独当一面，管理几万人，数亿美元的工程。三是加大海外优秀人才引进力度。要根据企业发展需要，注重择优聘用外籍人士参与海外分支机构管理；可以逐步加大从国外知名院校接受优秀毕业生的工作力度，为国际化经营管理人才队伍建设做好人才储备。同时，要建立有效的激励机制吸引和挽留国际先进人才。四是加大境内外人才交流力度。要建立交换项目，为员工提供在不同工作环境中工作的机会，促进不同文化背景的员工相互沟通与交流，设计共同的信息和通信技术平台，鼓励知识共享和建设性讨论。要有计划地选派国内优秀的经营管理人才到境外合资合作企业、海外分支机构工作锻炼，使其进一步熟悉国外的经营环境和国际商业规则，提高涉外工作能力、多元化团队领导力和跨国经营管理水平。要注重把经过海外复杂环境考验、境外工作业绩突出的优秀人才优化配置到集团总部、国内重要分支机构的关键岗位上，使其在推动企业国际化经营中担当重任。五是实施人员本土化战略。招聘和雇用当地各类人才，有利于跨文化交流和沟通，降低东道国市场进入门槛，加快管理人才培养及人才本土化。

5. 加快合规管理体系建设

近年来，强化合规管理已经从反腐败专项合规扩展到包括竞争规则合规（反垄断）、金融规则合规（反洗钱）、贸易规则合规（遵守出口管制及经济制裁之规）及数据保护合规、知识产权合规等全面合规。合规已经成为企业参与全球竞争必须跨越的门槛和重要的软实力。国际企业通行做法是通过建立有效的合规管理体系，应用体系化与制度化的管理工具来应对合规风险的挑战。我国跨国公司，一是建立健全合规管理体系。包括合规管理组织机构，制定经营过程中响应外部法律法规及国际通行规则的各项合规管理政策，将合规培训、合规绩效考核、自我监督系统等制度化，公司领导层要以身作则来领导企业开展合规文化建设。二是确保合规管理体系有效。要确保合规管理制度设计良好，能够被执行，且在执行中起到良好效果。在实施海外投资项目前，做好扎实的调研和风险评估工作，制订严密的投资方案和风险应对预案，避免非理性跨国经营行为，最大限度降低海外经营风险可能对企业经营成本的负面影响。在项目实施过程中，遵守东道国法律法规，采取正当的方式进行市场竞争，如依法依规使用他人的技术或商标，避免侵犯知识产权，从而降低海外诉讼给企业带来的经营风险和成本；尊重东道国文化、宗教和民俗，避免因不同国家间的风俗习惯、价值观及宗教信仰等方面差异对企业产生负面影响。随着公众的环境保护意识和全球公民意识的不断增强，跨国公司要切实履行社会责任，通过加强资源环境保护、适当捐助慈善事业及雇用社会弱势群体等方式，在东道国树立良好的品牌形象。

6. 加强跨文化管理

跨文化管理包括跨越国界和跨越民族界限的文化管理，认识到不同的文化之间的差异及如何消除不同文化间的差异是跨文化管理着力解决的核心问题。一是建立包容的企业文化。文化没有"好""坏"和"对""错"之分，每一种文化都有其优缺点，文化只存在差异，文化差异可能来自沟通与语言的理解不同、宗教信仰与风俗习惯迥异、刚性的企业文化隔阂等诸多因素。中国企业跨国经营时，要正确看待不同文化之间的差异，需要将母公司的企业文化与国外分公司当地文化进行有效整合，通过各种渠道促进不同的文化相互了解、适应、融合，从而在母公司文化和当地文化基础之上构建一种新型的企业文化，以这种新型文化作为国外分公司的管理基础。这种新型文化既保留着母公司企业文化的特点，又与当地文化环境相适应，既不同于母公司的企业文化，又不同于当地文化，而是两种文化的有机结合。这样不仅使中国企业跨国经营能适应不同国家的文化环境，而且还能大大增强竞争优势。二是实施"本土化"策略。企业在国外子公司需要尽可能地雇用当地员工，这些员工更加了解和熟悉当地的风俗习惯、市场动态及其政府的各项法规。三是开展跨文化培训。通过跨文化培训不仅能够让员工全面系统地了解异国文化、政治法律制度、价值观念、风俗习惯等，还能够使员工认识到不同文化间的价值差异，从而减少文化冲突，加强不同文化间的理解和包容力。

第五章
2020 中国战略性新兴产业领军企业 100 强分析报告

2019 年，在世界经济增长低迷、国际经济贸易摩擦加剧的情况下，战略性新兴产业发展已成为我国推动经济增长、结构调整的新动力。全年战略性新兴产业增加值占 GDP 比重为 11.5%，比 2014 年提高 3.9 个百分点。其中，规模以上工业战略性新兴产业增加值比上年增长 8.4%，比规模以上工业增加值增速快 2.7 个百分点。高技术制造业增加值比上年增长 8.8%，比规模以上工业增加值增速快 3.1 个百分点，占规模以上工业增加值的比重达 14.4%，比上年提高 0.5 个百分点。2019 年，我国高技术产品出口额增长 2.1%，占出口总额的比重为 29.3%。以中国 500 强为代表的国内大企业加快向战略性新兴产业转型升级，战新业务拓展能力稳步提升，各项指标出现积极变化，为传统产业和企业转型升级起到了较好的带头示范作用。

当前和今后一个时期，尽管面临新冠肺炎疫情叠加中、美经济贸易摩擦等多重挑战，但也应该看到，战略性新兴产业政策红利正持续释放，新型基础设施建设将催生大量新需求，新冠肺炎疫情下相关产业迎来新的历史机遇。我国大企业要结合自身条件，准确把握战新产业重点方向，积极拓展战新业务，加大创新资源投入，逐步突破"卡脖子"环节，打造自主产业生态，带动产业链上下游企业共同提高，不断向价值链中高端攀升，实现企业高质量发展。

一、2020 中国战新产业领军企业 100 强基本情况

1. 入围企业发展整体情况

战新产业收入整体保持较快增长。以战新业务归口统计的营业收入作为排名依据，2020 中国战新产业 100 强企业入围门槛为 168.7 亿元，比上年 100 强提高了 35.8 亿元；入围企业共实现战新业务收入 6.71 万亿元，同比增长了 16.2%，与上年 100 强相比增长 9.5%；入围企业中共有 80 家实现战新业务收入正增长，比上年 100 强减少 2 家。入围企业战新资产总额突破 10 万亿元，比上年 100 强增长 2.1 万亿元。入围企业从事战新相关工作的员工总数达 272 万人，较上年 100 强减少 4.5 万人。2020 中国战略性新兴产业领军企业 100 强名单，如表 5-1 所示。

第五章 2020中国战略性新兴产业领军企业100强分析报告

表5-1 2020中国战新产业100强企业名单

名次	企业名称	战新业务所属领域	战新业务总收入/亿元	企业所属行业
1	华为投资控股有限公司	新一代信息技术	8588.3	通信设备制造
2	中国移动通信集团有限公司	新一代信息技术	5582.8	电信服务
3	苏宁控股集团	新一代信息技术	2692.3	家电及电子产品零售
4	中国电信集团有限公司	新一代信息技术	2643.5	电信服务
5	中国联合网络通信集团有限公司	新一代信息技术	2454.5	电信服务
6	中国中车集团有限公司	高端装备制造	2363.2	轨道交通设备及零部件制造
7	中国电子信息产业集团有限公司	新一代信息技术	1574.5	电力、电气设备制造
8	天能控股集团有限公司	新能源汽车	1401.3	电力、电气设备制造
9	浙江吉利控股集团有限公司	新能源汽车	1359.3	汽车及零配件制造
10	广州医药集团有限公司	生物	1330.5	药品制造
11	北京电子控股有限责任公司	新一代信息技术	1262.7	半导体、集成电路及面板制造
12	浪潮集团有限公司	新一代信息技术	1123.4	软件和信息技术
13	中国广核集团有限公司	新能源	1054.3	电力生产
14	中国五矿集团有限公司	新材料	953.8	综合制造业
15	中国宝武钢铁集团有限公司	新材料	947.2	黑色冶金
16	超威电源集团有限公司	新能源汽车	914.9	电力、电气设备制造
17	包头钢铁（集团）有限责任公司	新材料	892.8	黑色冶金
18	国家电网有限公司	新能源	837.3	电网
19	深圳市投资控股有限公司	相关服务业	832.0	多元化投资
20	海信集团有限公司	新一代信息技术	814.4	家用电器制造
21	中国中信集团有限公司	新材料	774.8	多元化金融
22	卓尔控股有限公司	新一代信息技术	719.6	住宅地产
23	陕西有色金属控股集团有限责任公司	新材料	708.0	一般有色
24	协鑫集团有限公司	新能源	657.6	风能、太阳能设备制造
25	成都兴城投资集团有限公司	相关服务业	627.4	房屋建筑
26	中国建材集团有限公司	新材料	622.0	水泥及玻璃制造
27	中国铁路工程集团有限公司	高端装备制造	615.3	土木工程建筑
28	深圳海王集团股份有限公司	生物	605.5	药品制造
29	海尔集团公司	节能环保	593.5	家用电器制造
30	中国铝业集团有限公司	新材料	578.6	一般有色
31	晶科能源有限公司	新能源	564.7	风能、太阳能设备制造
32	广东省广新控股集团有限公司	新材料	547.5	机电商贸
33	四川长虹电子控股集团有限公司	节能环保	531.3	家用电器制造
34	欧菲光集团股份有限公司	新一代信息技术	519.7	计算机及办公设备

续表

名次	企业名称	战新业务所属领域	战新业务总收入/亿元	企业所属行业
35	徐州工程机械集团有限公司	高端装备制造	503.8	工程机械及零部件
36	中天科技集团有限公司	新一代信息技术	483.9	电线电缆制造
37	阿里巴巴集团控股有限公司	新一代信息技术	466.6	互联网服务
38	潍柴控股集团有限公司	高端装备制造	434.1	锅炉及动力装备制造
39	中联重科股份有限公司	高端装备制造	433.1	工程机械及零部件
40	中国医药集团有限公司	生物	403.2	医药及医疗器械零售
41	中国华电集团有限公司	新能源	402.3	电力生产
42	比亚迪股份有限公司	新能源汽车	401.5	汽车及零配件制造
43	福建省电子信息（集团）有限责任公司	新一代信息技术	382.6	通信设备制造
44	舜宇集团有限公司	新一代信息技术	378.5	计算机及办公设备
45	中国电力建设集团有限公司	新能源	377.0	土木工程建筑
46	宏旺投资集团有限公司	新材料	372.1	金属制品加工
47	兖矿集团有限公司	新材料	370.6	煤炭采掘及采选业
48	江铃汽车集团有限公司	新能源汽车	361.2	汽车及零配件制造
49	歌尔股份有限公司	高端装备制造	351.5	电力、电气设备制造
50	恒申控股集团有限公司	新材料	349.1	化学纤维制造
51	广西北部湾国际港务集团有限公司	新材料	343.3	港口服务
52	桐昆控股集团有限公司	新材料	341.1	化学纤维制造
53	TCL集团股份有限公司	新一代信息技术	339.9	家用电器制造
54	郑州宇通企业集团	新能源汽车	336.3	汽车及零配件制造
55	江苏中利控股集团有限公司	新能源	334.7	能源矿产商贸
56	中国航天科工集团有限公司	高端装备制造	333.7	航空航天
57	北京金隅集团股份有限公司	节能环保	328.4	水泥及玻璃制造
58	盛虹控股集团有限公司	新材料	326.4	化学纤维制造
59	国家电力投资集团有限公司	相关服务业	321.6	电力生产
60	海亮集团有限公司	新材料	317.0	一般有色
61	创维集团有限公司	新一代信息技术	305.0	家用电器制造
62	新凤鸣集团股份有限公司	新材料	301.2	化学纤维制造
63	新疆金风科技股份有限公司	新能源	297.8	风能、太阳能设备制造
64	招商银行股份有限公司	相关服务业	282.3	商业银行
65	宁波金田投资控股有限公司	新材料	267.9	一般有色
66	鹏鼎控股（深圳）股份有限公司	新一代信息技术	266.1	半导体、集成电路及面板制造
67	深圳市信利康供应链管理有限公司	新一代信息技术	265.6	物流及供应链
68	国家开发投资集团有限公司	相关服务业	262.3	多元化投资

续表

名次	企业名称	战新业务所属领域	战新业务总收入/亿元	企业所属行业
69	浙江大华技术股份有限公司	新一代信息技术	261.5	计算机及办公设备
70	正泰集团股份有限公司	新能源	256.1	电力、电气设备制造
71	欣旺达电子股份有限公司	新能源汽车	252.4	电力、电气设备制造
72	哈尔滨电气集团有限公司	高端装备制造	249.3	锅炉及动力装备制造
73	隆鑫控股有限公司	高端装备制造	246.9	摩托车及零配件制造
74	闻泰通讯股份有限公司	新一代信息技术	244.1	计算机及办公设备
75	广东德赛集团有限公司	新能源汽车	241.0	电力、电气设备制造
76	中国大唐集团有限公司	新能源	238.4	电力生产
77	汇通达网络股份有限公司	新一代信息技术	237.6	互联网服务
78	江苏沃得机电集团有限公司	高端装备制造	233.6	工程机械及零部件
79	广东省建筑工程集团有限公司	新能源	229.7	房屋建筑
80	中国东方航空集团有限公司	相关服务业	228.6	航空运输
81	鞍钢集团有限公司	新材料	226.9	黑色冶金
82	中国第一汽车集团有限公司	新一代信息技术	224.3	汽车及零配件制造
83	石药控股集团有限公司	生物	221.0	药品制造
84	江苏长电科技股份有限公司	新一代信息技术	215.7	半导体、集成电路及面板制造
85	南山集团有限公司	新材料	215.1	一般有色
86	晶澳太阳能科技股份有限公司	新能源	211.6	电力、电气设备制造
87	四川九洲电器集团有限责任公司	新一代信息技术	209.2	通信设备制造
88	广西建工集团有限责任公司	高端装备制造	206.2	房屋建筑
89	美团点评	新一代信息技术	204.1	互联网服务
90	山东科达集团有限公司	相关服务业	188.8	房屋建筑
91	中国海洋石油集团有限公司	高端装备制造	187.3	石油、天然气开采及生产业
92	广西玉柴机器集团有限公司	高端装备制造	186.4	锅炉及动力装备制造
93	北京能源集团有限责任公司	新能源	180.8	综合能源供应
94	瑞声科技控股有限公司	新一代信息技术	178.8	计算机及办公设备
95	四川科伦实业集团有限公司	生物	176.4	药品制造
96	巨化集团有限公司	新材料	175.7	化学原料及化学品制造
97	厦门钨业股份有限公司	新材料	172.2	一般有色
98	玲珑集团有限公司	新材料	171.6	轮胎及橡胶制品
99	广州视源电子科技股份有限公司	新一代信息技术	170.5	电力、电气设备制造
100	辽宁方大集团实业有限公司	新材料	168.7	黑色冶金
合计			67140.7	

13家企业战新业务收入超千亿元。2020中国战新产业100强榜单中战新业务收入超千亿元的企

业共有13家，比上年100强增加2家，其中有5家企业为2020年新上榜企业。排名首位的是华为投资控股有限公司，其战新业务收入达8588.3亿元；13家战新业务收入超千亿元的企业，战新业务收入总计达到3.3万亿元，占所有入围企业战新业务总收入的49.8%，占比接近一半，较上年100强降低3.4个百分点，企业集中度有所下降，如表5-2所示。

表5-2 2020中国战新产业100强企业入围战新业务收入千亿俱乐部的企业名单

排名	战新业务收入千亿元以上企业
1	华为投资控股有限公司
2	中国移动通信集团有限公司
3	苏宁控股集团
4	中国电信集团有限公司
5	中国联合网络通信集团有限公司
6	中国中车集团有限公司
7	中国电子信息产业集团有限公司
8	天能控股集团有限公司
9	浙江吉利控股集团有限公司
10	广州医药集团有限公司
11	北京电子控股有限责任公司
12	浪潮集团有限公司
13	中国广核集团有限公司

入围企业经营效益保持平稳，人均产出有较大提高。2020中国战新产业100强企业共实现战新业务利润3901.7亿元（按战新业务归口统计的营业利润，下同），比上年100强增长9.4%。从企业亏损情况来看，4家企业实现扭亏为盈，4家企业战新业务出现亏损，4家亏损企业均属于由盈转亏，亏损额合计108.5亿元，平均每家企业亏损27.1亿元，与上年100强相比，亏损面有所缩小，但亏损额增长较快。从利润增长情况来看，入围企业共有34家战新业务利润出现一定程度的下滑，比上年100强减少4家，其中国有企业、民营企业各占17家，与上年100强相比，民营企业盈利情况有所改善。从经营效率来看，入围企业战新业务平均利润率为7.4%（按战新业务归口统计的营业利润率，下同），与上年100强基本持平。从人均来看，入围企业人均实现战新业务收入202.3万元，比上年100强增加36.4万元；人均实现战新利润15.3万元，比上年100强增加2.7万元，人均产出有较大提高。

国有企业、民营企业数量相当，国有企业业绩表现更优。从入围企业数量来看，2020中国战新产业100强企业中入围的国有企业、民营企业数量各占50家，入围的民营企业数量比上年100强减少7家。

从战新业务收入来看，入围的50家国有企业共实现战新业务收入3.7万亿元，占2020中国战新产业100强企业战新业务总收入的55.8%，比上年100强提高3.9个百分点。其中战新业务收入超千亿元的有9家，战新业务收入合计达1.9万亿元，占比达到50家入围国有企业的51.4%，国有企业头部效应进一步凸显。入围的50家民营企业共实现战新业务收入3万亿元，占2020中国战新产业100强企业战新业务总收入的44.2%，比上年100强占比下降3.9个百分点，其中战新业务收入超千亿元的有4家，战新业务收入合计达1.4万亿元，其中仅华为就贡献了8588.3亿元，民营企业头部企业之间差距明显。

从盈利能力来看，入围国有企业战新业务利润总额达到2893.2亿元，占入围企业战新利润总额的比重达到74.2%，占比较上年100强提高1.5个百分点。入围民营企业战新业务利润总额达到1008.5亿元，占入围企业战新总利润的比重为25.8%，如表5-3所示。

表5-3 2020中国战新产业100强企业国有、民营企业主要指标占比情况 （单位:%）

	战新总收入	战新利润总额	战新资产总额	员工数	入围数量
国有占比	55.8	74.2	68.4	65.0	50.0
民营占比	44.2	25.8	31.6	35.0	50.0

从企业经营效益来看，入围的国有企业整体平均利润率为8.9%，比上年100强下降0.8个百分点，人均实现战新业务收入183万元，人均实现战新业务利润16.4万元。入围的民营企业平均利润率为5.0%，比上年100强提高0.5个百分点，人均实现战新业务收入247.6万元，人均实现战新业务利润12.8万元，如表5-4所示。

表5-4 2020中国战新产业100强企业国有、民营企业经营效率对比

企业性质	平均利润率/%	人均战新收入/万元	人均战新利润/万元
国有企业	8.9	183.0	16.4
民营企业	5.0	247.6	12.8

整体来看，2020中国战新产业100强企业中国有企业在经营状况上表现更佳，各项指标占比均有所提高。在入围国有企业、民营企业数量相当的情况下，国有企业战新业务总收入、战新业务总利润、战新资产总额分别是入围民营企业的1.3倍、2.9倍、2.2倍，平均利润率是入围民营企业的1.8倍。

2. 入围企业领域特征分析

新一代信息技术、新材料产业是入围企业发展战新业务的主要方向。从战略性新兴产业分类来看，2020中国战新产业100强中以新一代信息技术产业作为主要战新业务的企业有28家，入围企业数量排名第一，其中有8家企业实现收入超千亿元；以新材料产业作为主要战新业务的企业有23家入围，入围企业数量排名第二；以高端装备制造产业、新能源产业作为主要战新业务的企业各有13家入围，入围企业数量并列第三，各有一家企业实现收入超千亿元；其次分别是新能源汽车产业、相关服务业、生物产业、节能环保产业，入围企业数量分别为8家、7家、5家、3家；数字创意产业尚无企业入围。与上年100强相比，新一代信息技术产业、高端装备制造产业入围企业数量各减少2家，各领域入围企业数量分布更加均匀，如图5-1所示。

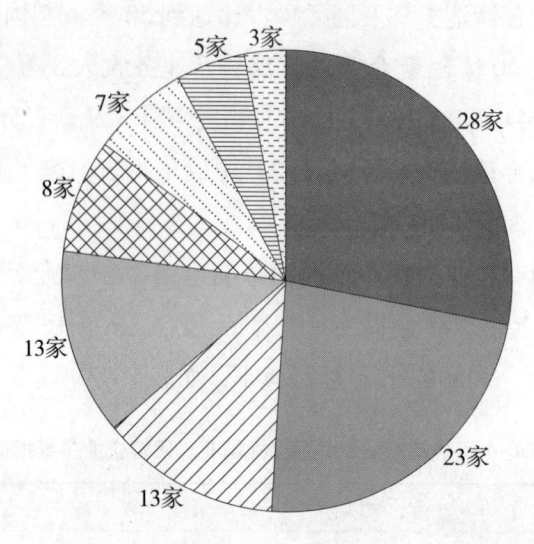

图 5-1　2020 中国战新产业 100 强企业各领域入围企业数量对比

新一代信息技术产业发展基础最好，入围企业各项规模指标均处于领先位置。从战新业务收入来看，新一代信息技术产业入围企业共实现战新业务收入 32810 亿元，排名第一，占入围企业战新业务总收入的比重达到 48.9%，占比接近一半，但较上年 100 强下降了 5.8 个百分点；新材料、高端装备制造产业入围企业分别实现战新业务收入 10143 亿元、6344 亿元，占比分别为 15.1%、9.4%，战新业务收入排名分列第二、第三；新能源、新能源汽车、相关服务业、生物、节能环保产业战新业务收入分别为 5642 亿元、5268 亿元、2743 亿元、2737 亿元、1453 亿元，合计占所有入围企业战新业务收入的 26.6%，相关服务业、生物、节能环保产业入围企业战新业务收入相对较少，产业仍处于成长培育期，如图 5-2 所示。

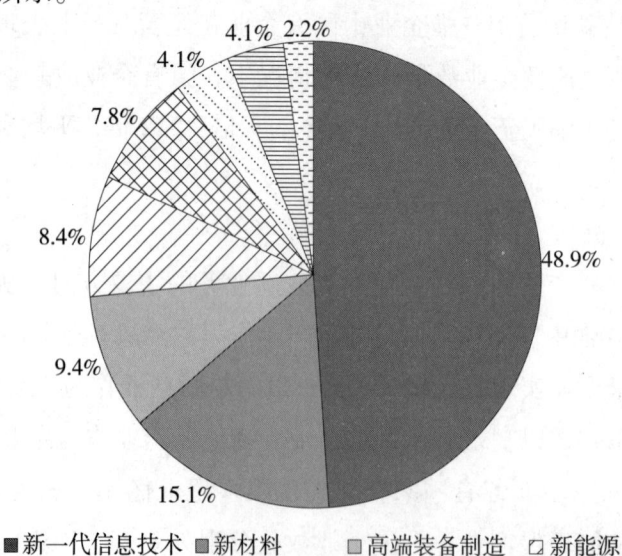

5-2　2020 中国战新产业 100 强企业入围企业分产业战新收入占比

从盈利能力来看,战新业务利润额最高的是新一代信息技术产业,入围企业共实现战新业务利润 1915 亿元,占所有入围企业战新业务利润总额的 49.1%;新材料和新能源产业分别实现战新利润 610 亿元和 500 亿元,分列第二、第三;高端装备制造、生物、新能源汽车、节能环保和相关服务业利润规模相对较小,分别实现战新利润 370 亿元、187 亿元、134 亿元、104 亿元、82 亿元,合计占所有入围企业战新业务利润总和的比重为 22.5%,如图 5-3 所示。

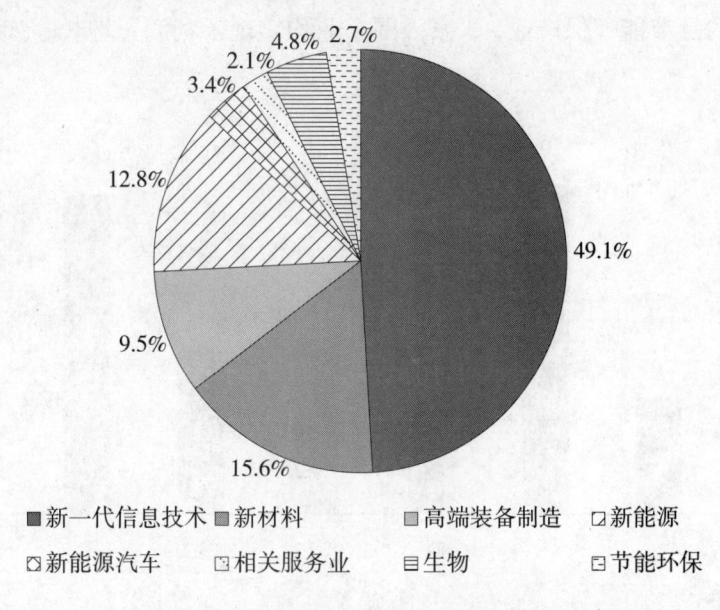

图 5-3 2020 中国战新产业 100 强各领域利润完成情况

以新一代信息技术产业作为主要战新业务的入围企业整体经营效益最佳。从企业经营效益来看,利润率最高的是新一代信息技术产业,平均利润率达到 10.4%,是入围企业平均利润率的 1.4 倍;紧随其后的是新能源产业,平均利润率为 8.9%;节能环保和生物产业,平均利润率分别为 7.1%、

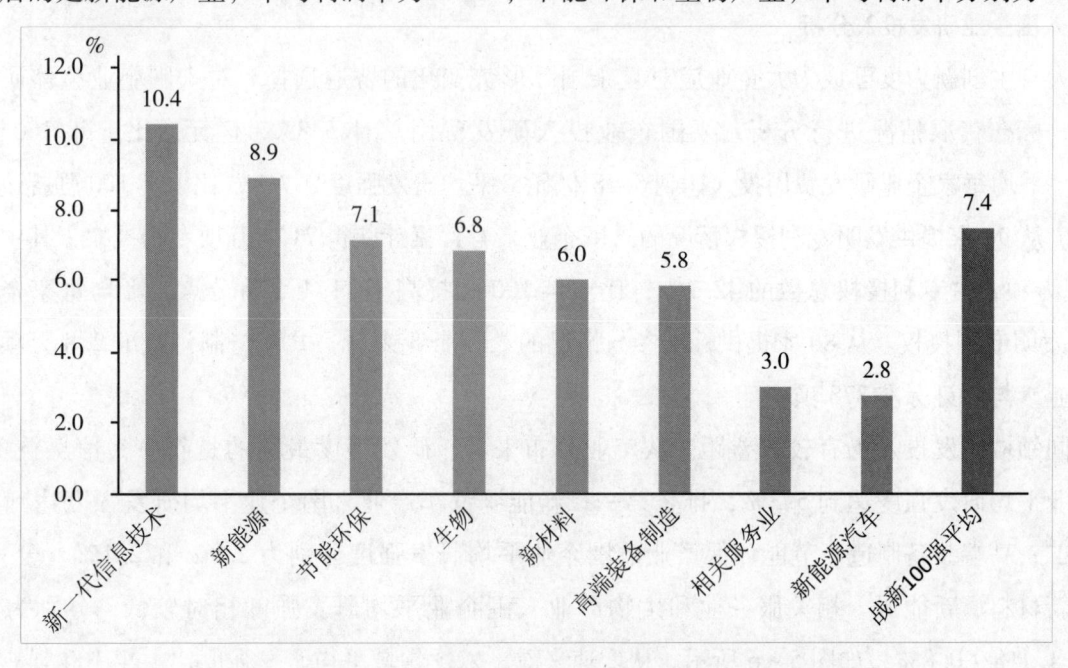

图 5-4 2020 中国战新产业 100 强各领域平均利润率对比

6.8%；利润率最低的是新能源汽车产业，平均利润率只有2.8%，各领域入围企业经营效益差异较大，但相比上年100强差距进一步缩小，如图5-4所示。

从34家利润出现下滑的入围企业来看，利润下滑企业占比最高的是相关服务业，共有4家企业出现一定程度的利润下滑，占该产业入围企业数量的57.1%。新能源汽车、新材料产业，分别有4家、11家企业出现一定程度的利润下滑，占该产业入围企业数量的比重分别达到50%、47.8%。利润下滑企业占比最低的是节能环保产业，3家入围企业均实现了利润正增长，如图5-5所示。

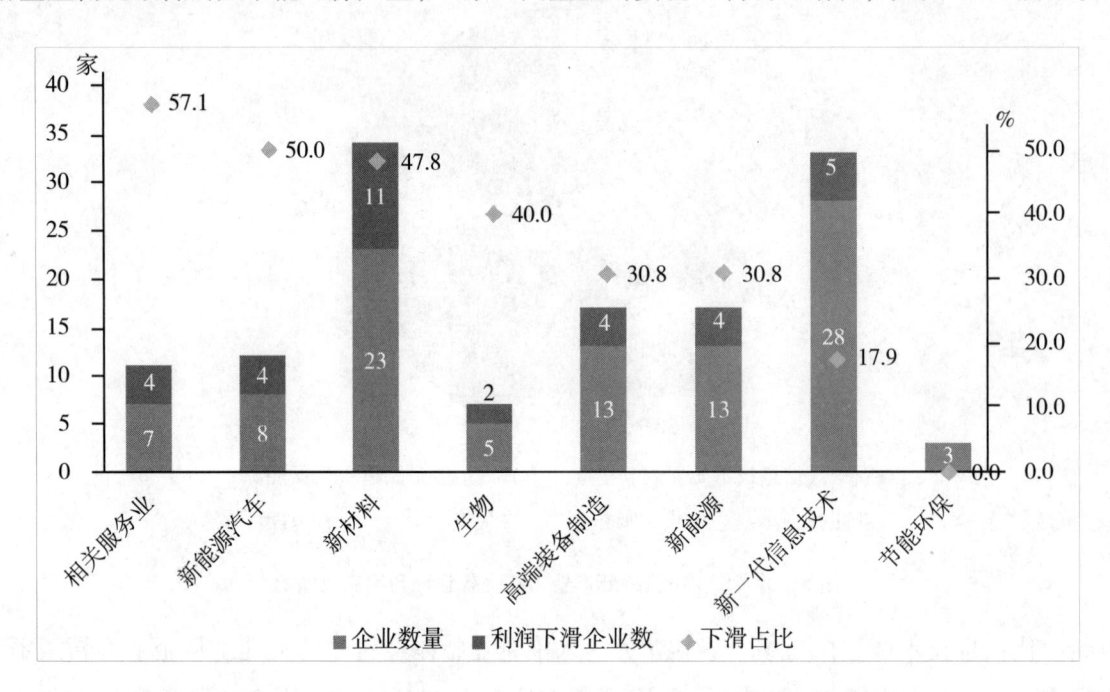

图5-5　2020中国战新产业100强各领域利润下滑企业占比情况

3. 入围企业研发投入分析

加大自主创新力度已成为大企业应对复杂国际形势变化的普遍选择。对入围企业整体研发投入和专利、标准获取情况进行分析，入围企业投入研发费用总计5483.7亿元，比上年100强增长25.1%，平均每家企业研发费用投入达到54.8亿元，平均研发强度2.7%，比上年100强提高0.1个百分点。从96家提供发明专利授权情况的入围企业来看，累计获得71.7万项专利授权，其中发明专利30.6万项，占专利授权总数的42.7%，比上年100强提高了11.4个百分点，平均每家企业拥有3064项发明专利授权。从86家提供标准参与情况的入围企业来看，共参与制订标准2.8万项，平均每家企业参与制订标准278项。

不同领域研发投入仍有较大差距。从产业分布来看，研发强度最高的是新一代信息技术产业，入围企业平均研发强度达到5.3%，排名第一；新能源汽车产业入围企业平均研发强度达到4.0%，排名第二；高端装备制造、节能环保产业入围企业平均研发强度分别为2.9%和2.1%，分列第三、第四；新材料、新能源、相关服务业和生物产业入围企业平均研发强度相对较低，分别为1.4%、1.1%、1.1%、0.8%，如图5-6所示。从增速来看，六个领域平均研发强度比上年100强有不同程度的提高，提高最多的是新一代信息技术产业，入围企业平均研发强度提高1个百分点；其次是节能环保、新能源汽车产业,入围企业平均研发强度分别提高0.6、0.4个百分点;新材料、新能源产业和相关服务业入围企业平均研发强度均有所增长。总体来看,战新各领域之间研发强度差距较为明显,新一代信息技术、新能源汽车产业入围企业平均研发强度均超过4%,排名最后的四个领域入围企业平均研发强度均没有达到1.5%。

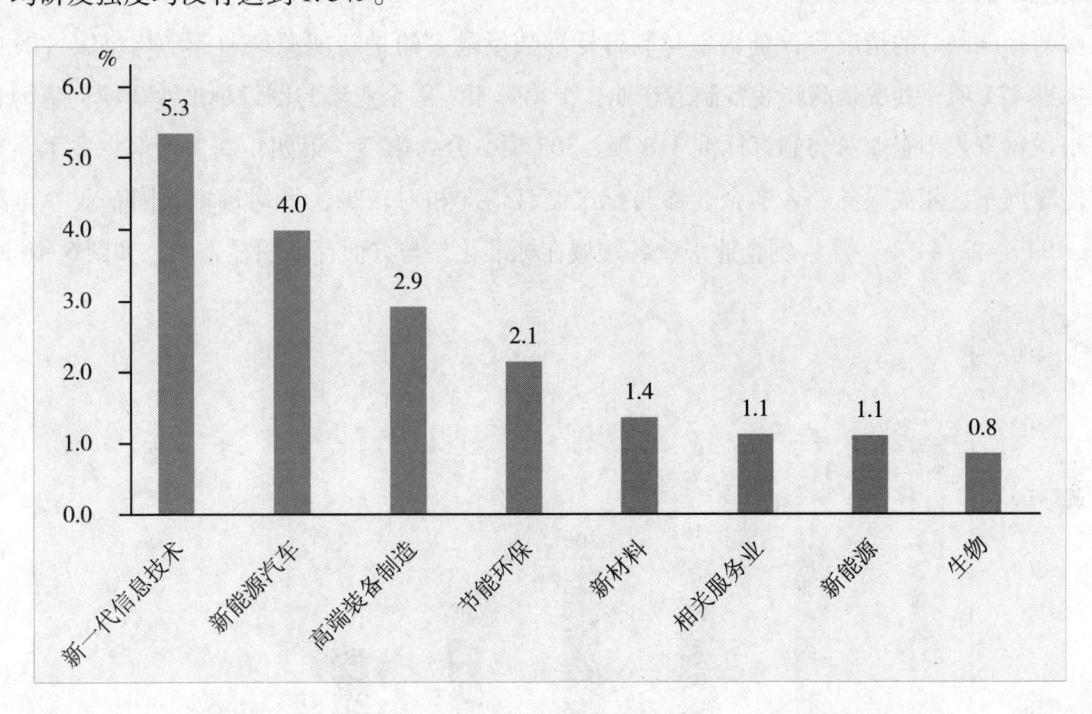

图 5-6　2020 中国战新产业 100 强各领域入围企业平均研发强度对比

各领域知识产权积累差距进一步拉大。从专利授权情况来看,获得发明专利授权企业平均最多的是节能环保产业,平均每家入围企业获得9472件发明专利授权;新一代信息技术产业平均每家入

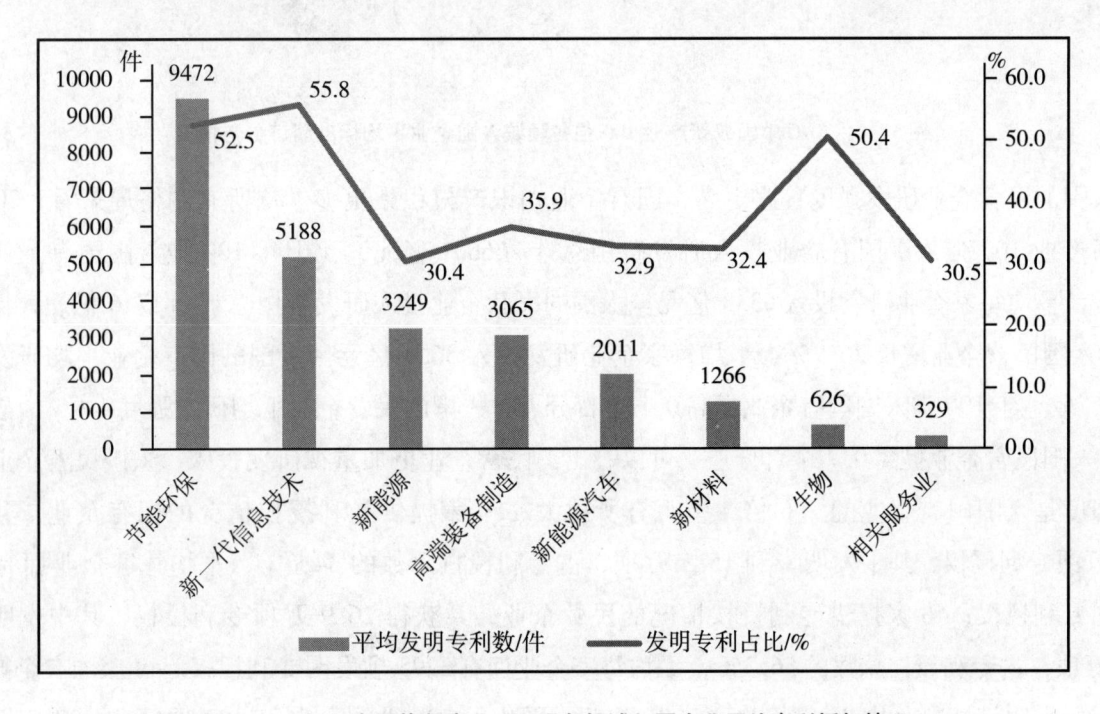

图 5-7　2020 中国战新产业 100 强各领域入围企业平均专利授权情况

围企业获得 5188 件发明专利授权，排名第二；新能源、高端装备制造产业，平均每家入围企业分别获得 3249 件、3065 件发明专利授权，分列第三、第四；新能源汽车产业、新材料产业、生物产业、相关服务业平均每家入围企业分别获得 2011 件、1266 件、626 件、329 件发明专利授权，与其他领域差距明显，如图 5-7 所示。

从参与标准制订的情况看，企均参与制订标准数量最多的是新能源产业，平均每家入围企业参与制订标准 477 项；其次是高端装备制造产业，平均每家入围企业参与制订标准 452 项；生物、新材料产业平均每家入围企业参与制订标准 318 项、305 项，分列第三、第四；新一代信息技术、节能环保、新能源汽车、相关服务业入围企业参与标准制订情况相对较少，平均每家入围企业参与制订标准 208、194、49、44 项。从入围企业来看各领域在标准化参与方面存在明显差距，如图 5-8 所示。

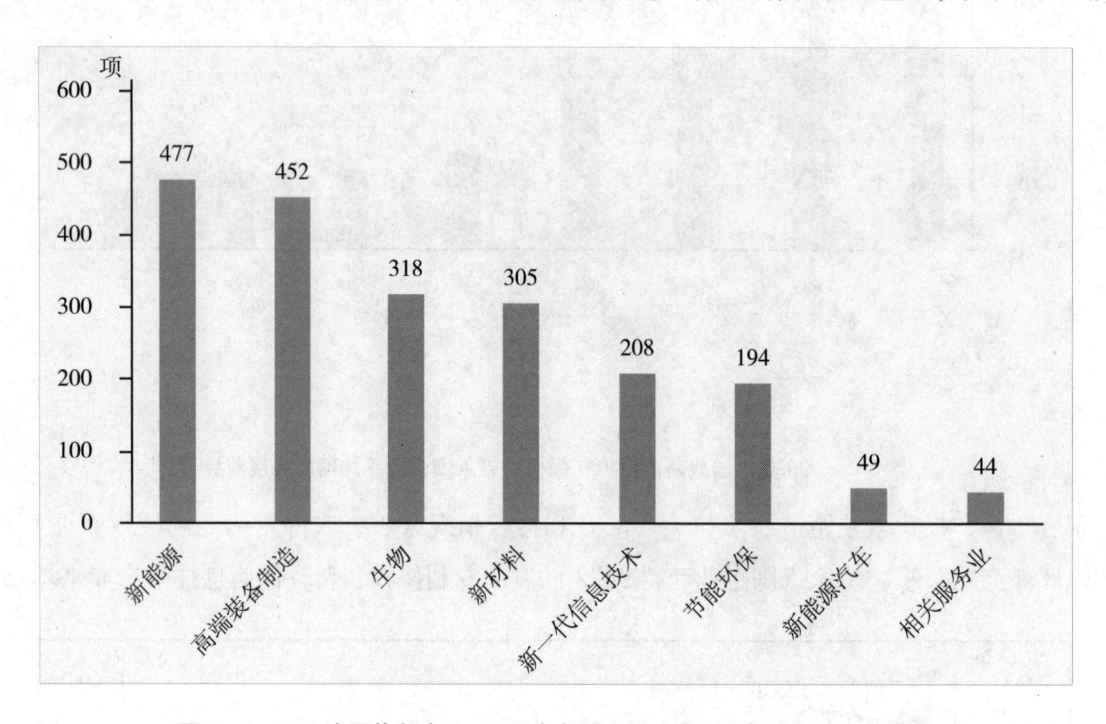

图 5-8　2020 中国战新产业 100 强各领域入围企业平均标准制订参与情况

入围的民营企业研发强度普遍更高，国有企业知识产权积累更多。从所有制格局来看，2020 中国战新产业 100 强入围国有企业投入研发费用总计 2666.1 亿元，比上年 100 强入围国有企业增长 23.2%，平均每家企业研发投入 53.3 亿元。入围的民营企业投入研发费用总计 2817.6 亿元，比上年 100 强入围民营企业增长 26.9%，平均每家企业研发投入 56.4 亿元。入围的国有企业平均研发强度 1.9%，较上年 100 强入围国有企业提高 0.1 个百分点；入围的民营企业平均研发强度 4.9%，较上年 100 强入围民营企业提高 0.7 个百分点。可以看出，民营企业更加重视研发投入，入围民营企业研发投入强度是入围国有企业的 2.6 倍，差距有所拉大。50 家提供专利授权情况的国有企业，共拥有 44.7 万项专利授权，其中发明专利 15.5 万项，占专利授权总数的 34.6%，平均每家企业拥有 3097 项发明专利授权；46 家提供专利授权情况的民营企业，共获得 26.9 万项专利授权，其中发明专利 15.2 万项，占专利授权总数的 56.3%，平均每家企业拥有 3295 项发明专利授权。49 家国有企业提供了参与标准制订情况，共参与制订标准 23646 项，平均每家企业参与制订 483 项标准；37 家民营企业提供了参与标准制订情况,共参与制订标准4133项,平均每家企业参与制订112项标准。国有企业在发明专利和标准积累上表现更佳,如表5-5所示。

表5-5 2020入围企业按所有制分平均研发投入、知识产权获取情况

	整体平均研发强度/%	发明专利占比/%	平均发明专利授权数/项	平均参与标准制订数/项
国有企业	1.9	34.6	3097	483
民营企业	4.9	56.3	3295	112

4. 入围企业总部分布分析

南方入围企业分布更广泛,北方入围企业分布集中在少数省份。2020中国战新产业100强企业榜单中,15个北方省份中有10个省份共计41家企业入围,比上年100强入围北方企业减少2家;16个南方省份中有11个省份共计59家企业入围。北方省份中,入围企业数最多的是北京和山东,合计31家企业入围,其中北京共有22家企业入围,入围企业数占北方各省入围企业数的53.7%,排名第一;山东共有9家企业入围,入围企业数占北方各省入围企业数的22.0%,排名第二;河北、辽宁分别有2家企业入围;河南、黑龙江等6个省份分别有1家企业入围;此外,尚有5省无企业入围。南方省份中,广东、浙江处于领先位置,分别有19、13家企业入围,入围企业数量分别占南方各省入围企业数的32.2%、22.0%;江苏共有9家企业入围,排名第三;上海、四川分别有4家企业入围;福建、广西壮族自治区分别有3家企业入围;湖北等4省分别有1家入围;同时有5省尚无企业入围。总体来看,南方省份入围企业更多,占到接近六成。南、北方内部;南方各省入围企业分布相对更均匀,但仍以沿海省份为主,入围企业数量3家及以上的7个省份中仅四川不属于沿海省份;北方入围企业集中分布在北京和山东两省市,两地合计入围企业数量占北方各省入围企业数量的75.6%,如表5-6所示。

表5-6 南北方各省份入围2020中国战新产业100强企业数量对比 (单位:家)

省份	入围企业数量	省份	入围企业数量
北方地区	41	南方地区	59
北京	22	广东	19
山东	9	浙江	13
河北	2	江苏	9
辽宁	2	上海	4
河南	1	四川	4
黑龙江	1	福建	3
吉林	1	广西壮族自治区	3
内蒙古自治区	1	湖北	1
陕西	1	湖南	1
新疆维吾尔自治区	1	江西	1
—	—	重庆	1

南方民营企业发展更为充分,北方国有企业占主导地位。从所有制格局来看,北方各省41家入围企业中,国有企业31家,民营企业仅10家,国有企业占比达到75.6%,占据主导地位;其中入围企业数量最多的北京,22家入围企业均为国有企业,总部特征明显。南方各省59家入围企业中,国

有企业占19家,民营企业占40家,民营企业占比达到67.8%,民营企业发展更为充分,如图5-9所示。

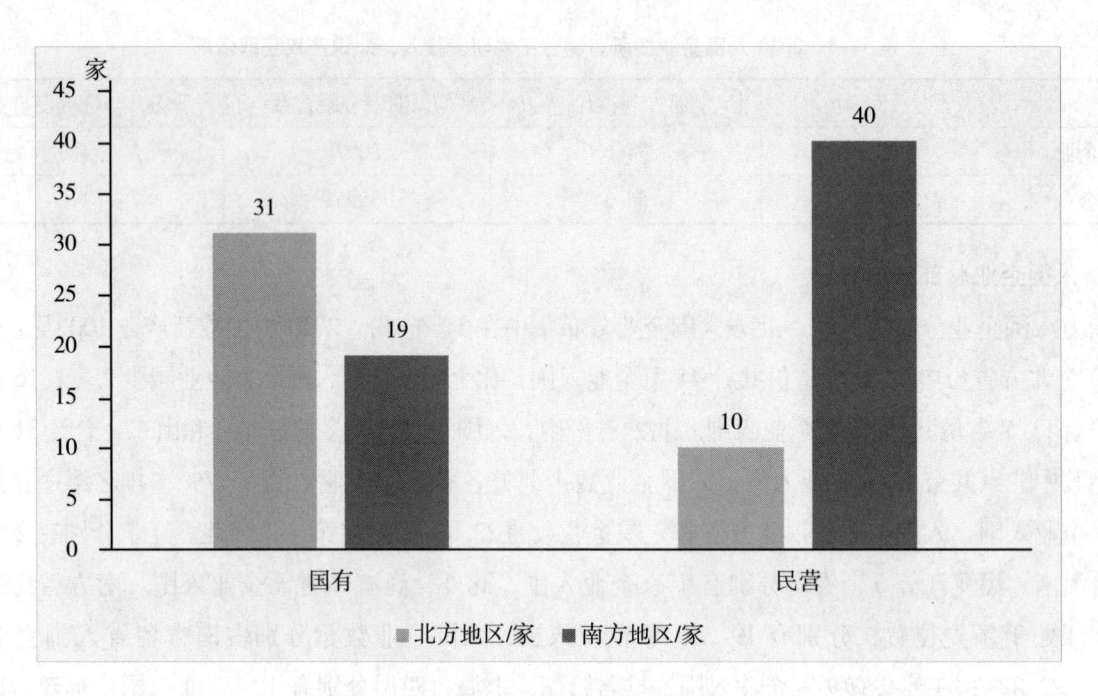

图5-9 南北方省份入围企业所有制对比

我国战新100强企业主要来自是东部沿海地区。从四大区域分布来看,东部地区入围企业数量达到81家,占比超过八成,排名第一,其中主要集中在北京、山东;西部地区共有11家企业入围,排名第二,四川、广西壮族自治区发展相对较为出色;中部、东北地区均只有4家企业入围,且入围企业较为分散,头部企业尚待进一步培育,如图5-10所示。

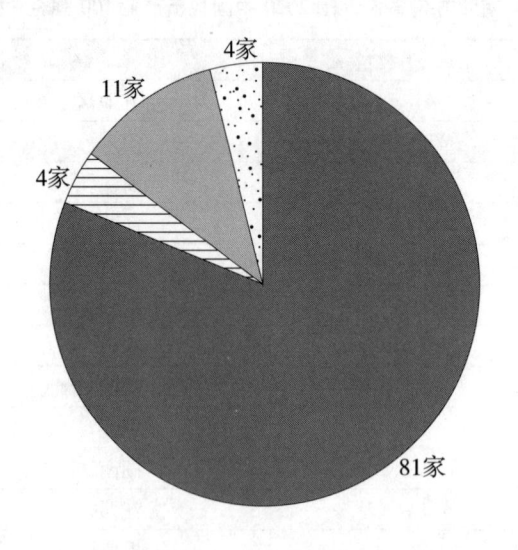

图5-10 我国四大区域入围企业数量对比

东部地区81家入围企业涵盖战新所有8个领域,战新产业发展最为均衡。东部地区发展最好的是新一代信息技术产业，共有25家企业入围，占东部地区入围企业数量的30.9%；其次是新材料产业，共有18家企业入围，占东部地区入围企业数量的22.2%；新能源、高端装备制造、新能源汽车、相关服务业、生物、节能环保产业入围的企业数量分别为12家、8家、6家、6家、4家、2家，合计占东部地区入围企业数量的46.9%。与2019年100强相比，2020年东部地区入围企业数量不变，在产业领域分布上更加均匀。

西部地区11家入围企业涵盖战新产业7个领域，入围企业的数量虽然不多，但发展较为均衡。其中发展相对较好的是高端装备制造和新材料产业，分别有3家企业入围，占西部地区入围企业数量的54.5%；新一代信息技术、新能源、相关服务业、生物、节能环保产业各有1家企业入围。与2019年100强相比，2020年西部地区在入围企业数量和产业领域分布上都有了一定程度的提高。

中部地区4家入围企业涵盖战新产业3个领域，其中发展相对较好的是新能源汽车产业，共有2家企业入围，占中部地区入围企业数量的一半；新一代信息技术、高端装备制造产业各有1家企业入围。与2019年100强相比，2020年中部地区入围企业数减少2家，在入围企业数量和产业领域分布上均较为薄弱。

东北地区4家企业入围涵盖战新产业3个领域，其中发展相对较好的是新材料产业，共有2家企业入围，占入围企业数量的一半。此外，新一代信息技术、高端装备制造各有一家企业入围。与2019年100强相比，东北地区入围企业数量增加了3家，在产业布局上更为合理。总体来看，中部、东北地区战新头部企业的发展水平与其他地区尚有较大差距。

二、战略性新兴业务对企业经营发展贡献分析

1. 战新业务对企业经营总体贡献

在2020中国战新产业100强中，有94家提供了完整收入利润数据的企业，共实现营业收入17.8万亿元，其中战新业务收入为5.2万亿元，战新业务收入占营业收入的比重为29.2%。94家入围企业共实现营业利润11283亿元，其中战新业务利润为3902亿元，战新业务利润占营业利润的比重为34.6%。战新业务收入、利润占比出现下降，与几家企业数据缺失有较大关系。94家入围企业战新业务利润率为7.4%，较整体营业利润率高出1.1个百分点，利率差较上年100强收窄0.3个百分点。总体来看，2020战新100强企业通过发展战新业务，以29.2%的收入带动了34.6%的利润，为传统产业转型升级起到了较好的带头示范作用。

2. 各行业战新业务发展情况简要分析

按500强行业分类来看，2020中国战新产业100强企业主营业务共涵盖了22个行业（报告选取入围100强企业数量前十的行业进行分析），其中，机械设备行业入围企业数达到19家，排名第一；计算机、通信设备及其他电子设备制造、金属产品行业各11家企业入围，并列第二；电信及互联网信息服务行业、交通运输设备及零部件制造行业各有7家企业入围；其余排名前十的行业分别是建筑业、化学品制造、消费品生产、药品及医疗设备制造、电力生产行业，入围企业数分别为6家、6家、5家、4家、4家，排名前十的行业入围企业数达到80家，如表5-7所示。与上年100强相比，排名前三的行业入围企业数增加8家，行业集中度进一步提高。

表 5-7 2020 中国战新产业 100 强企业主营业务行业分布情况

主业所属行业	入围企业数	战新业务总收入/亿元	战新业务利润总额/亿元
机械设备	19	9418.0	280.1
计算机、通信设备及其他电子设备制造	11	12507.3	150.9
金属产品	11	4866.3	194.3
电信及互联网信息服务	7	12712.5	1534.3
交通运输设备及零部件制造	7	5292.7	265.4
建筑业	6	2244.5	61.5
化学品制造	6	1665.1	130.2
消费品生产	5	2584.2	106.6
药品及医疗设备制造	4	2333.4	127.9
电力生产	4	2016.6	281.9
零售业	2	3095.5	205.0
公共事业服务	2	1018.2	94.4
商务服务	2	1094.3	9.9
金融业	2	1057.1	121.7
建材生产	2	950.4	119.5
批发贸易	2	882.2	48.9
采矿业	2	557.9	47.6
交通运输业	2	571.9	33.4
综合制造业	1	953.8	61.9
房地产	1	719.6	-2.0
防务	1	333.7	27.0
邮政和物流	1	265.6	1.2
合计	100	67140.7	3901.7

药品及医疗设备制造行业战新业务发展势头强劲。从战新业务收入占比来看，剔除入围企业数量过少的行业（入围企业小于等于 2 家，下同）的干扰，入围企业战新业务收入占营业收入比重最高的是计算机、通信设备及其他电子设备制造和药品及医疗设备制造行业，战新业务收入占比分别达到 98.8%、85.9%；机械设备、电信及互联网信息服务行业，战新业务收入占比分别为 65.3%、56%；其余行业战新业务收入占比均不超过 50%。从战新业务收入占营业收入比重的增长情况来看，除 2020 年新上榜的采矿业，其余 21 个行业中共有 11 个行业与 2019 年 100 强相比战新业务占比有不同程度提高，剔除入围企业数量过少的行业，其中增长最快的是药品及医疗设备制造行业，占比提高 22.9 个百分点。其次是电力生产行业，占比提高 11.8 个百分点。此外，消费品生产、金属产品、计算机、通信设备及其他电子设备制造行业的占比均有一定程度提高。同时，共有 10 个行业的占比出现负增长。

从研发投入看，计算机、通信设备及其他电子设备制造行业遥遥领先，大部分行业研发投入仍处于较低水平。具体来看，剔除入围企业数量过少的行业的干扰，研发强度最高的是计算机、通信设备及其他电子设备制造行业，入围企业平均研发强度达到12.5%，排名第一；电信及互联网信息服务、交通运输设备及零部件制造行业入围企业平均研发强度均为4.2%，并列第二；消费品生产行业入围企业平均研发强度为3.3%，排名第四。此外，共有17个行业入围企业平均研发强度均低于2020战新100强企业的平均研发强度。从研发强度的增速来看，在入围企业数排名前十的行业中，平均研发强度比上年100强有所提高的行业占50%，其中增速最快的是电信及互联网信息服务行业，平均研发强度较上年100强提高1.9个百分点；其次是建筑业，平均研发强度均较上年100强提高0.9个百分点。

电信及互联网信息服务、药品及医疗设备制造行业入围企业经营战新业务效益更高。从企业经营效益来看，剔除入围企业数量过少的行业的干扰，电信及互联网信息服务、药品及医疗设备制造行业入围企业战新业务利润占营业利润比重最高，分别达到99.9%和93.9%；计算机、通信设备及其他电子设备制造行业，战新利润占比为88.5%；化学品制造、机械设备行业战新利润占比分别68.9%、50.4%，其余行业战新利润占比均小于50%。与2019年100强相比，剔除入围企业数过少的行业的干扰和首次进入榜单的采矿业，消费品生产和金属产品行业战新利润占比提升最快，分别提高10.4和10个百分点；建筑业占比提高6.8个百分点。此外，有11个行业入围企业战新利润占比出现一定程度下滑。

3. 制造业、服务业500强中战新企业的贡献分析

2020中国制造业500强企业中共有67家企业入围2020中国战新产业100强企业榜单，比上年制造业500强入围企业数减少5家。其中有65家提供了完整的收入利润数据，入围企业共实现营业收入7.9万亿元，占2020中国制造业500强总营收的比重为21.1%，较上一年下降0.5个百分点；入围企业营业收入较上年500强入围企业增长6.8%。入围企业共实现营业利润3613.7亿元，占2020中国制造业500强总营业利润的比重为21.4%，较上一年下降2.6个百分点；入围企业营业利润较上年500强入围企业降低3.1%。入围企业营业利润率为4.6%，高于2020中国制造业500强0.1个百分点。对2020中国制造业500强企业中入围战新100强的企业进行分析可以看出，通过发展战新业务，65家企业以13.4%的数量占比，实现了21.1%的营业收入占比和21.4%的利润占比，转型升级继续取得积极进展。

在2020中国服务业500强企业中共有21家企业入围2020中国战新产业100强企业榜单，比上年服务业500强入围企业数增加1家。其中有17家提供了完整的收入利润数据，入围企业共实现营业收入6.5万亿元，占2020中国服务业500强总营收的比重为15.7%，较上一年下降2.6个百分点；入围企业营业收入与上年服务业500强入围企业相比降低3%。入围企业共实现营业利润5368.4亿元，占2020中国服务业500强总营业利润的比重为13.9%，较上一年下降0.5个百分点；入围企业营业利润与上年服务业500强入围企业相比增长30.7%，利润有较大程度改善。入围企业营业利润率为8.3%，低于2020中国服务业500强1个百分点。对2020中国服务业500强企业中入围战新100强的企业进行分析可以看出，通过发展战新业务，17家企业以3.4%的数量占比，实现了15.7%的营业收入占比和13.9%的利润占比，具有良好的示范意义。

三、我国企业发展战新业务面临的挑战与机遇

近一年来，世界政治经济格局加速重组我国战新企业发展所面临的挑战前所未有，自身应对能力仍有待提高。与此同时，战略性新兴产业集群等政策红利持续释放，新型基础设施建设产生大量新需求，以"宅经济"为代表的新兴业态和疫苗等生物医药产业迎来强劲增长，我国大企业发展战新业务迎来新机遇。

（一）我国企业发展战新业务面临的挑战

1. 新冠肺炎疫情冲击全球经济

2020年以来，突如其来的新冠肺炎疫情带来的冲击前所未有，对世界经贸格局调整带来更多不确定性，疫情防控常态化是我国战新企业不得不长期面对的局面。一是疫情在全球加速蔓延。截至2020年8月25日，国内累计确诊超9万例；全球新冠肺炎确诊病例超过2300万例，疫情最严重的美国，累计确诊病例超过500万例。当前中国的疫情已得到有效遏制，但在海外却在加速扩散，由于各国未能采取有效措施加以应对，预计疫情仍将持续较长时间。二是经济面临较大下行压力。为控制疫情传播，各国采取严格限制人员流动和交通运输等举措，对经济活动产生了严重影响。2020年上半年我国国内生产总值同比下降1.6%；根据世界银行的预测，全球经济在2020年将收缩5.2%。三是对全球供需造成严重冲击。新冠肺炎疫情导致的经济活动减弱使全球供需受到严重干扰。在供给端，疫情导致劳动力供给减少、产能利用率下降、依赖供应链的企业无法获得所需零部件，产业链、供应链的安全难以得到保证。在需求端，对疫情蔓延的恐惧和不确定性加剧打击了消费者和企业的信心，进而造成需求下滑和投资减少。

2. 国际环境和外部风险日趋复杂严峻

特朗普政府奉行"美国优先"政策，对外采取一系列单边主义和贸易保护主义措施。我国战新产业企业的国际环境日趋严峻。一是美国对中国出口产品加征关税，对美出口业务受到波及。2019年，我国货物贸易进出口总值同比增长3.4%，对美国货物贸易进出口则同比下降10.7%，其中对美出口同比下降12.5%，进口同比减少20.9%。二是美国试图与中国进行科技脱钩。美国以出口管制、投资审查、人才交往限制等手段，从产品和技术层面对我国进行了限制，相关举措对我国战新企业产生了重要影响。三是外部环境恶化导致产业链、供应链外迁。受中美贸易摩擦、新冠肺炎疫情等因素影响，部分跨国企业开始将生产制造环节从国内向东南亚、南亚等地转移。同时，新冠肺炎疫情初期医疗物资短缺使各国开始重视医疗等战略物资的供应安全，纷纷出台措施支持相关产业回迁，部分产业的供应链在空间布局上或形成一定收敛。我国战新企业尤其是领军企业应高度警惕产业链外迁带来的风险。

3. 企业自身风险应对能力不足

经过多年努力，我国战新企业发展取得了明显进步，但从整体来看，我国战新产业的基础仍然较为薄弱，企业难以有效应对风险。一是整体实力偏弱。从2020战新产业100强榜单来看，上榜企业中入围中国企业500强的共有79家，占比为15.8%，而在美国500强中战新企业占比超过30%，

我国战新头部企业数量与美国仍有较大差距。根据福布斯发布的 2020 全球品牌价值 100 强，美国战新企业苹果、谷歌、微软、亚马逊、Facebook 分列前五，而中国仅华为一家上榜，具有全球影响力的领军企业依然稀缺。二是发展质量有待提高。我国战新企业整体仍停留在价值链的中低端，产业附加值较低的问题较为突出，企业投资存在一定程度的盲目性和重复性。以集成电路制造为例，在市场需求和中美科技战双重驱动下，几年时间国内投资建设了若干条集成电路生产线，新增产能与国内的实际需求相比有较大差距，极易造成产能过剩。三是自主创新能力较弱。从 2020 战新产业 100 强榜单来看，入围企业平均研发投入强度为 2.7%，仅比 2019 年全国研发经费投入强度 2.2% 高 0.5 个百分点，在入围企业中有 30 家企业平均研发强度不足 1%，尚未形成创新驱动的发展格局。从关键核心技术看，我国在高端芯片、集成电路、操作系统、发动机、精密仪器等领域短板明显，相关企业产品和技术能力与国际先进水平尚有较大差距。

（二）我国企业发展战新业务的机遇

1. 产业发展迎来新一轮政策红利期

近一年来，围绕培育壮大战略性新兴产业的政策措施接连出台，力促战略性新兴产业健康、持续、快速发展，战新企业发展迎来新一轮政策红利期。在产业发展方面，国家发改委下发《关于加快推进战略性新兴产业集群建设有关工作的通知》，公布了第一批 66 个国家级战略性新兴产业集群，针对入选集群，国家发改委将组织产业集群指导专家组加大分类指导和支持；支持重大项目建设和产业链协同创新平台、检验检测和智能园区等产业基础建设，建设和培育一批产业集群领军企业；对产业集群重大项目给予较大额度和较长期的信贷支持，推动条件成熟地区设立专项金融机构，引导国家级战略性新兴产业发展基金设立子基金。在融资支持方面，中央层面明确要扩大战略性新兴产业投资，国家发改委将充分发挥政府资金的引导作用，推动国家级战略性新兴产业发展基金、国家新兴产业创业投资引导基金等新兴产业发展基金，优先在受到表彰的地方设立子基金，支持集群内的优质中小企业快速成长。证监会发布《创业板首次公开发行股票注册管理办法（试行）》等相关制度规则，更加明确了创业板定位，以支持高新技术产业、战略性新兴产业为主要特征，直接助推我国产业结构转型升级。此外，在科技部国家重点研发计划公示的近 50 个专项 512 个项目中，网络通信、新能源、医药等相关的战略性新兴产业成为国家科研经费覆盖的重点领域。教育部近期开展多次专场招聘，加大推进国家战略性新兴产业的引才力度。江苏、广东等地通过推进知识产权强企行动计划，在建立重点产业专利信息数据库等方面加强对战略性新兴产业的知识产权保护。

2. 新兴需求催生产业发展新机遇

一是新基建需求带动相关产业快速发展。2020 年 3 月，中共中央政治局常务委员会召开会议，强调要"加快 5G 网络、数据中心等新型基础设施建设进度"，4 月，国家发改委明确新基建范围，包括以 5G、工业互联网、人工智能、云计算、智能交通基础设施、智慧能源基础设施等为代表的信息基础设施、融合基础设施、创新基础设施。伴随着新型基础设施建设加快，新基建催生的需求将带动新一代信息技术、新能源汽车等战略性新兴产业开启新一轮快速增长。据海通证券预计，新基建 2020 年投资 3 万亿元，未来五年直接投资 10 万亿元、带动投资 17.1 万亿元。以 5G 网络建设为例，中国信通院预计，到2025年5G网络投资累计将达1.2万亿元，5G网络建设将有助于培育繁荣的互联网经济、人工智能、数字经济等新技术产业，间接带动数十万亿元的经济总产出。二是在抗击新冠肺炎疫情过程中，集中孕育大量新兴产业，新一代信息技术、生物等产业迎来发展新机遇。2020年1~5月，与互联网相关的新业态、新模式继续保持逆势增长。全国实物商品网上零售额同比增长11.5%；实物商品网上零售额占社会消费品零售总额的比重为24.3%，比去年同期提高5.4个百分点。疫情防控期间，在线教育、在线问诊、在线娱乐、远程办公等一系列线上需求呈井喷式增长。三是产业链、供应链格局调整为我国战新企业提供良机。受新冠肺炎疫情的影响，国内科技企业将供应链的安全摆在更重要的位置，强调供应链多元化、本土化布局，以降低对单一国家和供应商的依赖。例如，华为等手机制造商开始对国内供应链投入资源进行扶持，寻求国产化替代方案。在此之前，战新产业关键领域市场份额长期被国外企业占据，国内企业创新产品不同程度面临国内企业不愿用、不敢用的情况。新的趋势给我国战新配套企业带来了市场机遇，将有助于加快其产品迭代升级，逐步达到国际先进水平，形成产业链上下游良性互动。

四、促进我国战略性新兴产业相关企业发展的相关建议

为有效应对外部环境快速变化，顺应产业转型升级的时代要求，以战新产业100强为代表的大企业应结合自身条件准确选择战新产业重点方向，加大对创新资源的投入，逐步突破"卡脖子"环节，实现创新驱动发展，并积极带动产业链上下游协同发展，打造自主产业生态，向价值链中高端攀升，实现高质量发展。

1. 把握产业重点方向

2020年4月，习近平总书记在浙江考察时指出，"要抓住产业数字化、数字产业化赋予的机遇，加快5G网络、数据中心等新型基础设施建设，抓紧布局数字经济、生命健康、新材料等战略性新兴产业、未来产业，大力推进科技创新，着力壮大新增长点、形成发展新动能。"以战新产业100强为代表的大企业应把握发展机遇，加快转型升级，在巩固企业传统优势业务基础上，结合自身资源禀赋、要素条件，聚焦新一代信息技术、生物、高端装备制造等战新产业重点领域，积极拓展新业务，培育新增长点。加快发展无人驾驶汽车、增材打印、生物技术、新材料、量子计算与通信等前沿技术与产品；加强高铁、5G、电力等装备创新发展，保持领先优势；推动能源新技术、新能源汽车、海洋工程装备、机器人等领域向技术领先迈进；加快发展大飞机及航空发动机、高档数控机床、高性能医疗器械等。

2. 加快创新能力建设

习近平总书记指出，要推动企业成为技术创新决策、研发投入、科研组织和成果转化的主体，培育一批核心技术能力突出、集成创新能力强的创新型领军企业。面对企业自身转型升级的需求，以战新产业100强为代表的大企业应更好发挥科技创新的强大推动作用。一是加大研发投入力度，重点突破本领域"卡脖子"关键核心技术，积极申报重大科技专项、重大科技项目及其他国家科技计划。二是加强与大学、科研机构基础研究和应用研究资源对接，加快科技成果向现实生产力转化，加快形成具有市场竞争力的战新产品。三是加快高端战新人才队伍建设。重视创新型人才，为创新

型人才提供更广阔的职业发展空间和更有竞争力的薪酬激励。与高校、科研院所加强联系，加快培养产业急需的应用型、复合型、创新型人才。

3. 发挥领军企业作用

一是把握机遇，做大做强做优。顺应数字化、网络化、智能化趋势，加快转型升级。以全球产业链供应链重构为契机，培育发展自有品牌，提升品牌知名度、企业管理能力和产品竞争力，逐步向价值链中高端迁移。二是带动产业链上下游协同发展。领军企业应充分发挥技术、资源、规模优势，积极牵头组织产业技术创新联盟，大力扶持国内供应链配套企业，孵化一批创新型小微企业，打造以领军企业为核心的产业生态。三是加强政企沟通。代表产业界、企业界加强与政府部门的信息沟通，及时了解政策和动向，积极沟通行业发展困境，为行业发展建言献策，争取政策支持。

第六章
2020 中外 500 强企业对比分析报告

2019年，全球经济贸易增速显著放缓，外国直接投资大幅下降，主要发达经济体增速持续下行，新兴经济体下行压力加大。2020年，全球经济受到新冠肺炎疫情带来的严重危机，各国企业发展面临挑战。2020世界、美国和中国500强企业营业收入仍保持增长，但增长幅度减小；世界500强企业净利润出现下降，美国500强净利润增长放缓和中国500强净利润增长平稳。2020世界500强的中国上榜企业数量实现新的突破，但盈利水平和国际化程度与全球领先企业相比仍有一定距离。

习近平总书记强调要"逐步形成以国内大循环为主体、国内国际双循环相互促进的新发展格局"。面临经济全球化的不确定性和全球新冠肺炎疫情的影响，中国企业必须进行大的战略调整。对标世界一流企业继续做强是进入世界500强第一梯队企业的首要任务；继续做大基础上做强则是中国500强第二梯队企业的追赶关键。要重视全球价值链的关键环节或生产能力建设，加强企业自主创新能力，加快企业国际化步伐，培育具有全球竞争力的世界一流企业。

一、2020世界500强最新格局及中外上榜企业发展对比

1. 2020世界500强最新格局

（1）沃尔玛连续7年蝉联榜首，利润大幅回升。

2020世界500强排行榜中美国沃尔玛连续7年蝉联榜首，近10年来第9次摘下榜首桂冠。沃尔玛2019年的营业收入为5239.64亿美元，较上年增长了1.86%，净利润为148.81亿美元，较上年增长了123.10%，这是自2014年后持续下滑后的首次回升，超过2015年的利润水平（见图6-1）。沃尔玛经营业绩反映了经济全球化带来的红利，以及零售业仍然是经济发展的重要部分。

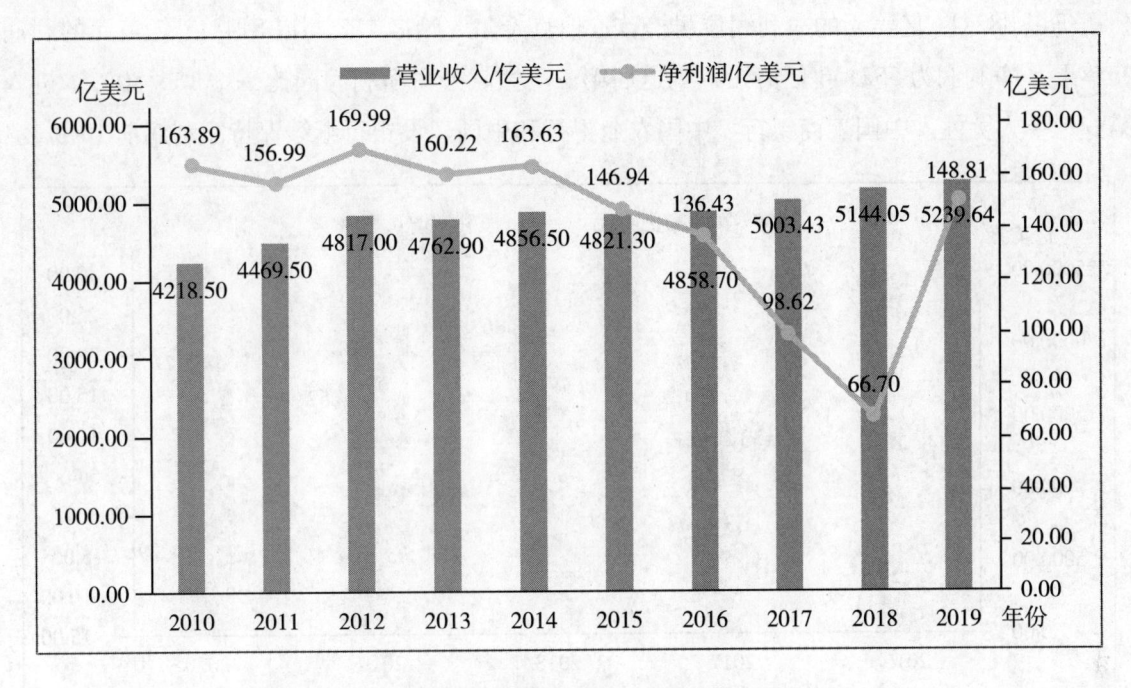

图 6-1 美国沃尔玛企业的营业收入和净利润（2010—2019）

（2）企业营业收入整体创新高，营业收入增长率明显下滑。

2020 世界 500 强的营业收入共计 332941.45 亿美元，再创新高。营业收入较上年 500 强（下同）增长 1.93%，增速明显下滑（见图 6-2）。进入排行榜门槛达到 253.86 亿美元，增长了 2.38%。世界 500 强的营业收入规模接近中美两国 GDP 的总和，在全球经济的影响力不断增加。

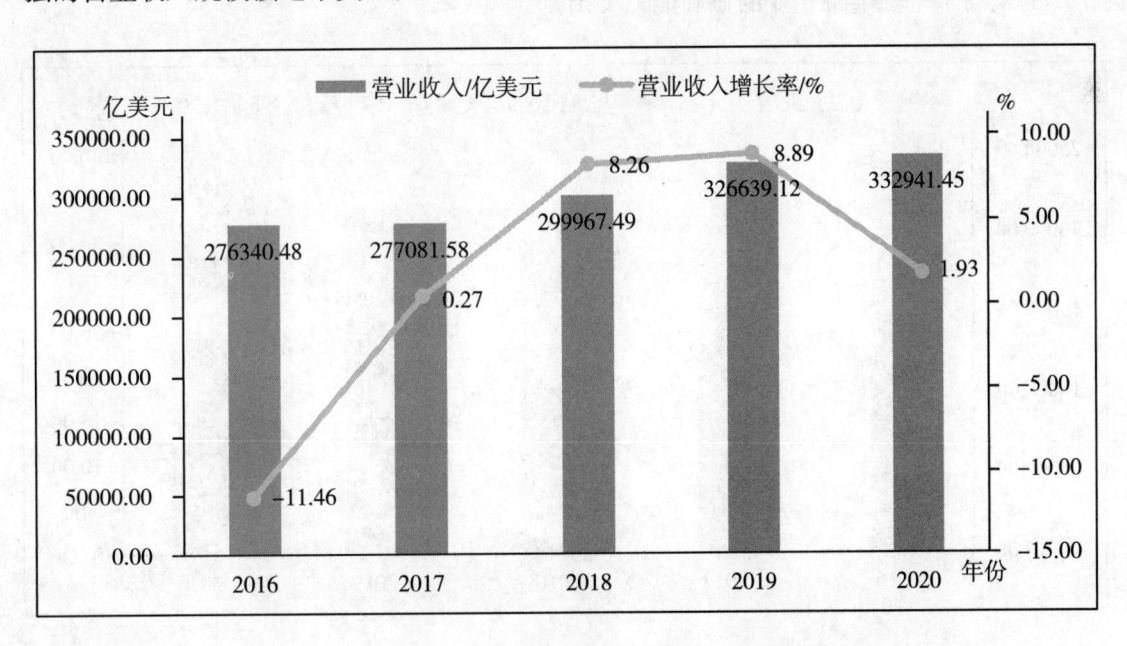

图 6-2 世界 500 强的营业收入总额及增长率（2016—2020）

（3）企业净利润总额出现下降，金融企业表现出色。

2020 世界 500 强的净利润总额为 20613.17 亿美元，增长率为负 4.29%。近 5 年来，2019 世界 500 强净利润总额为峰值；2018 世界 500 强增长率最高为 23.36%（见图 6-3）。上榜企业中，沙特阿美公司仍以882.11亿美元的净利润位居榜首；伯克希尔-哈撒韦公司以814.17亿美元的利润位列第二；苹果（净利润为552.56亿美元）则退居第三。微软公司净利润同比暴增136.80%，进入净利润榜第五，令人关注。中国工商银行、中国农业银行和中国建设银行继续保持净利润前10位榜单。

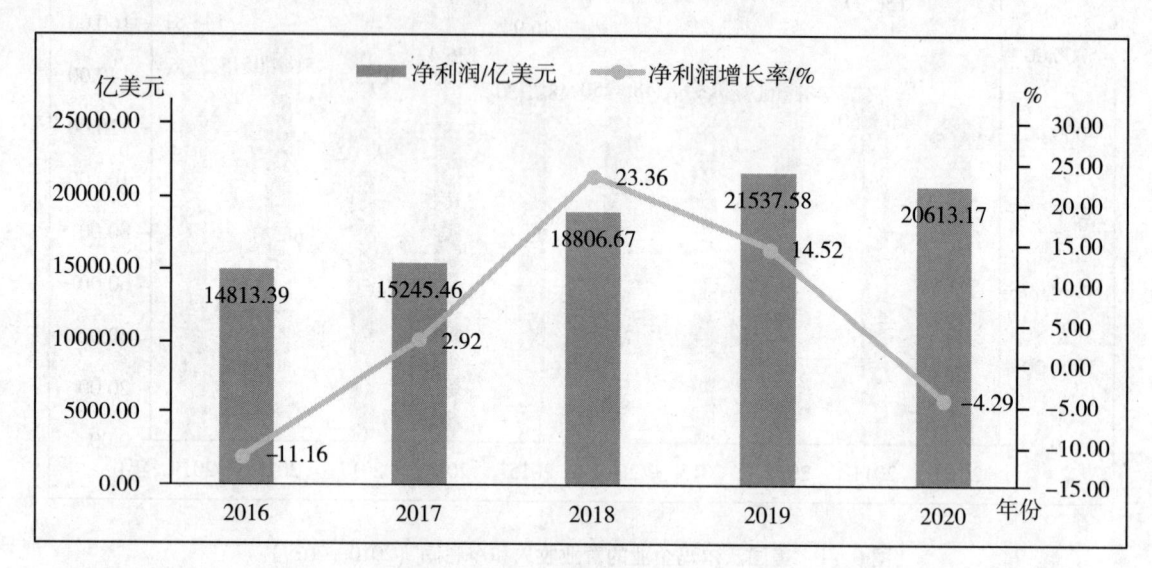

图6-3 世界500强的净利润总额及增长率（2016—2020）

金融企业净利润表现突出。2020世界500强金融企业（财产与意外保险、多元化金融、人寿与健康包括和商业储蓄等多个金融领域）共有116家上榜（占比23.20%），其净利润高达7663.24亿美元，约为世界500强净利润总额的37.18%（见图6-4）；金融企业净利润达到近5年新高，占比接近近5年的最高水平。金融企业的盈利能力突出。

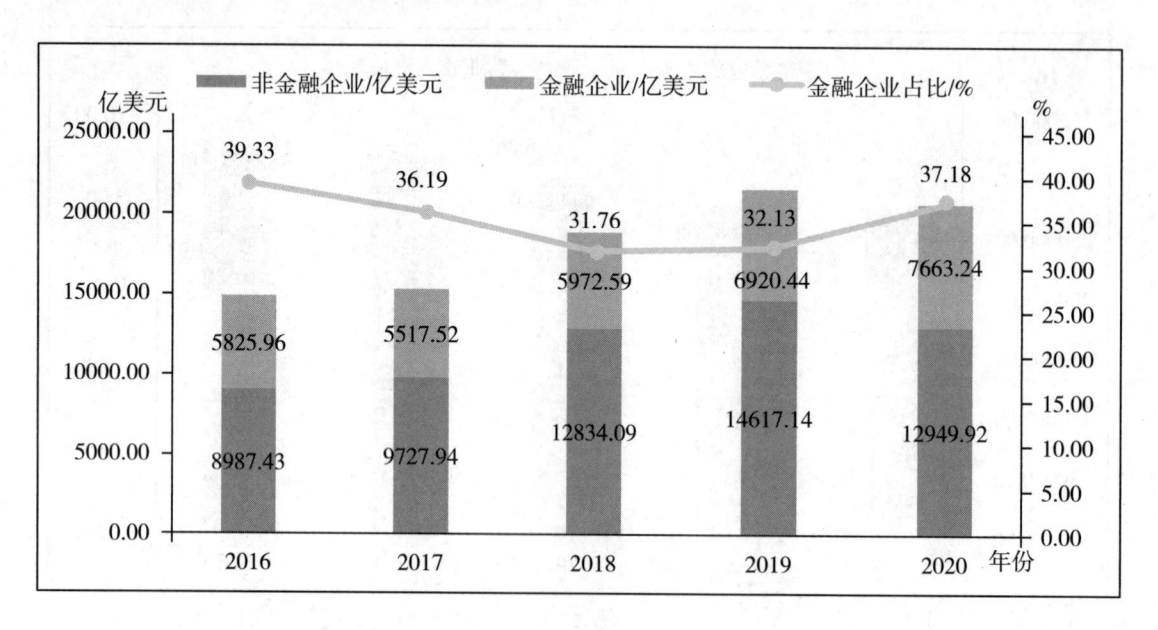

图6-4 世界500强的金融和非金融企业的净利润分布（2016—2020）

（4）亏损企业数量由降转升，亏损总额继续扩大。

2020世界500强有亏损企业45家，比上年500强增加了14家；亏损企业亏损总额扩大到1014.61亿美元（见图6-5）。从行业分布来看，采矿、原油生产行业的企业亏损最为严重，有7家，亏损额达207.86亿美元；车辆与零部件行业次之，有4家亏损企业，亏损额为94.05亿美元。墨西哥石油公司亏损约180.39亿美元名列亏损额榜首。中国有9家公司亏损。

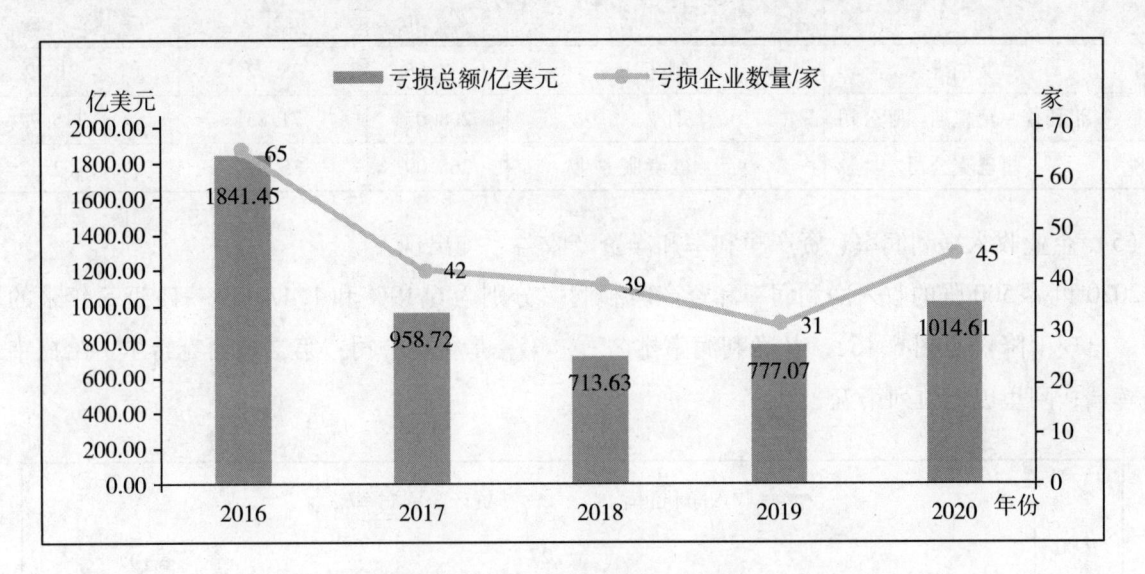

图6-5 世界500强的亏损企业数量及亏损总额（2016—2020）

2020世界500强中归属母公司的所有者权益为负的企业共有14家（见表6-1）。其中，墨西哥石油公司连续12年为负值，归属母公司的所有者权益为-1057.66亿美元，是唯一一家超过1000亿美元的企业，且较上年继续恶化（2019墨西哥石油公司归属母公司的所有者权益为-741.37亿美元）；美国邮政近12年中有11年负值；菲利普-莫里斯国际公司连续9年负值。与上年归属母公司所有者权益为负值的企业对照，新出现的有波音、中国化工集团公司、Finatis公司、法国国营铁路集团、星巴克公司。

表6-1 2020世界500强中"归属母公司的所有者权益为负"的企业

名次	企业名称	行业	营业收入/亿美元	净利润/亿美元	归属母公司的所有者权益/亿美元
59	家得宝	专业零售	1102.25	112.42	-31.16
81	戴尔科技公司	计算机、办公设备	921.54	46.16	-15.74
121	波音	航天与防务	765.59	-6.36	-86.17
133	墨西哥石油公司	采矿、原油生产	728.20	-180.39	-1057.66
141	美国邮政	邮件、包裹及货物包装运输	711.54	-88.13	-715.32
164	中国化工集团公司	化学品	657.67	-12.51	-13.21
184	惠普公司	计算机、办公设备	587.56	31.52	-11.93
219	HCA医疗保健公司	保健：医疗设施	513.36	35.05	-28.08
257	美国航空集团	航空	457.68	16.86	-1.18
262	Finatis公司	食品店和杂货店	450.45	-6.16	-4.58
318	法国国营铁路集团	铁路运输	393.08	-8.97	-98.17

续表

名次	企业名称	行业	营业收入/亿美元	净利润/亿美元	归属母公司的所有者权益/亿美元
378	艾伯维	制药	332.66	78.82	-81.72
421	菲利普-莫里斯国际公司	烟草	298.05	71.85	-115.77
478	星巴克公司	食品：饮食服务业	265.09	35.99	-62.32

（5）企业收入净利润率、资产净利润率和净资产收益率均出现下降。

2020世界500强的收入净利润率和资产净利润率分别为6.19%和1.47%，一改近5年来的增长态势，出现下降（见图6-6）。从净利润率排名看，第一是台积公司；第二是伯克希尔-哈撒韦；第三是辉瑞；阿里巴巴位列第五。

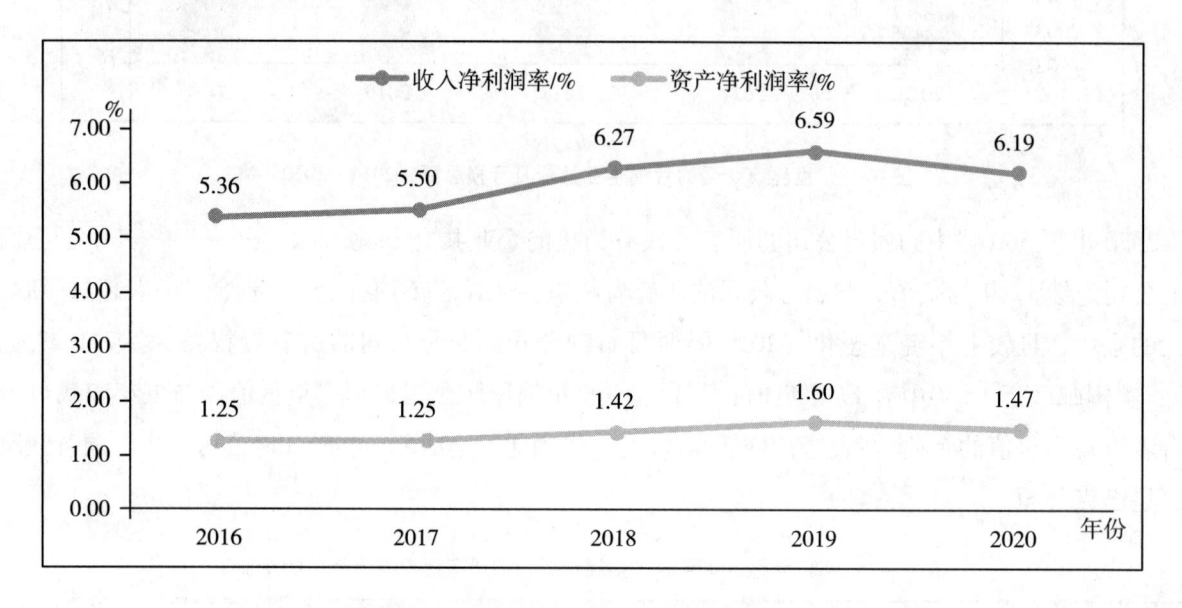

图6-6 世界500强的收入净利润率和资产净利润率（2016—2020）

2020世界500强共拥有归属母公司的所有者权益（净资产）182050.75亿美元，与上年500强有所增长。但是，净资产收益率为11.32%，出现下降（见图6-7），下滑0.81个百分点。从净资产收益率排名看，美国劳氏公司跃升首位；而中国上榜公司位居靠前的是恒力集团、泰康保险、青山控股、碧桂园和中国人寿保险。

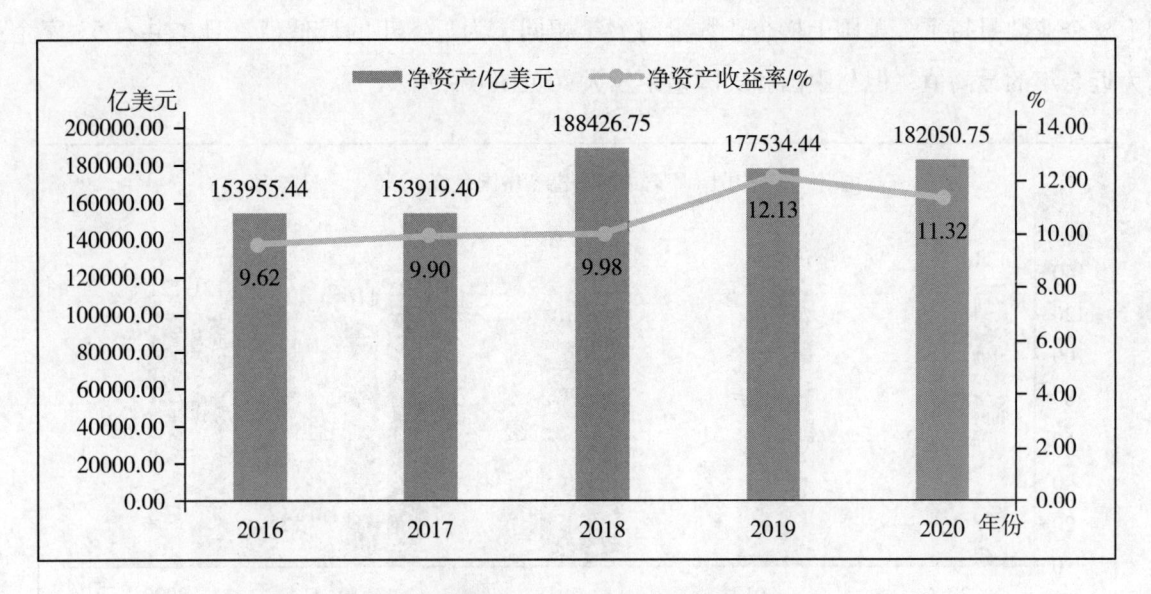

图 6-7 世界 500 强的净资产规模和净资产收益率 (2016—2020)

(6) 企业员工人数和人均营业收入继续上升。

2020 世界 500 强企业员工总数为 6985.47 万人，较上年增加 59.01 万人，继续保持近五 5 年增长趋势。2020 世界 500 强的人均营业收入为 47.66 万美元/人，较上年增长了 0.50 万美元/人（见图 6-8）。其中，员工人数最多的企业仍然是沃尔玛和中石油，分别为 220.00 万人和 134.44 万人。

图 6-8 世界 500 强的员工总数及人均营业收入 (2016—2020)

2. 世界 500 强中外上榜企业对比

(1) 中国企业上榜数量继续增加，新上榜企业中占比超三成。

2020 年世界 500 强的上榜企业来自 33 个国家或地区，中国、美国和日本上榜企业数量位居前三位。中国共有 133 家企业上榜，再次超过美国（121 家），成为全球上榜企业数量最多的国家。中国大陆（不含中国香港、中国台湾，下文分析均针对中国大陆数据）共有 121 家企业上榜，第一次与美国上榜企业数量持平。美国上榜企业数量与上年相同，为近5年的最低值。日本共有53家企业上榜，为近5年的最高值，但与中国和美国差距较大（见图6-9）。

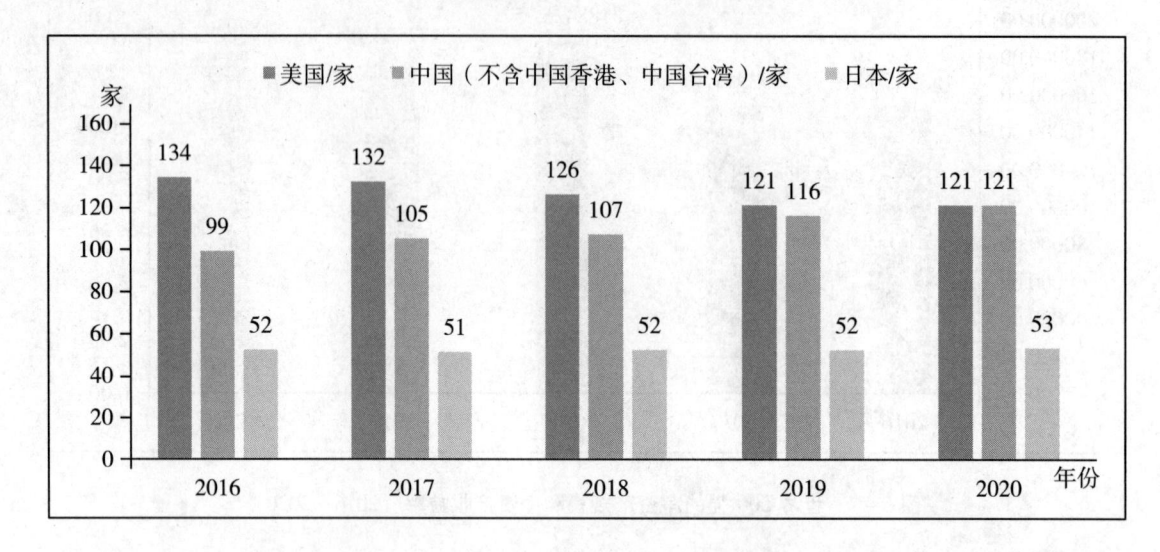

图6-9 世界500强美国、日本、中国企业数量分布（2016—2020）

2020世界500强共有25家新上榜或重新上榜的企业，中国有8家企业名列其中，约占总数的三分之一。中国8家首次上榜的企业是：上海建工集团股份有限公司、深圳市投资控股有限公司、盛虹控股集团有限公司、山东钢铁集团有限公司、上海医药集团股份有限公司、广西投资集团有限公司、中国核工业集团有限公司和中国中煤能源集团有限公司。

2020世界500强排名上升中，保险行业企业表现突出。排名上升幅度最大的英国保诚集团，由去年跃升292位，名列第80位；排名上升幅度前十家企业中有6家保险行业企业（见表6-2），其中包括中国香港友邦保险集团和中国台湾国泰金融控股股份有限公司。其中，美国信诺上升到第32位，排名居前。

表6-2 2020世界500强中排名上升幅度最大的前10名企业

排名	较2019年上升位数	国家/地区	企业名称	行业	营业收入/亿美元	净利润/亿美元
80	292	英国	英国保诚集团	人寿与健康保险（股份）	937.36	7.83
181	237	加拿大	宏利金融	人寿与健康保险（股份）	599.69	42.22
32	197	美国	信诺	保健：药品和其他服务	1535.66	51.04
170	183	英国	英国劳埃德银行集团	银行：商业储蓄	642.97	37.33
250	138	中国香港	友邦保险集团	人寿与健康保险（股份）	472.42	66.48
236	118	日本	日本出光兴产株式会社	炼油	488.92	-2.11
139	99	瑞士	苏黎世保险集团	财产与意外保险（股份）	717.92	41.47
233	99	瑞士	瑞士再保险股份有限公司	财产与意外保险（股份）	493.14	7.27
255	93	德国	意昂集团	能源	468.61	17.53
374	81	中国台湾	国泰金融控股股份有限公司	人寿与健康保险（股份）	335.11	20.31

(2) 中国企业不断做大,企业规模持续增加。

从 2020 世界 500 强企业平均营业收入、平均净资产和平均净利润情况看(见图 6-10),中国企业的平均营业收入为 675.09 亿美元,高于 500 强企业的平均营业收入 665.88 亿美元,以及非中国企业的平均营业收入为 662.94 亿美元。中国企业的平均净资产为 362.22 亿美元,与世界平均水平 364.10 亿美元和非中国企业水平 364.70 亿美元大致持平。中国企业平均利润为 35.30 亿美元低于世界平均水平 41.23 亿美元和非中国企业平均水平 43.12 亿美元。中国上榜企业利润水平有待提高。

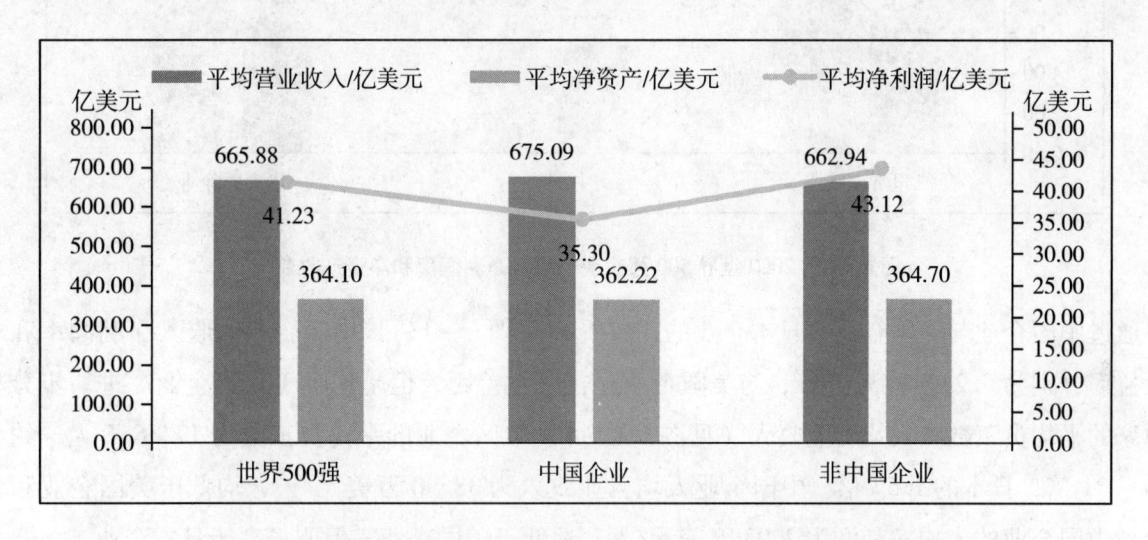

图 6-10 2020 世界 500 强企业平均营业收入、平均净资产和平均净利润情况

从中国企业与美国企业、日本企业比较看(见图 6-11),平均营业收入、平均净资产和平均净利润三个指标,中国企业与美国企业均存在一定的差距;中国企业与日本企业仅在平均净资产指标略有差距,其他两个指标均超过日本企业。

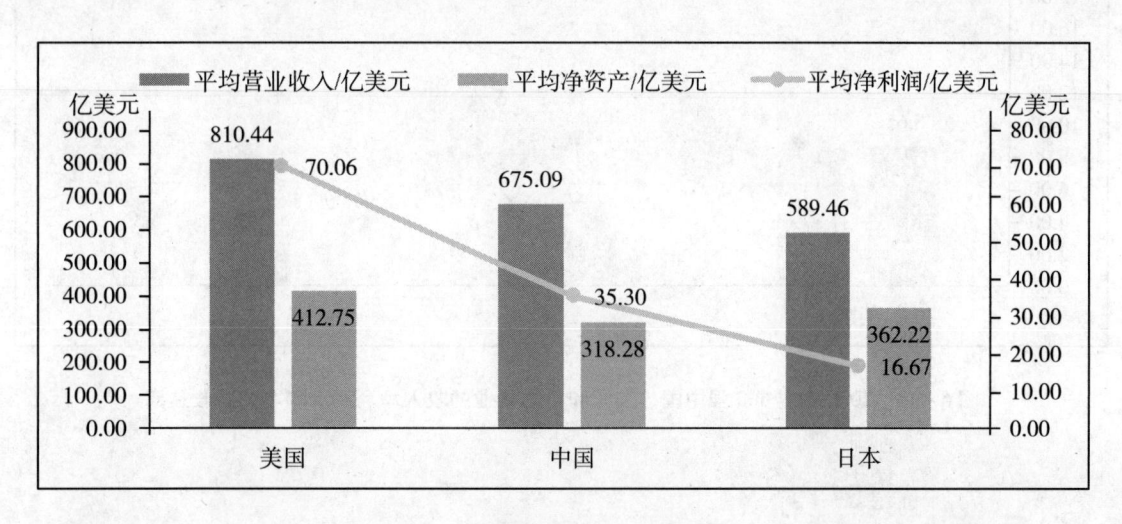

图 6-11 2020 世界 500 强中国、美国和日本企业平均营业收入、平均净资产和平均净利润

(3) 中国企业做大做强,经济效益成为重点。

从 2020 世界 500 强企业的收入净利润率、净资产收益率来看(见图 6-12),中国企业的收入净利润率和净资产收益率分别为 5.23% 和 9.75%,低于世界平均水平和非中国企业水平。

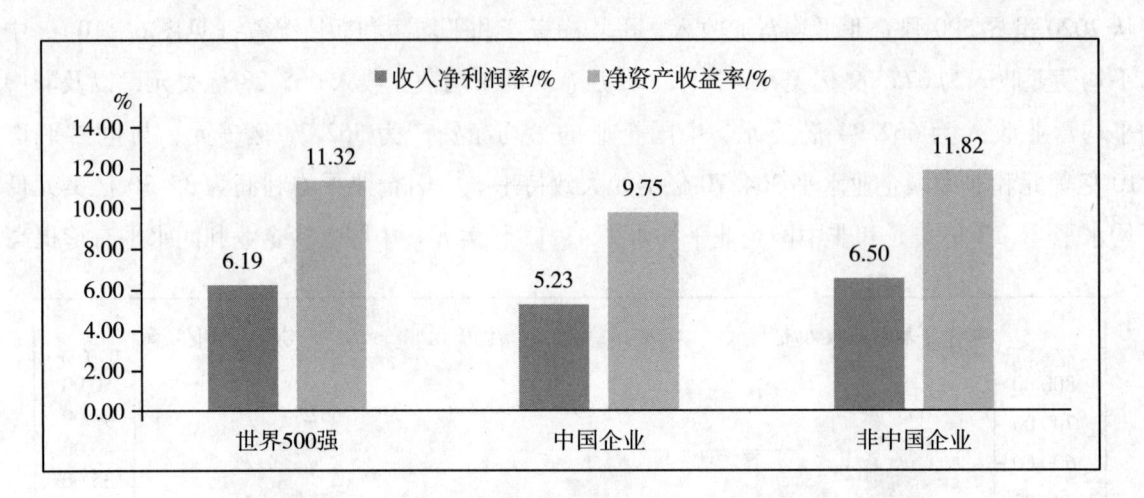

图 6-12　2020 世界 500 强企业的收入净利润率和净资产收益率

通过中国企业与美国企业、日本企业的比较看（见图 6-13），中国企业的收入净利润率和净资产收益率分别为 5.23% 和 9.75%，与美国企业存在一定差距，但是均高于日本企业。进一步分析三个国家的平均员工数和人均营业收入（见图 6-14），中国企业的平均员工数为 17.36 万人，约为美国的 1.21 倍，日本的 1.57 倍。中国企业人均营业收入为 38.90 万美元/人，均低于美国企业和日本企业。中国企业的人均净利润为 2.03 万美元/人，远低于美国企业，但明显高于日本企业。

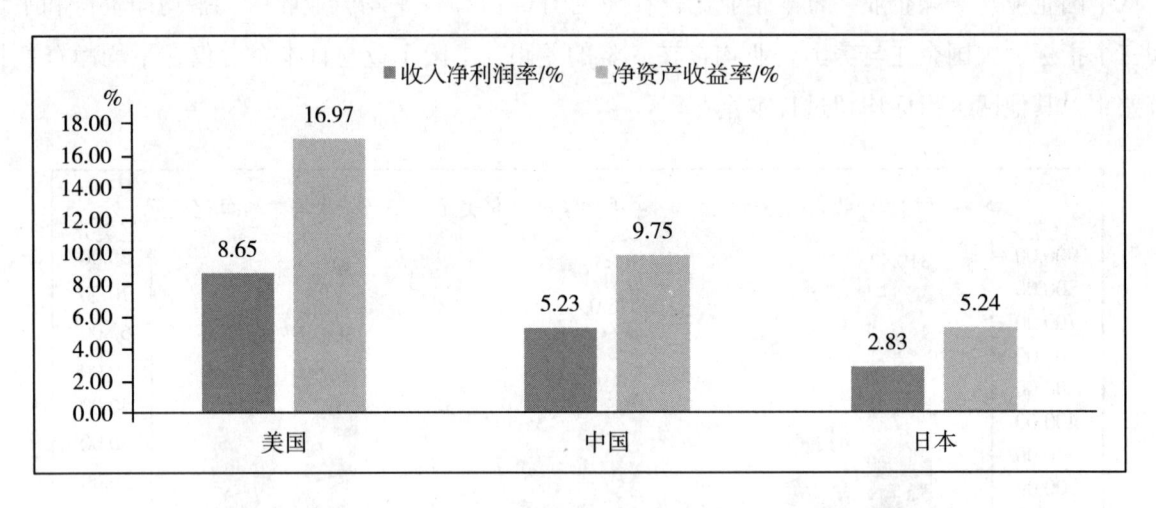

图 6-13　2020 世界 500 强中国、美国和日本企业的收入净利润率和净资产收益率

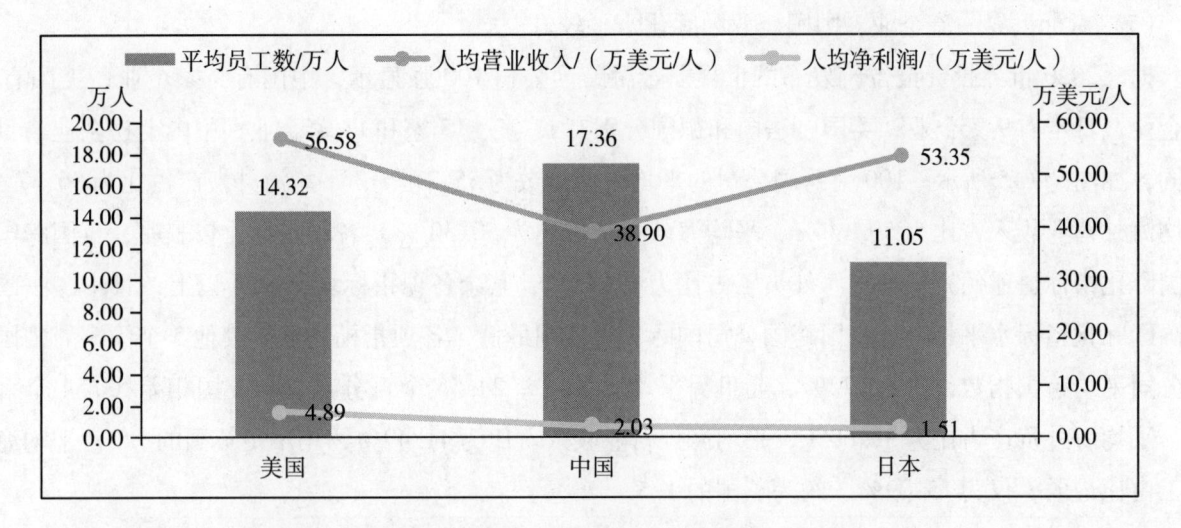

图6-14 2020世界500强美国、中国、日本企业的平均员工数、人均营业收入和人均净利润

（4）中国上榜企业集中于采矿和制造业，互联网企业显现新亮点。

2020世界500强企业共有56个主营业务，中国121家企业分布于29个主营业务中；美国121家企业分布于47个主营业务中；日本53家企业分布于20个主营业务中，中国企业行业分布相对集中，美国的行业分布更广。居于中国上榜企业前列的为采矿业和制造业；居于美国上榜企业前列的为服务业；日本则是制造业和服务业各有一席之地。通过进一步分析发现，中国上榜的重工业企业居多，采矿、原油生产企业有14家，金属产品类企业有13家。美国上榜企业数量最多的是银行业和保险业。日本有10家上榜企业为车辆与零部件企业，贸易企业有6家，电子、电气设备企业有5家，还有诸多服务业企业上榜。如表6-3所示。

表6-3 2020世界500强中国、美国、日本上榜企业的主要行业

中国主要行业	上榜企业数量/家	美国主要行业	上榜企业数量/家	日本主要行业	上榜企业数量/家
采矿、原油生产	14	银行：商业储蓄	8	车辆与零部件	10
金属产品	13	财产与意外保险（股份）	7	贸易	6
贸易	10	航天与防务	5	电子、电气设备	5
银行：商业储蓄	10	炼油	5	财产与意外保险（股份）	3
工程与建筑	9	制药	5	电信	3
车辆与零部件	6	专业零售	5	公用设施	3
航天与防务	6			人寿与健康保险（互助）	3
房地产	5			银行：商业储蓄	3

值得关注的是，互联网企业在快速发展。2020世界500强共有互联网相关公司7家，分别是美国的亚马逊、Alphabet公司、Facebook公司，以及来自中国的京东集团、阿里巴巴集团、腾讯控股有限公司和小米集团。这些互联网大公司的排名较去年均有提升，其中，排名提升幅度最大的是阿里巴巴集团，上升50位，排名第132位，京东集团排名较去年提升37位。

(5) 对标世界一流企业，中国企业国际化水平较低。

据《2020世界投资报告》发布的世界非金融跨国公司100强显示，中国有9家企业；美国有19家企业；日本有9家企业；英国、法国和德国分别有13家、15家和11家企业，中国上榜企业与日本相同，如图6-15所示。100大跨国公司的平均跨国指数为55.27%，平均海外资产占比为56.37%，平均海外营业收入占比为59.14%，平均海外人员占比为50.30%。各项指标比较表明，英国跨国公司国际化指标遥遥领先，平均海外员工占比为79.43%，其余各项指标均在80%以上；日本、法国和德国国际化指标水平相当；中国跨国公司国际化程度则最低，各项指标均低于其他5个国家。中国跨国公司平均跨国指数仅为30.72%，与世界平均水平相差24.55个百分点，与英国相差53.54个百分点；平均海外资产占比为35.60%，平均海外营业收入占比为41.49%，均不足英国的1/2；平均海外员工占比最弱，仅为15.09%，约为英国的1/5。

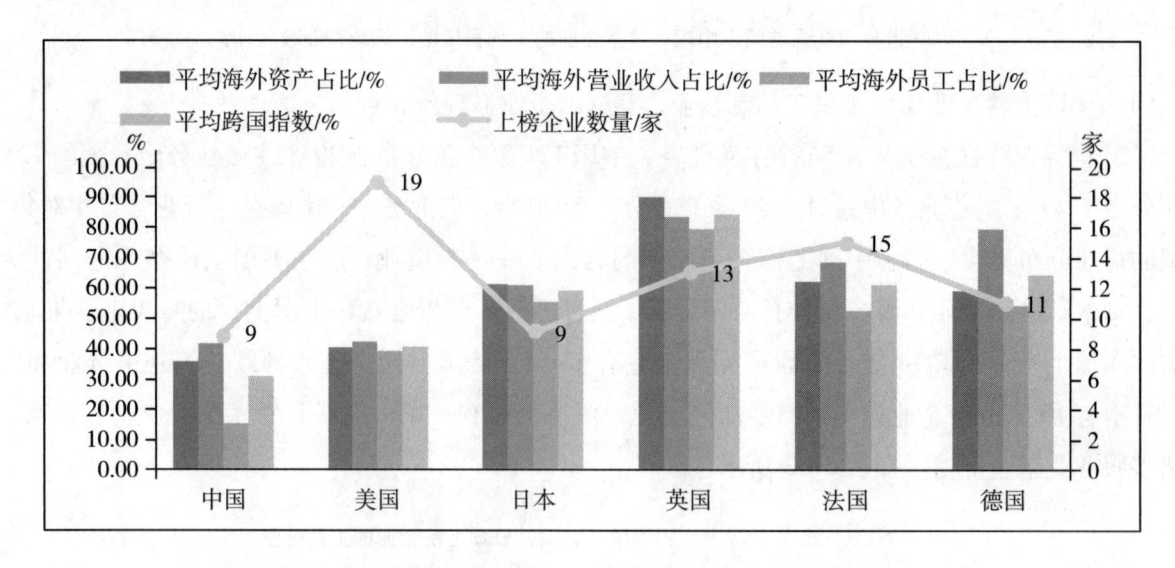

图6-15 世界非金融跨国公司100强主要国家上榜企业数量和平均情况

从世界500强各国海外资产领先企业比较来看，中国跨国公司国际化程度反差更加明显。根据世界非金融跨国公司100强的海外资产排名，排名第一的是皇家壳牌石油公司，而日本、法国、德国、美国和中国排名最高的企业分别是丰田汽车公司（第2位）、道达尔公司（第5名）、大众汽车集团（第6名）、雪佛龙公司（第10位）、中国石油天然气集团公司（第18位）。从跨国指数来看，皇家壳牌石油公司最高，为82.64%；其次为道达尔公司，为78.52%；丰田汽车公司和大众汽车集团分别为64.96%和60.25%；雪佛龙公司和中国石油天然气集团公司分别为58.01%和24.67%。中国石油天然气集团公司的各项指标均与其他国家存在较大差距，如表6-4所示。

表6-4 世界500强主要国家海外资产领先企业

排名	企业名称	国家	海外资产占比/%	海外营业收入占比/%	海外员工占比/%	跨国指数/%
1	皇家壳牌石油公司	英国	93.48	83.37	71.08	82.64
2	丰田汽车公司	日本	63.35	68.18	63.35	64.96

续表

排名	企业名称	国家	海外资产占比/%	海外营业收入占比/%	海外员工占比/%	跨国指数/%
5	道达尔公司	法国	91.17	78.10	66.30	78.52
6	大众汽车集团	德国	44.41	80.61	55.74	60.25
10	雪佛龙公司	美国	72.79	53.93	47.30	58.01
18	中国石油天然气集团公司	中国	22.42	41.89	9.69	24.67

（6）国有企业为中坚力量，上榜数量继续增加。

在2020世界500强中国上榜企业中共有92家国有企业，占中国上榜企业总数的76.03%。其中，包括48家国务院国资委出资企业，12家财政部出资企业和32家地方国有企业。在2016—2020世界500强，我国国有企业占比呈现先下降后趋于平稳的趋势（见图6-16）。

在2020世界500强中，国务院国资委监管的中央企业数量与上年的数量持平且发展稳定，中国石化依然稳居世界第二，中国石油依然为世界第四，国家电网从第5名上升到第3名，中建集团排名从上年的21位提升至18位。此外，还有一些中央企业排名提升幅度较大，中国五矿的排名上升了20位，国药集团前进了24位，中国宝武提升了38位，国家电投的名次上升了46位，中国保利集团则跃升了51位。地方国有企业的区域和产业分布更加均衡，排名第一的依旧是上汽集团；财政部门出资的国有企业上榜数量没有变化，其中11家为财政部出资，兴业银行为福建财政厅出资，该企业上年排名213位，今年排名208位。

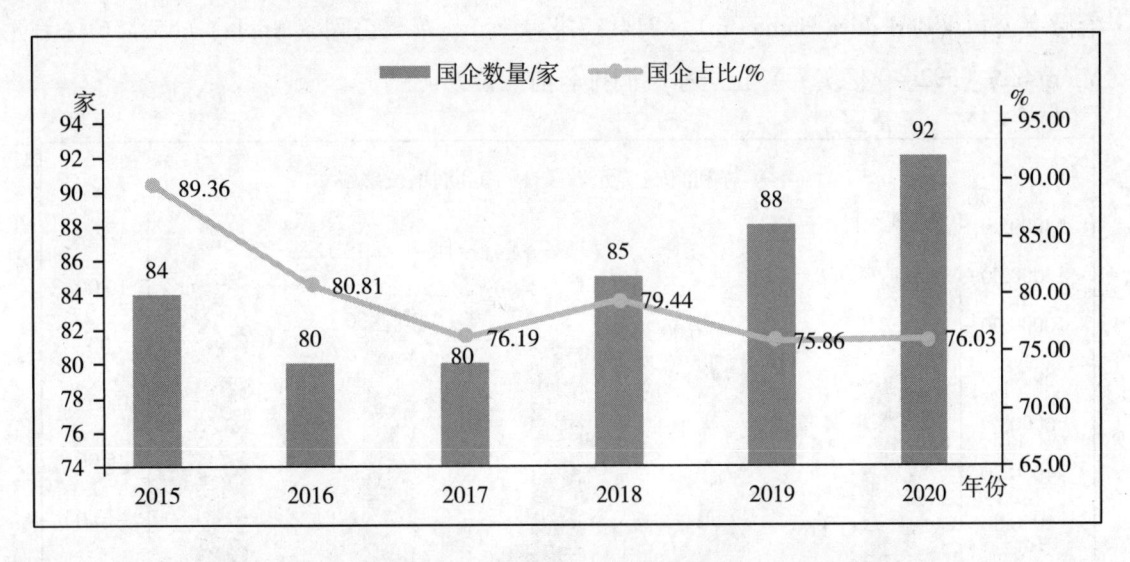

图6-16 世界500强中国国有企业上榜数量和占比（2016—2020）

二、2020世界、美国、中国500强总体发展态势比较

1. 2020美国500强最新格局

（1）营业收入突破14万亿美元，增速放缓。

2020美国500强企业实现营业收入总额142101.05亿美元，首次突破14万亿美元，该营业收入相当于美国当年 GDP 的 2/3。营业收入增长放缓，较上年 500 强增长 3.56%，较前两年明显下降，如图 6-17 所示。沃尔玛连续第八年蝉联榜首，营业收入增长率为 1.86%；亚马逊跃至第二位，营业收入为 2805.22 亿美元，增长率高达 20.45%；苹果公司跌出前三名，位居第四。2020 美国 500 强企业上榜门槛继续提升，达到 56.55 亿美元。

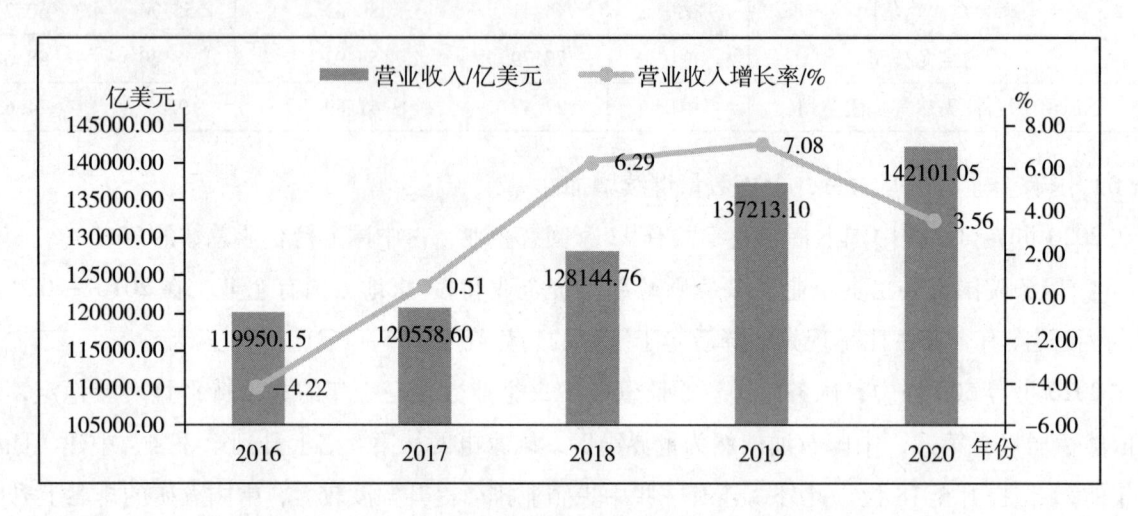

图 6-17　美国 500 强的营业收入总额及增长率（2016—2020）

（2）净利润超过 1.2 万亿美元，金融企业占比三成。

2020 美国 500 强企业实现净利润 12226.84 亿美元，突破 1.2 万亿美元，创近 5 年新高。净利润增长减速，增长率为 7.57%，较前两年增长率下滑显著，如图 6-18 所示。从上榜企业来看，伯克希尔·哈撒韦公司（Berkshire Hathaway）（814.17 亿美元）、苹果公司（Apple）（552.56 亿美元）和微软（Microsoft）（392.40 亿美元）位居净利润排名前三位。

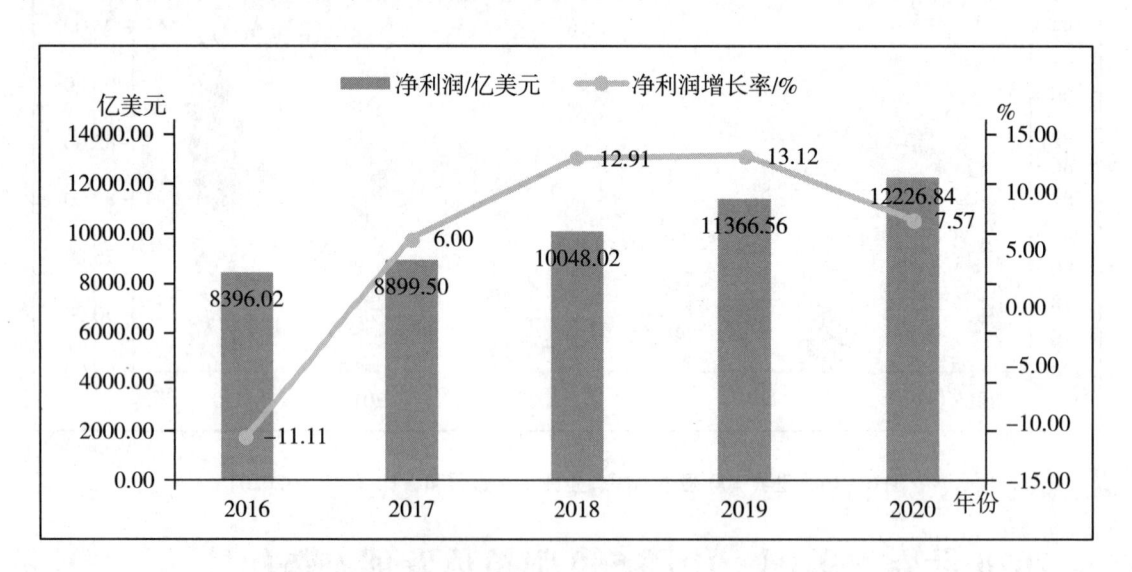

图 6-18　美国 500 强的净利润总额及增长率（2016—2020）

在 2020 年美国 500 强中，金融企业数量增加到 85 家，为近 5 年来最多。金融企业包括证券、商业银行、保险、多元化金融等多种形式。金融企业共实现净利润 3719.66 亿美元，占 2020 美国 500

强企业净利润总额的30.42%,如图6-19所示。

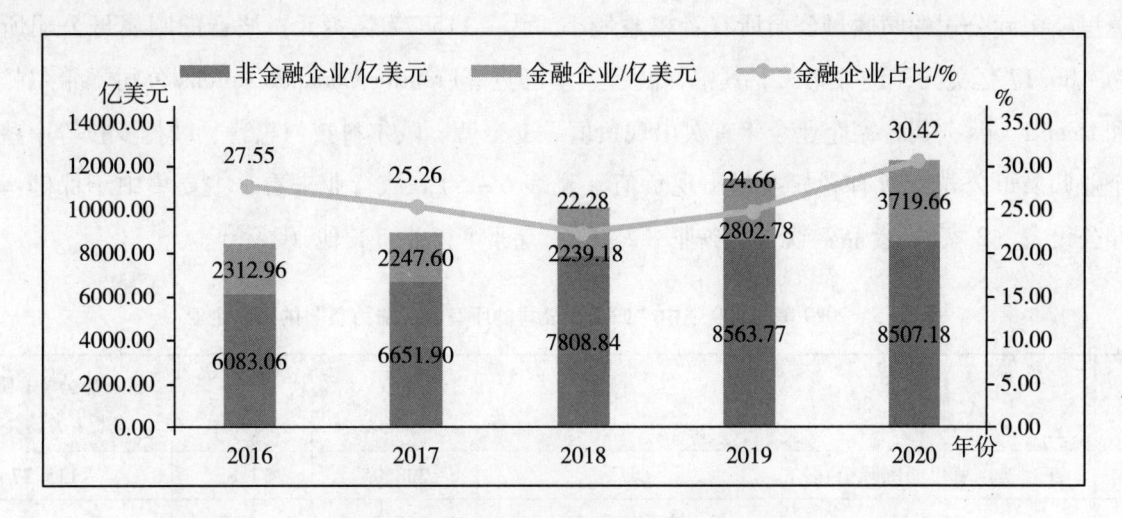

图6-19 美国500强的金融和非金融企业的净利润分布(2016—2020)

(3)亏损企业数量增加,亏损总额上升。

在2020美国500强企业中有60家亏损企业,亏损企业较上年增加了15家,与2017美国500强相同,是近5年最大值。60家企业累计亏损额达743.34亿美元,增长10.41%,为近4年亏损最多的一年,如图6-20所示。新上榜的Uber Technologies公司亏损额达85.06亿美元,为榜上亏损最多的公司;太平洋燃气电力公司的亏损额为76.56亿美元,排列其后。从行业来看,亏损企业主要集中在采矿、原油生产(6家,亏损额为55.30亿美元),车辆与零部件(4家,亏损额为19.92亿美元)。

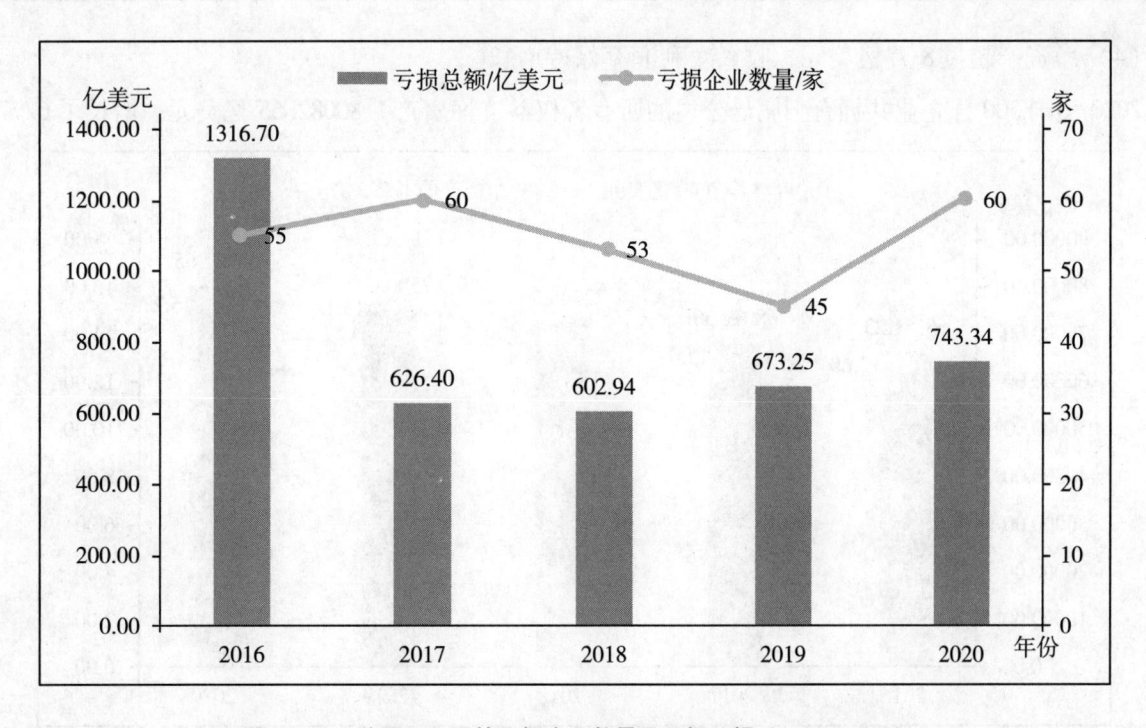

图6-20 美国500强的亏损企业数量及亏损总额(2016—2020)

2020美国企业500强有25家企业的归属母公司的所有者权益（净资产）为负值。其中，菲利普-莫里斯国际公司的归属母公司所有者权益最小，为-115.77亿美元；波音的归属母公司所有者权益为-86.17亿美元，倒数第二。其中，波音、星巴克、Frontier Communications公司、希尔顿全球控股和Dean Foods公司5家企业今年首次出现负值。麦当劳、戴尔科技、惠普、摩托罗拉等一些国际知名企业归属母公司的所有者权益也出现负值（见表6-5）。从行业来看，主要集中于保健；计算机、办公设备（2家）；食品：饮食服务业（2家）；专业零售业：其他（2家）。

表6-5 2020美国500强中"归属母公司的所有者权益为负"的知名企业

名次	企业名称	行业	营业收入/亿美元	利润/亿美元	归属母公司的所有者权益/亿美元
107	菲利普-莫里斯国际公司	烟草	298.05	71.85	-115.77
40	波音	航天与防务	765.59	-6.36	-86.17
156	麦当劳	食品：饮食服务业	210.77	60.25	-82.10
114	星巴克	食品：饮食服务业	265.09	35.99	-62.32
284	航星	建筑和农业机械	112.51	2.21	-37.26
26	家得宝	专业零售商：其他	1102.25	112.42	-31.16
65	HCA公司	保健：医疗设施	513.36	35.05	-28.08
34	戴尔科技	计算机、办公设备	921.54	46.16	-15.74
58	惠普	计算机、办公设备	587.56	31.52	-11.93
403	摩托罗拉系统	网络、通信设备	78.87	8.68	-7.00

（4）净资产超过8万亿美元，收入净利润率保持增长。

2020美国500强企业共拥有归属母公司的所有者权益（净资产）80082.65亿美元，增长了6.77%，

图6-21 美国500强的净资产规模和净资产收益率（2016—2020）

突破了8万亿美元,达到近5年最大值。2020美国500强的净资产收益率为15.27%,亦为近5年最大值,继续保持自2016美国500强净资产和净资产收益率逐年增长的态势,如图6-21所示。

2020美国500强的收入净利润率和资产净利润率分别是8.60%和2.65%,达到近5年新高,保持了持续提高趋势,如图6-22所示)。

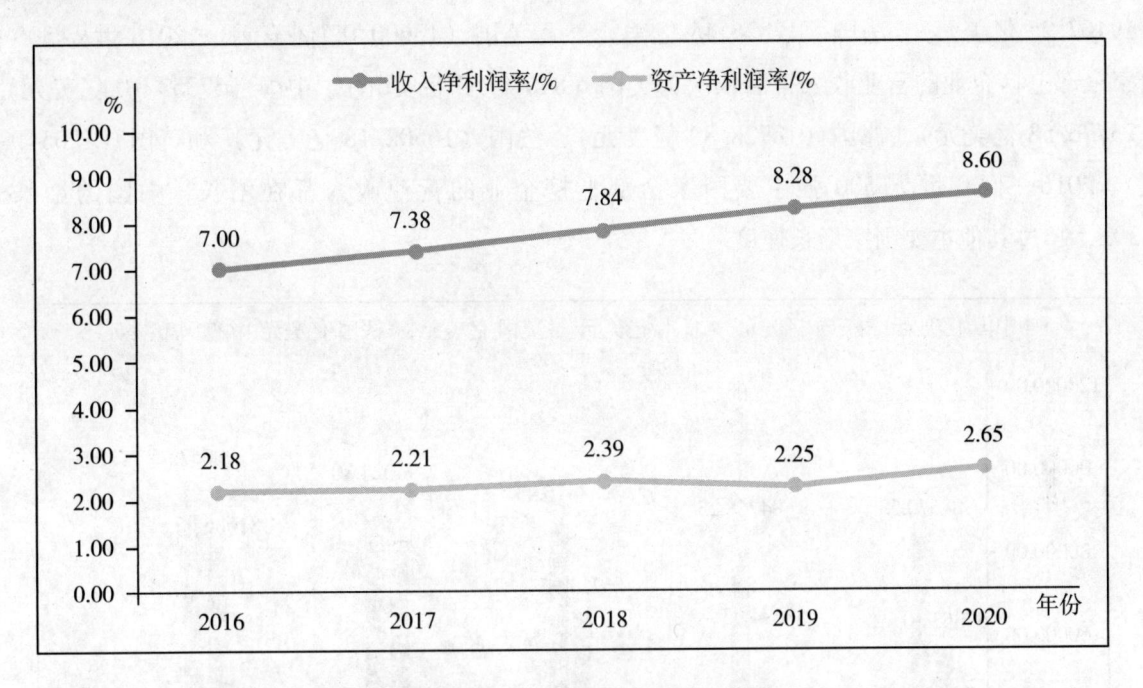

图6-22 美国500强的收入净利润率和资产净利润率(2016—2020)

(5)员工人数、人均营业收入平稳发展。

2020美国500强共有员工2919.20万人,较去年增加54.85万人,增长率为1.91%,继续呈现增加趋势。2020美国500强的人均营业收入为48.68万美元/人,为近5年最大值,如图6-23所示。

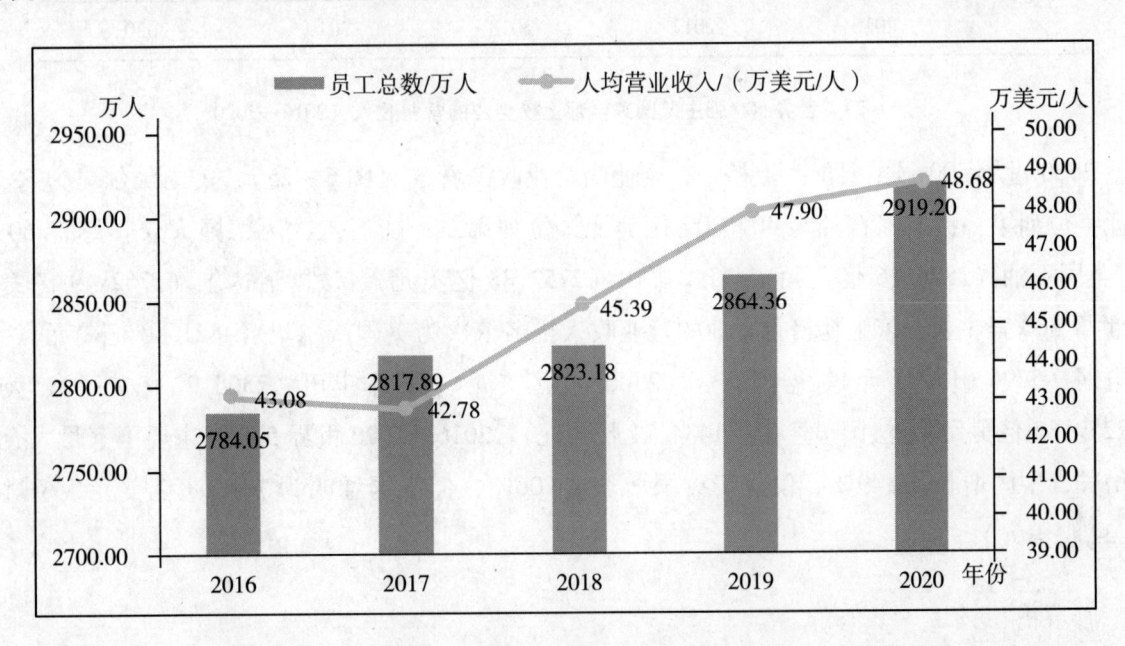

图6-23 美国500强的员工总数及人均营业收入(2016—2020)

2. "十三五"以来世界、美国和中国 500 强对比

（1）中国企业营业收入快速增长，中国 500 强仍有上升空间。

从 2020 世界 500 强主要国家全部上榜企业的营业收入看（见图 6-24），美国为 98062.95 亿美元，位列首位；中国为 81686.05 亿美元，位列第二；日本为 31241.22 亿美元，位列第三；随后为德国（19467.25 亿美元）、法国（17826.45 亿美元）和英国（13600.02 亿美元）。2016 世界 500 强主要国家全部上榜企业的营业收入排名依次为美国（84670.53 亿美元）、中国（57353.10 亿美元）、日本（25776.58 亿美元）、德国（18728.82 亿美元）、法国（16502.18 亿美元）和英国（12054.88 亿美元）。2016—2020 世界 500 强主要国家全部上榜企业的营业收入都在增长，中国的增长达到 42.43%，超过其他主要国家增长速度。

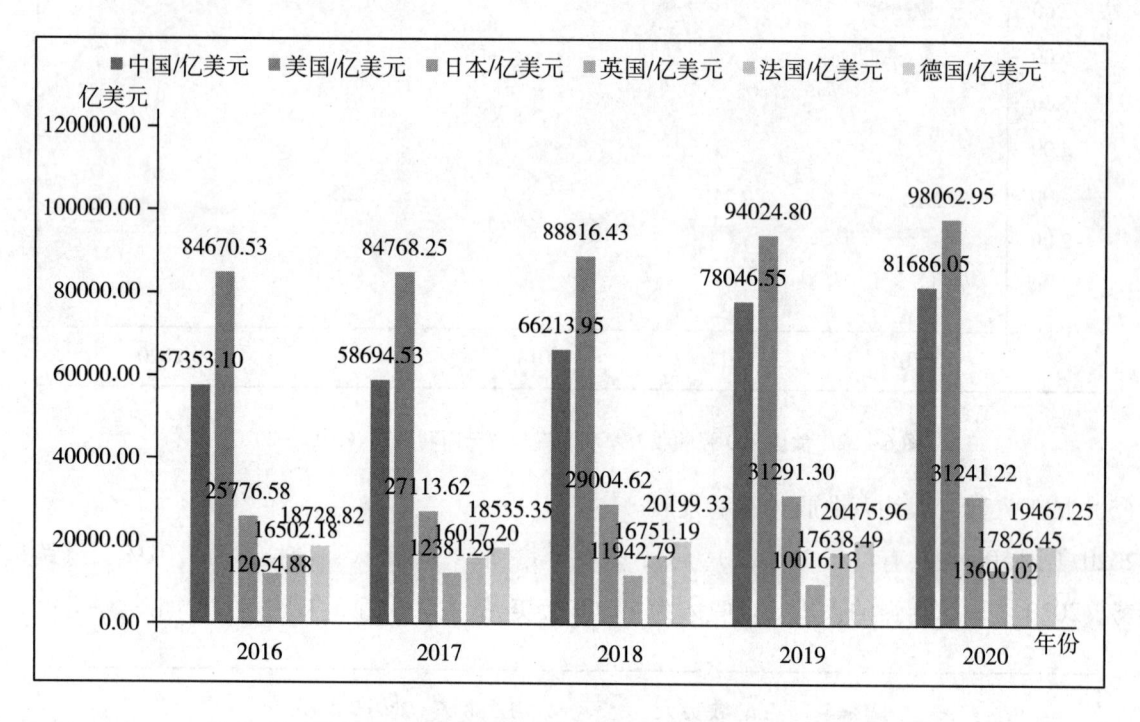

图 6-24 世界 500 强主要国家全部上榜企业的营业收入（2016—2020）

从 2020 世界 500 强主要国家上榜榜首企业的营业收入看（见图 6-25），美国沃尔玛为 5239.64 亿美元，位列第一；中国石油为 4070.09 亿美元，位列第二；随后依次为德国大众（2827.60 亿美元）、英国石油（2826.16 亿美元）、日本丰田（2752.88 亿美元）、法国道达尔（1762.49 亿美元）。2016 世界 500 强主要国家上榜榜首企业的营业收入排名依次为美国沃尔玛（4821.30 亿美元）、中国国家电网（3296.01 亿美元）、德国大众（2366.00 亿美元）、日本丰田（2365.92 亿美元）、英国石油（2259.82 亿美元）、法国道达尔（1434.21 亿美元）。2016—2020 世界 500 强主要国家最大企业均有所增长，中国增长 23.49%，仅次于英国增长 25.06%，但中国增幅为 774.08 亿美元，超过英国（566.34 亿美元）。

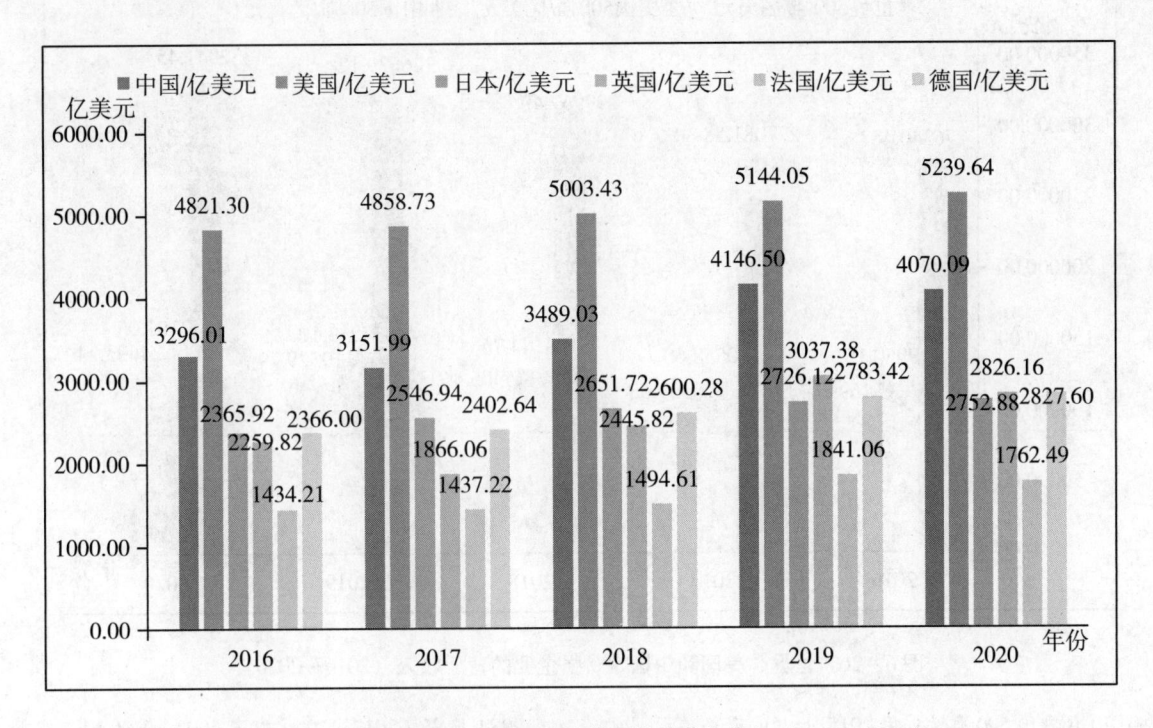

图 6-25 世界 500 强主要国家榜首企业的营业收入（2016—2020）

从世界、美国和中国 500 强三个榜单比较看，中国 500 强存在一定增长空间。2020 中国 500 强上榜企业营业收入为 124693.24 亿美元，低于美国 500 强的 142101.05 亿美元（见图 6-26）。2016—2020 世界、美国和中国 500 强上榜企业的营业收入都在增长，中国 500 强的增长最大（30.61%），世界 500 强增长其次（20.48%），美国 500 强增长最小（18.47%）。2020 中国 500 强的入围门槛是 52.13 亿美元，低于美国 500 强的 56.55 亿美元（见图 6-27）。2016—2020 世界、美国和中国 500 强的入围门槛均连年提高，中国 500 强提高幅度最大，提升了 33.36%；其次是世界 500 强，提升了 21.33%；美国 500 强提升了 10.24%。2020 中国 500 强的榜首企业中国石油营业收入为 4070.09 亿美元，与 2020 世界 500 强（美国 500 强）的榜首企业沃尔玛营业收入 5239.64 亿美元，差距明显（见图 6-28）。2020 与 2016 相比，中国 500 强榜首企业的营业收入增长 22.56%，世界 500 强榜首企业的营业收入仅增长 8.68%。

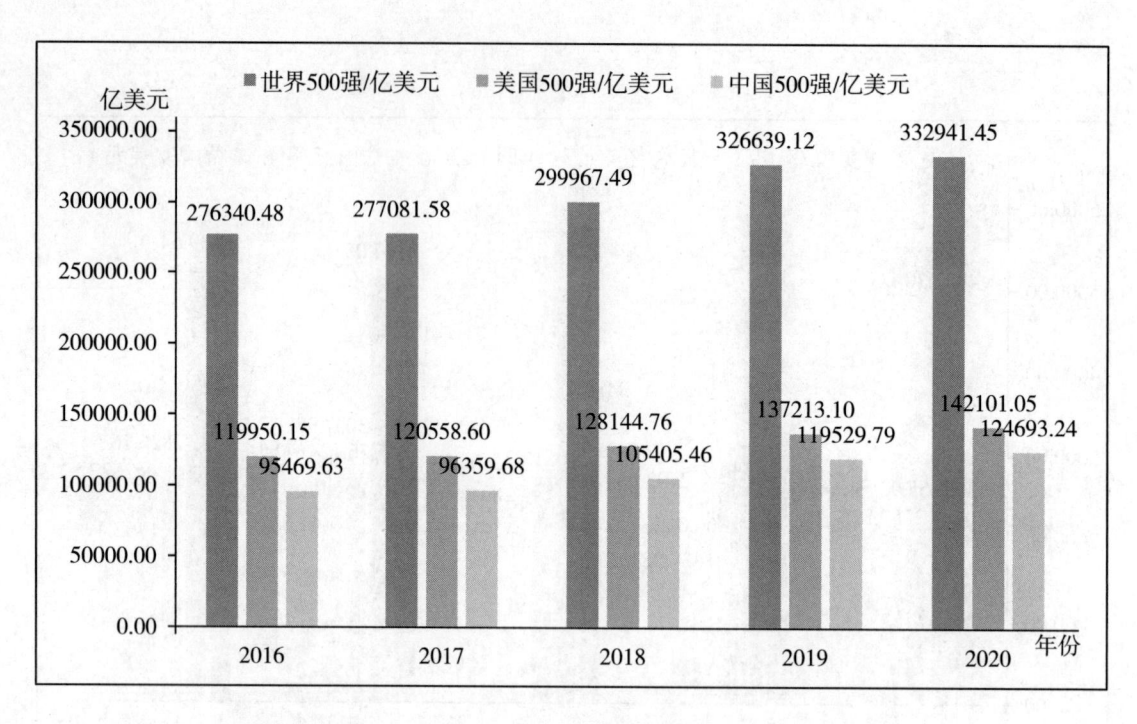

图 6-26　世界、美国和中国 500 强企业的营业收入（2016—2020）

注：2016 中国 500 强数据用 2015 年人民币兑美元平均汇率 6.2284 换算，2017—2020 中国 500 强使用的汇率依次为 6.6423、6.7518、6.61741、6.8985，下同。

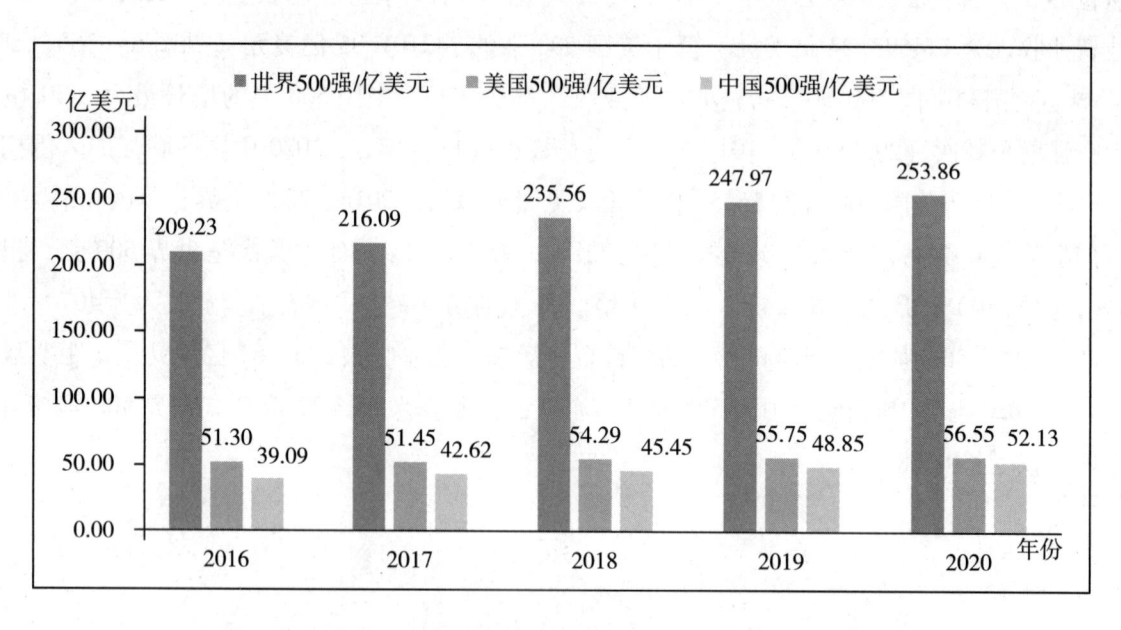

图 6-27　世界、美国和中国 500 强企业的入围门槛（2016—2020）

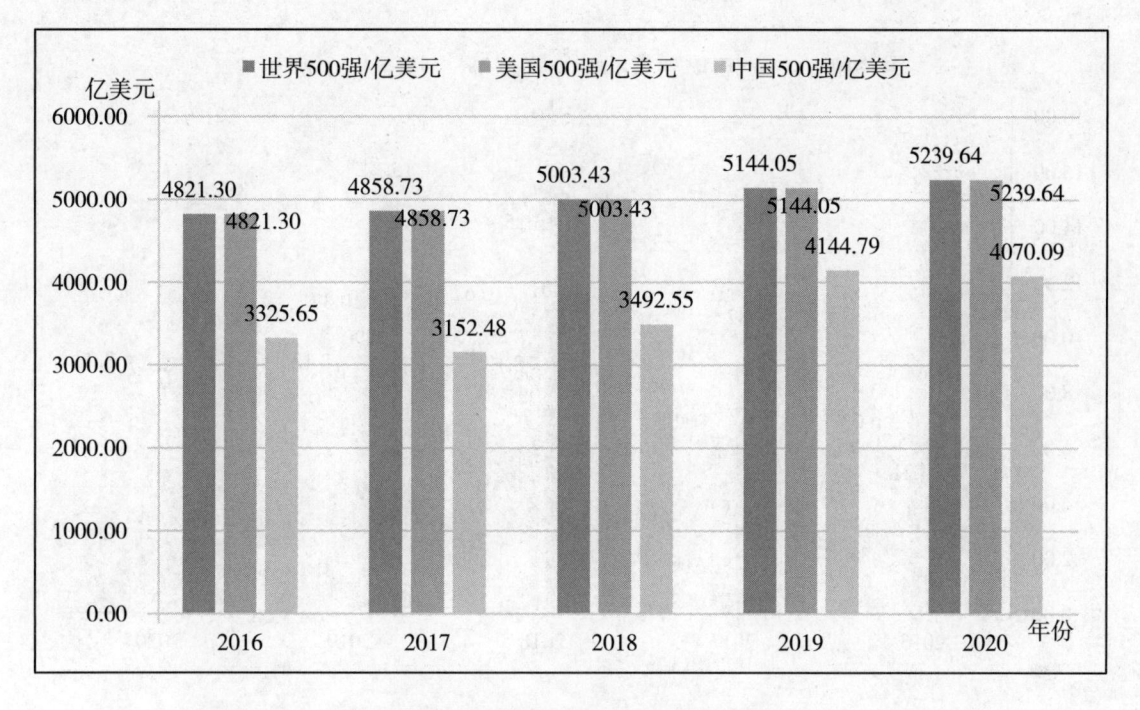

图 6-28 世界、美国和中国 500 强榜首企业的营业收入 (2016—2020)

（2）中国企业效益总体状态良好，中国 500 强要追赶世界一流企业。

从 2020 世界 500 强主要国家全部上榜企业效益相关指标看，中国企业效益良好。从 2020 世界 500 强主要国家全部上榜企业的净资产收益率看（见图 6-29），美国最高（16.97%）、中国第二（9.75%）、随后是德国（8.23%）、法国（7.73%）、英国（7.65%）和日本（5.24%）。2016 世界 500 强主要国家的净资产收益率是美国最高（14.37%）、中国第二（9.86%），随后是日本（7.76%）、德国（6.03%）、法国（5.70%）和英国（4.21%）。2016—2020 世界 500 强主要国家的净资产收益率变化不尽相同，美国、德国、法国和英国都有所增加，日本有所下降，中国略有降低。从 2020 世界 500 强主要国家全部上榜企业的收入净利润率看（见图 6-30），美国最高（8.65%）、中国第二（5.23%），随后是英国（4.80%）、法国（4.44%）、德国（3.74%）和日本（2.83%）。2016 世界 500 强主要国家的收入净利润率美国最高（8.05%）、中国第二（5.42%），随后是日本（3.96%）、法国（3.41%）、英国（3.09%）和德国（2.69%）。2020 与 2016 比较，美国、英国、法国和德国有所增长，日本下降 1.13 个百分点，中国降低 0.19 个百分点。从 2020 世界 500 强主要国家全部上榜企业的杠杆倍数看（见图 6-31），美国最低（6.56）、德国第二低（7.05）、中国第三低（8.30），随后是日本（9.58）、英国（10.65）和法国（11.09）。2016 世界 500 强主要国家的杠杆倍数美国最低（6.06）、德国第二低（6.72）、中国第三低（8.46），随后是法国（10.02）、日本（10.51）和英国（10.83）。2020 与 2016 比较，美国、法国和德国有所增加；中国、日本和英国在降低，中国下降了 0.16。

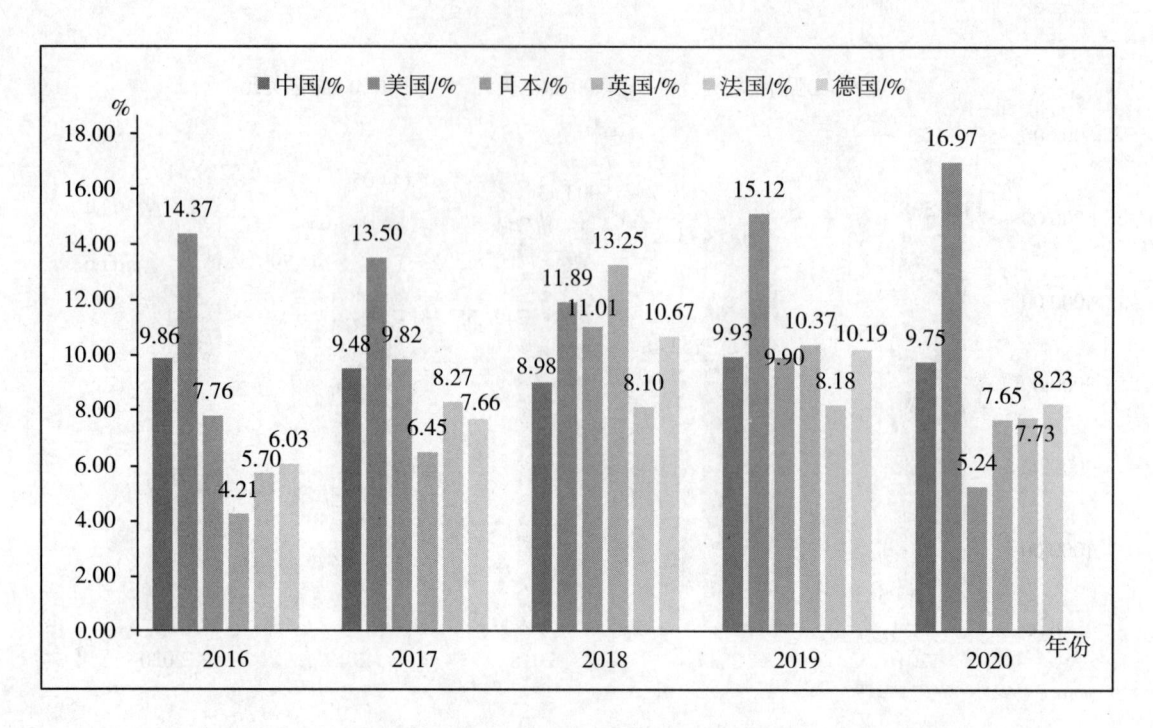

图 6-29　世界 500 强主要国家上榜企业的净资产收益率（2016—2020）

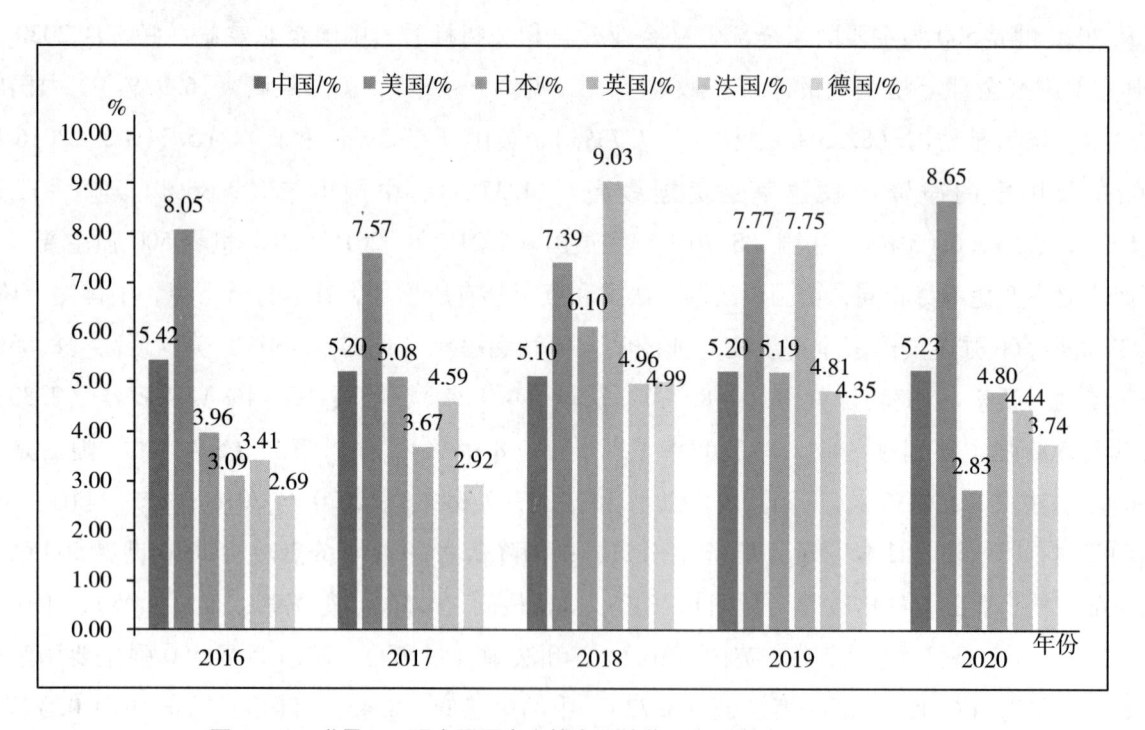

图 6-30　世界 500 强主要国家上榜企业的收入净利润率（2016—2020）

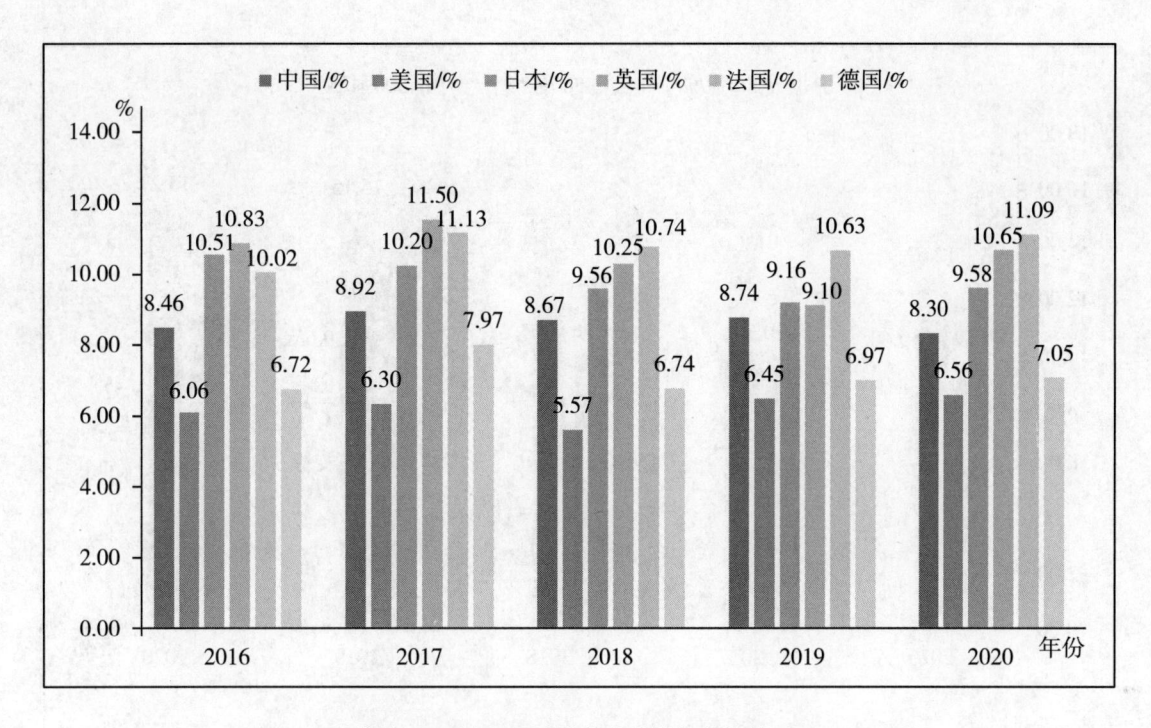

图 6-31　世界 500 强主要国家上榜企业的杠杆倍数（2016—2020）

注：受限于数据，本文杠杆倍数指标计算公式为：总资产/归属母公司所有者权益，用于衡量负债风险情况，下同。

从世界、美国和中国 500 强三个榜单效益指标比较看，中国与世界一流企业存在差距。2020 中国 500 强的净资产收益率是 9.52%，低于世界 500 强的 11.32%，与美国 500 强（15.27%）差距更大。2016—2019 无论是世界 500 强、美国 500 强均逐年增长，中国 500 强的净资产收益率则有所波动；最近一年，都是下滑态势（见图 6-32）。2020 中国 500 强的收入净利润率是 4.53%，低于世界 500 强的 6.19% 与美国 500 强的 8.60%，差距明显。2016—2020 美国 500 强的收入净利润率逐年递增；世界 500 强除了 2020 有所下降以外，均有所增加；中国 500 强则波动变化不大。2020 与 2016 收入净利润率相比，中国 500 强下降了 0.08 个百分点，而世界 500 强和美国 500 强分别增长了 0.83 个百分点和 1.60 个百分点（见图 6-33）。2020 中国 500 强的杠杆倍数是 6.21，低于世界 500 强的 7.68，高于美国 500 强的 5.75。2016—2020 世界、美国和中国 500 强的杠杆倍数均波动变化，中国则是 2020 下降明显。2020 与 2016 杠杆倍数相比，中国 500 强下降最多，下降了 1.61；世界 500 强和美国 500 强分别下降了 0.01 和 0.08（见图 6-34）。

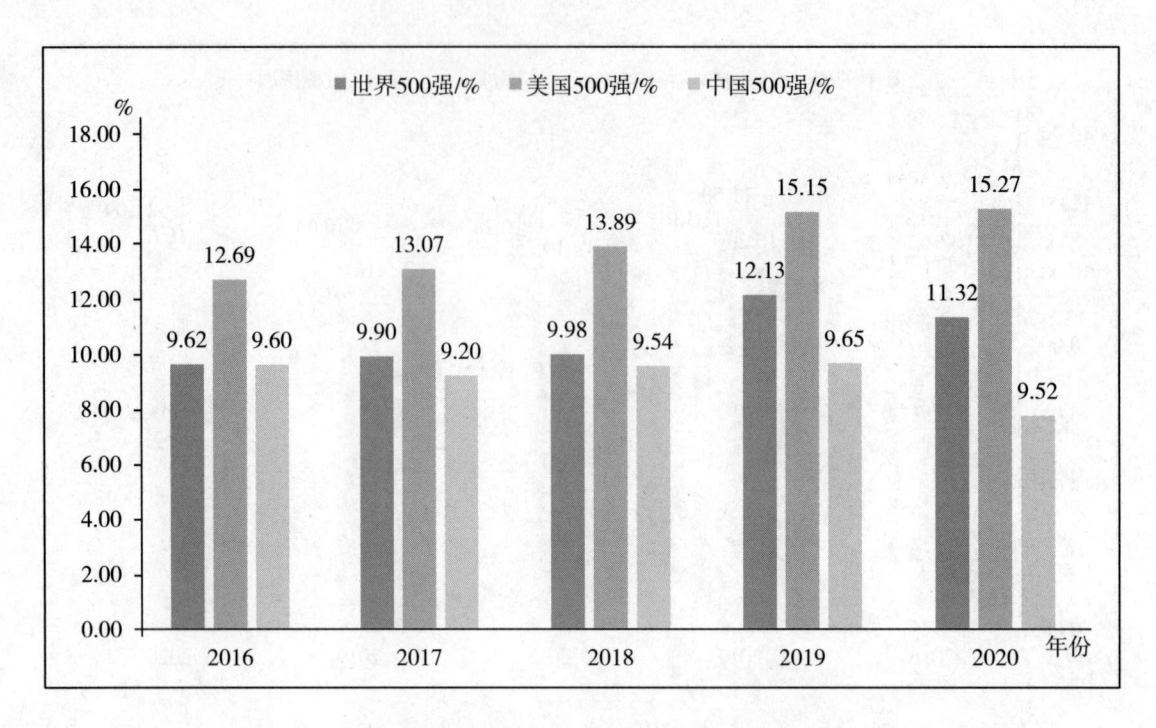

图 6-32 世界、美国和中国 500 强的净资产收益率（2016—2020）

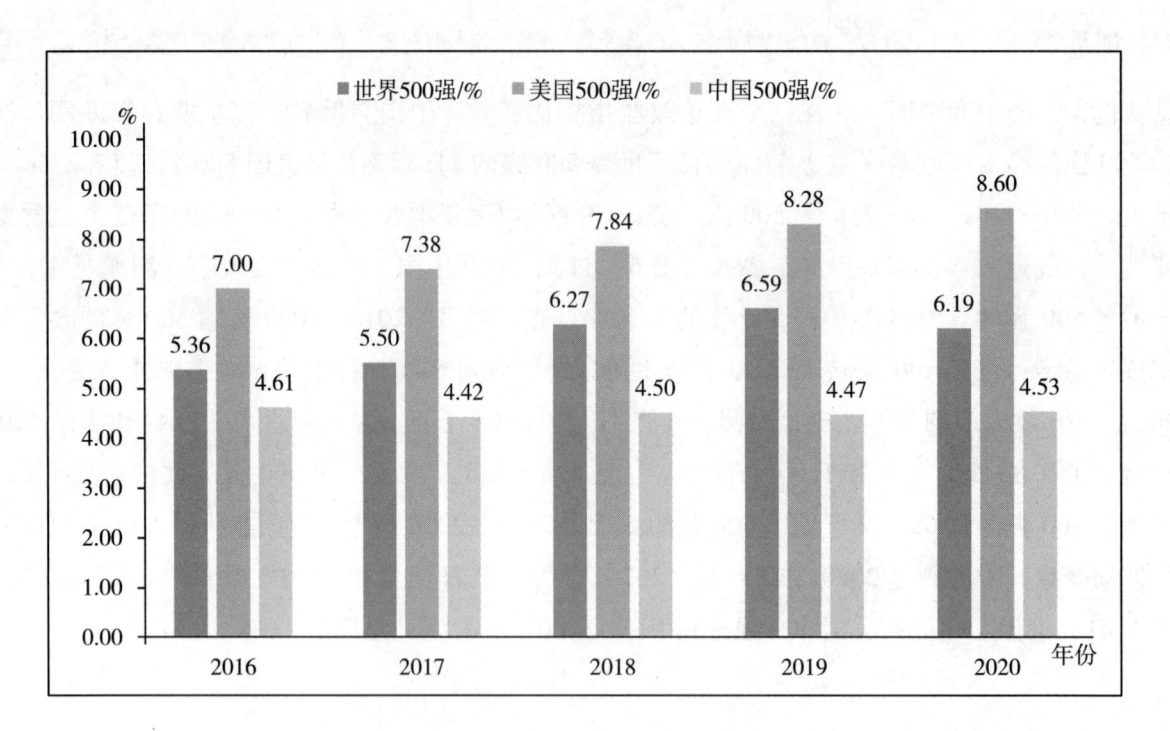

图 6-33 世界、美国和中国 500 强的收入净利润率（2016—2020）

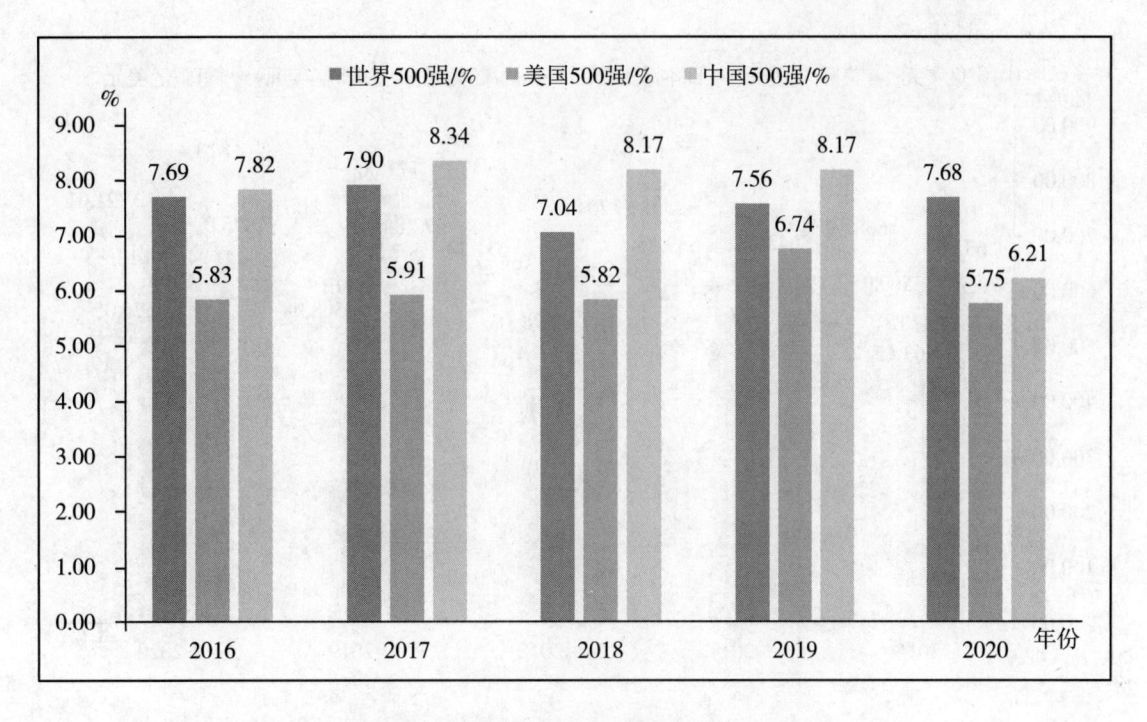

图 6-34　世界、美国和中国 500 强的杠杆倍数（2016—2020）

（3）世界 500 强中国企业平均规模居前，中国 500 强应继续做大做强。

从 2020 世界 500 强主要国家全部上榜企业平均经营规模相关指标看，中国企业处于前列，增速有待提高。首先，2020 世界 500 强主要国家的平均营业收入排名依次为美国（810.44 亿美元）、德国（721.01 亿美元）、中国（675.09 亿美元）、英国（618.18 亿美元）、日本（589.46 亿美元）和法国（575.05 亿美元）。2016 世界 500 强主要国家的平均营业收入排名依次为德国（668.89 亿美元）、美国（631.87 亿美元）、中国（579.32 亿美元）、法国（569.04 亿美元）、日本（495.70 亿美元）和英国（463.65 亿美元）。2016—2020 世界 500 强主要国家的平均营业收入均有所增长，英国增长幅度最大，增长了 33.33%；中国增长了 16.53%（见图 6-35）。其次，2020 世界 500 强主要国家的平均资产排名依次为英国（4127.76 亿美元）、法国（3662.14 亿美元）、日本（3049.60 亿美元）、中国（3007.42 亿美元）、美国（2706.14 亿美元）和德国（2312.69 亿美元）。2016 世界 500 强主要国家的平均资产排名依次为英国（3686.34 亿美元）、法国（3403.74 亿美元）、中国（2695.68 亿美元）、日本（2657.68 亿美元）、美国（2147.26 亿美元）和德国（2007.70 亿美元）。2016—2020 世界 500 强主要国家的平均资产均有所增长，美国增长幅度最大，增长了 26.03%；中国增长了 11.56%（见图 6-36）。最后，2020 世界 500 强主要国家的平均净利润排名依次为美国（70.06 亿美元）、中国（35.30 亿美元）、英国（29.65 亿美元）、德国（27.00 亿美元）、法国（25.52 亿美元）和日本（16.67 亿美元）。2016 世界 500 强主要国家的平均净利润排名依次为美国（50.87 亿美元）、中国（31.41 亿美元）、日本（19.62 亿美元）、法国（19.38 亿美元）、德国（18.01 亿美元）和英国（14.34 亿美元）。2016—2020 世界 500 强主要国家的平均净利润增减不一，日本减少了 15.04%，英国增长了 106.74%，中国增长了 12.39%（见图 6-37）。

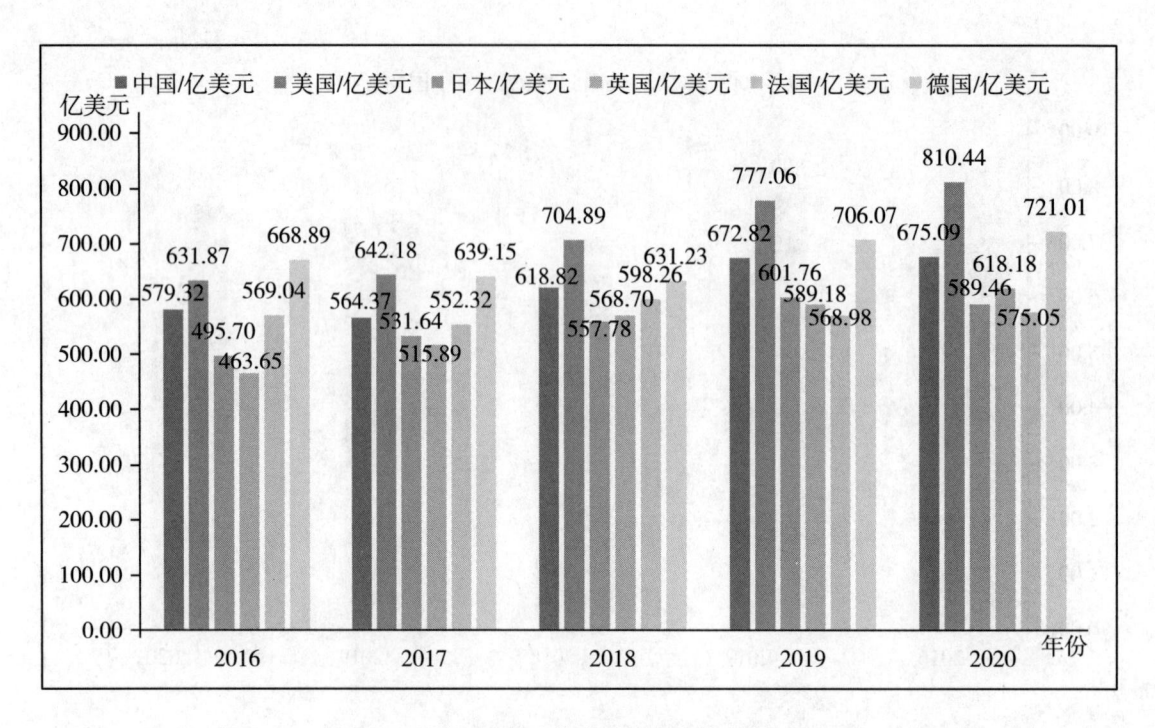

图 6-35　世界 500 强主要国家上榜企业的平均营业收入（2016—2020）

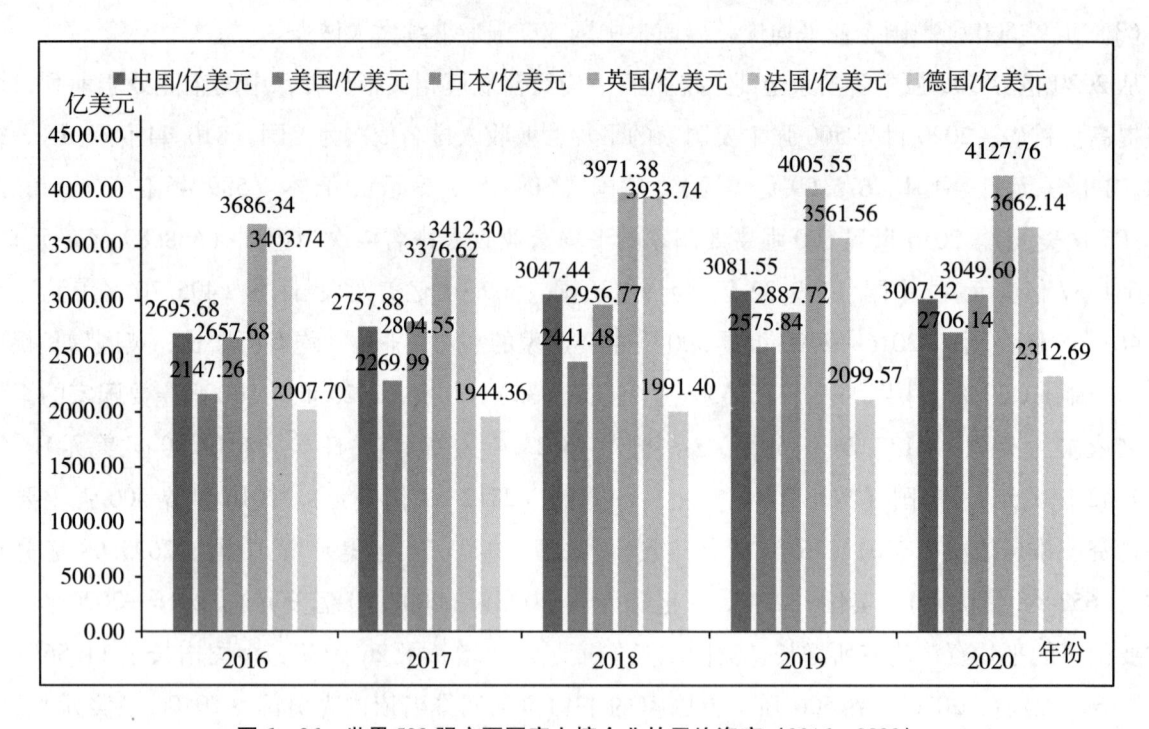

图 6-36　世界 500 强主要国家上榜企业的平均资产（2016—2020）

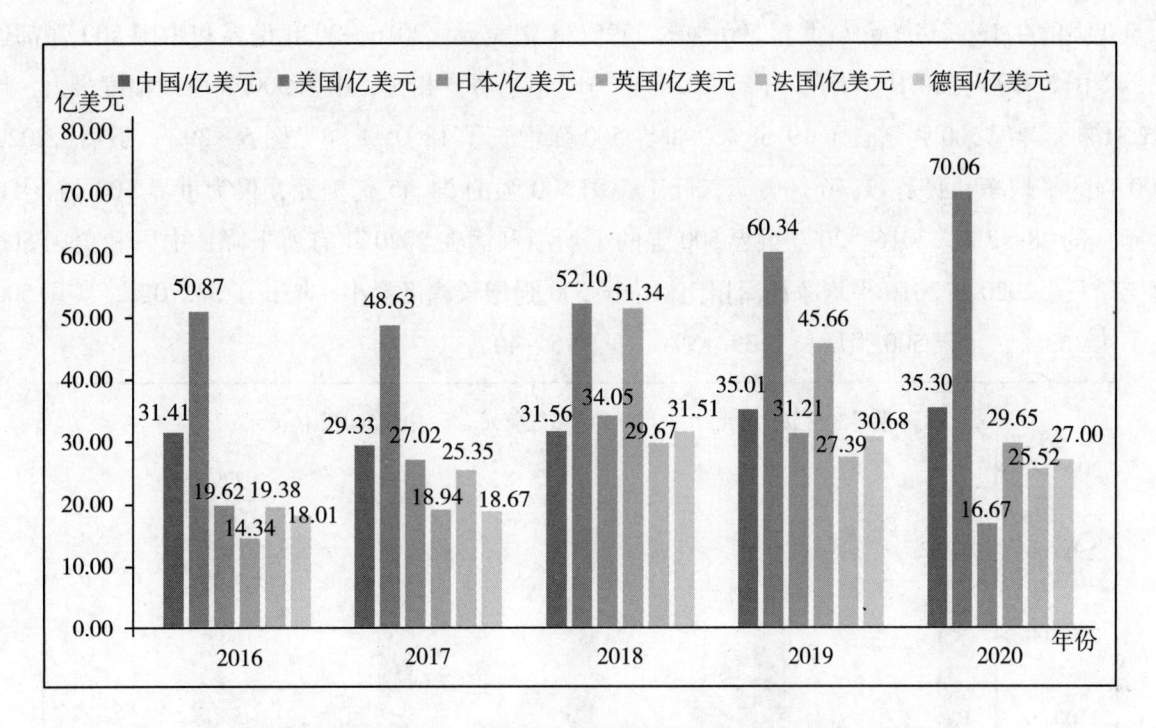

图 6-37 世界 500 强主要国家上榜企业的平均净利润（2016—2020）

从世界、美国和中国 500 强三个榜单平均经营规模相关指标看，中国企业规模存在提升空间。首先，2020 中国 500 强的平均营业收入是 249.39 亿美元，低于美国 500 强的 284.20 亿美元和世界 500 强的 665.88 亿美元。2016—2020 世界、美国和中国 500 强的平均营业收入均逐年递增。2020 与 2016 平均营业收入相比，中国 500 强的增长幅度最大，增长了 30.61%，世界 500 强增长了 20.48%，美国 500 强增长了 18.47%（见图 6-38）。其次，2020 中国 500 强的平均资产是 905.55 亿美元，低于

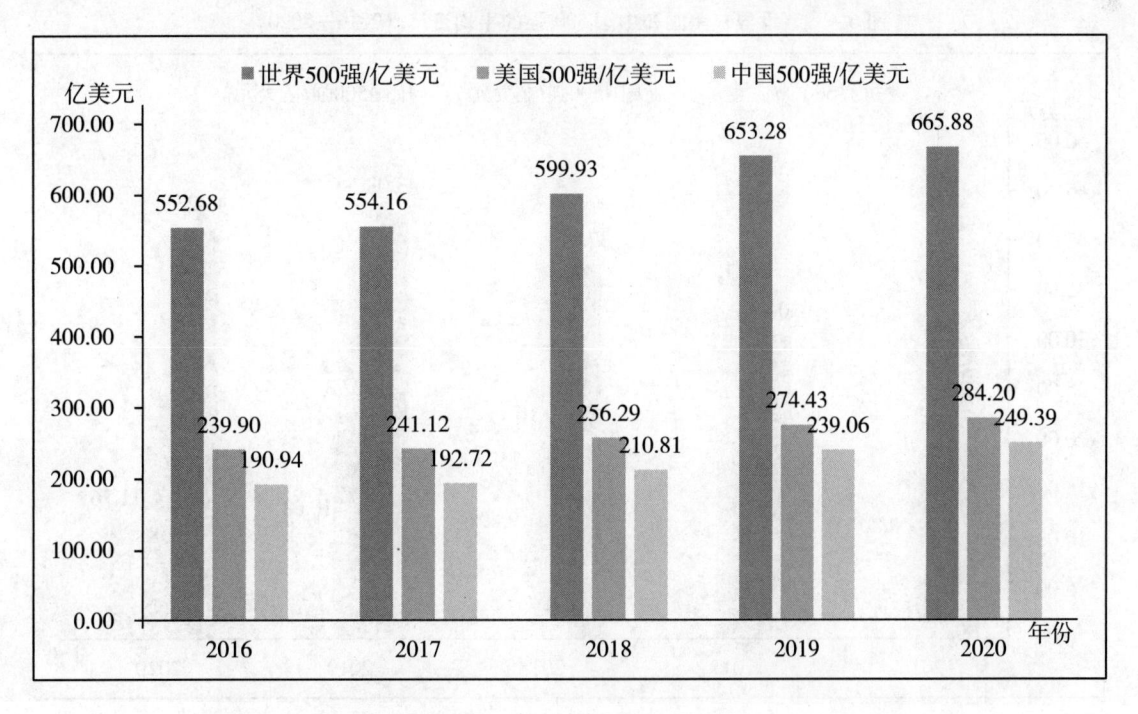

图 6-38 世界、美国和中国 500 强的平均营业收入（2016—2020）

美国500强的921.66亿美元与世界500强的2795.35亿美元。2016—2020世界和中国500强都逐年增长，美国500强仅2020年有所下降。2020与2016平均资产相比，中国500强增长幅度最大，增长了26.31%，美国500强增长了19.58%，世界500强增长了18.05%（见图6-39）。最后，2020中国500强的平均净利润是11.76亿美元，低于美国500强的24.45亿美元，仅为世界500强（41.23亿美元）的28.52%。2016—2020世界500强的平均净利润在2020年有所下降，中国和美国500强都逐年增长。2020与2016平均净利润相比，中国500强增长幅度最小，增长了33.70%，美国500强增长了45.63%，世界500强增长了39.15%（见图6-40）。

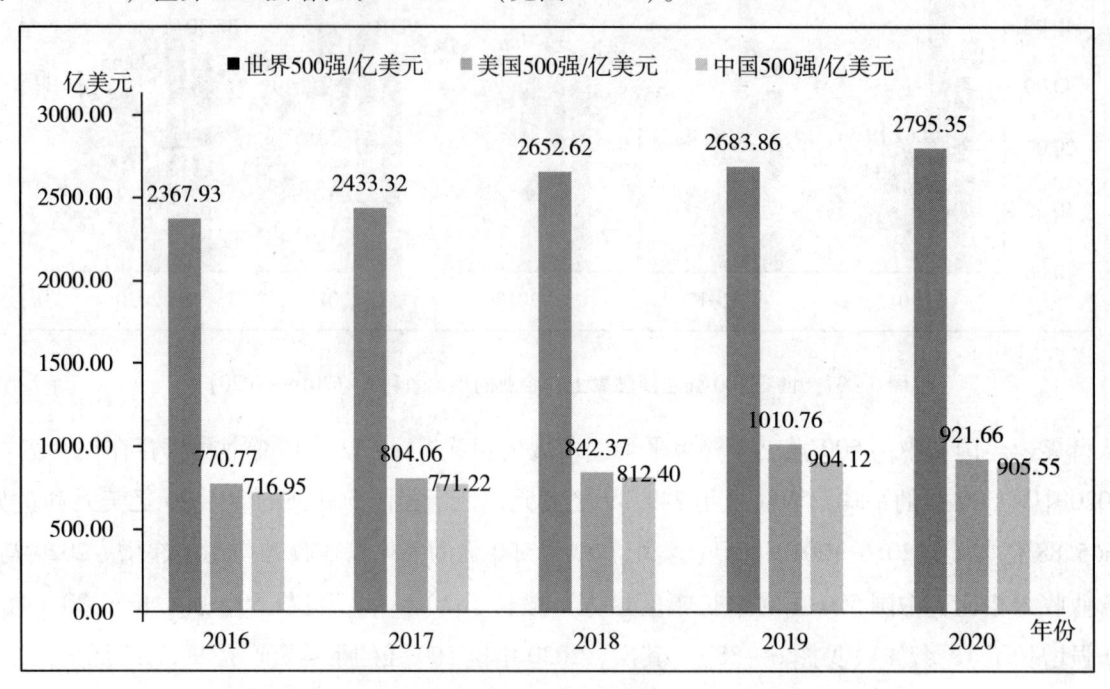

图6-39 世界、美国和中国500强的平均资产（2016—2020）

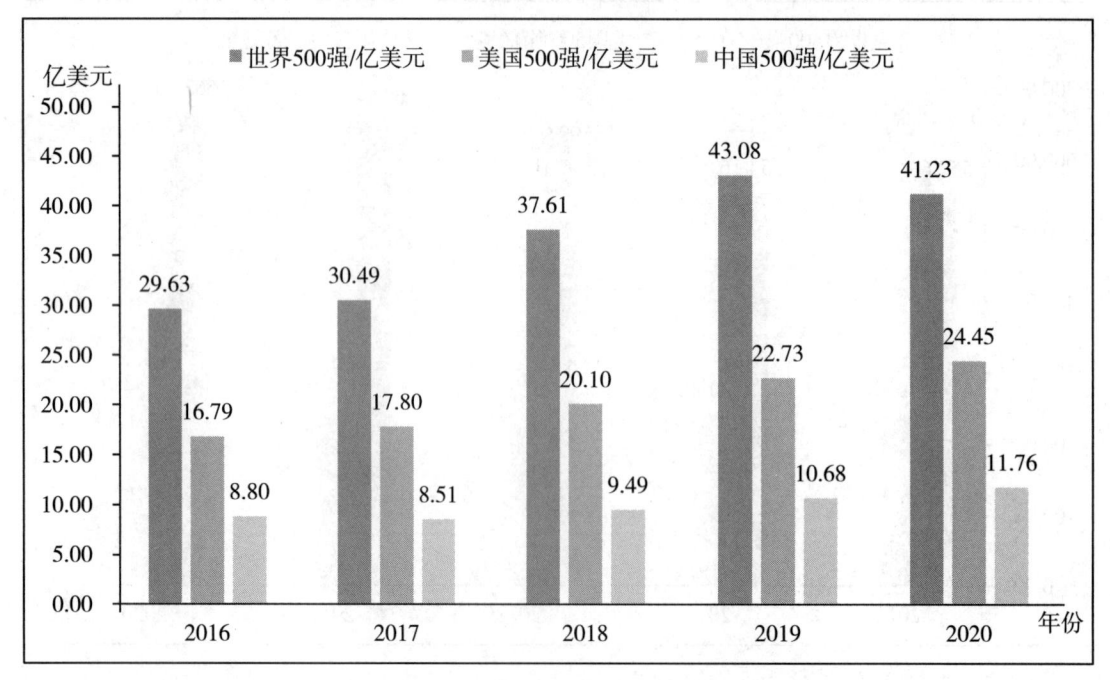

图6-40 世界、美国和中国500强的平均净利润（2016—2020）

(4) 中国企业人均指标有待重点突破,中国 500 强效率仍存在差距。

从 2020 世界 500 强主要国家全部上榜企业人均指标看,中国企业在主要国家排序偏后。首先,2020 世界 500 强主要国家人均营业收入排序依次为英国 (58.67 万美元/人)、美国 (56.58 万美元/人)、日本 (53.35 万美元/人)、中国 (38.90 万美元/人)、法国 (38.15 万美元/人) 和德国 (37.46 万美元/人)。2016 世界 500 强主要国家人均营业收入排序依次为美国 (50.17 万美元/人)、日本 (47.78 万美元/人)、英国 (43.31 万美元/人)、德国 (37.73 万美元/人)、法国 (34.77 万美元/人) 和中国 (31.85 万美元/人)。2020 与 2016 人均营业收入相比,英国增长幅度最大,增长了 35.47%;德国下降了 0.72%;中国增长了 22.13%,并且超过了法国和德国位居第四位 (见图 6-41)。其次,2020 世界 500 强主要国家人均资产排序依次为英国 (391.73 万美元/人)、日本 (276.00 万美元/人)、法国 (242.94 万美元/人)、美国 (188.92 万美元/人)、中国 (173.28 万美元/人) 和德国 (120.16 万美元/人)。2016 世界 500 强主要国家人均资产排序依次为英国 (344.31 万美元/人)、日本 (256.15 万美元/人)、法国 (207.98 万美元/人)、美国 (170.49 万美元/人)、中国 (148.20 万美元/人) 和德国 (113.26 万美元/人)。2016—2020 世界 500 强主要国家的人均资产大致呈增长趋势,个别年份有所下降。2020 与 2016 人均资产相比,中国增长幅度最大,增长了 16.93%,但是仍居第五位 (见图 6-42)。最后,2020 世界 500 强主要国家的人均净利润排序依次为美国 (4.89 万美元/人)、英国 (2.81 万美元/人)、中国 (2.03 万美元/人)、法国 (1.69 万美元/人)、日本 (1.51 万美元/人) 和德国 (1.40 万美元/人)。2016 世界 500 强主要国家的人均净利润排序依次为美国 (4.04 万美元/人)、日本 (1.89 万美元/人)、中国 (1.73 万美元/人)、英国 (1.34 万美元/人)、法国 (1.18 万美元/人) 和德国 (1.02 万美元/人)。2020 与 2016 人均净利润相比,英国增长幅度最大,增长了 110.06%;中国增长了 17.79%,仍居第三位;日本下降了 20.22% (见图6-43)。

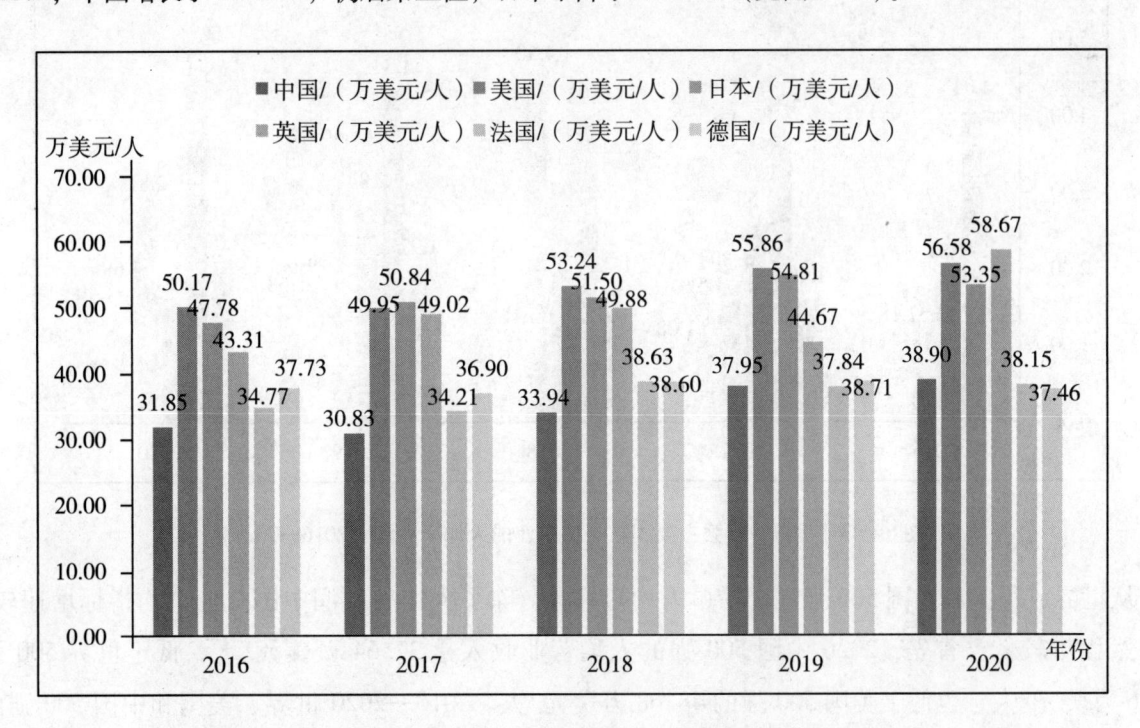

图 6-41 世界 500 强主要国家上榜企业的人均营业收入 (2016—2020)

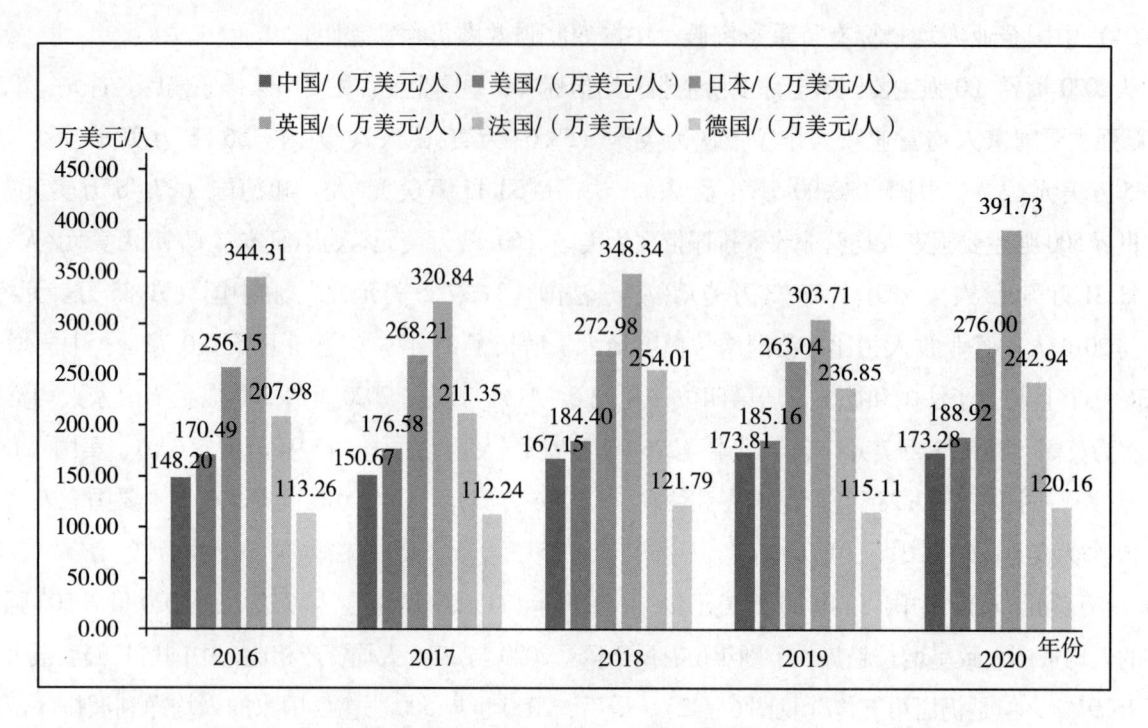

图 6-42 世界 500 强主要国家上榜企业的人均资产（2016—2020）

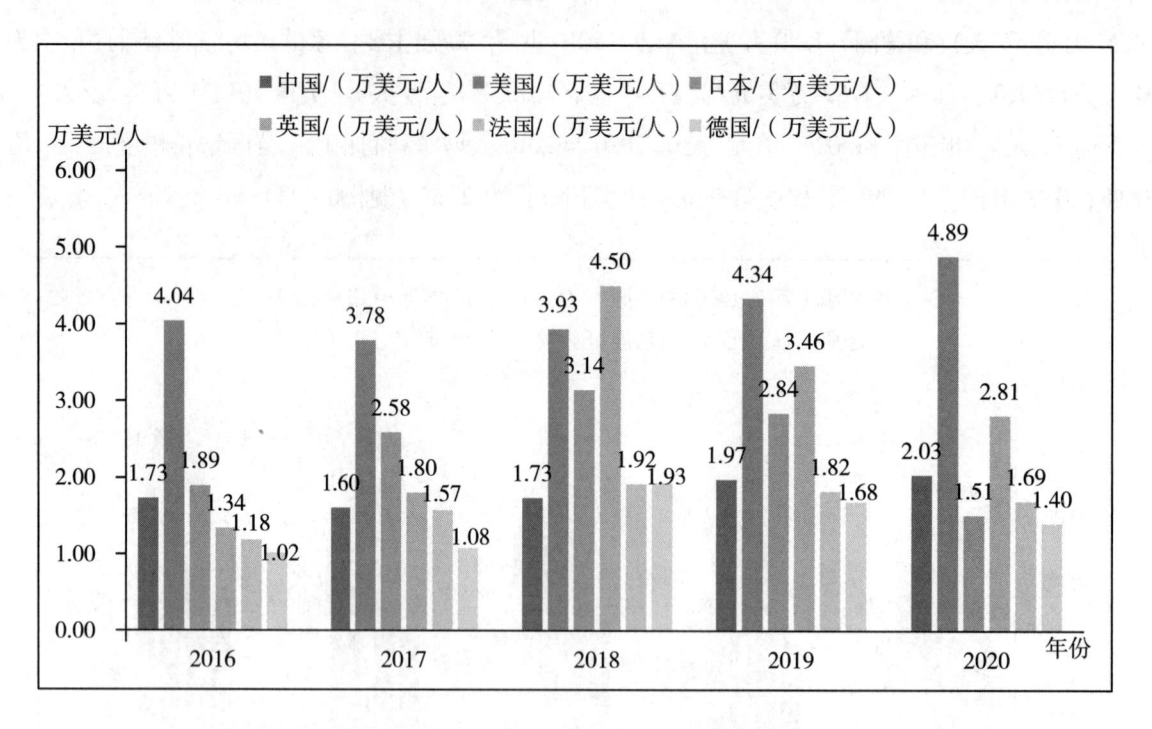

图 6-43 世界 500 强主要国家上榜企业的人均净利润（2016—2020）

从世界、美国和中国 500 强三个榜单人均指标看，除了人均净利润中国企业人均指标增速较快，但仍然相对较低。首先，2020 中国 500 强的人均营业收入是 37.64 万美元/人，低于世界 500 强的 47.66 万美元/人，也低于美国 500 强的 48.68 万美元/人。2016—2020 世界、美国和中国 500 强的人均营业收入波动上升，2020 与 2016 相比，中国 500 强的人均营业收入增长率最大，增长了 25.21%，世界 500 强和美国 500 强分别增长了 13.83% 和 12.98%（见图 6-44）。其次，2020 中国 500 强的人均资产是 136.67 万美元/人，低于美国 500 强的 157.86 万美元/人和世界 500 强的 200.08 万美元/人。2016—2020 中国 500 强的人均资产逐年增长，2020 与 2016 相比，中国 500 强的人均资产增长率最大，增长了 21.08%，世界 500 强和美国 500 强分别增长了 11.53% 和 14.04%（见图 6-45）。最后，2020 中国 500 强的人均净利润是 1.78 万美元/人，低于世界 500 强的 2.95 万美元/人和美国 500 强的 4.19 万美元/人。2016—2020 美国 500 强的人均净利润逐年增长，世界 500 强和中国 500 强波动上升。2020 与 2016 相比，中国 500 强的人均净利润增长率为 28.17%，低于世界 500 强和美国 500 强的 31.47% 和 38.88%（见图 6-46）。

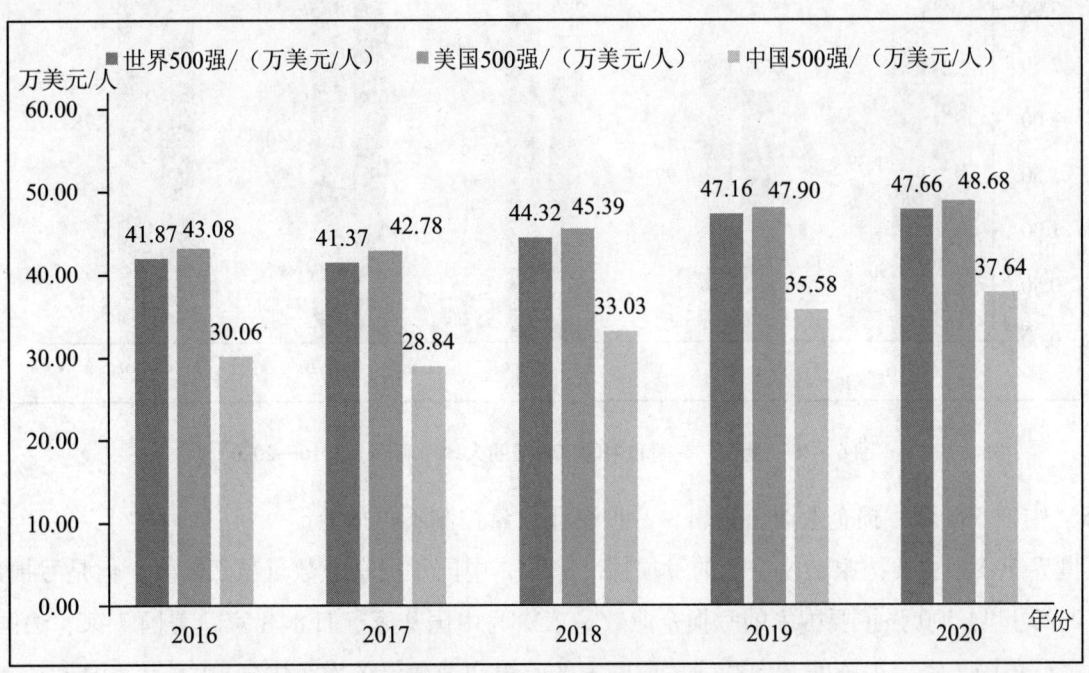

图 6-44 世界、美国和中国 500 强的人均营业收入（2016—2020）

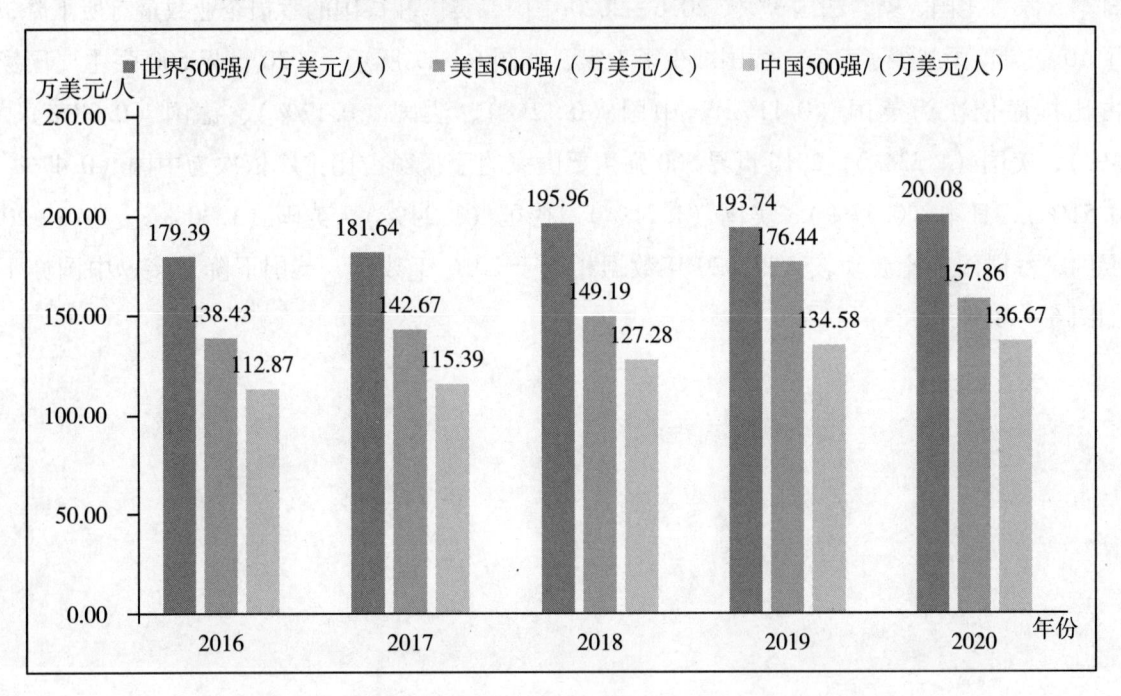

图 6-45 世界、美国和中国 500 强的人均资产（2016—2020）

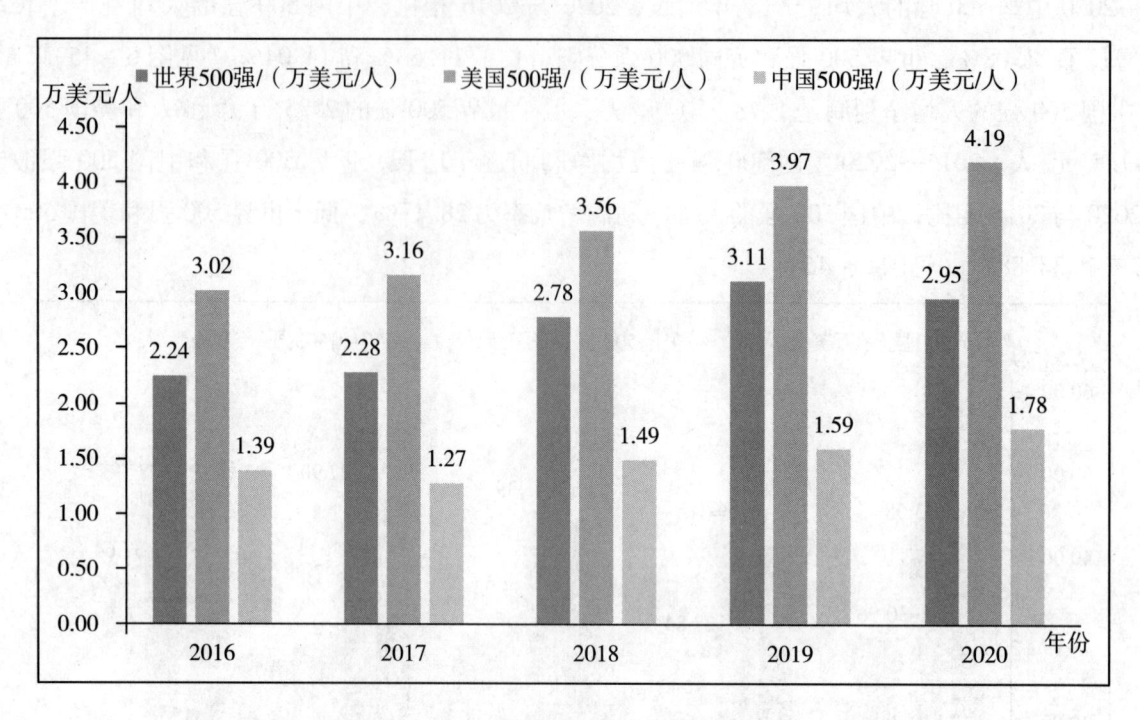

图 6-46 世界、美国和中国 500 强的人均净利润（2016—2020）

(5) 中国 500 强亏损企业改善突出，亏损企业数量控制不可放松。

从世界 500 强主要国家上榜企业的亏损情况来看，中国亏损企业数量虽然较多，但是亏损额占比不大。2020 世界 500 强主要国家的亏损企业数量依次为中国 9 家、日本 8 家、美国 7 家、法国 5 家、德国 4 家、英国 2 家。2016 世界 500 强主要国家的亏损企业数量依次为中国 19 家、美国 7 家、英国 7 家、日本 5 家、德国 5 家、法国 3 家。2016—2020 中国、英国和德国的亏损企业数量有所下降，中国减少了 10 家，英国减少了 5 家，德国减少了 1 家，如图 6-47 所示。2020 世界 500 强主要国家的亏损额占比排序依次为英国（0.11%）、中国（0.12%）、法国（0.17%）、德国（0.38%）、日本（1.24%）、美国（1.33%）。2016 世界 500 强主要国家的亏损额占比排序依次为中国（0.47%）、法国（0.51%）、日本（0.57%）、美国（1.21%）、德国（1.24%）、英国（1.30%）。2016—2020 多数主要国家亏损额占比波动较大，2020 年数据相比于 2016 年数据，英国下降最多；中国亦下降显著，如图 6-48 所示。

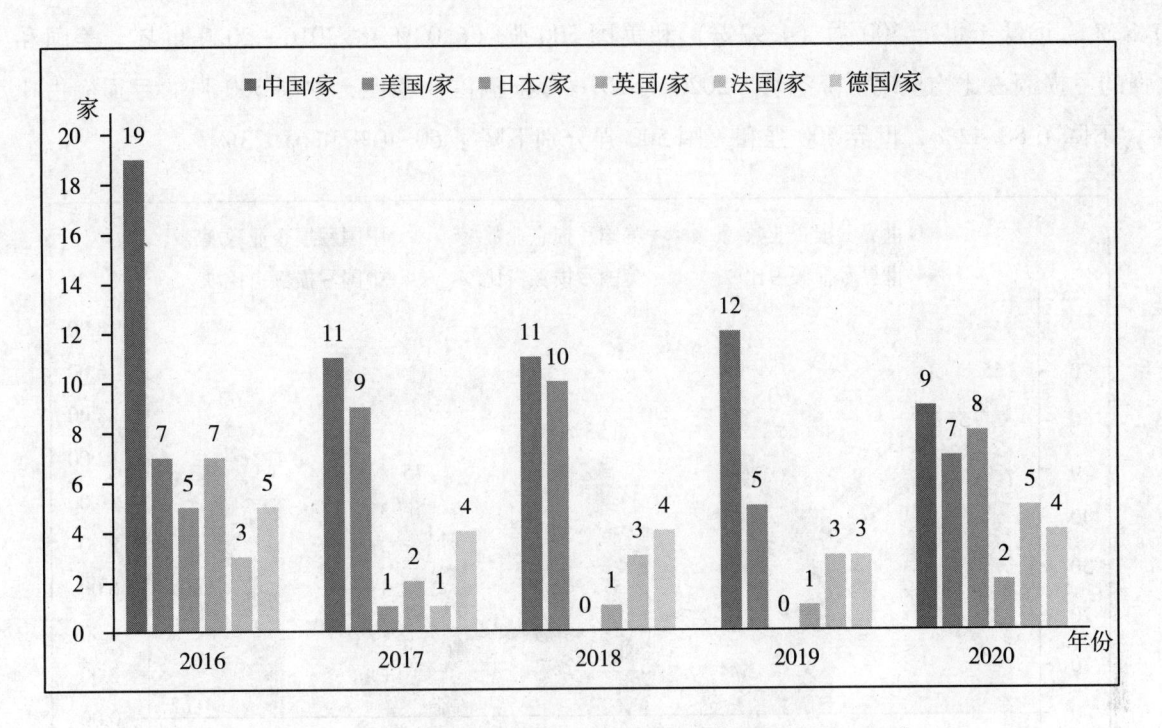

图 6-47 世界 500 强主要国家上榜亏损企业数量（2016—2020）

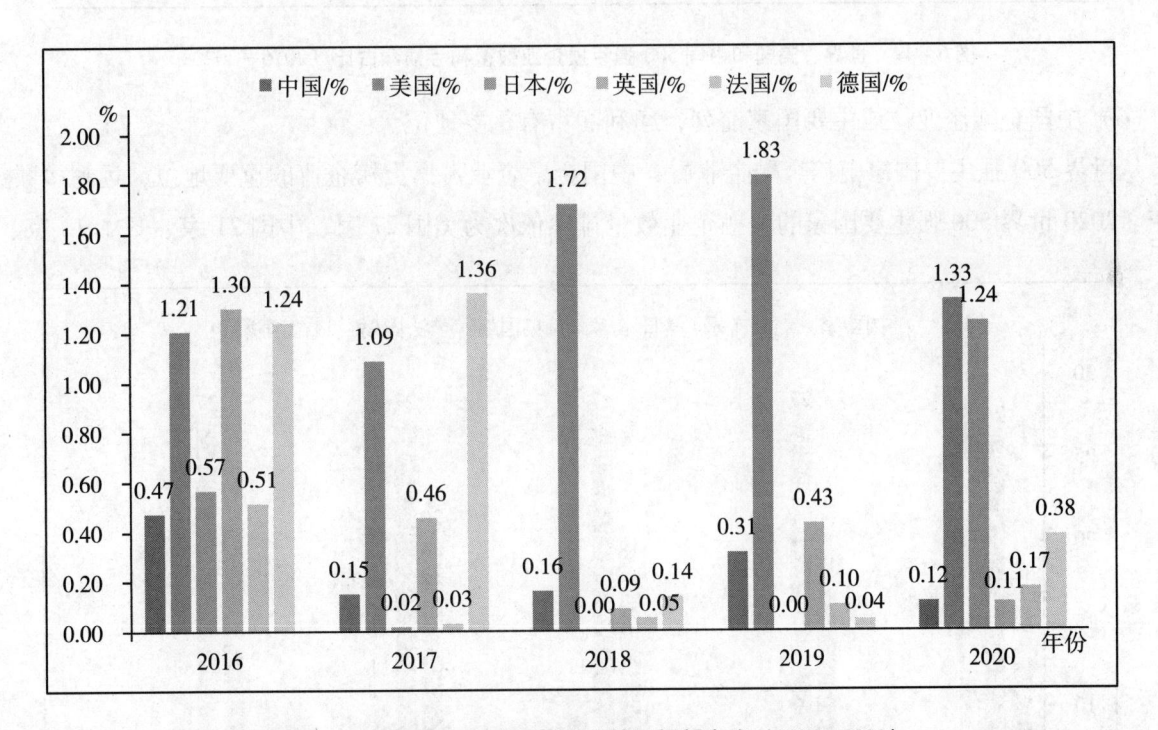

图 6-48 世界 500 强主要国家上榜亏损额占比（2016—2020）

从世界、美国和中国 500 强三个榜单亏损企业情况看，中国 500 强亏损企业改善效果最为突出，如图 6-49 所示。2020 中国 500 强亏损企业有 27 家，低于世界 500 强 45 家，仅为美国 500 强（60 家）的一半不到。2016—2020 世界、美国和中国 500 强三个榜单亏损企业数量均出现波动，中国 500 强下降趋势明显，从 72 家减少到 27 家。2020 与 2016 亏损企业数量相比，中国 500 强下降了 62.50%，世界 500 强下降了 30.77%，美国 500 强则增长了 9.09%。2020 中国 500 强的亏损额占比为 0.62%，远低于世界 500 强（4.92%）和美国 500 强（6.08%）。2016—2020 世界、美国和中国 500 强的亏损额占比均呈现下降态势。2020 与 2016 亏损额占比相比，中国 500 强的亏损额占比下降最多，下降了 88.42%，世界 500 强和美国 500 强分别下降了 60.40% 和 61.23%。

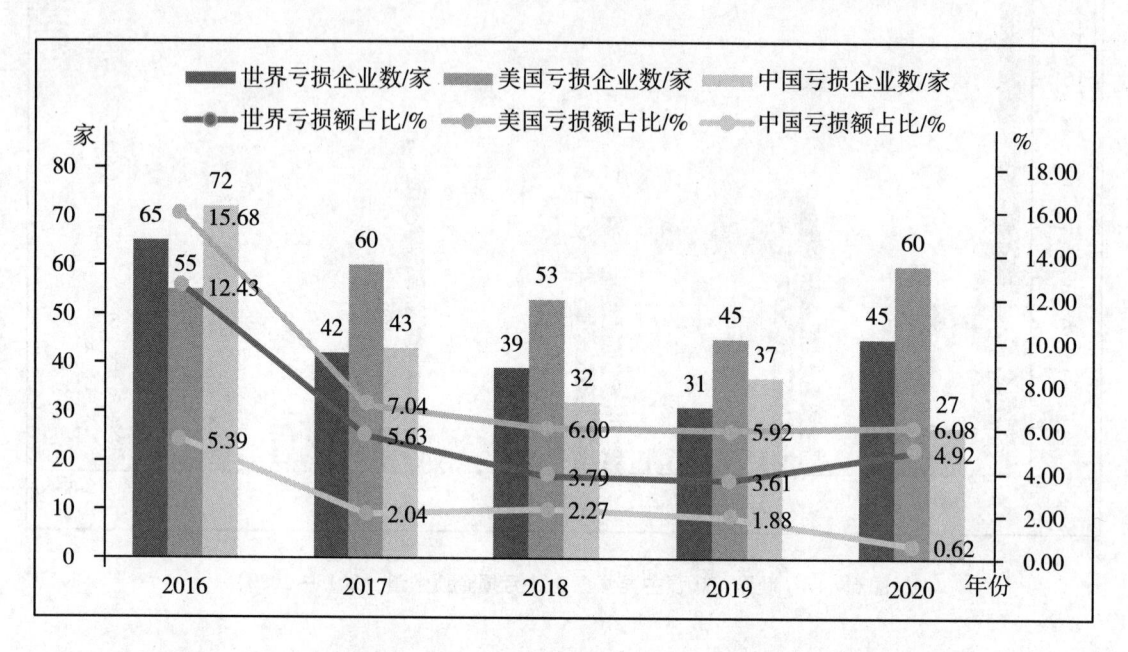

图 6-49　世界、美国和中国 500 强亏损企业数量和亏损额占比（2016—2020）

（6）中国金融企业位居主要国家前列，净利润占有重要地位。

从世界 500 强主要国家上榜金融企业看，中国金融企业占据上榜企业的重要地位，远超多数主要国家。2020 世界 500 强主要国家的金融企业数量排序依次为美国 27 家、中国 21 家、日本 11 家、英

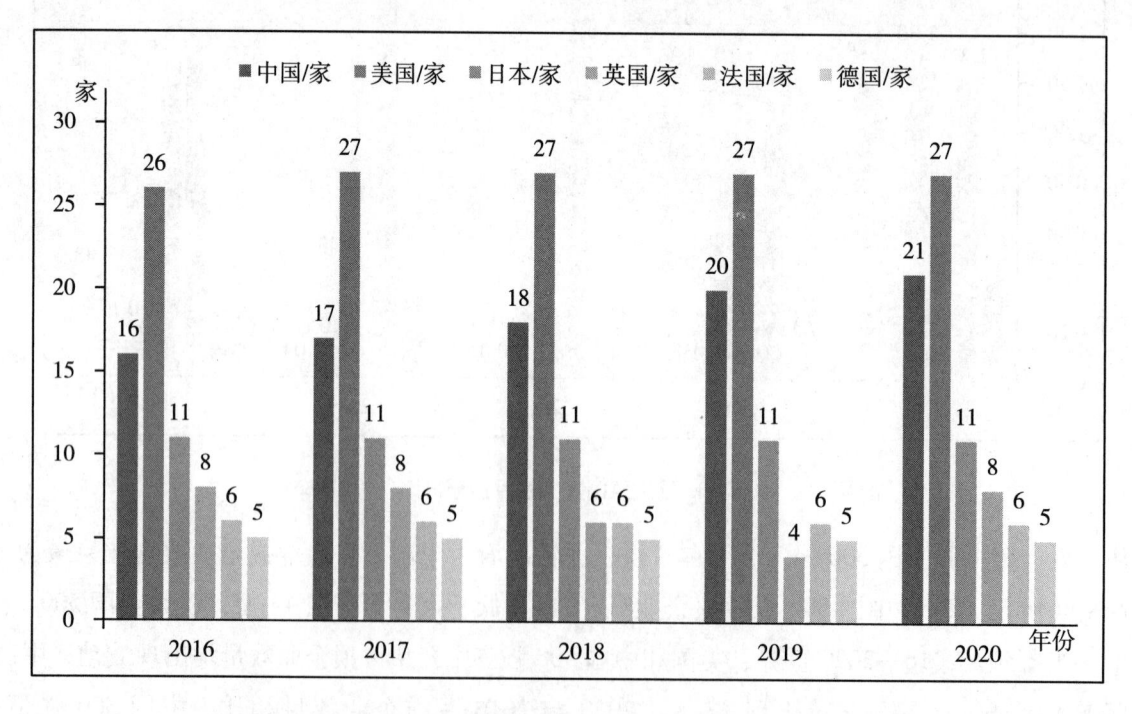

图 6-50　世界 500 强主要国家上榜金融企业个数（2016—2020）

国 8 家、法国 6 家和德国 5 家。2016 世界 500 强主要国家的金融企业数量排序依次为美国 26 家、中国 16 家、日本 11 家、英国 8 家、法国 6 家和德国 5 家。2016—2020 主要国家金融企业数量基本保持稳定，只有中国金融企业数量逐年增加，增长了 31.25%，如图 6-50 所示。2020 世界 500 强主要国家金融企业净利润占比排序依次为美国（13.93%）、中国（11.52%）、日本（1.40%）、法国（1.33%）、英国（1.13%）和德国（0.43%）。2016 世界 500 强主要国家金融企业净利润占比依次为中国（13.87%）、美国（12.24%）、日本（2.34%）、法国（1.81%）、英国（1.11%）和德国（0.38%）。2020 与 2016 金融企业净利润占比相比，中国、日本和法国下降，中国下降了 16.94%，但是中国和美国金融企业净利润占比都远超其他主要国家，如图 6-51 所示。

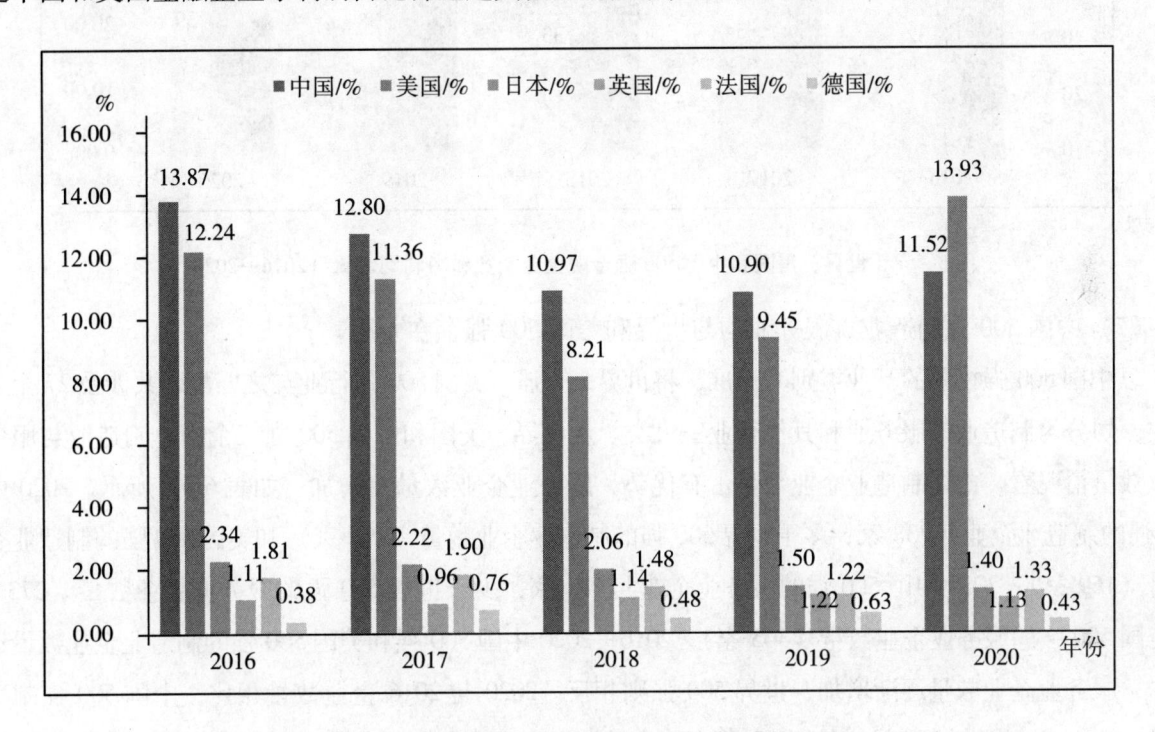

图 6-51　世界 500 强主要国家上榜金融企业净利润占比（2016—2020）

从世界、美国和中国 500 强三个榜单金融企业情况看，中国 500 强金融企业特点显著，数量与净利润占比反差突出，如图 6-52 所示。2020 中国 500 强共有金融企业 39 家，低于美国 500 强的 85 家，远低于世界 500 强的 116 家。2016—2020 世界 500 强、美国 500 强和中国 500 强金融企业数量均有所增加，2020 与 2016 相比，中国 500 强金融企业数量增长最快，增长了 21.88%；世界 500 强和美国 500 强分别增长了 6.42% 和 18.06%。2020 中国 500 强金融企业的净利润占比是 46.51%，高于美国 500 强（30.42%）和世界 500 强（37.18%）。2016—2020 中国 500 强金融企业的净利润占比逐年下降；美国 500 强和世界 500 强金融企业的净利润占比均先降后升。2020 与 2016 金融企业净利润占比相比，世界 500 强下降了 5.46%，美国 500 强则增长了 10.43%，中国 500 强尽管下降了 16.68%，但占比仍高达 46.51%。

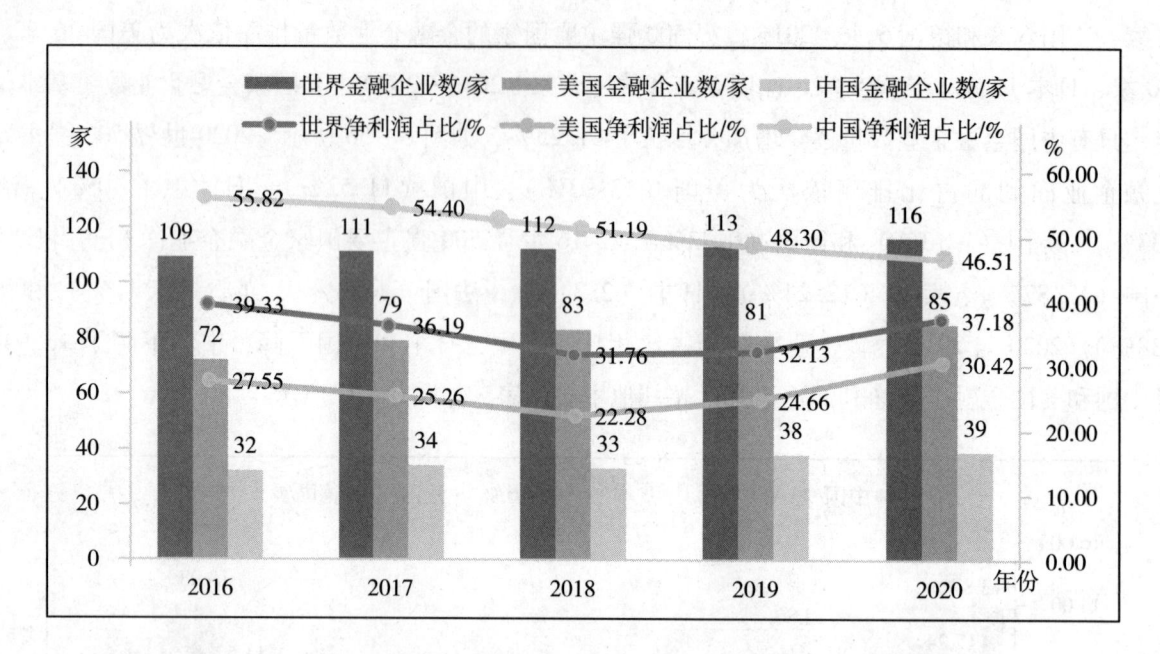

图 6-52 世界、美国和中国 500 强金融企业个数和净利润占比（2016—2020）

（7）中国 500 强制造业、服务业均与世界和美国 500 强存在差距。

以中国 500 强榜单的行业类别为标准，将世界 500 强、美国 500 强行业与之匹配，共涉及 27 个二级行业，划分为制造业、服务业和其他行业三大类。从世界、美国和中国 500 强三个榜单制造业与服务业企业数量情况看，中国制造业企业数量占有优势，服务业企业数量在增加，如表 6-6 所示。2020 中国 500 强的制造业企业共 238 家，多于世界 500 强的制造业企业数量（190 家）和美国 500 强的制造业企业数量（169 家）；2020 中国 500 强的服务业企业共 181 家，少于世界 500 强的服务业企业数量（273 家）和美国 500 强的服务业企业数量（305 家）。2016—2020 中国 500 强和美国 500 强的制造业企业数量逐渐减少，服务业企业数量逐渐增加，世界 500 强则相反。2020 与 2016 企业数量相比，中国 500 强制造业下降了 8.46%，服务业数量增长了 15.29%，变动幅度大于世界 500 强和美国 500 强。

表 6-6 世界、美国和中国 500 强中制造业和服务业的企业数量（2016—2020）

年度	制造业/家			服务业/家		
	世界 500 强	美国 500 强	中国 500 强	世界 500 强	美国 500 强	中国 500 强
2016	187	171	260	279	300	157
2017	183	163	245	285	312	175
2018	192	166	253	275	309	170
2019	196	168	245	269	305	173
2020	190	169	238	273	305	181

从世界、美国和中国 500 强三个榜单制造业效益指标看，中国 500 强制造业企业与世界一流企业差距明显，追赶速度在加快，如表 6-7 所示。2020 中国 500 强制造业企业的收入净利润率为 2.50%，低于世界 500 强的 5.08%，远低于美国 500 强的 8.89%。2020 与 2016 制造业收入净利润率相比，中国 500 强提高了 0.40 个百分点，世界 500 强下降了 0.08 个百分点，美国 500 强下降了 0.35

个百分点。2020 中国 500 强制造业企业的净资产收益率为 7.15%，低于世界 500 强的 10.85%，远低于美国 500 强的 18.58%。2020 与 2016 制造业净资产收益率相比，中国 500 强下降了 0.12 个百分点，世界 500 强增加了 0.59 个百分点，美国 500 强增加了 0.86 个百分点。2020 中国 500 强制造业企业的人均营业收入为 44.75 万美元/人，低于世界 500 强的 49.90 万美元/人和美国 500 强的 56.19 万美元/人。2016—2020 世界、美国和中国 500 强的制造业人均营业收入均呈现增长。2020 与 2016 制造业人均营业收入相比，中国 500 强提高了 10.72 万美元/人，世界 500 强提高了 5.77 万美元/人，美国 500 强提高了 6.49 万美元/人。2020 中国 500 强制造业企业的人均净利润为 1.12 万美元/人，低于世界 500 强的 2.53 万美元/人，远低于美国 500 强的 4.99 万美元/人。2016—2020 世界、美国和中国 500 强的制造业人均净利润呈现增长态势，2020 与 2016 制造业人均净利润相比，中国 500 强提高了 0.41 万美元/人，世界 500 强提高了 0.25 万美元/人，美国 500 强提高了 0.40 万美元/人。

表 6-7 世界、美国和中国 500 强中制造业效益指标（2016-2020）

指标	500 强	2016	2017	2018	2019	2020
收入净利润率/%	世界 500 强	5.16	5.26	6.14	6.01	5.08
	美国 500 强	9.24	9.38	8.36	9.27	8.89
	中国 500 强	2.10	2.24	2.31	2.59	2.50
净资产收益率/%	世界 500 强	10.26	10.40	11.79	12.98	10.85
	美国 500 强	17.72	18.09	15.84	19.82	18.58
	中国 500 强	7.27	8.25	8.72	10.29	7.15
人均营业收入（万美元/人）	世界 500 强	44.13	42.56	46.19	51.04	49.90
	美国 500 强	49.70	50.61	53.77	57.17	56.19
	中国 500 强	34.03	34.48	40.09	42.19	44.75
人均净利润（万美元/人）	世界 500 强	2.28	2.24	2.84	3.07	2.53
	美国 500 强	4.59	4.75	4.49	5.30	4.99
	中国 500 强	0.71	0.77	0.93	1.09	1.12

从世界、美国和中国 500 强三个榜单服务业效益指标看，中国 500 强服务业企业与世界一流企业差距明显，且差距在增加，如表 6-8 所示。2020 中国 500 强服务业企业的收入净利润率为 7.55%，略高于世界 500 强（7.16%），但低于美国 500 强（8.71%）。2016—2020 中国 500 强服务业的收入净利润率有所下降，世界 500 强和美国 500 强则相反。2020 与 2016 服务业收入净利润率相比，中国 500 强服务业下降了 0.93 个百分点，世界 500 强服务业增加了 0.78 个百分点，美国 500 强服务业增加了 1.40 个百分点。2020 中国 500 强服务业企业的净资产收益率为 9.08%，低于世界 500 强（11.36%），远低于美国 500 强（14.59%）。2016—2020 中国 500 强服务业的净资产收益率有所下降，世界 500 强和美国 500 强则在增加。2020 与 2016 服务员业净资产收益率相比，中国 500 强下降了 2.90 个百分点，世界 500 强和美国 500 强分别增加了 1.14 个百分点和 1.57 个百分点。2020 中国 500 强服务业企业的人均营业收入为 37.93 万美元/人，低于美国 500 强（45.45 万美元/人）和世界

500强（46.33万美元/人）。2016—2020世界、美国和中国500强服务业人均营业收入均呈现增长，2020与2016相比，中国500强提高了4.85万美元/人，世界500强提高了5.13万美元/人，美国500强提高了5.63万美元/人。2020中国500强服务业企业的人均净利润为2.86万美元/人，低于世界500强（3.32万美元/人）和美国500强（3.96万美元/人）。2016—2020世界、美国和中国500强服务业人均净利润呈现增长，2020与2016相比，中国500强提高了0.05万美元/人，世界500强提高了0.69万美元/人，美国500强提高了1.05万美元/人。

表6-8 世界、美国和中国500强中服务业效益指标（2016—2020）

指标	500强	2016	2017	2018	2019	2020
收入净利润率/%	世界500强	6.38	6.14	6.81	6.93	7.16
	美国500强	7.31	7.01	7.70	7.74	8.71
	中国500强	8.48	7.74	7.98	7.47	7.55
净资产收益率/%	世界500强	10.22	10.06	9.20	10.97	11.36
	美国500强	13.02	12.08	13.31	13.29	14.59
	中国500强	11.98	11.00	11.22	10.55	9.08
人均营业收入（万美元/人）	世界500强	41.20	41.40	43.76	44.52	46.33
	美国500强	39.82	39.70	41.89	43.81	45.45
	中国500强	33.08	29.52	33.73	35.32	37.93
人均净利润（万美元/人）	世界500强	2.63	2.54	2.98	3.09	3.32
	美国500强	2.91	2.78	3.23	3.39	3.96
	中国500强	2.81	2.29	2.69	2.64	2.86

第七章
2020中国500强与世界500强行业领先企业主要经济指标对比

表7-1 2020中国500强与世界500强财产与意外保险（股份）业领先企业对比

对比指标	伯克希尔—哈撒韦公司（1）（美国）	中国人民保险集团股份有限公司（2）	[（2）/（1）]/%
营业收入/百万美元	254616	79788	31.34
净利润/百万美元	81417	3204	3.94
资产/百万美元	817729	162687	19.89
所有者权益/百万美元	424791	26336	38.30
员工人数/人	391500	198951	50.82
收入净利率/%	31.98	4.02	12.56
资产净利率/%	9.96	1.97	19.78
净资产收益率/%	19.17	1.97	10.28
劳动生产率/（万美元/人）	65.04	40.10	61.66
人均净利润/（万美元/人）	20.80	1.61	7.74

表7-2 2020中国500强与世界500强采矿、原油生产业领先企业对比

对比指标	嘉能可（1）（瑞士）	中国海洋石油总公司（2）	[（2）/（1）]/%
营业收入/百万美元	215111	108687	50.53
净利润/百万美元	-404	6957	—
资产/百万美元	124076	184922	149.04
所有者权益/百万美元	40274	81253	201.75
员工人数/人	88246	92080	104.34
收入净利率/%	-0.19	6.40	—
资产净利率/%	-0.33	3.76	—
净资产收益率/%	-1.00	8.56	—
劳动生产率/（万美元/人）	243.76	118.04	48.42
人均净利润/（万美元/人）	-0.46	7.56	—

表7-3 2020中国500强与世界500强车辆与零部件业领先企业对比

对比指标	大众公司（1）（德国）	上海汽车集团股份有限公司（2）	[（2）/（1）]/%
营业收入/百万美元	282760	122071	43.17
净利润/百万美元	15542	3706	23.85
资产/百万美元	547811	121931	22.26
所有者权益/百万美元	136687	35847	26.23
员工人数/人	671205	151785	22.61
收入净利率/%	5.50	3.04	55.24
资产净利率/%	2.84	3.04	107.13
净资产收益率/%	11.37	10.34	90.92
劳动生产率/（万美元/人）	42.13	80.42	190.91
人均净利润/（万美元/人）	2.32	2.44	105.45

第七章 2020中国500强与世界500强行业领先企业主要经济指标对比

表7-4 2020中国500强与世界500强船务业领先企业对比

对比指标	马士基集团（1）（丹麦）	中国远洋海运集团有限公司（2）	[（2）/（1）]/%
营业收入/百万美元	39198	44655	113.92
净利润/百万美元	-84	1087	—
资产/百万美元	55399	125906	227.27
所有者权益/百万美元	28098	28203	100.37
员工人数/人	83512	118243	141.59
收入净利率/%	-0.21	2.43	—
资产净利率/%	-0.15	0.86	—
净资产收益率/%	-0.30	3.85	—
劳动生产率/（万美元/人）	46.94	37.77	80.46
人均净利润/（万美元/人）	-0.10	0.92	—

表7-5 2020中国500强与世界500强电信业领先企业对比

对比指标	美国电话电报公司（1）（美国）	中国移动通信集团公司（2）	[（2）/（1）]/%
营业收入/百万美元	181193	108527	59.90
净利润/百万美元	13903	12145	87.36
资产/百万美元	551669	266190	48.25
所有者权益/百万美元	184221	148744	80.74
员工人数/人	268220	457565	170.59
收入净利率/%	7.67	11.19	145.85
资产净利率/%	2.52	4.56	181.04
净资产收益率/%	7.55	8.17	108.19
劳动生产率/（万美元/人）	67.55	23.72	35.11
人均净利润/（万美元/人）	5.18	2.65	51.21

表7-6 2020中国500强与世界500强电子、电气设备业领先企业对比

对比指标	三星电子（1）（韩国）	中国电子信息产业集团有限公司（2）	[（2）/（1）]/%
营业收入/百万美元	197705	32447	16.41
净利润/百万美元	18453	138	0.75
资产/百万美元	304908	47019	15.42
所有者权益/百万美元	220458	8936	4.05
员工人数/人	287439	138603	48.22
收入净利率/%	9.33	0.42	4.55
资产净利率/%	6.05	0.29	4.84
净资产收益率/%	8.37	1.54	18.42
劳动生产率/（万美元/人）	68.78	23.41	34.04
人均净利润/（万美元/人）	6.42	0.10	1.55

表 7-7 2020 中国 500 强与世界 500 强多元化金融业领先企业对比

对比指标	EXOR 集团（1）（荷兰）	中国中信集团有限公司（2）	[（2）/（1）]/%
营业收入/百万美元	162754	75115	46.15
净利润/百万美元	3417	3647	106.72
资产/百万美元	193739	1074806	554.77
所有者权益/百万美元	16864	52164	309.32
员工人数/人	268979	304260	113.12
收入净利率/%	2.10	4.85	231.24
资产净利率/%	1.76	0.34	19.24
净资产收益率/%	20.26	6.99	34.50
劳动生产率/（万美元/人）	60.51	24.69	40.80
人均净利润/（万美元/人）	1.27	1.20	94.35

表 7-8 2020 中国 500 强与世界 500 强工程与建筑业领先企业对比

对比指标	万熹集团（1）（法国）	中国建筑工程总公司（2）	[（2）/（1）]/%
营业收入/百万美元	54788	205839	375.70
净利润/百万美元	3649	3333	91.35
资产/百万美元	102253	294070	287.59
所有者权益/百万美元	22940	20234	88.20
员工人数/人	222397	335038	150.65
收入净利率/%	6.66	1.62	24.31
资产净利率/%	3.57	1.13	31.76
净资产收益率/%	15.91	16.47	103.56
劳动生产率/（万美元/人）	24.64	61.44	249.39
人均净利润/（万美元/人）	1.64	0.99	60.63

表 7-9 2020 中国 500 强与世界 500 强工业机械业领先企业对比

对比指标	西门子公司（1）（德国）	中国机械工业集团有限公司（2）	[（2）/（1）]/%
营业收入/百万美元	97937	43122	44.03
净利润/百万美元	5835	452	7.75
资产/百万美元	163785	55071	33.62
所有者权益/百万美元	52461	9838	18.75
员工人数/人	385000	146792	38.13
收入净利率/%	5.96	1.05	17.61
资产净利率/%	3.56	0.82	23.06
净资产收益率/%	11.12	4.60	41.34
劳动生产率/（万美元/人）	25.44	29.38	115.48
人均净利润/（万美元/人）	1.52	0.31	20.33

表7-10　2020中国500强与世界500强公用设施业领先企业对比

对比指标	意大利国家电力公司（1）（意大利）	国家电网公司（2）	［（2）/（1）］/%
营业收入/百万美元	89907	383906	427.01
净利润/百万美元	2433	7970	327.54
资产/百万美元	192409	596616	310.08
所有者权益/百万美元	34095	251478	737.58
员工人数/人	68253	907677	1329.87
收入净利率/%	2.71	2.08	76.71
资产净利率/%	1.26	1.34	105.63
净资产收益率/%	7.14	3.17	44.41
劳动生产率/（万美元/人）	131.73	42.30	32.11
人均净利润/（万美元/人）	3.57	0.88	24.63

表7-11　2020中国500强与世界500强航空工业领先企业对比

对比指标	空中客车公司（1）（荷兰）	中国航空工业集团公司（2）	［（2）/（1）］/%
营业收入/百万美元	78883	65909	83.55
净利润/百万美元	-1524	578	—
资产/百万美元	117359	144798	123.38
所有者权益/百万美元	6706	27769	414.08
员工人数/人	134931	417798	309.64
收入净利率/%	-1.93	0.88	—
资产净利率/%	-1.30	0.40	—
净资产收益率/%	-22.73	2.08	—
劳动生产率/（万美元/人）	58.46	15.78	26.98
人均净利润/（万美元/人）	-1.13	0.14	—

表7-12　2020中国500强与世界500强航天与防务业领先企业对比

对比指标	雷神技术公司（1）（美国）	中国航天科工集团公司（2）	［（2）/（1）］/%
营业收入/百万美元	77046	37604	48.81
净利润/百万美元	5537	1959	35.38
资产/百万美元	139716	50065	35.83
所有者权益/百万美元	41774	19982	47.83
员工人数/人	243200	147712	60.74
收入净利率/%	7.19	5.21	72.49
资产净利率/%	3.96	3.91	98.73
净资产收益率/%	13.25	9.80	73.96
劳动生产率/（万美元/人）	31.68	25.46	80.36
人均净利润/（万美元/人）	2.28	1.33	58.25

表7-13 2020中国500强与世界500强互联网服务和零售业领先企业对比

对比指标	亚马逊(1)(美国)	京东集团(2)	[(2)/(1)]/%
营业收入/百万美元	280522	83505	29.77
净利润/百万美元	11588	1764	15.22
资产/百万美元	225248	37286	16.55
所有者权益/百万美元	62060	11751	18.94
员工人数/人	798000	227730	28.54
收入净利率/%	4.13	2.11	51.13
资产净利率/%	5.14	4.73	91.95
净资产收益率/%	18.67	15.01	80.38
劳动生产率/(万美元/人)	35.15	36.67	104.31
人均净利润/(万美元/人)	1.45	0.77	53.33

表7-14 2020中国500强与世界500强化学品业领先企业对比

对比指标	巴斯夫公司(1)(德国)	中国化工集团公司(2)	[(2)/(1)]/%
营业收入/百万美元	70723	65767	92.99
净利润/百万美元	9425	-1251	—
资产/百万美元	97593	121160	124.15
所有者权益/百万美元	46576	-1321	—
员工人数/人	117628	145526	123.72
收入净利率/%	13.33	-1.90	—
资产净利率/%	9.66	-1.03	—
净资产收益率/%	20.24	94.66	—
劳动生产率/(万美元/人)	60.12	45.19	75.17
人均净利润/(万美元/人)	8.01	-0.86	—

表7-15 2020中国500强与世界500强计算机、办公设备业领先企业对比

对比指标	苹果公司(1)(美国)	联想集团(2)	[(2)/(1)]/%
营业收入/百万美元	260174	50716	19.49
净利润/百万美元	55256	665	1.20
资产/百万美元	338516	32128	9.49
所有者权益/百万美元	90488	3198	3.53
员工人数/人	137000	63000	45.99
收入净利率/%	21.24	1.31	6.17
资产净利率/%	16.32	2.07	12.68
净资产收益率/%	61.06	20.80	34.06
劳动生产率/(万美元/人)	189.91	80.50	42.39
人均净利润/(万美元/人)	40.33	1.06	2.62

第七章 2020中国500强与世界500强行业领先企业主要经济指标对比

表7-16 2020中国500强与世界500强建材、玻璃领先企业对比

对比指标	圣戈班集团（1）（法国）	中国建材集团有限公司（2）	[（2）/（1）]/%
营业收入/百万美元	47650	57626	120.93
净利润/百万美元	1574	-105	—
资产/百万美元	56101	85590	152.56
所有者权益/百万美元	20495	5547	27.07
员工人数/人	21793	204936	940.40
收入净利率/%	3.30	-0.18	—
资产净利率/%	2.81	-0.12	—
净资产收益率/%	7.68	-1.89	—
劳动生产率/（万美元/人）	218.65	28.12	12.86
人均净利润/（万美元/人）	7.22	-0.05	—

表7-17 2020中国500强与世界500强金属产品业领先企业对比

对比指标	安赛乐米塔尔（1）（卢森堡）	中国宝武钢铁集团（2）	[（2）/（1）]/%
营业收入/百万美元	70615	79932	113.19
净利润/百万美元	-2454	2901	—
资产/百万美元	87908	123777	140.80
所有者权益/百万美元	38521	39264	101.93
员工人数/人	191248	196378	102.68
收入净利率/%	-3.48	3.63	—
资产净利率/%	-2.79	2.34	—
净资产收益率/%	-6.37	7.39	—
劳动生产率/（万美元/人）	36.92	40.70	110.24
人均净利润/（万美元/人）	-1.28	1.48	—

表7-18 2020中国500强与世界500强炼油业领先企业对比

对比指标	荷兰皇家壳牌石油公司（1）（荷兰）	中国石油化工集团公司（2）	[（2）/（1）]/%
营业收入/百万美元	352106	407009	115.59
净利润/百万美元	15842	6793	42.88
资产/百万美元	404336	317516	78.53
所有者权益/百万美元	186476	107742	57.78
员工人数/人	83000	582648	701.99
收入净利率/%	4.50	1.67	37.10
资产净利率/%	3.92	2.14	54.61
净资产收益率/%	8.50	6.31	74.22
劳动生产率/（万美元/人）	424.22	69.86	16.47
人均净利润/（万美元/人）	19.09	1.17	6.11

表 7-19 2020 中国 500 强与世界 500 强贸易业领先企业对比

对比指标	托克集团（1）（新加坡）	中国中化集团公司（2）	[（2）/（1）]/%
营业收入/百万美元	171474	80376	46.87
净利润/百万美元	872	473	54.31
资产/百万美元	54151	78799	145.52
所有者权益/百万美元	6477	7622	117.68
员工人数/人	5106	60049	1176.05
收入净利率/%	0.51	0.59	115.86
资产净利率/%	1.61	0.60	37.32
净资产收益率/%	13.46	6.21	46.15
劳动生产率/（万美元/人）	3358.29	133.85	3.99
人均净利润/（万美元/人）	17.07	0.79	4.62

表 7-20 2020 中国 500 强与世界 500 强能源业领先企业对比

对比指标	俄罗斯天然气工业股份公司（1）（俄罗斯）	中国华能集团公司（2）	[（2）/（1）]/%
营业收入/百万美元	118009	44502	37.71
净利润/百万美元	18593	187	1.00
资产/百万美元	352398	161663	45.88
所有者权益/百万美元	227147	14335	6.31
员工人数/人	473800	130764	27.60
收入净利率/%	15.76	0.42	2.66
资产净利率/%	5.28	0.12	2.19
净资产收益率/%	8.19	1.30	15.89
劳动生产率/（万美元/人）	24.91	34.03	136.64
人均净利润/（万美元/人）	3.92	0.14	3.63

表 7-21 2020 中国 500 强与世界 500 强保健品批发业领先企业对比

对比指标	美源伯根公司（1）（美国）	上海医药集团股份有限公司（2）	[（2）/（1）]/%
营业收入/百万美元	179589	27005	15.04
净利润/百万美元	855	591	69.06
资产/百万美元	39172	19672	50.22
所有者权益/百万美元	2879	5981	207.74
员工人数/人	21500	47778	222.22
收入净利率/%	0.48	2.19	459.23
资产净利率/%	2.18	3.00	137.51
净资产收益率/%	29.71	9.88	33.24
劳动生产率/（万美元/人）	835.30	56.52	6.77
人均净利润/（万美元/人）	3.98	1.24	31.07

表 7-22 2020 中国 500 强与世界 500 强人寿与健康保险（股份）业领先企业对比

对比指标	安盛（1）（法国）	中国平安保险（集团）股份有限公司（2）	[（2）/（1）]/%
营业收入/百万美元	148984	184280	123.69
净利润/百万美元	4317	21627	500.97
资产/百万美元	876458	1180489	134.69
所有者权益/百万美元	69988	96639	138.08
员工人数/人	99843	372194	372.78
收入净利率/%	2.90	11.74	405.01
资产净利率/%	0.49	1.83	371.94
净资产收益率/%	6.17	22.38	362.81
劳动生产率/（万美元/人）	149.22	49.51	33.18
人均净利润/（万美元/人）	4.32	5.81	134.39

表 7-23 2020 中国 500 强与世界 500 强人寿与健康保险（互助）业领先企业对比

对比指标	美国纽约人寿保险公司（1）（美国）	中国太平保险集团有限责任公司（2）	[（2）/（1）]/%
营业收入/百万美元	44117	31912	72.34
净利润/百万美元	1004	586	58.36
资产/百万美元	330806	118439	35.80
所有者权益/百万美元	22032	5323	24.16
员工人数/人	11519	65957	572.59
收入净利率/%	2.28	1.84	80.68
资产净利率/%	0.30	0.49	163.00
净资产收益率/%	4.56	11.01	241.56
劳动生产率/（万美元/人）	382.99	48.38	12.63
人均净利润/（万美元/人）	8.71	0.89	10.19

表 7-24 2020 中国 500 强与世界 500 强网络、通信设备业领先企业对比

对比指标	思科公司（1）（美国）	华为投资控股有限公司（2）	[（2）/（1）]/%
营业收入/百万美元	51904	124316	239.51
净利润/百万美元	11621	9062	77.98
资产/百万美元	97793	123270	126.05
所有者权益/百万美元	33571	42366	126.20
员工人数/人	75900	194000	255.60
收入净利率/%	22.39	7.29	32.56
资产净利率/%	11.88	7.35	61.86
净资产收益率/%	34.62	21.39	61.79
劳动生产率/（万美元/人）	68.38	64.08	93.71
人均净利润/（万美元/人）	15.31	4.67	30.51

表7-25　2020中国500强与世界500强商业银行储蓄业领先企业对比

对比指标	摩根大通公司（1）（美国）	中国工商银行（2）	[（2）/（1）]/%
营业收入/百万美元	142422	177069	124.33
净利润/百万美元	36431	45195	124.06
资产/百万美元	2687379	4322528	160.85
所有者权益/百万美元	261330	384195	147.02
员工人数/人	445106	449296	100.94
收入净利率/%	25.58	25.52	99.78
资产净利率/%	1.36	1.05	77.13
净资产收益率/%	13.94	11.76	84.38
劳动生产率/（万美元/人）	32.00	39.41	123.17
人均净利润/（万美元/人）	8.18	10.06	122.90

表7-26　2020中国500强与世界500强邮件、包裹及货物包装运输业领先企业对比

对比指标	联合包裹速递服务公司（1）（美国）	中国邮政集团公司（2）	[（2）/（1）]/%
营业收入/百万美元	74094	89347	120.59
净利润/百万美元	4440	4441	100.02
资产/百万美元	57857	1518543	2624.65
所有者权益/百万美元	3267	54604	1671.38
员工人数/人	377640	927171	245.52
收入净利率/%	5.99	4.97	82.95
资产净利率/%	7.67	0.29	3.81
净资产收益率/%	135.90	8.13	5.98
劳动生产率/（万美元/人）	19.62	9.64	49.12
人均净利润/（万美元/人）	1.18	0.48	40.74

表7-27　2020中国500强与世界500强制药业领先企业对比

对比指标	强生（1）（美国）	中国华润有限公司（2）	[（2）/（1）]/%
营业收入/百万美元	82059	94758	115.48
净利润/百万美元	15119	3572	23.62
资产/百万美元	157728	232277	147.26
所有者权益/百万美元	59471	32981	55.46
员工人数/人	132200	421274	318.66
收入净利率/%	18.42	3.77	20.46
资产净利率/%	9.59	1.54	16.04
净资产收益率/%	25.42	10.83	42.60
劳动生产率/（万美元/人）	62.07	22.49	36.24
人均净利润/（万美元/人）	11.44	0.85	7.41

第七章 2020 中国 500 强与世界 500 强行业领先企业主要经济指标对比

表 7-28 2020 中国 500 强与世界 500 强专业零售业领先企业对比

对比指标	家得宝（1）（美国）	苏宁易购集团（2）	[（2）/（1）]/%
营业收入/百万美元	110225	38971	35.36
净利润/百万美元	11242	1425	12.67
资产/百万美元	51236	34003	66.37
所有者权益/百万美元	-3116	12622	—
员工人数/人	415700	130455	31.38
收入净利率/%	10.20	3.66	35.85
资产净利率/%	21.94	4.19	19.10
净资产收益率/%	—	11.29	—
劳动生产率/（万美元/人）	26.52	29.87	112.66
人均净利润/（万美元/人）	2.70	1.09	40.39

注1：本章数据依据美国《财富》网发布的2020全球500强排行榜。

注2：《财富》2020全球500强2019年美元兑换人民币适用汇率为平均汇率1:6.9085，年底汇率1:6.9657。

第八章
2020 中国企业 500 强数据

表 8-1 2020 中国企业 500 强

上年名次	名次	企业名称	地区	营业收入/万元	净利润/万元	资产/万元	所有者权益/万元	从业人数/人
1	1	中国石油化工集团有限公司	北京	281179985	4693019	221171940	75050116	582648
3	2	国家电网有限公司	北京	265219573	5506044	415585039	175172188	964166
2	3	中国石油天然气集团有限公司	北京	261920198	3069567	423574212	196960838	1344410
4	4	中国建筑股份有限公司	北京	141983659	4188140	203445193	27719768	335038
5	5	中国工商银行股份有限公司	北京	130243300	31222400	3010943600	267618600	445106
6	6	中国平安保险（集团）股份有限公司	广东	116886700	14940700	822292900	67316100	372194
7	7	中国建设银行股份有限公司	北京	106879800	26673300	2543626100	221625700	347156
8	8	中国农业银行股份有限公司	北京	101770500	21209800	2487828800	194835500	464011
10	9	中国银行股份有限公司	北京	93244400	18740500	2276974400	185170100	309384
11	10	中国人寿保险（集团）公司	北京	90669060	3219564	451651254	13475686	155536
15	11	华为投资控股有限公司	广东	85883300	6260500	85866100	29510600	198000
12	12	中国铁路工程集团有限公司	北京	85197793	1060636	106563043	10140813	292485
9	13	上海汽车集团股份有限公司	上海	84332437	2560338	84933328	24970201	153937
14	14	中国铁道建筑集团有限公司	北京	83110141	939010	108384828	8670940	364907
16	15	中国海洋石油集团有限公司	北京	75085732	4806355	128811254	56598264	92080
13	16	中国移动通信集团有限公司	北京	74975548	8390397	185420203	103610351	457565
24	17	太平洋建设集团有限公司	江苏	67382504	2386854	44367735	20568953	453635
19	18	苏宁控股集团	江苏	66525890	1052389	37145231	12465865	280135
22	19	中国交通建设集团有限公司	北京	65696723	920618	161641403	12787784	197309
18	20	中国华润有限公司	广东	65462930	2467450	161797240	22973360	396456
21	21	中国第一汽车集团有限公司	吉林	61773377	1967395	49006311	19365923	133548
25	22	中国邮政集团有限公司	北京	61724771	3067973	1057771356	38035481	918246
29	23	正威国际集团有限公司	广东	61389924	1248581	16140102	10133897	18103
28	24	中国五矿集团有限公司	北京	61041300	158998	92951501	6938645	199486
20	25	东风汽车集团有限公司	湖北	58064514	917686	49751333	9953365	154610
35	26	北京京东世纪贸易有限公司	北京	57688848	1218415	25972370	8185597	227730
27	27	中国南方电网有限责任公司	广东	56634191	1266392	93365226	36881931	282864
46	28	恒力集团有限公司	江苏	55673993	1434756	23525440	3621583	90555
26	29	国家能源投资集团有限责任公司	北京	55611631	2945847	175028540	41763568	331373
30	30	中国人民保险集团股份有限公司	北京	55551500	2240100	113277100	18313300	1089128
23	31	中国中化集团有限公司	北京	55527470	327053	54889301	5309181	60049
40	32	中国宝武钢铁集团有限公司	上海	55220616	2004354	86219413	27350208	175431
33	33	中国中信集团有限公司	北京	51893114	2519383	748677828	36336116	304260
45	34	阿里巴巴集团控股有限公司	浙江	50971100	14943300	131298500	75540100	117600
31	35	北京汽车集团有限公司	北京	50123000	516000	50089000	6899000	114315

续表

上年名次	名次	企业名称	地区	营业收入/万元	净利润/万元	资产/万元	所有者权益/万元	从业人数/人
32	36	中粮集团有限公司	北京	49843634	286187	59798361	8707072	110896
43	37	中国医药集团有限公司	北京	48835454	630173	39360646	7201693	148783
44	38	碧桂园控股有限公司	广东	48590800	3955000	190715200	15193900	101784
34	39	恒大集团有限公司	广东	47756100	1728000	220657700	35853700	133123
36	40	中国兵器工业集团有限公司	北京	47471017	886821	42840254	11592078	205075
42	41	中国电力建设集团有限公司	北京	46543026	533887	96881760	7851905	180416
37	42	中国电信集团有限公司	北京	46539040	1245268	90096360	37702798	401965
41	43	交通银行股份有限公司	上海	45988600	7728100	990560000	79324700	85324
39	44	中国航空工业集团有限公司	北京	45532992	399400	100861611	19343289	417798
38	45	中国化工集团有限公司	北京	45434692	-864164	84396177	-920418	145526
50	46	绿地控股集团股份有限公司	上海	42782271	1474301	114570653	7890119	52576
51	47	中国建材集团有限公司	北京	39810386	-72490	59619589	3863867	204936
47	48	招商银行股份有限公司	广东	39716100	9286700	696023200	57835200	76046
61	49	中国保利集团公司	北京	39479996	1403017	131288649	8892068	100393
N. A.	50	联想控股股份有限公司	北京	38921826	360689	62407519	6053723	87125
49	51	中国太平洋保险（集团）股份有限公司	上海	38548878	2774140	152833283	17842692	117893
60	52	腾讯控股有限公司	广东	37728900	9331000	95398600	43270600	62885
57	53	国美控股集团有限公司	北京	37170057	193932	26917623	7529719	79100
48	54	广州汽车工业集团有限公司	广东	37072213	390003	30536136	4508245	105780
67	55	万科企业股份有限公司	广东	36789388	3887209	173992945	18805849	—
64	56	物产中大集团股份有限公司	浙江	35892248	273385	9333203	2516475	20322
52	57	山东能源集团有限公司	山东	35849683	504050	31033251	6982547	153545
66	58	中国铝业集团有限公司	北京	35681711	188762	65441146	12107220	158142
55	59	河钢集团有限公司	河北	35471499	-64976	46205473	7134219	114945
56	60	上海浦东发展银行股份有限公司	上海	35468100	5981100	700592900	55356100	55509
54	61	兴业银行股份有限公司	福建	35195200	6586800	714568100	54136000	60455
71	62	厦门建发集团有限公司	福建	33969015	461014	34134471	5180549	26732
63	63	招商局集团有限公司	北京	33938447	3615278	193589455	35322282	157635
59	64	民生银行股份有限公司	北京	33795100	5381900	668184100	51884500	58933
58	65	浙江吉利控股集团有限公司	浙江	33081765	851018	39568809	6594004	131426
76	66	中国光大集团有限公司	北京	32440000	1374500	521048600	14471400	79800
72	67	中国远洋海运集团有限公司	北京	30849725	750657	87702629	19645100	118243
68	68	陕西延长石油（集团）有限责任公司	陕西	30767419	148635	40086656	13240746	130086
75	69	中国华能集团有限公司	北京	30619144	128814	112609736	9985590	130764
73	70	陕西煤业化工集团有限责任公司	陕西	30257504	82589	54859520	5262630	140102

续表

上年名次	名次	企业名称	地区	营业收入/万元	净利润/万元	资产/万元	所有者权益/万元	从业人数/人
65	71	中国机械工业集团有限公司	北京	29790741	312464	38361111	6852642	146792
77	72	厦门国贸控股集团有限公司	福建	29561335	28870	10208993	926361	15178
69	73	中国联合网络通信集团有限公司	北京	29196433	184659	60236284	17998129	260058
79	74	海尔集团公司	山东	29001580	769138	39774318	4720025	97477
81	75	兖矿集团有限公司	山东	28548036	189947	31854802	3439499	101166
78	76	雪松控股集团有限公司	广东	28515808	84318	11658389	2853632	30984
84	77	厦门象屿集团有限公司	福建	28418162	151973	13936652	1999148	11635
94	78	中南控股集团有限公司	江苏	28214000	54575	32038303	549163	80000
74	79	中国航空油料集团有限公司	北京	27970383	392859	6764797	2569904	15699
80	80	美的集团股份有限公司	广东	27938050	2421122	30195541	10166916	134897
70	81	山东魏桥创业集团有限公司	山东	27928123	547223	24269723	7120053	111121
91	82	国家电力投资集团有限公司	北京	27223992	124040	119433950	10852009	125190
87	83	潍柴控股集团有限公司	山东	26459705	144140	25800329	798278	88391
90	84	青山控股集团有限公司	浙江	26260199	570541	7050805	2173111	75061
82	85	中国航天科工集团有限公司	北京	25978759	1353300	34873944	13919081	147712
88	86	江西铜业集团有限公司	江西	25547222	117086	15774676	2600856	25333
85	87	江苏沙钢集团有限公司	江苏	25207752	495711	28911691	5910957	46581
83	88	中国航天科技集团有限公司	北京	25014549	1815762	47753096	21107471	177905
92	89	中国能源建设集团有限公司	北京	24946765	273083	42528152	3681877	122560
95	90	阳光龙净集团有限公司	福建	24807843	424235	41831136	2616792	26363
89	91	中国中车集团有限公司	北京	23975206	361462	43049762	7159649	185872
105	92	安徽海螺集团有限责任公司	安徽	23430999	1224857	22018127	5191359	55952
96	93	金川集团股份有限公司	甘肃	23367452	205896	11541878	3502424	29291
100	94	中国华电集团有限公司	北京	23356339	214467	82221964	8018083	107326
97	95	中国电子科技集团有限公司	北京	22762256	1203820	40306764	15673046	177443
98	96	中国电子信息产业集团有限公司	北京	22415918	95193	32751739	6224708	152499
107	97	中国太平保险控股有限公司	北京	22046226	404713	82501284	3707693	65957
99	98	鞍钢集团有限公司	辽宁	21739994	−144342	33282903	5407204	119125
130	99	浙江恒逸集团有限公司	浙江	21516382	142633	10419573	1136138	19807
86	100	冀中能源集团有限责任公司	河北	21185546	−78985	23090691	1592875	107359
113	101	小米集团	北京	20583868	1004416	18362921	8133057	16783
143	102	浙江荣盛控股集团有限公司	浙江	20563698	181736	20511470	2152260	15887
118	103	上海建工集团股份有限公司	上海	20549671	393021	25728090	3305414	48335
121	104	泰康保险集团股份有限公司	北京	20381406	2218640	93548707	8120041	57372
101	105	首钢集团有限公司	北京	20223504	27627	49834676	12275387	97903

续表

上年名次	名次	企业名称	地区	营业收入/万元	净利润/万元	资产/万元	所有者权益/万元	从业人数/人
93	106	中国兵器装备集团有限公司	北京	20078000	682400	33993800	7041500	176326
102	107	珠海格力电器股份有限公司	广东	20050833	2469664	28297215	11015357	88846
256	108	深圳市投资控股有限公司	广东	19933980	1101015	69950802	30554656	67518
104	109	新疆广汇实业投资（集团）有限责任公司	新疆维吾尔自治区	19834749	62027	27322552	3806502	77400
106	110	华夏人寿保险股份有限公司	北京	19685057	84285	58634509	2228709	500000
132	111	盛虹控股集团有限公司	江苏	19253573	336063	9447104	1956439	30631
109	112	铜陵有色金属集团控股有限公司	安徽	19218894	-44546	8741133	802791	23124
124	113	山东钢铁集团有限公司	山东	19174169	14984	35709758	2466979	42079
149	114	重庆市金科投资控股（集团）有限责任公司	重庆	19066570	1221568	32930458	1232092	29447
112	115	大同煤矿集团有限责任公司	山西	19037324	-109578	36938853	4947578	152733
103	116	中国大唐集团有限公司	北京	18973335	294799	75853345	11037991	95748
115	117	海亮集团有限公司	浙江	18797284	120842	5715734	1872064	20196
122	118	上海医药集团股份有限公司	上海	18656579	408099	13702639	4165905	47778
120	119	中国通用技术（集团）控股有限责任公司	北京	18348000	338162	19720204	4519257	43197
127	120	华晨汽车集团控股有限公司	辽宁	18112951	27905	19534821	499167	39576
111	121	山西焦煤集团有限责任公司	山西	18085544	146197	33953873	4295183	193835
119	122	河南能源化工集团有限公司	河南	18074255	-211272	27419438	1674363	158382
110	123	山西潞安矿业（集团）有限责任公司	山西	18015594	72815	24985838	3432454	106188
134	124	广西投资集团有限公司	广西壮族自治区	18003288	54061	49171820	3635902	26953
N. A.	125	中国核工业集团有限公司	北京	17944624	763187	83171299	13466587	156300
128	126	中国中煤能源集团有限公司	北京	17855880	212585	39593466	7051546	122827
114	127	阳泉煤业（集团）有限责任公司	山西	17610166	-56288	24664681	2714671	101817
117	128	山西晋城无烟煤矿业集团有限责任公司	山西	17537532	15185	29434683	4359740	127336
125	129	东浩兰生（集团）有限公司	上海	17492306	103698	3530875	1349354	6316
126	130	新华人寿保险股份有限公司	北京	17456600	1455900	87897000	8445100	36504
N. A.	131	融创中国控股有限公司	天津	16932000	2603000	96065000	8307000	—
129	132	万洲国际有限公司	河南	16600941	1009019	12056269	6058132	101000
147	133	中国平煤神马能源化工集团有限责任公司	河南	16434124	-123109	19633269	1015773	134771
140	134	新希望集团有限公司	四川	16188706	262789	27349094	2314167	88845
123	135	光明食品（集团）有限公司	上海	15551918	121639	27604507	6636554	122565

续表

上年名次	名次	企业名称	地区	营业收入/万元	净利润/万元	资产/万元	所有者权益/万元	从业人数/人
131	136	中国南方航空集团有限公司	广东	15500239	412893	34978522	7119126	119500
155	137	北京建龙重工集团有限公司	北京	15201729	389614	13325064	2855711	57800
162	138	龙湖集团控股有限公司	重庆	15102643	1833656	65224485	9395631	26316
135	139	浙江省交通投资集团有限公司	浙江	15047209	514827	48094486	9987723	38513
150	140	南通三建控股有限公司	江苏	14979608	448736	5833206	1988206	83553
133	141	华夏银行股份有限公司	北京	14861004	2190500	320078900	26758800	38639
174	142	复星国际有限公司	上海	14298213	1480091	71568119	12255234	71000
145	143	北京首农食品集团有限公司	北京	14220307	249670	14536535	3709380	54934
152	144	国家开发投资集团有限公司	北京	14194552	603397	63185483	8980461	51961
163	145	上海电气（集团）总公司	上海	14172695	234403	32005188	3416474	51293
136	146	中国国际航空股份有限公司	北京	14023988	642203	29420637	9345867	89824
139	147	天能控股集团有限公司	浙江	14013209	149173	4411754	494559	21676
157	148	南京钢铁集团有限公司	江苏	13731673	211598	5486434	1763114	10805
137	149	陕西有色金属控股集团有限责任公司	陕西	13713247	70828	13993852	3317133	44448
151	150	四川长虹电子控股集团有限公司	四川	13663500	6575	8011988	118273	60667
181	151	紫金矿业集团股份有限公司	福建	13609798	428396	12383095	5118597	19963
322	152	杭州市实业投资集团有限公司	浙江	13343296	124236	5573646	1408430	25502
144	153	中国东方航空集团有限公司	上海	13340695	371626	33466016	4300518	99942
153	154	湖南华菱钢铁集团有限责任公司	湖南	13309331	330029	10595261	2383375	34516
160	155	广州医药集团有限公司	广东	13305081	130843	5676391	803806	34218
159	156	云南省建设投资控股集团有限公司	云南	13280413	222904	40560393	6530091	43874
168	157	中国有色矿业集团有限公司	北京	13151977	69071	12122841	1936266	50773
170	158	华侨城集团有限公司	广东	13098215	923300	55254503	7417961	62253
165	159	万向集团公司	浙江	13050755	253990	9441057	1606123	30361
304	160	冀南钢铁集团有限公司	河北	13014264	1024646	3242670	2949913	18659
148	161	中天钢铁集团有限公司	江苏	13001465	206227	4699250	1670761	15785
173	162	北京电子控股有限责任公司	北京	12906481	13796	39336558	1397056	77206
N.A.	163	中国供销集团有限公司	北京	12890195	16516	13772197	1458601	35789
175	164	云南省投资控股集团有限公司	云南	12833226	70547	37561523	4200883	33369
142	165	比亚迪股份有限公司	广东	12773852	161445	19564159	5676229	229130
217	166	敬业集团有限公司	河北	12740208	564980	4373718	2325372	23500
164	167	TCL集团股份有限公司	广东	12732811	359230	21923403	3391520	92395
146	168	海信集团有限公司	山东	12686273	70847	12307215	1177365	91069
172	169	东岭集团股份有限公司	陕西	12602834	64594	4246354	1059358	10292
158	170	北京银行股份有限公司	北京	12564900	2144100	273704000	20712900	—

续表

上年名次	名次	企业名称	地区	营业收入/万元	净利润/万元	资产/万元	所有者权益/万元	从业人数/人
154	171	超威电源集团有限公司	浙江	12490654	72306	3242803	644343	18800
197	172	甘肃省公路航空旅游投资集团有限公司	甘肃	12374797	59947	50001003	15971320	37294
161	173	黑龙江北大荒农垦集团总公司	黑龙江	12335636	-57377	19905590	3491823	585164
156	174	海澜集团有限公司	江苏	12322537	545429	11136057	8349281	19368
215	175	中国国际技术智力合作集团有限公司	北京	12294331	74105	1386841	493094	5322
200	176	上海钢联电子商务股份有限公司	上海	12257175	18059	1080416	114210	2720
251	177	北京城建集团有限责任公司	北京	12100368	187558	32648580	2334323	33608
207	178	无锡产业发展集团有限公司	江苏	11922803	8329	10084872	962144	26467
169	179	浙江省兴合集团有限责任公司	浙江	11913833	24494	5084630	477066	18747
183	180	北京金隅集团股份有限公司	北京	11822190	369358	28212376	6113120	49189
191	181	陕西建工控股集团有限公司	陕西	11779239	100568	17447086	1409541	45549
178	182	河北津西钢铁集团股份有限公司	河北	11777360	258911	5693283	2342536	10610
171	183	中国重型汽车集团有限公司	山东	11585399	118062	8385336	1151581	40436
214	184	四川省铁路产业投资集团有限责任公司	四川	11526894	-70888	33985690	6800958	21927
190	185	广西建工集团有限责任公司	广西壮族自治区	11301827	138364	12014872	1207689	35759
188	186	山东东明石化集团有限公司	山东	11266029	190744	3220416	1352763	6353
179	187	中国华融资产管理股份有限公司	北京	11265651	142443	170501241	12125878	10947
189	188	浪潮集团有限公司	山东	11234474	330415	9362062	3365044	36156
216	189	云南省能源投资集团有限公司	云南	11231307	146639	18884178	5394946	11349
213	190	顺丰控股股份有限公司	广东	11219339	579650	9253538	4241971	114813
177	191	西安迈科金属国际集团有限公司	陕西	11218875	26369	2400426	542151	1160
204	192	浙江省能源集团有限公司	浙江	11180545	518771	24150783	7988499	23214
222	193	雅戈尔集团股份有限公司	浙江	11161447	443728	10138694	2861749	55834
176	194	南山集团有限公司	山东	11117000	510855	13185717	5897503	46362
226	195	中国化学工程集团有限公司	北京	11045295	153827	13024473	2506530	45884
196	196	中国广核集团有限公司	广东	10985062	672090	74663180	11369043	41276
182	197	中国黄金集团有限公司	北京	10965138	-55822	11470974	1443325	42677
228	198	江阴澄星实业集团有限公司	江苏	10852300	66691	3582002	1392570	6304
206	199	四川省宜宾五粮液集团有限公司	四川	10802584	443924	15075354	3984914	43370
187	200	亨通集团有限公司	江苏	10791270	31005	6386922	707519	19619
186	201	杭州钢铁集团有限公司	浙江	10670187	107719	7255839	2570532	16218
184	202	上海均和集团有限公司	上海	10604753	15304	2275796	836143	5000
218	203	中天控股集团有限公司	浙江	10603657	262096	9230791	1650848	8076

续表

上年名次	名次	企业名称	地区	营业收入/万元	净利润/万元	资产/万元	所有者权益/万元	从业人数/人
185	204	晋能集团有限公司	山西	10580540	94002	29453660	6430865	94066
203	205	新华联集团有限公司	北京	10559512	126294	15095377	1851425	70598
N.A.	206	华夏幸福基业股份有限公司	河北	10520954	1461178	45781195	5003627	24340
261	207	广州市建筑集团有限公司	广东	10509851	69070	6903192	1045223	23059
N.A.	208	广东鼎龙实业集团有限公司	广东	10408353	75924	3290928	210121	3200
199	209	酒泉钢铁（集团）有限责任公司	甘肃	10358036	-53787	10987493	2246923	36286
167	210	东方国际（集团）有限公司	上海	10320481	82916	6646721	1721468	81295
212	211	湖南建工集团有限公司	湖南	10248028	145019	5700456	1317204	26721
227	212	阳光保险集团股份有限公司	广东	10161977	506617	33152547	4992021	232057
166	213	协鑫集团有限公司	江苏	10137109	145338	18852637	3976262	21007
220	214	广西柳州钢铁集团有限公司	广西壮族自治区	10136167	387171	8653359	2603222	24013
223	215	北京外企服务集团有限责任公司	北京	10080905	40385	972618	273252	40200
208	216	北京控股集团有限公司	北京	10071001	89308	36062500	3766602	81029
N.A.	217	辽宁方大集团实业有限公司	辽宁	10026764	590958	10199212	2492458	58325
224	218	九州通医药集团股份有限公司	湖北	9949708	172655	7114777	1875421	25796
201	219	日照钢铁控股集团有限公司	山东	9840773	470124	9979269	3388536	16123
219	220	上海银行股份有限公司	上海	9809078	2029759	223708194	17670861	12699
252	221	河北新华联合冶金控股集团有限公司	河北	9760506	101776	10191020	664685	21000
277	222	美团点评	上海	9752853	223876	13201291	9211244	54580
235	223	卓尔控股有限公司	湖北	9683865	179443	9276878	4446414	6551
195	224	长城汽车股份有限公司	河北	9621069	449687	11309641	5439923	59756
180	225	中国信达资产管理股份有限公司	北京	9614700	1305295	151323000	16489812	16425
249	226	弘阳集团有限公司	江苏	9586110	338264	12814322	2067374	8126
360	227	北京建工集团有限责任公司	北京	9566794	115072	17020403	2005796	38907
209	228	万达控股集团有限公司	山东	9532554	208298	6301558	1662260	14555
192	229	江铃汽车集团有限公司	江西	9521848	75086	7272469	955320	40320
279	230	前海人寿保险股份有限公司	广东	9413791	57708	27116674	2381915	3179
293	231	新奥控股投资股份有限公司	河北	9281437	134383	13489953	1789422	26902
232	232	传化集团有限公司	浙江	9268111	104369	6417146	1058867	13355
234	233	宁波金田投资控股有限公司	浙江	9255700	20798	1274906	175794	6583
211	234	江苏悦达集团有限公司	江苏	9156183	47942	9088323	1227103	39475
230	235	利华益集团股份有限公司	山东	9101527	219097	4323829	1914042	5022
N.A.	236	中兴通讯股份有限公司	广东	9073658	514788	14120214	2882687	70066
242	237	扬子江药业集团	江苏	9018503	611893	4798447	3700037	16100
243	238	内蒙古伊利实业集团股份有限公司	内蒙古自治区	9000913	693376	6046126	2613102	59052

续表

上年名次	名次	企业名称	地区	营业收入/万元	净利润/万元	资产/万元	所有者权益/万元	从业人数/人
248	239	贵州茅台酒股份有限公司	贵州	8885434	4120647	18304237	13601035	27005
247	240	正邦集团有限公司	江西	8804695	237696	1921783	1001887	61380
280	241	徐州工程机械集团有限公司	江苏	8781398	52228	13831549	1332561	26422
225	242	包头钢铁（集团）有限责任公司	内蒙古自治区	8772675	29095	17716500	449313	46830
281	243	三一集团有限公司	湖南	8757632	421001	15726559	3592286	23966
238	244	神州数码集团股份有限公司	北京	8680338	70141	2942090	437215	4070
244	245	唯品会（中国）有限公司	广东	8675323	420618	1594325	1593394	26666
N. A.	246	晨鸣控股有限公司	山东	8627570	22813	10003388	376820	15191
205	247	中国国际海运集装箱（集团）股份有限公司	广东	8581534	154222	17210752	3925388	54753
259	248	永辉超市股份有限公司	福建	8487696	156372	5235301	2010594	110778
257	249	山东高速集团有限公司	山东	8479337	374094	72175044	7268329	40910
255	250	荣盛控股股份有限公司	河北	8392993	425157	27888947	2498439	27623
250	251	开滦（集团）有限责任公司	河北	8293945	-3691	8554094	1293185	48905
221	252	杭州锦江集团有限公司	浙江	8284830	97189	7000618	1679363	9711
239	253	内蒙古电力（集团）有限责任公司	内蒙古自治区	8273048	201542	10019036	4596747	37479
258	254	通威集团有限公司	四川	8122176	194334	5806612	1655532	24408
352	255	龙光交通集团有限公司	广东	8066445	1548340	26646368	5046653	14166
260	256	正泰集团股份有限公司	浙江	8054552	185742	7208362	1458336	34290
246	257	太原钢铁（集团）有限公司	山西	7971453	229457	12846804	3900021	33189
266	258	天津荣程祥泰投资控股集团有限公司	天津	7933072	87864	1950227	1105540	6205
330	259	珠海华发集团有限公司	广东	7926925	130167	36184050	3759846	28443
N. A.	260	桐昆控股集团有限公司	浙江	7918943	133444	4633013	669774	20002
N. A.	261	重庆市迪马实业股份有限公司	重庆	7890422	143208	7251175	913564	6282
303	262	河北普阳钢铁有限公司	河北	7862351	337928	2493251	1908296	7300
237	263	百度网络技术有限公司	北京	7809300	205700	30131600	16359900	37779
496	264	重庆华宇集团有限公司	重庆	7776600	906791	9960000	3884400	5476
198	265	富德生命人寿保险股份有限公司	广东	7758236	20855	47316745	3217563	—
240	266	广厦控股集团有限公司	浙江	7739853	101113	4364498	1135680	112396
253	267	北京首都旅游集团有限责任公司	北京	7735790	-43456	13180956	1997088	75542
453	268	陕西投资集团有限公司	陕西	7735323	187940	16741652	3460003	24977
236	269	山东黄金集团有限公司	山东	7681256	17223	11624097	1169466	25948
263	270	上海永达控股（集团）有限公司	上海	7638744	150392	3628560	1038652	13474
272	271	云南锡业集团（控股）有限责任公司	云南	7607220	-77200	6063284	27134	21716
267	272	奇瑞控股集团有限公司	安徽	7593097	57375	20599652	1555103	34243

续表

上年名次	名次	企业名称	地区	营业收入/万元	净利润/万元	资产/万元	所有者权益/万元	从业人数/人
275	273	浙江省建设投资集团有限公司	浙江	7564948	83471	7933721	460247	20412
289	274	南通四建集团有限公司	江苏	7506970	435323	3272225	1991574	169000
254	275	华泰集团有限公司	山东	7498149	104523	3275463	1017204	8953
276	276	陕西汽车控股集团有限公司	陕西	7401977	41809	6032182	532174	29581
286	277	金鼎钢铁集团有限公司	河北	7390266	251703	1538477	880951	4516
229	278	奥克斯集团有限公司	浙江	7353051	105734	6329318	1222657	30000
310	279	温氏食品集团股份有限公司	广东	7312041	1396720	6557892	4511189	50024
268	280	三房巷集团有限公司	江苏	7300384	160284	2474126	1020803	7120
278	281	江苏南通二建集团有限公司	江苏	7215104	337532	3450393	1721563	105275
273	282	红豆集团有限公司	江苏	7205495	145127	4824610	1946371	22886
307	283	中基宁波集团股份有限公司	浙江	7148984	20779	1161529	126081	2216
265	284	广西北部湾国际港务集团有限公司	广西壮族自治区	7068778	13245	13168667	2979281	33186
299	285	盘锦北方沥青燃料有限公司	辽宁	6934402	397330	4610308	1275108	3500
283	286	云天化集团有限责任公司	云南	6929013	-40483	9598575	809072	19980
336	287	永锋集团有限公司	山东	6918852	205511	4254697	957366	12000
N.A.	288	洛阳栾川钼业集团股份有限公司	河南	6867656	185701	11686223	4080277	11183
294	289	万华化学集团股份有限公司	山东	6805066	1012998	9686532	4236409	15392
274	290	远大物产集团有限公司	浙江	6774851	17684	637119	234696	545
N.A.	291	广州工业投资控股集团有限公司	广东	6719103	167063	7390765	1469843	26639
317	292	广东省广新控股集团有限公司	广东	6718228	87089	6321730	1218364	27477
296	293	双胞胎（集团）股份有限公司	江西	6666497	175318	2242685	1109492	10000
298	294	甘肃省建设投资（控股）集团总公司	甘肃	6665015	50666	8916806	2114821	55878
356	295	江苏新长江实业集团有限公司	江苏	6652468	151829	3434235	1223632	7825
290	296	山东海科控股有限公司	山东	6600025	290214	2204546	680248	4231
337	297	山东招金集团有限公司	山东	6570833	10746	6000440	697316	14260
285	298	中国铁路物资集团有限公司	北京	6517881	21246	5573683	538375	8407
292	299	青建集团	山东	6515076	86467	4750738	1080541	15055
297	300	新余钢铁集团有限公司	江西	6513139	161505	5128240	1160793	22444
314	301	四川华西集团有限公司	四川	6494563	79571	6181839	973656	20432
287	302	淮北矿业（集团）有限责任公司	安徽	6449170	136598	9468321	1438168	53971
288	303	百联集团有限公司	上海	6426771	30332	8857918	2045368	50632
305	304	浙江省国际贸易集团有限公司	浙江	6392986	127701	9929485	1546868	15339
313	305	昆明钢铁控股有限公司	云南	6390323	33828	6560208	1286291	17400
N.A.	306	贵州磷化（集团）有限责任公司	贵州	6353026	-44577	9235504	1306121	18820
271	307	北京能源集团有限责任公司	北京	6331733	198260	30268779	7542819	36054

续表

上年名次	名次	企业名称	地区	营业收入/万元	净利润/万元	资产/万元	所有者权益/万元	从业人数/人
394	308	成都兴城投资集团有限公司	四川	6327914	49119	21361623	4986530	21741
340	309	山西建设投资集团有限公司	山西	6319738	86987	9881185	1726991	27898
319	310	蓝润集团有限公司	四川	6319460	273231	9097583	3534394	20000
302	311	山东如意时尚投资控股有限公司	山东	6318159	309957	7324876	1548600	44847
325	312	武安市裕华钢铁有限公司	河北	6262548	487970	2799586	2190817	10995
471	313	立讯精密工业股份有限公司	广东	6251631	471382	4937791	2029662	137284
326	314	中天科技集团有限公司	江苏	6203496	80091	4528681	621368	17023
291	315	白银有色集团股份有限公司	甘肃	6170028	5804	4855039	1406549	14479
318	316	宁波均胜电子股份有限公司	浙江	6169890	94006	5692483	1257819	57415
284	317	本钢集团有限公司	辽宁	6128637	-4297	15344451	2968023	62936
308	318	江苏国泰国际集团股份有限公司	江苏	6122367	94505	2352261	845822	15353
301	319	河北新武安钢铁集团文安钢铁有限公司	河北	6086560	223187	1062969	1062969	4120
328	320	山东京博控股集团有限公司	山东	6080974	108124	3975045	707898	10150
346	321	深圳海王集团股份有限公司	广东	6077614	22538	6102788	1020482	31500
332	322	四川省川威集团有限公司	四川	6052034	72855	4539112	490070	14208
344	323	旭阳控股有限公司	北京	6051902	196190	3583934	1178947	10095
323	324	江苏省苏中建设集团股份有限公司	江苏	6038927	172495	2334871	764769	141553
306	325	广东省广晟资产经营有限公司	广东	6034546	126294	12812694	954897	52074
N. A.	326	国能领航城市建设投资有限公司	北京	6034447	199049	4359689	2702664	8356
316	327	德力西集团有限公司	浙江	5985488	91402	2139655	734626	19415
269	328	网易公司	北京	5924100	2123800	11212400	6145400	20797
245	329	宁夏天元锰业集团有限公司	宁夏回族自治区	5911277	119025	18629990	11331486	20065
334	330	河北省物流产业集团有限公司	河北	5902302	8083	1582036	279447	2187
320	331	内蒙古伊泰集团有限公司	内蒙古自治区	5881302	185845	11105511	1920607	6327
351	332	广东省建筑工程集团有限公司	广东	5880155	92017	8500432	1703547	31738
348	333	辽宁嘉晨控股集团有限公司	辽宁	5862135	251832	4430679	3548512	11230
382	334	广州越秀集团股份有限公司	广东	5860136	206273	63209705	4506498	24341
329	335	渤海银行股份有限公司	天津	5806765	833553	111311651	8278137	9794
349	336	上海城建（集团）公司	上海	5803079	80221	12258503	962293	22381
N. A.	337	福建大东海实业集团有限公司	福建	5733625	278164	5260360	2658945	17330
N. A.	338	上海中梁企业发展有限公司	上海	5695985	394520	22547390	901050	13322
321	339	山西煤炭进出口集团有限公司	山西	5678173	12093	9335986	1511089	16881
363	340	四川省交通投资集团有限责任公司	四川	5678085	94847	39247918	12781954	25303
311	341	福建省三钢（集团）有限责任公司	福建	5672576	233331	4317133	1493122	16229

续表

续表

上年名次	名次	企业名称	地区	营业收入/万元	净利润/万元	资产/万元	所有者权益/万元	从业人数/人
404	342	北京首都开发控股（集团）有限公司	北京	5666596	158725	34766245	1816866	8529
355	343	晶科能源有限公司	江西	5646956	182081	6905134	1958283	15000
364	344	重庆化医控股（集团）公司	重庆	5626144	-22937	7856973	928534	25027
312	345	深圳市爱施德股份有限公司	广东	5596932	34368	1022420	495461	2228
295	346	上海华谊（集团）公司	上海	5509381	164345	7889211	2002521	20371
339	347	中国信息通信科技集团有限公司	湖北	5419931	35486	9326311	2196928	38754
335	348	稻花香集团	湖北	5387861	35702	2046411	296877	13137
405	349	浙江前程投资股份有限公司	浙江	5344503	2584	533273	97952	412
407	350	上海新增鼎资产管理有限公司	上海	5344028	-267	518976	16668	428
361	351	重庆建工投资控股有限责任公司	重庆	5276158	20694	7544226	478185	16248
N.A.	352	山东太阳控股集团有限公司	山东	5242491	250371	3969053	1484005	14882
327	353	新疆特变电工集团有限公司	新疆维吾尔自治区	5211512	251955	12854491	4564132	21514
N.A.	354	振烨国际产业控股集团（深圳）有限公司	广东	5204195	107968	1385067	372600	2200
398	355	欧菲光集团股份有限公司	广东	5197412	50985	4055952	945878	36434
377	356	红狮控股集团有限公司	浙江	5184828	549022	4767102	2004583	14545
486	357	融信（福建）投资集团有限公司	福建	5164651	426760	20018970	2123680	3389
401	358	安徽建工集团控股有限公司	安徽	5142773	27673	9438274	335625	19698
368	359	唐山港陆钢铁有限公司	河北	5138907	83097	1658206	893053	8103
374	360	天元建设集团有限公司	山东	5137474	92024	4047700	824361	13181
354	361	广州智能装备产业集团有限公司	广东	5110062	125327	6281993	1369187	30724
343	362	重庆市能源投资集团有限公司	重庆	5109427	-8664	11612485	2049626	40892
391	363	四川省能源投资集团有限责任公司	四川	5109138	83787	15391246	2799269	23563
357	364	湖南博长控股集团有限公司	湖南	5103093	51474	1285055	394427	7108
400	365	浙江富冶集团有限公司	浙江	5096054	33903	1065684	308380	2585
N.A.	366	泸州老窖集团有限责任公司	四川	5070958	153413	23351739	1186630	13610
369	367	杉杉控股有限公司	浙江	5055360	69056	5426323	924014	7169
428	368	恒申控股集团有限公司	福建	5044661	462101	4335828	1933160	8210
315	369	隆鑫控股有限公司	重庆	5023542	10599	6780760	1016287	30021
426	370	福建永荣控股集团有限公司	福建	5013949	102778	2730396	1116068	4945
378	371	河北新金钢铁有限公司	河北	4992596	107371	1785133	1188648	5087
367	372	盛京银行股份有限公司	辽宁	4987128	544322	102148080	7855553	6219
373	373	广东省能源集团有限公司	广东	4969129	237077	14562495	5116040	14623
392	374	老凤祥股份有限公司	上海	4962866	140801	1718100	701997	3242

续表

上年名次	名次	企业名称	地区	营业收入/万元	净利润/万元	资产/万元	所有者权益/万元	从业人数/人
381	375	威高集团有限公司	山东	4959070	438809	6037726	3420818	30000
362	376	广东省交通集团有限公司	广东	4911233	268805	42457625	9490226	64184
384	377	江苏南通六建建设集团有限公司	江苏	4894195	116614	1231712	828314	58974
395	378	中华联合保险集团股份有限公司	北京	4887421	57700	7570121	1667815	45440
264	379	福建省能源集团有限责任公司	福建	4881451	185686	13098505	2114510	31832
408	380	申能（集团）有限公司	上海	4880455	421469	18905820	10208002	16668
N.A.	381	奥园集团有限公司	广东	4867451	517352	26538347	2049616	16504
N.A.	382	恒信汽车集团股份有限公司	湖北	4854190	90817	1575282	439615	16659
370	383	重庆农村商业银行股份有限公司	重庆	4852677	975989	103023023	8821350	15371
342	384	安徽江淮汽车集团控股有限公司	安徽	4823417	−281	4493800	396693	28927
N.A.	385	福建省福化工贸股份有限公司	福建	4815224	1737	358223	73023	284
358	386	新凤祥控股集团有限责任公司	山东	4814084	93010	2834490	961218	15773
450	387	武汉金融控股（集团）有限公司	湖北	4812354	79773	13111528	2013415	6760
N.A.	388	广西交通投资集团有限公司	广西壮族自治区	4803763	21982	38703683	10776942	15454
309	389	玖龙环球（中国）投资集团有限公司	广东	4769779	352621	5990042	3976591	17000
409	390	广东海大集团股份有限公司	广东	4761258	164876	1885431	910378	20774
347	391	北京首都创业集团有限公司	北京	4745880	256642	35848259	2467188	34521
341	392	安阳钢铁集团有限责任公司	河南	4706800	35896	5281022	739335	28011
371	393	山河控股集团有限公司	湖北	4701721	87371	1195207	707141	63326
388	394	金澳科技（湖北）化工有限公司	湖北	4691566	67563	913343	495868	4185
403	395	福佳集团有限公司	辽宁	4669130	329100	8212698	5059983	2483
430	396	大汉控股集团有限公司	湖南	4632228	88972	1989127	743505	5126
449	397	天瑞集团股份有限公司	河南	4618932	176452	7500533	3836645	13268
350	398	东华能源股份有限公司	江苏	4618762	110400	2808143	932685	1804
353	399	广西北部湾投资集团有限公司	广西壮族自治区	4616343	226468	15548310	5421064	15917
399	400	中科电力装备集团有限公司	安徽	4615060	20986	1816122	248960	3800
387	401	江西省建工集团有限责任公司	江西	4593668	76139	6071637	388335	3550
345	402	华西集团有限公司	江苏	4584425	28227	5504192	1454652	17853
366	403	四川德胜集团钒钛有限公司	四川	4571390	189518	2660431	939785	10109
380	404	太极集团有限公司	重庆	4551692	−25167	1445257	143241	13545
397	405	人民电器集团有限公司	浙江	4538646	171038	1171337	782281	21850
359	406	江苏扬子江船业集团	江苏	4525138	375223	12117407	4084148	23778
333	407	山东金诚石化集团有限公司	山东	4513001	55632	1182518	527434	2427
425	408	富通集团有限公司	浙江	4508115	148049	3092590	1087417	5893
402	409	通鼎集团有限公司	江苏	4502855	130365	2450362	539717	13626

续表

上年名次	名次	企业名称	地区	营业收入/万元	净利润/万元	资产/万元	所有者权益/万元	从业人数/人
383	410	广州轻工工贸集团有限公司	广东	4490918	57433	2497935	891003	6874
331	411	天津友发钢管集团股份有限公司	天津	4474922	86462	885533	371651	10754
457	412	河南豫光金铅集团有限责任公司	河南	4466548	13787	1994937	93124	6034
389	413	华勤橡胶工业集团有限公司	山东	4464823	83444	2037124	1036026	8500
375	414	重庆机电控股（集团）公司	重庆	4459503	63783	5534019	1176925	28635
386	415	淮河能源控股集团有限责任公司	安徽	4447049	277786	12584038	1113106	73981
396	416	金浦投资控股集团有限公司	江苏	4392681	49378	2503669	520206	9620
432	417	三河汇福粮油集团有限公司	河北	4353945	66103	1269253	467984	3000
442	418	中国大地财产保险股份有限公司	上海	4331959	170097	7895011	2723528	64687
N.A.	419	中联重科股份有限公司	湖南	4330739	437145	9206802	3886323	19016
448	420	山东泰山钢铁集团有限公司	山东	4320816	75595	2192916	1078130	8218
N.A.	421	兴华财富集团有限公司	河北	4315838	225224	1683865	1057881	6552
414	422	浙江中成控股集团有限公司	浙江	4314472	86638	1790440	751077	52103
476	423	山东九羊集团有限公司	山东	4305631	153945	1723898	1249992	7798
415	424	物美科技集团有限公司	北京	4297699	237353	7349849	2760669	100000
427	425	山东创新金属科技有限公司	山东	4280725	32878	2524450	225170	6238
N.A.	426	汇通达网络股份有限公司	江苏	4278661	16593	1835165	489238	4860
484	427	南昌市政公用投资控股有限责任公司	江西	4267800	54707	13368932	3329262	35081
N.A.	428	山东中矿集团有限公司	山东	4262888	52697	918536	299970	3264
464	429	深圳金雅福控股集团有限公司	广东	4262228	16196	140382	62729	1990
411	430	山东渤海实业股份有限公司	山东	4261012	17119	2013945	348113	2936
454	431	河北建工集团有限责任公司	河北	4255986	10077	1669708	131265	6672
N.A.	432	重庆中昂投资集团有限公司	重庆	4254075	615143	8646031	2991621	10282
475	433	名创优品（广州）有限责任公司	广东	4253261	350827	2013125	503292	35126
300	434	天津泰达投资控股有限公司	天津	4246755	20316	27645573	4596808	20791
412	435	石横特钢集团有限公司	山东	4245040	407327	2985798	1873383	12703
422	436	山东汇丰石化集团有限公司	山东	4244302	22950	1533068	71621	2018
N.A.	437	福建省电子信息（集团）有限责任公司	福建	4218884	-76826	9057915	638449	49323
393	438	郑州宇通企业集团	河南	4205999	260448	10005730	1926782	34636
451	439	龙信建设集团有限公司	江苏	4204687	104987	1088519	504680	47025
N.A.	440	山东省商业集团有限公司	山东	4203381	21469	11283249	845893	38730
390	441	广东省广物控股集团有限公司	广东	4178447	28392	3908828	1428914	12017
429	442	通州建总集团有限公司	江苏	4165058	128344	636833	213649	72000
434	443	步步高投资集团股份有限公司	湖南	4152575	17812	2437784	792546	29384

续表

上年名次	名次	企业名称	地区	营业收入/万元	净利润/万元	资产/万元	所有者权益/万元	从业人数/人
418	444	山东金岭集团有限公司	山东	4152181	231545	1464847	1258514	3866
474	445	广州国资发展控股有限公司	广东	4148991	85264	7918196	2059067	11984
416	446	四川科伦实业集团有限公司	四川	4141754	93792	3601546	1385476	20238
365	447	河北建设集团股份有限公司	河北	4107703	77042	6092657	572061	8062
459	448	广州农村商业银行股份有限公司	广东	4099293	752034	89415429	6834669	12668
439	449	沂州集团有限公司	山东	4098971	77490	1431075	544617	3250
468	450	广西玉柴机器集团有限公司	广西壮族自治区	4098772	86143	4166276	1414660	14824
431	451	江苏中利控股集团有限公司	江苏	4081275	119565	4129583	1311476	8898
N.A.	452	缘泰石油有限公司	北京	4075136	43012	1373226	440683	1536
385	453	重庆小康控股有限公司	重庆	4052024	24045	3404971	241558	15501
N.A.	454	贵州盘江煤电集团有限责任公司	贵州	4032736	75359	7793744	1060238	53751
455	455	宁波富邦控股集团有限公司	浙江	4013602	56333	4658038	1068250	9046
413	456	山东科达集团有限公司	山东	4010299	108372	1318891	926478	8516
406	457	山东恒源石油化工股份有限公司	山东	3991005	59892	1894431	651545	1908
445	458	法尔胜泓昇集团有限公司	江苏	3980661	38873	1955869	435548	9262
N.A.	459	陕西龙记泰信房地产开发有限公司	陕西	3979102	73643	1926175	1128532	3958
438	460	双良集团有限公司	江苏	3960225	20109	2801912	781458	6996
N.A.	461	森马集团有限公司	浙江	3951139	36145	2950291	1072892	6929
N.A.	462	四川省商业投资集团有限公司	四川	3942810	6545	1748519	176118	2800
460	463	齐鲁交通发展集团有限公司	山东	3939196	47619	21755769	6782643	18509
441	464	西部矿业集团有限公司	青海	3921928	1384	6137960	418582	7548
447	465	宜昌兴发集团有限责任公司	湖北	3915361	7880	3941368	426719	12534
437	466	江苏华宏实业集团有限公司	江苏	3895140	35142	1131247	513436	3118
443	467	江苏阳光集团有限公司	江苏	3882343	198564	2164176	1065230	12657
461	468	维维集团股份有限公司	江苏	3868037	197671	2337134	1638578	20151
466	469	卧龙控股集团有限公司	浙江	3851776	152435	3398112	931611	15663
470	470	新疆天业（集团）有限公司	新疆维吾尔自治区	3850625	21013	4286425	882234	16647
473	471	徐州矿务集团有限公司	江苏	3832603	37375	4664160	1478702	22773
477	472	上海农村商业银行股份有限公司	上海	3831115	884564	93028730	7114988	6257
452	473	远东控股集团有限公司	江苏	3829169	5400	2549664	380484	9004
465	474	北京江南投资集团有限公司	北京	3825654	568260	14336262	2844071	436
N.A.	475	新疆金风科技股份有限公司	新疆维吾尔自治区	3824455	220985	10305708	3067512	8961
424	476	云南省城市建设投资集团有限公司	云南	3803841	224323	28384470	2772364	28520

续表

上年名次	名次	企业名称	地区	营业收入/万元	净利润/万元	资产/万元	所有者权益/万元	从业人数/人
N.A.	477	舜宇集团有限公司	浙江	3784870	399130	3069307	1255289	20180
481	478	浙江龙盛控股有限公司	浙江	3767260	511926	5472308	2589965	8032
N.A.	479	厦门路桥工程物资有限公司	福建	3759382	16750	1202129	124658	474
498	480	富海集团有限公司	山东	3758793	99547	2139883	1001376	5033
472	481	安徽省皖北煤电集团有限责任公司	安徽	3735822	-76441	4480420	152913	35031
N.A.	482	盛屯矿业集团股份有限公司	福建	3731426	31950	1899544	902496	3590
469	483	浙江宝业建设集团有限公司	浙江	3724316	40383	1007574	372892	3998
478	484	山东清源集团有限公司	山东	3722540	69628	3281974	1176000	3917
N.A.	485	宏旺投资集团有限公司	广东	3721063	42222	917965	327040	2242
493	486	北京金融街投资（集团）有限公司	北京	3698782	91772	24501012	3453921	12426
N.A.	487	重庆千信集团有限公司	重庆	3695145	57023	1421419	478907	811
487	488	远景能源有限公司	江苏	3693470	147439	7089495	1018620	2002
490	489	澳洋集团有限公司	江苏	3691685	33875	1937450	448120	10089
458	490	武汉商联（集团）股份有限公司	湖北	3689073	51507	3505552	411733	31376
480	491	重庆轻纺控股（集团）公司	重庆	3683239	51885	3053732	663705	25436
N.A.	492	山东齐成石油化工有限公司	山东	3680344	24151	788942	465508	920
483	493	深圳市中农网有限公司	广东	3656789	2675	1253669	84851	612
488	494	万基控股集团有限公司	河南	3649897	16553	2615961	190346	12139
N.A.	495	石药控股集团有限公司	河北	3645631	502785	4906022	2436123	25865
N.A.	496	中铁集装箱运输有限责任公司	北京	3642514	101410	2476058	1341739	967
N.A.	497	建业控股有限公司	河南	3626989	270086	15526106	1531334	19859
446	498	上海国际港务（集团）股份有限公司	上海	3610163	906227	14217729	8205674	14650
N.A.	499	广西盛隆冶金有限公司	广西壮族自治区	3603360	122093	3864176	1514155	10917
492	500	天津银行股份有限公司	天津	3596109	454797	66940112	5039485	6781
		合计	—	8601963377	389241365	31234774321	4088040672	33128881

说　明

1. 2020中国企业500强是中国企业联合会、中国企业家协会参照国际惯例，组织企业自愿申报，并经专家审定确认后产生的。申报企业包括在中国境内注册、2019年实现营业收入达到200亿元的企业（不包括在华外资、港澳台独资、控股企业，也不包括行政性公司、政企合一的单位及各类资产经营公司、烟草公司，但包括在境外注册、投资主体为中国自然人或法人、主要业务在境内的企业），都有资格申报参加排序。属于集团公司的控股子公司或相对控股子公司，由于其财务报表最后能被合并到集团母公司的财务会计报表中去，因此只允许其母公司申报。

2. 表中所列数据由企业自愿申报或属于上市公司公开数据，并经会计师事务所或审计师事务所等单位认可。

3. 营业收入是 2019 年不含增值税的收入，包括企业的所有收入，即主营业务和非主营业务、境内和境外的收入。商业银行的营业收入为 2019 年利息收入和非利息营业收入之和（不减掉对应的支出）。保险公司的营业收入是 2019 年保险费和年金收入扣除储蓄的资本收益或损失。净利润是 2019 年上交所得税的净利润扣除少数股东权益后的归属母公司所有者的净利润。资产是 2019 年度末的资产总额。所有者权益是 2019 年年末所有者权益总额扣除少数股东权益后的归属于母公司所有者权益。研究开发费用是 2019 年企业投入研究开发的所有费用。从业人数是 2019 年度的平均人数（含所有被合并报表企业的人数）。

4. 行业分类参照了国家统计局的分类方法，依据其主营业务收入所在行业来划分；地区分类是按企业总部所在地划分。

表 8-2 2020 中国企业 500 强新上榜名单

名次	企业名称	地区	营业收入/万元	净利润/万元	资产/万元	所有者权益/万元	从业人数/人
50	联想控股股份有限公司	北京	38921826	360689	62407519	6053723	87125
125	中国核工业集团有限公司	北京	17944624	763187	83171299	13466587	156300
131	融创中国控股有限公司	天津	16932000	2603000	96065000	8307000	—
163	中国供销集团有限公司	北京	12890195	16516	13772197	1458601	35789
206	华夏幸福基业股份有限公司	河北	10520954	1461178	45781195	5003627	24340
208	广东鼎龙实业集团有限公司	广东	10408353	75924	3290928	210121	3200
217	辽宁方大集团实业有限公司	辽宁	10026764	590958	10199212	2492458	58325
236	中兴通讯股份有限公司	广东	9073658	514788	14120214	2882687	70066
246	晨鸣控股有限公司	山东	8627570	22813	10003388	376820	15191
260	桐昆控股集团有限公司	浙江	7918943	133444	4633013	669774	20002
261	重庆市迪马实业股份有限公司	重庆	7890422	143208	7251175	913564	6282
288	洛阳栾川钼业集团股份有限公司	河南	6867656	185701	11686223	4080277	11183
291	广州工业投资控股集团有限公司	广东	6719103	167063	7390765	1469843	26639
306	贵州磷化（集团）有限责任公司	贵州	6353026	-44577	9235504	1306121	18820
326	国能领航城市建设投资有限公司	北京	6034447	199049	4359689	2702664	8356
337	福建大东海实业集团有限公司	福建	5733625	278164	5260360	2658945	17330
338	上海中梁企业发展有限公司	上海	5695985	394520	22547390	901050	13322
352	山东太阳控股集团有限公司	山东	5242491	250371	3969053	1484005	14882
354	振烨国际产业控股集团（深圳）有限公司	广东	5204195	107968	1385067	372600	2200
366	泸州老窖集团有限责任公司	四川	5070958	153413	23351739	1186630	13610
381	奥园集团有限公司	广东	4867451	517352	26538347	2049616	16504
382	恒信汽车集团股份有限公司	湖北	4854190	90817	1575282	439615	16659
385	福建省福化工贸股份有限公司	福建	4815224	1737	358223	73023	284
388	广西交通投资集团有限公司	广西壮族自治区	4803763	21982	38703683	10776942	15454
419	中联重科股份有限公司	湖南	4330739	437145	9206802	3886323	19016
421	兴华财富集团有限公司	河北	4315838	225224	1683865	1057881	6552
426	汇通达网络股份有限公司	江苏	4278661	16593	1835165	489238	4860
428	山东中矿集团有限公司	山东	4262888	52697	918536	299970	3264
432	重庆中昂投资集团有限公司	重庆	4254075	615143	8646031	2991621	10282
437	福建省电子信息（集团）有限责任公司	福建	4218884	-76826	9057915	638449	49323
440	山东省商业集团有限公司	山东	4203381	21469	11283249	845893	38730
452	缘泰石油有限公司	北京	4075136	43012	1373226	440683	1536
454	贵州盘江煤电集团有限责任公司	贵州	4032736	75359	7793744	1060238	53751

续表

名次	企业名称	地区	营业收入/万元	净利润/万元	资产/万元	所有者权益/万元	从业人数
459	陕西龙记泰信房地产开发有限公司	陕西	3979102	73643	1926175	1128532	3958
461	森马集团有限公司	浙江	3951139	36145	2950291	1072892	6929
462	四川省商业投资集团有限公司	四川	3942810	6545	1748519	176118	2800
475	新疆金风科技股份有限公司	新疆维吾尔自治区	3824455	220985	10305708	3067512	8961
477	舜宇集团有限公司	浙江	3784870	399130	3069307	1255289	20180
479	厦门路桥工程物资有限公司	福建	3759382	16750	1202129	124658	474
482	盛屯矿业集团股份有限公司	福建	3731426	31950	1899544	902496	3590
485	宏旺投资集团有限公司	广东	3721063	42222	917965	327040	2242
487	重庆千信集团有限公司	重庆	3695145	57023	1421419	478907	811
492	山东齐成石油化工有限公司	山东	3680344	24151	788942	465508	920
495	石药控股集团有限公司	河北	3645631	502785	4906022	2436123	25865
496	中铁集装箱运输有限责任公司	北京	3642514	101410	2476058	1341739	967
497	建业控股有限公司	河南	3626989	270086	15526106	1531334	19859
499	广西盛隆冶金有限公司	广西壮族自治区	3603360	122093	3864176	1514155	10917

续表

表 8-3　2020 中国企业 500 强各行业企业分布

排名	企业名称	总排名	营业收入/万元	排名	企业名称	总排名	营业收入/万元
农林牧渔业				3	中国华电集团有限公司	94	23356339
1	黑龙江北大荒农垦集团总公司	173	12335636	4	中国大唐集团有限公司	116	18973335
	合计		12335636	5	中国核工业集团有限公司	125	17944624
				6	中国广核集团有限公司	196	10985062
煤炭采掘及采选业				7	广东省能源集团有限公司	373	4969129
1	国家能源投资集团有限责任公司	29	55611631		合计		134071625
2	山东能源集团有限公司	57	35849683	农副产品			
3	陕西煤业化工集团有限责任公司	70	30257504	1	新希望集团有限公司	134	16188706
4	兖矿集团有限公司	75	28548036	2	正邦集团有限公司	240	8804695
5	冀中能源集团有限责任公司	100	21185546	3	通威集团有限公司	254	8122176
6	大同煤矿集团有限责任公司	115	19037324	4	双胞胎（集团）股份有限公司	293	6666497
7	山西焦煤集团有限责任公司	121	18085544	5	广东海大集团股份有限公司	390	4761258
8	河南能源化工集团有限公司	122	18074255	6	三河汇福粮油集团有限公司	417	4353945
9	山西潞安矿业（集团）有限责任公司	123	18015594	7	山东渤海实业股份有限公司	430	4261012
10	中国中煤能源集团有限公司	126	17855880		合计		53158289
11	阳泉煤业（集团）有限责任公司	127	17610166				
12	山西晋城无烟煤矿业集团有限责任公司	128	17537532	食品			
13	中国平煤神马能源化工集团有限责任公司	133	16434124	1	万洲国际有限公司	132	16600941
14	开滦（集团）有限责任公司	251	8293945	2	光明食品（集团）有限公司	135	15551918
15	淮北矿业（集团）有限责任公司	302	6449170	3	北京首农食品集团有限公司	143	14220307
16	内蒙古伊泰集团有限公司	331	5881302	4	温氏食品集团股份有限公司	279	7312041
17	淮河能源控股集团有限公司	415	4447049		合计		53685207
18	山东中矿集团有限公司	428	4262888				
19	贵州盘江煤电集团有限责任公司	454	4032736	饮料			
20	徐州矿务集团有限公司	471	3832603	1	内蒙古伊利实业集团股份有限公司	238	9000913
21	安徽省皖北煤电集团有限责任公司	481	3735822	2	维维集团股份有限公司	468	3868037
	合计		355038334		合计		12868950
石油、天然气开采及生产业				酒类			
1	中国石油天然气集团有限公司	3	261920198	1	四川省宜宾五粮液集团有限公司	199	10802584
2	中国海洋石油集团有限公司	15	75085732	2	贵州茅台酒股份有限公司	239	8885434
3	陕西延长石油（集团）有限责任公司	68	30767419	3	稻花香集团	348	5387861
4	缘泰石油有限公司	452	4075136	4	泸州老窖集团有限责任公司	366	5070958
	合计		371848485		合计		30146837
电力生产				纺织印染			
1	中国华能集团有限公司	69	30619144	1	山东魏桥创业集团有限公司	81	27928123
2	国家电力投资集团有限公司	82	27223992	2	山东如意时尚投资控股有限公司	311	6318159

续表

排名	企业名称	总排名	营业收入/万元	排名	企业名称	总排名	营业收入/万元
3	江苏阳光集团有限公司	467	3882343	10	山东金诚石化集团有限公司	407	4513001
4	澳洋集团有限公司	489	3691685	11	山东汇丰石化集团有限公司	436	4244302
	合计		41820310	12	山东恒源石油化工股份有限公司	457	3991005
				13	富海集团有限公司	480	3758793
服装及其他纺织品				14	山东清源集团有限公司	484	3722540
1	海澜集团有限公司	174	12322537	15	山东齐成石油化工有限公司	492	3680344
2	雅戈尔集团股份有限公司	193	11161447		合计		361678530
3	红豆集团有限公司	282	7205495				
4	杉杉控股有限公司	367	5055360	**轮胎及橡胶制品**			
5	森马集团有限公司	461	3951139	1	杭州市实业投资集团有限公司	152	13343296
	合计		39695978	2	华勤橡胶工业集团有限公司	413	4464823
				3	重庆轻纺控股（集团）公司	491	3683239
家用电器制造					合计		21491358
1	海尔集团公司	74	29001580				
2	美的集团股份有限公司	80	27938050	**化学原料及化学品制造**			
3	珠海格力电器股份有限公司	107	20050833	1	中国化工集团有限公司	45	45434692
4	四川长虹电子控股集团有限公司	150	13663500	2	江阴澄星实业集团有限公司	198	10852300
5	TCL集团股份有限公司	167	12732811	3	传化集团有限公司	232	9268111
6	海信集团有限公司	168	12686273	4	云天化集团有限责任公司	286	6929013
7	奥克斯集团有限公司	278	7353051	5	万华化学集团股份有限公司	289	6805066
	合计		123426098	6	贵州磷化（集团）有限责任公司	306	6353026
				7	上海华谊（集团）公司	346	5509381
造纸及包装				8	金浦投资控股集团有限公司	416	4392681
1	晨鸣控股有限公司	246	8627570	9	山东金岭集团有限公司	444	4152181
2	华泰集团有限公司	275	7498149	10	宜昌兴发集团有限责任公司	465	3915361
3	山东太阳控股集团有限公司	352	5242491	11	新疆天业（集团）有限公司	470	3850625
4	玖龙环球（中国）投资集团有限公司	389	4769779	12	浙江龙盛控股有限公司	478	3767260
	合计		26137989		合计		111229697
石化及炼焦				**化学纤维制造**			
1	中国石油化工集团有限公司	1	281179985	1	恒力集团有限公司	28	55673993
2	山东东明石化集团有限公司	186	11266029	2	浙江恒逸集团有限公司	99	21516382
3	利华益集团股份有限公司	235	9101527	3	浙江荣盛控股集团有限公司	102	20563698
4	盘锦北方沥青燃料有限公司	285	6934402	4	盛虹控股集团有限公司	111	19253573
5	山东海科控股有限公司	296	6600025	5	桐昆控股集团有限公司	260	7918943
6	山东京博控股集团有限公司	320	6080974	6	三房巷集团有限公司	280	7300384
7	旭阳控股有限公司	323	6051902	7	恒申控股集团有限公司	368	5044661
8	辽宁嘉晨控股集团有限公司	333	5862135	8	福建永荣控股集团有限公司	370	5013949
9	金澳科技（湖北）化工有限公司	394	4691566	9	江苏华宏实业集团有限公司	466	3895140

续表

排名	企业名称	总排名	营业收入/万元	排名	企业名称	总排名	营业收入/万元
	合计		146180723	13	河北津西钢铁集团股份有限公司	182	11777360
				14	杭州钢铁集团有限公司	201	10670187
药品制造				15	酒泉钢铁（集团）有限责任公司	209	10358036
1	上海医药集团股份有限公司	118	18656579	16	广西柳州钢铁集团有限公司	214	10136167
2	广州医药集团有限公司	155	13305081	17	辽宁方大集团实业有限公司	217	10026764
3	扬子江药业集团	237	9018503	18	日照钢铁控股集团有限公司	219	9840773
4	深圳海王集团股份有限公司	321	6077614	19	河北新华联合冶金控股集团有限公司	221	9760506
5	太极集团有限公司	404	4551692	20	包头钢铁（集团）有限责任公司	242	8772675
6	四川科伦实业集团有限公司	446	4141754	21	太原钢铁（集团）有限公司	257	7971453
7	石药控股集团有限公司	495	3645631	22	天津荣程祥泰投资控股集团有限公司	258	7933072
	合计		59396854	23	河北普阳钢铁有限公司	262	7862351
				24	金鼎钢铁集团有限公司	277	7390266
医疗设备制造				25	永锋集团有限公司	287	6918852
1	威高集团有限公司	375	4959070	26	新余钢铁集团有限公司	300	6513139
	合计		4959070	27	昆明钢铁控股有限公司	305	6390323
				28	武安市裕华钢铁有限公司	312	6262548
水泥及玻璃制造				29	本钢集团有限公司	317	6128637
1	中国建材集团有限公司	47	39810386	30	河北新武安钢铁集团文安钢铁有限公司	319	6086560
2	安徽海螺集团有限责任公司	92	23430999	31	四川省川威集团有限公司	322	6052034
3	北京金隅集团股份有限公司	180	11822190	32	福建大东海实业集团有限公司	337	5733625
4	红狮控股集团有限公司	356	5184828	33	福建省三钢（集团）有限责任公司	341	5672576
5	天瑞集团股份有限公司	397	4618932	34	唐山港陆钢铁有限公司	359	5138907
6	沂州集团有限公司	449	4098971	35	河北新金钢铁有限公司	371	4992596
	合计		88966306	36	安阳钢铁集团有限责任公司	392	4706800
				37	四川德胜集团钒钛有限公司	403	4571390
黑色冶金				38	山东泰山钢铁集团有限公司	420	4320816
1	中国宝武钢铁集团有限公司	32	55220616	39	石横特钢集团有限公司	435	4245040
2	河钢集团有限公司	59	35471499		合计		454269657
3	江苏沙钢集团有限公司	87	25207752				
4	鞍钢集团有限公司	98	21739994	**一般有色**			
5	首钢集团有限公司	105	20223504	1	正威国际集团有限公司	23	61389924
6	山东钢铁集团有限公司	113	19174169	2	中国铝业集团有限公司	58	35681711
7	北京建龙重工集团有限公司	137	15201729	3	江西铜业集团有限公司	86	25547222
8	南京钢铁集团有限公司	148	13731673	4	金川集团股份有限公司	93	23367452
9	湖南华菱钢铁集团有限责任公司	154	13309331	5	铜陵有色金属集团控股有限公司	112	19218894
10	冀南钢铁集团有限公司	160	13014264	6	海亮集团有限公司	117	18797284
11	中天钢铁集团有限公司	161	13001465	7	陕西有色金属控股集团有限责任公司	149	13713247
12	敬业集团有限公司	166	12740208	8	中国有色矿业集团有限公司	157	13151977

续表

排名	企业名称	总排名	营业收入/万元	排名	企业名称	总排名	营业收入/万元
9	南山集团有限公司	194	11117000	3	广西玉柴机器集团有限公司	450	4098772
10	宁波金田投资控股有限公司	233	9255700	4	卧龙控股集团有限公司	469	3851776
11	云南锡业集团（控股）有限责任公司	271	7607220		合计		48582948
12	洛阳栾川钼业集团股份有限公司	288	6867656				
13	白银有色集团股份有限公司	315	6170028		**工程机械及零部件**		
14	宁夏天元锰业集团有限公司	329	5911277	1	徐州工程机械集团有限公司	241	8781398
15	浙江富冶集团有限公司	365	5096054	2	三一集团有限公司	243	8757632
16	新凤祥控股集团有限责任公司	386	4814084	3	中联重科股份有限公司	419	4330739
17	河南豫光金铅集团有限责任公司	412	4466548		合计		21869769
18	山东创新金属科技有限公司	425	4280725				
19	西部矿业集团有限公司	464	3921928		**电力电气设备制造**		
20	盛屯矿业集团股份有限公司	482	3731426	1	中国电子科技集团公司	95	22762256
21	万基控股集团有限公司	494	3649897	2	中国电子信息产业集团有限公司	96	22415918
	合计		287757254	3	天能控股集团有限公司	147	14013209
				4	超威电源集团有限公司	171	12490654
	贵金属			5	正泰集团股份有限公司	256	8054552
1	紫金矿业集团股份有限公司	151	13609798	6	德力西集团有限公司	327	5985488
2	中国黄金集团有限公司	197	10965138	7	新疆特变电工集团有限公司	353	5211512
3	山东黄金集团有限公司	269	7681256	8	广州智能装备产业集团有限公司	361	5110062
4	山东招金集团有限公司	297	6570833	9	中科电力装备集团有限公司	400	4615060
5	老凤祥股份有限公司	374	4962866	10	人民电器集团有限公司	405	4538646
	合计		43789891	11	富通集团有限公司	408	4508115
				12	宁波富邦控股集团有限公司	455	4013602
	金属制品加工			13	双良集团有限公司	460	3960225
1	青山控股集团有限公司	84	26260199	14	远东控股集团有限公司	473	3829169
2	中国国际海运集装箱（集团）股份有限公司	247	8581534	15	远景能源有限公司	488	3693470
3	江苏新长江实业集团有限公司	295	6652468		合计		125201938
4	湖南博长控股集团有限公司	364	5103093				
5	天津友发钢管集团股份有限公司	411	4474922		**电线电缆制造**		
6	山东九羊集团有限公司	423	4305631	1	亨通集团有限公司	200	10791270
7	法尔胜泓昇集团有限公司	458	3980661	2	中天科技集团有限公司	314	6203496
8	宏旺投资集团有限公司	485	3721063		合计		16994766
9	广西盛隆冶金有限公司	499	3603360				
	合计		66682931		**风能太阳能设备制造**		
				1	协鑫集团有限公司	213	10137109
	锅炉及动力装备制造			2	晶科能源有限公司	343	5646956
1	潍柴控股集团有限公司	83	26459705	3	新疆金风科技股份有限公司	475	3824455
2	上海电气（集团）总公司	145	14172695		合计		19608520

续表

排名	企业名称	总排名	营业收入/万元	排名	企业名称	总排名	营业收入/万元
计算机及办公设备				19	重庆小康控股有限公司	453	4052024
1	联想控股股份有限公司	50	38921826		合计		442515767
2	欧菲光集团股份有限公司	355	5197412				
3	舜宇集团有限公司	477	3784870	摩托车及零配件制造			
	合计		47904108	1	隆鑫控股有限公司	369	5023542
					合计		5023542
通信设备制造							
1	华为投资控股有限公司	11	85883300	轨道交通设备及零配件制造			
2	小米集团	101	20583868	1	中国中车集团有限公司	91	23975206
3	中兴通讯股份有限公司	236	9073658		合计		23975206
4	中国信息通信科技集团有限公司	347	5419931				
5	福建省电子信息（集团）有限责任公司	437	4218884	航空航天			
	合计		125179641	1	中国航空工业集团有限公司	44	45532992
				2	中国航天科工集团有限公司	85	25978759
半导体、集成电路及面板制造				3	中国航天科技集团有限公司	88	25014549
1	北京电子控股有限责任公司	162	12906481		合计		96526300
2	立讯精密工业股份有限公司	313	6251631				
	合计		19158112	兵器制造			
				1	中国兵器工业集团有限公司	40	47471017
汽车及零配件制造				2	中国兵器装备集团有限公司	106	20078000
1	上海汽车集团股份有限公司	13	84332437		合计		67549017
2	中国第一汽车集团有限公司	21	61773377				
3	东风汽车集团有限公司	25	58064514	船舶制造			
4	北京汽车集团有限公司	35	50123000	1	江苏扬子江船业集团	406	4525138
5	广州汽车工业集团有限公司	54	37072213		合计		4525138
6	浙江吉利控股集团有限公司	65	33081765				
7	华晨汽车集团控股有限公司	120	18112951	综合制造业			
8	万向集团公司	159	13050755	1	中国五矿集团有限公司	24	61041300
9	比亚迪股份有限公司	165	12773852	2	复星国际有限公司	142	14298213
10	中国重型汽车集团有限公司	183	11585399	3	无锡产业发展集团有限公司	178	11922803
11	长城汽车股份有限公司	224	9621069	4	新华联集团有限公司	205	10559512
12	江铃汽车集团有限公司	229	9521848	5	万达控股集团有限公司	228	9532554
13	江苏悦达集团有限公司	234	9156183	6	杭州锦江集团有限公司	252	8284830
14	奇瑞控股集团有限公司	272	7593097	7	广州工业投资控股集团有限公司	291	6719103
15	陕西汽车控股集团有限公司	276	7401977	8	重庆化医控股（集团）公司	344	5626144
16	宁波均胜电子股份有限公司	316	6169890	9	华西集团有限公司	402	4584425
17	安徽江淮汽车集团控股有限公司	384	4823417	10	重庆机电控股（集团）公司	414	4459503
18	郑州宇通企业集团	438	4205999		合计		137028387

续表

排名	企业名称	总排名	营业收入/万元	排名	企业名称	总排名	营业收入/万元
房屋建筑				38	河北建设集团股份有限公司	447	4107703
1	中国建筑股份有限公司	4	141983659	39	山东科达集团有限公司	456	4010299
2	中国铁道建筑集团有限公司	14	83110141	40	云南省城市建设投资集团有限公司	476	3803841
3	太平洋建设集团有限公司	17	67382504	41	浙江宝业建设集团有限公司	483	3724316
4	中南控股集团有限公司	78	28214000		合计		594353556
5	上海建工集团股份有限公司	103	20549671				
6	南通三建控股有限公司	140	14979608	土木工程建筑			
7	北京城建集团有限责任公司	177	12100368	1	中国铁路工程集团有限公司	12	85197793
8	陕西建工控股集团有限公司	181	11779239	2	中国交通建设集团有限公司	19	65696723
9	四川省铁路产业投资集团有限责任公司	184	11526894	3	中国电力建设集团有限公司	41	46543026
10	广西建工集团有限责任公司	185	11301827	4	中国能源建设集团有限公司	89	24946765
11	中天控股集团有限公司	203	10603657	5	中国化学工程集团有限公司	195	11045295
12	广州市建筑集团有限公司	207	10509851	6	天元建设集团有限公司	360	5137474
13	湖南建工集团有限公司	211	10248028	7	广西北部湾投资集团有限公司	399	4616343
14	北京建工集团有限责任公司	227	9566794		合计		243183419
15	龙光交通集团有限公司	255	8066445				
16	广厦控股集团有限公司	266	7739853	电网			
17	浙江省建设投资集团有限公司	273	7564948	1	国家电网有限公司	2	265219573
18	南通四建集团有限公司	274	7506970	2	中国南方电网有限责任公司	27	56634191
19	江苏南通二建集团有限公司	281	7215104	3	内蒙古电力（集团）有限责任公司	253	8273048
20	甘肃省建设投资（控股）集团总公司	294	6665015		合计		330126812
21	青建集团	299	6515076				
22	四川华西集团有限公司	301	6494563	水务			
23	成都兴城投资集团有限公司	308	6327914	1	北京控股集团有限公司	216	10071001
24	山西建设投资集团有限公司	309	6319738	2	北京首都创业集团有限公司	391	4745880
25	江苏省苏中建设集团股份有限公司	324	6038927	3	南昌市政公用投资控股有限责任公司	427	4267800
26	广东省建筑工程集团有限公司	332	5880155	4	齐鲁交通发展集团有限公司	463	3939196
27	上海城建（集团）公司	336	5803079		合计		23023877
28	重庆建工投资控股有限责任公司	351	5276158				
29	融信（福建）投资集团有限公司	357	5164651	综合能源供应			
30	安徽建工集团控股有限公司	358	5142773	1	云南省能源投资集团有限公司	189	11231307
31	江苏南通六建设集团有限公司	377	4894195	2	浙江省能源集团有限公司	192	11180545
32	山河控股集团有限公司	393	4701721	3	新奥控股投资股份有限公司	231	9281437
33	江西省建工集团有限责任公司	401	4593668	4	北京能源集团有限责任公司	307	6331733
34	浙江中成控股集团有限公司	422	4314472	5	重庆市能源投资集团有限公司	362	5109427
35	河北建工集团有限公司	431	4255986	6	四川省能源投资集团有限责任公司	363	5109138
36	龙信建设集团有限公司	439	4204687	7	福建省能源集团有限责任公司	379	4881451
37	通州建总集团有限公司	442	4165058	8	申能（集团）有限公司	380	4880455

续表

排名	企业名称	总排名	营业收入/万元	排名	企业名称	总排名	营业收入/万元
9	东华能源股份有限公司	398	4618762	3	河北省物流产业集团有限公司	330	5902302
10	广州国资发展控股有限公司	445	4148991	4	振烨国际产业控股集团（深圳）有限公司	354	5204195
	合计		66773246	5	广西交通投资集团有限公司	388	4803763
				6	深圳金雅福控股集团有限公司	429	4262228
铁路运输				7	广东省广物控股集团有限公司	441	4178447
1	中国铁路物资集团有限公司	298	6517881		合计		69539289
2	中铁集装箱运输有限责任公司	496	3642514				
	合计		10160395	电讯服务			
				1	中国移动通信集团有限公司	16	74975548
公路运输				2	中国电信集团有限公司	42	46539040
1	浙江省交通投资集团有限公司	139	15047209	3	中国联合网络通信集团有限公司	73	29196433
2	甘肃省公路航空旅游投资集团有限公司	172	12374797		合计		150711021
3	山东高速集团有限公司	249	8479337				
4	广东省交通集团有限公司	376	4911233	软件和信息技术			
	合计		40812576	1	浪潮集团有限公司	188	11234474
				2	神州数码集团股份有限公司	244	8680338
水上运输					合计		19914812
1	中国远洋海运集团有限公司	67	30849725				
	合计		30849725	互联网服务			
				1	北京京东世纪贸易有限公司	26	57688848
港口运输				2	阿里巴巴集团控股有限公司	34	50971100
1	广西北部湾国际港务集团有限公司	284	7068778	3	腾讯控股有限公司	52	37728900
2	上海国际港务（集团）股份有限公司	498	3610163	4	上海钢联电子商务股份有限公司	176	12257175
	合计		10678941	5	美团点评	222	9752853
				6	唯品会（中国）有限公司	245	8675323
航空运输				7	百度网络技术有限公司	263	7809300
1	中国南方航空集团有限公司	136	15500239	8	网易公司	328	5924100
2	中国国际航空股份有限公司	146	14023988	9	通鼎集团有限公司	409	4502855
3	中国东方航空集团有限公司	153	13340695	10	汇通达网络股份有限公司	426	4278661
	合计		42864922	11	深圳市中农网有限公司	493	3656789
					合计		203245904
邮政							
1	中国邮政集团有限公司	22	61724771	能源矿产商贸			
	合计		61724771	1	中国航空油料集团有限公司	79	27970383
				2	晋能集团有限公司	204	10580540
物流及供应链				3	山西煤炭进出口集团有限公司	339	5678173
1	厦门建发集团有限公司	62	33969015	4	江苏中利控股集团有限公司	451	4081275
2	顺丰控股股份有限公司	190	11219339	5	重庆千信集团有限公司	487	3695145

续表

排名	企业名称	总排名	营业收入/万元	排名	企业名称	总排名	营业收入/万元
	合计		52005516	2	浙江省兴合集团有限责任公司	179	11913833
化工医药商贸				3	东方国际（集团）有限公司	210	10320481
1	中国中化集团有限公司	31	55527470	4	中基宁波集团股份有限公司	283	7148984
2	福建省福化工贸股份有限公司	385	4815224	5	远大物产集团有限公司	290	6774851
	合计		60342694	6	四川省商业投资集团有限公司	462	3942810
机电商贸					合计		69662294
1	中国通用技术（集团）控股有限责任公司	119	18348000	**连锁超市及百货**			
2	广东省广新控股集团有限公司	292	6718228	1	永辉超市股份有限公司	248	8487696
	合计		25066228	2	百联集团有限公司	303	6426771
生活消费品商贸				3	物美科技集团有限公司	424	4297699
1	浙江省国际贸易集团有限公司	304	6392986	4	名创优品（广州）有限责任公司	433	4253261
2	江苏国泰国际集团股份有限公司	318	6122367	5	山东省商业集团有限公司	440	4203381
3	广州轻工工贸集团有限公司	410	4490918	6	步步高投资集团股份有限公司	443	4152575
	合计		17006271	7	武汉商联（集团）股份有限公司	490	3689073
农产品及食品批发					合计		35510456
1	中粮集团有限公司	36	49843634	**汽车摩托车零售**			
2	中国供销集团有限公司	163	12890195	1	上海永达控股（集团）有限公司	270	7638744
	合计		62733829	2	恒信汽车集团股份有限公司	382	4854190
生活资料商贸					合计		12492934
1	物产中大集团股份有限公司	56	35892248	**家电及电子产品零售**			
2	广东鼎龙实业集团有限公司	208	10408353	1	苏宁控股集团	18	66525890
3	厦门路桥工程物资有限公司	479	3759382	2	国美控股集团有限公司	53	37170057
	合计		50059983	3	深圳市爱施德股份有限公司	345	5596932
金属品商贸					合计		109292879
1	东岭集团股份有限公司	169	12602834	**医药及医疗器材零售**			
2	西安迈科金属国际集团有限公司	191	11218875	1	中国医药集团有限公司	37	48835454
3	上海均和集团有限公司	202	10604753	2	九州通医药集团股份有限公司	218	9949708
4	大汉控股集团有限公司	396	4632228		合计		58785162
	合计		39058690	**商业银行**			
综合商贸				1	中国工商银行股份有限公司	5	130243300
				2	中国建设银行股份有限公司	7	106879800
				3	中国农业银行股份有限公司	8	101770500
1	厦门国贸控股集团有限公司	72	29561335	4	中国银行股份有限公司	9	93244400

续表

排名	企业名称	总排名	营业收入/万元	排名	企业名称	总排名	营业收入/万元
5	交通银行股份有限公司	43	45988600	3	招商局集团有限公司	63	33938447
6	招商银行股份有限公司	48	39716100	4	中国光大集团有限公司	66	32440000
7	上海浦东发展银行股份有限公司	60	35468100	5	中国华融资产管理股份有限公司	187	11265651
8	兴业银行股份有限公司	61	35195200	6	中国信达资产管理股份有限公司	225	9614700
9	民生银行股份有限公司	64	33795100	7	上海新增鼎资产管理有限公司	350	5344028
10	华夏银行股份有限公司	141	14861004	8	武汉金融控股（集团）有限公司	387	4812354
11	北京银行股份有限公司	170	12564900		合计		266194994
12	上海银行股份有限公司	220	9809078				
13	渤海银行股份有限公司	335	5806765	住宅地产			
14	盛京银行股份有限公司	372	4987128	1	碧桂园控股有限公司	38	48590800
15	重庆农村商业银行股份有限公司	383	4852677	2	恒大集团有限公司	39	47756100
16	广州农村商业银行股份有限公司	448	4099293	3	绿地控股集团股份有限公司	46	42782271
17	上海农村商业银行股份有限公司	472	3831115	4	万科企业股份有限公司	55	36789388
18	天津银行股份有限公司	500	3596109	5	融创中国控股有限公司	131	16932000
	合计		686709169	6	龙湖集团控股有限公司	138	15102643
				7	华侨城集团有限公司	158	13098215
保险业				8	卓尔控股有限公司	223	9683865
1	中国人寿保险（集团）公司	10	90669060	9	弘阳集团有限公司	226	9586110
2	中国人民保险集团股份有限公司	30	55551500	10	荣盛控股股份有限公司	250	8392993
3	中国太平洋保险（集团）股份有限公司	51	38548878	11	珠海华发集团有限公司	259	7926925
4	中国太平保险控股有限公司	97	22046226	12	重庆华宇集团有限公司	264	7776600
5	泰康保险集团股份有限公司	104	20381406	13	蓝润集团有限公司	310	6319460
6	华夏人寿保险股份有限公司	110	19685057	14	广州越秀集团有限公司	334	5860136
7	新华人寿保险股份有限公司	130	17456600	15	上海中梁企业发展有限公司	338	5695985
8	阳光保险集团股份有限公司	212	10161977	16	北京首都开发控股（集团）有限公司	342	5666596
9	前海人寿保险股份有限公司	230	9413791	17	福佳集团有限公司	395	4669130
10	富德生命人寿保险股份有限公司	265	7758236	18	重庆中昂投资集团有限公司	432	4254075
11	中华联合保险集团股份有限公司	378	4887421	19	天津泰达投资控股有限公司	434	4246755
12	中国大地财产保险股份有限公司	418	4331959	20	陕西龙记泰信房地产开发有限公司	459	3979102
	合计		300892111	21	北京江南投资集团有限公司	474	3825654
				22	北京金融街投资（集团）有限公司	486	3698782
证券业				23	建业控股有限公司	497	3626989
1	兴华财富集团有限公司	421	4315838		合计		316260574
	合计		4315838				
				商业地产			
多元化金融				1	华夏幸福基业股份有限公司	206	10520954
1	中国平安保险（集团）股份有限公司	6	116886700	2	重庆市迪马实业股份有限公司	261	7890422
2	中国中信集团有限公司	33	51893114	3	奥园集团有限公司	381	4867451

续表

排名	企业名称	总排名	营业收入/万元	排名	企业名称	总排名	营业收入/万元
	合计		23278827	1	中国国际技术智力合作集团有限公司	175	12294331
多元化投资				2	北京外企服务集团有限责任公司	215	10080905
1	厦门象屿集团有限公司	77	28418162		合计		22375236
2	阳光龙净集团有限公司	90	24807843	**旅游和餐饮**			
3	深圳市投资控股有限公司	108	19933980	1	北京首都旅游集团有限责任公司	267	7735790
4	重庆市金科投资控股（集团）有限责任公司	114	19066570		合计		7735790
5	国家开发投资集团有限公司	144	14194552				
6	云南省建设投资控股集团有限公司	156	13280413	**综合服务业**			
7	云南省投资控股集团有限公司	164	12833226	1	中国华润有限公司	20	65462930
8	陕西投资集团有限公司	268	7735323	2	中国保利集团公司	49	39479996
9	广东省广晟资产经营有限公司	325	6034546	3	中国机械工业集团有限公司	71	29790741
10	国能领航城市建设投资有限公司	326	6034447	4	雪松控股集团有限公司	76	28515808
11	四川省交通投资集团有限责任公司	340	5678085	5	新疆广汇实业投资（集团）有限责任公司	109	19834749
12	浙江前程投资股份有限公司	349	5344503	6	广西投资集团有限公司	124	18003288
	合计		163361650	7	东浩兰生（集团）有限公司	129	17492306
					合计		218579818
人力资源服务							

表 8-4 2020 中国企业 500 强各地区分布

排名	企业名称	总排名	营业收入/万元	排名	企业名称	总排名	营业收入/万元
北京				35	招商局集团有限公司	63	33938447
1	中国石油化工集团有限公司	1	281179985	36	民生银行股份有限公司	64	33795100
2	国家电网有限公司	2	265219573	37	中国光大集团有限公司	66	32440000
3	中国石油天然气集团有限公司	3	261920198	38	中国远洋海运集团有限公司	67	30849725
4	中国建筑股份有限公司	4	141983659	39	中国华能集团有限公司	69	30619144
5	中国工商银行股份有限公司	5	130243300	40	中国机械工业集团有限公司	71	29790741
6	中国建设银行股份有限公司	7	106879800	41	中国联合网络通信集团有限公司	73	29196433
7	中国农业银行股份有限公司	8	101770500	42	中国航空油料集团有限公司	79	27970383
8	中国银行股份有限公司	9	93244400	43	国家电力投资集团有限公司	82	27223992
9	中国人寿保险（集团）公司	10	90669060	44	中国航天工工集团有限公司	85	25978759
10	中国铁路工程集团有限公司	12	85197793	45	中国航天科技集团有限公司	88	25014549
11	中国铁道建筑集团有限公司	14	83110141	46	中国能源建设集团有限公司	89	24946765
12	中国海洋石油集团有限公司	15	75085732	47	中国中车集团有限公司	91	23975206
13	中国移动通信集团有限公司	16	74975548	48	中国华电集团有限公司	94	23356339
14	中国交通建设集团有限公司	19	65696723	49	中国电子科技集团公司	95	22762256
15	中国邮政集团有限公司	22	61724771	50	中国电子信息产业集团有限公司	96	22415918
16	中国五矿集团有限公司	24	61041300	51	中国太平保险控股有限公司	97	22046226
17	北京京东世纪贸易有限公司	26	57688848	52	小米集团	101	20583868
18	国家能源投资集团有限责任公司	29	55611631	53	泰康保险集团股份有限公司	104	20381406
19	中国人民保险集团股份有限公司	30	55551500	54	首钢集团有限公司	105	20223504
20	中国中化集团有限公司	31	55527470	55	中国兵器装备集团有限公司	106	20078000
21	中国中信集团有限公司	33	51893114	56	华夏人寿保险股份有限公司	110	19685057
22	北京汽车集团有限公司	35	50123000	57	中国大唐集团有限公司	116	18973335
23	中粮集团有限公司	36	49843634	58	中国通用技术（集团）控股有限责任公司	119	18348000
24	中国医药集团有限公司	37	48835454	59	中国核工业集团有限公司	125	17944624
25	中国兵器工业集团有限公司	40	47471017	60	中国中煤能源集团有限公司	126	17855880
26	中国电力建设集团有限公司	41	46543026	61	新华人寿保险股份有限公司	130	17456600
27	中国电信集团有限公司	42	46539040	62	北京建龙重工集团有限公司	137	15201729
28	中国航空工业集团有限公司	44	45532992	63	华夏银行股份有限公司	141	14861004
29	中国化工集团有限公司	45	45434692	64	北京首农食品集团有限公司	143	14220307
30	中国建材集团有限公司	47	39810386	65	国家开发投资集团有限公司	144	14194552
31	中国保利集团公司	49	39479996	66	中国国际航空股份有限公司	146	14023988
32	联想控股股份有限公司	50	38921826	67	中国有色矿业集团有限公司	157	13151977
33	国美控股集团有限公司	53	37170057	68	北京电子控股有限责任公司	162	12906481
34	中国铝业集团有限公司	58	35681711	69	中国供销集团有限公司	163	12890195

续表

排名	企业名称	总排名	营业收入/万元	排名	企业名称	总排名	营业收入/万元
70	北京银行股份有限公司	170	12564900	8	上海医药集团股份有限公司	118	18656579
71	中国国际技术智力合作集团有限公司	175	12294331	9	东浩兰生（集团）有限公司	129	17492306
72	北京城建集团有限责任公司	177	12100368	10	光明食品（集团）有限公司	135	15551918
73	北京金隅集团股份有限公司	180	11822190	11	复星国际有限公司	142	14298213
74	中国华融资产管理股份有限公司	187	11265651	12	上海电气（集团）总公司	145	14172695
75	中国化学工程集团有限公司	195	11045295	13	中国东方航空集团有限公司	153	13340695
76	中国黄金集团有限公司	197	10965138	14	上海钢联电子商务股份有限公司	176	12257175
77	新华联集团有限公司	205	10559512	15	上海均和集团有限公司	202	10604753
78	北京外企服务集团有限责任公司	215	10080905	16	东方国际（集团）有限公司	210	10320481
79	北京控股集团有限公司	216	10071001	17	上海银行股份有限公司	220	9809078
80	中国信达资产管理股份有限公司	225	9614700	18	美团点评	222	9752853
81	北京建工集团有限责任公司	227	9566794	19	上海永达控股（集团）有限公司	270	7638744
82	神州数码集团股份有限公司	244	8680338	20	百联集团有限公司	303	6426771
83	百度网络技术有限公司	263	7809300	21	上海城建（集团）公司	336	5803079
84	北京首都旅游集团有限责任公司	267	7735790	22	上海中梁企业发展有限公司	338	5695985
85	中国铁路物资集团有限公司	298	6517881	23	上海华谊（集团）公司	346	5509381
86	北京能源集团有限责任公司	307	6331733	24	上海新增鼎资产管理有限公司	350	5344028
87	旭阳控股有限公司	323	6051902	25	老凤祥股份有限公司	374	4962866
88	国能领航城市建设投资有限公司	326	6034447	26	申能（集团）有限公司	380	4880455
89	网易公司	328	5924100	27	中国大地财产保险股份有限公司	418	4331959
90	北京首都开发控股（集团）有限公司	342	5666596	28	上海农村商业银行股份有限公司	472	3831115
91	中华联合保险集团股份有限公司	378	4887421	29	上海国际港务（集团）股份有限公司	498	3610163
92	北京首都创业集团有限公司	391	4745880		合计		527181865
93	物美科技集团有限公司	424	4297699				
94	缘泰石油有限公司	452	4075136	天津			
95	北京江南投资集团有限公司	474	3825654	1	融创中国控股有限公司	131	16932000
96	北京金融街投资（集团）有限公司	486	3698782	2	天津荣程祥泰投资控股集团有限公司	258	7933072
97	中铁集装箱运输有限责任公司	496	3642514	3	渤海银行股份有限公司	335	5806765
	合计		3818778325	4	天津友发钢管集团股份有限公司	411	4474922
				5	天津泰达投资控股有限公司	434	4246755
上海				6	天津银行股份有限公司	500	3596109
1	上海汽车集团股份有限公司	13	84332437		合计		42989623
2	中国宝武钢铁集团有限公司	32	55220616				
3	交通银行股份有限公司	43	45988600	重庆			
4	绿地控股集团股份有限公司	46	42782271	1	重庆市金科投资控股（集团）有限责任公司	114	19066570
5	中国太平洋保险（集团）股份有限公司	51	38548878	2	龙湖集团控股有限公司	138	15102643
6	上海浦东发展银行股份有限公司	60	35468100	3	重庆市迪马实业股份有限公司	261	7890422
7	上海建工集团股份有限公司	103	20549671	4	重庆华宇集团有限公司	264	7776600

续表

排名	企业名称	总排名	营业收入/万元	排名	企业名称	总排名	营业收入/万元
5	重庆化医控股（集团）公司	344	5626144	6	华夏幸福基业股份有限公司	206	10520954
6	重庆建工投资控股有限责任公司	351	5276158	7	河北新华联合冶金控股集团有限公司	221	9760506
7	重庆市能源投资集团有限公司	362	5109427	8	长城汽车股份有限公司	224	9621069
8	隆鑫控股有限公司	369	5023542	9	新奥控股投资股份有限公司	231	9281437
9	重庆农村商业银行股份有限公司	383	4852677	10	荣盛控股股份有限公司	250	8392993
10	太极集团有限公司	404	4551692	11	开滦（集团）有限责任公司	251	8293945
11	重庆机电控股（集团）公司	414	4459503	12	河北普阳钢铁有限公司	262	7862351
12	重庆中昂投资集团有限公司	432	4254075	13	金鼎钢铁集团有限公司	277	7390266
13	重庆小康控股有限公司	453	4052024	14	武安市裕华钢铁有限公司	312	6262548
14	重庆千信集团有限公司	487	3695145	15	河北新武安钢铁集团文安钢铁有限公司	319	6086560
15	重庆轻纺控股（集团）公司	491	3683239	16	河北省物流产业集团有限公司	330	5902302
	合计		100419861	17	唐山港陆钢铁有限公司	359	5138907
				18	河北新金钢铁有限公司	371	4992596
黑龙江				19	三河汇福粮油集团有限公司	417	4353945
1	黑龙江北大荒农垦集团总公司	173	12335636	20	兴华财富集团有限公司	421	4315838
	合计		12335636	21	河北建工集团有限责任公司	431	4255986
				22	河北建设集团股份有限公司	447	4107703
吉林				23	石药控股集团有限公司	495	3645631
1	中国第一汽车集团有限公司	21	61773377		合计		214374414
	合计		61773377				
				河南			
辽宁				1	河南能源化工集团有限公司	122	18074255
1	鞍钢集团有限公司	98	21739994	2	万洲国际有限公司	132	16600941
2	华晨汽车集团控股有限公司	120	18112951	3	中国平煤神马能源化工集团有限责任公司	133	16434124
3	辽宁方大集团实业有限公司	217	10026764	4	洛阳栾川钼业集团股份有限公司	288	6867656
4	盘锦北方沥青燃料有限公司	285	6934402	5	安阳钢铁集团有限公司	392	4706800
5	本钢集团有限公司	317	6128637	6	天瑞集团股份有限公司	397	4618932
6	辽宁嘉晨控股集团有限公司	333	5862135	7	河南豫光金铅集团有限责任公司	412	4466548
7	盛京银行股份有限公司	372	4987128	8	郑州宇通企业集团	438	4205999
8	福佳集团有限公司	395	4669130	9	万基控股集团有限公司	494	3649897
	合计		78461141	10	建业控股有限公司	497	3626989
					合计		83252141
河北							
1	河钢集团有限公司	59	35471499	山东			
2	冀中能源集团有限责任公司	100	21185546	1	山东能源集团有限公司	57	35849683
3	冀南钢铁集团有限公司	160	13014264	2	海尔集团公司	74	29001580
4	敬业集团有限公司	166	12740208	3	兖矿集团有限公司	75	28548036
5	河北津西钢铁集团股份有限公司	182	11777360	4	山东魏桥创业集团有限公司	81	27928123

续表

排名	企业名称	总排名	营业收入/万元	排名	企业名称	总排名	营业收入/万元
5	潍柴控股集团有限公司	83	26459705	43	山东恒源石油化工股份有限公司	457	3991005
6	山东钢铁集团有限公司	113	19174169	44	齐鲁交通发展集团有限公司	463	3939196
7	海信集团有限公司	168	12686273	45	富海集团有限公司	480	3758793
8	中国重型汽车集团有限公司	183	11585399	46	山东清源集团有限公司	484	3722540
9	山东东明石化集团有限公司	186	11266029	47	山东齐成石油化工有限公司	492	3680344
10	浪潮集团有限公司	188	11234474		合计		426028689
11	南山集团有限公司	194	11117000				
12	日照钢铁控股集团有限公司	219	9840773	山西			
13	万达控股集团有限公司	228	9532554	1	大同煤矿集团有限责任公司	115	19037324
14	利华益集团股份有限公司	235	9101527	2	山西焦煤集团有限责任公司	121	18085544
15	晨鸣控股有限公司	246	8627570	3	山西潞安矿业（集团）有限责任公司	123	18015594
16	山东高速集团有限公司	249	8479337	4	阳泉煤业（集团）有限责任公司	127	17610166
17	山东黄金集团有限公司	269	7681256	5	山西晋城无烟煤矿业集团有限责任公司	128	17537532
18	华泰集团有限公司	275	7498149	6	晋能集团有限公司	204	10580540
19	永锋集团有限公司	287	6918852	7	太原钢铁（集团）有限公司	257	7971453
20	万华化学集团股份有限公司	289	6805066	8	山西建设投资集团有限公司	309	6319738
21	山东海科控股有限公司	296	6600025	9	山西煤炭进出口集团有限公司	339	5678173
22	山东招金集团有限公司	297	6570833		合计		120836064
23	青建集团	299	6515076				
24	山东如意时尚投资控股有限公司	311	6318159	陕西			
25	山东京博控股集团有限公司	320	6080974	1	陕西延长石油（集团）有限责任公司	68	30767419
26	山东太阳控股集团有限公司	352	5242491	2	陕西煤业化工集团有限责任公司	70	30257504
27	天元建设集团有限公司	360	5137474	3	陕西有色金属控股集团有限责任公司	149	13713247
28	威高集团有限公司	375	4959070	4	东岭集团股份有限公司	169	12602834
29	新凤祥控股集团有限责任公司	386	4814084	5	陕西建工控股集团有限公司	181	11779239
30	山东金诚石化集团有限公司	407	4513001	6	西安迈科金属国际集团有限公司	191	11218875
31	华勤橡胶工业集团有限公司	413	4464823	7	陕西投资集团有限公司	268	7735323
32	山东泰山钢铁集团有限公司	420	4320816	8	陕西汽车控股集团有限公司	276	7401977
33	山东九羊集团有限公司	423	4305631	9	陕西龙记泰信房地产开发有限公司	459	3979102
34	山东创新金属科技有限公司	425	4280725		合计		129455520
35	山东中矿集团有限公司	428	4262888				
36	山东渤海实业股份有限公司	430	4261012	安徽			
37	石横特钢集团有限公司	435	4245040	1	安徽海螺集团有限责任公司	92	23430999
38	山东汇丰石化集团有限公司	436	4244302	2	铜陵有色金属集团控股有限公司	112	19218894
39	山东省商业集团有限公司	440	4203381	3	奇瑞控股集团有限公司	272	7593097
40	山东金岭集团有限公司	444	4152181	4	淮北矿业（集团）有限责任公司	302	6449170
41	沂州集团有限公司	449	4098971	5	安徽建工集团控股有限公司	358	5142773
42	山东科达集团有限公司	456	4010299	6	安徽江淮汽车集团控股有限公司	384	4823417

续表

排名	企业名称	总排名	营业收入/万元	排名	企业名称	总排名	营业收入/万元
7	中科电力装备集团有限公司	400	4615060	33	汇通达网络股份有限公司	426	4278661
8	淮河能源控股集团有限责任公司	415	4447049	34	龙信建设集团有限公司	439	4204687
9	安徽省皖北煤电集团有限责任公司	481	3735822	35	通州建总集团有限公司	442	4165058
	合计		79456281	36	江苏中利控股集团有限公司	451	4081275
				37	法尔胜泓昇集团有限公司	458	3980661
江苏				38	双良集团有限公司	460	3960225
1	太平洋建设集团有限公司	17	67382504	39	江苏华宏实业集团有限公司	466	3895140
2	苏宁控股集团	18	66525890	40	江苏阳光集团有限公司	467	3882343
3	恒力集团有限公司	28	55673993	41	维维集团股份有限公司	468	3868037
4	中南控股集团有限公司	78	28214000	42	徐州矿务集团有限公司	471	3832603
5	江苏沙钢集团有限公司	87	25207752	43	远东控股集团有限公司	473	3829169
6	盛虹控股集团有限公司	111	19253573	44	远景能源有限公司	488	3693470
7	南通三建控股有限公司	140	14979608	45	澳洋集团有限公司	489	3691685
8	南京钢铁集团有限公司	148	13731673		合计		529664952
9	中天钢铁集团有限公司	161	13001465				
10	海澜集团有限公司	174	12322537	湖南			
11	无锡产业发展集团有限公司	178	11922803	1	湖南华菱钢铁集团有限责任公司	154	13309331
12	江阴澄星实业集团有限公司	198	10852300	2	湖南建工集团有限公司	211	10248028
13	亨通集团有限公司	200	10791270	3	三一集团有限公司	243	8757632
14	协鑫集团有限公司	213	10137109	4	湖南博长控股有限公司	364	5103093
15	弘阳集团有限公司	226	9586110	5	大汉控股集团有限公司	396	4632228
16	江苏悦达集团有限公司	234	9156183	6	中联重科股份有限公司	419	4330739
17	扬子江药业集团	237	9018503	7	步步高投资集团股份有限公司	443	4152575
18	徐州工程机械集团有限公司	241	8781398		合计		50533626
19	南通四建集团有限公司	274	7506970				
20	三房巷集团有限公司	280	7300384	湖北			
21	江苏南通二建集团有限公司	281	7215104	1	东风汽车集团有限公司	25	58064514
22	红豆集团有限公司	282	7205495	2	九州通医药集团股份有限公司	218	9949708
23	江苏新长江实业集团有限公司	295	6652468	3	卓尔控股有限公司	223	9683865
24	中天科技集团有限公司	314	6203496	4	中国信息通信科技集团有限公司	347	5419931
25	江苏国泰国际集团股份有限公司	318	6122367	5	稻花香集团	348	5387861
26	江苏省苏中建设集团股份有限公司	324	6038927	6	恒信汽车集团股份有限公司	382	4854190
27	江苏南通六建建设集团有限公司	377	4894195	7	武汉金融控股（集团）有限公司	387	4812354
28	东华能源股份有限公司	398	4618762	8	山河控股集团有限公司	393	4701721
29	华西集团有限公司	402	4584425	9	金澳科技（湖北）化工有限公司	394	4691566
30	江苏扬子江船业集团	406	4525138	10	宜昌兴发集团有限责任公司	465	3915361
31	通鼎集团有限公司	409	4502855	11	武汉商联（集团）股份有限公司	490	3689073
32	金浦投资控股集团有限公司	416	4392681		合计		115170144

续表

排名	企业名称	总排名	营业收入/万元	排名	企业名称	总排名	营业收入/万元
	江西			26	中基宁波集团股份有限公司	283	7148984
				27	远大物产集团有限公司	290	6774851
1	江西铜业集团有限公司	86	25547222	28	浙江省国际贸易集团有限公司	304	6392986
2	江铃汽车集团有限公司	229	9521848	29	宁波均胜电子股份有限公司	316	6169890
3	正邦集团有限公司	240	8804695	30	德力西集团有限公司	327	5985488
4	双胞胎（集团）股份有限公司	293	6666497	31	浙江前程投资股份有限公司	349	5344503
5	新余钢铁集团有限公司	300	6513139	32	红狮控股集团有限公司	356	5184828
6	晶科能源有限公司	343	5646956	33	浙江富冶集团有限公司	365	5096054
7	江西省建工集团有限责任公司	401	4593668	34	杉杉控股有限公司	367	5055360
8	南昌市政公用投资控股有限责任公司	427	4267800	35	人民电器集团有限公司	405	4538646
	合计		71561825	36	富通集团有限公司	408	4508115
				37	浙江中成控股集团有限公司	422	4314472
	浙江			38	宁波富邦控股集团有限公司	455	4013602
1	阿里巴巴集团控股有限公司	34	50971100	39	森马集团有限公司	461	3951139
2	物产中大集团股份有限公司	56	35892248	40	卧龙控股集团有限公司	469	3851776
3	浙江吉利控股集团有限公司	65	33081765	41	舜宇集团有限公司	477	3784870
4	青山控股集团有限公司	84	26260199	42	浙江龙盛控股有限公司	478	3767260
5	浙江恒逸集团有限公司	99	21516382	43	浙江宝业建设集团有限公司	483	3724316
6	浙江荣盛控股集团有限公司	102	20563698		合计		485604596
7	海亮集团有限公司	117	18797284				
8	浙江省交通投资集团有限公司	139	15047209		**广东**		
9	天能控股集团有限公司	147	14013209	1	中国平安保险（集团）股份有限公司	6	116886700
10	杭州市实业投资集团有限公司	152	13343296	2	华为投资控股有限公司	11	85883300
11	万向集团公司	159	13050755	3	中国华润有限公司	20	65462930
12	超威电源集团有限公司	171	12490654	4	正威国际集团有限公司	23	61389924
13	浙江省兴合集团有限责任公司	179	11913833	5	中国南方电网有限责任公司	27	56634191
14	浙江省能源集团有限公司	192	11180545	6	碧桂园控股有限公司	38	48590800
15	雅戈尔集团股份有限公司	193	11161447	7	恒大集团有限公司	39	47756100
16	杭州钢铁集团有限公司	201	10670187	8	招商银行股份有限公司	48	39716100
17	中天控股集团有限公司	203	10603657	9	腾讯控股有限公司	52	37728900
18	传化集团有限公司	232	9268111	10	广州汽车工业集团有限公司	54	37072213
19	宁波金田投资控股有限公司	233	9255700	11	万科企业股份有限公司	55	36789388
20	杭州锦江集团有限公司	252	8284830	12	雪松控股集团有限公司	76	28515808
21	正泰集团股份有限公司	256	8054552	13	美的集团股份有限公司	80	27938050
22	桐昆控股集团有限公司	260	7918943	14	珠海格力电器股份有限公司	107	20050833
23	广厦控股集团有限公司	266	7739853	15	深圳市投资控股有限公司	108	19933980
24	浙江省建设投资集团有限公司	273	7564948	16	中国南方航空集团有限公司	136	15500239
25	奥克斯集团有限公司	278	7353051	17	广州医药集团有限公司	155	13305081

续表

排名	企业名称	总排名	营业收入/万元	排名	企业名称	总排名	营业收入/万元
18	华侨城集团有限公司	158	13098215	56	宏旺投资集团有限公司	485	3721063
19	比亚迪股份有限公司	165	12773852	57	深圳市中农网有限公司	493	3656789
20	TCL集团股份有限公司	167	12732811		合计		1039591804
21	顺丰控股股份有限公司	190	11219339				
22	中国广核集团有限公司	196	10985062	四川			
23	广州市建筑集团有限公司	207	10509851	1	新希望集团有限公司	134	16188706
24	广东鼎龙实业集团有限公司	208	10408353	2	四川长虹电子控股集团有限公司	150	13663500
25	阳光保险集团股份有限公司	212	10161977	3	四川省铁路产业投资集团有限责任公司	184	11526894
26	前海人寿保险股份有限公司	230	9413791	4	四川省宜宾五粮液集团有限公司	199	10802584
27	中兴通讯股份有限公司	236	9073658	5	通威集团有限公司	254	8122176
28	唯品会（中国）有限公司	245	8675323	6	四川华西集团有限公司	301	6494563
29	中国国际海运集装箱（集团）股份有限公司	247	8581534	7	成都兴城投资集团有限公司	308	6327914
30	龙光交通集团有限公司	255	8066445	8	蓝润集团有限公司	310	6319460
31	珠海华发集团有限公司	259	7926925	9	四川省川威集团有限公司	322	6052034
32	富德生命人寿保险股份有限公司	265	7758236	10	四川省交通投资集团有限责任公司	340	5678085
33	温氏食品集团股份有限公司	279	7312041	11	四川省能源投资集团有限责任公司	363	5109138
34	广州工业投资控股集团有限公司	291	6719103	12	泸州老窖集团有限责任公司	366	5070958
35	广东省广新控股集团有限公司	292	6718228	13	四川德胜集团钒钛有限公司	403	4571390
36	立讯精密工业股份有限公司	313	6251631	14	四川科伦实业集团有限公司	446	4141754
37	深圳海王集团股份有限公司	321	6077614	15	四川省商业投资集团有限公司	462	3942810
38	广东省广晟资产经营有限公司	325	6034546		合计		114011966
39	广东省建筑工程集团有限公司	332	5880155				
40	广州越秀集团股份有限公司	334	5860136	福建			
41	深圳市爱施德股份有限公司	345	5596932	1	兴业银行股份有限公司	61	35195200
42	振烨国际产业控股集团（深圳）有限公司	354	5204195	2	厦门建发集团有限公司	62	33969015
43	欧菲光集团股份有限公司	355	5197412	3	厦门国贸控股集团有限公司	72	29561335
44	广州智能装备产业集团有限公司	361	5110062	4	厦门象屿集团有限公司	77	28418162
45	广东省能源集团有限公司	373	4969129	5	阳光龙净集团有限公司	90	24807843
46	广东省交通集团有限公司	376	4911233	6	紫金矿业集团股份有限公司	151	13609798
47	奥园集团有限公司	381	4867451	7	永辉超市股份有限公司	248	8487696
48	玖龙环球（中国）投资集团有限公司	389	4769779	8	福建大东海实业集团有限公司	337	5733625
49	广东海大集团股份有限公司	390	4761258	9	福建省三钢（集团）有限责任公司	341	5672576
50	广州轻工工贸集团有限公司	410	4490918	10	融信（福建）投资集团有限公司	357	5164651
51	深圳金雅福控股集团有限公司	429	4262228	11	恒申控股集团有限公司	368	5044661
52	名创优品（广州）有限责任公司	433	4253261	12	福建永荣控股集团有限公司	370	5013949
53	广东省广物控股集团有限公司	441	4178447	13	福建省能源集团有限责任公司	379	4881451
54	广州国资发展控股有限公司	445	4148991	14	福建省福化工贸股份有限公司	385	4815224
55	广州农村商业银行股份有限公司	448	4099293	15	福建省电子信息（集团）有限责任公司	437	4218884

续表

排名	企业名称	总排名	营业收入/万元	排名	企业名称	总排名	营业收入/万元
16	厦门路桥工程物资有限公司	479	3759382				
17	盛屯矿业集团股份有限公司	482	3731426	甘肃			
	合计		222084878	1	金川集团股份有限公司	93	23367452
				2	甘肃省公路航空旅游投资集团有限公司	172	12374797
广西壮族自治区				3	酒泉钢铁（集团）有限责任公司	209	10358036
1	广西投资集团有限公司	124	18003288	4	甘肃省建设投资（控股）集团总公司	294	6665015
2	广西建工集团有限责任公司	185	11301827	5	白银有色集团股份有限公司	315	6170028
3	广西柳州钢铁集团有限公司	214	10136167		合计		58935328
4	广西北部湾国际港务集团有限公司	284	7068778				
5	广西交通投资集团有限公司	388	4803763	青海			
6	广西北部湾投资集团有限公司	399	4616343	1	西部矿业集团有限公司	464	3921928
7	广西玉柴机器集团有限公司	450	4098772		合计		3921928
8	广西盛隆冶金有限公司	499	3603360				
	合计		63632298	宁夏回族自治区			
				1	宁夏天元锰业集团有限公司	329	5911277
贵州					合计		5911277
1	贵州茅台酒股份有限公司	239	8885434				
2	贵州磷化（集团）有限责任公司	306	6353026	新疆维吾尔自治区			
3	贵州盘江煤电集团有限责任公司	454	4032736	1	新疆广汇实业投资（集团）有限责任公司	109	19834749
	合计		19271196	2	新疆特变电工集团有限公司	353	5211512
				3	新疆天业（集团）有限公司	470	3850625
云南				4	新疆金风科技股份有限公司	475	3824455
1	云南省建设投资控股集团有限公司	156	13280413		合计		32721341
2	云南省投资控股集团有限公司	164	12833226				
3	云南省能源投资集团有限公司	189	11231307	内蒙古自治区			
4	云南锡业集团（控股）有限责任公司	271	7607220	1	内蒙古伊利实业集团股份有限公司	238	9000913
5	云天化集团有限责任公司	286	6929013	2	包头钢铁（集团）有限责任公司	242	8772675
6	昆明钢铁控股有限公司	305	6390323	3	内蒙古电力（集团）有限责任公司	253	8273048
7	云南省城市建设投资集团有限公司	476	3803841	4	内蒙古伊泰集团有限公司	331	5881302
	合计		62075343		合计		31927938

表 8-5 2020 中国企业 500 强净利润排序前 100 名企业

排名	企业名称	净利润/万元	排名	企业名称	净利润/万元
1	中国工商银行股份有限公司	31222400	51	恒力集团有限公司	1434756
2	中国建设银行股份有限公司	26673300	52	中国保利集团公司	1403017
3	中国农业银行股份有限公司	21209800	53	温氏食品集团股份有限公司	1396720
4	中国银行股份有限公司	18740500	54	中国光大集团有限公司	1374500
5	阿里巴巴集团控股有限公司	14943300	55	中国航天科工集团有限公司	1353300
6	中国平安保险（集团）股份有限公司	14940700	56	中国信达资产管理股份有限公司	1305295
7	腾讯控股有限公司	9331000	57	中国南方电网有限责任公司	1266392
8	招商银行股份有限公司	9286700	58	正威国际集团有限公司	1248581
9	中国移动通信集团有限公司	8390397	59	中国电信集团有限公司	1245268
10	交通银行股份有限公司	7728100	60	安徽海螺集团有限责任公司	1224857
11	兴业银行股份有限公司	6586800	61	重庆市金科投资控股（集团）有限责任公司	1221568
12	华为投资控股有限公司	6260500	62	北京京东世纪贸易有限公司	1218415
13	上海浦东发展银行股份有限公司	5981100	63	中国电子科技集团有限公司	1203820
14	国家电网有限公司	5506044	64	深圳市投资控股有限公司	1101015
15	民生银行股份有限公司	5381900	65	中国铁路工程集团有限公司	1060636
16	中国海洋石油集团有限公司	4806355	66	苏宁控股集团	1052389
17	中国石油化工集团有限公司	4693019	67	冀南钢铁集团有限公司	1024646
18	中国建筑股份有限公司	4188140	68	万华化学集团股份有限公司	1012998
19	贵州茅台酒股份有限公司	4120647	69	万洲国际有限公司	1009019
20	碧桂园控股有限公司	3955000	70	小米集团	1004416
21	万科企业股份有限公司	3887209	71	重庆农村商业银行股份有限公司	975989
22	招商局集团有限公司	3615278	72	中国铁道建筑集团有限公司	939010
23	中国人寿保险（集团）公司	3219564	73	华侨城集团有限公司	923300
24	中国石油天然气集团有限公司	3069567	74	中国交通建设集团有限公司	920618
25	中国邮政集团有限公司	3067973	75	东风汽车集团有限公司	917686
26	国家能源投资集团有限责任公司	2945847	76	重庆华宇集团有限公司	906791
27	中国太平洋保险（集团）股份有限公司	2774140	77	上海国际港务（集团）股份有限公司	906227
28	融创中国控股有限公司	2603000	78	中国兵器工业集团有限公司	886821
29	上海汽车集团股份有限公司	2560338	79	上海农村商业银行股份有限公司	884564
30	中国中信集团有限公司	2519383	80	浙江吉利控股集团有限公司	851018
31	珠海格力电器股份有限公司	2469664	81	渤海银行股份有限公司	833553
32	中国华润有限公司	2467450	82	海尔集团公司	769138
33	美的集团股份有限公司	2421122	83	中国核工业集团有限公司	763187
34	太平洋建设集团有限公司	2386854	84	广州农村商业银行股份有限公司	752034
35	中国人民保险集团股份有限公司	2240100	85	中国远洋海运集团有限公司	750657
36	泰康保险集团股份有限公司	2218640	86	内蒙古伊利实业集团股份有限公司	693376
37	华夏银行股份有限公司	2190500	87	中国兵器装备集团有限公司	682400
38	北京银行股份有限公司	2144100	88	中国广核集团有限公司	672090
39	网易公司	2123800	89	中国国际航空股份有限公司	642203
40	上海银行股份有限公司	2029759	90	中国医药集团有限公司	630173
41	中国宝武钢铁集团有限公司	2004354	91	重庆中昂投资集团有限公司	615143
42	中国第一汽车集团有限公司	1967395	92	扬子江药业集团	611893
43	龙湖集团控股有限公司	1833656	93	国家开发投资集团有限公司	603397
44	中国航天科技集团有限公司	1815762	94	辽宁方大集团实业有限公司	590958
45	恒大集团有限公司	1728000	95	顺丰控股股份有限公司	579650
46	龙光交通集团有限公司	1548340	96	青山控股集团有限公司	570541
47	复星国际有限公司	1480091	97	北京江南投资集团有限公司	568260
48	绿地控股集团股份有限公司	1474301	98	敬业集团有限公司	564980
49	华夏幸福基业股份有限公司	1461178	99	红狮控股集团有限公司	549022
50	新华人寿保险股份有限公司	1455900	100	山东魏桥创业集团有限公司	547223
				中国企业 500 强平均数	779891

表 8-6 2020 中国企业 500 强资产排序前 100 名企业

排名	企业名称	资产/万元	排名	企业名称	资产/万元
1	中国工商银行股份有限公司	3010943600	51	上海农村商业银行股份有限公司	93028730
2	中国建设银行股份有限公司	2543626100	52	中国五矿集团有限公司	92951501
3	中国农业银行股份有限公司	2487828800	53	中国电信集团有限公司	90096360
4	中国银行股份有限公司	2276974400	54	广州农村商业银行股份有限公司	89415429
5	中国邮政集团有限公司	1057771356	55	新华人寿保险股份有限公司	87897000
6	交通银行股份有限公司	990560000	56	中国远洋海运集团有限公司	87702629
7	中国平安保险（集团）股份有限公司	822292900	57	中国宝武钢铁集团有限公司	86219413
8	中国中信集团有限公司	748677828	58	华为投资控股有限公司	85866100
9	兴业银行股份有限公司	714568100	59	上海汽车集团股份有限公司	84933328
10	上海浦东发展银行股份有限公司	700592900	60	中国化工集团有限公司	84396177
11	招商银行股份有限公司	696023200	61	中国核工业集团有限公司	83171299
12	民生银行股份有限公司	668184100	62	中国太平保险控股有限公司	82501284
13	中国光大集团有限公司	521048600	63	中国华电集团有限公司	82221964
14	中国人寿保险（集团）公司	451651254	64	中国大唐集团有限公司	75853345
15	中国石油天然气集团有限公司	423574212	65	中国广核集团有限公司	74663180
16	国家电网有限公司	415585039	66	山东高速集团有限公司	72175044
17	华夏银行股份有限公司	320078900	67	复星国际有限公司	71568119
18	北京银行股份有限公司	273704000	68	深圳市投资控股有限公司	69950802
19	上海银行股份有限公司	223708194	69	天津银行股份有限公司	66940112
20	中国石油化工集团有限公司	221171940	70	中国铝业集团有限公司	65441146
21	恒大集团有限公司	220657700	71	龙湖集团控股有限公司	65224485
22	中国建筑股份有限公司	203445193	72	广州越秀集团股份有限公司	63209705
23	招商局集团有限公司	193589455	73	国家开发投资集团有限公司	63185483
24	碧桂园控股有限公司	190715200	74	联想控股股份有限公司	62407519
25	中国移动通信集团有限公司	185420203	75	中国联合网络通信集团有限公司	60236284
26	国家能源投资集团有限责任公司	175028540	76	中粮集团有限公司	59798361
27	万科企业股份有限公司	173992945	77	中国建材集团有限公司	59619589
28	中国华融资产管理股份有限公司	170501241	78	华夏人寿保险股份有限公司	58634509
29	中国华润有限公司	161797240	79	华侨城集团有限公司	55254503
30	中国交通建设集团有限公司	161641403	80	中国中化集团有限公司	54889301
31	中国太平洋保险（集团）股份有限公司	152833283	81	陕西煤业化工集团有限责任公司	54859520
32	中国信达资产管理股份有限公司	151323000	82	北京汽车集团有限公司	50089000
33	阿里巴巴集团控股有限公司	131298500	83	甘肃省公路航空旅游投资集团有限公司	50001003
34	中国保利集团公司	131288649	84	首钢集团有限公司	49834676
35	中国海洋石油集团有限公司	128811254	85	东风汽车集团有限公司	49751333
36	国家电力投资集团有限公司	119433950	86	广西投资集团有限公司	49171820
37	绿地控股集团有限公司	114570653	87	中国第一汽车集团有限公司	49006311
38	中国人民保险集团股份有限公司	113277100	88	浙江省交通投资集团有限公司	48094486
39	中国华能集团有限公司	112609736	89	中国航天科技集团有限公司	47753096
40	渤海银行股份有限公司	111311651	90	富德生命人寿保险股份有限公司	47316745
41	中国铁道建筑集团有限公司	108384828	91	河钢集团有限公司	46205473
42	中国铁路工程集团有限公司	106563043	92	华夏幸福基业股份有限公司	45781195
43	重庆农村商业银行股份有限公司	103023023	93	太平洋建设集团有限公司	44367735
44	盛京银行股份有限公司	102148080	94	中国中车集团有限公司	43049762
45	中国航空工业集团有限公司	100861611	95	中国兵器工业集团有限公司	42840254
46	中国电力建设集团有限公司	96881760	96	中国能源建设集团有限公司	42528152
47	融创中国控股有限公司	96065000	97	广东省交通集团有限公司	42457625
48	腾讯控股有限公司	95398600	98	阳光龙净集团有限公司	41831136
49	泰康保险集团股份有限公司	93548707	99	云南省建设投资控股集团有限公司	40560393
50	中国南方电网有限责任公司	93365226	100	中国电子科技集团公司	40306764
				中国企业 500 强平均数	62588143

表 8-7 2020 中国企业 500 强从业人数排序前 100 名企业

排名	企业名称	从业人数/人	排名	企业名称	从业人数/人
1	中国石油天然气集团有限公司	1344410	51	中国电子信息产业集团有限公司	152499
2	中国人民保险集团股份有限公司	1089128	52	中国医药集团有限公司	148783
3	国家电网有限公司	964166	53	中国航天科工集团有限公司	147712
4	中国邮政集团有限公司	918246	54	中国机械工业集团有限公司	146792
5	黑龙江北大荒农垦集团总公司	585164	55	中国化工集团有限公司	145526
6	中国石油化工集团有限公司	582648	56	江苏省苏中建设集团股份有限公司	141553
7	华夏人寿保险股份有限公司	500000	57	陕西煤业化工集团有限责任公司	140102
8	中国农业银行股份有限公司	464011	58	立讯精密工业股份有限公司	137284
9	中国移动通信集团有限公司	457565	59	美的集团股份有限公司	134897
10	太平洋建设集团有限公司	453635	60	中国平煤神马能源化工集团有限责任公司	134771
11	中国工商银行股份有限公司	445106	61	中国第一汽车集团有限公司	133548
12	中国航空工业集团有限公司	417798	62	恒大集团有限公司	133123
13	中国电信集团有限公司	401965	63	浙江吉利控股集团有限公司	131426
14	中国华润有限公司	396456	64	中国华能集团有限公司	130764
15	中国平安保险（集团）股份有限公司	372194	65	陕西延长石油（集团）有限责任公司	130086
16	中国铁道建筑集团有限公司	364907	66	山西晋城无烟煤矿业集团有限责任公司	127336
17	中国建设银行股份有限公司	347156	67	国家电力投资集团有限公司	125190
18	中国建筑股份有限公司	335038	68	中国中煤能源集团有限公司	122827
19	国家能源投资集团有限责任公司	331373	69	光明食品（集团）有限公司	122565
20	中国银行股份有限公司	309384	70	中国能源建设集团有限公司	122560
21	中国中信集团有限公司	304260	71	中国南方航空集团有限公司	119500
22	中国铁路工程集团有限公司	292485	72	鞍钢集团有限公司	119125
23	中国南方电网有限责任公司	282864	73	中国远洋海运集团有限公司	118243
24	苏宁控股集团	280135	74	中国太平洋保险（集团）股份有限公司	117893
25	中国联合网络通信集团有限公司	260058	75	阿里巴巴集团控股有限公司	117600
26	阳光保险集团股份有限公司	232057	76	河钢集团有限公司	114945
27	比亚迪股份有限公司	229130	77	顺丰控股股份有限公司	114813
28	北京京东世纪贸易有限公司	227730	78	北京汽车集团有限公司	114315
29	中国兵器工业集团有限公司	205075	79	广厦控股集团有限公司	112396
30	中国建材集团有限公司	204936	80	山东魏桥创业集团有限公司	111121
31	中国五矿集团有限公司	199486	81	中粮集团有限公司	110896
32	华为投资控股有限公司	198000	82	永辉超市股份有限公司	110778
33	中国交通建设集团有限公司	197309	83	冀中能源集团有限责任公司	107359
34	山西焦煤集团有限责任公司	193835	84	中国华电集团有限公司	107326
35	中国中车集团有限公司	185872	85	山西潞安矿业（集团）有限公司	106188
36	中国电力建设集团有限公司	180416	86	广州汽车工业集团有限公司	105780
37	中国航天科技集团有限公司	177905	87	江苏南通二建集团有限公司	105275
38	中国电子科技集团有限公司	177443	88	阳泉煤业（集团）有限责任公司	101817
39	中国兵器装备集团有限公司	176326	89	碧桂园控股有限公司	101784
40	中国宝武钢铁集团有限公司	175431	90	兖矿集团有限公司	101166
41	南通四建集团有限公司	169000	91	万洲国际有限公司	101000
42	河南能源化工集团有限公司	158382	92	中国保利集团有限公司	100393
43	中国铝业集团有限公司	158142	93	物美科技集团有限公司	100000
44	招商局集团有限公司	157635	94	中国东方航空集团有限公司	99942
45	中国核工业集团有限公司	156300	95	首钢集团有限公司	97903
46	中国人寿保险（集团）公司	155536	96	海尔集团公司	97477
47	东风汽车集团有限公司	154610	97	中国大唐集团有限公司	95748
48	上海汽车集团股份有限公司	153937	98	晋能集团有限公司	94066
49	山东能源集团有限公司	153545	99	TCL 集团股份有限公司	92395
50	大同煤矿集团有限责任公司	152733	100	中国海洋石油集团有限公司	92080
				中国企业 500 强平均数	66792

表 8-8 2020 中国企业 500 强研发费用排序前 100 名企业

排名	企业名称	研发费用/万元	排名	企业名称	研发费用/万元
1	华为投资控股有限公司	13165900	51	三一集团有限公司	483024
2	阿里巴巴集团控股有限公司	4308000	52	中国机械工业集团有限公司	470902
3	中国石油天然气集团有限公司	2869139	53	上海电气（集团）总公司	470836
4	中国航天科工集团有限公司	2730524	54	鞍钢集团有限公司	466308
5	中国移动通信集团有限公司	2348128	55	中国建材集团有限公司	455320
6	浙江吉利控股集团有限公司	2072966	56	首钢集团有限公司	452909
7	百度网络技术有限公司	1834600	57	中国平煤神马能源化工集团有限责任公司	452000
8	中国第一汽车集团有限公司	1809534	58	立讯精密工业股份有限公司	437597
9	中国建筑股份有限公司	1728994	59	山西晋城无烟煤矿业集团有限责任公司	428335
10	中国铁道建筑集团有限公司	1652780	60	中国华电集团有限公司	426688
11	中国铁路工程集团有限公司	1651105	61	中国中信集团有限公司	407280
12	北京京东世纪贸易有限公司	1461867	62	徐州工程机械集团有限公司	392317
13	中国兵器工业集团有限公司	1437100	63	江苏沙钢集团有限公司	386012
14	中国电力建设集团有限公司	1426749	64	宁波均胜电子股份有限公司	353343
15	国家电网有限公司	1409357	65	中国化学工程集团有限公司	353101
16	中国交通建设集团有限公司	1398604	66	湖南华菱钢铁集团有限责任公司	344752
17	中国石油化工集团有限公司	1369049	67	苏宁控股集团	332646
18	中国宝武钢铁集团有限公司	1350026	68	四川长虹电子控股集团有限公司	332177
19	中国五矿集团有限公司	1347379	69	江铃汽车集团有限公司	328763
20	上海汽车集团股份有限公司	1339415	70	亨通集团有限公司	325990
21	中兴通讯股份有限公司	1254790	71	铜陵有色金属集团控股有限公司	303085
22	中国中车集团有限公司	1241089	72	湖南建工集团有限公司	299670
23	中国电子科技集团公司	1221003	73	北京建龙重工集团有限公司	291255
24	北京电子控股有限责任公司	1121673	74	华晨汽车集团控股有限公司	291089
25	山东魏桥创业集团有限公司	1036133	75	国能领航城市建设投资有限公司	286245
26	浪潮集团有限公司	1010868	76	中天钢铁集团有限公司	285317
27	美的集团股份有限公司	963813	77	河北新华联合冶金控股集团有限公司	282790
28	联想控股股份有限公司	946992	78	酒泉钢铁（集团）有限责任公司	275654
29	招商银行股份有限公司	936100	79	安徽海螺集团有限责任公司	275573
30	东风汽车集团有限公司	905412	80	太原钢铁（集团）有限公司	275465
31	美团点评	844566	81	新奥控股投资股份有限公司	275048
32	网易公司	841300	82	扬子江药业集团	273261
33	海尔集团公司	810277	83	利华益集团股份有限公司	273045
34	中国电信集团有限公司	767270	84	长城汽车股份有限公司	271622
35	小米集团	749255	85	中国铝业集团有限公司	266308
36	广州汽车工业集团有限公司	731906	86	欧菲光集团股份有限公司	261633
37	万向集团公司	699556	87	华泰集团有限公司	256540
38	陕西煤业化工集团有限责任公司	696800	88	福建省电子信息（集团）有限责任公司	252874
39	中国海洋石油集团有限公司	681522	89	重庆小康控股有限公司	251012
40	中国电子信息产业集团有限公司	662523	90	山东钢铁集团有限公司	245456
41	上海建工集团股份有限公司	621972	91	大同煤矿集团有限责任公司	245100
42	珠海格力电器股份有限公司	589121	92	通威集团有限公司	238251
43	比亚迪股份有限公司	562937	93	中国医药集团有限公司	236440
44	中国能源建设集团有限公司	556037	94	山西建设投资集团有限公司	223115
45	潍柴控股集团有限公司	550327	95	舜宇集团有限公司	220934
46	TCL 集团股份有限公司	537376	96	广州市建筑集团有限公司	214584
47	河钢集团有限公司	532789	97	陕西建工控股集团有限公司	213217
48	中国信息通信科技集团有限公司	522439	98	山东能源集团有限公司	209350
49	海信集团有限公司	509988	99	中联重科股份有限公司	209161
50	恒力集团有限公司	508831	100	正泰集团股份有限公司	207807
				中国企业 500 强平均数	249514

表 8-9　2020 中国企业 500 强研发强度排序前 100 名企业

排名	企业名称	研发强度/%	排名	企业名称	研发强度/%
1	百度网络技术有限公司	23.49	51	亨通集团有限公司	3.02
2	华为投资控股有限公司	15.33	52	利华益集团股份有限公司	3.00
3	网易公司	14.20	53	山东如意时尚投资控股有限公司	2.97
4	中兴通讯股份有限公司	13.83	54	山东科达集团有限公司	2.97
5	中国航天科工集团有限公司	10.51	55	中国电子信息产业集团有限公司	2.96
6	中国信息通信科技集团有限公司	9.64	56	新奥控股投资股份有限公司	2.96
7	浪潮集团有限公司	9.00	57	珠海格力电器股份有限公司	2.94
8	北京电子控股有限责任公司	8.69	58	通威集团有限公司	2.93
9	美团点评	8.66	59	中国第一汽车集团有限公司	2.93
10	阿里巴巴集团控股有限公司	8.45	60	德力西集团有限公司	2.93
11	立讯精密工业股份有限公司	7.00	61	湖南建工集团有限公司	2.92
12	浙江吉利控股集团有限公司	6.27	62	河北新华联合冶金控股集团有限公司	2.90
13	重庆小康控股有限公司	6.19	63	广西玉柴机器集团有限公司	2.83
14	福建省电子信息（集团）有限责任公司	5.99	64	长城汽车股份有限公司	2.82
15	舜宇集团有限公司	5.84	65	远景能源有限公司	2.81
16	宁波均胜电子股份有限公司	5.73	66	山东九羊集团有限公司	2.81
17	三一集团有限公司	5.52	67	海尔集团公司	2.79
18	石药控股集团有限公司	5.50	68	中国平煤神马能源化工集团有限责任公司	2.75
19	中国电子科技集团公司	5.36	69	广东省建筑工程集团有限公司	2.70
20	万向集团公司	5.36	70	广州智能装备产业集团有限公司	2.67
21	中国中车集团有限公司	5.18	71	酒泉钢铁（集团）有限责任公司	2.66
22	欧菲光集团股份有限公司	5.03	72	湖南华菱钢铁集团有限责任公司	2.59
23	郑州宇通企业集团	4.90	73	正泰集团股份有限公司	2.58
24	中联重科股份有限公司	4.83	74	广西盛隆冶金有限公司	2.54
25	国能领航城市建设投资有限公司	4.74	75	北京京东世纪贸易有限公司	2.53
26	徐州工程机械集团有限公司	4.47	76	山东泰山钢铁集团有限公司	2.52
27	中科电力装备集团有限公司	4.44	77	万华化学集团股份有限公司	2.51
28	比亚迪股份有限公司	4.41	78	江苏中利控股集团有限公司	2.50
29	TCL 集团股份有限公司	4.22	79	本钢集团有限公司	2.49
30	海信集团有限公司	4.02	80	新疆金风科技股份有限公司	2.47
31	新疆特变电工集团有限公司	3.75	81	奇瑞控股集团有限公司	2.47
32	山东魏桥创业集团有限公司	3.71	82	山西晋城无烟煤矿业集团有限责任公司	2.44
33	小米集团	3.64	83	中国宝武钢铁集团有限公司	2.44
34	山西建设投资集团有限公司	3.53	84	联想控股股份有限公司	2.43
35	太原钢铁（集团）有限公司	3.46	85	四川长虹电子控股集团有限公司	2.43
36	江铃汽车集团有限公司	3.45	86	广西北部湾投资集团有限公司	2.38
37	美的集团股份有限公司	3.45	87	山东金岭集团有限公司	2.37
38	华泰集团有限公司	3.42	88	招商银行股份有限公司	2.36
39	安徽江淮汽车集团控股有限公司	3.35	89	卧龙控股集团有限公司	2.33
40	玖龙环球（中国）投资集团有限公司	3.34	90	淮北矿业（集团）有限公司	2.32
41	上海电气（集团）总公司	3.32	91	陕西煤业化工集团有限责任公司	2.30
42	上海城建（集团）公司	3.25	92	浙江龙盛控股有限公司	2.26
43	人民电器集团有限公司	3.24	93	包头钢铁（集团）有限公司	2.25
44	中国化学工程集团有限公司	3.20	94	首钢集团有限公司	2.24
45	中国移动通信集团有限公司	3.13	95	中国能源建设集团有限公司	2.23
46	四川科伦实业集团有限公司	3.08	96	中国五矿集团有限公司	2.21
47	中国电力建设集团有限公司	3.07	97	中天钢铁集团有限公司	2.19
48	中国兵器工业集团有限公司	3.03	98	北京建工集团有限责任公司	2.14
49	上海建工集团股份有限公司	3.03	99	鞍钢集团有限公司	2.14
50	扬子江药业集团	3.03	100	中国交通建设集团有限公司	2.13
				中国企业 500 强平均数	1.61

表 8-10 2020 中国企业 500 强净资产利润率排序前 100 名

排名	公司名称	净资产利润率/%	排名	公司名称	净资产利润率/%
1	重庆市金科投资控股（集团）有限责任公司	99.15	51	永锋集团有限公司	21.47
2	名创优品（广州）有限责任公司	69.71	52	兴华财富集团有限公司	21.29
3	通州建总集团有限公司	60.07	53	华为投资控股有限公司	21.21
4	上海中梁企业发展有限公司	43.78	54	河北新武安钢铁集团文安钢铁有限公司	21.00
5	山东海科控股有限公司	42.66	55	龙信建设集团有限公司	20.80
6	恒力集团有限公司	39.62	56	万科企业股份有限公司	20.67
7	广东鼎龙实业集团有限公司	36.13	57	恒信汽车集团股份有限公司	20.66
8	冀南钢铁集团有限公司	34.73	58	石药控股集团有限公司	20.64
9	网易公司	34.56	59	重庆中昂投资集团有限公司	20.56
10	山东汇丰石化集团有限公司	32.04	60	四川德胜集团钒钛有限公司	20.17
11	舜宇集团有限公司	31.80	61	融信（福建）投资集团有限公司	20.10
12	融创中国控股有限公司	31.34	62	老凤祥股份有限公司	20.06
13	盘锦北方沥青燃料有限公司	31.16	63	山东如意时尚投资控股有限公司	20.02
14	温氏食品集团股份有限公司	30.96	64	北京江南投资集团有限公司	19.98
15	龙光交通集团有限公司	30.68	65	桐昆控股集团有限公司	19.92
16	贵州茅台酒股份有限公司	30.30	66	阿里巴巴集团控股有限公司	19.78
17	天能控股集团有限公司	30.16	67	浙江龙盛控股有限公司	19.77
18	华夏幸福基业股份有限公司	29.20	68	江西省建工集团有限责任公司	19.61
19	振烨国际产业控股集团（深圳）有限公司	28.98	69	江苏南通二建集团有限公司	19.61
20	金鼎钢铁集团有限公司	28.57	70	龙湖集团控股有限公司	19.52
21	红狮控股集团有限公司	27.39	71	绿地控股集团股份有限公司	18.69
22	泰康保险集团股份有限公司	27.32	72	江苏阳光集团有限公司	18.64
23	内蒙古伊利实业集团股份有限公司	26.53	73	山东金岭集团有限公司	18.40
24	唯品会（中国）有限公司	26.40	74	浙江省建设投资集团有限公司	18.14
25	青山控股集团有限公司	26.25	75	广东海大集团股份有限公司	18.11
26	碧桂园控股有限公司	26.03	76	潍柴控股集团有限公司	18.06
27	深圳金雅福控股集团有限公司	25.82	77	中兴通讯股份有限公司	17.86
28	奥园集团有限公司	25.24	78	河北普阳钢铁有限公司	17.71
29	淮河能源控股集团有限责任公司	24.96	79	建业控股有限公司	17.64
30	敬业集团有限公司	24.30	80	山东中矿集团有限公司	17.57
31	通鼎集团有限公司	24.15	81	新华人寿保险股份有限公司	17.24
32	万华化学集团股份有限公司	23.91	82	盛虹控股集团有限公司	17.18
33	恒申控股集团有限公司	23.90	83	荣盛控股股份有限公司	17.02
34	中国人寿保险（集团）公司	23.89	84	山东太阳控股集团有限公司	16.87
35	美的集团股份有限公司	23.81	85	万洲国际有限公司	16.66
36	正邦集团有限公司	23.72	86	旭阳控股有限公司	16.64
37	辽宁方大集团实业有限公司	23.71	87	扬子江药业集团	16.54
38	安徽海螺集团有限责任公司	23.59	88	中基宁波集团股份有限公司	16.48
39	重庆华宇集团有限公司	23.34	89	卧龙控股集团有限公司	16.36
40	天津友发钢管集团股份有限公司	23.26	90	弘阳集团有限公司	16.36
41	立讯精密工业股份有限公司	23.22	91	海尔集团公司	16.30
42	南通三建控股有限公司	22.57	92	广州医药集团有限公司	16.28
43	江苏省苏中建设集团股份有限公司	22.56	93	阳光龙净集团有限公司	16.21
44	珠海格力电器股份有限公司	22.42	94	招商银行股份有限公司	16.06
45	武安市裕华钢铁有限公司	22.27	95	神州数码集团股份有限公司	16.04
46	中国平安保险（集团）股份有限公司	22.19	96	中天控股集团有限公司	15.88
47	人民电器集团有限公司	21.86	97	万向集团公司	15.81
48	南通四建集团有限公司	21.86	98	上海钢联电子商务股份有限公司	15.81
49	石横特钢集团有限公司	21.74	99	双胞胎（集团）股份有限公司	15.80
50	腾讯控股有限公司	21.56	100	中国保利集团公司	15.78
				中国企业 500 强平均数	9.54

表 8-11 2020 中国企业 500 强资产利润率排序前 100 名企业

排名	企业名称	资产利润率/%	排名	企业名称	资产利润率/%
1	冀南钢铁集团有限公司	31.60	51	南通三建控股有限公司	7.69
2	唯品会（中国）有限公司	26.38	52	金澳科技（湖北）化工有限公司	7.40
3	贵州茅台酒股份有限公司	22.51	53	江苏省苏中建设集团股份有限公司	7.39
4	温氏食品集团股份有限公司	21.30	54	山河控股集团有限公司	7.31
5	河北新武安钢铁集团文安钢铁有限公司	21.00	55	华为投资控股有限公司	7.29
6	通州建总集团有限公司	20.15	56	威高集团有限公司	7.27
7	网易公司	18.94	57	四川德胜集团钒钛有限公司	7.12
8	名创优品（广州）有限责任公司	17.43	58	重庆中昂投资集团有限公司	7.11
9	武安市裕华钢铁有限公司	17.43	59	三房巷集团有限公司	6.48
10	金鼎钢铁集团有限公司	16.36	60	上海国际港务（集团）股份有限公司	6.37
11	山东金岭集团有限公司	15.81	61	山东太阳控股集团有限公司	6.31
12	人民电器集团有限公司	14.60	62	顺丰控股股份有限公司	6.26
13	石横特钢集团有限公司	13.64	63	恒力集团有限公司	6.10
14	河北普阳钢铁有限公司	13.55	64	河北新金钢铁有限公司	6.01
15	兴华财富集团有限公司	13.38	65	山东东明石化集团有限公司	5.92
16	南通四建集团有限公司	13.30	66	玖龙环球（中国）投资集团有限公司	5.89
17	山东海科控股有限公司	13.16	67	中国航空油料集团有限公司	5.81
18	舜宇集团有限公司	13.00	68	龙光交通集团有限公司	5.81
19	敬业集团有限公司	12.92	69	辽宁方大集团实业有限公司	5.79
20	扬子江药业集团	12.75	70	恒信汽车集团股份有限公司	5.77
21	正邦集团有限公司	12.37	71	山东中矿集团有限公司	5.74
22	深圳金雅福控股集团有限公司	11.54	72	辽宁嘉晨控股集团有限公司	5.68
23	红狮控股集团有限公司	11.52	73	安徽海螺集团有限责任公司	5.56
24	内蒙古伊利实业集团股份有限公司	11.47	74	旭阳控股有限公司	5.47
25	阿里巴巴集团控股有限公司	11.38	75	小米集团	5.47
26	恒申控股集团有限公司	10.66	76	沂州集团有限公司	5.41
27	万华化学集团股份有限公司	10.46	77	福建省三钢（集团）有限责任公司	5.40
28	石药控股集团有限公司	10.25	78	太平洋建设集团有限公司	5.38
29	腾讯控股有限公司	9.78	79	中国国际技术智力合作集团有限公司	5.34
30	江苏南通二建集团有限公司	9.78	80	通鼎集团有限公司	5.32
31	天津友发钢管集团股份有限公司	9.76	81	福建大东海实业集团有限公司	5.29
32	龙信建设集团有限公司	9.64	82	三河汇福粮油集团有限公司	5.21
33	立讯精密工业股份有限公司	9.55	83	利华益集团股份有限公司	5.07
34	江苏南通六建设集团有限公司	9.47	84	唐山港陆钢铁有限公司	5.01
35	浙江龙盛控股有限公司	9.35	85	海澜集团有限公司	4.90
36	江苏阳光集团有限公司	9.18	86	浙江中成控股集团有限公司	4.84
37	重庆华宇集团有限公司	9.10	87	永锋集团有限公司	4.83
38	山东九羊集团有限公司	8.93	88	富通集团有限公司	4.79
39	广东海大集团股份有限公司	8.74	89	中联重科股份有限公司	4.75
40	珠海格力电器股份有限公司	8.73	90	日照钢铁控股集团有限公司	4.71
41	盘锦北方沥青燃料有限公司	8.62	91	山东金诚石化集团有限公司	4.70
42	维维集团股份有限公司	8.46	92	北京京东世纪贸易有限公司	4.69
43	万洲国际有限公司	8.37	93	富海集团有限公司	4.65
44	山东科达集团有限公司	8.22	94	宏旺投资集团有限公司	4.60
45	老凤祥股份有限公司	8.20	95	国能领航城市建设投资有限公司	4.57
46	青山控股集团有限公司	8.09	96	河北津西钢铁集团股份有限公司	4.55
47	美的集团股份有限公司	8.02	97	中国移动通信集团有限公司	4.53
48	双胞胎（集团）股份有限公司	7.82	98	天津荣程祥泰投资控股集团有限公司	4.51
49	振烨国际产业控股集团（深圳）有限公司	7.80	99	卧龙控股集团有限公司	4.49
50	正威国际集团有限公司	7.74	100	广西柳州钢铁集团有限公司	4.47
				中国企业 500 强平均数	1.25

表 8-12　2020 中国企业 500 强收入利润率排序前 100 名企业

排名	企业名称	收入利润率/%	排名	企业名称	收入利润率/%
1	贵州茅台酒股份有限公司	46.38	51	申能（集团）有限公司	8.64
2	网易公司	35.85	52	新华人寿保险股份有限公司	8.34
3	阿里巴巴集团控股有限公司	29.32	53	江苏扬子江船业集团	8.29
4	上海国际港务（集团）股份有限公司	25.10	54	融信（福建）投资集团有限公司	8.26
5	中国建设银行股份有限公司	24.96	55	名创优品（广州）有限责任公司	8.25
6	腾讯控股有限公司	24.73	56	碧桂园控股有限公司	8.14
7	中国工商银行股份有限公司	23.97	57	冀南钢铁集团有限公司	7.87
8	招商银行股份有限公司	23.38	58	武安市裕华钢铁有限公司	7.79
9	上海农村商业银行股份有限公司	23.09	59	内蒙古伊利实业集团股份有限公司	7.70
10	中国农业银行股份有限公司	20.84	60	立讯精密工业股份有限公司	7.54
11	上海银行股份有限公司	20.69	61	建业控股有限公司	7.45
12	重庆农村商业银行股份有限公司	20.11	62	玖龙环球（中国）投资集团有限公司	7.39
13	中国银行股份有限公司	20.10	63	华为投资控股有限公司	7.29
14	龙光交通集团有限公司	19.19	64	中国航天科技集团有限公司	7.26
15	温氏食品集团股份有限公司	19.10	65	中国太平洋保险（集团）股份有限公司	7.20
16	兴业银行股份有限公司	18.72	66	华侨城集团有限公司	7.05
17	广州农村商业银行股份有限公司	18.35	67	福佳集团有限公司	7.05
18	北京银行股份有限公司	17.06	68	上海中梁企业发展有限公司	6.93
19	上海浦东发展银行股份有限公司	16.86	69	扬子江药业集团	6.78
20	交通银行股份有限公司	16.80	70	重庆市金科投资控股（集团）有限责任公司	6.41
21	民生银行股份有限公司	15.93	71	中国海洋石油集团有限公司	6.40
22	融创中国控股有限公司	15.37	72	淮河能源控股集团有限责任公司	6.25
23	万华化学集团股份有限公司	14.89	73	郑州宇通企业集团	6.19
24	北京江南投资集团有限公司	14.85	74	中国广核集团有限公司	6.12
25	华夏银行股份有限公司	14.74	75	万洲国际有限公司	6.08
26	重庆中昂投资集团有限公司	14.46	76	云南省城市建设投资集团有限公司	5.90
27	渤海银行股份有限公司	14.35	77	辽宁方大集团实业有限公司	5.89
28	华夏幸福基业股份有限公司	13.89	78	南通四建集团有限公司	5.80
29	石药控股集团有限公司	13.79	79	新疆金风科技股份有限公司	5.78
30	浙江龙盛控股有限公司	13.59	80	盘锦北方沥青燃料有限公司	5.73
31	中国信达资产管理股份有限公司	13.58	81	中兴通讯股份有限公司	5.67
32	中国平安保险（集团）股份有限公司	12.78	82	山东金岭集团有限公司	5.58
33	天津银行股份有限公司	12.65	83	深圳市投资控股有限公司	5.52
34	珠海格力电器股份有限公司	12.32	84	物美科技集团有限公司	5.52
35	龙湖集团控股有限公司	12.14	85	广东省交通集团有限公司	5.47
36	重庆华宇集团有限公司	11.66	86	北京首都创业集团有限公司	5.41
37	中国移动通信集团有限公司	11.19	87	国家能源投资集团有限责任公司	5.30
38	盛京银行股份有限公司	10.91	88	中国电子科技集团公司	5.29
39	泰康保险集团股份有限公司	10.89	89	安徽海螺集团有限责任公司	5.23
40	招商局集团有限公司	10.65	90	兴华财富集团有限公司	5.22
41	奥园集团有限公司	10.63	91	中国航天科工集团有限公司	5.21
42	红狮控股集团有限公司	10.59	92	顺丰控股股份有限公司	5.17
43	万科企业股份有限公司	10.57	93	维维集团股份有限公司	5.11
44	舜宇集团有限公司	10.55	94	江苏阳光集团有限公司	5.11
45	复星国际有限公司	10.35	95	荣盛控股股份有限公司	5.07
46	中联重科股份有限公司	10.09	96	阳光保险集团股份有限公司	4.99
47	石横特钢集团有限公司	9.60	97	中国邮政集团有限公司	4.97
48	恒申控股集团有限公司	9.16	98	山东如意时尚投资控股有限公司	4.91
49	威高集团有限公司	8.85	99	广西北部湾投资集团有限公司	4.91
50	美的集团股份有限公司	8.67	100	小米集团	4.88
				中国企业 500 强平均数	4.53

表 8-13　2020 中国企业 500 强人均营业收入排序前 100 名企业

排名	公司名称	人均营业收入/万元	排名	公司名称	人均营业收入/万元
1	福建省福化工贸股份有限公司	16955.01	51	四川省商业投资集团有限公司	1408.15
2	浙江前程投资股份有限公司	12972.09	52	宁波金田投资控股有限公司	1406.00
3	上海新增鼎资产管理有限公司	12486.05	53	中天控股集团有限公司	1312.98
4	远大物产集团有限公司	12430.92	54	山东中矿集团有限公司	1306.03
5	西安迈科金属国际集团有限公司	9671.44	55	浙江荣盛控股集团有限公司	1294.37
6	北京江南投资集团有限公司	8774.44	56	江西省建工集团有限责任公司	1293.99
7	厦门路桥工程物资有限公司	7931.19	57	天津荣程祥泰投资控股集团有限公司	1278.50
8	深圳市中农网有限公司	5975.15	58	南京钢铁集团有限公司	1270.86
9	重庆千信集团有限公司	4556.28	59	厦门建发集团有限公司	1270.72
10	上海钢联电子商务股份有限公司	4506.31	60	沂州集团有限公司	1261.22
11	山东齐成石油化工有限公司	4000.37	61	重庆市迪马实业股份有限公司	1256.04
12	中铁集装箱运输有限责任公司	3766.82	62	江苏华宏实业集团有限公司	1249.24
13	正威国际集团有限公司	3391.15	63	小米集团	1226.47
14	广东鼎龙实业集团有限公司	3252.61	64	东岭集团股份有限公司	1224.53
15	中基宁波集团股份有限公司	3226.08	65	中科电力装备集团有限公司	1214.49
16	前海人寿保险股份有限公司	2961.24	66	弘阳集团有限公司	1179.68
17	东浩兰生（集团）有限公司	2769.52	67	金澳科技（湖北）化工有限公司	1121.04
18	河北省物流产业集团有限公司	2698.81	68	河北津西钢铁集团股份有限公司	1110.02
19	缘泰石油有限公司	2653.08	69	浙江恒逸集团有限公司	1086.30
20	东华能源股份有限公司	2560.29	70	河北普阳钢铁有限公司	1077.03
21	深圳市爱施德股份有限公司	2512.09	71	山东金岭集团有限公司	1074.03
22	厦门象屿集团有限公司	2442.47	72	盛屯矿业集团股份有限公司	1039.39
23	振烨国际产业控股集团（深圳）有限公司	2365.54	73	中国华融资产管理股份有限公司	1029.11
24	中国国际技术智力合作集团有限公司	2310.10	74	三房巷集团有限公司	1025.33
25	深圳金雅福控股集团有限公司	2141.82	75	福建永荣控股集团有限公司	1013.94
26	神州数码集团股份有限公司	2132.76	76	江西铜业集团有限公司	1008.46
27	上海均和集团有限公司	2120.95	77	陕西龙记泰信房地产开发有限公司	1005.33
28	山东汇丰石化集团有限公司	2103.22	78	云南省能源投资集团有限公司	989.63
29	山东恒源石油化工股份有限公司	2091.72	79	河北新金钢铁有限公司	981.44
30	盘锦北方沥青燃料有限公司	1981.26	80	山东清源集团有限公司	950.35
31	浙江富冶集团有限公司	1971.39	81	阳光龙净集团有限公司	941.01
32	厦门国贸控股集团有限公司	1947.64	82	浙江宝业建设集团有限公司	931.54
33	福佳集团有限公司	1880.44	83	海亮集团有限公司	930.74
34	山东金诚石化集团有限公司	1859.50	84	内蒙古伊泰集团有限公司	929.56
35	远景能源有限公司	1844.89	85	中国中化集团有限公司	924.70
36	利华益集团股份有限公司	1812.33	86	雪松控股集团有限公司	920.34
37	中国航空油料集团有限公司	1781.67	87	大汉控股集团有限公司	903.67
38	山东东明石化集团有限公司	1773.34	88	汇通达网络股份有限公司	880.38
39	物产中大集团股份有限公司	1766.18	89	杭州锦江集团有限公司	853.14
40	江阴澄星实业集团有限公司	1721.49	90	江苏新长江实业集团有限公司	850.16
41	宏旺投资集团有限公司	1659.71	91	华泰集团有限公司	837.50
42	金鼎钢铁集团有限公司	1636.46	92	铜陵有色金属集团控股有限公司	831.12
43	山东海科控股有限公司	1559.92	93	中天钢铁集团有限公司	823.66
44	老凤祥股份有限公司	1530.80	94	中国海洋石油集团有限公司	815.44
45	融信（福建）投资集团有限公司	1523.95	95	绿地控股集团股份有限公司	813.72
46	卓尔控股有限公司	1478.23	96	盛京银行股份有限公司	801.92
47	河北新武安钢铁集团文安钢铁有限公司	1477.32	97	金川集团股份有限公司	797.77
48	三河汇福粮油集团有限公司	1451.32	98	中国铁路物资集团有限公司	775.29
49	山东渤海实业股份有限公司	1451.30	99	上海银行股份有限公司	772.43
50	重庆华宇集团有限公司	1420.12	100	富通集团有限公司	764.99
				中国企业 500 强平均数	257.42

表 8-14 2020 中国企业 500 强人均净利润排序前 100 名企业

排名	企业名称	人均净利润/万元	排名	企业名称	人均净利润/万元
1	北京江南投资集团有限公司	1303.35	51	利华益集团股份有限公司	43.63
2	重庆华宇集团有限公司	165.59	52	老凤祥股份有限公司	43.43
3	上海银行股份有限公司	159.84	53	弘阳集团有限公司	41.63
4	贵州茅台酒股份有限公司	152.59	54	重庆市金科投资控股（集团）有限责任公司	41.48
5	腾讯控股有限公司	148.38	55	中国平安保险（集团）股份有限公司	40.14
6	上海农村商业银行股份有限公司	141.37	56	新华人寿保险股份有限公司	39.88
7	福佳集团有限公司	132.54	57	碧桂园控股有限公司	38.86
8	阿里巴巴集团控股有限公司	127.07	58	泰康保险集团股份有限公司	38.67
9	融信（福建）投资集团有限公司	125.93	59	扬子江药业集团	38.01
10	招商银行股份有限公司	122.12	60	红狮控股集团有限公司	37.75
11	盘锦北方沥青燃料有限公司	113.52	61	厦门路桥工程物资有限公司	35.34
12	龙光交通集团有限公司	109.30	62	兴华财富集团有限公司	34.37
13	兴业银行股份有限公司	108.95	63	远大物产集团有限公司	32.45
14	上海浦东发展银行股份有限公司	107.75	64	中天控股集团有限公司	32.45
15	中铁集装箱运输有限责任公司	104.87	65	石横特钢集团有限公司	32.07
16	网易公司	102.12	66	华为投资控股有限公司	31.62
17	民生银行股份有限公司	91.32	67	山东恒源石油化工股份有限公司	31.39
18	交通银行股份有限公司	90.57	68	奥园集团有限公司	31.35
19	盛京银行股份有限公司	87.53	69	山东东明石化集团有限公司	30.02
20	渤海银行股份有限公司	85.11	70	上海中梁企业发展有限公司	29.61
21	中国信达资产管理股份有限公司	79.47	71	内蒙古伊泰集团有限公司	29.37
22	中国建设银行股份有限公司	76.83	72	日照钢铁控股集团有限公司	29.16
23	远景能源有限公司	73.65	73	海澜集团有限公司	28.16
24	重庆千信集团有限公司	70.31	74	绿地控股集团有限公司	28.04
25	中国工商银行股份有限公司	70.15	75	缘泰石油有限公司	28.00
26	龙湖集团控股有限公司	69.68	76	温氏食品集团股份有限公司	27.92
27	正威国际集团有限公司	68.97	77	珠海格力电器股份有限公司	27.80
28	山东海科控股有限公司	68.59	78	卓尔控股有限公司	27.39
29	天津银行股份有限公司	67.07	79	山东齐成石油化工有限公司	26.25
30	万华化学集团股份有限公司	65.81	80	申能（集团）有限公司	25.29
31	浙江龙盛控股有限公司	63.74	81	富通集团有限公司	25.12
32	重庆农村商业银行股份有限公司	63.50	82	中国航空油料集团有限公司	25.02
33	上海国际港务（集团）股份有限公司	61.86	83	新疆金风科技股份有限公司	24.66
34	东华能源股份有限公司	61.20	84	河北津西钢铁集团股份有限公司	24.40
35	中国银行股份有限公司	60.57	85	敬业集团有限公司	24.04
36	华夏幸福基业股份有限公司	60.03	86	沂州集团有限公司	23.84
37	山东金岭集团有限公司	59.89	87	国能领航城市建设投资有限公司	23.82
38	小米集团	59.85	88	广东鼎龙实业集团有限公司	23.73
39	重庆中昂投资集团有限公司	59.83	89	中国太平洋保险（集团）股份有限公司	23.53
40	广州农村商业银行股份有限公司	59.36	90	中联重科股份有限公司	22.99
41	华夏银行股份有限公司	56.69	91	招商局集团有限公司	22.93
42	恒申控股集团有限公司	56.29	92	山东金诚石化集团有限公司	22.92
43	金鼎钢铁集团有限公司	55.74	93	重庆市迪马实业股份有限公司	22.80
44	冀南钢铁集团有限公司	54.91	94	西安迈科金属国际集团有限公司	22.73
45	河北新武安钢铁集团文安钢铁有限公司	54.17	95	三房巷集团有限公司	22.51
46	中国海洋石油集团有限公司	52.20	96	辽宁嘉晨控股有限公司	22.42
47	振烨国际产业控股集团（深圳）有限公司	49.08	97	浙江省能源集团有限公司	22.35
48	河北普阳钢铁有限公司	46.29	98	三河汇福粮油集团有限公司	22.03
49	中国农业银行股份有限公司	45.71	99	安徽海螺集团有限责任公司	21.89
50	武安市裕华钢铁有限公司	44.38	100	紫金矿业集团股份有限公司	21.46
				中国企业 500 强平均数	11.49

表 8–15 2020 中国企业 500 强人均资产排序前 100 名企业

排名	企业名称	人均资产/万元	排名	企业名称	人均资产/万元
1	北京江南投资集团有限公司	32881.33	51	江西省建工集团有限责任公司	1710.32
2	上海银行股份有限公司	17616.21	52	上海中梁企业发展有限公司	1692.49
3	盛京银行股份有限公司	16425.16	53	云南省能源投资集团有限公司	1663.95
4	中国华融资产管理股份有限公司	15575.16	54	恒大集团有限公司	1657.55
5	上海农村商业银行股份有限公司	14867.94	55	泰康保险集团股份有限公司	1630.56
6	上海浦东发展银行股份有限公司	12621.25	56	奥园集团有限公司	1607.99
7	兴业银行股份有限公司	11819.83	57	阳光龙净集团有限公司	1586.74
8	交通银行股份有限公司	11609.39	58	弘阳集团有限公司	1576.95
9	渤海银行股份有限公司	11365.29	59	东华能源股份有限公司	1556.62
10	民生银行股份有限公司	11338.03	60	四川省交通投资集团有限责任公司	1551.12
11	天津银行股份有限公司	9871.72	61	四川省铁路产业投资集团有限责任公司	1549.95
12	中国信达资产管理股份有限公司	9212.97	62	腾讯控股有限公司	1517.03
13	招商银行股份有限公司	9152.66	63	卓尔控股有限公司	1416.10
14	前海人寿保险股份有限公司	8529.94	64	中国海洋石油集团有限公司	1398.91
15	华夏银行股份有限公司	8283.83	65	甘肃省公路航空旅游投资集团有限公司	1340.73
16	中国银行股份有限公司	7359.70	66	天津泰达投资控股有限公司	1329.69
17	中国建设银行股份有限公司	7327.04	67	盘锦北方沥青燃料有限公司	1317.23
18	广州农村商业银行股份有限公司	7058.37	68	中国保利集团公司	1307.75
19	中国工商银行股份有限公司	6764.55	69	中国太平洋保险（集团）股份有限公司	1296.37
20	重庆农村商业银行股份有限公司	6702.43	70	浙江前程投资股份有限公司	1294.35
21	中国光大集团有限公司	6529.43	71	浙江荣盛控股集团有限公司	1291.09
22	融信（福建）投资集团有限公司	5907.04	72	厦门建发集团有限公司	1276.91
23	中国农业银行股份有限公司	5361.57	73	珠海华发集团有限公司	1272.16
24	北京首都开发控股（集团）有限公司	4076.24	74	福建省福化工贸股份有限公司	1261.35
25	远景能源有限公司	3541.21	75	中国太平保险控股有限公司	1250.83
26	福佳集团有限公司	3307.57	76	浙江省交通投资集团有限公司	1248.79
27	中国人寿保险（集团）公司	2903.84	77	招商局集团有限公司	1228.09
28	广州越秀集团股份有限公司	2596.84	78	国家开发投资集团有限公司	1216.02
29	中铁集装箱运输有限责任公司	2560.56	79	上海新增鼎资产管理有限公司	1212.56
30	厦门路桥工程物有限公司	2536.14	80	厦门象屿集团有限公司	1197.82
31	广西交通投资集团有限公司	2504.44	81	齐鲁交通发展集团有限公司	1175.42
32	龙湖集团控股有限公司	2478.51	82	远大物产集团有限公司	1169.03
33	中国中信集团有限公司	2460.65	83	重庆市迪马实业股份有限公司	1154.28
34	新华人寿保险股份有限公司	2407.87	84	中国邮政集团有限公司	1151.95
35	中国平安保险（集团）股份有限公司	2209.31	85	新疆金风科技股份有限公司	1150.06
36	绿地控股集团股份有限公司	2179.14	86	中天控股集团有限公司	1142.99
37	西安迈科金属国际集团有限公司	2069.33	87	申能（集团）有限公司	1134.26
38	深圳市中农网有限公司	2048.48	88	云南省投资控股集团有限公司	1125.64
39	北京金融街投资（集团）有限公司	1971.75	89	重庆市金科投资控股（集团）有限责任公司	1118.30
40	武汉金融控股（集团）有限公司	1939.58	90	阿里巴巴集团控股有限公司	1116.48
41	龙光交通集团有限公司	1881.01	91	小米集团	1094.14
42	华夏幸福基业股份有限公司	1880.90	92	洛阳栾川钼业集团股份有限公司	1045.00
43	碧桂园控股有限公司	1873.72	93	浙江省能源集团有限公司	1040.35
44	广西投资集团有限公司	1824.35	94	北京首都创业集团有限公司	1038.45
45	重庆华宇集团有限公司	1818.85	95	深圳市投资控股有限公司	1036.03
46	中国广核集团有限公司	1808.88	96	广东鼎龙实业集团有限公司	1028.42
47	山东高速集团有限公司	1764.24	97	荣盛控股股份有限公司	1009.63
48	内蒙古伊泰集团有限公司	1755.26	98	复星国际有限公司	1008.00
49	重庆千信集团有限公司	1752.67	99	广东省能源集团有限公司	995.86
50	泸州老窖集团有限责任公司	1715.78	100	云南省城市建设投资集团有限公司	995.25
				中国企业 500 强平均数	924.98

表 8-16 2020 中国企业 500 强收入增长率排序前 100 名企业

排名	企业名称	收入增长率/%	排名	企业名称	收入增长率/%
1	缘泰石油有限公司	286.93	51	中国平煤神马能源化工集团有限责任公司	30.38
2	深圳市投资控股有限公司	177.81	52	广西投资集团有限公司	29.67
3	洛阳栾川钼业集团股份有限公司	164.52	53	中国保利集团公司	29.17
4	杭州市实业投资集团有限公司	142.38	54	河北新华联合冶金控股集团有限公司	28.74
5	重庆华宇集团有限公司	138.06	55	武汉金融控股（集团）有限公司	28.49
6	冀南钢铁集团有限公司	122.81	56	紫金矿业集团股份有限公司	28.40
7	陕西投资集团有限公司	108.07	57	碧桂园控股有限公司	28.18
8	陕西龙记泰信房地产开发有限公司	102.61	58	无锡产业发展集团有限公司	28.13
9	泸州老窖集团有限责任公司	97.30	59	温氏食品集团股份有限公司	27.75
10	上海中梁企业发展有限公司	87.14	60	上海钢联电子商务股份有限公司	27.61
11	广西交通投资集团有限公司	82.55	61	厦门路桥工程物资有限公司	27.19
12	立讯精密工业股份有限公司	74.38	62	中国化学工程集团有限公司	27.03
13	福建省电子信息（集团）有限责任公司	74.09	63	四川省铁路产业投资集团有限责任公司	26.95
14	兴华财富集团有限公司	62.60	64	雅戈尔集团股份有限公司	26.94
15	重庆千信集团有限公司	62.14	65	甘肃省公路航空旅游投资集团有限公司	26.83
16	浙江荣盛控股集团有限公司	59.90	66	中南控股集团有限公司	26.78
17	北京城建集团有限责任公司	59.57	67	北京建龙重工集团有限公司	26.39
18	奥园集团有限公司	58.21	68	上海新增鼎资产管理有限公司	26.28
19	广西盛隆冶金有限公司	56.55	69	恒申控股集团有限公司	26.04
20	重庆市金科投资控股（集团）有限责任公司	53.98	70	山东招金集团有限公司	25.81
21	建业控股有限公司	53.43	71	江阴澄星实业集团有限公司	25.69
22	中联重科股份有限公司	50.92	72	弘阳集团有限公司	25.60
23	融信（福建）投资集团有限公司	50.28	73	浙江前程投资股份有限公司	25.56
24	广州市建筑集团有限公司	49.88	74	华夏幸福基业股份有限公司	25.55
25	恒力集团有限公司	49.77	75	森马集团有限公司	25.03
26	美团点评	49.52	76	福建永荣控股集团有限公司	24.90
27	珠海华发集团有限公司	48.78	77	北京京东世纪贸易有限公司	24.86
28	浙江恒逸集团有限公司	48.67	78	安徽海螺集团有限责任公司	24.29
29	金鼎钢铁集团有限公司	48.09	79	云南省能源投资集团有限公司	24.17
30	四川省商业投资集团有限公司	46.20	80	重庆市迪马实业股份有限公司	23.88
31	前海人寿保险股份有限公司	46.17	81	万科企业股份有限公司	23.84
32	汇通达网络股份有限公司	45.97	82	上海电气（集团）总公司	23.75
33	舜宇集团有限公司	45.95	83	泰康保险集团股份有限公司	23.59
34	成都兴城投资集团有限公司	44.92	84	中基宁波集团股份有限公司	23.52
35	敬业集团有限公司	41.38	85	新希望集团有限公司	23.41
36	江苏新长江实业集团有限公司	37.90	86	顺丰控股股份有限公司	23.37
37	徐州工程机械集团有限公司	36.48	87	山西建设投资集团有限公司	23.33
38	三一集团有限公司	36.42	88	中国医药集团有限公司	23.09
39	融创中国控股有限公司	35.73	89	山东钢铁集团有限公司	23.02
40	中国国际技术智力合作集团有限公司	35.50	90	绿地控股集团股份有限公司	22.79
41	阿里巴巴集团控股有限公司	35.26	91	南昌市政公用投资控股有限责任公司	22.57
42	盛虹控股集团有限公司	34.19	92	天瑞集团股份有限公司	22.45
43	龙光交通集团有限公司	33.40	93	南通三建控股有限公司	22.43
44	振烨国际产业控股集团（深圳）有限公司	33.19	94	中铁集装箱运输有限责任公司	22.31
45	新疆金风科技股份有限公司	33.11	95	山东九羊集团有限公司	22.11
46	河北普阳钢铁有限公司	32.93	96	正威国际集团有限公司	21.54
47	永锋集团有限公司	32.36	97	山东齐成石油化工有限公司	21.34
48	广州越秀集团股份有限公司	30.75	98	中国太平保险控股有限公司	21.26
49	复星国际有限公司	30.75	99	石药控股集团有限公司	21.25
50	龙湖集团控股有限公司	30.42	100	四川省交通投资集团有限责任公司	21.10
				中国企业 500 强平均数	10.65

表 8-17 2020 中国企业 500 强净利润增长率排序前 100 名企业

排名	企业名称	净利润增长率/%	排名	企业名称	净利润增长率/%
1	山西潞安矿业（集团）有限责任公司	8812.48	51	名创优品（广州）有限责任公司	74.40
2	中国华能集团有限公司	2094.07	52	青建集团	73.94
3	云南省城市建设投资集团有限公司	1463.01	53	立讯精密工业股份有限公司	73.13
4	包头钢铁（集团）有限责任公司	925.56	54	山东海科控股有限公司	71.35
5	广西北部湾国际港务集团有限公司	623.77	55	阿里巴巴集团控股有限公司	70.03
6	甘肃省公路航空旅游投资集团有限公司	526.34	56	甘肃省建设投资（控股）集团总公司	67.37
7	传化集团有限公司	516.07	57	中国人民保险集团股份有限公司	66.55
8	重庆市金科投资控股（集团）有限责任公司	454.46	58	上海电气（集团）总公司	66.23
9	三一集团有限公司	425.58	59	中铁集装箱运输有限责任公司	64.66
10	山东齐成石油化工有限公司	357.84	60	广东省广新控股集团有限公司	61.79
11	四川省交通投资集团有限责任公司	325.76	61	万洲国际有限公司	61.06
12	中国兵器装备集团有限公司	284.78	62	舜宇集团有限公司	60.24
13	山东省商业集团有限公司	273.63	63	兴华财富集团有限公司	60.21
14	恒力集团有限公司	272.09	64	融创中国控股有限公司	57.12
15	广州国资发展控股有限公司	254.75	65	云南省能源投资集团有限公司	57.09
16	温氏食品集团股份有限公司	252.94	66	重庆千信集团有限公司	56.49
17	网易公司	245.20	67	山西焦煤集团有限责任公司	56.12
18	浙江恒逸集团有限公司	228.47	68	中国太平洋保险（集团）股份有限公司	53.95
19	远大物产集团有限公司	200.24	69	唯品会（中国）有限公司	53.76
20	中国铝业集团有限公司	153.13	70	江苏悦达集团有限公司	49.60
21	重庆华宇集团有限公司	151.55	71	上海钢联电子商务股份有限公司	49.33
22	北京控股集团有限公司	124.35	72	奥园集团有限公司	49.12
23	白银有色集团股份有限公司	124.09	73	青山控股集团有限公司	49.08
24	无锡产业发展集团有限公司	117.98	74	沂州集团有限公司	47.67
25	晶科能源有限公司	116.94	75	广州智能装备产业集团有限公司	45.59
26	中联重科股份有限公司	116.42	76	弘阳集团有限公司	45.48
27	贵州盘江煤电集团有限责任公司	114.01	77	杉杉控股有限公司	43.95
28	海信集团有限公司	113.83	78	昆明钢铁控股有限公司	43.78
29	三房巷集团有限公司	112.84	79	武汉商联（集团）股份有限公司	43.43
30	远景能源有限公司	111.53	80	蓝润集团有限公司	42.51
31	新凤祥控股集团有限责任公司	108.59	81	中国保利集团公司	41.79
32	上海中梁企业发展有限公司	104.64	82	上海建工集团股份有限公司	41.38
33	中国石油天然气集团有限公司	104.38	83	中国太平保险控股有限公司	40.97
34	中国联合网络通信集团有限公司	101.50	84	重庆市迪马实业股份有限公司	40.86
35	汇通达网络股份有限公司	101.01	85	卧龙控股集团有限公司	40.25
36	陕西建工控股集团有限公司	96.65	86	广州市建筑集团有限公司	39.42
37	天津友发钢管集团股份有限公司	95.63	87	中国平安保险（集团）股份有限公司	39.11
38	四川省商业投资集团有限公司	94.68	88	陕西有色金属控股集团有限责任公司	38.94
39	晋能集团有限公司	94.45	89	中国兵器工业集团有限公司	38.72
40	缘泰石油有限公司	94.16	90	郑州宇通企业集团	38.44
41	冀南钢铁集团有限公司	92.56	91	超威电源集团有限公司	38.01
42	正邦集团有限公司	90.58	92	中国大唐集团有限公司	37.80
43	云南省投资控股集团有限公司	89.88	93	陕西煤业化工集团有限责任公司	37.50
44	中国大地财产保险股份有限公司	87.29	94	中国宝武钢铁集团有限公司	37.18
45	泰康保险集团股份有限公司	86.90	95	徐州矿务集团有限公司	37.11
46	新华人寿保险股份有限公司	83.76	96	神州数码集团股份有限公司	36.88
47	万向集团公司	83.26	97	新奥控股投资股份有限公司	36.77
48	浙江富冶集团有限公司	82.46	98	龙光交通集团有限公司	36.26
49	深圳海王集团股份有限公司	82.18	99	恒申控股集团有限公司	35.95
50	建业控股有限公司	75.41	100	北京能源集团有限责任公司	35.81
				中国企业 500 强平均数	16.72

表 8-18 2020 中国企业 500 强资产增长率排序前 100 名企业

排名	公司名称	资产增长率/%	排名	公司名称	资产增长率/%
1	超威电源集团有限公司	92.03	51	深圳金雅福控股集团有限公司	29.80
2	北京城建集团有限责任公司	74.91	52	中南控股集团有限公司	29.34
3	甘肃省建设投资（控股）集团总公司	68.41	53	华为投资控股有限公司	28.97
4	名创优品（广州）有限责任公司	67.74	54	顺丰控股股份有限公司	28.94
5	福建大东海实业集团有限公司	64.48	55	网易公司	28.93
6	河北新华联合冶金控股集团有限公司	54.56	56	龙湖集团控股有限公司	28.68
7	恒力集团有限公司	52.97	57	南通四建集团有限公司	28.50
8	兴华财富集团有限公司	52.38	58	金鼎钢铁集团有限公司	28.34
9	重庆华宇集团有限公司	51.66	59	天元建设集团有限公司	28.27
10	蓝润集团有限公司	50.44	60	珠海华发集团有限公司	28.03
11	山东清源集团有限公司	50.44	61	上海电气（集团）总公司	27.38
12	奥园集团有限公司	49.00	62	缘泰石油有限公司	27.36
13	恒申控股集团有限公司	48.85	63	天能控股集团有限公司	27.19
14	广州工业投资控股集团有限公司	46.21	64	内蒙古伊利实业集团股份有限公司	27.00
15	双胞胎（集团）股份有限公司	46.06	65	江苏沙钢集团有限公司	26.94
16	浙江荣盛控股集团有限公司	45.46	66	弘阳集团有限公司	26.91
17	山西建设投资集团有限公司	45.14	67	齐鲁交通发展集团有限公司	26.83
18	冀南钢铁集团有限公司	44.22	68	金澳科技（湖北）化工有限公司	26.75
19	辽宁方大集团实业有限公司	44.09	69	新疆金风科技股份有限公司	26.66
20	厦门路桥工程物资有限公司	43.89	70	泸州老窖集团有限责任公司	26.64
21	建业控股有限公司	43.65	71	小米集团	26.44
22	新希望集团有限公司	43.15	72	深圳市投资控股有限公司	25.78
23	云南省能源投资集团有限公司	41.98	73	武安市裕华钢铁有限公司	25.46
24	振烨国际产业控股集团（深圳）有限公司	41.64	74	中国太平保险控股有限公司	24.93
25	重庆千信集团有限公司	39.26	75	汇通达网络股份有限公司	24.72
26	招商局集团有限公司	38.48	76	云南省投资控股集团有限公司	24.46
27	广西投资集团有限公司	38.04	77	华侨城集团有限公司	24.45
28	重庆市金科投资控股（集团）有限责任公司	37.96	78	北京外企服务集团有限责任公司	24.27
29	成都兴城投资集团有限公司	37.38	79	北京京东世纪贸易有限公司	24.17
30	广州市建筑集团有限公司	36.11	80	江西铜业集团有限公司	23.40
31	阿里巴巴集团控股有限公司	36.05	81	重庆市迪马实业股份有限公司	23.19
32	立讯精密工业股份有限公司	35.50	82	广州智能装备产业集团有限公司	22.91
33	湖南建工集团有限公司	35.42	83	中天科技集团有限公司	22.67
34	宏旺投资集团有限公司	35.39	84	中国核工业集团有限公司	22.64
35	厦门建发集团有限公司	34.85	85	中国航空油料集团有限公司	22.34
36	万科企业股份有限公司	34.34	86	浙江省建设投资集团有限公司	22.31
37	舜宇集团有限公司	34.31	87	陕西建工控股集团有限公司	22.01
38	浙江恒逸集团有限公司	34.30	88	广州越秀集团股份有限公司	22.00
39	融创中国控股有限公司	34.05	89	永锋集团有限公司	21.93
40	中国南方航空集团有限公司	33.53	90	山东恒源石油化工股份有限公司	21.84
41	广西北部湾投资集团有限公司	33.33	91	天津友发钢管集团股份有限公司	21.60
42	上海均和集团有限公司	33.21	92	温氏食品集团股份有限公司	21.55
43	广西盛隆冶金有限公司	32.87	93	广东省建筑工程集团有限公司	20.92
44	晶科能源有限公司	32.24	94	中国大地财产保险股份有限公司	20.83
45	永辉超市股份有限公司	32.11	95	中国保利集团公司	20.75
46	腾讯控股有限公司	31.85	96	中国国际航空股份有限公司	20.72
47	四川省商业投资集团有限公司	31.61	97	通威集团有限公司	20.58
48	上海中梁企业发展有限公司	31.54	98	徐州工程机械集团有限公司	20.52
49	广西建工集团有限责任公司	30.63	99	青山控股集团有限公司	20.50
50	三一集团有限公司	30.27	100	奇瑞控股集团有限公司	20.43
				中国企业 500 强平均数	10.20

第九章
2020中国制造业企业500强

表 9-1 2020 中国制造业企业 500 强

名次	企业名称	地区	营业收入/万元	净利润/万元	资产/万元	所有者权益/万元	从业人数/人
1	中国石油化工集团有限公司	北京	281179985	4693019	221171940	75050116	582648
2	华为投资控股有限公司	广东	85883300	6260500	85866100	29510600	198000
3	上海汽车集团股份有限公司	上海	84332437	2560338	84933328	24970201	153937
4	中国第一汽车集团有限公司	吉林	61773377	1967395	49006311	19365923	133548
5	正威国际集团有限公司	广东	61389924	1248581	16140102	10133897	18103
6	中国五矿集团有限公司	北京	61041300	158998	92951501	6938645	199486
7	东风汽车集团有限公司	湖北	58064514	917686	49751333	9953365	154610
8	恒力集团有限公司	江苏	55673993	1434756	23525440	3621583	90555
9	中国宝武钢铁集团有限公司	上海	55220616	2004354	86219413	27350208	175431
10	北京汽车集团有限公司	北京	50123000	516000	50089000	6899000	114315
11	中国兵器工业集团有限公司	北京	47471017	886821	42840254	11592078	205075
12	中国航空工业集团有限公司	北京	45532992	399400	100861611	19343289	417798
13	中国化工集团有限公司	北京	45434692	-864164	84396177	-920418	145526
14	中国建材集团有限公司	北京	39810386	-72490	59619589	3863867	204936
15	联想控股股份有限公司	北京	38921826	360689	62407519	6053723	87125
16	广州汽车工业集团有限公司	广东	37072213	390003	30536136	4508245	105780
17	中国铝业集团有限公司	北京	35681711	188762	65441146	12107220	158142
18	河钢集团有限公司	河北	35471499	-64976	46205473	7134219	114945
19	浙江吉利控股集团有限公司	浙江	33081765	851018	39568809	6594004	131426
20	海尔集团公司	山东	29001580	769138	39774318	4720025	97477
21	美的集团股份有限公司	广东	27938050	2421122	30195541	10166916	134897
22	山东魏桥创业集团有限公司	山东	27928123	547223	24269723	7120053	111121
23	潍柴控股集团有限公司	山东	26459705	144140	25800329	798278	88391
24	青山控股集团有限公司	浙江	26260199	570541	7050805	2173111	75061
25	中国航天科工集团有限公司	北京	25978759	1353300	34873944	13919081	147712
26	江西铜业集团有限公司	江西	25547222	117086	15774676	2600856	25333
27	江苏沙钢集团有限公司	江苏	25207752	495711	28911691	5910957	46581
28	中国航天科技集团有限公司	北京	25014549	1815762	47753096	21107471	177905
29	中国中车集团有限公司	北京	23975206	361462	43049762	7159649	185872
30	安徽海螺集团有限责任公司	安徽	23430999	1224857	22018127	5191359	55952
31	金川集团股份有限公司	甘肃	23367452	205896	11541878	3502424	29291
32	中国电子科技集团公司	北京	22762256	1203820	40306764	15673046	177443
33	中国电子信息产业集团有限公司	北京	22415918	95193	32751739	6224708	152499
34	鞍钢集团有限公司	辽宁	21739994	-144342	33282903	5407204	119125

续表

名次	企业名称	地区	营业收入/万元	净利润/万元	资产/万元	所有者权益/万元	从业人数/人
35	浙江恒逸集团有限公司	浙江	21516382	142633	10419573	1136138	19807
36	小米集团	北京	20583868	1004416	18362921	8133057	16783
37	浙江荣盛控股集团有限公司	浙江	20563698	181736	20511470	2152260	15887
38	首钢集团有限公司	北京	20223504	27627	49834676	12275387	97903
39	中国兵器装备集团有限公司	北京	20078000	682400	33993800	7041500	176326
40	珠海格力电器股份有限公司	广东	20050833	2469664	28297215	11015357	88846
41	盛虹控股集团有限公司	江苏	19253573	336063	9447104	1956439	30631
42	铜陵有色金属集团控股有限公司	安徽	19218894	-44546	8741133	802791	23124
43	山东钢铁集团有限公司	山东	19174169	14984	35709758	2466979	42079
44	海亮集团有限公司	浙江	18797284	120842	5715734	1872064	20196
45	上海医药集团股份有限公司	上海	18656579	408099	13702639	4165905	47778
46	华晨汽车集团控股有限公司	辽宁	18112951	27905	19534821	499167	39576
47	万洲国际有限公司	河南	16600941	1009019	12056269	6058132	101000
48	新希望集团有限公司	四川	16188706	262789	27349094	2314167	88845
49	光明食品（集团）有限公司	上海	15551918	121639	27604507	6636554	122565
50	北京建龙重工集团有限公司	北京	15201729	389614	13325064	2855711	57800
51	复星国际有限公司	上海	14298213	1480091	71568119	12255234	71000
52	北京首农食品集团有限公司	北京	14220307	249670	14536535	3709380	54934
53	上海电气（集团）总公司	上海	14172695	234403	32005188	3416474	51293
54	天能控股集团有限公司	浙江	14013209	149173	4411754	494559	21676
55	南京钢铁集团有限公司	江苏	13731673	211598	5486434	1763114	10805
56	陕西有色金属控股集团有限责任公司	陕西	13713247	70828	13993852	3317133	44448
57	四川长虹电子控股集团有限公司	四川	13663500	6575	8011988	118273	60667
58	紫金矿业集团股份有限公司	福建	13609798	428396	12383095	5118597	19963
59	杭州市实业投资集团有限公司	浙江	13343296	124236	5573646	1408430	25502
60	湖南华菱钢铁集团有限责任公司	湖南	13309331	330029	10595261	2383375	34516
61	广州医药集团有限公司	广东	13305081	130843	5676391	803806	34218
62	中国有色矿业集团有限公司	北京	13151977	69071	12122841	1936266	50773
63	万向集团公司	浙江	13050755	253990	9441057	1606123	30361
64	冀南钢铁集团有限公司	河北	13014264	1024646	3242670	2949913	18659
65	中天钢铁集团有限公司	江苏	13001465	206227	4699250	1670761	15785
66	北京电子控股有限责任公司	北京	12906481	13796	39336558	1397056	77206
67	比亚迪股份有限公司	广东	12773852	161445	19564159	5676229	229130
68	敬业集团有限公司	河北	12740208	564980	4373718	2325372	23500

续表

名次	企业名称	地区	营业收入/万元	净利润/万元	资产/万元	所有者权益/万元	从业人数/人
69	TCL集团股份有限公司	广东	12732811	359230	21923403	3391520	92395
70	海信集团有限公司	山东	12686273	70847	12307215	1177365	91069
71	超威电源集团有限公司	浙江	12490654	72306	3242803	644343	18800
72	海澜集团有限公司	江苏	12322537	545429	11136057	8349281	19368
73	无锡产业发展集团有限公司	江苏	11922803	8329	10084872	962144	26467
74	北京金隅集团股份有限公司	北京	11822190	369358	28212376	6113120	49189
75	河北津西钢铁集团股份有限公司	河北	11777360	258911	5693283	2342536	10610
76	中国重型汽车集团有限公司	山东	11585399	118062	8385336	1151581	40436
77	山东东明石化集团有限公司	山东	11266029	190744	3220416	1352763	6353
78	雅戈尔集团股份有限公司	浙江	11161447	443728	10138694	2861749	55834
79	南山集团有限公司	山东	11117000	510855	13185717	5897503	46362
80	中国黄金集团有限公司	北京	10965138	-55822	11470974	1443325	42677
81	江阴澄星实业集团有限公司	江苏	10852300	66691	3582002	1392570	6304
82	四川省宜宾五粮液集团有限公司	四川	10802584	443924	15075354	3984914	43370
83	亨通集团有限公司	江苏	10791270	31005	6386922	707519	19619
84	杭州钢铁集团有限公司	浙江	10670187	107719	7255839	2570532	16218
85	新华联集团有限公司	北京	10559512	126294	15095377	1851425	70598
86	酒泉钢铁（集团）有限责任公司	甘肃	10358036	-53787	10987493	2246923	36286
87	协鑫集团有限公司	江苏	10137109	145338	18852637	3976262	21007
88	广西柳州钢铁集团有限公司	广西壮族自治区	10136167	387171	8653359	2603222	24013
89	辽宁方大集团实业有限公司	辽宁	10026764	590958	10199212	2492458	58325
90	日照钢铁控股集团有限公司	山东	9840773	470124	9979269	3388536	16123
91	河北新华联合冶金控股集团有限公司	河北	9760506	101776	10191020	664685	21000
92	长城汽车股份有限公司	河北	9621069	449687	11309641	5439923	59756
93	万达控股集团有限公司	山东	9532554	208298	6301558	1662260	14555
94	江铃汽车集团有限公司	江西	9521848	75086	7272469	955320	40320
95	传化集团有限公司	浙江	9268111	104369	6417146	1058867	13355
96	宁波金田投资控股有限公司	浙江	9255700	20798	1274906	175794	6583
97	江苏悦达集团有限公司	江苏	9156183	47942	9088323	1227103	39475
98	利华益集团股份有限公司	山东	9101527	219097	4323829	1914042	5022
99	中兴通讯股份有限公司	广东	9073658	514788	14120214	2882687	70066
100	扬子江药业集团	江苏	9018503	611893	4798447	3700037	16100
101	内蒙古伊利实业集团股份有限公司	内蒙古自治区	9000913	693376	6046126	2613102	59052
102	贵州茅台酒股份有限公司	贵州	8885434	4120647	18304237	13601035	27005

续表

名次	企业名称	地区	营业收入/万元	净利润/万元	资产/万元	所有者权益/万元	从业人数/人
103	正邦集团有限公司	江西	8804695	237696	1921783	1001887	61380
104	徐州工程机械集团有限公司	江苏	8781398	52228	13831549	1332561	26422
105	包头钢铁（集团）有限责任公司	内蒙古自治区	8772675	29095	17716500	449313	46830
106	三一集团有限公司	湖南	8757632	421001	15726559	3592286	23966
107	晨鸣控股有限公司	山东	8627570	22813	10003388	376820	15191
108	中国国际海运集装箱（集团）股份有限公司	广东	8581534	154222	17210752	3925388	54753
109	杭州锦江集团有限公司	浙江	8284830	97189	7000618	1679363	9711
110	通威集团有限公司	四川	8122176	194334	5806612	1655532	24408
111	正泰集团股份有限公司	浙江	8054552	185742	7208362	1458336	34290
112	太原钢铁（集团）有限公司	山西	7971453	229457	12846804	3900021	33189
113	天津荣程祥泰投资控股集团有限公司	天津	7933072	87864	1950227	1105540	6205
114	桐昆控股集团有限公司	浙江	7918943	133444	4633013	669774	20002
115	河北普阳钢铁有限公司	河北	7862351	337928	2493251	1908296	7300
116	山东黄金集团有限公司	山东	7681256	17223	11624097	1169466	25948
117	云南锡业集团（控股）有限责任公司	云南	7607220	-77200	6063284	27134	21716
118	奇瑞控股集团有限公司	安徽	7593097	57375	20599652	1555103	34243
119	华泰集团有限公司	山东	7498149	104523	3275463	1017204	8953
120	陕西汽车控股集团有限公司	陕西	7401977	41809	6032182	532174	29581
121	金鼎钢铁集团有限公司	河北	7390266	251703	1538477	880951	4516
122	奥克斯集团有限公司	浙江	7353051	105734	6329318	1222657	30000
123	温氏食品集团股份有限公司	广东	7312041	1396720	6557892	4511189	50024
124	三房巷集团有限公司	江苏	7300384	160284	2474126	1020803	7120
125	红豆集团有限公司	江苏	7205495	145127	4824610	1946371	22886
126	盘锦北方沥青燃料有限公司	辽宁	6934402	397330	4610308	1275108	3500
127	云天化集团有限责任公司	云南	6929013	-40483	9598575	809072	19980
128	永锋集团有限公司	山东	6918852	205511	4254697	957366	12000
129	洛阳栾川钼业集团股份有限公司	河南	6867656	185701	11686223	4080277	11183
130	万华化学集团股份有限公司	山东	6805066	1012998	9686532	4236409	15392
131	广州工业投资控股集团有限公司	广东	6719103	167063	7390765	1469843	26639
132	双胞胎（集团）股份有限公司	江西	6666497	175318	2242685	1109492	10000
133	江苏新长江实业集团有限公司	江苏	6652468	151829	3434235	1223632	7825
134	山东海科控股有限公司	山东	6600025	290214	2204546	680248	4231

续表

名次	企业名称	地区	营业收入/万元	净利润/万元	资产/万元	所有者权益/万元	从业人数/人
135	山东招金集团有限公司	山东	6570833	10746	6000440	697316	14260
136	新余钢铁集团有限公司	江西	6513139	161505	5128240	1160793	22444
137	昆明钢铁控股有限公司	云南	6390323	33828	6560208	1286291	17400
138	贵州磷化（集团）有限责任公司	贵州	6353026	-44577	9235504	1306121	18820
139	山东如意时尚投资控股有限公司	山东	6318159	309957	7324876	1548600	44847
140	武安市裕华钢铁有限公司	河北	6262548	487970	2799586	2190817	10995
141	立讯精密工业股份有限公司	广东	6251631	471382	4937791	2029662	137284
142	中天科技集团有限公司	江苏	6203496	80091	4528681	621368	17023
143	白银有色集团股份有限公司	甘肃	6170028	5804	4855039	1406549	14479
144	宁波均胜电子股份有限公司	浙江	6169890	94006	5692483	1257819	57415
145	本钢集团有限公司	辽宁	6128637	-4297	15344451	2968023	62936
146	河北新武安钢铁集团文安钢铁有限公司	河北	6086560	223187	1062969	1062969	4120
147	山东京博控股集团有限公司	山东	6080974	108124	3975045	707898	10150
148	深圳海王集团股份有限公司	广东	6077614	22538	6102788	1020482	31500
149	四川省川威集团有限公司	四川	6052034	72855	4539112	490070	14208
150	旭阳控股有限公司	北京	6051902	196190	3583934	1178947	10095
151	德力西集团有限公司	浙江	5985488	91402	2139655	734626	19415
152	宁夏天元锰业集团有限公司	宁夏回族自治区	5911277	119025	18629990	11331486	20065
153	辽宁嘉晨控股集团有限公司	辽宁	5862135	251832	4430679	3548512	11230
154	福建大东海实业集团有限公司	福建	5733625	278164	5260360	2658945	17330
155	福建省三钢（集团）有限责任公司	福建	5672576	233331	4317133	1493122	16229
156	晶科能源有限公司	江西	5646956	182081	6905134	1958283	15000
157	重庆化医控股（集团）公司	重庆	5626144	-22937	7856973	928534	25027
158	上海华谊（集团）公司	上海	5509381	164345	7889211	2002521	20371
159	中国信息通信科技集团有限公司	湖北	5419931	35486	9326311	2196928	38754
160	稻花香集团	湖北	5387861	35702	2046411	296877	13137
161	山东太阳控股集团有限公司	山东	5242491	250371	3969053	1484005	14882
162	新疆特变电工集团有限公司	新疆维吾尔自治区	5211512	251955	12854491	4564132	21514
163	欧菲光集团股份有限公司	广东	5197412	50985	4055952	945878	36434
164	红狮控股集团有限公司	浙江	5184828	549022	4767102	2004583	14545
165	唐山港陆钢铁有限公司	河北	5138907	83097	1658206	893053	8103
166	广州智能装备产业集团有限公司	广东	5110062	125327	6281993	1369187	30724

续表

名次	企业名称	地区	营业收入/万元	净利润/万元	资产/万元	所有者权益/万元	从业人数/人
167	湖南博长控股集团有限公司	湖南	5103093	51474	1285055	394427	7108
168	浙江富冶集团有限公司	浙江	5096054	33903	1065684	308380	2585
169	泸州老窖集团有限责任公司	四川	5070958	153413	23351739	1186630	13610
170	杉杉控股有限公司	浙江	5055360	69056	5426323	924014	7169
171	恒申控股集团有限公司	福建	5044661	462101	4335828	1933160	8210
172	隆鑫控股有限公司	重庆	5023542	10599	6780760	1016287	30021
173	福建永荣控股集团有限公司	福建	5013949	102778	2730396	1116068	4945
174	河北新金钢铁有限公司	河北	4992596	107371	1785133	1188648	5087
175	老凤祥股份有限公司	上海	4962866	140801	1718100	701997	3242
176	威高集团有限公司	山东	4959070	438809	6037726	3420818	30000
177	安徽江淮汽车集团控股有限公司	安徽	4823417	−281	4493800	396693	28927
178	新凤祥控股集团有限责任公司	山东	4814084	93010	2834490	961218	15773
179	玖龙环球（中国）投资集团有限公司	广东	4769779	352621	5990042	3976591	17000
180	广东海大集团股份有限公司	广东	4761258	164876	1885431	910378	20774
181	安阳钢铁集团有限责任公司	河南	4706800	35896	5281022	739335	28011
182	金澳科技（湖北）化工有限公司	湖北	4691566	67563	913343	495868	4185
183	天瑞集团股份有限公司	河南	4618932	176452	7500533	3836645	13268
184	中科电力装备集团有限公司	安徽	4615060	20986	1816122	248960	3800
185	华西集团有限公司	江苏	4584425	28227	5504192	1454652	17853
186	四川德胜集团钒钛有限公司	四川	4571390	189518	2660431	939785	10109
187	太极集团有限公司	重庆	4551692	−25167	1445257	143241	13545
188	人民电器集团有限公司	浙江	4538646	171038	1171337	782281	21850
189	江苏扬子江船业集团	江苏	4525138	375223	12117407	4084148	23778
190	山东金诚石化集团有限公司	山东	4513001	55632	1182518	527434	2427
191	富通集团有限公司	浙江	4508115	148049	3092590	1087417	5893
192	天津友发钢管集团股份有限公司	天津	4474922	86462	885533	371651	10754
193	河南豫光金铅集团有限责任公司	河南	4466548	13787	1994937	93124	6034
194	华勤橡胶工业集团有限公司	山东	4464823	83444	2037124	1036026	8500
195	重庆机电控股（集团）公司	重庆	4459503	63783	5534019	1176925	28635
196	金浦投资控股集团有限公司	江苏	4392681	49378	2503669	520206	9620
197	三河汇福粮油集团有限公司	河北	4353945	66103	1269253	467984	3000
198	中联重科股份有限公司	湖南	4330739	437145	9206802	3886323	19016
199	山东泰山钢铁集团有限公司	山东	4320816	75595	2192916	1078130	8218
200	山东九羊集团有限公司	山东	4305631	153945	1723898	1249992	7798

续表

名次	企业名称	地区	营业收入/万元	净利润/万元	资产/万元	所有者权益/万元	从业人数/人
201	山东创新金属科技有限公司	山东	4280725	32878	2524450	225170	6238
202	山东渤海实业股份有限公司	山东	4261012	17119	2013945	348113	2936
203	石横特钢集团有限公司	山东	4245040	407327	2985798	1873383	12703
204	山东汇丰石化集团有限公司	山东	4244302	22950	1533068	71621	2018
205	福建省电子信息（集团）有限责任公司	福建	4218884	-76826	9057915	638449	49323
206	郑州宇通企业集团	河南	4205999	260448	10005730	1926782	34636
207	山东金岭集团有限公司	山东	4152181	231545	1464847	1258514	3866
208	四川科伦实业集团有限公司	四川	4141754	93792	3601546	1385476	20238
209	沂州集团有限公司	山东	4098971	77490	1431075	544617	3250
210	广西玉柴机器集团有限公司	广西壮族自治区	4098772	86143	4166276	1414660	14824
211	重庆小康控股有限公司	重庆	4052024	24045	3404971	241558	15501
212	宁波富邦控股集团有限公司	浙江	4013602	56333	4658038	1068250	9046
213	山东恒源石油化工股份有限公司	山东	3991005	59892	1894431	651545	1908
214	法尔胜泓昇集团有限公司	江苏	3980661	38873	1955869	435548	9262
215	双良集团有限公司	江苏	3960225	20109	2801912	781458	6996
216	森马集团有限公司	浙江	3951139	36145	2950291	1072892	6929
217	西部矿业集团有限公司	青海	3921928	1384	6137960	418582	7548
218	宜昌兴发集团有限责任公司	湖北	3915361	7880	3941368	426719	12534
219	江苏华宏实业集团有限公司	江苏	3895140	35142	1131247	513436	3118
220	江苏阳光集团有限公司	江苏	3882343	198564	2164176	1065230	12657
221	维维集团股份有限公司	江苏	3868037	197671	2337134	1638578	20151
222	卧龙控股集团有限公司	浙江	3851776	152435	3398112	931611	15663
223	新疆天业（集团）有限公司	新疆维吾尔自治区	3850625	21013	4286425	882234	16647
224	远东控股集团有限公司	江苏	3829169	5400	2549664	380484	9004
225	新疆金风科技股份有限公司	新疆维吾尔自治区	3824455	220985	10305708	3067512	8961
226	舜宇集团有限公司	浙江	3784870	399130	3069307	1255289	20180
227	浙江龙盛控股有限公司	浙江	3767260	511926	5472308	2589965	8032
228	富海集团有限公司	山东	3758793	99547	2139883	1001376	5033
229	盛屯矿业集团股份有限公司	福建	3731426	31950	1899544	902496	3590
230	山东清源集团有限公司	山东	3722540	69628	3281974	1176000	3917
231	宏旺投资集团有限公司	广东	3721063	42222	917965	327040	2242

名次	企业名称	地区	营业收入/万元	净利润/万元	资产/万元	所有者权益/万元	从业人数/人
232	远景能源有限公司	江苏	3693470	147439	7089495	1018620	2002
233	澳洋集团有限公司	江苏	3691685	33875	1937450	448120	10089
234	重庆轻纺控股（集团）公司	重庆	3683239	51885	3053732	663705	25436
235	山东齐成石油化工有限公司	山东	3680344	24151	788942	465508	920
236	万基控股集团有限公司	河南	3649897	16553	2615961	190346	12139
237	石药控股集团有限公司	河北	3645631	502785	4906022	2436123	25865
238	广西盛隆冶金有限公司	广西壮族自治区	3603360	122093	3864176	1514155	10917
239	东方润安集团有限公司	江苏	3571465	64480	1158389	481062	4950
240	江苏大明金属制品有限公司	江苏	3549406	22184	1033962	184142	5720
241	歌尔股份有限公司	山东	3514780	86772	3466030	1610716	59611
242	东营齐润化工有限公司	山东	3485044	102114	1877492	944400	1258
243	山东寿光鲁清石化有限公司	山东	3482724	53382	2111198	846507	2160
244	金东纸业（江苏）股份有限公司	江苏	3473697	203271	6602111	2007991	4404
245	创维集团有限公司	广东	3425405	58379	4733530	1058521	35000
246	新凤鸣集团股份有限公司	浙江	3414820	135469	2290053	1166024	10887
247	中国东方电气集团有限公司	四川	3405005	107618	9188284	1609902	20160
248	山东鲁花集团有限公司	山东	3390326	431789	2312628	1035148	26000
249	鲁丽集团有限公司	山东	3383276	108074	1471710	833270	6366
250	利时集团股份有限公司	浙江	3365802	84271	1527538	817104	6824
251	大连西太平洋石油化工有限公司	辽宁	3313145	24303	824120	-152401	1051
252	重庆市博赛矿业（集团）有限公司	重庆	3284639	68234	1335509	728388	8242
253	德龙钢铁有限公司	河北	3234246	190870	2063337	862073	7737
254	巨化集团有限公司	浙江	3216365	47517	3295330	718342	11421
255	得力集团有限公司	浙江	3211106	158208	2114714	725091	14365
256	河北鑫海控股集团有限公司	河北	3192475	40244	926911	343126	1800
257	滨化集团	山东	3185043	53834	2059648	976780	5299
258	华新水泥股份有限公司	湖北	3143921	634230	3664538	2130904	16120
259	北京顺鑫控股集团有限公司	北京	3139536	526	3579000	254344	9200
260	万丰奥特控股集团有限公司	浙江	3137670	237059	3281581	1361522	12915
261	河北安丰钢铁有限公司	河北	3137288	259918	1654577	1051466	9735
262	福星集团控股有限公司	湖北	3075833	9573	5282187	347529	7112
263	河北天柱钢铁集团有限公司	河北	3060076	132551	1219042	541330	5404
264	心里程控股集团有限公司	广东	3054911	170118	2414715	1534458	2829

续表

名次	企业名称	地区	营业收入/万元	净利润/万元	资产/万元	所有者权益/万元	从业人数/人
265	花园集团有限公司	浙江	3044771	61980	2473419	1053870	14326
266	金龙精密铜管集团股份有限公司	重庆	3032301	5780	1378901	65163	7351
267	华芳集团有限公司	江苏	3018887	26349	860215	491542	10778
268	河北诚信集团有限公司	河北	3015255	299786	1658594	1187031	10238
269	淄博齐翔腾达化工股份有限公司	山东	3005769	62050	1413082	756036	2306
270	波司登股份有限公司	江苏	2989473	353239	3678253	2089932	24006
271	云南白药集团股份有限公司	云南	2966467	418373	4965805	3793810	8124
272	浙江元立金属制品集团有限公司	浙江	2903569	104470	2161828	552871	13000
273	香驰控股有限公司	山东	2901671	73529	1503695	732019	3000
274	山东中海化工集团有限公司	山东	2876496	105997	1146386	636191	2655
275	天士力控股集团有限公司	天津	2836698	3422	6771520	2292717	21739
276	河北东海特钢集团有限公司	河北	2824225	100594	1289552	679061	12367
277	万通海欣控股集团股份有限公司	山东	2816687	105377	3559468	1524597	3500
278	河南中原黄金冶炼厂有限责任公司	河南	2812191	47414	1696473	731593	1452
279	江苏沃得机电集团有限公司	江苏	2807556	249728	5361827	1035807	13866
280	三花控股集团有限公司	浙江	2804796	111100	2270570	935013	22393
281	青岛啤酒股份有限公司	山东	2798376	184945	3731238	1917158	38169
282	山西建邦集团有限公司	山西	2771491	129950	1394796	862463	3050
283	四川九洲电器集团有限责任公司	四川	2765766	31927	2392802	631000	12172
284	中策橡胶集团有限公司	浙江	2758809	110970	2494415	992951	23624
285	华立集团股份有限公司	浙江	2747211	22670	1979329	227809	10500
286	河南金利金铅集团有限公司	河南	2684524	35464	733199	167303	2614
287	振石控股集团有限公司	浙江	2673261	129703	2719295	911695	6868
288	天津华北集团有限公司	天津	2665719	19081	1130361	647388	772
289	鹏鼎控股（深圳）股份有限公司	广东	2661462	292461	2885618	1982925	35050
290	山东东方华龙工贸集团有限公司	山东	2627031	9042	1157215	478295	1500
291	山东永鑫能源集团有限公司	山东	2624646	7931	1585361	-16171	2167
292	浙江大华技术股份有限公司	浙江	2614943	318814	2956465	1285958	13658
293	郑州煤矿机械集团股份有限公司	河南	2572141	104025	2971259	1223973	17230
294	江西济民可信集团有限公司	江西	2570348	194430	1681976	697653	9451
295	道恩集团有限公司	山东	2564876	7425	1112250	110240	3010
296	浙江东南网架集团有限公司	浙江	2564277	30617	2619861	945251	12068
297	哈尔滨电气集团有限公司	黑龙江	2563471	15568	6071442	1399027	16767
298	天津食品集团有限公司	天津	2551318	55927	3686988	1164304	9469

续表

名次	企业名称	地区	营业收入/万元	净利润/万元	资产/万元	所有者权益/万元	从业人数/人
299	欣旺达电子股份有限公司	广东	2524066	75012	2358911	599368	8677
300	天洁集团有限公司	浙江	2507853	119544	1216522	547722	1450
301	浙江富春江通信集团有限公司	浙江	2505819	32288	1932475	417067	4634
302	江西博能实业集团有限公司	江西	2498659	23467	1630975	512595	3000
303	广东德赛集团有限公司	广东	2480471	23237	1715690	500150	16500
304	华鲁控股集团有限公司	山东	2471048	103757	3661851	856862	17548
305	兴惠化纤集团有限公司	浙江	2447283	17052	703220	440302	2512
306	江苏三木集团有限公司	江苏	2442192	72468	1329143	687697	6257
307	闻泰通讯股份有限公司	浙江	2440655	47669	1384844	152163	4122
308	农夫山泉股份有限公司	浙江	2439408	496794	1774540	988280	18291
309	纳爱斯集团有限公司	浙江	2426594	147397	2162695	1760398	12017
310	宜华企业（集团）有限公司	广东	2409379	96425	5521439	1959114	50042
311	济源市万洋冶炼（集团）有限公司	河南	2394535	42383	414265	170547	3160
312	兴达投资集团有限公司	江苏	2389554	54704	748527	543410	960
313	江苏中超投资集团有限公司	江苏	2368860	4858	1192245	211985	5423
314	江苏江润铜业有限公司	江苏	2361259	10463	361153	166635	256
315	浙江协和集团有限公司	浙江	2359267	25743	713742	157900	1247
316	山东垦利石化集团有限公司	山东	2353969	92170	1661361	836272	2701
317	江苏长电科技股份有限公司	江苏	2352628	8866	3358189	1262743	23017
318	重庆钢铁股份有限公司	重庆	2347760	92572	2697573	1939600	7377
319	天合光能股份有限公司	江苏	2332169	64059	3649123	1195629	12743
320	江苏恒瑞医药股份有限公司	江苏	2328857	532802	2755647	2477532	24431
321	奥盛集团有限公司	上海	2325678	81125	1105239	871196	1542
322	山鹰国际控股股份公司	安徽	2324094	136218	4254454	1441078	11553
323	成都蛟龙投资有限责任公司	四川	2313707	194869	929876	757677	59375
324	宜宾天原集团股份有限公司	四川	2310321	7876	1377275	496616	4440
325	胜达集团有限公司	浙江	2301352	99877	1288017	843283	3029
326	三宝集团股份有限公司	福建	2300347	80687	1089154	563450	3876
327	山西晋城钢铁控股集团有限公司	山西	2289893	121037	1783756	1216508	10700
328	河北鑫达钢铁集团有限公司	河北	2286640	17291	1745589	765561	8182
329	深圳市中金岭南有色金属股份有限公司	广东	2280052	85211	2032060	1093472	9611
330	宁波申洲针织有限公司	浙江	2266527	495854	3185486	2517245	85700

续表

名次	企业名称	地区	营业收入/万元	净利润/万元	资产/万元	所有者权益/万元	从业人数/人
331	广西柳工集团有限公司	广西壮族自治区	2253284	39316	3755623	458351	16692
332	苏州创元投资发展（集团）有限公司	江苏	2248493	34262	2869777	555234	13454
333	邯郸正大制管有限公司	河北	2205939	34419	375216	69525	4484
334	人福医药集团股份公司	湖北	2180661	84254	3501325	1015182	15711
335	浙江升华控股集团有限公司	浙江	2175894	22223	856288	408213	3103
336	河南济源钢铁（集团）有限公司	河南	2164291	113011	1646013	728644	6800
337	达利食品集团有限公司	福建	2137525	384057	1994761	1627663	37975
338	广西汽车集团有限公司	广西壮族自治区	2135309	21333	1860634	559886	16025
339	孝义市鹏飞实业有限公司	山西	2130693	168363	5861635	—	13713
340	宗申产业集团有限公司	重庆	2130616	36619	2356274	400260	15999
341	天津纺织集团（控股）有限公司	天津	2126682	8126	1593090	303416	4032
342	晶澳太阳能科技股份有限公司	河北	2115548	125195	2852761	798939	22162
343	唐山瑞丰钢铁（集团）有限公司	河北	2114215	182818	1528519	1214237	6675
344	重庆万达薄板有限公司	重庆	2106052	16616	1074858	272987	2850
345	唐山三友集团有限公司	河北	2067135	25641	2596750	514774	18572
346	凌源钢铁集团有限责任公司	辽宁	2058147	34373	2334046	258014	10138
347	宁波博洋控股集团有限公司	浙江	2050783	33839	585672	122627	6549
348	天津市医药集团有限公司	天津	2046596	53933	3168948	672256	12713
349	福建省汽车工业集团有限公司	福建	2033451	1797	3364669	281133	16957
350	山西安泰控股集团有限公司	山西	2025787	48765	1697968	288823	6204
351	牧原食品股份有限公司	河南	2022133	611436	5288658	2310773	50319
352	上海仪电（集团）有限公司	上海	2008670	7440	7109777	1269259	14039
353	上海胜华电缆（集团）有限公司	上海	2006281	-12078	769240	160042	4311
354	大亚科技集团有限公司	江苏	1994838	63205	1472638	230225	10565
355	天津恒兴集团有限公司	天津	1988900	75381	794002	640385	900
356	攀枝花钢城集团有限公司	四川	1986373	957	836971	-205944	10985
357	桂林力源粮油食品集团有限公司	广西壮族自治区	1984531	77781	657229	250251	8400
358	万马联合控股集团有限公司	浙江	1975970	2931	1367941	131319	5241
359	山东鑫海科技股份有限公司	山东	1958424	330706	2523982	1057721	8629
360	江苏上上电缆集团有限公司	江苏	1907934	77664	834058	613389	4464
361	广西贵港钢铁集团有限公司	广西壮族自治区	1893454	30679	777529	267317	2674

续表

名次	企业名称	地区	营业收入/万元	净利润/万元	资产/万元	所有者权益/万元	从业人数/人
362	久立集团股份有限公司	浙江	1891745	30855	849550	207222	3944
363	浙江华友钴业股份有限公司	浙江	1885283	11953	2326698	774775	6936
364	三环集团有限公司	湖北	1880555	6821	2363662	780601	17377
365	正和集团股份有限公司	山东	1864034	19189	614190	264125	1360
366	福建福海创石油化工有限公司	福建	1858276	318933	3952614	1689184	474
367	中国西电集团有限公司	陕西	1851722	36738	4081992	1386807	16978
368	中国庆华能源集团有限公司	北京	1848642	−68514	6734759	617477	9600
369	辛集市澳森钢铁有限公司	河北	1842836	98233	805603	739487	6550
370	玲珑集团有限公司	山东	1835184	101006	3278124	690878	18400
371	明阳新能源投资控股集团有限公司	广东	1819042	93824	5404216	1600849	5475
372	人本集团有限公司	浙江	1818778	55300	1189271	323685	21076
373	北京东方雨虹防水技术股份有限公司	北京	1815434	206594	2241566	974000	8036
374	致达控股集团有限公司	上海	1813795	23894	2247297	436749	4121
375	河南神火集团有限公司	河南	1808186	−36960	5993298	1376	29256
376	秦皇岛宏兴钢铁有限公司	河北	1789746	180713	935780	790594	5062
377	厦门金龙汽车集团股份有限公司	福建	1789059	18137	2596560	443431	13526
378	瑞声科技控股有限公司	广东	1788375	222237	3420729	1935119	39385
379	青海盐湖工业股份有限公司	青海	1784917	−4585997	2253150	−3051999	15856
380	诸城外贸有限责任公司	山东	1761615	71719	2019079	959437	7078
381	山东寿光巨能控股集团有限公司	山东	1759493	42246	1185367	695318	7967
382	广州立白企业集团有限公司	广东	1758504	64759	1863800	1057497	3462
383	厦门钨业股份有限公司	福建	1739551	26068	2347117	737436	13842
384	山东联盟化工集团有限公司	山东	1727974	60956	1000770	562292	6623
385	山东荣信集团有限公司	山东	1712770	64335	511822	342842	2378
386	宁波华翔电子股份有限公司	浙江	1709343	98111	1713061	914895	14993
387	广州视源电子科技股份有限公司	广东	1705270	161090	997338	492868	4814
388	安徽楚江科技新材料股份有限公司	安徽	1704797	46101	846146	547684	6035
389	吉林亚泰（集团）股份有限公司	吉林	1701033	5346	5943362	1441729	19597
390	金猴集团有限公司	山东	1683656	38585	540978	331469	3045
391	山东龙大肉食品股份有限公司	山东	1682236	24087	631814	232222	5210
392	唐山东海钢铁集团有限公司	河北	1677302	144388	1028681	758577	5856
393	广博控股集团有限公司	浙江	1670250	20076	1698109	381440	3600
394	浙江天圣控股集团有限公司	浙江	1651738	100255	1176788	303750	2824
395	潍坊特钢集团有限公司	山东	1650624	59318	980062	348645	6780

续表

名次	企业名称	地区	营业收入/万元	净利润/万元	资产/万元	所有者权益/万元	从业人数/人
396	山东潍焦控股集团有限公司	山东	1621877	18555	1060469	215354	3647
397	顾家集团有限公司	浙江	1599518	372	2142471	542584	13800
398	精工控股集团有限公司	浙江	1593311	17377	2317664	274055	10618
399	唐山东华钢铁企业集团有限公司	河北	1585437	38131	784144	386528	6117
400	浙江甬金金属科技股份有限公司	浙江	1582776	33281	518989	289748	1422
401	万邦德医药控股集团股份有限公司	浙江	1579490	15703	380054	163832	2100
402	广西南丹南方金属有限公司	广西壮族自治区	1568581	34477	1042042	428829	3860
403	深圳市大疆百旺科技有限公司	广东	1567974	78201	776647	250955	8457
404	唐人神集团股份有限公司	湖南	1535505	20236	728090	332565	9754
405	福建百宏聚纤科技实业有限公司	福建	1515545	104785	1972079	860479	8956
406	江苏西城三联控股集团有限公司	江苏	1515372	−36376	473366	−191743	2698
407	赛轮集团股份有限公司	山东	1512784	119518	1787733	706786	11334
408	泰豪集团有限公司	江西	1496147	76109	2235543	724809	6957
409	隆基乐叶光伏科技有限公司	陕西	1490013	20966	1998178	858014	16987
410	鹏欣环球资源股份有限公司	上海	1478731	31082	1006424	642026	1526
411	广东东阳光科技控股股份有限公司	广东	1476721	111248	2640706	592513	13222
412	杭州汽轮动力集团有限公司	浙江	1469583	14664	1876916	620329	4982
413	江南集团有限公司	江苏	1452422	36893	1557948	629391	3269
414	南京华新有色金属有限公司	江苏	1447500	6973	120885	101674	175
415	东方日升新能源股份有限公司	浙江	1440425	97365	2560949	824842	7195
416	格林美股份有限公司	广东	1435401	73527	2684103	1048452	5080
417	湖南黄金集团有限责任公司	湖南	1423916	−1784	1037165	164568	6725
418	河南明泰铝业股份有限公司	河南	1414762	91700	1176800	704237	5000
419	安徽淮海实业发展集团有限公司	安徽	1406772	37087	964998	224990	6055
420	利欧集团股份有限公司	浙江	1403262	30953	1332256	813263	5420
421	泰开集团有限公司	山东	1388082	34448	1507718	241410	12526
422	黑龙江飞鹤乳业有限公司	黑龙江	1374998	446193	1530893	804215	—
423	卫华集团有限公司	河南	1374139	38491	717052	351951	5770
424	无锡华东重型机械股份有限公司	江苏	1368718	35697	734579	494249	1066
425	深圳市宝德投资控股有限公司	广东	1363317	14360	1439689	314372	1489
426	上海韦尔半导体股份有限公司	上海	1363167	46563	1747622	792639	2865
427	上海源耀农业股份有限公司	上海	1358641	4658	116508	44466	769
428	安徽天大企业（集团）有限公司	安徽	1354048	30607	981164	243696	1555

续表

名次	企业名称	地区	营业收入/万元	净利润/万元	资产/万元	所有者权益/万元	从业人数/人
429	欧派家居集团股份有限公司	广东	1353336	183944	1481387	955891	21660
430	天津钢铁集团有限公司	天津	1345382	-93746	7806328	2249929	5753
431	天津市宝来工贸有限公司	天津	1340612	31430	209950	161420	1927
432	安徽中鼎控股（集团）股份有限公司	安徽	1339672	25432	2170907	554955	22474
433	深圳市兆驰股份有限公司	广东	1330220	113472	2198574	975195	11376
434	安徽丰原集团有限公司	安徽	1326778	41333	1537015	465147	12000
435	上海华虹（集团）有限公司	上海	1318352	-40356	6869725	1108055	9066
436	广西农垦集团有限责任公司	广西壮族自治区	1317440	27621	5629272	2528432	51575
437	东北特殊钢集团股份有限公司	辽宁	1315057	13082	2606081	801061	15077
438	阳光电源股份有限公司	安徽	1300333	89255	2281912	859419	3891
439	北京时尚控股有限责任公司	北京	1294922	15546	1806430	606767	8799
440	山东时风（集团）有限责任公司	山东	1285614	9603	811626	599506	11653
441	祥兴（福建）箱包集团有限公司	福建	1282556	72349	361996	316230	10897
442	河北荣信钢铁有限公司	河北	1261968	27936	769427	326801	3855
443	石家庄君乐宝乳业有限公司	河北	1260585	36456	1133232	62114	11500
444	太原重型机械集团有限公司	山西	1255436	-57156	4836563	190020	13464
445	青岛澳柯玛控股集团有限公司	山东	1254290	17510	826190	280315	7761
446	中海外能源科技（山东）有限公司	山东	1252225	-44378	612641	176752	900
447	迪尚集团有限公司	山东	1249517	49787	1044585	382322	20471
448	中哲控股集团有限公司	浙江	1245974	4928	349586	67663	5824
449	瑞星集团股份有限公司	山东	1242407	7764	1790088	447964	3206
450	景德镇黑猫集团有限责任公司	江西	1238618	-1786	1876038	272148	9439
451	江苏文凤化纤集团有限公司	江苏	1236849	28105	278148	40282	1185
452	鲁南制药集团股份有限公司	山东	1235162	99002	1678621	769618	16329
453	惠科股份有限公司	广东	1226696	57481	3837173	382433	7680
454	山西杏花村汾酒集团有限责任公司	山西	1217632	89496	1841126	677744	15815
455	连云港兴鑫钢铁有限公司	江苏	1217259	70501	654453	407867	3108
456	浙江富陵控股集团有限公司	浙江	1216903	40705	882954	415738	1002
457	哈药集团有限公司	黑龙江	1215548	4182	1620097	301227	15149
458	雅迪科技集团有限公司	江苏	1200238	60621	1048658	284820	4341
459	铜陵精达特种电磁线股份有限公司	安徽	1199743	43769	624677	355232	3265
460	健康元药业集团股份有限公司	广东	1198015	89435	2543761	1035596	12699
461	开氏集团有限公司	浙江	1196269	11797	803739	399602	3000

续表

名次	企业名称	地区	营业收入/万元	净利润/万元	资产/万元	所有者权益/万元	从业人数/人
462	青岛海湾集团有限公司	山东	1177500	79770	1923454	500684	3771
463	安徽环新集团股份有限公司	安徽	1157230	39175	1249219	228370	6091
464	林州凤宝管业有限公司	河南	1153608	23694	1026140	362982	3921
465	大连冰山集团有限公司	辽宁	1151874	6939	1460903	116509	11136
466	新和成控股集团有限公司	浙江	1149535	115891	4031260	1133912	15163
467	龙蟒佰利联集团股份有限公司	河南	1141989	259398	2594278	1387094	9085
468	江阴模塑集团有限公司	江苏	1140819	13310	988987	280010	8455
469	天津国威有限公司	天津	1138845	-1390	159198	96213	39
470	安徽古井集团有限责任公司	安徽	1138411	153801	1998356	579560	11908
471	黑龙江鑫达企业集团有限公司	黑龙江	1134401	57705	1647662	603867	899
472	广东兴发铝业有限公司	广东	1132058	65437	771061	309292	8354
473	山东淄博傅山企业集团有限公司	山东	1131680	16853	629176	295097	6216
474	浙江中财管道科技股份有限公司	浙江	1127350	77546	628676	410355	8832
475	福建三安集团有限公司	福建	1125357	-39064	5655376	932968	—
476	即发集团有限公司	山东	1122927	28791	650333	389602	19982
477	宁波中华纸业有限公司	浙江	1118603	47159	2272104	382131	2576
478	上海晨光文具股份有限公司	上海	1114110	106008	756511	420150	5652
479	浙江永利实业集团有限公司	浙江	1113277	75439	2328871	1451410	3185
480	广西洋浦南华糖业集团股份有限公司	广西壮族自治区	1110253	9551	1941213	594333	12602
481	浙江海正药业股份有限公司	浙江	1107178	9307	2146556	627422	8072
482	浙江新安化工集团股份有限公司	浙江	1095725	37821	1089409	569609	5988
483	宁波方太厨具有限公司	浙江	1094448	138658	1199282	702290	6372
484	普联技术有限公司	广东	1088675	227969	1775921	1593099	10785
485	春风实业集团有限责任公司	河北	1074153	8147	407621	192963	6753
486	瑞声光电科技（常州）有限公司	江苏	1074120	66206	1602748	794580	19168
487	云南云内动力集团有限公司	云南	1071866	9157	2078829	234852	2609
488	安徽天康（集团）股份有限公司	安徽	1063330	38645	514594	349414	4310
489	重庆智飞生物制品股份有限公司	重庆	1058732	236644	1094242	141283	—
490	江阴江东集团公司	江苏	1052326	60144	494609	367781	6630
491	爱玛科技集团股份有限公司	天津	1042383	52153	783281	203383	4641
492	江苏济川控股集团有限公司	江苏	1040755	176755	1019968	504262	9661
493	杭州金鱼电器集团有限公司	浙江	1038934	7080	623985	46098	5437
494	金沙河集团有限公司	河北	1038566	34323	267106	153928	4300

续表

续表

名次	企业名称	地区	营业收入/万元	净利润/万元	资产/万元	所有者权益/万元	从业人数/人
495	天津市新宇彩板有限公司	天津	1025721	16276	392324	85318	1822
496	上海龙旗科技股份有限公司	上海	1014858	5536	614806	99866	7122
497	玫德集团有限公司	山东	1012311	113933	1263075	884908	11308
498	安徽省贵航特钢有限公司	安徽	1010188	96025	315937	114709	3020
499	博威集团有限公司	浙江	1008904	15596	1052002	160391	5849
500	深圳市三诺投资控股有限公司	广东	1007158	30267	974807	353835	8500
	合计		3742897545	97511645	3919355826	987054172	13087309

说 明

1. 2020 中国制造业企业 500 强是中国企业联合会、中国企业家协会参照国际惯例，组织企业自愿申报，并经专家审定确认后产生的。申报企业包括在中国境内注册、2019 年实现营业收入达到 50 亿元的企业（不包括在华外资、港澳台独资、控股企业，也不包括行政性公司、政企合一的单位，以及各类资产经营公司、烟草公司，但包括在境外注册、投资主体为中国自然人或法人、主要业务在境内的企业），都有资格申报参加排序。属于集团公司的控股子公司或相对控股子公司，由于其财务报表最后能被合并到集团母公司的财务会计报表中去，因此只允许其母公司申报。

2. 表中所列数据由企业自愿申报或属于上市公司公开数据，并经会计师事务所或审计师事务所等单位认可。

3. 营业收入是 2019 年不含增值税的收入，包括企业的所有收入，即主营业务和非主营业务、境内和境外的收入。净利润是 2019 年上交所得税的净利润扣除少数股东权益后的归属母公司所有者的净利润。资产是 2019 年度末的资产总额。所有者权益是 2019 年年末所有者权益总额扣除少数股东权益后的归属于母公司所有者权益。研究开发费用是 2019 年企业投入研究开发的所有费用。从业人数是 2019 年度的平均人数（含所有被合并报表企业的人数）。

4. 行业分类参照了国家统计局的分类方法，依据其主营业务收入所在行业来划分；地区分类是按企业总部所在地划分。

表 9-2 2020 中国制造业企业 500 强各行业企业分布

排名	企业名称	营业收入/万元	排名	企业名称	营业收入/万元
农副产品			2	维维集团股份有限公司	3868037
1	新希望集团有限公司	16188706	3	农夫山泉股份有限公司	2439408
2	正邦集团有限公司	8804695	4	黑龙江飞鹤乳业有限公司	1374998
3	通威集团有限公司	8122176	5	石家庄君乐宝乳业有限公司	1260585
4	双胞胎（集团）股份有限公司	6666497		合计	17943941
5	广东海大集团股份有限公司	4761258			
6	三河汇福粮油集团有限公司	4353945	酒类		
7	山东渤海实业股份有限公司	4261012	1	四川省宜宾五粮液集团有限公司	10802584
8	山东鲁花集团有限公司	3390326	2	贵州茅台酒股份有限公司	8885434
9	牧原食品股份有限公司	2022133	3	稻花香集团	5387861
10	桂林力源粮油食品集团有限公司	1984531	4	泸州老窖集团有限责任公司	5070958
11	上海源耀农业股份有限公司	1358641	5	青岛啤酒股份有限公司	2798376
12	广西农垦集团有限责任公司	1317440	6	山西杏花村汾酒集团有限责任公司	1217632
13	金沙河集团有限公司	1038566	7	安徽古井集团有限责任公司	1138411
	合计	64269926		合计	35301256
食品			轻工百货生产		
1	万洲国际有限公司	16600941	1	宜华企业（集团）有限公司	2409379
2	光明食品（集团）有限公司	15551918	2	大亚科技集团有限公司	1994838
3	北京首农食品集团有限公司	14220307	3	广博控股集团有限公司	1670250
4	温氏食品集团股份有限公司	7312041	4	顾家集团有限公司	1599518
5	北京顺鑫控股集团有限公司	3139536	5	欧派家居集团股份有限公司	1353336
6	香驰控股有限公司	2901671	6	祥兴（福建）箱包集团有限公司	1282556
7	天津食品集团有限公司	2551318	7	上海晨光文具股份有限公司	1114110
8	达利食品集团有限公司	2137525		合计	11423987
9	诸城外贸有限责任公司	1761615			
10	山东龙大肉食品股份有限公司	1682236	纺织印染		
11	唐人神集团股份有限公司	1535505	1	山东魏桥创业集团有限公司	27928123
12	安徽丰原集团有限公司	1326778	2	山东如意时尚投资控股有限公司	6318159
13	广西洋浦南华糖业集团股份有限公司	1110253	3	江苏阳光集团有限公司	3882343
	合计	71831644	4	澳洋集团有限公司	3691685
			5	华芳集团有限公司	3018887
饮料			6	兴惠化纤集团有限公司	2447283
1	内蒙古伊利实业集团股份有限公司	9000913	7	天津纺织集团（控股）有限公司	2126682

续表

排名	企业名称	营业收入/万元	排名	企业名称	营业收入/万元
8	浙江天圣控股集团有限公司	1651738		合计	132576553
9	北京时尚控股有限责任公司	1294922			
	合计	52359822		造纸及包装	
			1	晨鸣控股有限公司	8627570
	服装及其他纺织品		2	华泰集团有限公司	7498149
1	海澜集团有限公司	12322537	3	山东太阳控股集团有限公司	5242491
2	雅戈尔集团股份有限公司	11161447	4	玖龙环球（中国）投资集团有限公司	4769779
3	红豆集团有限公司	7205495	5	金东纸业（江苏）股份有限公司	3473697
4	杉杉控股有限公司	5055360	6	山鹰国际控股股份公司	2324094
5	森马集团有限公司	3951139	7	胜达集团有限公司	2301352
6	波司登股份有限公司	2989473	8	宁波中华纸业有限公司	1118603
7	宁波申洲针织有限公司	2266527		合计	35355735
8	宁波博洋控股集团有限公司	2050783			
9	金猴集团有限公司	1683656		石化及炼焦	
10	迪尚集团有限公司	1249517	1	中国石油化工集团有限公司	281179985
11	中哲控股集团有限公司	1245974	2	山东东明石化集团有限公司	11266029
12	即发集团有限公司	1122927	3	利华益集团股份有限公司	9101527
13	浙江永利实业集团有限公司	1113277	4	盘锦北方沥青燃料有限公司	6934402
	合计	53418112	5	山东海科控股有限公司	6600025
			6	山东京博控股集团有限公司	6080974
	家用电器制造		7	旭阳控股有限公司	6051902
1	海尔集团公司	29001580	8	辽宁嘉晨控股集团有限公司	5862135
2	美的集团股份有限公司	27938050	9	金澳科技（湖北）化工有限公司	4691566
3	珠海格力电器股份有限公司	20050833	10	山东金诚石化集团有限公司	4513001
4	四川长虹电子控股集团有限公司	13663500	11	山东汇丰石化集团有限公司	4244302
5	TCL集团股份有限公司	12732811	12	山东恒源石油化工股份有限公司	3991005
6	海信集团有限公司	12686273	13	富海集团有限公司	3758793
7	奥克斯集团有限公司	7353051	14	山东清源集团有限公司	3722540
8	创维集团有限公司	3425405	15	山东齐成石油化工有限公司	3680344
9	深圳市兆驰股份有限公司	1330220	16	东营齐润化工有限公司	3485044
10	青岛澳柯玛控股集团有限公司	1254290	17	山东寿光鲁清石化有限公司	3482724
11	宁波方太厨具有限公司	1094448	18	大连西太平洋石油化工有限公司	3313145
12	杭州金鱼电器集团有限公司	1038934	19	河北鑫海控股集团有限公司	3192475
13	深圳市三诺投资控股有限公司	1007158	20	万通海欣控股集团股份有限公司	2816687

续表

排名	企业名称	营业收入/万元	排名	企业名称	营业收入/万元
21	山东东方华龙工贸集团有限公司	2627031	10	宜昌兴发集团有限责任公司	3915361
22	山东永鑫能源集团有限公司	2624646	11	新疆天业（集团）有限公司	3850625
23	山东垦利石化集团有限公司	2353969	12	浙江龙盛控股有限公司	3767260
24	孝义市鹏飞实业有限公司	2130693	13	巨化集团有限公司	3216365
25	山西安泰控股集团有限公司	2025787	14	滨化集团	3185043
26	正和集团股份有限公司	1864034	15	河北诚信集团有限公司	3015255
27	中国庆华能源集团有限公司	1848642	16	淄博齐翔腾达化工股份有限公司	3005769
28	山东荣信集团有限公司	1712770	17	山东中海化工集团有限公司	2876496
29	山东潍焦控股集团有限公司	1621877	18	道恩集团有限公司	2564876
30	中海外能源科技（山东）有限公司	1252225	19	江苏三木集团有限公司	2442192
	合计	398030279	20	纳爱斯集团有限公司	2426594
			21	宜宾天原集团股份有限公司	2310321
轮胎及橡胶制品			22	浙江升华控股集团有限公司	2175894
1	杭州市实业投资集团有限公司	13343296	23	唐山三友集团有限公司	2067135
2	华勤橡胶工业集团有限公司	4464823	24	福建福海创石油化工有限公司	1858276
3	重庆轻纺控股（集团）公司	3683239	25	青海盐湖工业股份有限公司	1784917
4	中策橡胶集团有限公司	2758809	26	广州立白企业集团有限公司	1758504
5	玲珑集团有限公司	1835184	27	山东联盟化工集团有限公司	1727974
6	浙江富陵控股集团有限公司	1216903	28	广东东阳光科技控股股份有限公司	1476721
7	江阴模塑集团有限公司	1140819	29	瑞星集团股份有限公司	1242407
8	黑龙江鑫达企业集团有限公司	1134401	30	景德镇黑猫集团责任公司	1238618
9	浙江中财管道科技股份有限公司	1127350	31	青岛海湾集团有限公司	1177500
	合计	30704824	32	天津国威有限公司	1138845
			33	浙江新安化工集团股份有限公司	1095725
化学原料及化学品制造				合计	155015124
1	中国化工集团有限公司	45434692			
2	江阴澄星实业集团有限公司	10852300	**化学纤维制造**		
3	传化集团有限公司	9268111	1	恒力集团有限公司	55673993
4	云天化集团有限责任公司	6929013	2	浙江恒逸集团有限公司	21516382
5	万华化学集团股份有限公司	6805066	3	浙江荣盛控股集团有限公司	20563698
6	贵州磷化（集团）有限责任公司	6353026	4	盛虹控股集团有限公司	19253573
7	上海华谊（集团）公司	5509381	5	桐昆控股集团有限公司	7918943
8	金浦投资控股集团有限公司	4392681	6	三房巷集团有限公司	7300384
9	山东金岭集团有限公司	4152181	7	恒申控股集团有限公司	5044661

续表

排名	企业名称	营业收入/万元	排名	企业名称	营业收入/万元
8	福建永荣控股集团有限公司	5013949	1	威高集团有限公司	4959070
9	江苏华宏实业集团有限公司	3895140		合计	4959070
10	新凤鸣集团股份有限公司	3414820			
11	兴达投资集团有限公司	2389554	水泥及玻璃制造		
12	福建百宏聚纤科技实业有限公司	1515545	1	中国建材集团有限公司	39810386
13	江苏文凤化纤集团有限公司	1236849	2	安徽海螺集团有限责任公司	23430999
14	开氏集团有限公司	1196269	3	北京金隅集团股份有限公司	11822190
	合计	155933760	4	红狮控股集团有限公司	5184828
			5	天瑞集团股份有限公司	4618932
药品制造			6	沂州集团有限公司	4098971
1	上海医药集团股份有限公司	18656579	7	华新水泥股份有限公司	3143921
2	广州医药集团有限公司	13305081	8	奥盛集团有限公司	2325678
3	扬子江药业集团	9018503	9	吉林亚泰（集团）股份有限公司	1701033
4	深圳海王集团股份有限公司	6077614		合计	96136938
5	太极集团有限公司	4551692			
6	四川科伦实业集团有限公司	4141754	其他建材制造		
7	石药控股集团有限公司	3645631	1	北京东方雨虹防水技术股份有限公司	1815434
8	云南白药集团股份有限公司	2966467	2	万邦德医药控股集团股份有限公司	1579490
9	天士力控股集团有限公司	2836698	3	天津市新宇彩板有限公司	1025721
10	江西济民可信集团有限公司	2570348		合计	4420645
11	华鲁控股集团有限公司	2471048			
12	江苏恒瑞医药股份有限公司	2328857	黑色冶金		
13	人福医药集团股份公司	2180661	1	中国宝武钢铁集团有限公司	55220616
14	天津市医药集团有限公司	2046596	2	河钢集团有限公司	35471499
15	鲁南制药集团股份有限公司	1235162	3	江苏沙钢集团有限公司	25207752
16	哈药集团有限公司	1215548	4	鞍钢集团有限公司	21739994
17	健康元药业集团股份有限公司	1198015	5	首钢集团有限公司	20223504
18	新和成控股集团有限公司	1149535	6	山东钢铁集团有限公司	19174169
19	浙江海正药业股份有限公司	1107178	7	北京建龙重工集团有限公司	15201729
20	重庆智飞生物制品股份有限公司	1058732	8	南京钢铁集团有限公司	13731673
21	江苏济川控股集团有限公司	1040755	9	湖南华菱钢铁集团有限责任公司	13309331
	合计	84802454	10	冀南钢铁集团有限公司	13014264
			11	中天钢铁集团有限公司	13001465
医疗设备制造			12	敬业集团有限公司	12740208

续表

排名	企业名称	营业收入/万元	排名	企业名称	营业收入/万元
13	河北津西钢铁集团股份有限公司	11777360	47	山西晋城钢铁控股集团有限公司	2289893
14	杭州钢铁集团有限公司	10670187	48	河北鑫达钢铁集团有限公司	2286640
15	酒泉钢铁（集团）有限责任公司	10358036	49	河南济源钢铁（集团）有限公司	2164291
16	广西柳州钢铁集团有限公司	10136167	50	唐山瑞丰钢铁（集团）有限公司	2114215
17	辽宁方大集团实业有限公司	10026764	51	凌源钢铁集团有限责任公司	2058147
18	日照钢铁控股集团有限公司	9840773	52	广西贵港钢铁集团有限公司	1893454
19	河北新华联合冶金控股集团有限公司	9760506	53	辛集市澳森钢铁有限公司	1842836
20	包头钢铁（集团）有限责任公司	8772675	54	秦皇岛宏兴钢铁有限公司	1789746
21	太原钢铁（集团）有限公司	7971453	55	唐山东海钢铁集团有限公司	1677302
22	天津荣程祥泰投资控股集团有限公司	7933072	56	潍坊特钢集团有限公司	1650624
23	河北普阳钢铁有限公司	7862351	57	唐山东华钢铁企业集团有限公司	1585437
24	金鼎钢铁集团有限公司	7390266	58	天津钢铁集团有限公司	1345382
25	永锋集团有限公司	6918852	59	东北特殊钢集团股份有限公司	1315057
26	新余钢铁集团有限公司	6513139	60	河北荣信钢铁有限公司	1261968
27	昆明钢铁控股有限公司	6390323	61	连云港兴鑫钢铁有限公司	1217259
28	武安市裕华钢铁有限公司	6262548	62	安徽省贵航特钢有限公司	1010188
29	本钢集团有限公司	6128637		合计	501349299
30	河北新武安钢铁集团文安钢铁有限公司	6086560			
31	四川省川威集团有限公司	6052034		一般有色	
32	福建大东海实业集团有限公司	5733625	1	正威国际集团有限公司	61389924
33	福建省三钢（集团）有限责任公司	5672576	2	中国铝业集团有限公司	35681711
34	唐山港陆钢铁有限公司	5138907	3	江西铜业集团有限公司	25547222
35	河北新金钢铁有限公司	4992596	4	金川集团股份有限公司	23367452
36	安阳钢铁集团有限责任公司	4706800	5	铜陵有色金属集团控股有限公司	19218894
37	四川德胜集团钒钛有限公司	4571390	6	海亮集团有限公司	18797284
38	山东泰山钢铁集团有限公司	4320816	7	陕西有色金属控股集团有限责任公司	13713247
39	石横特钢集团有限公司	4245040	8	中国有色矿业集团有限公司	13151977
40	德龙钢铁有限公司	3234246	9	南山集团有限公司	11117000
41	河北安丰钢铁有限公司	3137288	10	宁波金田投资控股有限公司	9255700
42	河北天柱钢铁集团有限公司	3060076	11	云南锡业集团（控股）有限责任公司	7607220
43	河北东海特钢集团有限公司	2824225	12	洛阳栾川钼业集团股份有限公司	6867656
44	振石控股集团有限公司	2673261	13	白银有色集团股份有限公司	6170028
45	重庆钢铁股份有限公司	2347760	14	宁夏天元锰业集团有限公司	5911277
46	三宝集团股份有限公司	2300347	15	浙江富冶集团有限公司	5096054

续表

排名	企业名称	营业收入/万元	排名	企业名称	营业收入/万元
16	新凤祥控股集团有限责任公司	4814084	1	青山控股集团有限公司	26260199
17	河南豫光金铅集团有限责任公司	4466548	2	中国国际海运集装箱（集团）股份有限公司	8581534
18	山东创新金属科技有限公司	4280725	3	江苏新长江实业集团有限公司	6652468
19	西部矿业集团有限公司	3921928	4	湖南博长控股集团有限公司	5103093
20	盛屯矿业集团股份有限公司	3731426	5	天津友发钢管集团股份有限公司	4474922
21	万基控股集团有限公司	3649897	6	山东九羊集团有限公司	4305631
22	河南金利金铅集团有限公司	2684524	7	法尔胜泓昇集团有限公司	3980661
23	天津华北集团有限公司	2665719	8	宏旺投资集团有限公司	3721063
24	济源市万洋冶炼（集团）有限公司	2394535	9	广西盛隆冶金有限公司	3603360
25	深圳市中金岭南有色金属股份有限公司	2280052	10	东方润安集团有限公司	3571465
26	山东鑫海科技股份有限公司	1958424	11	江苏大明金属制品有限公司	3549406
27	浙江华友钴业股份有限公司	1885283	12	福星集团控股有限公司	3075833
28	河南神火集团有限公司	1808186	13	金龙精密铜管集团股份有限公司	3032301
29	厦门钨业股份有限公司	1739551	14	浙江元立金属制品集团有限公司	2903569
30	安徽楚江科技新材料股份有限公司	1704797	15	山西建邦集团有限公司	2771491
31	广西南丹南方金属有限公司	1568581	16	浙江东南网架集团有限公司	2564277
32	鹏欣环球资源股份有限公司	1478731	17	江苏江润铜业有限公司	2361259
33	南京华新有色金属有限公司	1447500	18	浙江协和集团有限公司	2359267
34	龙蟒佰利联集团股份有限公司	1141989	19	邯郸正大制管有限公司	2205939
35	广东兴发铝业有限公司	1132058	20	重庆万达薄板有限公司	2106052
36	博威集团有限公司	1008904	21	天津恒兴集团有限公司	1988900
	合计	314656088	22	久立集团股份有限公司	1891745
			23	山东寿光巨能控股集团有限公司	1759493
贵金属			24	精工控股集团有限公司	1593311
1	紫金矿业集团股份有限公司	13609798	25	浙江甬金金属科技股份有限公司	1582776
2	中国黄金集团有限公司	10965138	26	江苏西城三联控股集团有限公司	1515372
3	山东黄金集团有限公司	7681256	27	河南明泰铝业股份有限公司	1414762
4	山东招金集团有限公司	6570833	28	天津市宝来工贸有限公司	1340612
5	老凤祥股份有限公司	4962866	29	林州凤宝管业有限公司	1153608
6	河南中原黄金冶炼厂有限责任公司	2812191	30	山东淄博傅山企业集团有限公司	1131680
7	湖南黄金集团有限责任公司	1423916	31	福建三安集团有限公司	1125357
	合计	48025998	32	春风实业集团有限责任公司	1074153
			33	江阴江东集团公司	1052326
金属制品加工			34	玫德集团有限公司	1012311

续表

排名	企业名称	营业收入/万元	排名	企业名称	营业收入/万元
	合计	116820196		合计	9380426
锅炉及动力装备制造			**电力、电气设备制造**		
1	潍柴控股集团有限公司	26459705	1	中国电子科技集团公司	22762256
2	上海电气(集团)总公司	14172695	2	中国电子信息产业集团有限公司	22415918
3	广西玉柴机器集团有限公司	4098772	3	天能控股集团有限公司	14013209
4	卧龙控股集团有限公司	3851776	4	超威电源集团有限公司	12490654
5	中国东方电气集团有限公司	3405005	5	正泰集团股份有限公司	8054552
6	哈尔滨电气集团有限公司	2563471	6	德力西集团有限公司	5985488
7	杭州汽轮动力集团有限公司	1469583	7	新疆特变电工集团有限公司	5211512
	合计	56021007	8	广州智能装备产业集团有限公司	5110062
			9	中科电力装备集团有限公司	4615060
物料搬运设备制造			10	人民电器集团有限公司	4538646
1	卫华集团有限公司	1374139	11	富通集团有限公司	4508115
2	无锡华东重型机械股份有限公司	1368718	12	宁波富邦控股集团有限公司	4013602
	合计	2742857	13	双良集团有限公司	3960225
			14	远东控股集团有限公司	3829169
工程机械及零部件			15	远景能源有限公司	3693470
1	徐州工程机械集团有限公司	8781398	16	歌尔股份有限公司	3514780
2	三一集团有限公司	8757632	17	三花控股集团有限公司	2804796
3	中联重科股份有限公司	4330739	18	欣旺达电子股份有限公司	2524066
4	江苏沃得机电集团有限公司	2807556	19	浙江富春江通信集团有限公司	2505819
5	郑州煤矿机械集团股份有限公司	2572141	20	广东德赛集团有限公司	2480471
6	广西柳工集团有限公司	2253284	21	晶澳太阳能科技股份有限公司	2115548
7	山东时风(集团)有限责任公司	1285614	22	上海仪电(集团)有限公司	2008670
8	太原重型机械集团有限公司	1255436	23	中国西电集团有限公司	1851722
	合计	32043800	24	广州视源电子科技股份有限公司	1705270
			25	泰豪集团有限公司	1496147
工程机械及设备制造			26	格林美股份有限公司	1435401
1	天洁集团有限公司	2507853	27	泰开集团有限公司	1388082
2	江西博能实业集团有限公司	2498659	28	阳光电源股份有限公司	1300333
3	人本集团有限公司	1818778	29	铜陵精达特种电磁线股份有限公司	1199743
4	利欧集团股份有限公司	1403262	30	瑞声光电科技(常州)有限公司	1074120
5	大连冰山集团有限公司	1151874		合计	154606906

续表

排名	企业名称	营业收入/万元	排名	企业名称	营业收入/万元
电线电缆制造			2	小米集团	20583868
1	亨通集团有限公司	10791270	3	中兴通讯股份有限公司	9073658
2	中天科技集团有限公司	6203496	4	中国信息通信科技集团有限公司	5419931
3	江苏中超投资集团有限公司	2368860	5	福建省电子信息（集团）有限责任公司	4218884
4	上海胜华电缆（集团）有限公司	2006281	6	四川九洲电器集团有限责任公司	2765766
5	万马联合控股集团有限公司	1975970	7	深圳市大疆百旺科技有限公司	1567974
6	江苏上上电缆集团有限公司	1907934	8	普联技术有限公司	1088675
7	江南集团有限公司	1452422	9	上海龙旗科技股份有限公司	1014858
8	安徽天康（集团）股份有限公司	1063330		合计	131616914
	合计	27769563			
风能太阳能设备制造			半导体、集成电路及面板制造		
1	协鑫集团有限公司	10137109	1	北京电子控股有限责任公司	12906481
2	晶科能源有限公司	5646956	2	立讯精密工业股份有限公司	6251631
3	新疆金风科技股份有限公司	3824455	3	心里程控股集团有限公司	3054911
4	天合光能股份有限公司	2332169	4	鹏鼎控股（深圳）股份有限公司	2661462
5	明阳新能源投资控股集团有限公司	1819042	5	江苏长电科技股份有限公司	2352628
6	隆基乐叶光伏科技有限公司	1490013	6	上海韦尔半导体股份有限公司	1363167
7	东方日升新能源股份有限公司	1440425	7	上海华虹（集团）有限公司	1318352
	合计	26690169	8	惠科股份有限公司	1226696
				合计	31135328
计算机及办公设备			汽车及零配件制造		
1	联想控股股份有限公司	38921826	1	上海汽车集团股份有限公司	84332437
2	欧菲光集团股份有限公司	5197412	2	中国第一汽车集团有限公司	61773377
3	舜宇集团有限公司	3784870	3	东风汽车集团有限公司	58064514
4	得力集团有限公司	3211106	4	北京汽车集团有限公司	50123000
5	浙江大华技术股份有限公司	2614943	5	广州汽车工业集团有限公司	37072213
6	闻泰通讯股份有限公司	2440655	6	浙江吉利控股集团有限公司	33081765
7	瑞声科技控股有限公司	1788375	7	华晨汽车集团控股有限公司	18112951
8	深圳市宝德投资控股有限公司	1363317	8	万向集团公司	13050755
	合计	59322504	9	比亚迪股份有限公司	12773852
			10	中国重型汽车集团有限公司	11585399
通信设备制造			11	长城汽车股份有限公司	9621069
1	华为投资控股有限公司	85883300	12	江铃汽车集团有限公司	9521848

续表

排名	企业名称	营业收入/万元	排名	企业名称	营业收入/万元
13	江苏悦达集团有限公司	9156183		合计	96526300
14	奇瑞控股集团有限公司	7593097			
15	陕西汽车控股集团有限公司	7401977	**兵器制造**		
16	宁波均胜电子股份有限公司	6169890	1	中国兵器工业集团有限公司	47471017
17	安徽江淮汽车集团控股有限公司	4823417	2	中国兵器装备集团有限公司	20078000
18	郑州宇通企业集团	4205999		合计	67549017
19	重庆小康控股有限公司	4052024			
20	万丰奥特控股集团有限公司	3137670	**船舶制造**		
21	广西汽车集团有限公司	2135309	1	江苏扬子江船业集团	4525138
22	福建省汽车工业集团有限公司	2033451		合计	4525138
23	三环集团有限公司	1880555			
24	厦门金龙汽车集团股份有限公司	1789059	**综合制造业**		
25	宁波华翔电子股份有限公司	1709343	1	中国五矿集团有限公司	61041300
26	赛轮集团股份有限公司	1512784	2	复星国际有限公司	14298213
27	安徽中鼎控股（集团）股份有限公司	1339672	3	无锡产业发展集团有限公司	11922803
28	安徽环新集团股份有限公司	1157230	4	新华联集团有限公司	10559512
29	云南云内动力集团有限公司	1071866	5	万达控股集团有限公司	9532554
	合计	460282706	6	杭州锦江集团有限公司	8284830
			7	广州工业投资控股集团有限公司	6719103
摩托车及零配件制造			8	重庆化医控股（集团）公司	5626144
1	隆鑫控股有限公司	5023542	9	华西集团有限公司	4584425
2	宗申产业集团有限公司	2130616	10	重庆机电控股（集团）公司	4459503
3	雅迪科技集团有限公司	1200238	11	鲁丽集团有限公司	3383276
4	爱玛科技集团股份有限公司	1042383	12	利时集团股份有限公司	3365802
	合计	9396779	13	重庆市博赛矿业（集团）有限公司	3284639
			14	花园集团有限公司	3044771
轨道交通设备及零配件制造			15	华立集团股份有限公司	2747211
1	中国中车集团有限公司	23975206	16	成都蛟龙投资有限责任公司	2313707
	合计	23975206	17	苏州创元投资发展（集团）有限公司	2248493
			18	攀枝花钢城集团有限公司	1986373
航空航天			19	致达控股集团有限公司	1813795
1	中国航空工业集团有限公司	45532992	20	安徽淮海实业发展集团有限公司	1406772
2	中国航天科工集团有限公司	25978759	21	安徽天大企业（集团）有限公司	1354048
3	中国航天科技集团有限公司	25014549		合计	163977274

表 9-3 2020 中国制造业企业 500 强各地区分布

排名	企业名称	营业收入/万元	排名	企业名称	营业收入/万元
北京			2	中国宝武钢铁集团有限公司	55220616
1	中国石油化工集团有限公司	281179985	3	上海医药集团股份有限公司	18656579
2	中国五矿集团有限公司	61041300	4	光明食品（集团）有限公司	15551918
3	北京汽车集团有限公司	50123000	5	复星国际有限公司	14298213
4	中国兵器工业集团有限公司	47471017	6	上海电气（集团）总公司	14172695
5	中国航空工业集团有限公司	45532992	7	上海华谊（集团）公司	5509381
6	中国化工集团有限公司	45434692	8	老凤祥股份有限公司	4962866
7	中国建材集团有限公司	39810386	9	奥盛集团有限公司	2325678
8	联想控股股份有限公司	38921826	10	上海仪电（集团）有限公司	2008670
9	中国铝业集团有限公司	35681711	11	上海胜华电缆（集团）有限公司	2006281
10	中国航天科工集团有限公司	25978759	12	致达控股集团有限公司	1813795
11	中国航天科技集团有限公司	25014549	13	鹏欣环球资源股份有限公司	1478731
12	中国中车集团有限公司	23975206	14	上海韦尔半导体股份有限公司	1363167
13	中国电子科技集团公司	22762256	15	上海源耀农业股份有限公司	1358641
14	中国电子信息产业集团有限公司	22415918	16	上海华虹（集团）有限公司	1318352
15	小米集团	20583868	17	上海晨光文具股份有限公司	1114110
16	首钢集团有限公司	20223504	18	上海龙旗科技股份有限公司	1014858
17	中国兵器装备集团有限公司	20078000		合计	228506988
18	北京建龙重工集团有限公司	15201729			
19	北京首农食品集团有限公司	14220307	天津		
20	中国有色矿业集团有限公司	13151977	1	天津荣程祥泰投资控股集团有限公司	7933072
21	北京电子控股有限责任公司	12906481	2	天津友发钢管集团股份有限公司	4474922
22	北京金隅集团股份有限公司	11822190	3	天士力控股集团有限公司	2836698
23	中国黄金集团有限公司	10965138	4	天津华北集团有限公司	2665719
24	新华联集团有限公司	10559512	5	天津食品集团有限公司	2551318
25	旭阳控股有限公司	6051902	6	天津纺织集团（控股）有限公司	2126682
26	北京顺鑫控股集团有限公司	3139536	7	天津市医药集团有限公司	2046596
27	中国庆华能源集团有限公司	1848642	8	天津恒兴集团有限公司	1988900
28	北京东方雨虹防水技术股份有限公司	1815434	9	天津钢铁集团有限公司	1345382
29	北京时尚控股有限责任公司	1294922	10	天津市宝来工贸有限公司	1340612
	合计	929206739	11	天津国威有限公司	1138845
			12	爱玛科技集团股份有限公司	1042383
上海			13	天津市新宇彩板有限公司	1025721
1	上海汽车集团股份有限公司	84332437		合计	32516850

续表

排名	企业名称	营业收入/万元	排名	企业名称	营业收入/万元
			6	辽宁嘉晨控股集团有限公司	5862135
			7	大连西太平洋石油化工有限公司	3313145
重庆			8	凌源钢铁集团有限责任公司	2058147
1	重庆化医控股（集团）公司	5626144	9	东北特殊钢集团股份有限公司	1315057
2	隆鑫控股有限公司	5023542	10	大连冰山集团有限公司	1151874
3	太极集团有限公司	4551692		合计	76643106
4	重庆机电控股（集团）公司	4459503			
5	重庆小康控股有限公司	4052024			
6	重庆轻纺控股（集团）公司	3683239	**河北**		
7	重庆市博赛矿业（集团）有限公司	3284639	1	河钢集团有限公司	35471499
8	金龙精密铜管集团股份有限公司	3032301	2	冀南钢铁集团有限公司	13014264
9	重庆钢铁股份有限公司	2347760	3	敬业集团有限公司	12740208
10	宗申产业集团有限公司	2130616	4	河北津西钢铁集团股份有限公司	11777360
11	重庆万达薄板有限公司	2106052	5	河北新华联合冶金控股集团有限公司	9760506
12	重庆智飞生物制品股份有限公司	1058732	6	长城汽车股份有限公司	9621069
	合计	41356244	7	河北普阳钢铁有限公司	7862351
			8	金鼎钢铁集团有限公司	7390266
黑龙江			9	武安市裕华钢铁有限公司	6262548
1	哈尔滨电气集团有限公司	2563471	10	河北新武安钢铁集团文安钢铁有限公司	6086560
2	黑龙江飞鹤乳业有限公司	1374998	11	唐山港陆钢铁有限公司	5138907
3	哈药集团有限公司	1215548	12	河北新金钢铁有限公司	4992596
4	黑龙江鑫达企业集团有限公司	1134401	13	三河汇福粮油集团有限公司	4353945
	合计	6288418	14	石药控股集团有限公司	3645631
			15	德龙钢铁有限公司	3234246
吉林			16	河北鑫海控股集团有限公司	3192475
1	中国第一汽车集团有限公司	61773377	17	河北安丰钢铁有限公司	3137288
2	吉林亚泰（集团）股份有限公司	1701033	18	河北天柱钢铁集团有限公司	3060076
	合计	63474410	19	河北诚信集团有限公司	3015255
			20	河北东海特钢集团有限公司	2824225
辽宁			21	河北鑫达钢铁集团有限公司	2286640
1	鞍钢集团有限公司	21739994	22	邯郸正大制管有限公司	2205939
2	华晨汽车集团控股有限公司	18112951	23	晶澳太阳能科技股份有限公司	2115548
3	辽宁方大集团实业有限公司	10026764	24	唐山瑞丰钢铁（集团）有限公司	2114215
4	盘锦北方沥青燃料有限公司	6934402	25	唐山三友集团有限公司	2067135
5	本钢集团有限公司	6128637	26	辛集市澳森钢铁有限公司	1842836

续表

排名	企业名称	营业收入/万元	排名	企业名称	营业收入/万元
27	秦皇岛宏兴钢铁有限公司	1789746	4	山东钢铁集团有限公司	19174169
28	唐山东海钢铁集团有限公司	1677302	5	海信集团有限公司	12686273
29	唐山东华钢铁企业集团有限公司	1585437	6	中国重型汽车集团有限公司	11585399
30	河北荣信钢铁有限公司	1261968	7	山东东明石化集团有限公司	11266029
31	石家庄君乐宝乳业有限公司	1260585	8	南山集团有限公司	11117000
32	春风实业集团有限责任公司	1074153	9	日照钢铁控股集团有限公司	9840773
33	金沙河集团有限公司	1038566	10	万达控股集团有限公司	9532554
	合计	178901345	11	利华益集团股份有限公司	9101527
			12	晨鸣控股有限公司	8627570
河南			13	山东黄金集团有限公司	7681256
1	万洲国际有限公司	16600941	14	华泰集团有限公司	7498149
2	洛阳栾川钼业集团股份有限公司	6867656	15	永锋集团有限公司	6918852
3	安阳钢铁集团有限责任公司	4706800	16	万华化学集团股份有限公司	6805066
4	天瑞集团股份有限公司	4618932	17	山东海科控股有限公司	6600025
5	河南豫光金铅集团有限责任公司	4466548	18	山东招金集团有限公司	6570833
6	郑州宇通企业集团	4205999	19	山东如意时尚投资控股有限公司	6318159
7	万基控股集团有限公司	3649897	20	山东京博控股集团有限公司	6080974
8	河南中原黄金冶炼厂有限责任公司	2812191	21	山东太阳控股集团有限公司	5242491
9	河南金利金铅集团有限公司	2684524	22	威高集团有限公司	4959070
10	郑州煤矿机械集团股份有限公司	2572141	23	新凤祥控股集团有限责任公司	4814084
11	济源市万洋冶炼（集团）有限公司	2394535	24	山东金诚石化集团有限公司	4513001
12	河南济源钢铁（集团）有限公司	2164291	25	华勤橡胶工业集团有限公司	4464823
13	牧原食品股份有限公司	2022133	26	山东泰山钢铁集团有限公司	4320816
14	河南神火集团有限公司	1808186	27	山东九羊集团有限公司	4305631
15	河南明泰铝业股份有限公司	1414762	28	山东创新金属科技有限公司	4280725
16	卫华集团有限公司	1374139	29	山东渤海实业股份有限公司	4261012
17	林州凤宝管业有限公司	1153608	30	石横特钢集团有限公司	4245040
18	龙蟒佰利联集团股份有限公司	1141989	31	山东汇丰石化集团有限公司	4244302
	合计	66659272	32	山东金岭集团有限公司	4152181
			33	沂州集团有限公司	4098971
山东			34	山东恒源石油化工股份有限公司	3991005
1	海尔集团公司	29001580	35	富海集团有限公司	3758793
2	山东魏桥创业集团有限公司	27928123	36	山东清源集团有限公司	3722540
3	潍柴控股集团有限公司	26459705	37	山东齐成石油化工有限公司	3680344

排名	企业名称	营业收入/万元	排名	企业名称	营业收入/万元
38	歌尔股份有限公司	3514780	72	鲁南制药集团股份有限公司	1235162
39	东营齐润化工有限公司	3485044	73	青岛海湾集团有限公司	1177500
40	山东寿光鲁清石化有限公司	3482724	74	山东淄博傅山企业集团有限公司	1131680
41	山东鲁花集团有限公司	3390326	75	即发集团有限公司	1122927
42	鲁丽集团有限公司	3383276	76	玫德集团有限公司	1012311
43	滨化集团	3185043		合计	395452993
44	淄博齐翔腾达化工股份有限公司	3005769			
45	香驰控股有限公司	2901671	山西		
46	山东中海化工集团有限公司	2876496	1	太原钢铁（集团）有限公司	7971453
47	万通海欣控股集团有限公司	2816687	2	山西建邦集团有限公司	2771491
48	青岛啤酒股份有限公司	2798376	3	山西晋城钢铁控股集团有限公司	2289893
49	山东东方华龙工贸集团有限公司	2627031	4	孝义市鹏飞实业有限公司	2130693
50	山东永鑫能源集团有限公司	2624646	5	山西安泰控股集团有限公司	2025787
51	道恩集团有限公司	2564876	6	太原重型机械集团有限公司	1255436
52	华鲁控股集团有限公司	2471048	7	山西杏花村汾酒集团有限责任公司	1217632
53	山东垦利石化集团有限公司	2353969		合计	19662385
54	山东鑫海科技股份有限公司	1958424			
55	正和集团股份有限公司	1864034	陕西		
56	玲珑集团有限公司	1835184	1	陕西有色金属控股集团有限责任公司	13713247
57	诸城外贸有限责任公司	1761615	2	陕西汽车控股集团有限公司	7401977
58	山东寿光巨能控股集团有限公司	1759493	3	中国西电集团有限公司	1851722
59	山东联盟化工集团有限公司	1727974	4	隆基乐叶光伏科技有限公司	1490013
60	山东荣信集团有限公司	1712770		合计	24456959
61	金猴集团有限公司	1683656			
62	山东龙大肉食品股份有限公司	1682236	安徽		
63	潍坊特钢集团有限公司	1650624	1	安徽海螺集团有限责任公司	23430999
64	山东潍焦控股集团有限公司	1621877	2	铜陵有色金属集团控股有限公司	19218894
65	赛轮集团股份有限公司	1512784	3	奇瑞控股集团有限公司	7593097
66	泰开集团有限公司	1388082	4	安徽江淮汽车集团控股有限公司	4823417
67	山东时风（集团）有限责任公司	1285614	5	中科电力装备集团有限公司	4615060
68	青岛澳柯玛控股集团有限公司	1254290	6	山鹰国际控股股份公司	2324094
69	中海外能源科技（山东）有限公司	1252225	7	安徽楚江科技新材料股份有限公司	1704797
70	迪尚集团有限公司	1249517	8	安徽淮海实业发展集团有限公司	1406772
71	瑞星集团股份有限公司	1242407	9	安徽天大企业（集团）有限公司	1354048

续表

排名	企业名称	营业收入/万元	排名	企业名称	营业收入/万元
10	安徽中鼎控股（集团）股份有限公司	1339672	24	江苏阳光集团有限公司	3882343
11	安徽丰原集团有限公司	1326778	25	维维集团股份有限公司	3868037
12	阳光电源股份有限公司	1300333	26	远东控股集团有限公司	3829169
13	铜陵精达特种电磁线股份有限公司	1199743	27	远景能源有限公司	3693470
14	安徽环新集团股份有限公司	1157230	28	澳洋集团有限公司	3691685
15	安徽古井集团有限责任公司	1138411	29	东方润安集团有限公司	3571465
16	安徽天康（集团）股份有限公司	1063330	30	江苏大明金属制品有限公司	3549406
17	安徽省贵航特钢有限公司	1010188	31	金东纸业（江苏）股份有限公司	3473697
	合计	76006863	32	华芳集团有限公司	3018887
			33	波司登股份有限公司	2989473
江苏			34	江苏沃得机电集团有限公司	2807556
1	恒力集团有限公司	55673993	35	江苏三木集团有限公司	2442192
2	江苏沙钢集团有限公司	25207752	36	兴达投资集团有限公司	2389554
3	盛虹控股集团有限公司	19253573	37	江苏中超投资集团有限公司	2368860
4	南京钢铁集团有限公司	13731673	38	江苏江润铜业有限公司	2361259
5	中天钢铁集团有限公司	13001465	39	江苏长电科技股份有限公司	2352628
6	海澜集团有限公司	12322537	40	天合光能股份有限公司	2332169
7	无锡产业发展集团有限公司	11922803	41	江苏恒瑞医药股份有限公司	2328857
8	江阴澄星实业集团有限公司	10852300	42	苏州创元投资发展（集团）有限公司	2248493
9	亨通集团有限公司	10791270	43	大亚科技集团有限公司	1994838
10	协鑫集团有限公司	10137109	44	江苏上上电缆集团有限公司	1907934
11	江苏悦达集团有限公司	9156183	45	江苏西城三联控股集团有限公司	1515372
12	扬子江药业集团	9018503	46	江南集团有限公司	1452422
13	徐州工程机械集团有限公司	8781398	47	南京华新有色金属有限公司	1447500
14	三房巷集团有限公司	7300384	48	无锡华东重型机械股份有限公司	1368718
15	红豆集团有限公司	7205495	49	江苏文凤化纤集团有限公司	1236849
16	江苏新长江实业集团有限公司	6652468	50	连云港兴鑫钢铁有限公司	1217259
17	中天科技集团有限公司	6203496	51	雅迪科技集团有限公司	1200238
18	华西集团有限公司	4584425	52	江阴模塑集团有限公司	1140819
19	江苏扬子江船业集团	4525138	53	瑞声光电科技（常州）有限公司	1074120
20	金浦投资控股集团有限公司	4392681	54	江阴江东集团公司	1052326
21	法尔胜泓昇集团有限公司	3980661	55	江苏济川控股集团有限公司	1040755
22	双良集团有限公司	3960225		合计	337399022
23	江苏华宏实业集团有限公司	3895140			

排名	企业名称	营业收入/万元	排名	企业名称	营业收入/万元
湖南			浙江		
1	湖南华菱钢铁集团有限责任公司	13309331	1	浙江吉利控股集团有限公司	33081765
2	三一集团有限公司	8757632	2	青山控股集团有限公司	26260199
3	湖南博长控股集团有限公司	5103093	3	浙江恒逸集团有限公司	21516382
4	中联重科股份有限公司	4330739	4	浙江荣盛控股集团有限公司	20563698
5	唐人神集团股份有限公司	1535505	5	海亮集团有限公司	18797284
6	湖南黄金集团有限责任公司	1423916	6	天能控股集团有限公司	14013209
	合计	34460216	7	杭州市实业投资集团有限公司	13343296
			8	万向集团公司	13050755
湖北			9	超威电源集团有限公司	12490654
1	东风汽车集团有限公司	58064514	10	雅戈尔集团股份有限公司	11161447
2	中国信息通信科技集团有限公司	5419931	11	杭州钢铁集团有限公司	10670187
3	稻花香集团	5387861	12	传化集团有限公司	9268111
4	金澳科技（湖北）化工有限公司	4691566	13	宁波金田投资控股有限公司	9255700
5	宜昌兴发集团有限责任公司	3915361	14	杭州锦江集团有限公司	8284830
6	华新水泥股份有限公司	3143921	15	正泰集团股份有限公司	8054552
7	福星集团控股有限公司	3075833	16	桐昆控股集团有限公司	7918943
8	人福医药集团股份公司	2180661	17	奥克斯集团有限公司	7353051
9	三环集团有限公司	1880555	18	宁波均胜电子股份有限公司	6169890
	合计	87760203	19	德力西集团有限公司	5985488
			20	红狮控股集团有限公司	5184828
江西			21	浙江富冶集团有限公司	5096054
1	江西铜业集团有限公司	25547222	22	杉杉控股有限公司	5055360
2	江铃汽车集团有限公司	9521848	23	人民电器集团有限公司	4538646
3	正邦集团有限公司	8804695	24	富通集团有限公司	4508115
4	双胞胎（集团）股份有限公司	6666497	25	宁波富邦控股集团有限公司	4013602
5	新余钢铁集团有限公司	6513139	26	森马集团有限公司	3951139
6	晶科能源有限公司	5646956	27	卧龙控股集团有限公司	3851776
7	江西济民可信集团有限公司	2570348	28	舜宇集团有限公司	3784870
8	江西博能实业集团有限公司	2498659	29	浙江龙盛控股有限公司	3767260
9	泰豪集团有限公司	1496147	30	新凤鸣集团股份有限公司	3414820
10	景德镇黑猫集团有限责任公司	1238618	31	利时集团股份有限公司	3365802
	合计	70504129	32	巨化集团有限公司	3216365
			33	得力集团有限公司	3211106

续表

排名	企业名称	营业收入/万元	排名	企业名称	营业收入/万元
34	万丰奥特控股集团有限公司	3137670	68	中哲控股集团有限公司	1245974
35	花园集团有限公司	3044771	69	浙江富陵控股集团有限公司	1216903
36	浙江元立金属制品集团有限公司	2903569	70	开氏集团有限公司	1196269
37	三花控股集团有限公司	2804796	71	新和成控股集团有限公司	1149535
38	中策橡胶集团有限公司	2758809	72	浙江中财管道科技股份有限公司	1127350
39	华立集团股份有限公司	2747211	73	宁波中华纸业有限公司	1118603
40	振石控股集团有限公司	2673261	74	浙江永利实业集团有限公司	1113277
41	浙江大华技术股份有限公司	2614943	75	浙江海正药业股份有限公司	1107178
42	浙江东南网架集团有限公司	2564277	76	浙江新安化工集团股份有限公司	1095725
43	天洁集团有限公司	2507853	77	宁波方太厨具有限公司	1094448
44	浙江富春江通信集团有限公司	2505819	78	杭州金鱼电器集团有限公司	1038934
45	兴惠化纤集团有限公司	2447283	79	博威集团有限公司	1008904
46	闻泰通讯股份有限公司	2440655		合计	402154498
47	农夫山泉股份有限公司	2439408			
48	纳爱斯集团有限公司	2426594		广东	
49	浙江协和集团有限公司	2359267	1	华为投资控股有限公司	85883300
50	胜达集团有限公司	2301352	2	正威国际集团有限公司	61389924
51	宁波申洲针织有限公司	2266527	3	广州汽车工业集团有限公司	37072213
52	浙江升华控股集团有限公司	2175894	4	美的集团股份有限公司	27938050
53	宁波博洋控股集团有限公司	2050783	5	珠海格力电器股份有限公司	20050833
54	万马联合控股集团有限公司	1975970	6	广州医药集团有限公司	13305081
55	久立集团股份有限公司	1891745	7	比亚迪股份有限公司	12773852
56	浙江华友钴业股份有限公司	1885283	8	TCL集团股份有限公司	12732811
57	人本集团有限公司	1818778	9	中兴通讯股份有限公司	9073658
58	宁波华翔电子股份有限公司	1709343	10	中国国际海运集装箱（集团）股份有限公司	8581534
59	广博控股集团有限公司	1670250	11	温氏食品集团股份有限公司	7312041
60	浙江天圣控股集团有限公司	1651738	12	广州工业投资控股集团有限公司	6719103
61	顾家集团有限公司	1599518	13	立讯精密工业股份有限公司	6251634
62	精工控股集团有限公司	1593311	14	深圳海王集团股份有限公司	6077614
63	浙江甬金金属科技股份有限公司	1582776	15	欧菲光集团股份有限公司	5197412
64	万邦德医药控股集团股份有限公司	1579490	16	广州智能装备产业集团有限公司	5110062
65	杭州汽轮动力集团有限公司	1469583	17	玖龙环球（中国）投资集团有限公司	4769779
66	东方日升新能源股份有限公司	1440425	18	广东海大集团有限公司	4761258
67	利欧集团股份有限公司	1403262	19	宏旺投资集团有限公司	3721063

续表

排名	企业名称	营业收入/万元	排名	企业名称	营业收入/万元
20	创维集团有限公司	3425405	10	四川九洲电器集团有限责任公司	2765766
21	心里程控股集团有限公司	3054911	11	成都蛟龙投资有限责任公司	2313707
22	鹏鼎控股（深圳）股份有限公司	2661462	12	宜宾天原集团股份有限公司	2310321
23	欣旺达电子股份有限公司	2524066	13	攀枝花钢城集团有限公司	1986373
24	广东德赛集团有限公司	2480471		合计	81394274
25	宜华企业（集团）有限公司	2409379			
26	深圳市中金岭南有色金属股份有限公司	2280052	福建		
27	明阳新能源投资控股集团有限公司	1819042	1	紫金矿业集团股份有限公司	13609798
28	瑞声科技控股有限公司	1788375	2	福建大东海实业集团有限公司	5733625
29	广州立白企业集团有限公司	1758504	3	福建省三钢（集团）有限责任公司	5672576
30	广州视源电子科技股份有限公司	1705270	4	恒申控股集团有限公司	5044661
31	深圳市大疆百旺科技有限公司	1567974	5	福建永荣控股集团有限公司	5013949
32	广东东阳光科技控股股份有限公司	1476721	6	福建省电子信息（集团）有限责任公司	4218884
33	格林美股份有限公司	1435401	7	盛屯矿业集团股份有限公司	3731426
34	深圳市宝德投资控股有限公司	1363317	8	三宝集团股份有限公司	2300347
35	欧派家居集团股份有限公司	1353336	9	达利食品集团有限公司	2137525
36	深圳市兆驰股份有限公司	1330220	10	福建省汽车工业集团有限公司	2033451
37	惠科股份有限公司	1226696	11	福建福海创石油化工有限公司	1858276
38	健康元药业集团股份有限公司	1198015	12	厦门金龙汽车集团股份有限公司	1789059
39	广东兴发铝业有限公司	1132058	13	厦门钨业股份有限公司	1739551
40	普联技术有限公司	1088675	14	福建百宏聚纤科技实业有限公司	1515545
41	深圳市三诺投资控股有限公司	1007158	15	祥兴（福建）箱包集团有限公司	1282556
	合计	378807730	16	福建三安集团有限公司	1125357
				合计	58806586
四川					
1	新希望集团有限公司	16188706	广西壮族自治区		
2	四川长虹电子控股集团有限公司	13663500	1	广西柳州钢铁集团有限公司	10136167
3	四川省宜宾五粮液集团有限公司	10802584	2	广西玉柴机器集团有限公司	4098772
4	通威集团有限公司	8122176	3	广西盛隆冶金有限公司	3603360
5	四川省川威集团有限公司	6052034	4	广西柳工集团有限公司	2253284
6	泸州老窖集团有限责任公司	5070958	5	广西汽车集团有限公司	2135309
7	四川德胜集团钒钛有限公司	4571390	6	桂林力源粮油食品集团有限公司	1984531
8	四川科伦实业集团有限公司	4141754	7	广西贵港钢铁集团有限公司	1893454
9	中国东方电气集团有限公司	3405005	8	广西南丹南方金属有限公司	1568581

续表

排名	企业名称	营业收入/万元	排名	企业名称	营业收入/万元
9	广西农垦集团有限责任公司	1317440		合计	39895516
10	广西洋浦南华糖业集团股份有限公司	1110253			
	合计	30101151	青海		
			1	西部矿业集团有限公司	3921928
贵州			2	青海盐湖工业股份有限公司	1784917
1	贵州茅台酒股份有限公司	8885434		合计	5706845
2	贵州磷化（集团）有限责任公司	6353026			
	合计	15238460	宁夏回族自治区		
			1	宁夏天元锰业集团有限公司	5911277
云南				合计	5911277
1	云南锡业集团（控股）有限责任公司	7607220			
2	云天化集团有限责任公司	6929013	新疆维吾尔自治区		
3	昆明钢铁控股有限公司	6390323	1	新疆特变电工集团有限公司	5211512
4	云南白药集团股份有限公司	2966467	2	新疆天业（集团）有限公司	3850625
5	云南云内动力集团有限公司	1071866	3	新疆金风科技股份有限公司	3824455
	合计	24964889		合计	12886592
甘肃			内蒙古自治区		
1	金川集团股份有限公司	23367452	1	内蒙古伊利实业集团股份有限公司	9000913
2	酒泉钢铁（集团）有限责任公司	10358036	2	包头钢铁（集团）有限责任公司	8772675
3	白银有色集团股份有限公司	6170028		合计	17773588

表 9-4 2020 中国制造业企业 500 强净利润排序前 100 名企业

排名	公司名称	净利润/万元	排名	公司名称	净利润/万元
1	华为投资控股有限公司	6260500	51	四川省宜宾五粮液集团有限公司	443924
2	中国石油化工集团有限公司	4693019	52	雅戈尔集团股份有限公司	443728
3	贵州茅台酒股份有限公司	4120647	53	威高集团有限公司	438809
4	上海汽车集团股份有限公司	2560338	54	中联重科股份有限公司	437145
5	珠海格力电器股份有限公司	2469664	55	山东鲁花集团有限公司	431789
6	美的集团股份有限公司	2421122	56	紫金矿业集团股份有限公司	428396
7	中国宝武钢铁集团有限公司	2004354	57	三一集团有限公司	421001
8	中国第一汽车集团有限公司	1967395	58	云南白药集团股份有限公司	418373
9	中国航天科技集团有限公司	1815762	59	上海医药集团股份有限公司	408099
10	复星国际有限公司	1480091	60	石横特钢集团有限公司	407327
11	恒力集团有限公司	1434756	61	中国航空工业集团有限公司	399400
12	温氏食品集团股份有限公司	1396720	62	舜宇集团有限公司	399130
13	中国航天科工集团有限公司	1353300	63	盘锦北方沥青燃料有限公司	397330
14	正威国际集团有限公司	1248581	64	广州汽车工业集团有限公司	390003
15	安徽海螺集团有限责任公司	1224857	65	北京建龙重工集团有限公司	389614
16	中国电子科技集团公司	1203820	66	广西柳州钢铁集团有限公司	387171
17	冀南钢铁集团有限公司	1024646	67	达利食品集团有限公司	384057
18	万华化学集团股份有限公司	1012998	68	江苏扬子江船业集团	375223
19	万洲国际有限公司	1009019	69	北京金隅集团股份有限公司	369358
20	小米集团	1004416	70	中国中车集团有限公司	361462
21	东风汽车集团有限公司	917686	71	联想控股股份有限公司	360689
22	中国兵器工业集团有限公司	886821	72	TCL 集团股份有限公司	359230
23	浙江吉利控股集团有限公司	851018	73	波司登股份有限公司	353239
24	海尔集团公司	769138	74	玖龙环球（中国）投资集团有限公司	352621
25	内蒙古伊利实业集团股份有限公司	693376	75	河北普阳钢铁有限公司	337928
26	中国兵器装备集团有限公司	682400	76	盛虹控股集团有限公司	336063
27	华新水泥股份有限公司	634230	77	山东鑫海科技股份有限公司	330706
28	扬子江药业集团	611893	78	湖南华菱钢铁集团有限责任公司	330029
29	牧原食品股份有限公司	611436	79	福建福海创石油化工有限公司	318933
30	辽宁方大集团实业有限公司	590958	80	浙江大华技术股份有限公司	318814
31	青山控股集团有限公司	570541	81	山东如意时尚投资控股有限公司	309957
32	敬业集团有限公司	564980	82	河北诚信集团有限公司	299786
33	红狮控股集团有限公司	549022	83	鹏鼎控股（深圳）股份有限公司	292461
34	山东魏桥创业集团有限公司	547223	84	山东海科控股有限公司	290214
35	海澜集团有限公司	545429	85	福建大东海实业集团有限公司	278164
36	江苏恒瑞医药股份有限公司	532802	86	新希望集团有限公司	262789
37	北京汽车集团有限公司	516000	87	郑州宇通企业集团	260448
38	中兴通讯股份有限公司	514788	88	河北安丰钢铁有限公司	259918
39	浙江龙盛控股有限公司	511926	89	龙蟒佰利联集团股份有限公司	259398
40	南山集团有限公司	510855	90	河北津西钢铁集团股份有限公司	258911
41	石药控股集团有限公司	502785	91	万向集团公司	253990
42	农夫山泉股份有限公司	496794	92	新疆特变电工集团有限公司	251955
43	宁波申洲针织有限公司	495854	93	辽宁嘉晨控股集团有限公司	251832
44	江苏沙钢集团有限公司	495711	94	金鼎钢铁集团有限公司	251703
45	武安市裕华钢铁有限公司	487970	95	山东太阳控股集团有限公司	250371
46	立讯精密工业股份有限公司	471382	96	江苏沃得机电集团有限公司	249728
47	日照钢铁控股集团有限公司	470124	97	北京首农食品集团有限公司	249670
48	恒申控股集团有限公司	462101	98	正邦集团有限公司	237696
49	长城汽车股份有限公司	449687	99	万丰奥特控股集团有限公司	237059
50	黑龙江飞鹤乳业有限公司	446193	100	重庆智飞生物制品股份有限公司	236644
				中国制造业企业 500 强平均数	195023

表 9-5 2020 中国制造业企业 500 强资产排序前 100 名企业

排名	公司名称	资产/万元	排名	公司名称	资产/万元
1	中国石油化工集团有限公司	221171940	51	包头钢铁（集团）有限责任公司	17716500
2	中国航空工业集团有限公司	100861611	52	中国国际海运集装箱（集团）股份有限公司	17210752
3	中国五矿集团有限公司	92951501	53	正威国际集团有限公司	16140102
4	中国宝武钢铁集团有限公司	86219413	54	江西铜业集团有限公司	15774676
5	华为投资控股有限公司	85866100	55	三一集团有限公司	15726559
6	上海汽车集团股份有限公司	84933328	56	本钢集团有限公司	15344451
7	中国化工集团有限公司	84396177	57	新华联集团有限公司	15095377
8	复星国际有限公司	71568119	58	四川省宜宾五粮液集团有限公司	15075354
9	中国铝业集团有限公司	65441146	59	北京首农食品集团有限公司	14536535
10	联想控股股份有限公司	62407519	60	中兴通讯股份有限公司	14120214
11	中国建材集团有限公司	59619589	61	陕西有色金属控股集团有限责任公司	13993852
12	北京汽车集团有限公司	50089000	62	徐州工程机械集团有限公司	13831549
13	首钢集团有限公司	49834676	63	上海医药集团股份有限公司	13702639
14	东风汽车集团有限公司	49751333	64	北京建龙重工集团有限公司	13325064
15	中国第一汽车集团有限公司	49006311	65	南山集团有限公司	13185717
16	中国航天科技集团有限公司	47753096	66	新疆特变电工集团有限公司	12854491
17	河钢集团有限公司	46205473	67	太原钢铁（集团）有限公司	12846804
18	中国中车集团有限公司	43049762	68	紫金矿业集团有限公司	12383095
19	中国兵器工业集团有限公司	42840254	69	海信集团有限公司	12307215
20	中国电子科技集团公司	40306764	70	中国有色矿业集团有限公司	12122841
21	海尔集团公司	39774318	71	江苏扬子江船业集团	12117407
22	浙江吉利控股集团有限公司	39568809	72	万洲国际有限公司	12056269
23	北京电子控股有限责任公司	39336558	73	洛阳栾川钼业集团股份有限公司	11686223
24	山东钢铁集团有限公司	35709758	74	山东黄金集团有限公司	11624097
25	中国航天科工集团有限公司	34873944	75	金川集团股份有限公司	11541878
26	中国兵器装备集团有限公司	33993800	76	中国黄金集团有限公司	11470974
27	鞍钢集团有限公司	33282903	77	长城汽车股份有限公司	11309641
28	中国电子信息产业集团有限公司	32751739	78	海澜集团有限公司	11136057
29	上海电气（集团）总公司	32005188	79	酒泉钢铁（集团）有限责任公司	10987493
30	广州汽车工业集团有限公司	30536136	80	湖南华菱钢铁集团有限责任公司	10595261
31	美的集团股份有限公司	30195541	81	浙江恒逸集团有限公司	10419573
32	江苏沙钢集团有限公司	28911691	82	新疆金风科技股份有限公司	10305708
33	珠海格力电器股份有限公司	28297215	83	辽宁方大集团实业有限公司	10199212
34	北京金隅集团股份有限公司	28212376	84	河北新华联合冶金控股集团有限公司	10191020
35	光明食品（集团）有限公司	27604507	85	雅戈尔集团股份有限公司	10138694
36	新希望集团有限公司	27349094	86	无锡产业发展集团有限公司	10084872
37	潍柴控股集团有限公司	25800329	87	郑州宇通企业集团	10005730
38	山东魏桥创业集团有限公司	24269723	88	晨鸣控股有限公司	10003388
39	恒力集团有限公司	23525440	89	日照钢铁控股集团有限公司	9979269
40	泸州老窖集团有限责任公司	23351739	90	万华化学集团股份有限公司	9686532
41	安徽海螺集团有限公司	22018127	91	云天化集团有限责任公司	9598575
42	TCL集团股份有限公司	21923403	92	盛虹控股集团有限公司	9447104
43	奇瑞控股集团有限公司	20599652	93	万向集团公司	9441057
44	浙江荣盛控股集团有限公司	20511470	94	中国信息通信科技集团有限公司	9326311
45	比亚迪股份有限公司	19564159	95	贵州磷化（集团）有限责任公司	9235504
46	华晨汽车集团控股有限公司	19534821	96	中联重科股份有限公司	9206802
47	协鑫集团有限公司	18852637	97	中国东方电气集团有限公司	9188284
48	宁夏天元锰业集团有限公司	18629990	98	江苏悦达集团有限公司	9088323
49	小米集团	18362921	99	福建省电子信息（集团）有限责任公司	9057915
50	贵州茅台酒股份有限公司	18304237	100	铜陵有色金属集团控股有限公司	8741133
				中国制造业企业500强平均数	7838712

表 9-6 2020 中国制造业企业 500 强从业人数排序前 100 名企业

排名	公司名称	从业人数/人	排名	公司名称	从业人数/人
1	中国石油化工集团有限公司	582648	51	内蒙古伊利实业集团股份有限公司	59052
2	中国航空工业集团有限公司	417798	52	辽宁方大集团实业有限公司	58325
3	比亚迪股份有限公司	229130	53	北京建龙重工集团有限公司	57800
4	中国兵器工业集团有限公司	205075	54	宁波均胜电子股份有限公司	57415
5	中国建材集团有限公司	204936	55	安徽海螺集团有限责任公司	55952
6	中国五矿集团有限公司	199486	56	雅戈尔集团股份有限公司	55834
7	华为投资控股有限公司	198000	57	北京首农食品集团有限公司	54934
8	中国中车集团有限公司	185872	58	中国国际海运集装箱（集团）股份有限公司	54753
9	中国航天科技集团有限公司	177905	59	广西农垦集团有限责任公司	51575
10	中国电子科技集团公司	177443	60	上海电气（集团）总公司	51293
11	中国兵器装备集团有限公司	176326	61	中国有色矿业集团有限公司	50773
12	中国宝武钢铁集团有限公司	175431	62	牧原食品股份有限公司	50319
13	中国铝业集团有限公司	158142	63	宜华企业（集团）有限公司	50042
14	东风汽车集团有限公司	154610	64	温氏食品集团股份有限公司	50024
15	上海汽车集团股份有限公司	153937	65	福建省电子信息（集团）有限责任公司	49323
16	中国电子信息产业集团有限公司	152499	66	北京金隅集团股份有限公司	49189
17	中国航天科工集团有限公司	147712	67	上海医药集团股份有限公司	47778
18	中国化工集团有限公司	145526	68	包头钢铁（集团）有限责任公司	46830
19	立讯精密工业股份有限公司	137284	69	江苏沙钢集团有限公司	46581
20	美的集团股份有限公司	134897	70	南山集团有限公司	46362
21	中国第一汽车集团有限公司	133548	71	山东如意时尚投资控股有限公司	44847
22	浙江吉利控股集团有限公司	131426	72	陕西有色金属控股集团有限责任公司	44448
23	光明食品（集团）有限公司	122565	73	四川省宜宾五粮液集团有限公司	43370
24	鞍钢集团有限公司	119125	74	中国黄金集团有限公司	42677
25	河钢集团有限公司	114945	75	山东钢铁集团有限公司	42079
26	北京汽车集团有限公司	114315	76	中国重型汽车集团有限公司	40436
27	山东魏桥创业集团有限公司	111271	77	江铃汽车集团有限公司	40320
28	广州汽车工业集团有限公司	105780	78	华晨汽车集团控股有限公司	39576
29	万洲国际有限公司	101000	79	江苏悦达集团有限公司	39475
30	首钢集团有限公司	97903	80	瑞声科技控股有限公司	39385
31	海尔集团公司	97477	81	中国信息通信科技集团有限公司	38754
32	TCL集团股份有限公司	92395	82	青岛啤酒股份有限公司	38169
33	海信集团有限公司	91069	83	达利食品集团有限公司	37975
34	恒力集团有限公司	90555	84	欧菲光集团股份有限公司	36434
35	珠海格力电器股份有限公司	88846	85	酒泉钢铁（集团）有限责任公司	36286
36	新希望集团有限公司	88845	86	鹏鼎控股（深圳）股份有限公司	35050
37	潍柴控股集团有限公司	88391	87	创维集团有限公司	35000
38	联想控股股份有限公司	87125	88	郑州宇通企业集团	34636
39	宁波申洲针织有限公司	85700	89	湖南华菱钢铁集团有限公司	34516
40	北京电子控股有限责任公司	77206	90	正泰集团股份有限公司	34290
41	青山控股集团有限公司	75061	91	奇瑞控股集团有限公司	34243
42	复星国际有限公司	71000	92	广州医药集团有限公司	34218
43	新华联集团有限公司	70598	93	太原钢铁（集团）有限公司	33189
44	中兴通讯股份有限公司	70066	94	深圳海王集团股份有限公司	31500
45	本钢集团有限公司	62936	95	广州智能装备产业集团有限公司	30724
46	正邦集团有限公司	61380	96	盛虹控股集团有限公司	30631
47	四川长虹电子控股集团有限公司	60667	97	万向集团公司	30361
48	长城汽车股份有限公司	59756	98	隆鑫控股有限公司	30021
49	歌尔股份有限公司	59611	99	奥克斯集团有限公司	30000
50	成都蛟龙投资有限责任公司	59375	100	威高集团有限公司	30000
				中国制造业企业 500 强平均数	26332

表 9-7 2020 中国制造业企业 500 强研发费用排序前 100 名企业

排名	公司名称	研发费用/万元	排名	公司名称	研发费用/万元
1	华为投资控股有限公司	13165900	51	浙江大华技术股份有限公司	279421
2	中国航天科工集团有限公司	2730524	52	酒泉钢铁（集团）有限责任公司	275654
3	浙江吉利控股集团有限公司	2072966	53	安徽海螺集团有限责任公司	275573
4	中国第一汽车集团有限公司	1809534	54	太原钢铁（集团）有限公司	275465
5	中国兵器工业集团有限公司	1437100	55	扬子江药业集团	273261
6	中国石油化工集团有限公司	1369049	56	利华益集团股份有限公司	273045
7	中国宝武钢铁集团有限公司	1350026	57	长城汽车股份有限公司	271622
8	中国五矿集团有限公司	1347379	58	中国铝业集团有限公司	266308
9	上海汽车集团股份有限公司	1339415	59	欧菲光集团股份有限公司	261633
10	中兴通讯股份有限公司	1254790	60	华泰集团有限公司	256540
11	中国中车集团有限公司	1241089	61	福建省电子信息（集团）有限责任公司	252874
12	中国电子科技集团公司	1221003	62	重庆小康控股有限公司	251012
13	北京电子控股有限责任公司	1121673	63	山东钢铁集团有限公司	245456
14	山东魏桥创业集团有限公司	1036133	64	通威集团有限公司	238251
15	美的集团股份有限公司	963813	65	舜宇集团有限公司	220934
16	联想控股股份有限公司	946992	66	中联重科股份有限公司	209161
17	东风汽车集团有限公司	905412	67	正泰集团股份有限公司	207807
18	海尔集团公司	810277	68	郑州宇通企业集团	206296
19	小米集团	749255	69	中科电力装备集团有限公司	204966
20	广州汽车工业集团有限公司	731906	70	石药控股集团有限公司	200639
21	万向集团公司	699556	71	包头钢铁（集团）有限责任公司	197391
22	中国电子信息产业集团有限公司	662523	72	中国重型汽车集团有限公司	197346
23	珠海格力电器股份有限公司	589121	73	南京钢铁集团有限公司	196031
24	比亚迪股份有限公司	562937	74	新疆特变电工集团有限公司	195350
25	潍柴控股集团有限公司	550327	75	浙江恒逸集团有限公司	194928
26	TCL 集团股份有限公司	537376	76	中国东方电气集团有限公司	192385
27	河钢集团有限公司	532789	77	浙江荣盛控股集团有限公司	192056
28	中国信息通信科技集团有限公司	522439	78	敬业集团有限公司	190411
29	海信集团有限公司	509988	79	奇瑞控股集团有限公司	187869
30	恒力集团有限公司	508831	80	山东如意时尚投资控股有限公司	187567
31	三一集团有限公司	483024	81	歌尔股份有限公司	180679
32	上海电气（集团）总公司	470836	82	创维集团有限公司	176590
33	鞍钢集团有限公司	466308	83	德力西集团有限公司	175529
34	中国建材集团有限公司	455320	84	瑞声科技控股有限公司	171725
35	首钢集团有限公司	452909	85	万华化学集团股份有限公司	170476
36	立讯精密工业股份有限公司	437597	86	安徽江淮汽车集团控股有限公司	161524
37	上海华虹（集团）有限公司	420210	87	玖龙环球（中国）投资集团有限公司	159138
38	徐州工程机械集团有限公司	392317	88	新希望集团有限公司	158000
39	江苏恒瑞医药股份有限公司	389633	89	广西柳州钢铁集团有限公司	155917
40	江苏沙钢集团有限公司	386012	90	本钢集团有限公司	152714
41	宁波均胜电子股份有限公司	353343	91	欣旺达电子股份有限公司	152267
42	湖南华菱钢铁集团有限责任公司	344752	92	人民电器集团有限公司	146844
43	四川长虹电子控股集团有限公司	332177	93	哈尔滨电气集团有限公司	144757
44	江铃汽车集团有限公司	328763	94	中国国际海运集装箱（集团）股份有限公司	143704
45	亨通集团有限公司	325990	95	三房巷集团有限公司	142866
46	铜陵有色金属集团控股有限公司	303085	96	广州智能装备产业集团有限公司	136571
47	北京建龙重工集团有限公司	291255	97	鹏鼎控股（深圳）股份有限公司	135174
48	华晨汽车集团控股有限公司	291089	98	上海医药集团股份有限公司	134950
49	中天钢铁集团有限公司	285317	99	新余钢铁集团有限公司	134563
50	河北新华联合冶金控股集团有限公司	282790	100	盛虹控股集团有限公司	128990
				中国制造业企业 500 强平均数	160274

表 9-8 2020 中国制造业企业 500 强研发强度排序前 100 名企业

排名	公司名称	研发强度/%	排名	公司名称	研发强度/%
1	上海华虹（集团）有限公司	31.87	51	比亚迪股份有限公司	4.41
2	江苏恒瑞医药股份有限公司	16.73	52	广东德赛集团有限公司	4.34
3	华为投资控股有限公司	15.33	53	胜达集团有限公司	4.33
4	中兴通讯股份有限公司	13.83	54	泰开集团有限公司	4.32
5	浙江大华技术股份有限公司	10.69	55	宁波方太厨具有限公司	4.31
6	中国航天科工集团有限公司	10.51	56	卫华集团有限公司	4.30
7	中国信息通信科技集团有限公司	9.64	57	广东兴发铝业有限公司	4.24
8	瑞声科技控股有限公司	9.60	58	TCL 集团股份有限公司	4.22
9	上海韦尔半导体股份有限公司	9.41	59	山西杏花村汾酒集团有限责任公司	4.12
10	云南云内动力集团有限公司	9.07	60	江苏长电科技股份有限公司	4.12
11	健康元药业集团股份有限公司	8.90	61	万丰奥特控股集团有限公司	4.02
12	瑞声光电科技（常州）有限公司	8.77	62	海信集团有限公司	4.02
13	北京电子控股有限责任公司	8.69	63	玲珑集团有限公司	3.98
14	浙江海正药业股份有限公司	7.35	64	天津钢铁集团有限公司	3.97
15	鲁南制药集团股份有限公司	7.26	65	隆基乐叶光伏科技有限公司	3.96
16	立讯精密工业股份有限公司	7.00	66	上海仪电（集团）有限公司	3.93
17	浙江吉利控股集团有限公司	6.27	67	厦门金龙汽车集团股份有限公司	3.87
18	重庆小康控股有限公司	6.19	68	郑州煤矿机械集团股份有限公司	3.86
19	欣旺达电子股份有限公司	6.03	69	辛集市澳森钢铁有限公司	3.77
20	福建省电子信息（集团）有限责任公司	5.99	70	新疆特变电工集团有限公司	3.75
21	普联技术有限公司	5.97	71	安徽中鼎控股（集团）股份有限公司	3.74
22	广州视源电子科技股份有限公司	5.87	72	山东魏桥创业集团有限公司	3.71
23	舜宇集团有限公司	5.84	73	龙蟒佰利联集团股份有限公司	3.65
24	宁波均胜电子股份有限公司	5.73	74	小米集团	3.64
25	中国东方电气集团有限公司	5.65	75	河南济源钢铁（集团）有限公司	3.64
26	哈尔滨电气集团有限公司	5.65	76	中策橡胶集团有限公司	3.62
27	三一集团有限公司	5.52	77	中国西电集团有限公司	3.62
28	石药控股集团有限公司	5.50	78	大亚科技集团有限公司	3.62
29	新和成控股集团有限公司	5.42	79	广西柳工集团有限公司	3.61
30	中国电子科技集团公司	5.36	80	浙江中财管道科技股份有限公司	3.60
31	万向集团公司	5.36	81	即发集团有限公司	3.60
32	东方日升新能源股份有限公司	5.33	82	波司登股份有限公司	3.59
33	上海龙旗科技股份有限公司	5.20	83	泰豪集团有限公司	3.58
34	中国中车集团有限公司	5.18	84	山东鑫海科技股份有限公司	3.57
35	创维集团有限公司	5.16	85	心里程控股集团有限公司	3.55
36	歌尔股份有限公司	5.14	86	闻泰通讯股份有限公司	3.53
37	深圳市兆驰股份有限公司	5.10	87	深圳市三诺投资控股有限公司	3.52
38	鹏鼎控股（深圳）股份有限公司	5.08	88	福建省汽车工业集团有限公司	3.52
39	欧菲光集团股份有限公司	5.03	89	太原钢铁（集团）有限公司	3.46
40	郑州宇通企业集团	4.90	90	江铃汽车集团有限公司	3.45
41	阳光电源股份有限公司	4.89	91	美的集团股份有限公司	3.45
42	中联重科股份有限公司	4.83	92	华泰集团有限公司	3.42
43	厦门钨业股份有限公司	4.80	93	安徽江淮汽车集团控股有限公司	3.35
44	欧派家居集团股份有限公司	4.74	94	德龙钢铁有限公司	3.35
45	格林美股份有限公司	4.65	95	玖龙环球（中国）投资集团有限公司	3.34
46	徐州工程机械集团有限公司	4.47	96	宁波华翔电子股份有限公司	3.33
47	中科电力装备集团有限公司	4.44	97	上海电气（集团）总公司	3.32
48	华鲁控股集团有限公司	4.43	98	宁波中华纸业有限公司	3.25
49	深圳市大疆百旺科技有限公司	4.42	99	人民电器集团有限公司	3.24
50	东北特殊钢集团股份有限公司	4.41	100	雅迪科技集团有限公司	3.22
				中国制造业企业 500 强平均数	2.18

表 9-9 2020 中国制造业企业 500 强净资产利润率排序前 100 名企业

排名	公司名称	净资产利润率/%	排名	公司名称	净资产利润率/%
1	重庆智飞生物制品股份有限公司	167.50	51	安徽海螺集团有限责任公司	23.59
2	安徽省贵航特钢有限公司	83.71	52	天津友发钢管集团股份有限公司	23.26
3	江苏文凤化纤集团有限公司	69.77	53	立讯精密工业股份有限公司	23.22
4	石家庄君乐宝乳业有限公司	58.69	54	祥兴（福建）箱包集团有限公司	22.88
5	黑龙江飞鹤乳业有限公司	55.48	55	秦皇岛宏兴钢铁有限公司	22.86
6	农夫山泉股份有限公司	50.27	56	珠海格力电器股份有限公司	22.42
7	邯郸正大制管有限公司	49.51	57	金沙河集团有限公司	22.30
8	山东海科控股有限公司	42.66	58	武安市裕华钢铁有限公司	22.27
9	山东鲁花集团有限公司	41.71	59	德龙钢铁有限公司	22.14
10	恒力集团有限公司	39.62	60	人民电器集团有限公司	21.86
11	江苏济川控股集团有限公司	35.05	61	天洁集团有限公司	21.83
12	冀南钢铁集团有限公司	34.73	62	得力集团有限公司	21.82
13	浙江天圣控股集团有限公司	33.01	63	石横特钢集团有限公司	21.74
14	广州视源电子科技股份有限公司	32.68	64	江苏恒瑞医药股份有限公司	21.51
15	山东汇丰石化集团有限公司	32.04	65	永锋集团有限公司	21.47
16	舜宇集团有限公司	31.80	66	雅迪科技集团有限公司	21.28
17	闻泰通讯股份有限公司	31.33	67	北京东方雨虹防水技术股份有限公司	21.21
18	山东鑫海科技股份有限公司	31.27	68	华为投资控股有限公司	21.21
19	深圳市大疆百旺科技有限公司	31.16	69	河南金利金铅集团有限公司	21.20
20	盘锦北方沥青燃料有限公司	31.16	70	广东兴发铝业有限公司	21.16
21	桂林力源粮油食品集团有限公司	31.08	71	河北新武安钢铁集团文安钢铁有限公司	21.00
22	温氏食品集团股份有限公司	30.96	72	石药控股集团有限公司	20.64
23	贵州茅台酒股份有限公司	30.30	73	四川德胜集团钒钛有限公司	20.17
24	天能控股集团有限公司	30.16	74	老凤祥股份有限公司	20.06
25	华新水泥股份有限公司	29.76	75	山东如意时尚投资控股有限公司	20.02
26	金鼎钢铁集团有限公司	28.57	76	桐昆控股集团有限公司	19.92
27	江西济民可信集团有限公司	27.87	77	浙江龙盛控股有限公司	19.77
28	宁波博洋控股集团有限公司	27.60	78	宁波方太厨具有限公司	19.74
29	大亚科技集团有限公司	27.45	79	宁波申洲针织有限公司	19.70
30	红狮控股集团有限公司	27.39	80	天津市宝来工贸有限公司	19.47
31	安徽古井集团有限责任公司	26.54	81	欧派家居集团股份有限公司	19.24
32	内蒙古伊利实业集团股份有限公司	26.53	82	天津市新宇彩板有限公司	19.08
33	牧原食品股份有限公司	26.46	83	唐山东海钢铁集团有限公司	19.03
34	青山控股集团有限公司	26.25	84	浙江中财管道科技股份有限公司	18.90
35	成都蛟龙投资有限责任公司	25.72	85	浙江元立金属制品集团有限公司	18.90
36	爱玛科技集团有限公司	25.64	86	福建福海创石油化工有限公司	18.88
37	河北诚信集团有限公司	25.26	87	广东东阳光科技控股股份有限公司	18.78
38	上海晨光文具股份有限公司	25.23	88	山东荣信集团有限公司	18.77
39	济源市万洋冶炼（集团）有限公司	24.85	89	龙蟒佰利联集团股份有限公司	18.70
40	浙江大华技术股份有限公司	24.79	90	江苏阳光集团有限公司	18.64
41	河北安丰钢铁有限公司	24.72	91	山东金岭集团有限公司	18.40
42	河北天柱钢铁集团有限公司	24.49	92	广东海大集团股份有限公司	18.11
43	敬业集团有限公司	24.30	93	潍柴控股集团有限公司	18.06
44	江苏沃得机电集团有限公司	24.11	94	中兴通讯股份有限公司	17.86
45	万华化学集团股份有限公司	23.91	95	河北普阳钢铁有限公司	17.71
46	恒申控股集团有限公司	23.90	96	万丰奥特控股集团有限公司	17.41
47	美的集团股份有限公司	23.81	97	连云港兴鑫钢铁有限公司	17.29
48	正邦集团有限公司	23.72	98	盛虹控股集团有限公司	17.18
49	辽宁方大集团实业有限公司	23.71	99	安徽环新集团股份有限公司	17.15
50	达利食品集团有限公司	23.60	100	人本集团有限公司	17.08
				中国制造业企业 500 强平均数	10.37

表 9-10 2020 中国制造业企业 500 强资产利润率排序前 100 名企业

排名	公司名称	资产利润率/%	排名	公司名称	资产利润率/%
1	冀南钢铁集团有限公司	31.60	51	浙江大华技术股份有限公司	10.78
2	安徽省贵航特钢有限公司	30.39	52	连云港兴鑫钢铁有限公司	10.77
3	黑龙江飞鹤乳业有限公司	29.15	53	恒申控股集团有限公司	10.66
4	农夫山泉股份有限公司	28.00	54	万华化学集团股份有限公司	10.46
5	贵州茅台酒股份有限公司	22.51	55	石药控股集团有限公司	10.25
6	重庆智飞生物制品股份有限公司	21.63	56	济源市万洋冶炼（集团）有限公司	10.23
7	温氏食品集团股份有限公司	21.30	57	鹏鼎控股（深圳）股份有限公司	10.14
8	河北新武安钢铁集团文安钢铁有限公司	21.00	58	江苏文凤化纤集团有限公司	10.10
9	成都蛟龙投资有限责任公司	20.96	59	深圳市大疆百旺科技有限公司	10.07
10	祥兴（福建）箱包集团有限公司	19.99	60	龙蟒佰利联集团股份有限公司	10.00
11	江苏恒瑞医药股份有限公司	19.33	61	天洁集团有限公司	9.83
12	秦皇岛宏兴钢铁有限公司	19.31	62	天津友发钢管集团股份有限公司	9.76
13	达利食品集团有限公司	19.25	63	波司登股份有限公司	9.60
14	山东鲁花集团有限公司	18.67	64	立讯精密工业股份有限公司	9.55
15	河北诚信集团有限公司	18.07	65	天津恒兴集团有限公司	9.49
16	武安市裕华钢铁有限公司	17.43	66	浙江龙盛控股有限公司	9.35
17	江苏济川控股集团有限公司	17.33	67	山西建邦集团有限公司	9.32
18	华新水泥股份有限公司	17.31	68	江苏上上电缆集团有限公司	9.31
19	金鼎钢铁集团有限公司	16.36	69	山东中海化工集团有限公司	9.25
20	广州视源电子科技股份有限公司	16.15	70	德龙钢铁有限公司	9.25
21	山东金岭集团有限公司	15.81	71	北京东方雨虹防水技术股份有限公司	9.22
22	河北安丰钢铁有限公司	15.71	72	江苏阳光集团有限公司	9.18
23	宁波申洲针织有限公司	15.57	73	邯郸正大制管有限公司	9.17
24	天津市宝来工贸有限公司	14.97	74	玫德集团有限公司	9.02
25	人民电器集团有限公司	14.60	75	山东九羊集团有限公司	8.93
26	唐山东海钢铁集团有限公司	14.04	76	广东海大集团有限公司	8.74
27	上海晨光文具股份有限公司	14.01	77	珠海格力电器股份有限公司	8.73
28	石横特钢集团有限公司	13.64	78	盘锦北方沥青燃料有限公司	8.62
29	河北普阳钢铁有限公司	13.55	79	浙江天圣控股集团有限公司	8.52
30	山东海科控股有限公司	13.16	80	广东兴发铝业有限公司	8.49
31	山东鑫海科技股份有限公司	13.10	81	维维集团有限公司	8.46
32	舜宇集团有限公司	13.00	82	云南白药集团股份有限公司	8.43
33	敬业集团有限公司	12.92	83	万洲国际有限公司	8.37
34	金沙河集团有限公司	12.85	84	老凤祥股份有限公司	8.20
35	普联技术有限公司	12.84	85	青山控股集团有限公司	8.09
36	扬子江药业集团	12.75	86	福建福海创石油化工有限公司	8.07
37	山东荣信集团有限公司	12.57	87	美的集团股份有限公司	8.02
38	欧派家居集团股份有限公司	12.42	88	双胞胎（集团）股份有限公司	7.82
39	正邦集团有限公司	12.37	89	河北东海特钢集团有限公司	7.80
40	浙江中财管道科技股份有限公司	12.33	90	河南明泰铝业股份有限公司	7.79
41	辛集市澳森钢铁有限公司	12.19	91	胜达集团有限公司	7.75
42	江阴江东集团公司	12.16	92	正威国际集团有限公司	7.74
43	唐山瑞丰钢铁（集团）有限公司	11.96	93	安徽古井集团有限责任公司	7.70
44	桂林力源粮油食品集团有限公司	11.83	94	安徽天康（集团）股份有限公司	7.51
45	江西济民可信集团有限公司	11.56	95	得力集团有限公司	7.48
46	牧原食品股份有限公司	11.56	96	三宝集团股份有限公司	7.41
47	宁波方太厨具有限公司	11.56	97	金澳科技（湖北）化工有限公司	7.40
48	红狮控股集团有限公司	11.52	98	奥盛集团有限公司	7.34
49	内蒙古伊利实业集团股份有限公司	11.47	99	鲁丽集团有限公司	7.34
50	河北天柱钢铁集团有限公司	10.87	100	兴达投资集团有限公司	7.31
				中国制造业企业 500 强平均数	2.49

表 9-11 2020 中国制造业企业 500 强收入利润率排序前 100 名企业

排名	公司名称	收入利润率/%	排名	公司名称	收入利润率/%
1	贵州茅台酒股份有限公司	46.38	51	河北安丰钢铁有限公司	8.28
2	黑龙江飞鹤乳业有限公司	32.45	52	鲁南制药集团股份有限公司	8.02
3	牧原食品股份有限公司	30.24	53	赛轮集团股份有限公司	7.90
4	江苏恒瑞医药股份有限公司	22.88	54	孝义市鹏飞实业有限公司	7.90
5	龙蟒佰利联集团股份有限公司	22.71	55	冀南钢铁集团有限公司	7.87
6	重庆智飞生物制品股份有限公司	22.35	56	武安市裕华钢铁有限公司	7.79
7	宁波申洲针织有限公司	21.88	57	内蒙古伊利实业集团股份有限公司	7.70
8	普联技术有限公司	20.94	58	江西济民可信集团有限公司	7.56
9	农夫山泉股份有限公司	20.37	59	万丰奥特控股集团有限公司	7.56
10	华新水泥股份有限公司	20.17	60	立讯精密工业股份有限公司	7.54
11	温氏食品集团股份有限公司	19.10	61	广东东阳光科技控股股份有限公司	7.53
12	达利食品集团有限公司	17.97	62	健康元药业集团股份有限公司	7.47
13	福建福海创石油化工有限公司	17.16	63	玖龙环球（中国）投资集团有限公司	7.39
14	江苏济川控股集团有限公司	16.98	64	山西杏花村汾酒集团有限责任公司	7.35
15	山东鑫海科技股份有限公司	16.89	65	华为投资控股有限公司	7.29
16	万华化学集团股份有限公司	14.89	66	中国航天科技集团有限公司	7.26
17	云南白药集团股份有限公司	14.10	67	福建百宏聚纤科技实业有限公司	6.91
18	石药控股集团有限公司	13.79	68	浙江中财管道科技股份有限公司	6.88
19	浙江龙盛控股有限公司	13.59	69	阳光电源股份有限公司	6.86
20	欧派家居集团股份有限公司	13.59	70	浙江永利实业集团有限公司	6.78
21	安徽古井集团有限责任公司	13.51	71	扬子江药业集团	6.78
22	山东鲁花集团有限公司	12.74	72	青岛海湾集团有限公司	6.77
23	宁波方太厨具有限公司	12.67	73	东方日升新能源股份有限公司	6.76
24	瑞声科技控股有限公司	12.43	74	青岛啤酒股份有限公司	6.61
25	珠海格力电器股份有限公司	12.32	75	河南明泰铝业股份有限公司	6.48
26	浙江大华技术股份有限公司	12.19	76	郑州宇通企业集团	6.19
27	波司登股份有限公司	11.82	77	瑞声光电科技（常州）有限公司	6.16
28	北京东方雨虹防水技术股份有限公司	11.38	78	万洲国际有限公司	6.08
29	玫德集团有限公司	11.25	79	浙江天圣控股集团有限公司	6.07
30	鹏鼎控股（深圳）股份有限公司	10.99	80	纳爱斯集团有限公司	6.07
31	红狮控股集团有限公司	10.59	81	晶澳太阳能科技股份有限公司	5.92
32	舜宇集团有限公司	10.55	82	德龙钢铁有限公司	5.90
33	复星国际有限公司	10.35	83	辽宁方大集团实业有限公司	5.89
34	秦皇岛宏兴钢铁有限公司	10.10	84	山鹰国际控股股份公司	5.86
35	中联重科股份有限公司	10.09	85	金东纸业（江苏）股份有限公司	5.85
36	新和成控股集团有限公司	10.08	86	连云港兴鑫钢铁有限公司	5.79
37	河北诚信集团有限公司	9.94	87	新疆金风科技股份有限公司	5.78
38	石横特钢集团有限公司	9.60	88	广东兴发铝业有限公司	5.78
39	上海晨光文具股份有限公司	9.52	89	宁波华翔电子股份有限公司	5.74
40	安徽省贵航特钢有限公司	9.51	90	盘锦北方沥青燃料有限公司	5.73
41	广州视源电子科技股份有限公司	9.45	91	江阴江东集团公司	5.72
42	恒申控股集团有限公司	9.16	92	中兴通讯股份有限公司	5.67
43	江苏沃得机电集团有限公司	8.89	93	祥兴（福建）箱包集团有限公司	5.64
44	威高集团有限公司	8.85	94	山东金岭集团有限公司	5.58
45	美的集团股份有限公司	8.67	95	心里程控股集团有限公司	5.57
46	唐山瑞丰钢铁（集团）有限公司	8.65	96	玲珑集团有限公司	5.50
47	唐山东海钢铁集团有限公司	8.61	97	辛集市澳森钢铁有限公司	5.33
48	深圳市兆驰股份有限公司	8.53	98	中国电子科技集团公司	5.29
49	成都蛟龙投资有限责任公司	8.42	99	山西晋城钢铁控股集团有限公司	5.29
50	江苏扬子江船业集团	8.29	100	安徽海螺集团有限责任公司	5.23
				中国制造业企业500强平均数	2.61

表 9-12 2020 中国制造业企业 500 强人均营业收入排序前 100 名企业

排名	公司名称	人均营业收入/万元	排名	公司名称	人均营业收入/万元
1	天津国威有限公司	29201	51	金澳科技（湖北）化工有限公司	1121
2	江苏江润铜业有限公司	9224	52	浙江甬金金属科技股份有限公司	1113
3	南京华新有色金属有限公司	8271	53	河北津西钢铁集团股份有限公司	1110
4	山东齐成石油化工有限公司	4000	54	浙江恒逸集团有限公司	1086
5	福建福海创石油化工有限公司	3920	55	山东中海化工集团有限公司	1083
6	天津华北集团有限公司	3453	56	心里程控股集团有限公司	1080
7	正威国际集团有限公司	3391	57	河北普阳钢铁有限公司	1077
8	大连西太平洋石油化工有限公司	3152	58	山东金岭集团有限公司	1074
9	东营齐润化工有限公司	2770	59	江苏文凤化纤集团有限公司	1044
10	兴达投资集团有限公司	2489	60	盛屯矿业集团股份有限公司	1039
11	天津恒兴集团有限公司	2210	61	河南金利金铅集团有限公司	1027
12	山东汇丰石化集团有限公司	2103	62	三房巷集团有限公司	1025
13	山东恒源石油化工股份有限公司	2092	63	福建永荣控股集团有限公司	1014
14	盘锦北方沥青燃料有限公司	1981	64	江西铜业集团有限公司	1008
15	浙江富冶集团有限公司	1971	65	河北新金钢铁有限公司	981
16	河南中原黄金冶炼厂有限责任公司	1937	66	兴惠化纤集团有限公司	974
17	浙江协和集团有限公司	1892	67	鹏欣环球资源股份有限公司	969
18	山东金诚石化集团有限公司	1860	68	香驰控股有限公司	967
19	远景能源有限公司	1845	69	山东清源集团有限公司	950
20	利华益集团股份有限公司	1812	70	海亮集团有限公司	931
21	河北鑫海控股集团有限公司	1774	71	深圳市宝德投资控股有限公司	916
22	山东东明石化集团有限公司	1773	72	山西建邦集团有限公司	909
23	上海源耀农业股份有限公司	1767	73	山东垦利石化集团有限公司	872
24	山东东方华龙工贸集团有限公司	1751	74	安徽天大企业（集团）有限公司	871
25	天洁集团有限公司	1730	75	杭州锦江集团有限公司	853
26	江阴澄星实业集团有限公司	1721	76	道恩集团有限公司	852
27	宏旺投资集团有限公司	1660	77	江苏新长江实业集团有限公司	850
28	金鼎钢铁集团有限公司	1636	78	华泰集团有限公司	838
29	山东寿光鲁清石化有限公司	1612	79	江西博能实业集团有限公司	833
30	山东海科控股有限公司	1560	80	铜陵有色金属集团控股有限公司	831
31	老凤祥股份有限公司	1531	81	中天钢铁集团有限公司	824
32	奥盛集团有限公司	1508	82	万通海欣控股集团有限公司	805
33	河北新武安钢铁集团文安钢铁有限公司	1477	83	金川集团股份有限公司	798
34	三河汇福粮油集团有限公司	1451	84	金东纸业（江苏）股份有限公司	789
35	山东渤海实业股份有限公司	1451	85	富通集团有限公司	765
36	宁波金田投资控股有限公司	1406	86	胜达集团有限公司	760
37	中海外能源科技（山东）有限公司	1391	87	济源市万洋冶炼（集团）有限公司	758
38	正和集团股份有限公司	1371	88	万邦德医药控股集团股份有限公司	752
39	淄博齐翔腾达化工股份有限公司	1303	89	富海集团有限公司	747
40	浙江荣盛控股集团有限公司	1294	90	河南豫光金铅集团有限责任公司	740
41	无锡华东重型机械股份有限公司	1284	91	重庆万达薄板有限公司	739
42	天津荣程祥泰投资控股集团有限公司	1279	92	东方润安集团有限公司	722
43	南京钢铁集团有限公司	1271	93	山东荣信集团有限公司	720
44	黑龙江鑫达企业集团有限公司	1262	94	湖南博长控股集团有限公司	718
45	沂州集团有限公司	1261	95	广西贵港钢铁集团有限公司	708
46	江苏华宏实业集团有限公司	1249	96	杉杉控股有限公司	705
47	小米集团	1226	97	浙江升华控股集团有限公司	701
48	中科电力装备集团有限公司	1214	98	冀南钢铁集团有限公司	697
49	浙江富陵控股集团有限公司	1214	99	天津市宝来工贸有限公司	696
50	山东永鑫能源集团有限公司	1211	100	传化集团有限公司	694
				中国制造业企业 500 强平均数	286

表 9-13 2020 中国制造业企业 500 强人均净利润排序前 100 名企业

排名	公司名称	人均净利润/万元	排名	公司名称	人均净利润/万元
1	福建福海创石油化工有限公司	672.85	51	日照钢铁控股集团有限公司	29.16
2	贵州茅台酒股份有限公司	152.59	52	龙蟒佰利联集团股份有限公司	28.55
3	盘锦北方沥青燃料有限公司	113.52	53	海澜集团有限公司	28.16
4	天津恒兴集团有限公司	83.76	54	温氏食品集团股份有限公司	27.92
5	天洁集团有限公司	82.44	55	珠海格力电器股份有限公司	27.80
6	东营齐润化工有限公司	81.17	56	唐山瑞丰钢铁（集团）有限公司	27.39
7	远景能源有限公司	73.65	57	农夫山泉股份有限公司	27.16
8	正威国际集团有限公司	68.97	58	山东荣信集团有限公司	27.05
9	山东海科控股有限公司	68.59	59	淄博齐翔腾达化工股份有限公司	26.91
10	万华化学集团股份有限公司	65.81	60	河北安丰钢铁有限公司	26.70
11	黑龙江鑫达企业集团有限公司	64.19	61	山东齐成石油化工有限公司	26.25
12	浙江龙盛控股有限公司	63.74	62	北京东方雨虹防水技术股份有限公司	25.71
13	心里程控股集团有限公司	60.13	63	富通集团有限公司	25.12
14	山东金岭集团有限公司	59.89	64	天津华北集团有限公司	24.72
15	小米集团	59.85	65	山东寿光鲁清石化有限公司	24.71
16	兴达投资集团有限公司	56.98	66	德龙钢铁有限公司	24.67
17	恒申控股集团有限公司	56.29	67	唐山东海钢铁集团有限公司	24.66
18	金鼎钢铁集团有限公司	55.74	68	新疆金风科技股份有限公司	24.66
19	冀南钢铁集团有限公司	54.91	69	河北天柱钢铁集团有限公司	24.53
20	河北新武安钢铁集团文安钢铁有限公司	54.17	70	香驰控股有限公司	24.51
21	奥盛集团有限公司	52.61	71	河北津西钢铁集团股份有限公司	24.40
22	云南白药集团股份有限公司	51.50	72	敬业集团有限公司	24.04
23	河北普阳钢铁有限公司	46.29	73	沂州集团有限公司	23.84
24	金东纸业（江苏）股份有限公司	46.16	74	江苏文凤化纤集团有限公司	23.72
25	武安市裕华钢铁有限公司	44.38	75	浙江永利实业集团有限公司	23.69
26	利华益集团股份有限公司	43.63	76	浙江甬金金属科技股份有限公司	23.40
27	老凤祥股份有限公司	43.43	77	浙江大华技术股份有限公司	23.34
28	山西建邦集团有限公司	42.61	78	大连西太平洋石油化工有限公司	23.12
29	江苏江润铜业有限公司	40.87	79	中联重科股份有限公司	22.99
30	浙江富陵控股集团有限公司	40.62	80	阳光电源股份有限公司	22.94
31	山东中海化工集团有限公司	39.92	81	山东金诚石化集团有限公司	22.92
32	南京华新有色金属有限公司	39.85	82	连云港兴鑫钢铁有限公司	22.68
33	华新水泥股份有限公司	39.34	83	三房巷集团有限公司	22.51
34	山东鑫海科技股份有限公司	38.32	84	辽宁嘉晨控股集团有限公司	22.42
35	扬子江药业集团	38.01	85	河北鑫海控股集团有限公司	22.36
36	红狮控股集团有限公司	37.75	86	三河汇福粮油集团有限公司	22.03
37	秦皇岛宏兴钢铁有限公司	35.70	87	安徽海螺集团有限责任公司	21.89
38	浙江天圣控股集团有限公司	35.50	88	江苏恒瑞医药股份有限公司	21.81
39	山东垦利石化集团有限公司	34.12	89	宁波方太厨具有限公司	21.76
40	无锡华东重型机械股份有限公司	33.49	90	紫金矿业集团股份有限公司	21.46
41	广州视源电子科技股份有限公司	33.46	91	青岛海湾集团有限公司	21.15
42	胜达集团有限公司	32.97	92	普联技术有限公司	21.14
43	河南中原黄金冶炼厂有限责任公司	32.65	93	河北新金钢铁有限公司	21.11
44	石横特钢集团有限公司	32.07	94	复星国际有限公司	20.85
45	安徽省贵航特钢有限公司	31.80	95	三宝集团股份有限公司	20.82
46	华为投资控股有限公司	31.62	96	福建永荣控股集团有限公司	20.78
47	山东恒源石油化工股份有限公司	31.39	97	玖龙环球（中国）投资集团有限公司	20.74
48	万通海欣控股集团股份有限公司	30.11	98	浙江协和集团有限公司	20.64
49	山东东明石化集团有限公司	30.02	99	江西济民可信集团有限公司	20.57
50	河北诚信集团有限公司	29.28	100	鹏欣环球资源股份有限公司	20.37
				中国制造业企业 500 强平均数	7.40

表 9-14 2020 中国制造业企业 500 强人均资产排序前 100 名企业

排名	公司名称	人均资产/万元	排名	公司名称	人均资产/万元
1	福建福海创石油化工有限公司	8338.85	51	无锡华东重型机械股份有限公司	689.10
2	天津国威有限公司	4082.00	52	山东渤海实业股份有限公司	685.95
3	远景能源有限公司	3541.21	53	浙江龙盛控股有限公司	681.31
4	黑龙江鑫达企业集团有限公司	1832.77	54	中海外能源科技（山东）有限公司	680.71
5	泸州老窖集团有限责任公司	1715.78	55	贵州茅台酒股份有限公司	677.81
6	金东纸业（江苏）股份有限公司	1499.12	56	鹏欣环球资源股份有限公司	659.52
7	东营齐润化工有限公司	1492.44	57	晨鸣控股有限公司	658.51
8	天津华北集团有限公司	1464.20	58	三一集团有限公司	656.20
9	江苏江润铜业有限公司	1410.75	59	安徽天大企业（集团）有限公司	630.97
10	天津钢铁集团有限公司	1356.91	60	万华化学集团股份有限公司	629.32
11	盘锦北方沥青燃料有限公司	1317.23	61	上海电气（集团）总公司	623.97
12	浙江荣盛控股集团有限公司	1291.09	62	江西铜业集团有限公司	622.69
13	河南中原黄金冶炼厂有限责任公司	1168.37	63	江苏沙钢集团有限公司	620.68
14	新疆金风科技股份有限公司	1150.06	64	紫金矿业集团股份有限公司	620.30
15	小米集团	1094.14	65	日照钢铁控股集团有限公司	618.95
16	洛阳栾川钼业集团股份有限公司	1045.00	66	山东垦利石化集团有限公司	615.09
17	万通海欣控股集团有限公司	1016.99	67	淄博齐翔腾达化工股份有限公司	612.78
18	复星国际有限公司	1008.00	68	云南白药集团股份有限公司	611.25
19	山东恒源石油化工股份有限公司	992.89	69	上海韦尔半导体股份有限公司	609.99
20	明阳新能源投资控股集团有限公司	987.07	70	奇瑞控股集团有限公司	601.57
21	山东寿光鲁清石化有限公司	977.41	71	新疆特变电工集团有限公司	597.49
22	深圳市宝德投资控股有限公司	966.88	72	阳光电源股份有限公司	586.46
23	宁夏天元锰业集团有限公司	928.48	73	中国化工集团有限公司	579.94
24	协鑫集团有限公司	897.45	74	海澜集团有限公司	574.97
25	正威国际集团有限公司	891.57	75	北京金隅集团股份有限公司	573.55
26	天津恒兴集团有限公司	882.22	76	浙江协和集团有限公司	572.37
27	宁波中华纸业有限公司	882.03	77	江阴澄星实业集团有限公司	568.21
28	浙江富陵控股集团有限公司	881.19	78	天瑞集团股份有限公司	565.31
29	利华益集团股份有限公司	860.98	79	瑞星集团股份有限公司	558.36
30	山东齐成石油化工有限公司	857.55	80	福建永荣控股集团有限公司	552.15
31	心里程控股集团有限公司	853.56	81	上海汽车集团股份有限公司	551.74
32	山东钢铁集团有限公司	848.64	82	致达控股集团有限公司	545.33
33	天洁集团有限公司	838.98	83	江西博能实业集团有限公司	543.66
34	山东清源集团有限公司	837.88	84	广州立白企业集团有限公司	538.36
35	西部矿业集团有限公司	813.19	85	河北津西钢铁集团股份有限公司	536.60
36	云南云内动力集团有限公司	796.79	86	老凤祥股份有限公司	529.95
37	大连西太平洋石油化工有限公司	784.13	87	盛屯矿业集团股份有限公司	529.12
38	兴达投资集团有限公司	779.72	88	格林美股份有限公司	528.37
39	山东东方华龙工贸集团有限公司	771.48	89	恒申控股集团有限公司	528.12
40	山东汇丰石化集团有限公司	759.70	90	浙江恒逸集团有限公司	526.06
41	上海华虹（集团）有限公司	757.75	91	富通集团有限公司	524.79
42	杉杉控股有限公司	756.91	92	徐州工程机械集团有限公司	523.49
43	福星集团控股有限公司	742.71	93	山东海科控股有限公司	521.05
44	山东永鑫能源集团有限公司	731.59	94	河北鑫海控股集团有限公司	514.95
45	浙江永利实业集团有限公司	731.20	95	宁波富邦控股集团有限公司	514.93
46	杭州锦江集团有限公司	720.90	96	青岛海湾集团有限公司	510.06
47	奥盛集团有限公司	716.76	97	江苏扬子江船业集团	509.61
48	联想控股股份有限公司	716.30	98	北京电子控股有限责任公司	509.50
49	中国庆华能源集团有限公司	701.54	99	首钢集团有限公司	509.02
50	南京华新有色金属有限公司	690.77	100	南京钢铁集团有限公司	507.77
				中国制造业企业 500 强平均数	298.84

表 9-15 2020 中国制造业企业 500 强收入增长率排序前 100 名企业

排名	公司名称	收入增长率/%	排名	公司名称	收入增长率/%
1	洛阳栾川钼业集团股份有限公司	164.52	51	石家庄君乐宝乳业有限公司	33.00
2	杭州市实业投资集团有限公司	142.38	52	河北普阳钢铁有限公司	32.93
3	德龙钢铁有限公司	128.99	53	河南金利金铅集团有限公司	32.38
4	冀南钢铁集团有限公司	122.81	54	永锋集团有限公司	32.36
5	重庆智飞生物制品股份有限公司	102.50	55	鹏欣环球资源股份有限公司	31.67
6	泸州老窖集团有限责任公司	97.30	56	中海外能源科技（山东）有限公司	31.65
7	福建福海创石油化工有限公司	91.83	57	复星国际有限公司	30.75
8	山东龙大肉食品股份有限公司	91.63	58	上海晨光文具股份有限公司	30.53
9	福建百宏聚纤科技实业有限公司	76.18	59	浙江华友钴业股份有限公司	30.46
10	立讯精密工业股份有限公司	74.38	60	安徽楚江科技新材料股份有限公司	30.07
11	福建省电子信息（集团）有限责任公司	74.09	61	奥盛集团有限公司	29.59
12	东营齐润化工有限公司	69.17	62	北京东方雨虹防水技术股份有限公司	29.25
13	闻泰通讯股份有限公司	65.18	63	天津华北集团有限公司	29.06
14	安徽天大企业（集团）有限公司	61.58	64	河北新华联合冶金控股集团有限公司	28.74
15	浙江荣盛控股集团有限公司	59.90	65	紫金矿业集团股份有限公司	28.40
16	顾家集团有限公司	56.96	66	无锡产业发展集团有限公司	28.13
17	广西盛隆冶金有限公司	56.55	67	温氏食品集团股份有限公司	27.75
18	东方润安集团有限公司	51.81	68	振石控股集团有限公司	27.66
19	中哲控股集团有限公司	51.48	69	重庆市博赛矿业（集团）有限公司	27.51
20	牧原食品股份有限公司	51.04	70	宜宾天原集团股份有限公司	27.48
21	中联重科股份有限公司	50.92	71	江苏中超投资集团有限公司	27.47
22	广西贵港钢铁集团有限公司	49.87	72	山东中海化工集团有限公司	27.20
23	河北鑫海控股集团有限公司	49.83	73	雅戈尔集团股份有限公司	26.94
24	恒力集团有限公司	49.77	74	广东东阳光科技控股股份有限公司	26.43
25	浙江恒逸集团有限公司	48.67	75	北京建龙重工集团有限公司	26.39
26	金鼎钢铁集团有限公司	48.09	76	恒申控股集团有限公司	26.04
27	歌尔股份有限公司	47.99	77	广西南丹南方金属有限公司	25.86
28	东方日升新能源股份有限公司	47.70	78	山东招金集团有限公司	25.81
29	玖德集团有限公司	46.66	79	江阴澄星实业集团有限公司	25.69
30	舜宇集团有限公司	45.95	80	浙江富陵控股集团有限公司	25.53
31	明阳新能源投资控股集团有限公司	44.19	81	阳光电源股份有限公司	25.41
32	敬业集团有限公司	41.38	82	浙江富春江通信集团有限公司	25.07
33	山东东方华龙工贸集团有限公司	40.59	83	森马集团有限公司	25.03
34	中国庆华能源集团有限公司	40.52	84	福建永荣控股集团有限公司	24.90
35	上海韦尔半导体股份有限公司	40.51	85	兴达投资集团有限公司	24.79
36	上海源耀农业股份有限公司	39.28	86	山西晋城钢铁控股集团有限公司	24.48
37	唐山东华钢铁企业集团有限公司	38.20	87	安徽海螺集团有限责任公司	24.29
38	江苏新长江实业集团有限公司	37.90	88	云南云内动力集团有限公司	24.15
39	无锡华东重型机械股份有限公司	37.59	89	欣旺达电子股份有限公司	24.10
40	徐州工程机械集团有限公司	36.48	90	上海电气（集团）总公司	23.75
41	江苏江润铜业有限公司	36.46	91	天洁集团有限公司	23.67
42	三一集团有限公司	36.42	92	山东寿光巨能控股集团有限公司	23.59
43	金龙精密铜管集团有限公司	36.05	93	新希望集团有限公司	23.41
44	南京华新有色金属有限公司	36.01	94	山东钢铁集团有限公司	23.02
45	金沙河集团有限公司	34.58	95	山西建邦集团有限公司	22.99
46	盛虹控股集团有限公司	34.19	96	道恩集团有限公司	22.71
47	黑龙江飞鹤乳业有限公司	33.88	97	天瑞集团股份有限公司	22.45
48	江苏恒瑞医药股份有限公司	33.70	98	山东九羊集团有限公司	22.11
49	新疆金风科技股份有限公司	33.11	99	正威国际集团有限公司	21.54
50	河北天柱钢铁集团有限公司	33.06	100	心里程控股集团有限公司	21.52
				中国制造业企业 500 强平均数	9.17

表 9-16 2020 中国制造业企业 500 强净利润增长率排序前 100 名企业

排名	公司名称	净利润增长率/%	排名	公司名称	净利润增长率/%
1	天津市医药集团有限公司	2807.44	51	赛轮集团股份有限公司	78.88
2	邯郸正大制管有限公司	1098.85	52	青岛海湾集团有限公司	77.93
3	牧原食品股份有限公司	1075.39	53	宁波中华纸业有限公司	74.83
4	山东中海化工集团有限公司	1007.83	54	晶澳太阳能科技股份有限公司	74.09
5	包头钢铁（集团）有限责任公司	925.56	55	立讯精密工业股份有限公司	73.13
6	安徽省贵航特钢有限公司	701.01	56	山东海科控股有限公司	71.35
7	黑龙江飞鹤乳业有限公司	547.54	57	广东德赛集团有限公司	68.31
8	传化集团有限公司	516.07	58	浙江升华控股集团有限公司	67.30
9	创维集团有限公司	490.58	59	上海电气（集团）总公司	66.23
10	三一集团有限公司	425.58	60	秦皇岛宏兴钢铁有限公司	66.03
11	山东齐成石油化工有限公司	357.84	61	天津市新宇彩板有限公司	65.32
12	哈尔滨电气集团有限公司	336.57	62	宗申产业集团有限公司	63.71
13	东营齐润化工有限公司	330.39	63	重庆智飞生物制品股份有限公司	63.05
14	东方日升新能源股份有限公司	319.01	64	天洁集团有限公司	61.10
15	中哲控股集团有限公司	292.98	65	万洲国际有限公司	61.06
16	中国兵器装备集团有限公司	284.78	66	广州视源电子科技股份有限公司	60.41
17	恒力集团有限公司	272.09	67	舜宇集团有限公司	60.24
18	青岛澳柯玛控股集团有限公司	272.08	68	玲珑集团有限公司	60.16
19	温氏食品集团股份有限公司	252.94	69	惠科股份有限公司	58.27
20	浙江恒逸集团有限公司	228.47	70	南京华新有色金属有限公司	57.83
21	上海韦尔半导体股份有限公司	221.15	71	鹏欣环球资源股份有限公司	56.65
22	安徽淮海实业发展集团有限公司	208.29	72	中国东方电气集团有限公司	56.59
23	深圳市兆驰股份有限公司	154.78	73	桂林力源粮油食品集团有限公司	54.14
24	中国铝业集团有限公司	153.13	74	山东鑫海科技股份有限公司	50.00
25	安徽环新集团有限公司	128.83	75	人本集团有限公司	49.76
26	白银有色集团股份有限公司	124.09	76	江苏悦达集团有限公司	49.60
27	无锡产业发展集团有限公司	117.98	77	青山控股集团有限公司	49.08
28	晶科能源有限公司	116.94	78	唐人神集团股份有限公司	47.78
29	中联重科股份有限公司	116.42	79	杭州金鱼电器集团有限公司	47.68
30	海信集团有限公司	113.83	80	沂州集团有限公司	47.67
31	精工控股集团有限公司	113.21	81	宁波方太厨具有限公司	46.33
32	三房巷集团有限公司	112.84	82	广州智能装备产业集团有限公司	45.59
33	江西济民可信集团有限公司	111.71	83	河南金利金铅集团有限公司	44.63
34	远景能源有限公司	111.53	84	杉杉控股有限公司	43.95
35	安徽天大企业（集团）有限公司	109.98	85	昆明钢铁控股有限公司	43.78
36	明阳新能源投资控股集团有限公司	109.57	86	雅迪科技集团有限公司	41.01
37	新凤祥控股集团有限责任公司	108.59	87	金东纸业（江苏）股份有限公司	40.30
38	金沙河集团有限公司	104.83	88	卧龙控股集团有限公司	40.25
39	江南集团有限公司	102.24	89	广西洋浦南华糖业集团股份有限公司	39.70
40	浙江东南网架集团有限公司	100.41	90	陕西有色金属控股集团有限责任公司	38.94
41	巨化集团有限公司	99.55	91	中国兵器工业集团有限公司	38.72
42	天津友发钢管集团股份有限公司	95.63	92	郑州宇通企业集团	38.44
43	冀南钢铁集团有限公司	92.56	93	中策橡胶集团有限公司	38.36
44	正邦集团有限公司	90.58	94	天津食品集团有限公司	38.27
45	万邦德医药控股集团股份有限公司	86.76	95	超威电源集团有限公司	38.01
46	河南明泰铝业股份有限公司	85.02	96	中国宝武钢铁集团有限公司	37.18
47	闻泰通讯股份有限公司	84.84	97	江苏大明金属制品有限公司	37.13
48	万向集团公司	83.26	98	北京东方雨虹防水技术股份有限公司	36.98
49	浙江富冶集团有限公司	82.46	99	山东龙大肉食品股份有限公司	36.04
50	深圳海王集团股份有限公司	82.18	100	恒申控股集团有限公司	35.95
				中国制造业企业 500 强平均数	-0.55

表 9-17 2020 中国制造业企业 500 强资产增长率排序前 100 名企业

排名	公司名称	资产增长率/%	排名	公司名称	资产增长率/%
1	安徽天大企业（集团）有限公司	98.38	51	晶科能源有限公司	32.24
2	超威电源集团有限公司	92.03	52	鲁南制药集团股份有限公司	31.15
3	江西济民可信集团有限公司	87.14	53	三一集团有限公司	30.27
4	德龙钢铁有限公司	77.91	54	天洁集团有限公司	30.15
5	牧原食品股份有限公司	77.22	55	河北诚信集团有限公司	29.28
6	山东中海化工集团有限公司	72.68	56	浙江富春江通信集团有限公司	29.15
7	浙江甬金金属科技股份有限公司	72.01	57	华为投资控股有限公司	28.97
8	山东龙大肉食品股份有限公司	68.29	58	爱玛科技集团股份有限公司	28.44
9	浙江天圣控股集团有限公司	66.80	59	金鼎钢铁集团有限公司	28.34
10	福建大东海实业集团有限公司	64.48	60	迪尚集团有限公司	28.29
11	云南白药集团股份有限公司	63.47	61	浙江东南网架集团有限公司	27.97
12	黑龙江飞鹤乳业有限公司	61.90	62	安徽楚江科技新材料股份有限公司	27.67
13	重庆智飞生物制品股份有限公司	60.68	63	河北鑫海控股集团有限公司	27.44
14	福建百宏聚纤科技实业有限公司	58.28	64	上海电气（集团）总公司	27.38
15	河北新华联合冶金控股集团有限公司	54.56	65	天能控股集团有限公司	27.19
16	恒力集团有限公司	52.97	66	内蒙古伊利实业集团股份有限公司	27.00
17	山东寿光鲁清石化有限公司	52.74	67	江苏沙钢集团有限公司	26.94
18	山东清源集团有限公司	50.44	68	河北安丰钢铁有限公司	26.88
19	恒申控股集团有限公司	48.85	69	金澳科技（湖北）化工有限公司	26.75
20	广西南丹南方金属有限公司	48.13	70	新疆金风科技股份有限公司	26.66
21	浙江中财管道科技股份有限公司	47.20	71	泸州老窖集团有限责任公司	26.64
22	广州工业投资控股集团有限公司	46.21	72	河南金利金集团有限公司	26.54
23	双胞胎（集团）股份有限公司	46.06	73	小米集团	26.44
24	浙江荣盛控股集团有限公司	45.46	74	欣旺达电子股份有限公司	26.30
25	雅迪科技集团有限公司	45.23	75	河南明泰铝业股份有限公司	26.05
26	瑞星集团股份有限公司	45.22	76	武安市裕华钢铁有限公司	25.46
27	冀南钢铁集团有限公司	44.22	77	连云港兴鑫钢铁有限公司	24.59
28	辽宁方大集团实业有限公司	44.09	78	上海源耀农业股份有限公司	24.04
29	新希望集团有限公司	43.15	79	龙蟒佰利联集团股份有限公司	23.99
30	东营齐润化工有限公司	42.86	80	无锡华东重型机械股份有限公司	23.79
31	广州视源电子科技股份有限公司	42.49	81	阳光电源股份有限公司	23.40
32	隆基乐叶光伏科技有限公司	42.23	82	江西铜业集团有限公司	23.40
33	天津市新宇彩板有限公司	42.06	83	天合光能股份有限公司	23.25
34	浙江元立金属制品集团有限公司	41.74	84	江苏恒瑞医药股份有限公司	23.23
35	祥兴（福建）箱包集团有限公司	36.94	85	广西贵港钢铁集团有限公司	23.12
36	明阳新能源投资控股集团有限公司	36.38	86	广州智能装备产业集团有限公司	22.91
37	东方日升新能源股份有限公司	36.35	87	淄博齐翔腾达化工股份有限公司	22.71
38	闻泰通讯股份有限公司	35.69	88	中天科技集团有限公司	22.67
39	立讯精密工业股份有限公司	35.50	89	山东鲁花集团有限公司	22.59
40	宏旺投资集团有限公司	35.39	90	中哲控股集团有限公司	22.55
41	惠科股份有限公司	35.19	91	新和成控股集团有限公司	22.12
42	广东东阳光科技控股股份有限公司	34.58	92	浙江华友钴业股份有限公司	22.07
43	青岛澳柯玛控股集团有限公司	34.50	93	永锋集团有限公司	21.93
44	舜宇集团有限公司	34.31	94	山东恒源石油化工股份有限公司	21.84
45	浙江恒逸集团有限公司	34.30	95	鹏欣环球资源股份有限公司	21.66
46	东方润安集团有限公司	34.12	96	天津友发钢管集团有限公司	21.60
47	万邦德医药控股集团有限公司	33.57	97	温氏食品集团股份有限公司	21.55
48	上海晨光文具股份有限公司	33.25	98	桂林力源粮油食品集团有限公司	21.28
49	欧派家居集团股份有限公司	33.21	99	秦皇岛宏兴钢铁有限公司	21.20
50	广西盛隆冶金有限公司	32.87	100	振石控股集团有限公司	21.16
				中国制造业企业 500 强平均数	8.42

表 9-18 2020 中国制造业企业 500 强研发费用增长率排序前 100 名企业

排名	公司名称	研发费用增长率/%	排名	公司名称	研发费用增长率/%
1	山东潍焦控股集团有限公司	5031.37	51	森马集团有限公司	60.51
2	新希望集团有限公司	1257.27	52	桂林力源粮油食品集团有限公司	58.21
3	青岛海湾集团有限公司	658.80	53	红狮控股集团有限公司	58.05
4	孝义市鹏飞实业有限公司	618.17	54	山东鲁花集团有限公司	57.84
5	青山控股集团有限公司	447.37	55	云南白药集团股份有限公司	57.65
6	广西柳州钢铁集团有限公司	397.68	56	上海韦尔半导体股份有限公司	57.36
7	双胞胎（集团）股份有限公司	390.04	57	深圳市中金岭南有色金属股份有限公司	56.47
8	唐山瑞丰钢铁（集团）有限公司	385.04	58	长城汽车股份有限公司	55.80
9	山东钢铁集团有限公司	358.51	59	重庆市博赛矿业（集团）有限公司	54.81
10	凌源钢铁集团有限责任公司	332.09	60	山东寿光巨能控股集团有限公司	54.57
11	东方日升新能源股份有限公司	320.01	61	中科电力装备集团有限公司	54.37
12	山东清源集团有限公司	251.97	62	福建省电子信息（集团）有限责任公司	53.08
13	吉林亚泰（集团）股份有限公司	226.67	63	中国有色矿业集团有限公司	52.98
14	浙江富陵控股集团有限公司	214.41	64	天洁集团有限公司	51.44
15	泸州老窖集团有限责任公司	207.54	65	北京金隅集团股份有限公司	50.89
16	西部矿业集团有限公司	201.16	66	广西南丹南方金属有限公司	50.55
17	金龙精密铜管集团股份有限公司	177.47	67	重庆小康控股有限公司	50.54
18	中天钢铁集团有限公司	164.47	68	安徽天大企业（集团）有限公司	50.33
19	江西铜业集团有限公司	164.34	69	南山集团有限公司	49.31
20	天津华北集团有限公司	154.83	70	天津国威有限公司	47.77
21	河南明泰铝业股份有限公司	146.69	71	云南云内动力集团有限公司	46.42
22	江阴江东集团公司	145.41	72	江苏恒瑞医药股份有限公司	45.90
23	德龙钢铁有限公司	141.64	73	三一集团有限公司	45.35
24	山东齐成石油化工有限公司	123.21	74	安徽环新集团有限公司	44.67
25	奥盛集团有限公司	123.07	75	中国国际海运集装箱（集团）股份有限公司	44.66
26	贵州茅台酒股份有限公司	121.82	76	上海华谊（集团）公司	44.50
27	桐昆控股集团有限公司	114.40	77	山东鑫海科技股份有限公司	43.77
28	辽宁方大集团实业有限公司	107.18	78	欣旺达电子股份有限公司	43.66
29	中联重科股份有限公司	93.62	79	河北新武安钢铁集团文安钢铁有限公司	43.63
30	南京华新有色金属有限公司	90.00	80	宁波博洋控股集团有限公司	42.97
31	东北特殊钢集团股份有限公司	88.53	81	中国黄金集团有限公司	42.55
32	江苏悦达集团有限公司	86.84	82	江苏文凤化纤集团有限公司	42.06
33	明阳新能源投资控股集团有限公司	86.63	83	顾家集团有限公司	41.95
34	河北新华联合冶金控股集团有限公司	85.04	84	闻泰通讯股份有限公司	41.40
35	江西济民可信集团有限公司	83.05	85	久立集团股份有限公司	41.29
36	万向集团公司	83.04	86	隆基乐叶光伏科技有限公司	40.94
37	北京建龙重工集团有限公司	82.94	87	浙江恒逸集团有限公司	40.54
38	江苏新长江实业集团有限公司	80.06	88	上海晨光文具股份有限公司	40.23
39	唐人神集团股份有限公司	76.82	89	东营齐润化工有限公司	40.00
40	深圳市兆驰股份有限公司	74.42	90	石药控股集团有限公司	39.42
41	立讯精密工业股份有限公司	74.01	91	山东汇丰石化集团有限公司	39.08
42	紫金矿业集团股份有限公司	73.61	92	鲁南制药集团股份有限公司	38.76
43	杭州锦江集团有限公司	71.86	93	赛轮集团股份有限公司	38.67
44	广西贵港钢铁集团有限公司	71.19	94	天津市宝来工贸有限公司	38.67
45	辽宁嘉晨控股集团有限公司	66.67	95	山东创新金属科技有限公司	38.53
46	上海华虹（集团）有限公司	66.12	96	华新水泥股份有限公司	37.57
47	江阴澄星实业集团有限公司	64.96	97	中国五矿集团有限公司	37.46
48	舜宇集团有限公司	62.17	98	中国铝业集团有限公司	37.35
49	唐山港陆钢铁有限公司	62.02	99	道恩集团有限公司	37.01
50	山东龙大肉食品股份有限公司	61.66	100	精工控股集团有限公司	36.74
				中国制造业企业 500 强平均数	13.43

表 9-19 2020 中国制造业企业 500 强行业平均净利润

名次	行业名称	平均净利润/亿元	名次	行业名称	平均净利润/亿元
1	航空航天	118.95	20	农副产品	17.74
2	通信设备制造	101.99	21	造纸及包装	15.21
3	兵器制造	78.46	22	半导体、集成电路及面板制造	15.15
4	酒类	74.03	23	综合制造业	15.03
5	家用电器制造	50.52	24	纺织印染	13.97
6	医疗设备制造	43.88	25	化学原料及化学品制造	13.72
7	水泥及玻璃制造	38.97	26	贵金属	12.89
8	船舶制造	37.52	27	电力、电气设备制造	12.62
9	饮料	37.41	28	一般有色	12.41
10	轨道交通设备及零配件制造	36.15	29	风能太阳能设备制造	11.78
11	汽车及零配件制造	33.54	30	锅炉及动力装备制造	10.79
12	食品	26.60	31	其他建材制造	7.95
13	石化及炼焦	26.31	32	轻工百货生产	7.75
14	化学纤维制造	23.74	33	金属制品加工	7.41
15	黑色冶金	22.69	34	轮胎及橡胶制品	7.34
16	计算机及办公设备	19.65	35	工程机械及设备制造	4.72
17	药品制造	19.46	36	摩托车及零配件制造	4.00
18	工程机械及零部件	18.76	37	电线电缆制造	3.89
19	服装及其他纺织品	17.85	38	物料搬运设备制造	3.71

表 9-20 2020 中国制造业企业 500 强行业平均营业收入

名次	行业名称	平均营业收入/亿元	名次	行业名称	平均营业收入/亿元
1	兵器制造	3377.45	20	医疗设备制造	495.91
2	航空航天	3217.54	21	农副产品	494.38
3	轨道交通设备及零配件制造	2397.52	22	化学原料及化学品制造	480.55
4	汽车及零配件制造	1587.18	23	船舶制造	452.51
5	通信设备制造	1462.41	24	造纸及包装	441.95
6	石化及炼焦	1348.61	25	服装及其他纺织品	410.91
7	化学纤维制造	1113.81	26	药品制造	403.82
8	水泥及玻璃制造	1068.19	27	工程机械及零部件	400.55
9	家用电器制造	1019.82	28	半导体、集成电路及面板制造	389.19
10	一般有色	874.04	29	风能太阳能设备制造	381.29
11	黑色冶金	808.63	30	饮料	358.88
12	锅炉及动力装备制造	800.30	31	电线电缆制造	347.12
13	综合制造业	780.84	32	金属制品加工	343.59
14	计算机及办公设备	741.53	33	轮胎及橡胶制品	341.16
15	贵金属	686.09	34	摩托车及零配件制造	234.92
16	纺织印染	581.78	35	工程机械及设备制造	187.61
17	食品	552.55	36	轻工百货生产	163.20
18	电力、电气设备制造	515.36	37	其他建材制造	147.35
19	酒类	504.30	38	物料搬运设备制造	137.14

表 9-21 2020 中国制造业企业 500 强行业平均资产

名次	行业名称	平均资产/亿元	名次	行业名称	平均资产/亿元
1	航空航天	6116.29	20	化学纤维制造	609.29
2	轨道交通设备及零配件制造	4304.98	21	医疗设备制造	603.77
3	兵器制造	3841.70	22	食品	602.90
4	汽车及零配件制造	1590.26	23	化学原料及化学品制造	575.48
5	通信设备制造	1581.04	24	电力、电气设备制造	567.00
6	水泥及玻璃制造	1491.80	25	造纸及包装	470.68
7	船舶制造	1211.74	26	纺织印染	464.84
8	家用电器制造	1210.73	27	农副产品	436.62
9	锅炉及动力装备制造	1178.66	28	药品制造	385.12
10	综合制造业	1175.74	29	服装及其他纺织品	360.31
11	计算机及办公设备	1010.62	30	摩托车及零配件制造	274.22
12	石化及炼焦	984.28	31	饮料	256.44
13	酒类	947.84	32	轮胎及橡胶制品	228.73
14	黑色冶金	849.12	33	电线电缆制造	214.40
15	半导体、集成电路及面板制造	817.34	34	金属制品加工	214.37
16	风能太阳能设备制造	709.66	35	轻工百货生产	191.92
17	工程机械及零部件	706.27	36	工程机械及设备制造	136.60
18	一般有色	692.15	37	其他建材制造	100.46
19	贵金属	656.15	38	物料搬运设备制造	72.58

表 9-22 2020 中国制造业企业 500 强行业平均纳税总额

名次	行业名称	平均纳税总额/亿元	名次	行业名称	平均纳税总额/亿元
1	轨道交通设备及零配件制造	160.49	20	食品	19.93
2	石化及炼焦	129.16	21	药品制造	19.52
3	酒类	116.56	22	造纸及包装	17.75
4	汽车及零配件制造	113.46	23	纺织印染	17.13
5	兵器制造	90.85	24	工程机械及零部件	16.15
6	水泥及玻璃制造	84.60	25	一般有色	14.91
7	家用电器制造	56.28	26	化学原料及化学品制造	12.98
8	航空航天	49.88	27	服装及其他纺织品	12.43
9	通信设备制造	39.14	28	电力、电气设备制造	12.03
10	化学纤维制造	32.66	29	风能太阳能设备制造	9.28
11	黑色冶金	31.20	30	农副产品	9.04
12	饮料	27.22	31	轮胎及橡胶制品	8.17
13	综合制造业	25.78	32	金属制品加工	7.63
14	医疗设备制造	24.23	33	轻工百货生产	7.00
15	船舶制造	24.19	34	电线电缆制造	6.02
16	锅炉及动力装备制造	23.64	35	其他建材制造	5.48
17	计算机及办公设备	23.24	36	摩托车及零配件制造	5.42
18	半导体、集成电路及面板制造	21.45	37	工程机械及设备制造	3.80
19	贵金属	21.16	38	物料搬运设备制造	3.57

表 9-23 2020 中国制造业企业 500 强行业平均研发费用

名次	行业名称	平均研发费用/亿元	名次	行业名称	平均研发费用/亿元
1	通信设备制造	180.13	20	石化及炼焦	8.87
2	兵器制造	143.71	21	风能太阳能设备制造	7.45
3	航空航天	140.32	22	电线电缆制造	7.39
4	轨道交通设备及零配件制造	124.11	23	一般有色	5.14
5	汽车及零配件制造	39.75	24	轮胎及橡胶制品	5.03
6	家用电器制造	32.37	25	农副产品	4.51
7	半导体、集成电路及面板制造	31.09	26	贵金属	4.22
8	计算机及办公设备	25.02	27	船舶制造	4.21
9	锅炉及动力装备制造	22.68	28	化学原料及化学品制造	3.98
10	工程机械及零部件	17.27	29	服装及其他纺织品	3.95
11	电力、电气设备制造	15.31	30	饮料	3.94
12	纺织印染	14.69	31	金属制品加工	3.68
13	黑色冶金	14.41	32	摩托车及零配件制造	3.55
14	化学纤维制造	11.49	33	物料搬运设备制造	3.23
15	综合制造业	11.27	34	轻工百货生产	2.82
16	造纸及包装	10.48	35	其他建材制造	2.61
17	水泥及玻璃制造	10.41	36	酒类	2.28
18	药品制造	9.32	37	食品	2.26
19	医疗设备制造	9.09	38	工程机械及设备制造	2.23

表 9-24 2020 中国制造业企业 500 强行业人均净利润

名次	行业名称	人均净利润/万元	名次	行业名称	人均净利润/万元
1	酒类	31.79	20	食品	7.95
2	通信设备制造	22.53	21	金属制品加工	7.54
3	其他建材制造	19.95	22	计算机及办公设备	7.25
4	水泥及玻璃制造	17.97	23	一般有色	7.07
5	化学原料及化学品制造	16.67	24	农副产品	6.54
6	船舶制造	15.78	25	纺织印染	6.05
7	造纸及包装	15.68	26	汽车及零配件制造	5.95
8	化学纤维制造	14.76	27	工程机械及设备制造	5.61
9	医疗设备制造	14.63	28	轮胎及橡胶制品	5.48
10	饮料	13.07	29	电力、电气设备制造	5.01
11	黑色冶金	11.67	30	综合制造业	4.95
12	物料搬运设备制造	10.85	31	航空航天	4.80
13	石化及炼焦	10.24	32	轻工百货生产	4.67
14	工程机械及零部件	10.19	33	电线电缆制造	4.58
15	药品制造	10.08	34	兵器制造	4.11
16	贵金属	9.94	35	半导体、集成电路及面板制造	3.71
17	家用电器制造	9.81	36	锅炉及动力装备制造	3.56
18	风能太阳能设备制造	9.44	37	摩托车及零配件制造	2.91
19	服装及其他纺织品	8.26	38	轨道交通设备及零配件制造	1.94

表 9-25 2020 中国制造业企业 500 强行业人均营业收入

名次	行业名称	人均营业收入/万元	名次	行业名称	人均营业收入/万元
1	化学纤维制造	692.23	20	纺织印染	252.14
2	石化及炼焦	555.47	21	工程机械及零部件	225.17
3	一般有色	481.56	22	工程机械及设备制造	222.91
4	造纸及包装	455.69	23	药品制造	222.70
5	电线电缆制造	436.22	24	酒类	216.55
6	贵金属	420.30	25	电力、电气设备制造	204.60
7	物料搬运设备制造	401.24	26	家用电器制造	197.94
8	其他建材制造	369.68	27	船舶制造	190.31
9	金属制品加工	364.84	28	服装及其他纺织品	190.14
10	化学原料及化学品制造	364.05	29	农副产品	182.22
11	黑色冶金	346.39	30	兵器制造	177.11
12	通信设备制造	319.88	31	摩托车及零配件制造	170.84
13	风能太阳能设备制造	305.49	32	医疗设备制造	165.30
14	汽车及零配件制造	286.37	33	食品	165.20
15	计算机及办公设备	273.68	34	饮料	152.02
16	锅炉及动力装备制造	264.15	35	航空航天	129.84
17	综合制造业	259.55	36	轨道交通设备及零配件制造	128.99
18	轮胎及橡胶制品	254.50	37	半导体、集成电路及面板制造	105.54
19	水泥及玻璃制造	254.06	38	轻工百货生产	98.30

表 9-26 2020 中国制造业企业 500 强行业人均资产

名次	行业名称	人均资产/万元	名次	行业名称	人均资产/万元
1	风能太阳能设备制造	568.58	20	航空航天	246.82
2	船舶制造	509.61	21	家用电器制造	234.99
3	造纸及包装	485.32	22	轨道交通设备及零配件制造	231.61
4	化学原料及化学品制造	435.97	23	电力、电气设备制造	225.10
5	酒类	407.01	24	半导体、集成电路及面板制造	221.65
6	石化及炼焦	405.41	25	物料搬运设备制造	212.35
7	贵金属	401.96	26	药品制造	212.16
8	工程机械及零部件	397.04	27	金属制品加工	212.01
9	综合制造业	390.81	28	纺织印染	201.46
10	锅炉及动力装备制造	389.04	29	兵器制造	201.45
11	一般有色	381.34	30	医疗设备制造	201.26
12	化学纤维制造	378.67	31	摩托车及零配件制造	199.43
13	计算机及办公设备	372.99	32	食品	180.26
14	黑色冶金	363.74	33	轮胎及橡胶制品	170.62
15	水泥及玻璃制造	354.82	34	服装及其他纺织品	166.72
16	通信设备制造	345.82	35	工程机械及设备制造	162.30
17	汽车及零配件制造	286.93	36	农副产品	160.93
18	电线电缆制造	269.43	37	轻工百货生产	115.60
19	其他建材制造	252.04	38	饮料	103.59

表 9-27 2020 中国制造业企业 500 强行业人均纳税额

名次	行业名称	人均纳税额/万元	名次	行业名称	人均纳税额/万元
1	石化及炼焦	53.20	20	综合制造业	8.57
2	酒类	50.05	21	通信设备制造	8.56
3	汽车及零配件制造	21.28	22	医疗设备制造	8.08
4	化学纤维制造	20.30	23	金属制品加工	7.88
5	水泥及玻璃制造	20.12	24	锅炉及动力装备制造	7.80
6	造纸及包装	18.30	25	电线电缆制造	7.57
7	化学原料及化学品制造	14.53	26	风能太阳能设备制造	7.43
8	其他建材制造	13.74	27	纺织印染	7.42
9	黑色冶金	13.37	28	轮胎及橡胶制品	6.10
10	贵金属	12.96	29	电力、电气设备制造	6.03
11	家用电器制造	10.92	30	食品	5.96
12	药品制造	10.86	31	半导体、集成电路及面板制造	5.82
13	物料搬运设备制造	10.45	32	服装及其他纺织品	5.75
14	船舶制造	10.18	33	工程机械及设备制造	4.51
15	饮料	9.85	34	兵器制造	4.43
16	工程机械及零部件	9.08	35	轻工百货生产	4.22
17	轨道交通设备及零配件制造	8.63	36	摩托车及零配件制造	3.94
18	一般有色	8.61	37	航空航天	3.38
19	计算机及办公设备	8.58	38	农副产品	3.33

表 9-28 2020 中国制造业企业 500 强行业人均研发费用

名次	行业名称	人均研发费用/万元	名次	行业名称	人均研发费用/万元
1	通信设备制造	39.40	20	药品制造	5.20
2	造纸及包装	10.81	21	化学原料及化学品制造	4.39
3	工程机械及零部件	9.71	22	综合制造业	4.02
4	物料搬运设备制造	9.45	23	金属制品加工	3.79
5	电线电缆制造	9.29	24	轮胎及橡胶制品	3.75
6	计算机及办公设备	9.23	25	石化及炼焦	3.31
7	航空航天	8.62	26	医疗设备制造	3.03
8	半导体、集成电路及面板制造	8.43	27	一般有色	2.83
9	锅炉及动力装备制造	7.49	28	工程机械及设备制造	2.65
10	汽车及零配件制造	7.45	29	贵金属	2.58
11	兵器制造	7.01	30	摩托车及零配件制造	2.58
12	化学纤维制造	6.72	31	水泥及玻璃制造	2.48
13	轨道交通设备及零配件制造	6.68	32	服装及其他纺织品	1.81
14	其他建材制造	6.56	33	船舶制造	1.77
15	纺织印染	6.37	34	轻工百货生产	1.70
16	家用电器制造	6.28	35	农副产品	1.55
17	电力、电气设备制造	6.08	36	饮料	1.45
18	风能太阳能设备制造	5.97	37	酒类	0.98
19	黑色冶金	5.71	38	食品	0.68

表 9-29 2020中国制造业企业500强行业平均资产利润率

名次	行业名称	平均资产利润率/%	名次	行业名称	平均资产利润率/%
1	饮料	14.59	20	石化及炼焦	2.45
2	其他建材制造	7.92	21	黑色冶金	2.39
3	酒类	7.81	22	水泥及玻璃制造	2.27
4	医疗设备制造	7.27	23	电力、电气设备制造	2.23
5	通信设备制造	5.68	24	工程机械及零部件	2.22
6	物料搬运设备制造	5.11	25	汽车及零配件制造	2.04
7	服装及其他纺织品	4.95	26	兵器制造	2.04
8	药品制造	4.78	27	航空航天	1.94
9	食品	4.41	28	计算机及办公设备	1.94
10	家用电器制造	4.17	29	风能太阳能设备制造	1.66
11	农副产品	4.06	30	一般有色	1.58
12	轻工百货生产	4.04	31	半导体、集成电路及面板制造	1.56
13	化学纤维制造	3.90	32	电线电缆制造	1.52
14	工程机械及设备制造	3.46	33	摩托车及零配件制造	1.46
15	造纸及包装	3.23	34	贵金属	1.28
16	轮胎及橡胶制品	3.21	35	综合制造业	1.21
17	金属制品加工	3.15	36	锅炉及动力装备制造	0.92
18	船舶制造	3.10	37	轨道交通设备及零配件制造	0.84
19	纺织印染	3.00			

第十章
2020 中国服务业企业 500 强

表 10-1　2020 中国服务业企业 500 强

名次	企业名称	地区	营业收入/万元	净利润/万元	资产/万元	所有者权益/万元	从业人数/人
1	国家电网有限公司	北京	265219573	5506044	415585039	175172188	964166
2	中国工商银行股份有限公司	北京	130243300	31222400	3010943600	267618600	445106
3	中国平安保险（集团）股份有限公司	广东	116886700	14940700	822292900	67316100	372194
4	中国建设银行股份有限公司	北京	106879800	26673300	2543626100	221625700	347156
5	中国农业银行股份有限公司	北京	101770500	21209800	2487828800	194835500	464011
6	中国银行股份有限公司	北京	93244400	18740500	2276974400	185170100	309384
7	中国人寿保险（集团）公司	北京	90669060	3219564	451651254	13475686	155536
8	中国移动通信集团有限公司	北京	74975548	8390397	185420203	103610351	457565
9	苏宁控股集团	江苏	66525890	1052389	37145231	12465865	280135
10	中国华润有限公司	广东	65462930	2467450	161797240	22973360	396456
11	中国邮政集团有限公司	北京	61724771	3067973	1057771356	38035481	918246
12	北京京东世纪贸易有限公司	北京	57688848	1218415	25972370	8185597	227730
13	中国南方电网有限责任公司	广东	56634191	1266392	93365226	36881931	282864
14	中国人民保险集团股份有限公司	北京	55551500	2240100	113277100	18313300	1089128
15	中国中化集团有限公司	北京	55527470	327053	54889301	5309181	60049
16	中国中信集团有限公司	北京	51893114	2519383	748677828	36336116	304260
17	阿里巴巴集团控股有限公司	浙江	50971100	14943300	131298500	75540100	117600
18	中粮集团有限公司	北京	49843634	286187	59798361	8707072	110896
19	中国医药集团有限公司	北京	48835454	630173	39360646	7201693	148783
20	碧桂园控股有限公司	广东	48590800	3955000	190715200	15193900	101784
21	恒大集团有限公司	广东	47756100	1728000	220657700	35853700	133123
22	中国电信集团有限公司	北京	46539040	1245268	90096360	37702798	401965
23	交通银行股份有限公司	上海	45988600	7728100	990560000	79324700	85324
24	绿地控股集团股份有限公司	上海	42782271	1474301	114570653	7890119	52576
25	招商银行股份有限公司	广东	39716100	9286700	696023200	57835200	76046
26	中国保利集团公司	北京	39479996	1403017	131288649	8892068	100393
27	中国太平洋保险（集团）股份有限公司	上海	38548878	2774140	152833283	17842692	117893
28	腾讯控股有限公司	广东	37728900	9331000	95398600	43270600	62885
29	国美控股集团有限公司	北京	37170057	193932	26917623	7529719	79100
30	万科企业股份有限公司	广东	36789388	3887209	173992945	18805849	—
31	物产中大集团股份有限公司	浙江	35892248	273385	9333203	2516475	20322
32	上海浦东发展银行股份有限公司	上海	35468100	5981100	700592900	55356100	55509
33	兴业银行股份有限公司	福建	35195200	6586800	714568100	54136000	60455
34	厦门建发集团有限公司	福建	33969015	461014	34134471	5180549	26732

续表

名次	企业名称	地区	营业收入/万元	净利润/万元	资产/万元	所有者权益/万元	从业人数/人
35	招商局集团有限公司	北京	33938447	3615278	193589455	35322282	157635
36	民生银行股份有限公司	北京	33795100	5381900	668184100	51884500	58933
37	中国光大集团有限公司	北京	32440000	1374500	521048600	14471400	79800
38	中国远洋海运集团有限公司	北京	30849725	750657	87702629	19645100	118243
39	中国机械工业集团有限公司	北京	29790741	312464	38361111	6852642	146792
40	厦门国贸控股集团有限公司	福建	29561335	28870	10208993	926361	15178
41	中国联合网络通信集团有限公司	北京	29196433	184659	60236284	17998129	260058
42	雪松控股集团有限公司	广东	28515808	84318	11658389	2853632	30984
43	厦门象屿集团有限公司	福建	28418162	151973	13936652	1999148	11635
44	中国航空油料集团有限公司	北京	27970383	392859	6764797	2569904	15699
45	阳光龙净集团有限公司	福建	24807843	424235	41831136	2616792	26363
46	中国太平保险控股有限公司	北京	22046226	404713	82501284	3707693	65957
47	泰康保险集团股份有限公司	北京	20381406	2218640	93548707	8120041	57372
48	深圳市投资控股有限公司	广东	19933980	1101015	69950802	30554656	67518
49	新疆广汇实业投资（集团）有限责任公司	新疆维吾尔自治区	19834749	62027	27322552	3806502	77400
50	华夏人寿保险股份有限公司	北京	19685057	84285	58634509	2228709	500000
51	重庆市金科投资控股（集团）有限责任公司	重庆	19066570	1221568	32930458	1232092	29447
52	中国通用技术（集团）控股有限责任公司	北京	18348000	338162	19720204	4519257	43197
53	广西投资集团有限公司	广西壮族自治区	18003288	54061	49171820	3635902	26953
54	东浩兰生（集团）有限公司	上海	17492306	103698	3530875	1349354	6316
55	新华人寿保险股份有限公司	北京	17456600	1455900	87897000	8445100	36504
56	融创中国控股有限公司	天津	16932000	2603000	96065000	8307000	—
57	中国南方航空集团有限公司	广东	15500239	412893	34978522	7119126	119500
58	龙湖集团控股有限公司	重庆	15102643	1833656	65224485	9395631	26316
59	浙江省交通投资集团有限公司	浙江	15047209	514827	48094486	9987723	38513
60	华夏银行股份有限公司	北京	14861004	2190500	320078900	26758800	38639
61	国家开发投资集团有限公司	北京	14194552	603397	63185483	8980461	51961
62	中国国际航空股份有限公司	北京	14023988	642203	29420637	9345867	89824
63	中国东方航空集团有限公司	上海	13340695	371626	33466016	4300518	99942
64	云南省建设投资控股集团有限公司	云南	13280413	222904	40560393	6530091	43874
65	华侨城集团有限公司	广东	13098215	923300	55254503	7417961	62253
66	中国供销集团有限公司	北京	12890195	16516	13772197	1458601	35789
67	云南省投资控股集团有限公司	云南	12833226	70547	37561523	4200883	33369
68	东岭集团股份有限公司	陕西	12602834	64594	4246354	1059358	10292

续表

名次	企业名称	地区	营业收入/万元	净利润/万元	资产/万元	所有者权益/万元	从业人数/人
69	北京银行股份有限公司	北京	12564900	2144100	273704000	20712900	—
70	甘肃省公路航空旅游投资集团有限公司	甘肃	12374797	59947	50001003	15971320	37294
71	中国国际技术智力合作集团有限公司	北京	12294331	74105	1386841	493094	5322
72	上海钢联电子商务股份有限公司	上海	12257175	18059	1080416	114210	2720
73	浙江省兴合集团有限责任公司	浙江	11913833	24494	5084630	477066	18747
74	中国华融资产管理股份有限公司	北京	11265651	142443	170501241	12125878	10947
75	浪潮集团有限公司	山东	11234474	330415	9362062	3365044	36156
76	云南省能源投资集团有限公司	云南	11231307	146639	18884178	5394946	11349
77	顺丰控股股份有限公司	广东	11219339	579650	9253538	4241971	114813
78	西安迈科金属国际集团有限公司	陕西	11218875	26369	2400426	542151	1160
79	浙江省能源集团有限公司	浙江	11180545	518771	24150783	7988499	23214
80	上海均和集团有限公司	上海	10604753	15304	2275796	836143	5000
81	晋能集团有限公司	山西	10580540	94002	29453660	6430865	94066
82	华夏幸福基业股份有限公司	河北	10520954	1461178	45781195	5003627	24340
83	广东鼎龙实业集团有限公司	广东	10408353	75924	3290928	210121	3200
84	东方国际（集团）有限公司	上海	10320481	82916	6646721	1721468	81295
85	阳光保险集团股份有限公司	广东	10161977	506617	33152547	4992021	232057
86	北京外企服务集团有限责任公司	北京	10080905	40385	972618	273252	40200
87	北京控股集团有限公司	北京	10071001	89308	36062500	3766602	81029
88	九州通医药集团股份有限公司	湖北	9949708	172655	7114777	1875421	25796
89	上海银行股份有限公司	上海	9809078	2029759	223708194	17670861	12699
90	美团点评	上海	9752853	223876	13201291	9211244	54580
91	卓尔控股有限公司	湖北	9683865	179443	9276878	4446414	6551
92	中国信达资产管理股份有限公司	北京	9614700	1305295	151323000	16489812	16425
93	弘阳集团有限公司	江苏	9586110	338264	12814322	2067374	8126
94	前海人寿保险股份有限公司	广东	9413791	57708	27116674	2381915	3179
95	新奥控股投资股份有限公司	河北	9281437	134383	13489953	1789422	26902
96	神州数码集团股份有限公司	北京	8680338	70141	2942090	437215	4070
97	唯品会（中国）有限公司	广东	8675323	420618	1594325	1593394	26666
98	永辉超市股份有限公司	福建	8487696	156372	5235301	2010594	110778
99	山东高速集团有限公司	山东	8479337	374094	72175044	7268329	40910
100	荣盛控股股份有限公司	河北	8392993	425157	27888947	2498439	27623
101	内蒙古电力（集团）有限责任公司	内蒙古自治区	8273048	201542	10019036	4596747	37479
102	珠海华发集团有限公司	广东	7926925	130167	36184050	3759846	28443

续表

名次	企业名称	地区	营业收入/万元	净利润/万元	资产/万元	所有者权益/万元	从业人数/人
103	重庆市迪马实业股份有限公司	重庆	7890422	143208	7251175	913564	6282
104	百度网络技术有限公司	北京	7809300	205700	30131600	16359900	37779
105	重庆华宇集团有限公司	重庆	7776600	906791	9960000	3884400	5476
106	富德生命人寿保险股份有限公司	广东	7758236	20855	47316745	3217563	—
107	北京首都旅游集团有限责任公司	北京	7735790	−43456	13180956	1997088	75542
108	陕西投资集团有限公司	陕西	7735323	187940	16741652	3460003	24977
109	上海永达控股（集团）有限公司	上海	7638744	150392	3628560	1038652	13474
110	中基宁波集团股份有限公司	浙江	7148984	20779	1161529	126081	2216
111	广西北部湾国际港务集团有限公司	广西壮族自治区	7068778	13245	13168667	2979281	33186
112	远大物产集团有限公司	浙江	6774851	17684	637119	234696	545
113	广东省广新控股集团有限公司	广东	6718228	87089	6321730	1218364	27477
114	中国铁路物资集团有限公司	北京	6517881	21246	5573683	538375	8407
115	百联集团有限公司	上海	6426771	30332	8857918	2045368	50632
116	浙江省国际贸易集团有限公司	浙江	6392986	127701	9929485	1546868	15339
117	北京能源集团有限责任公司	北京	6331733	198260	30268779	7542819	36054
118	蓝润集团有限公司	四川	6319460	273231	9097583	3534394	20000
119	江苏国泰国际集团股份有限公司	江苏	6122367	94505	2352261	845822	15353
120	广东省广晟资产经营有限公司	广东	6034546	126294	12812694	954897	52074
121	国能领航城市建设投资有限公司	北京	6034447	199049	4359689	2702664	8356
122	网易公司	北京	5924100	2123800	11212400	6145400	20797
123	河北省物流产业集团有限公司	河北	5902302	8083	1582036	279447	2187
124	广州越秀集团股份有限公司	广东	5860136	206273	63209705	4506498	24341
125	渤海银行股份有限公司	天津	5806765	833553	111311651	8278137	9794
126	上海中梁企业发展有限公司	上海	5695985	394520	22547390	901050	13322
127	山西煤炭进出口集团有限公司	山西	5678173	12093	9335986	1511089	16881
128	四川省交通投资集团有限责任公司	四川	5678085	94847	39247918	12781954	25303
129	北京首都开发控股（集团）有限公司	北京	5666596	158725	34766245	1816866	8529
130	深圳市爱施德股份有限公司	广东	5596932	34368	1022420	495461	2228
131	浙江前程投资股份有限公司	浙江	5344503	2584	533273	97952	412
132	上海新增鼎资产管理有限公司	上海	5344028	−267	518976	16668	428
133	振烨国际产业控股集团（深圳）有限公司	广东	5204195	107968	1385067	372600	2200
134	重庆市能源投资集团有限公司	重庆	5109427	−8664	11612485	2049626	40892
135	四川省能源投资集团有限责任公司	四川	5109138	83787	15391246	2799269	23563
136	盛京银行股份有限公司	辽宁	4987128	544322	102148080	7855553	6219

续表

名次	企业名称	地区	营业收入/万元	净利润/万元	资产/万元	所有者权益/万元	从业人数/人
137	广东省交通集团有限公司	广东	4911233	268805	42457625	9490226	64184
138	中华联合保险集团股份有限公司	北京	4887421	57700	7570121	1667815	45440
139	福建省能源集团有限责任公司	福建	4881451	185686	13098505	2114510	31832
140	申能(集团)有限公司	上海	4880455	421469	18905820	10208002	16668
141	奥园集团有限公司	广东	4867451	517352	26538347	2049616	16504
142	恒信汽车集团股份有限公司	湖北	4854190	90817	1575282	439615	16659
143	重庆农村商业银行股份有限公司	重庆	4852677	975989	103023023	8821350	15371
144	福建省福化工贸股份有限公司	福建	4815224	1737	358223	73023	284
145	武汉金融控股(集团)有限公司	湖北	4812354	79773	13111528	2013415	6760
146	广西交通投资集团有限公司	广西壮族自治区	4803763	21982	38703683	10776942	15454
147	北京首都创业集团有限公司	北京	4745880	256642	35848259	2467188	34521
148	福佳集团有限公司	辽宁	4669130	329100	8212698	5059983	2483
149	大汉控股集团有限公司	湖南	4632228	88972	1989127	743505	5126
150	东华能源股份有限公司	江苏	4618762	110400	2808143	932685	1804
151	通鼎集团有限公司	江苏	4502855	130365	2450362	539717	13626
152	广州轻工工贸集团有限公司	广东	4490918	57433	2497935	891003	6874
153	中国大地财产保险股份有限公司	上海	4331959	170097	7895011	2723528	64687
154	兴华财富集团有限公司	河北	4315838	225224	1683865	1057881	6552
155	物美科技集团有限公司	北京	4297699	237353	7349849	2760669	100000
156	汇通达网络股份有限公司	江苏	4278661	16593	1835165	489238	4860
157	南昌市政公用投资控股有限责任公司	江西	4267800	54707	13368932	3329262	35081
158	深圳金雅福控股集团有限公司	广东	4262228	16196	140382	62729	1990
159	重庆中昂投资集团有限公司	重庆	4254075	615143	8646031	2991621	10282
160	名创优品(广州)有限责任公司	广东	4253261	350827	2013125	503292	35126
161	天津泰达投资控股有限公司	天津	4246755	20316	27645573	4596808	20791
162	山东省商业集团有限公司	山东	4203381	21469	11283249	845893	38730
163	广东省广物控股集团有限公司	广东	4178447	28392	3908828	1428914	12017
164	步步高投资集团股份有限公司	湖南	4152575	17812	2437784	792546	29384
165	广州国资发展控股有限公司	广东	4148991	85264	7918196	2059067	11984
166	广州农村商业银行股份有限公司	广东	4099293	752034	89415429	6834669	12668
167	江苏中利控股集团有限公司	江苏	4081275	119565	4129583	1311476	8898
168	陕西龙记泰信房地产开发有限公司	陕西	3979102	73643	1926175	1128532	3958
169	四川省商业投资集团有限公司	四川	3942810	6545	1748519	176118	2800
170	齐鲁交通发展集团有限公司	山东	3939196	47619	21755769	6782643	18509

续表

名次	企业名称	地区	营业收入/万元	净利润/万元	资产/万元	所有者权益/万元	从业人数/人
171	上海农村商业银行股份有限公司	上海	3831115	884564	93028730	7114988	6257
172	北京江南投资集团有限公司	北京	3825654	568260	14336262	2844071	436
173	厦门路桥工程物资有限公司	福建	3759382	16750	1202129	124658	474
174	北京金融街投资（集团）有限公司	北京	3698782	91772	24501012	3453921	12426
175	重庆千信集团有限公司	重庆	3695145	57023	1421419	478907	811
176	武汉商联（集团）股份有限公司	湖北	3689073	51507	3505552	411733	31376
177	深圳市中农网有限公司	广东	3656789	2675	1253669	84851	612
178	中铁集装箱运输有限责任公司	北京	3642514	101410	2476058	1341739	967
179	建业控股有限公司	河南	3626989	270086	15526106	1531334	19859
180	上海国际港务（集团）股份有限公司	上海	3610163	906227	14217729	8205674	14650
181	天津银行股份有限公司	天津	3596109	454797	66940112	5039485	6781
182	重庆市中科控股有限公司	重庆	3570828	11564	2035189	370883	2043
183	携程计算机技术（上海）有限公司	上海	3567000	701100	20020000	8873000	45100
184	江苏汇鸿国际集团股份有限公司	江苏	3557793	33700	2523300	529260	—
185	上海均瑶（集团）有限公司	上海	3550583	36213	9059679	1079903	19435
186	华东医药股份有限公司	浙江	3544570	281312	2146397	1230948	12118
187	新华锦集团	山东	3544334	11513	1000441	251530	9200
188	安徽省交通控股集团有限公司	安徽	3535128	248016	25249316	7740652	27252
189	瑞康医药集团股份有限公司	山东	3525851	-92780	3246527	718649	10011
190	浙江省海港投资运营集团有限公司	浙江	3524907	280620	12362637	6275418	20461
191	香江集团有限公司	广东	3505313	194861	5382543	3512923	12945
192	杭州市城市建设投资集团有限公司	浙江	3489000	142720	13894178	4485305	33433
193	海通证券股份有限公司	上海	3442864	952324	63679363	12609099	10837
194	重庆医药（集团）股份有限公司	重庆	3384381	80373	2483276	655204	8109
195	天津亿联控股集团有限公司	天津	3372013	156735	10008455	3980052	10437
196	湖北省交通投资集团有限公司	湖北	3342957	358342	44033277	12606977	13973
197	华南物资集团有限公司	重庆	3307275	9087	530124	71368	696
198	安徽省安粮集团有限公司	安徽	3200145	7379	2467489	288360	3170
199	重庆对外经贸（集团）有限公司	重庆	3182510	15870	2173198	487106	7046
200	上海闽路润贸易有限公司	上海	3167713	6851	809097	17849	158
201	苏州金螳螂企业（集团）有限公司	江苏	3125828	60018	4500851	464426	19448
202	圆通速递股份有限公司	上海	3115112	166770	2216097	1289366	14641
203	卓越置业集团有限公司	广东	3107271	598472	22455107	5272425	4001
204	利群集团股份有限公司	山东	3038679	50886	2240549	711069	11200

续表

名次	企业名称	地区	营业收入/万元	净利润/万元	资产/万元	所有者权益/万元	从业人数/人
205	长沙银行股份有限公司	湖南	3036711	508025	60199773	4063269	7411
206	兰州新区商贸物流投资集团有限公司	甘肃	3029065	14019	1428893	680836	1723
207	文一投资控股集团	安徽	3025147	74343	5213519	2759002	22100
208	武汉当代科技产业集团股份有限公司	湖北	2998676	28667	9790990	1006199	29203
209	月星集团有限公司	上海	2910559	251482	5751398	1976199	10566
210	天津港（集团）有限公司	天津	2849705	-41015	13876724	2854459	20248
211	杭州东恒石油有限公司	浙江	2837084	17141	588679	294887	433
212	太平鸟集团有限公司	浙江	2834888	5852	1447033	46942	13638
213	厦门港务控股集团有限公司	福建	2755757	51933	4190989	649324	10675
214	河北省国和投资集团有限公司	河北	2751675	1816	552928	63487	2500
215	深圳市信利康供应链管理有限公司	广东	2702781	12929	987905	127389	474
216	广州市水务投资集团有限公司	广东	2683758	120687	16880444	4600201	28403
217	广东省广业集团有限公司	广东	2675421	68258	4953902	1472191	22157
218	张家港保税区立信投资有限公司	江苏	2644533	36776	117574	30427	20
219	郑州银行股份有限公司	河南	2620741	328512	50047813	3859032	4854
220	宝龙地产控股有限公司	上海	2604163	404111	6287872	3184021	11042
221	德邦物流股份有限公司	上海	2592210	32363	907798	405567	135375
222	四川航空股份有限公司	四川	2586527	10587	3581560	495882	16585
223	沐甜科技股份有限公司	广西壮族自治区	2583843	2544	774346	37072	158
224	广州市方圆房地产发展有限公司	广东	2566274	168406	7965536	1420628	5000
225	深圳传音控股股份有限公司	广东	2534592	179330	1774375	825399	15933
226	深圳华强集团有限公司	广东	2517255	103083	6827379	1530901	25528
227	杭州滨江房产集团股份有限公司	浙江	2495450	163122	12962535	1656737	1520
228	厦门中骏集团有限公司	福建	2477304	387965	15155565	1940964	7592
229	中国万向控股有限公司	上海	2468181	98111	13567988	823872	17374
230	浙江英特药业有限责任公司	浙江	2459870	28451	1073147	204061	3943
231	江阴长三角钢铁集团有限公司	江苏	2455121	1494	49331	10209	335
232	源山投资控股有限公司	上海	2404238	2756	632411	228646	170
233	日照港集团有限公司	山东	2401306	18554	6724274	1513145	8907
234	华远国际陆港集团有限公司	山西	2397273	11953	10495024	3453827	20860
235	江苏无锡朝阳集团股份有限公司	江苏	2361886	18149	187279	129810	1565
236	广西物资集团有限责任公司	广西壮族自治区	2350030	9505	1557631	486710	3188
237	广东粤海控股集团有限公司	广东	2342986	159899	11671671	3782226	13608
238	利泰集团有限公司	广东	2328593	8477	547769	172005	9000

续表

名次	企业名称	地区	营业收入/万元	净利润/万元	资产/万元	所有者权益/万元	从业人数/人
239	厦门禹洲集团股份有限公司	福建	2324071	396680	14643513	2290315	7572
240	无锡市不锈钢电子交易中心有限公司	江苏	2312911	3722	17068	15633	99
241	申通快递股份有限公司	浙江	2308894	140831	1385522	913695	11139
242	广发证券股份有限公司	广东	2280988	753892	39439106	9123398	9878
243	中通快递股份有限公司	上海	2210995	492020	4513956	3755670	18578
244	深圳市富森供应链管理有限公司	广东	2209371	6485	1319815	71769	450
245	无锡市国联发展（集团）有限公司	江苏	2176526	156819	9401466	2380168	11353
246	浙江建华集团有限公司	浙江	2170979	7626	287090	92044	3036
247	浙江宝利德股份有限公司	浙江	2160898	21170	701726	160462	2197
248	水发集团有限公司	山东	2133783	48244	10713526	1391488	14027
249	新疆天富集团有限责任公司	新疆维吾尔自治区	2130694	341	4319712	743355	6590
250	广微控股有限公司	上海	2114743	119699	2849932	1535840	9336
251	深圳能源集团股份有限公司	广东	2081700	170122	9611205	3008699	—
252	东莞农村商业银行股份有限公司	广东	2060173	493586	46120880	3381441	6878
253	联发集团有限公司	福建	2055610	117416	8357247	1060187	4240
254	上海协通（集团）有限公司	上海	2043054	71139	499963	251627	1979
255	青岛世纪瑞丰集团有限公司	山东	2041847	1880	752684	31460	107
256	大华（集团）有限公司	上海	2025066	425648	12391118	2551285	3364
257	张家港保税区旭江贸易有限公司	江苏	2018946	66167	586156	167514	20
258	上海春秋国际旅行社（集团）有限公司	上海	1995657	120489	3146912	854984	10995
259	南京新华海科技产业集团有限公司	江苏	1991425	45431	1155691	486609	1668
260	广西农村投资集团有限公司	广西壮族自治区	1964000	23353	5678158	652163	32945
261	青岛城市建设投资（集团）有限责任公司	山东	1921500	118123	27839800	5964234	1518
262	淄博商厦股份有限公司	山东	1911852	15549	570798	259086	10020
263	安徽出版集团有限责任公司	安徽	1907099	35097	2624180	844223	4544
264	武汉联杰能源有限公司	湖北	1899330	2101	295308	164134	31
265	石家庄北国人百集团有限责任公司	河北	1896858	43916	1242693	429421	16179
266	安徽辉隆投资集团有限公司	安徽	1896549	9987	930793	95843	2852
267	天津现代集团有限公司	天津	1896219	70928	2482767	1032268	420
268	盐城市国有资产投资集团有限公司	江苏	1875244	26263	4549775	1224863	2162
269	吉林银行股份有限公司	吉林	1847361	121146	37636853	3119399	10673
270	广州珠江实业集团有限公司	广东	1833792	90506	10073820	1937630	15955
271	九江银行股份有限公司	江西	1814542	183721	36335160	2472559	3834
272	张家港市泽厚贸易有限公司	江苏	1805613	6057	369910	1500	20

续表

名次	企业名称	地区	营业收入/万元	净利润/万元	资产/万元	所有者权益/万元	从业人数/人
273	广州市城市建设投资集团有限公司	广东	1792995	18456	21170108	12054884	5653
274	润华集团股份有限公司	山东	1791429	47303	1424900	707615	5217
275	上海机场（集团）有限公司	上海	1782659	368809	9682767	6422674	18827
276	张家港市沃丰贸易有限公司	江苏	1776844	8941	379865	1505	20
277	江苏省苏豪控股集团有限公司	江苏	1773139	131187	2760887	936693	8942
278	中国江苏国际经济技术合作集团有限公司	江苏	1768149	29269	2056941	312710	8282
279	北京学而思教育科技有限公司	北京	1765255	251059	2572543	1710680	43831
280	上海景域文化传播股份有限公司	上海	1745488	-1526	598147	384069	2389
281	青岛银行股份有限公司	山东	1741450	228482	37362215	2991546	3976
282	中原出版传媒投资控股集团有限公司	河南	1713869	54703	1749263	901201	16447
283	宁波君安控股有限公司	浙江	1699353	5494	305027	64261	89
284	维科控股集团股份有限公司	浙江	1699067	41355	1654547	188049	6654
285	长春欧亚集团股份有限公司	吉林	1672731	23841	2275961	322655	11487
286	厦门翔业集团有限公司	福建	1660297	81099	3838086	1114610	14851
287	重庆交通运输控股（集团）有限公司	重庆	1623323	36821	2610198	923324	38725
288	安徽华源医药集团股份有限公司	安徽	1614184	18518	1269683	201281	8400
289	广州无线电集团有限公司	广东	1609771	51025	3918183	749573	43337
290	河南交通投资集团有限公司	河南	1605472	90165	19015016	4547540	29815
291	桂林银行股份有限公司	广西壮族自治区	1604880	117110	31227346	1983791	3850
292	深圳市华富洋供应链有限公司	广东	1597811	9138	1213234	74301	273
293	天津城市基础设施建设投资集团有限公司	天津	1588770	161327	83145067	24810188	15376
294	山东远通汽车贸易集团有限公司	山东	1586189	6845	636296	363704	6058
295	河北港口集团有限公司	河北	1567051	-2901	6143096	2451362	13531
296	广州岭南国际企业集团有限公司	广东	1544272	61628	1582424	642964	12981
297	广州红海人力资源集团股份有限公司	广东	1540594	9188	136178	22624	1496
298	江阴市金桥化工有限公司	江苏	1528292	1360	179327	15744	80
299	广州金融控股集团有限公司	广东	1516217	98059	63832642	2751083	9240
300	天津农村商业银行股份有限公司	天津	1511915	245743	31968260	2910532	5790
301	浙江华通控股集团有限公司	浙江	1508744	25559	4325455	319140	6521
302	青岛农村商业银行股份有限公司	山东	1505416	282480	34166738	2441527	5198
303	鹭燕医药股份有限公司	福建	1500887	25589	753799	179168	4819
304	砂之船商业管理集团有限公司	重庆	1500527	24555	1914641	711635	1862
305	广州商贸投资控股集团有限公司	广东	1487590	87855	1489543	627810	5743
306	广西柳州医药股份有限公司	广西壮族自治区	1485682	68542	1195821	437278	4215

续表

名次	企业名称	地区	营业收入/万元	净利润/万元	资产/万元	所有者权益/万元	从业人数/人
307	常州市化工轻工材料总公司	江苏	1475638	2443	188382	13015	163
308	广东宏川集团有限公司	广东	1432410	22191	750175	212440	1180
309	洛阳银行股份有限公司	河南	1431563	179669	27398501	1964592	3115
310	杭州联华华商集团有限公司	浙江	1430336	39147	1338376	68020	13802
311	马上消费金融股份有限公司	重庆	1412652	85339	5481531	644045	1803
312	深圳市东方嘉盛供应链股份有限公司	广东	1412431	15101	1201714	157856	137
313	洛阳国宏投资集团有限公司	河南	1409080	57028	2427374	1318377	2278
314	深圳市燃气集团股份有限公司	广东	1402527	105783	2321575	1101995	7223
315	江苏大经供应链股份有限公司	江苏	1402175	1928	93111	27658	400
316	湖南永通集团有限公司	湖南	1401000	18340	732482	350528	4116
317	黑龙江倍丰农业生产资料集团有限公司	黑龙江	1371136	6437	1593181	192181	585
318	广田控股集团有限公司	广东	1363180	13431	5199774	1070909	5153
319	陕西粮农集团有限责任公司	陕西	1361646	6500	916971	360724	2088
320	上海龙宇燃油股份有限公司	上海	1349796	655	594130	389906	144
321	安徽新华发行（集团）控股有限公司	安徽	1341994	38264	3487400	911365	6794
322	福建省交通运输集团有限责任公司	福建	1331063	24178	3560473	1074641	30174
323	广东鸿粤汽车销售集团有限公司	广东	1326420	−5679	504337	−43834	2942
324	江西银行股份有限公司	江西	1295281	205059	45611853	3445626	5061
325	搜于特集团股份有限公司	广东	1292399	20755	832425	544346	1754
326	广东优友网络科技有限公司	广东	1277468	1295	192907	3837	124
327	厦门市嘉晟对外贸易有限公司	福建	1277303	2658	434160	46657	200
328	无锡市交通产业集团有限公司	江苏	1271690	17415	5207370	1776059	11149
329	武汉农村商业银行股份有限公司	湖北	1270780	163939	29948975	2308032	8059
330	广州元亨能源有限公司	广东	1258735	3685	828366	203598	28
331	现代投资股份有限公司	湖南	1255783	97621	3554849	1010061	3498
332	上海博尔捷企业集团有限公司	上海	1251300	3668	81824	12928	700
333	芒果超媒股份有限公司	湖南	1250066	115629	1707821	878386	4185
334	浙江省农村发展集团有限公司	浙江	1237664	15026	1623513	155143	1996
335	东方明珠新媒体股份有限公司	上海	1234460	204306	4469223	2919387	8637
336	广西云星集团有限公司	广西壮族自治区	1231834	121338	2326448	753570	2974
337	广州酷狗计算机科技有限公司	广东	1230281	117415	771967	517426	1147
338	广州地铁集团有限公司	广东	1223387	99387	38924670	25522	28726
339	湖南博深实业集团有限公司	湖南	1212033	14313	645544	556656	1069
340	成都建国汽车贸易有限公司	四川	1204792	28565	655332	192402	6400

续表

名次	企业名称	地区	营业收入/万元	净利润/万元	资产/万元	所有者权益/万元	从业人数/人
341	曹妃甸国控投资集团有限公司	河北	1204188	138580	13689235	6552222	4414
342	浙江金帝石化能源有限公司	浙江	1201764	4428	86799	16791	33
343	浙江出版联合集团有限公司	浙江	1198587	108033	2291560	1486310	7412
344	四川华油集团有限责任公司	四川	1197990	57024	946462	363670	3918
345	海越能源集团股份有限公司	浙江	1195963	47788	454617	303212	609
346	青岛西海岸新区融合控股集团有限公司	山东	1191992	40700	10552717	3435595	2300
347	厦门夏商集团有限公司	福建	1184725	40277	1481645	399000	5638
348	重庆银行股份有限公司	重庆	1179104	420749	50123186	3694943	4217
349	浙江中外运有限公司	浙江	1176217	14245	276758	61793	2351
350	杭州云创共享网络科技有限公司	浙江	1167202	-12576	330220	145397	1420
351	老百姓大药房连锁股份有限公司	湖南	1166318	50871	992430	348715	28000
352	广州港集团有限公司	广东	1154705	159010	3994298	1607109	10695
353	广东省丝绸纺织集团有限公司	广东	1154182	9285	723001	193672	2930
354	广东省广告集团股份有限公司	广东	1153569	14948	876042	537896	3148
355	玖隆钢铁物流有限公司	江苏	1142472	3117	494831	155744	286
356	路通建设集团股份有限公司	山东	1137092	177216	966725	876997	1915
357	浙江凯喜雅国际股份有限公司	浙江	1126282	3352	624476	95553	251
358	湖南兰天集团有限公司	湖南	1126029	4005	257090	69077	3125
359	厦门航空开发股份有限公司	福建	1125318	10883	436406	140923	691
360	唐山港集团股份有限公司	河北	1120910	177765	2465949	1712902	3847
361	厦门恒兴集团有限公司	福建	1118454	56017	1716778	744663	1647
362	大参林医药集团股份有限公司	广东	1114116	70266	867193	423990	26762
363	深圳市深粮控股股份有限公司	广东	1105998	36350	677507	442075	1189
364	桂林彰泰实业集团有限公司	广西壮族自治区	1097836	179807	3119518	835537	1390
365	湖南粮食集团有限责任公司	湖南	1082958	-14785	1698250	162098	4113
366	天津住宅建设发展集团有限公司	天津	1072562	4875	3849381	594629	38320
367	贵州银行股份有限公司	贵州	1070553	356364	40938880	3388924	4820
368	河北交通投资集团公司	河北	1060301	-68965	19529011	3408460	—
369	西安曲江文化产业投资（集团）有限公司	陕西	1057244	863	6924438	1316072	8705
370	万友汽车投资有限公司	重庆	1055271	-1666	627407	90325	5811
371	宁波滕头集团有限公司	浙江	1052785	33737	500465	129676	11120
372	南京大地建设集团有限责任公司	江苏	1051798	25257	838126	308337	1841
373	北方国际集团有限公司	天津	1047969	-1764	692758	102230	1582

续表

名次	企业名称	地区	营业收入/万元	净利润/万元	资产/万元	所有者权益/万元	从业人数/人
374	蓝池集团有限公司	河北	1047011	9168	481872	235940	3115
375	重庆三峡银行股份有限公司	重庆	1044313	160526	20838530	1544246	2234
376	浙江蓝天实业集团有限公司	浙江	1041584	5502	1011643	369888	2389
377	广州华多网络科技有限公司	广东	1036275	328611	1579890	1167405	1549
378	河南蓝天集团有限公司	河南	1035601	5704	1158131	170664	2015
379	深圳市博科供应链管理有限公司	广东	1029599	896	164823	17177	115
380	益丰大药房连锁股份有限公司	湖南	1027617	54375	917528	450831	24219
381	中南出版传媒集团股份有限公司	湖南	1026085	127569	2180585	1366954	13346
382	苏州裕景泰控股有限公司	江苏	1018599	9174	300977	30892	117
383	三只松鼠股份有限公司	安徽	1017301	23874	484164	189528	4200
384	广西北部湾银行股份有限公司	广西壮族自治区	1005535	114352	23503007	1452068	2792
385	爱尔眼科医院集团股份有限公司	湖南	999010	137892	1189475	659404	—
386	武汉地产开发投资集团有限公司	湖北	993663	88400	18006746	5119751	3221
387	卓正控股集团有限公司	河北	978137	61562	825412	466546	7612
388	无锡市市政公用产业集团有限公司	江苏	977947	4168	4073424	1345782	4341
389	上海天地汇供应链科技有限公司	上海	966499	-3892	105065	22657	643
390	江西绿滋肴控股有限公司	江西	957538	47053	344540	146533	8000
391	准时达国际供应链管理有限公司	广东	942095	4381	708945	332271	5723
392	天津捷通达汽车投资集团有限公司	天津	936801	3448	321838	57814	4286
393	无锡商业大厦大东方股份有限公司	江苏	936216	22304	601679	337412	4633
394	万事利集团有限公司	浙江	935250	20527	822959	237277	1280
395	上海交运（集团）公司	上海	932587	17495	1302703	475426	9407
396	宁波力勤资源科技开发有限公司	浙江	932272	56876	368340	104961	242
397	天津恒运能源集团股份有限公司	天津	922434	8314	446223	213492	1000
398	渤海人寿保险股份有限公司	天津	921057	-139488	3754287	1116874	373
399	厦门海沧投资集团有限公司	福建	917523	33659	3378824	562977	6590
400	开元旅业集团有限公司	浙江	914583	28978	2034194	443532	30256
401	广东天禾农资股份有限公司	广东	901233	7739	331464	65671	1857
402	广东南海农村商业银行股份有限公司	广东	888320	322811	20071154	1961367	3371
403	湖南佳惠百货有限责任公司	湖南	885580	13056	223970	105406	14820
404	安徽省众城集团	安徽	884327	21121	852508	89291	865
405	河北省新合作控股集团有限公司	河北	883873	39220	4825586	1121815	6435
406	江苏省粮食集团有限责任公司	江苏	877019	7494	614989	174179	1086
407	鑫荣懋集团股份有限公司	广东	876729	32715	377111	207821	4200

续表

名次	企业名称	地区	营业收入/万元	净利润/万元	资产/万元	所有者权益/万元	从业人数/人
408	湖南友谊阿波罗控股股份有限公司	湖南	868657	20571	2091188	214722	4156
409	四川众心乐旅游资源开发有限公司	四川	865444	5262	597160	64334	1300
410	浙江恒威投资集团有限公司	浙江	863574	28569	702160	186098	1842
411	安徽国祯集团股份有限公司	安徽	860372	-10430	1984999	194808	10799
412	绿城物业服务集团有限公司	浙江	858193	47741	852144	275324	28883
413	青海省物产集团有限公司	青海	840580	3192	496929	98468	1130
414	深圳市英捷迅实业发展有限公司	广东	836710	1397	89835	19428	151
415	深圳市九立供应链股份有限公司	广东	834534	2726	396090	23017	210
416	浙江华瑞集团有限公司	浙江	833933	14187	516068	273763	636
417	广州交通投资集团有限公司	广东	831986	108930	8955262	3495278	5400
418	广东合诚集团有限公司	广东	828100	13729	251790	52030	3035
419	宁波海田控股集团有限公司	浙江	826823	1934	260937	10997	246
420	山西美特好连锁超市股份有限公司	山西	821856	5491	330901	59256	6261
421	北京中能昊龙投资控股集团有限公司	北京	802774	62980	889571	445387	1041
422	安徽文峰置业有限公司	安徽	801968	76999	1161340	486942	855
423	安徽亚夏实业股份有限公司	安徽	800981	74060	575515	237970	3700
424	岭南生态文旅股份有限公司	广东	795664	32767	1954577	488097	2932
425	重庆国际信托股份有限公司	重庆	787919	322828	23448548	2578447	160
426	张家港恒泰佳居贸易有限公司	江苏	787490	-216	107260	-2297	10
427	江苏嘉奕和铜业科技发展有限公司	江苏	781568	23	458759	-2564	13
428	沧州银行股份有限公司	河北	774388	123883	16023968	1162652	2731
429	张家港保税区日祥贸易有限公司	江苏	767103	21983	221618	43884	20
430	赣州银行股份有限公司	江西	758597	93281	16941393	1191659	2499
431	日出实业集团有限公司	浙江	747838	2816	210858	23392	183
432	江阴市凯竹贸易有限公司	江苏	744143	22	694282	144	18
433	天津津路钢铁实业有限公司	天津	741457	1355	214712	14025	65
434	中锐控股集团有限公司	上海	738709	70032	2448563	320875	1800
435	上海申华控股股份有限公司	上海	735884	-25273	736235	187961	2292
436	浙江万丰企业集团公司	浙江	733506	10731	424296	89017	1311
437	广州尚品宅配家居股份有限公司	广东	726079	52862	611766	351703	15715
438	重庆百事达汽车有限公司	重庆	725663	4985	171398	33723	1849
439	天弘基金管理有限公司	天津	724019	221387	1277653	1086095	551
440	无锡农村商业银行股份有限公司	江苏	723479	124962	16191212	1164945	1501
441	昌宜（天津）模板租赁有限公司	天津	722916	8094	2219130	8323	1992

续表

名次	企业名称	地区	营业收入/万元	净利润/万元	资产/万元	所有者权益/万元	从业人数/人
442	山西大昌汽车集团有限公司	山西	721965	7434	322641	204111	3610
443	南宁威宁投资集团有限责任公司	广西壮族自治区	714884	4551	3751647	1708937	4636
444	宁波市绿顺集团股份有限公司	浙江	714856	2305	107086	36885	275
445	宁波轿辰集团股份有限公司	浙江	711971	1976	271557	82147	2360
446	青岛利客来集团股份有限公司	山东	710701	3826	292749	67468	2280
447	湖南电广传媒股份有限公司	湖南	707702	11111	2239864	1105453	11094
448	厦门住宅建设集团有限公司	福建	703127	62770	3291095	653353	4612
449	佳都集团有限公司	广东	702716	71259	1352380	219604	3312
450	福建纵腾网络有限公司	福建	701546	10644	212762	26564	2743
451	河北省国有资产控股运营有限公司	河北	699002	8132	2065503	731597	3272
452	大洲控股集团有限公司	福建	696350	12741	876800	164453	415
453	新疆农资（集团）有限责任公司	新疆维吾尔自治区	693867	1060	533082	115125	968
454	南京金宝商业投资集团股份有限公司	江苏	689766	10330	36871	29943	406
455	福建发展集团有限公司	福建	689152	13002	51695	45911	20186
456	柳州银行股份有限公司	广西壮族自治区	684798	49480	13323649	1537428	2908
457	张家口银行股份有限公司	河北	679519	184226	22547535	1448559	4483
458	江阴达赛贸易有限公司	江苏	677252	25	821528	92	17
459	湖南省轻工盐业集团有限公司	湖南	667844	14906	1465085	494220	11023
460	安克创新科技股份有限公司	湖南	665473	72173	301243	196408	1540
461	广州南菱汽车股份有限公司	广东	663826	6593	263654	53343	2824
462	四川安吉物流集团有限公司	四川	663132	9392	431354	139674	1518
463	方正证券股份有限公司	湖南	659494	100760	13659519	3855181	8184
464	宝裕发展有限公司	广东	658255	5503	188254	10772	59
465	天津拾起卖科技有限公司	天津	657226	8802	61929	17501	415
466	深圳市昆商易糖供应链有限公司	广东	651881	3193	47316	10598	16
467	中宁化集团有限公司	浙江	650058	14731	352388	68050	1500
468	重庆港务物流集团有限公司	重庆	649556	16977	2209732	539266	4650
469	新大陆科技集团有限公司	福建	647914	21321	1329980	179821	7505
470	华茂集团股份有限公司	浙江	644292	42651	1610795	780066	2816
471	广州开发区金融控股集团有限公司	广东	644119	6855	8017082	1903135	3816
472	佛燃能源集团股份有限公司	广东	642688	41151	704332	314968	1924
473	四川邦泰投资有限责任公司	四川	641946	39287	3069640	53550	3502
474	杭州解百集团股份有限公司	浙江	640002	23529	575387	257046	1312
475	福建省人力资源服务有限公司	福建	635481	1446	60535	6212	267

续表

名次	企业名称	地区	营业收入/万元	净利润/万元	资产/万元	所有者权益/万元	从业人数/人
476	万合集团股份有限公司	河北	633413	7576	341736	114112	5389
477	厦门经济特区房地产开发集团有限公司	福建	612744	46314	3450289	701350	9646
478	江阴市川江化工有限公司	江苏	607096	39	100280	937	20
479	重庆城市交通开发投资（集团）有限公司	重庆	604943	32895	25150268	11969424	50050
480	福建永荣兄弟集团有限公司	福建	602255	6485	120464	39986	180
481	网宿科技股份有限公司	上海	600750	3448	1033095	863122	3172
482	万向三农集团有限公司	浙江	600653	45086	2665579	990146	2315
483	厦门海澳集团有限公司	福建	598272	3750	172692	61365	172
484	中国成达工程有限公司	四川	592463	15820	1017561	293766	1321
485	江苏江阴农村商业银行股份有限公司	江苏	592316	101268	12634309	1175745	1765
486	江苏中电豪信电子科技有限公司	江苏	588414	19	384514	47	15
487	苏汽集团有限公司	江苏	584534	45922	1399547	597665	20452
488	福建网龙计算机网络信息技术有限公司	福建	579308	80721	775691	559632	6460
489	内蒙古高等级公路建设开发有限责任公司	内蒙古自治区	577457	10223	10551303	2307663	11008
490	合富辉煌集团控股有限公司	广东	575501	62777	572067	392089	23000
491	广东省广播电视网络股份有限公司	广东	573175	40825	1881968	1221216	10137
492	欧菲斯办公伙伴控股有限公司	重庆	567899	10451	208264	53731	2300
493	上海大众公用事业（集团）股份有限公司	上海	559831	52647	2256539	806327	3049
494	江苏华地国际控股集团有限公司	江苏	559701	50694	1368219	469668	7866
495	中国海诚工程科技股份有限公司	上海	558133	5861	430310	139099	4859
496	天津市政建设集团有限公司	天津	554632	-78012	6740997	282483	2713
497	傲基科技股份有限公司	广东	553130	18005	217879	116365	2195
498	秦皇岛市天晖塑料有限公司	河北	550875	308	65957	2208	112
499	江阴宝靖有色金属材料有限公司	江苏	549113	61	148301	-93	13
500	福然德股份有限公司	上海	548095	27916	381826	182390	462
合计			4133174435	299708293	26816327362	3067305237	16287063

说 明

1. 2020中国服务业企业500强是中国企业联合会、中国企业家协会参照国际惯例，组织企业自愿申报，并经专家审定确认后产生的。申报企业包括在中国境内注册、2019年实现营业收入达到30亿元的企业（不包括在华外资、港澳台独资、控股企业，也不包括行政性公司、政企合一的单位，以及各类资产经营公司，但包括在境外注册、投资主体为中国自然人或法人、主要业务在境内的企业），都有资格申报参加排序。属于集团公司的控股子公司或相对控股子公司，由于其财务报表最后能被合并到集团母公司的财务会计报表中去，因此只允许其母公司申报。

2. 表中所列数据由企业自愿申报或属于上市公司公开数据，并经会计师事务所或审计师事务所等单位认可。

3. 营业收入是2019年不含增值税的收入，包括企业的所有收入，即主营业务和非主营业务、境内和境外的收入。商业银行的营业收入为2019年利息收入和非利息营业收入之和（不减掉对应的支出）。保险公司的营业收入是2019年保险费和年金收入扣除储蓄的资本收益或损失。净利润是2019年上交所得税的净利润扣除少数股东权益后的归属母公司所有者的净利润。资产是2019年度末的资产总额。所有者权益是2019年年末所有者权益总额扣除少数股东权益后的归属于母公司所有者权益。研究开发费用是2019年企业投入研究开发的所有费用。从业人数是2019年度的平均人数（含所有被合并报表企业的人数）。

表 10-2　2020 中国服务业企业 500 强各行业企业分布

排名	企业名称	营业收入/万元	排名	企业名称	营业收入/万元
电网			13	深圳能源集团股份有限公司	2081700
1	国家电网有限公司	265219573	14	深圳市燃气集团股份有限公司	1402527
2	中国南方电网有限责任公司	56634191	15	浙江金帝石化能源有限公司	1201764
3	内蒙古电力（集团）有限责任公司	8273048	16	四川华油集团有限责任公司	1197990
	合计	330126812	17	安徽国祯集团股份有限公司	860372
			18	天津拾起卖科技有限公司	657226
水务			19	佛燃能源集团股份有限公司	642688
1	北京控股集团有限公司	10071001	20	上海大众公用事业（集团）股份有限公司	559831
2	北京首都创业集团有限公司	4745880		合计	79684564
3	南昌市政公用投资控股有限责任公司	4267800			
4	齐鲁交通发展集团有限公司	3939196	**铁路运输**		
5	湖北省交通投资集团有限公司	3342957	1	中国铁路物资集团有限公司	6517881
6	广州市水务投资集团有限公司	2683758	2	中铁集装箱运输有限责任公司	3642514
7	水发集团有限公司	2133783		合计	10160395
8	天津城市基础设施建设投资集团有限公司	1588770			
9	广东省广告集团股份有限公司	1153569	**公路运输**		
10	路通建设集团股份有限公司	1137092	1	浙江省交通投资集团有限公司	15047209
11	无锡市市政公用产业集团有限公司	977947	2	甘肃省公路航空旅游投资集团有限公司	12374797
12	天津市政建设集团有限公司	554632	3	山东高速集团有限公司	8479337
	合计	36596385	4	广东省交通集团有限公司	4911233
			5	安徽省交通控股集团有限公司	3535128
综合能源供应			6	重庆交通运输控股（集团）有限公司	1623323
1	云南省能源投资集团有限公司	11231307	7	现代投资股份有限公司	1255783
2	浙江省能源集团有限公司	11180545	8	广州地铁集团有限公司	1223387
3	新奥控股投资股份有限公司	9281437	9	河北交通投资集团公司	1060301
4	北京能源集团有限责任公司	6331733	10	上海交运（集团）公司	932587
5	重庆市能源投资集团有限公司	5109427	11	万合集团股份有限公司	633413
6	四川省能源投资集团有限责任公司	5109138	12	苏汽集团有限公司	584534
7	福建省能源集团有限责任公司	4881451	13	内蒙古高等级公路建设开发有限责任公司	577457
8	申能（集团）有限公司	4880455		合计	52238489
9	东华能源股份有限公司	4618762			
10	广州国资发展控股有限公司	4148991	**水上运输**		
11	无锡市国联发展（集团）有限公司	2176526	1	中国远洋海运集团有限公司	30849725
12	新疆天富集团有限责任公司	2130694	2	浙江中外运有限公司	1176217

排名	企业名称	营业收入/万元	排名	企业名称	营业收入/万元
	合计	32025942	2	顺丰控股股份有限公司	11219339
			3	河北省物流产业集团有限公司	5902302
港口运输			4	振烨国际产业控股集团（深圳）有限公司	5204195
1	广西北部湾国际港务集团有限公司	7068778	5	广西交通投资集团有限公司	4803763
2	上海国际港务（集团）股份有限公司	3610163	6	深圳金雅福控股集团有限公司	4262228
3	浙江省海港投资运营集团有限公司	3524907	7	广东省广物控股集团有限公司	4178447
4	天津港（集团）有限公司	2849705	8	圆通速递股份有限公司	3115112
5	厦门港务控股集团有限公司	2755757	9	兰州新区商贸物流投资集团有限公司	3029065
6	日照港集团有限公司	2401306	10	深圳市信利康供应链管理有限公司	2702781
7	河北港口集团有限公司	1567051	11	德邦物流股份有限公司	2592210
8	广州港集团有限公司	1154705	12	沐甜科技股份有限公司	2583843
9	唐山港集团股份有限公司	1120910	13	华远国际陆港集团有限公司	2397273
	合计	26053282	14	申通快递股份有限公司	2308894
			15	中通快递股份有限公司	2210995
航空运输			16	深圳市富森供应链管理有限公司	2209371
1	中国南方航空集团有限公司	15500239	17	深圳市华富洋供应链有限公司	1597811
2	中国国际航空股份有限公司	14023988	18	深圳市东方嘉盛供应链股份有限公司	1412431
3	中国东方航空集团有限公司	13340695	19	江苏大经供应链股份有限公司	1402175
4	四川航空股份有限公司	2586527	20	福建省交通运输集团有限责任公司	1331063
5	厦门航空开发股份有限公司	1125318	21	玖隆钢铁物流有限公司	1142472
	合计	46576767	22	深圳市博科供应链管理有限公司	1029599
			23	上海天地汇供应链科技有限公司	966499
航空港及相关服务业			24	准时达国际供应链管理有限公司	942095
1	上海机场（集团）有限公司	1782659	25	青海省物产集团有限公司	840580
2	厦门翔业集团有限公司	1660297	26	深圳市英捷迅实业发展有限公司	836710
3	重庆港务物流集团有限公司	649556	27	深圳市九立供应链股份有限公司	834534
	合计	4092512	28	浙江华瑞集团有限公司	833933
			29	福建纵腾网络有限公司	701546
邮政			30	四川安吉物流集团有限公司	663132
1	中国邮政集团有限公司	61724771	31	深圳市昆商易糖供应链有限公司	651881
	合计	61724771		合计	107875294
物流及供应链			电讯服务		
1	厦门建发集团有限公司	33969015	1	中国移动通信集团有限公司	74975548

续表

排名	企业名称	营业收入/万元	排名	企业名称	营业收入/万元
2	中国电信集团有限公司	46539040		合计	218325788
3	中国联合网络通信集团有限公司	29196433			
	合计	150711021	能源矿产商贸		
			1	中国航空油料集团有限公司	27970383
软件和信息技术			2	晋能集团有限公司	10580540
1	浪潮集团有限公司	11234474	3	山西煤炭进出口集团有限公司	5678173
2	神州数码集团股份有限公司	8680338	4	江苏中利控股集团有限公司	4081275
3	深圳传音控股股份有限公司	2534592	5	重庆千信集团有限公司	3695145
4	广州无线电集团有限公司	1609771	6	杭州东恒石油有限公司	2837084
	合计	24059175	7	张家港保税区旭江贸易有限公司	2018946
			8	上海龙宇燃油股份有限公司	1349796
互联网服务			9	广州元亨能源有限公司	1258735
1	北京京东世纪贸易有限公司	57688848	10	海越能源集团股份有限公司	1195963
2	阿里巴巴集团控股有限公司	50971100	11	天津恒运能源集团股份有限公司	922434
3	腾讯控股有限公司	37728900	12	厦门海澳集团有限公司	598272
4	上海钢联电子商务股份有限公司	12257175		合计	62186746
5	美团点评	9752853			
6	唯品会（中国）有限公司	8675323	化工医药商贸		
7	百度网络技术有限公司	7809300	1	中国中化集团有限公司	55527470
8	网易公司	5924100	2	福建省福化工贸股份有限公司	4815224
9	通鼎集团有限公司	4502855	3	瑞康医药集团股份有限公司	3525851
10	汇通达网络股份有限公司	4278661	4	江阴市金桥化工有限公司	1528292
11	深圳市中农网有限公司	3656789	5	广东宏川集团有限公司	1432410
12	携程计算机技术（上海）有限公司	3567000	6	河南蓝天集团有限公司	1035601
13	无锡市不锈钢电子交易中心有限公司	2312911	7	日出实业集团有限公司	747838
14	上海景域文化传播股份有限公司	1745488	8	江阴市凯竹贸易有限公司	744143
15	广东优友网络科技有限公司	1277468	9	浙江万丰企业集团公司	733506
16	东方明珠新媒体股份有限公司	1234460	10	湖南省轻工盐业集团有限公司	667844
17	杭州云创共享网络科技有限公司	1167202	11	中宁化集团有限公司	650058
18	广州华多网络科技有限公司	1036275	12	江阴市川江化工有限公司	607096
19	三只松鼠股份有限公司	1017301	13	福建永荣兄弟集团有限公司	602255
20	网宿科技股份有限公司	600750	14	江苏中电豪信电子科技有限公司	588414
21	欧菲斯办公伙伴控股有限公司	567899		合计	73206002
22	傲基科技股份有限公司	553130			

续表

排名	企业名称	营业收入/万元	排名	企业名称	营业收入/万元
机电商贸			10	江苏省粮食集团有限责任公司	877019
1	中国通用技术（集团）控股有限责任公司	18348000	11	鑫荣懋集团股份有限公司	876729
2	广东省广新控股集团有限公司	6718228	12	宁波市绿顺集团股份有限公司	714856
3	佳都集团有限公司	702716	13	万向三农集团有限公司	600653
	合计	25768944		合计	77338108
生活消费品商贸			生活资料商贸		
1	浙江省国际贸易集团有限公司	6392986	1	物产中大集团股份有限公司	35892248
2	江苏国泰国际集团股份有限公司	6122367	2	广东鼎龙实业集团有限公司	10408353
3	广州轻工工贸集团有限公司	4490918	3	厦门路桥工程物资有限公司	3759382
4	江苏汇鸿国际集团股份有限公司	3557793	4	浙江建华集团有限公司	2170979
5	新华锦集团	3544334	5	安徽辉隆投资集团有限公司	1896549
6	太平鸟集团有限公司	2834888	6	常州市化工轻工材料总公司	1475638
7	江苏省苏豪控股集团有限公司	1773139	7	黑龙江倍丰农业生产资料集团有限公司	1371136
8	砂之船商业管理集团有限公司	1500527	8	厦门恒兴集团有限公司	1118454
9	搜于特集团股份有限公司	1292399	9	广东天禾农资股份有限公司	901233
10	厦门市嘉晟对外贸易有限公司	1277303	10	新疆农资（集团）有限责任公司	693867
11	广东省丝绸纺织集团有限公司	1154182	11	江阴达赛贸易有限公司	677252
12	浙江凯喜雅国际股份有限公司	1126282	12	秦皇岛市天晖塑料有限公司	550875
13	万事利集团有限公司	935250		合计	60915966
14	广州尚品宅配家居股份有限公司	726079			
15	安克创新科技股份有限公司	665473	金属品商贸		
	合计	37393920	1	东岭集团股份有限公司	12602834
			2	西安迈科金属国际集团有限公司	11218875
农产品及食品批发			3	上海均和集团有限公司	10604753
1	中粮集团有限公司	49843634	4	大汉控股集团有限公司	4632228
2	中国供销集团有限公司	12890195	5	华南物资集团有限公司	3307275
3	安徽省安粮集团有限公司	3200145	6	上海闽路润贸易有限公司	3167713
4	江苏无锡朝阳集团股份有限公司	2361886	7	张家港保税区立信投资有限公司	2644533
5	陕西粮农集团有限责任公司	1361646	8	江阴长三角钢铁集团有限公司	2455121
6	浙江省农村发展集团有限公司	1237664	9	青岛世纪瑞丰集团有限公司	2041847
7	厦门夏商集团有限公司	1184725	10	武汉联杰能源有限公司	1899330
8	深圳市深粮控股股份有限公司	1105998	11	张家港市泽厚贸易有限公司	1805613
9	湖南粮食集团有限责任公司	1082958	12	张家港市沃丰贸易有限公司	1776844

续表

排名	企业名称	营业收入/万元	排名	企业名称	营业收入/万元
13	苏州裕景泰控股有限公司	1018599	6	步步高投资集团股份有限公司	4152575
14	宁波力勤资源科技开发有限公司	932272	7	武汉商联（集团）股份有限公司	3689073
15	江苏嘉奕和铜业科技发展有限公司	781568	8	利群集团股份有限公司	3038679
16	张家港保税区日祥贸易有限公司	767103	9	月星集团有限公司	2910559
17	天津津路钢铁实业有限公司	741457	10	淄博商厦股份有限公司	1911852
18	昌宜（天津）模板租赁有限公司	722916	11	石家庄北国人百集团有限责任公司	1896858
19	宝裕发展有限公司	658255	12	长春欧亚集团股份有限公司	1672731
20	江阴宝靖有色金属材料有限公司	549113	13	广州商贸投资控股集团有限公司	1487590
21	福然德股份有限公司	548095	14	杭州联华华商集团有限公司	1430336
	合计	64876344	15	江西绿滋肴控股有限公司	957538
			16	无锡商业大厦大东方股份有限公司	936216
综合商贸			17	湖南佳惠百货有限责任公司	885580
1	厦门国贸控股集团有限公司	29561335	18	河北省新合作控股集团有限公司	883873
2	浙江省兴合集团有限责任公司	11913833	19	湖南友谊阿波罗控股股份有限公司	868657
3	东方国际（集团）有限公司	10320481	20	山西美特好连锁超市股份有限公司	821856
4	中基宁波集团股份有限公司	7148984	21	青岛利客来集团股份有限公司	710701
5	远大物产集团有限公司	6774851	22	杭州解百集团股份有限公司	640002
6	四川省商业投资集团有限公司	3942810	23	江苏华地国际控股集团有限公司	559701
7	重庆对外经贸（集团）有限公司	3182510		合计	57123185
8	广西物资集团有限责任公司	2350030			
9	维科控股集团股份有限公司	1699067	汽车摩托车零售		
10	湖南博深实业集团有限公司	1212033	1	上海永达控股（集团）有限公司	7638744
11	北方国际集团有限公司	1047969	2	恒信汽车集团股份有限公司	4854190
12	浙江蓝天实业集团有限公司	1041584	3	河北省国和投资集团有限公司	2751675
13	宁波海田控股集团有限公司	826823	4	利泰集团有限公司	2328593
14	张家港恒泰佳居贸易有限公司	787490	5	浙江宝利德股份有限公司	2160898
	合计	81809800	6	广微控股有限公司	2114743
			7	润华集团股份有限公司	1791429
连锁超市及百货			8	山东远通汽车贸易集团有限公司	1586189
1	永辉超市股份有限公司	8487696	9	湖南永通集团有限公司	1401000
2	百联集团有限公司	6426771	10	广东鸿粤汽车销售集团有限公司	1326420
3	物美科技集团有限公司	4297699	11	成都建国汽车贸易有限公司	1204792
4	名创优品（广州）有限责任公司	4253261	12	湖南兰天集团有限公司	1126029
5	山东省商业集团有限公司	4203381	13	万友汽车投资有限公司	1055271

续表

排名	企业名称	营业收入/万元	排名	企业名称	营业收入/万元
14	蓝池集团有限公司	1047011	1	中国工商银行股份有限公司	130243300
15	天津捷通达汽车投资集团有限公司	936801	2	中国建设银行股份有限公司	106879800
16	浙江恒威投资集团有限公司	863574	3	中国农业银行股份有限公司	101770500
17	广东合诚集团有限公司	828100	4	中国银行股份有限公司	93244400
18	安徽亚夏实业股份有限公司	800981	5	交通银行股份有限公司	45988600
19	上海申华控股股份有限公司	735884	6	招商银行股份有限公司	39716100
20	重庆百事达汽车有限公司	725663	7	上海浦东发展银行股份有限公司	35468100
21	山西大昌汽车集团有限公司	721965	8	兴业银行股份有限公司	35195200
22	宁波轿辰集团股份有限公司	711971	9	民生银行股份有限公司	33795100
23	广州南菱汽车股份有限公司	663826	10	华夏银行股份有限公司	14861004
	合计	39375749	11	北京银行股份有限公司	12564900
			12	上海银行股份有限公司	9809078
家电及电子产品零售			13	渤海银行股份有限公司	5806765
1	苏宁控股集团	66525890	14	盛京银行股份有限公司	4987128
2	国美控股集团有限公司	37170057	15	重庆农村商业银行股份有限公司	4852677
3	深圳市爱施德股份有限公司	5596932	16	广州农村商业银行股份有限公司	4099293
4	南京新华海科技产业集团有限公司	1991425	17	上海农村商业银行股份有限公司	3831115
	合计	111284304	18	天津银行股份有限公司	3596109
			19	长沙银行股份有限公司	3036711
医药及医药器材零售			20	郑州银行股份有限公司	2620741
1	中国医药集团有限公司	48835454	21	东莞农村商业银行股份有限公司	2060173
2	九州通医药集团股份有限公司	9949708	22	吉林银行股份有限公司	1847361
3	华东医药股份有限公司	3544570	23	九江银行股份有限公司	1814542
4	重庆医药（集团）股份有限公司	3384381	24	青岛银行股份有限公司	1741450
5	浙江英特药业有限责任公司	2459870	25	桂林银行股份有限公司	1604880
6	安徽华源医药集团股份有限公司	1614184	26	天津农村商业银行股份有限公司	1511915
7	鹭燕医药股份有限公司	1500887	27	青岛农村商业银行股份有限公司	1505416
8	广西柳州医药股份有限公司	1485682	28	洛阳银行股份有限公司	1431563
9	老百姓大药房连锁股份有限公司	1166318	29	江西银行股份有限公司	1295281
10	大参林医药集团股份有限公司	1114116	30	武汉农村商业银行股份有限公司	1270780
11	益丰大药房连锁股份有限公司	1027617	31	重庆银行股份有限公司	1179104
	合计	76082787	32	贵州银行股份有限公司	1070553
			33	重庆三峡银行股份有限公司	1044313
商业银行			34	广西北部湾银行股份有限公司	1005535

续表

排名	企业名称	营业收入/万元	排名	企业名称	营业收入/万元
35	广东南海农村商业银行股份有限公司	888320	2	重庆国际信托股份有限公司	787919
36	沧州银行股份有限公司	774388	3	天弘基金管理有限公司	724019
37	赣州银行股份有限公司	758597		合计	2924590
38	无锡农村商业银行股份有限公司	723479			
39	柳州银行股份有限公司	684798	**多元化金融**		
40	张家口银行股份有限公司	679519	1	中国平安保险（集团）股份有限公司	116886700
41	江苏江阴农村商业银行股份有限公司	592316	2	中国中信集团有限公司	51893114
	合计	717850904	3	招商局集团有限公司	33938447
			4	中国光大集团有限公司	32440000
保险业			5	中国华融资产管理股份有限公司	11265651
1	中国人寿保险（集团）公司	90669060	6	中国信达资产管理股份有限公司	9614700
2	中国人民保险集团股份有限公司	55551500	7	上海新增鼎资产管理有限公司	5344028
3	中国太平洋保险（集团）股份有限公司	38548878	8	武汉金融控股（集团）有限公司	4812354
4	中国太平保险控股有限公司	22046226	9	中国万向控股有限公司	2468181
5	泰康保险集团股份有限公司	20381406	10	河南交通投资集团有限公司	1605472
6	华夏人寿保险股份有限公司	19685057	11	广州金融控股集团有限公司	1516217
7	新华人寿保险股份有限公司	17456600	12	新大陆科技集团有限公司	647914
8	阳光保险集团股份有限公司	10161977		合计	272432778
9	前海人寿保险股份有限公司	9413791			
10	富德生命人寿保险股份有限公司	7758236	**住宅地产**		
11	中华联合保险集团股份有限公司	4887421	1	碧桂园控股有限公司	48590800
12	中国大地财产保险股份有限公司	4331959	2	恒大集团有限公司	47756100
13	渤海人寿保险股份有限公司	921057	3	绿地控股集团有限公司	42782271
	合计	301813168	4	万科企业股份有限公司	36789388
			5	融创中国控股有限公司	16932000
证券业			6	龙湖集团控股有限公司	15102643
1	兴华财富集团有限公司	4315838	7	华侨城集团有限公司	13098215
2	海通证券股份有限公司	3442864	8	卓尔控股有限公司	9683865
3	广发证券股份有限公司	2280988	9	弘阳集团有限公司	9586110
4	方正证券股份有限公司	659494	10	荣盛控股股份有限公司	8392993
	合计	10699184	11	珠海华发集团有限公司	7926925
			12	重庆华宇集团有限公司	7776600
基金、信托及其他金融服务			13	蓝润集团有限公司	6319460
1	马上消费金融股份有限公司	1412652	14	广州越秀集团股份有限公司	5860136

续表

排名	企业名称	营业收入/万元	排名	企业名称	营业收入/万元
15	上海中梁企业发展有限公司	5695985	49	四川邦泰投资有限责任公司	641946
16	北京首都开发控股（集团）有限公司	5666596	50	厦门经济特区房地产开发集团有限公司	612744
17	福佳集团有限公司	4669130	51	合富辉煌集团控股有限公司	575501
18	重庆中昂投资集团有限公司	4254075		合计	363841701
19	天津泰达投资控股有限公司	4246755			
20	陕西龙记泰信房地产开发有限公司	3979102	商业地产		
21	北京江南投资集团有限公司	3825654	1	华夏幸福基业股份有限公司	10520954
22	北京金融街投资（集团）有限公司	3698782	2	重庆市迪马实业股份有限公司	7890422
23	建业控股有限公司	3626989	3	奥园集团有限公司	4867451
24	重庆市中科控股有限公司	3570828	4	卓越置业集团有限公司	3107271
25	香江集团有限公司	3505313	5	宝龙地产控股有限公司	2604163
26	天津亿联控股集团有限公司	3372013	6	武汉地产开发投资集团有限公司	993663
27	苏州金螳螂企业（集团）有限公司	3125828	7	北京中能昊龙投资控股集团有限公司	802774
28	文一投资控股集团	3025147		合计	30786698
29	广州市方圆房地产发展有限公司	2566274			
30	杭州滨江房产集团股份有限公司	2495450	多元化投资		
31	厦门中骏集团有限公司	2477304	1	厦门象屿集团有限公司	28418162
32	厦门禹洲集团股份有限公司	2324071	2	阳光龙净集团有限公司	24807843
33	联发集团有限公司	2055610	3	深圳市投资控股有限公司	19933980
34	大华（集团）有限公司	2025066	4	重庆市金科投资控股（集团）有限责任公司	19066570
35	天津现代集团有限公司	1896219			
36	广州珠江实业集团有限公司	1833792	5	国家开发投资集团有限公司	14194552
37	广田控股集团有限公司	1363180	6	云南省建设投资控股集团有限公司	13280413
38	广西云星集团有限公司	1231834	7	云南省投资控股集团有限公司	12833226
39	桂林彰泰实业集团有限公司	1097836	8	陕西投资集团有限公司	7735323
40	天津住宅建设发展集团有限公司	1072562	9	广东省广晟资产经营有限公司	6034546
41	南京大地建设集团有限责任公司	1051798	10	国能领航城市建设投资有限公司	6034447
42	卓正控股集团有限公司	978137	11	四川省交通投资集团有限责任公司	5678085
43	安徽省众城集团	884327	12	浙江前程投资股份有限公司	5344503
44	绿城物业服务集团有限公司	858193	13	杭州市城市建设投资集团有限公司	3489000
45	安徽文峰置业有限公司	801968	14	武汉当代科技产业集团股份有限公司	2998676
46	中锐控股集团有限公司	738709	15	源山投资控股有限公司	2404238
47	厦门住宅建设集团有限公司	703127	16	广东粤海控股集团有限公司	2342986
48	大洲控股集团有限公司	696350	17	广西农村投资集团有限公司	1964000

续表

排名	企业名称	营业收入/万元	排名	企业名称	营业收入/万元
18	青岛城市建设投资（集团）有限责任公司	1921500			
19	盐城市国有资产投资集团有限公司	1875244		旅游和餐饮	
20	广州市城市建设投资集团有限公司	1792995	1	北京首都旅游集团有限责任公司	7735790
21	宁波君安控股有限公司	1699353	2	上海春秋国际旅行社（集团）有限公司	1995657
22	洛阳国宏投资集团有限公司	1409080	3	开元旅业集团有限公司	914583
23	无锡市交通产业集团有限公司	1271690	4	四川众心乐旅游资源开发有限公司	865444
24	曹妃甸国控投资集团有限公司	1204188	5	岭南生态文旅股份有限公司	795664
25	青岛西海岸新区融合控股集团有限公司	1191992		合计	12307138
26	厦门海沧投资集团有限公司	917523			
27	广州交通投资集团有限公司	831986		文化娱乐	
28	南宁威宁投资集团有限责任公司	714884	1	安徽出版集团有限责任公司	1907099
29	河北省国有资产控股运营有限公司	699002	2	中原出版传媒投资控股集团有限公司	1713869
30	南京金宝商业投资集团股份有限公司	689766	3	浙江华通控股集团有限公司	1508744
31	广州开发区金融控股集团有限公司	644119	4	安徽新华发行（集团）控股有限公司	1341994
32	重庆城市交通开发投资（集团）有限公司	604943	5	芒果超媒股份有限公司	1250066
	合计	194028815	6	广州酷狗计算机科技有限公司	1230281
			7	浙江出版联合集团有限公司	1198587
	人力资源服务		8	西安曲江文化产业投资（集团）有限公司	1057244
1	中国国际技术智力合作集团有限公司	12294331	9	中南出版传媒集团股份有限公司	1026085
2	北京外企服务集团有限责任公司	10080905	10	湖南电广传媒股份有限公司	707702
3	广州红海人力资源集团股份有限公司	1540594	11	福建网龙计算机网络信息技术有限公司	579308
4	上海博尔捷企业集团有限公司	1251300	12	广东省广播电视网络股份有限公司	573175
5	福建省人力资源服务有限公司	635481		合计	14094154
	合计	25802611			
				教育服务	
	科技研发、规划设计		1	北京学而思教育科技有限公司	1765255
1	福建发展集团有限公司	689152		合计	1765255
2	中国成达工程有限公司	592463			
3	中国海诚工程科技股份有限公司	558133		医疗卫生健康服务	
	合计	1839748	1	爱尔眼科医院集团股份有限公司	999010
				合计	999010
	国际经济合作（工程承包）				
1	中国江苏国际经济技术合作集团有限公司	1768149		综合服务业	
	合计	1768149	1	中国华润有限公司	65462930

续表

排名	企业名称	营业收入/万元	排名	企业名称	营业收入/万元
2	中国保利集团公司	39479996	9	广东省广业集团有限公司	2675421
3	中国机械工业集团有限公司	29790741	10	深圳华强集团有限公司	2517255
4	雪松控股集团有限公司	28515808	11	上海协通（集团）有限公司	2043054
5	新疆广汇实业投资（集团）有限责任公司	19834749	12	广州岭南国际企业集团有限公司	1544272
6	广西投资集团公司	18003288	13	宁波滕头集团有限公司	1052785
7	东浩兰生（集团）有限公司	17492306	14	华茂集团股份有限公司	644292
8	上海均瑶（集团）有限公司	3550583		合计	232607480

表 10-3　2020 中国服务业企业 500 强各地区企业分布

排名	企业名称	营业收入/万元	排名	企业名称	营业收入/万元
北京			34	北京银行股份有限公司	12564900
1	国家电网有限公司	265219573	35	中国国际技术智力合作集团有限公司	12294331
2	中国工商银行股份有限公司	130243300	36	中国华融资产管理股份有限公司	11265651
3	中国建设银行股份有限公司	106879800	37	北京外企服务集团有限责任公司	10080905
4	中国农业银行股份有限公司	101770500	38	北京控股集团有限公司	10071001
5	中国银行股份有限公司	93244400	39	中国信达资产管理股份有限公司	9614700
6	中国人寿保险（集团）公司	90669060	40	神州数码集团股份有限公司	8680338
7	中国移动通信集团有限公司	74975548	41	百度网络技术有限公司	7809300
8	中国邮政集团有限公司	61724771	42	北京首都旅游集团有限责任公司	7735790
9	北京京东世纪贸易有限公司	57688848	43	中国铁路物资集团有限公司	6517881
10	中国人民保险集团股份有限公司	55551500	44	北京能源集团有限责任公司	6331733
11	中国中化集团有限公司	55527470	45	国能领航城市建设投资有限公司	6034447
12	中国中信集团有限公司	51893114	46	网易公司	5924100
13	中粮集团有限公司	49843634	47	北京首都开发控股（集团）有限公司	5666596
14	中国医药集团有限公司	48835454	48	中华联合保险集团股份有限公司	4887421
15	中国电信集团有限公司	46539040	49	北京首都创业集团有限公司	4745880
16	中国保利集团有限公司	39479996	50	物美科技集团有限公司	4297699
17	国美控股集团有限公司	37170057	51	北京江南投资集团有限公司	3825654
18	招商局集团有限公司	33938447	52	北京金融街投资（集团）有限公司	3698782
19	民生银行股份有限公司	33795100	53	中铁集装箱运输有限责任公司	3642514
20	中国光大集团有限公司	32440000	54	北京学而思教育科技有限公司	1765255
21	中国远洋海运集团有限公司	30849725	55	北京中能昊龙投资控股集团有限公司	802774
22	中国机械工业集团有限公司	29790741		合计	1887381574
23	中国联合网络通信集团有限公司	29196433			
24	中国航空油料集团有限公司	27970383	上海		
25	中国太平保险控股有限公司	22046226	1	交通银行股份有限公司	45988600
26	泰康保险集团股份有限公司	20381406	2	绿地控股集团股份有限公司	42782271
27	华夏人寿保险股份有限公司	19685057	3	中国太平洋保险（集团）股份有限公司	38548878
28	中国通用技术（集团）控股有限责任公司	18348000	4	上海浦东发展银行股份有限公司	35468100
29	新华人寿保险股份有限公司	17456600	5	东浩兰生（集团）有限公司	17492306
30	华夏银行股份有限公司	14861004	6	中国东方航空集团有限公司	13340695
31	国家开发投资集团有限公司	14194552	7	上海钢联电子商务股份有限公司	12257175
32	中国国际航空股份有限公司	14023988	8	上海均和集团有限公司	10604753
33	中国供销集团有限公司	12890195	9	东方国际（集团）有限公司	10320481

续表

排名	企业名称	营业收入/万元	排名	企业名称	营业收入/万元
10	上海银行股份有限公司	9809078	44	网宿科技股份有限公司	600750
11	美团点评	9752853	45	上海大众公用事业（集团）股份有限公司	559831
12	上海永达控股（集团）有限公司	7638744	46	中国海诚工程科技股份有限公司	558133
13	百联集团有限公司	6426771	47	福然德股份有限公司	548095
14	上海中梁企业发展有限公司	5695985		合计	341340739
15	上海新增鼎资产管理有限公司	5344028			
16	申能（集团）有限公司	4880455	**天津**		
17	中国大地财产保险股份有限公司	4331959	1	融创中国控股有限公司	16932000
18	上海农村商业银行股份有限公司	3831115	2	渤海银行股份有限公司	5806765
19	上海国际港务（集团）股份有限公司	3610163	3	天津泰达投资控股有限公司	4246755
20	携程计算机技术（上海）有限公司	3567000	4	天津银行股份有限公司	3596109
21	上海均瑶（集团）有限公司	3550583	5	天津亿联控股集团有限公司	3372013
22	海通证券股份有限公司	3442864	6	天津港（集团）有限公司	2849705
23	上海闽路润贸易有限公司	3167713	7	天津现代集团有限公司	1896219
24	圆通速递股份有限公司	3115112	8	天津城市基础设施建设投资集团有限公司	1588770
25	月星集团有限公司	2910559	9	天津农村商业银行股份有限公司	1511915
26	宝龙地产控股有限公司	2604163	10	天津住宅建设发展集团有限公司	1072562
27	德邦物流股份有限公司	2592210	11	北方国际集团有限公司	1047969
28	中国万向控股有限公司	2468181	12	天津捷通达汽车投资集团有限公司	936801
29	源山投资控股有限公司	2404238	13	天津恒运能源集团股份有限公司	922434
30	中通快递股份有限公司	2210995	14	渤海人寿保险股份有限公司	921057
31	广微控股有限公司	2114743	15	天津津路钢铁实业有限公司	741457
32	上海协通（集团）有限公司	2043054	16	天弘基金管理有限公司	724019
33	大华（集团）有限公司	2025066	17	昌宜（天津）模板租赁有限公司	722916
34	上海春秋国际旅行社（集团）有限公司	1995657	18	天津拾起卖科技有限公司	657226
35	上海机场（集团）有限公司	1782659	19	天津市政建设集团有限公司	554632
36	上海景域文化传播股份有限公司	1745488		合计	50101324
37	上海龙宇燃油股份有限公司	1349796			
38	上海博尔捷企业集团有限公司	1251300	**重庆**		
39	东方明珠新媒体股份有限公司	1234460	1	重庆市金科投资控股（集团）有限责任公司	19066570
40	上海天地汇供应链科技有限公司	966499	2	龙湖集团控股有限公司	15102643
41	上海交运（集团）公司	932587	3	重庆市迪马实业股份有限公司	7890422
42	中锐控股集团有限公司	738709	4	重庆华宇集团有限公司	7776600
43	上海申华控股股份有限公司	735884	5	重庆市能源投资集团有限公司	5109427

续表

排名	企业名称	营业收入/万元	排名	企业名称	营业收入/万元
6	重庆农村商业银行股份有限公司	4852677	河北		
7	重庆中昂投资集团有限公司	4254075	1	华夏幸福基业股份有限公司	10520954
8	重庆千信集团有限公司	3695145	2	新奥控股投资股份有限公司	9281437
9	重庆市中科控股有限公司	3570828	3	荣盛控股股份有限公司	8392993
10	重庆医药（集团）股份有限公司	3384381	4	河北省物流产业集团有限公司	5902302
11	华南物资集团有限公司	3307275	5	兴华财富集团有限公司	4315838
12	重庆对外经贸（集团）有限公司	3182510	6	河北省国和投资集团有限公司	2751675
13	重庆交通运输控股（集团）有限公司	1623323	7	石家庄北国人百集团有限责任公司	1896858
14	砂之船商业管理集团有限公司	1500527	8	河北港口集团有限公司	1567051
15	马上消费金融股份有限公司	1412652	9	曹妃甸国控投资集团有限公司	1204188
16	重庆银行股份有限公司	1179104	10	唐山港集团股份有限公司	1120910
17	万友汽车投资有限公司	1055271	11	河北交通投资集团公司	1060301
18	重庆三峡银行股份有限公司	1044313	12	蓝池集团有限公司	1047011
19	重庆国际信托股份有限公司	787919	13	卓正控股集团有限公司	978137
20	重庆百事达汽车有限公司	725663	14	河北省新合作控股集团有限公司	883873
21	重庆港务物流集团有限公司	649556	15	沧州银行股份有限公司	774388
22	重庆城市交通开发投资（集团）有限公司	604943	16	河北省国有资产控股运营有限公司	699002
23	欧菲斯办公伙伴控股有限公司	567899	17	张家口银行股份有限公司	679519
	合计	92343723	18	万合集团股份有限公司	633413
			19	秦皇岛市天晖塑料有限公司	550875
				合计	54260725
黑龙江					
1	黑龙江倍丰农业生产资料集团有限公司	1371136			
	合计	1371136	河南		
			1	建业控股有限公司	3626989
吉林			2	郑州银行股份有限公司	2620741
1	吉林银行股份有限公司	1847361	3	中原出版传媒投资控股集团有限公司	1713869
2	长春欧亚集团股份有限公司	1672731	4	河南交通投资集团有限公司	1605472
	合计	3520092	5	洛阳银行股份有限公司	1431563
			6	洛阳国宏投资集团有限公司	1409080
辽宁			7	河南蓝天集团有限公司	1035601
1	盛京银行股份有限公司	4987128		合计	13443315
2	福佳集团有限公司	4669130			
	合计	9656258	山东		
			1	浪潮集团有限公司	11234474

续表

排名	企业名称	营业收入/万元	排名	企业名称	营业收入/万元
2	山东高速集团有限公司	8479337	6	西安曲江文化产业投资（集团）有限公司	1057244
3	山东省商业集团有限公司	4203381		合计	37955024
4	齐鲁交通发展集团有限公司	3939196			
5	新华锦集团	3544334	安徽		
6	瑞康医药集团股份有限公司	3525851	1	安徽省交通控股集团有限公司	3535128
7	利群集团股份有限公司	3038679	2	安徽省安粮集团有限公司	3200145
8	日照港集团有限公司	2401306	3	文一投资控股集团	3025147
9	水发集团有限公司	2133783	4	安徽出版集团有限责任公司	1907099
10	青岛世纪瑞丰集团有限公司	2041847	5	安徽辉隆投资集团有限公司	1896549
11	青岛城市建设投资（集团）有限责任公司	1921500	6	安徽华源医药集团有限公司	1614184
12	淄博商厦股份有限公司	1911852	7	安徽新华发行（集团）控股有限公司	1341994
13	润华集团股份有限公司	1791429	8	三只松鼠股份有限公司	1017301
14	青岛银行股份有限公司	1741450	9	安徽省众城集团	884327
15	山东远通汽车贸易集团有限公司	1586189	10	安徽国祯集团有限公司	860372
16	青岛农村商业银行股份有限公司	1505416	11	安徽文峰置业有限公司	801968
17	青岛西海岸新区融合控股集团有限公司	1191992	12	安徽亚夏实业股份有限公司	800981
18	路通建设集团股份有限公司	1137092		合计	20885195
19	青岛利客来集团股份有限公司	710701			
	合计	58039809	江苏		
			1	苏宁控股集团	66525890
山西			2	弘阳集团有限公司	9586110
1	晋能集团有限公司	10580540	3	江苏国泰国际集团股份有限公司	6122367
2	山西煤炭进出口集团有限公司	5678173	4	东华能源股份有限公司	4618762
3	华远国际陆港集团有限公司	2397273	5	通鼎集团有限公司	4502855
4	山西美特好连锁超市股份有限公司	821856	6	汇通达网络股份有限公司	4278661
5	山西大昌汽车集团有限公司	721965	7	江苏中利控股集团有限公司	4081275
	合计	20199807	8	江苏汇鸿国际集团股份有限公司	3557793
			9	苏州金螳螂企业（集团）有限公司	3125828
陕西			10	张家港保税区立信投资有限公司	2644533
1	东岭集团股份有限公司	12602834	11	江阴长三角钢铁集团有限公司	2455121
2	西安迈科金属国际集团有限公司	11218875	12	江苏无锡朝阳集团股份有限公司	2361886
3	陕西投资集团有限公司	7735323	13	无锡市不锈钢电子交易中心有限公司	2312911
4	陕西龙记泰信房地产开发有限公司	3979102	14	无锡市国联发展（集团）有限公司	2176526
5	陕西粮农集团有限责任公司	1361646	15	张家港保税区旭江贸易有限公司	2018946

续表

排名	企业名称	营业收入/万元	排名	企业名称	营业收入/万元
16	南京新华海科技产业集团有限公司	1991425	3	长沙银行股份有限公司	3036711
17	盐城市国有资产投资集团有限公司	1875244	4	湖南永通集团有限公司	1401000
18	张家港市泽厚贸易有限公司	1805613	5	现代投资股份有限公司	1255783
19	张家港市沃丰贸易有限公司	1776844	6	芒果超媒股份有限公司	1250066
20	江苏省苏豪控股集团有限公司	1773139	7	湖南博深实业集团有限公司	1212033
21	中国江苏国际经济技术合作集团有限公司	1768149	8	老百姓大药房连锁股份有限公司	1166318
22	江阴市金桥化工有限公司	1528292	9	湖南兰天集团有限公司	1126029
23	常州市化工轻工材料总公司	1475638	10	湖南粮食集团有限责任公司	1082958
24	江苏大经供应链股份有限公司	1402175	11	益丰大药房连锁股份有限公司	1027617
25	无锡市交通产业集团有限公司	1271690	12	中南出版传媒集团股份有限公司	1026085
26	玖隆钢铁物流有限公司	1142472	13	爱尔眼科医院集团股份有限公司	999010
27	南京大地建设集团有限责任公司	1051798	14	湖南佳惠百货有限责任公司	885580
28	苏州裕景泰控股有限公司	1018599	15	湖南友谊阿波罗控股股份有限公司	868657
29	无锡市市政公用产业集团有限公司	977947	16	湖南电广传媒股份有限公司	707702
30	无锡商业大厦大东方股份有限公司	936216	17	湖南省轻工盐业集团有限公司	667844
31	江苏省粮食集团有限责任公司	877019	18	安克创新科技股份有限公司	665473
32	张家港恒泰佳居贸易有限公司	787490	19	方正证券股份有限公司	659494
33	江苏嘉奕和铜业科技发展有限公司	781568		合计	27823163
34	张家港保税区日祥贸易有限公司	767103			
35	江阴市凯竹贸易有限公司	744143	湖北		
36	无锡农村商业银行股份有限公司	723479	1	九州通医药集团股份有限公司	9949708
37	南京金宝商业投资集团股份有限公司	689766	2	卓尔控股有限公司	9683865
38	江阴达赛贸易有限公司	677252	3	恒信汽车集团股份有限公司	4854190
39	江阴市川江化工有限公司	607096	4	武汉金融控股（集团）有限公司	4812354
40	江苏江阴农村商业银行股份有限公司	592316	5	武汉商联（集团）股份有限公司	3689073
41	江苏中电豪信电子科技有限公司	588414	6	湖北省交通投资集团有限公司	3342957
42	苏汽集团有限公司	584534	7	武汉当代科技产业集团股份有限公司	2998676
43	江苏华地国际控股集团有限公司	559701	8	武汉联杰能源有限公司	1899330
44	江阴宝靖有色金属材料有限公司	549113	9	武汉农村商业银行股份有限公司	1270780
	合计	151693699	10	武汉地产开发投资集团有限公司	993663
				合计	43494596
湖南					
1	大汉控股集团有限公司	4632228	江西		
2	步步高投资集团股份有限公司	4152575	1	南昌市政公用投资控股有限责任公司	4267800

续表

排名	企业名称	营业收入/万元	排名	企业名称	营业收入/万元
2	九江银行股份有限公司	1814542	28	浙江中外运有限公司	1176217
3	江西银行股份有限公司	1295281	29	杭州云创共享网络科技有限公司	1167202
4	江西绿滋肴控股有限公司	957538	30	浙江凯喜雅国际股份有限公司	1126282
5	赣州银行股份有限公司	758597	31	宁波滕头集团有限公司	1052785
	合计	9093758	32	浙江蓝天实业集团有限公司	1041584
			33	万事利集团有限公司	935250
浙江			34	宁波力勤资源科技开发有限公司	932272
1	阿里巴巴集团控股有限公司	50971100	35	开元旅业集团有限公司	914583
2	物产中大集团股份有限公司	35892248	36	浙江恒威投资集团有限公司	863574
3	浙江省交通投资集团有限公司	15047209	37	绿城物业服务集团有限公司	858193
4	浙江省兴合集团有限责任公司	11913833	38	浙江华瑞集团有限公司	833933
5	浙江省能源集团有限公司	11180545	39	宁波海田控股集团有限公司	826823
6	中基宁波集团股份有限公司	7148984	40	日出实业集团有限公司	747838
7	远大物产集团有限公司	6774851	41	浙江万丰企业集团公司	733506
8	浙江省国际贸易集团有限公司	6392986	42	宁波市绿顺集团股份有限公司	714856
9	浙江前程投资股份有限公司	5344503	43	宁波轿辰集团股份有限公司	711971
10	华东医药股份有限公司	3544570	44	中宁化集团有限公司	650058
11	浙江省海港投资运营集团有限公司	3524907	45	华茂集团股份有限公司	644292
12	杭州市城市建设投资集团有限公司	3489000	46	杭州解百集团股份有限公司	640002
13	杭州东恒石油有限公司	2837084	47	万向三农集团有限公司	600653
14	太平鸟集团有限公司	2834888		合计	206836151
15	杭州滨江房产集团股份有限公司	2495450			
16	浙江英特药业有限责任公司	2459870	**广东**		
17	申通快递股份有限公司	2308894	1	中国平安保险（集团）股份有限公司	116886700
18	浙江建华集团有限公司	2170979	2	中国华润有限公司	65462930
19	浙江宝利德股份有限公司	2160898	3	中国南方电网有限责任公司	56634191
20	宁波君安控股有限公司	1699353	4	碧桂园控股有限公司	48590800
21	维科控股集团股份有限公司	1699067	5	恒大集团有限公司	47756100
22	浙江华通控股集团有限公司	1508744	6	招商银行股份有限公司	39716100
23	杭州联华华商集团有限公司	1430336	7	腾讯控股有限公司	37728900
24	浙江省农村发展集团有限公司	1237664	8	万科企业股份有限公司	36789388
25	浙江金帝石化能源有限公司	1201764	9	雪松控股集团有限公司	28515808
26	浙江出版联合集团有限公司	1198587	10	深圳市投资控股有限公司	19933980
27	海越能源集团股份有限公司	1195963	11	中国南方航空集团有限公司	15500239

续表

排名	企业名称	营业收入/万元	排名	企业名称	营业收入/万元
12	华侨城集团有限公司	13098215	46	深圳能源集团股份有限公司	2081700
13	顺丰控股股份有限公司	11219339	47	东莞农村商业银行股份有限公司	2060173
14	广东鼎龙实业集团有限公司	10408353	48	广州珠江实业集团有限公司	1833792
15	阳光保险集团股份有限公司	10161977	49	广州市城市建设投资集团有限公司	1792995
16	前海人寿保险股份有限公司	9413791	50	广州无线电集团有限公司	1609771
17	唯品会（中国）有限公司	8675323	51	深圳市华富洋供应链有限公司	1597811
18	珠海华发集团有限公司	7926925	52	广州岭南国际企业集团有限公司	1544272
19	富德生命人寿保险股份有限公司	7758236	53	广州红海人力资源集团股份有限公司	1540594
20	广东省广新控股集团有限公司	6718228	54	广州金融控股集团有限公司	1516217
21	广东省广晟资产经营有限公司	6034546	55	广州商贸投资控股集团有限公司	1487590
22	广州越秀集团股份有限公司	5860136	56	广东宏川集团有限公司	1432410
23	深圳市爱施德股份有限公司	5596932	57	深圳市东方嘉盛供应链股份有限公司	1412431
24	振烨国际产业控股集团（深圳）有限公司	5204195	58	深圳市燃气集团股份有限公司	1402527
25	广东省交通集团有限公司	4911233	59	广田控股集团有限公司	1363180
26	奥园集团有限公司	4867451	60	广东鸿粤汽车销售集团有限公司	1326420
27	广州轻工工贸集团有限公司	4490918	61	搜于特集团股份有限公司	1292399
28	深圳金雅福控股集团有限公司	4262228	62	广东优友网络科技有限公司	1277468
29	名创优品（广州）有限责任公司	4253261	63	广州元亨能源有限公司	1258735
30	广东省广物控股集团有限公司	4178447	64	广州酷狗计算机科技有限公司	1230281
31	广州国资发展控股有限公司	4148991	65	广州地铁集团有限公司	1223387
32	广州农村商业银行股份有限公司	4099293	66	广州港集团有限公司	1154705
33	深圳市中农网有限公司	3656789	67	广东省丝绸纺织集团有限公司	1154182
34	香江集团有限公司	3505313	68	广东省广告集团股份有限公司	1153569
35	卓越置业集团有限公司	3107271	69	大参林医药集团股份有限公司	1114116
36	深圳市信利康供应链管理有限公司	2702781	70	深圳市深粮控股股份有限公司	1105998
37	广州市水务投资集团有限公司	2683758	71	广州华多网络科技有限公司	1036275
38	广东省广业集团有限公司	2675421	72	深圳市博科供应链管理有限公司	1029599
39	广州市方圆房地产发展有限公司	2566274	73	准时达国际供应链管理有限公司	942095
40	深圳传音控股股份有限公司	2534592	74	广东天禾农资股份有限公司	901233
41	深圳华强集团有限公司	2517255	75	广东南海农村商业银行股份有限公司	888320
42	广东粤海控股集团有限公司	2342986	76	鑫荣懋集团股份有限公司	876729
43	利泰集团有限公司	2328593	77	深圳市英捷迅实业发展有限公司	836710
44	广发证券股份有限公司	2280988	78	深圳市九立供应链股份有限公司	834534
45	深圳市富森供应链管理有限公司	2209371	79	广州交通投资集团有限公司	831986

续表

排名	企业名称	营业收入/万元	排名	企业名称	营业收入/万元
80	广东合诚集团有限公司	828100	6	永辉超市股份有限公司	8487696
81	岭南生态文旅股份有限公司	795664	7	福建省能源集团有限责任公司	4881451
82	广州尚品宅配家居股份有限公司	726079	8	福建省福化工贸股份有限公司	4815224
83	佳都集团有限公司	702716	9	厦门路桥工程物资有限公司	3759382
84	广州南菱汽车股份有限公司	663826	10	厦门港务控股集团有限公司	2755757
85	宝裕发展有限公司	658255	11	厦门中骏集团有限公司	2477304
86	深圳市昆商易糖供应链有限公司	651881	12	厦门禹洲集团股份有限公司	2324071
87	广州开发区金融控股集团有限公司	644119	13	联发集团有限公司	2055610
88	佛燃能源集团股份有限公司	642688	14	厦门翔业集团有限公司	1660297
89	合富辉煌集团控股有限公司	575501	15	鹭燕医药股份有限公司	1500887
90	广东省广播电视网络股份有限公司	573175	16	福建省交通运输集团有限责任公司	1331063
91	傲基科技股份有限公司	553130	17	厦门市嘉晟对外贸易有限公司	1277303
	合计	744073884	18	厦门夏商集团有限公司	1184725
			19	厦门航空开发股份有限公司	1125318

四川

排名	企业名称	营业收入/万元
1	蓝润集团有限公司	6319460
2	四川省交通投资集团有限责任公司	5678085
3	四川省能源投资集团有限责任公司	5109138
4	四川省商业投资集团有限公司	3942810
5	四川航空股份有限公司	2586527
6	成都建国汽车贸易有限公司	1204792
7	四川华油集团有限责任公司	1197990
8	四川众心乐旅游资源开发有限公司	865444
9	四川安吉物流集团有限公司	663132
10	四川邦泰投资有限责任公司	641946
11	中国成达工程有限公司	592463
	合计	28801787

排名	企业名称	营业收入/万元
20	厦门恒兴集团有限公司	1118454
21	厦门海沧投资集团有限公司	917523
22	厦门住宅建设集团有限公司	703127
23	福建纵腾网络有限公司	701546
24	大洲控股集团有限公司	696350
25	福建发展集团有限公司	689152
26	新大陆科技集团有限公司	647914
27	福建省人力资源服务有限公司	635481
28	厦门经济特区房地产开发集团有限公司	612744
29	福建永荣兄弟集团有限公司	602255
30	厦门海澳集团有限公司	598272
31	福建网龙计算机网络信息技术有限公司	579308
	合计	200089769

福建

排名	企业名称	营业收入/万元
1	兴业银行股份有限公司	35195200
2	厦门建发集团有限公司	33969015
3	厦门国贸控股集团有限公司	29561335
4	厦门象屿集团有限公司	28418162
5	阳光龙净集团有限公司	24807843

广西壮族自治区

排名	企业名称	营业收入/万元
1	广西投资集团有限公司	18003288
2	广西北部湾国际港务集团有限公司	7068778
3	广西交通投资集团有限公司	4803763
4	沐甜科技股份有限公司	2583843
5	广西物资集团有限责任公司	2350030

续表

排名	企业名称	营业收入/万元	排名	企业名称	营业收入/万元
6	广西农村投资集团有限公司	1964000	甘肃		
7	桂林银行股份有限公司	1604880	1	甘肃省公路航空旅游投资集团有限公司	12374797
8	广西柳州医药股份有限公司	1485682	2	兰州新区商贸物流投资集团有限公司	3029065
9	广西云星集团有限公司	1231834		合计	15403862
10	桂林彰泰实业集团有限公司	1097836			
11	广西北部湾银行股份有限公司	1005535	青海		
12	南宁威宁投资集团有限责任公司	714884	1	青海省物产集团有限公司	840580
13	柳州银行股份有限公司	684798		合计	840580
	合计	44599151			
			新疆维吾尔自治区		
贵州			1	新疆广汇实业投资（集团）有限责任公司	19834749
1	贵州银行股份有限公司	1070553	2	新疆天富集团有限责任公司	2130694
	合计	1070553	3	新疆农资（集团）有限责任公司	693867
				合计	22659310
云南					
1	云南省建设投资控股集团有限公司	13280413	内蒙古自治区		
2	云南省投资控股集团有限公司	12833226	1	内蒙古电力（集团）有限责任公司	8273048
3	云南省能源投资集团有限公司	11231307	2	内蒙古高等级公路建设开发有限责任公司	577457
	合计	37344946		合计	8850505

表 10-4 2020 中国服务业企业 500 强净利润排序前 100 名企业

排名	企业名称	净利润/万元	排名	企业名称	净利润/万元
1	中国工商银行股份有限公司	31222400	51	广发证券股份有限公司	753892
2	中国建设银行股份有限公司	26673300	52	广州农村商业银行股份有限公司	752034
3	中国农业银行股份有限公司	21209800	53	中国远洋海运集团有限公司	750657
4	中国银行股份有限公司	18740500	54	携程计算机技术（上海）有限公司	701100
5	阿里巴巴集团控股有限公司	14943300	55	中国国际航空股份有限公司	642203
6	中国平安保险（集团）股份有限公司	14940700	56	中国医药集团有限公司	630173
7	腾讯控股有限公司	9331000	57	重庆中昂投资集团有限公司	615143
8	招商银行股份有限公司	9286700	58	国家开发投资集团有限公司	603397
9	中国移动通信集团有限公司	8390397	59	卓越置业集团有限公司	598472
10	交通银行股份有限公司	7728100	60	顺丰控股股份有限公司	579650
11	兴业银行股份有限公司	6586800	61	北京江南投资集团有限公司	568260
12	上海浦东发展银行股份有限公司	5981100	62	盛京银行股份有限公司	544322
13	国家电网有限公司	5506044	63	浙江省能源集团有限公司	518771
14	民生银行股份有限公司	5381900	64	奥园集团有限公司	517352
15	碧桂园控股有限公司	3955000	65	浙江省交通投资集团有限公司	514827
16	万科企业股份有限公司	3887209	66	长沙银行股份有限公司	508025
17	招商局集团有限公司	3615278	67	阳光保险集团股份有限公司	506617
18	中国人寿保险（集团）公司	3219564	68	东莞农村商业银行股份有限公司	493586
19	中国邮政集团有限公司	3067973	69	中通快递股份有限公司	492020
20	中国太平洋保险（集团）股份有限公司	2774140	70	厦门建发集团有限公司	461014
21	融创中国控股有限公司	2603000	71	天津银行股份有限公司	454797
22	中国中信集团有限公司	2519383	72	大华（集团）有限公司	425648
23	中国华润有限公司	2467450	73	荣盛控股股份有限公司	425157
24	中国人民保险集团股份有限公司	2240100	74	阳光龙净集团有限公司	424235
25	泰康保险集团股份有限公司	2218640	75	申能（集团）有限公司	421469
26	华夏银行股份有限公司	2190500	76	重庆银行股份有限公司	420749
27	北京银行股份有限公司	2144100	77	唯品会（中国）有限公司	420618
28	网易公司	2123800	78	中国南方航空集团有限公司	412893
29	上海银行股份有限公司	2029759	79	中国太平保险控股有限公司	404713
30	龙湖集团控股有限公司	1833656	80	宝龙地产控股有限公司	404111
31	恒大集团有限公司	1728000	81	厦门禹洲集团股份有限公司	396680
32	绿地控股集团股份有限公司	1474301	82	上海中梁企业发展有限公司	394520
33	华夏幸福基业股份有限公司	1461178	83	中国航空油料集团有限公司	392859
34	新华人寿保险股份有限公司	1455900	84	厦门中骏集团有限公司	387965
35	中国保利集团公司	1403017	85	山东高速集团有限公司	374094
36	中国光大集团有限公司	1374500	86	中国东方航空集团有限公司	371626
37	中国信达资产管理股份有限公司	1305295	87	上海机场（集团）有限公司	368809
38	中国南方电网有限责任公司	1266392	88	湖北省交通投资集团有限公司	358342
39	中国电信集团有限公司	1245268	89	贵州银行股份有限公司	356364
40	重庆市金科投资控股（集团）有限责任公司	1221568	90	名创优品（广州）有限责任公司	350827
41	北京京东世纪贸易有限公司	1218415	91	弘阳集团有限公司	338264
42	深圳市投资控股有限公司	1101015	92	中国通用技术（集团）控股有限责任公司	338162
43	苏宁控股集团	1052389	93	浪潮集团有限公司	330415
44	重庆农村商业银行股份有限公司	975989	94	福佳集团有限公司	329100
45	海通证券股份有限公司	952324	95	广州华多网络科技有限公司	328611
46	华侨城集团有限公司	923300	96	郑州银行股份有限公司	328512
47	重庆华宇集团有限公司	906791	97	中国中化集团有限公司	327053
48	上海国际港务（集团）股份有限公司	906227	98	重庆国际信托股份有限公司	322828
49	上海农村商业银行股份有限公司	884564	99	广东南海农村商业银行股份有限公司	322811
50	渤海银行股份有限公司	833553	100	中国机械工业集团有限公司	312464
				中国服务业企业 500 强平均数	601652

表 10-5 2020 中国服务业企业 500 强资产排序前 100 名企业

排名	企业名称	资产/万元	排名	企业名称	资产/万元
1	中国工商银行股份有限公司	3010943600	51	海通证券股份有限公司	63679363
2	中国建设银行股份有限公司	2543626100	52	广州越秀集团股份有限公司	63209705
3	中国农业银行股份有限公司	2487828800	53	国家开发投资集团有限公司	63185483
4	中国银行股份有限公司	2276974400	54	中国联合网络通信集团有限公司	60236284
5	中国邮政集团有限公司	1057771356	55	长沙银行股份有限公司	60199773
6	交通银行股份有限公司	990560000	56	中粮集团有限公司	59798361
7	中国平安保险（集团）股份有限公司	822292900	57	华夏人寿保险股份有限公司	58634509
8	中国中信集团有限公司	748677828	58	华侨城集团有限公司	55254503
9	兴业银行股份有限公司	714568100	59	中国中化集团有限公司	54889301
10	上海浦东发展银行股份有限公司	700592900	60	重庆银行股份有限公司	50123186
11	招商银行股份有限公司	696023200	61	郑州银行股份有限公司	50047813
12	民生银行股份有限公司	668184100	62	甘肃省公路航空旅游投资集团有限公司	50001003
13	中国光大集团有限公司	521048600	63	广西投资集团有限公司	49171820
14	中国人寿保险（集团）公司	451651254	64	浙江省交通投资集团有限公司	48094486
15	国家电网有限公司	415585039	65	富德生命人寿保险股份有限公司	47316745
16	华夏银行股份有限公司	320078900	66	东莞农村商业银行股份有限公司	46120880
17	北京银行股份有限公司	273704000	67	华夏幸福基业股份有限公司	45781195
18	上海银行股份有限公司	223708194	68	江西银行股份有限公司	45611853
19	恒大集团有限公司	220657700	69	湖北省交通投资集团有限公司	44033277
20	招商局集团有限公司	193589455	70	广东省交通集团有限公司	42457625
21	碧桂园控股有限公司	190715200	71	阳光龙净集团有限公司	41831136
22	中国移动通信集团有限公司	185420203	72	贵州银行股份有限公司	40938880
23	万科企业股份有限公司	173992945	73	云南省建设投资控股集团有限公司	40560393
24	中国华融资产管理股份有限公司	170501241	74	广发证券股份有限公司	39439106
25	中国华润有限公司	161797240	75	中国医药集团有限公司	39360646
26	中国太平洋保险（集团）股份有限公司	152833283	76	四川省交通投资集团有限责任公司	39247918
27	中国信达资产管理股份有限公司	151323000	77	广州地铁集团有限公司	38924670
28	阿里巴巴集团控股有限公司	131298500	78	广西交通投资集团有限公司	38703683
29	中国保利集团公司	131288649	79	中国机械工业集团有限公司	38361111
30	绿地控股集团股份有限公司	114570653	80	吉林银行股份有限公司	37636853
31	中国人民保险集团股份有限公司	113277100	81	云南省投资控股集团有限公司	37561523
32	渤海银行股份有限公司	111311651	82	青岛银行股份有限公司	37362215
33	重庆农村商业银行股份有限公司	103023023	83	苏宁控股集团	37145231
34	盛京银行股份有限公司	102148080	84	九江银行股份有限公司	36335160
35	融创中国控股有限公司	96065000	85	珠海华发集团有限公司	36184050
36	腾讯控股有限公司	95398600	86	北京控股集团有限公司	36062500
37	泰康保险集团股份有限公司	93548707	87	北京首都创业集团有限公司	35848259
38	中国南方电网有限责任公司	93365226	88	中国南方航空集团有限公司	34978522
39	上海农村商业银行股份有限公司	93028730	89	北京首都开发控股（集团）有限公司	34766245
40	中国电信集团有限公司	90096360	90	青岛农村商业银行股份有限公司	34166738
41	广州农村商业银行股份有限公司	89415429	91	厦门建发集团有限公司	34134471
42	新华人寿保险股份有限公司	87897000	92	中国东方航空集团有限公司	33466016
43	中国远洋海运集团有限公司	87702629	93	阳光保险集团股份有限公司	33152547
44	天津城市基础设施建设投资集团有限公司	83145067	94	重庆市金科投资控股（集团）有限责任公司	32930458
45	中国太平保险控股有限公司	82501284	95	天津农村商业银行股份有限公司	31968260
46	山东高速集团有限公司	72175044	96	桂林银行股份有限公司	31227346
47	深圳市投资控股有限公司	69950802	97	北京能源集团有限责任公司	30268779
48	天津银行股份有限公司	66940112	98	百度网络技术有限公司	30131600
49	龙湖集团控股有限公司	65224485	99	武汉农村商业银行股份有限公司	29948975
50	广州金融控股集团有限公司	63832642	100	晋能集团有限公司	29453660
				中国服务业企业 500 强平均数	53733539

表 10-6 2020 中国服务业企业 500 强从业人数排序前 100 名企业

排名	企业名称	从业人数/人	排名	企业名称	从业人数/人
1	中国人民保险集团股份有限公司	1089128	51	华侨城集团有限公司	62253
2	国家电网有限公司	964166	52	兴业银行股份有限公司	60455
3	中国邮政集团有限公司	918246	53	中国中化集团有限公司	60049
4	华夏人寿保险股份有限公司	500000	54	民生银行有限公司	58933
5	中国农业银行股份有限公司	464011	55	泰康保险集团股份有限公司	57372
6	中国移动通信集团有限公司	457565	56	上海浦东发展银行股份有限公司	55509
7	中国工商银行股份有限公司	445106	57	美团点评	54580
8	中国电信集团有限公司	401965	58	绿地控股集团股份有限公司	52576
9	中国华润有限公司	396456	59	广东省广晟资产经营有限公司	52074
10	中国平安保险（集团）股份有限公司	372194	60	国家开发投资集团有限公司	51961
11	中国建设银行股份有限公司	347156	61	百联集团有限公司	50632
12	中国银行股份有限公司	309384	62	重庆城市交通开发投资（集团）有限公司	50050
13	中国中信集团有限公司	304260	63	中华联合保险集团股份有限公司	45440
14	中国南方电网有限责任公司	282864	64	携程计算机技术（上海）有限公司	45100
15	苏宁控股集团	280135	65	云南省建设投资控股集团有限公司	43874
16	中国联合网络通信集团有限公司	260058	66	北京学而思教育科技有限公司	43831
17	阳光保险集团股份有限公司	232057	67	广州无线电集团有限公司	43337
18	北京京东世纪贸易有限公司	227730	68	中国通用技术（集团）控股有限责任公司	43197
19	招商局集团有限公司	157635	69	山东高速集团有限公司	40910
20	中国人寿保险（集团）公司	155536	70	重庆市能源投资集团有限公司	40892
21	中国医药集团有限公司	148783	71	北京外企服务集团有限责任公司	40200
22	中国机械工业集团有限公司	146792	72	山东省商业集团有限公司	38730
23	德邦物流股份有限公司	135375	73	重庆交通运输控股（集团）有限公司	38725
24	恒大集团有限公司	133123	74	华夏银行股份有限公司	38639
25	中国南方航空集团有限公司	119500	75	浙江省交通投资集团有限公司	38513
26	中国远洋海运集团有限公司	118243	76	天津住宅建设发展集团有限公司	38320
27	中国太平洋保险（集团）股份有限公司	117893	77	百度网络技术有限公司	37779
28	阿里巴巴集团控股有限公司	117600	78	内蒙古电力（集团）有限责任公司	37479
29	顺丰控股股份有限公司	114813	79	甘肃省公路航空旅游投资集团有限公司	37294
30	中粮集团有限公司	110896	80	新华人寿保险股份有限公司	36504
31	永辉超市股份有限公司	110778	81	浪潮集团有限公司	36156
32	碧桂园控股有限公司	101784	82	北京能源集团有限责任公司	36054
33	中国保利集团公司	100393	83	中国供销集团有限公司	35789
34	物美科技集团有限公司	100000	84	名创优品（广州）有限责任公司	35126
35	中国东方航空集团有限公司	99942	85	南昌市政公用投资控股有限责任公司	35081
36	晋能集团有限公司	94066	86	北京首都创业集团有限公司	34521
37	中国国际航空股份有限公司	89824	87	杭州市城市建设投资集团有限公司	33433
38	交通银行股份有限公司	85324	88	云南省投资控股集团有限公司	33369
39	东方国际（集团）有限公司	81295	89	广西北部湾国际港务集团有限公司	33186
40	北京控股集团有限公司	81029	90	广西农村投资集团有限公司	32945
41	中国光大集团有限公司	79800	91	福建省能源集团有限公司	31832
42	国美控股集团有限公司	79100	92	武汉商联（集团）股份有限公司	31376
43	新疆广汇实业投资（集团）有限责任公司	77400	93	雪松控股集团有限公司	30984
44	招商银行股份有限公司	76046	94	开元旅业集团有限公司	30256
45	北京首都旅游集团有限责任公司	75542	95	福建省交通运输集团有限责任公司	30174
46	深圳市投资控股有限公司	67518	96	河南交通投资集团有限公司	29815
47	中国太平保险控股有限公司	65957	97	重庆市金科投资控股（集团）有限责任公司	29447
48	中国大地财产保险股份有限公司	64687	98	步步高投资集团股份有限公司	29384
49	广东省交通集团有限公司	64184	99	武汉当代科技产业集团股份有限公司	29203
50	腾讯控股有限公司	62885	100	绿城物业服务集团有限公司	28883
				中国服务业企业 500 强平均数	33103

表 10-7　2020 中国服务业企业 500 强研发费用排序前 100 名企业

排名	企业名称	研发费用/万元	排名	企业名称	研发费用/万元
1	阿里巴巴集团控股有限公司	4308000	51	华侨城集团有限公司	57610
2	中国移动通信集团有限公司	2348128	52	广州酷狗计算机科技有限公司	54197
3	百度网络技术有限公司	1834600	53	浙江省交通投资集团有限公司	53062
4	北京京东世纪贸易有限公司	1461867	54	广西投资集团有限公司	51524
5	国家电网有限公司	1409357	55	中通快递股份有限公司	51460
6	携程计算机技术（上海）有限公司	1067000	56	荣盛控股股份有限公司	51002
7	浪潮集团有限公司	1010868	57	融创中国控股有限公司	50834
8	招商银行股份有限公司	936100	58	阳光龙净集团有限公司	50353
9	美团点评	844566	59	深圳市投资控股有限公司	48444
10	网易公司	841300	60	中国万向控股有限公司	47576
11	中国电信集团有限公司	767270	61	广州轻工工贸集团有限公司	40437
12	中国机械工业集团有限公司	470902	62	浙江省能源集团有限公司	40411
13	中国中信集团有限公司	407280	63	安克创新科技股份有限公司	39367
14	苏宁控股集团	332646	64	广东省广业集团有限公司	38436
15	国能领航城市建设投资有限公司	286245	65	重庆市能源投资集团有限公司	37861
16	新奥控股投资股份有限公司	275048	66	东方国际（集团）有限公司	37012
17	中国医药集团有限公司	236440	67	广州地铁集团有限公司	36801
18	中国南方电网有限责任公司	204273	68	马上消费金融股份有限公司	35555
19	北京控股集团有限公司	193240	69	天津港（集团）有限公司	34871
20	国美控股集团有限公司	190013	70	岭南生态文旅股份有限公司	34744
21	中国联合网络通信集团有限公司	171500	71	广田控股集团有限公司	34275
22	珠海华发集团有限公司	158192	72	广州市水务投资集团有限公司	33881
23	广州无线电集团有限公司	147149	73	广东鼎龙实业集团有限公司	33679
24	深圳华强集团有限公司	124697	74	广州交通投资集团有限公司	33294
25	广东省广新控股集团有限公司	120982	75	广西北部湾国际港务集团有限公司	33163
26	顺丰控股股份有限公司	119328	76	湖北省交通投资集团有限公司	32472
27	重庆国际信托股份有限公司	116978	77	杭州云创共享网络科技有限公司	31517
28	浙江华通控股集团有限公司	111251	78	无锡市国联发展（集团）有限公司	30757
29	北京能源集团有限责任公司	109991	79	重庆市金科投资控股（集团）有限责任公司	30676
30	福建网龙计算机网络信息技术有限公司	107540	80	佳都集团有限公司	29923
31	华东医药股份有限公司	107294	81	名创优品（广州）有限责任公司	26791
32	万科企业股份有限公司	106668	82	物产中大集团股份有限公司	26294
33	江苏中利控股集团有限公司	102031	83	广东省广告集团股份有限公司	26277
34	绿地控股集团股份有限公司	101283	84	中国供销集团有限公司	25455
35	中国通用技术（集团）控股有限责任公司	100730	85	长沙银行股份有限公司	25355
36	苏州金螳螂企业（集团）有限公司	93388	86	广州尚品宅配家居股份有限公司	24037
37	广东省广晟资产经营有限公司	89925	87	芒果超媒股份有限公司	23930
38	交通银行股份有限公司	89613	88	张家口银行股份有限公司	23879
39	国家开发投资集团有限公司	88933	89	晋能集团有限公司	23769
40	深圳传音控股股份有限公司	80508	90	深圳市燃气集团股份有限公司	23219
41	新华人寿保险股份有限公司	74852	91	东方明珠新媒体股份有限公司	22571
42	网宿科技股份有限公司	66962	92	郑州银行股份有限公司	21504
43	泰康保险集团股份有限公司	66530	93	南昌市政公用投资控股有限责任公司	21367
44	新大陆科技集团有限公司	64789	94	齐鲁交通发展集团有限公司	20630
45	中国南方航空集团有限公司	62837	95	广东省交通集团有限公司	20291
46	通鼎集团有限公司	62315	96	中国国际技术智力合作集团有限公司	20036
47	山东高速集团有限公司	60870	97	广州越秀集团股份有限公司	19744
48	广州华多网络科技有限公司	59773	98	中国海诚工程科技股份有限公司	19478
49	广州国资发展控股有限公司	59662	99	上海均瑶（集团）有限公司	19331
50	武汉当代科技产业集团股份有限公司	59116	100	天津银行股份有限公司	19273
				中国服务业企业 500 强平均数	78974

表 10-8 2020 中国服务业企业 500 强研发强度排序前 100 名企业

排名	企业名称	研发强度/%	排名	企业名称	研发强度/%
1	携程计算机技术（上海）有限公司	29.91	51	深圳市燃气集团股份有限公司	1.66
2	百度网络技术有限公司	23.49	52	中国电信集团有限公司	1.65
3	福建网龙计算机网络信息技术有限公司	18.56	53	中国机械工业集团有限公司	1.58
4	重庆国际信托股份有限公司	14.85	54	傲基科技股份有限公司	1.54
5	网易公司	14.20	55	广东省广晟资产经营有限公司	1.49
6	网宿科技股份有限公司	11.15	56	广东省广业集团有限公司	1.44
7	新大陆科技集团有限公司	10.00	57	广州国资发展控股有限公司	1.44
8	广州无线电集团有限公司	9.14	58	无锡市国联发展（集团）有限公司	1.41
9	浪潮集团有限公司	9.00	59	湖南省轻工盐业集团有限公司	1.38
10	美团点评	8.66	60	通鼎集团有限公司	1.38
11	阿里巴巴集团控股有限公司	8.45	61	江苏江阴农村商业银行股份有限公司	1.32
12	浙江华通控股集团有限公司	7.37	62	广州市水务投资集团有限公司	1.26
13	安克创新科技股份有限公司	5.92	63	广州开发区金融控股集团有限公司	1.23
14	广州华多网络科技有限公司	5.77	64	天津港（集团）有限公司	1.22
15	深圳华强集团有限公司	4.95	65	万向三农集团有限公司	1.16
16	国能领航城市建设投资有限公司	4.74	66	贵州银行股份有限公司	1.12
17	广州酷狗计算机科技有限公司	4.41	67	湖南电广传媒股份有限公司	1.07
18	岭南生态文旅股份有限公司	4.37	68	顺丰控股股份有限公司	1.06
19	佳都集团有限公司	4.26	69	上海景域文化传播股份有限公司	1.05
20	广州交通投资集团有限公司	4.00	70	上海交运（集团）公司	0.97
21	张家口银行股份有限公司	3.51	71	湖北省交通投资集团有限公司	0.97
22	中国海诚工程科技股份有限公司	3.49	72	天弘基金管理有限公司	0.94
23	广州尚品宅配家居股份有限公司	3.31	73	安徽国祯集团股份有限公司	0.91
24	深圳传音控股股份有限公司	3.18	74	广州轻工工贸集团有限公司	0.90
25	中国移动通信集团有限公司	3.13	75	广州珠江实业集团有限公司	0.89
26	中国成达工程有限公司	3.06	76	深圳能源集团股份有限公司	0.89
27	华东医药股份有限公司	3.03	77	中宁化集团有限公司	0.89
28	广州地铁集团有限公司	3.01	78	广州岭南国际企业集团有限公司	0.87
29	苏州金螳螂企业（集团）有限公司	2.99	79	华茂集团股份有限公司	0.85
30	新奥控股投资股份有限公司	2.96	80	长沙银行股份有限公司	0.83
31	杭州云创共享网络科技有限公司	2.70	81	卓正控股集团有限公司	0.83
32	北京京东世纪贸易有限公司	2.53	82	郑州银行股份有限公司	0.82
33	马上消费金融股份有限公司	2.52	83	桂林银行股份有限公司	0.81
34	广田控股集团有限公司	2.51	84	海越能源集团股份有限公司	0.79
35	江苏中利控股集团有限公司	2.50	85	中国中信集团有限公司	0.78
36	招商银行股份有限公司	2.36	86	内蒙古高等级公路建设开发有限责任公司	0.77
37	中通快递股份有限公司	2.33	87	重庆市能源投资集团有限公司	0.74
38	广东省广告集团股份有限公司	2.28	88	宁波力勤资源科技开发有限公司	0.73
39	珠海华发集团有限公司	2.00	89	山东高速集团有限公司	0.72
40	武汉当代科技产业集团股份有限公司	1.97	90	天津住宅建设发展集团有限公司	0.72
41	中国万向控股有限公司	1.93	91	柳州银行股份有限公司	0.64
42	北京控股集团有限公司	1.92	92	上海春秋国际旅行社（集团）有限公司	0.63
43	芒果超媒股份有限公司	1.91	93	名创优品（广州）有限责任公司	0.63
44	无锡市市政公用产业集团有限公司	1.88	94	国家开发投资集团有限公司	0.63
45	东方明珠新媒体股份有限公司	1.83	95	江西银行股份有限公司	0.62
46	广东省广新控股集团有限公司	1.80	96	无锡市交通产业集团有限公司	0.62
47	天津市政建设集团有限公司	1.75	97	荣盛控股股份有限公司	0.61
48	西安曲江文化产业投资（集团）有限公司	1.74	98	中国联合网络通信集团有限公司	0.59
49	北京能源集团有限责任公司	1.74	99	中国通用技术（集团）控股有限责任公司	0.55
50	苏汽集团有限公司	1.68	100	天津银行股份有限公司	0.54
				中国服务业企业 500 强平均数	1.04

表 10-9 2020 中国服务业企业 500 强净资产利润率排序前 100 名企业

排名	企业名称	净资产利润率/%	排名	企业名称	净资产利润率/%
1	张家港市沃丰贸易有限公司	594.09	51	福建省人力资源服务有限公司	23.28
2	张家港市泽厚贸易有限公司	403.80	52	浙江中外运有限公司	23.05
3	广州地铁集团有限公司	389.42	53	华东医药股份有限公司	22.85
4	张家港保税区立信投资有限公司	120.87	54	广州酷狗计算机科技有限公司	22.69
5	重庆市金科投资控股（集团）有限责任公司	99.15	55	中国平安保险（集团）股份有限公司	22.19
6	昌宜（天津）模板租赁有限公司	97.25	56	维科控股集团股份有限公司	21.99
7	四川邦泰投资有限责任公司	73.37	57	中锐控股集团有限公司	21.83
8	名创优品（广州）有限责任公司	69.71	58	深圳传音控股股份有限公司	21.73
9	杭州联华华商集团有限公司	57.55	59	中宁化集团有限公司	21.65
10	宁波力勤资源科技开发有限公司	54.19	60	腾讯控股有限公司	21.56
11	宝裕发展有限公司	51.09	61	桂林彰泰实业集团有限公司	21.52
12	天津拾起卖科技有限公司	50.29	62	兴华财富集团有限公司	21.29
13	张家港保税区日祥贸易有限公司	50.09	63	爱尔眼科医院集团股份有限公司	20.91
14	上海中梁企业发展有限公司	43.78	64	万科企业股份有限公司	20.67
15	广州红海人力资源集团股份有限公司	40.61	65	恒信汽车集团有限公司	20.66
16	江苏中电豪信电子科技有限公司	40.43	66	重庆中昂投资集团有限公司	20.56
17	福建纵腾网络有限公司	40.07	67	天弘基金管理有限公司	20.38
18	张家港保税区旭江贸易有限公司	39.50	68	路通建设集团股份有限公司	20.21
19	上海闽路润贸易有限公司	38.38	69	厦门中骏集团有限公司	19.99
20	安克创新科技股份有限公司	36.75	70	北京江南投资集团有限公司	19.98
21	广东鼎龙实业集团有限公司	36.13	71	阿里巴巴集团控股有限公司	19.78
22	网易公司	34.56	72	龙湖集团控股有限公司	19.52
23	南京金宝商业投资集团股份有限公司	34.50	73	欧菲斯办公伙伴控股有限公司	19.45
24	广东优友网络科技有限公司	33.75	74	常州市化工轻工材料总公司	18.77
25	佳都集团有限公司	32.45	75	绿地控股集团股份有限公司	18.69
26	江西绿滋肴控股有限公司	32.11	76	建业控股有限公司	17.64
27	融创中国控股有限公司	31.34	77	宁波海田控股集团有限公司	17.59
28	安徽亚夏实业股份有限公司	31.12	78	绿城物业服务集团有限公司	17.34
29	深圳市昆商易糖供应链有限公司	30.13	79	厦门禹洲集团股份有限公司	17.32
30	苏州裕景泰控股有限公司	29.70	80	新华人寿保险股份有限公司	17.24
31	华夏幸福基业股份有限公司	29.20	81	荣盛控股股份有限公司	17.02
32	振烨国际产业控股集团（深圳）有限公司	28.98	82	大华（集团）有限公司	16.68
33	上海博尔捷企业集团有限公司	28.37	83	大参林医药集团股份有限公司	16.57
34	福建发展集团有限公司	28.32	84	中基宁波集团股份有限公司	16.48
35	上海协通（集团）有限公司	28.27	85	广东南海农村商业银行股份有限公司	16.46
36	广州华多网络科技有限公司	28.15	86	弘阳集团有限公司	16.36
37	泰康保险集团股份有限公司	27.32	87	福建永荣兄弟集团有限公司	16.22
38	江阴达赛贸易有限公司	27.17	88	阳光龙净集团有限公司	16.21
39	唯品会（中国）有限公司	26.40	89	广西云星集团有限公司	16.10
40	广东合诚集团有限公司	26.39	90	招商银行股份有限公司	16.06
41	浙江金帝石化能源有限公司	26.37	91	神州数码集团股份有限公司	16.04
42	碧桂园控股有限公司	26.03	92	合富辉煌集团控股有限公司	16.01
43	宁波滕头集团有限公司	26.02	93	安徽文峰置业有限公司	15.81
44	深圳金雅福控股集团有限公司	25.82	94	上海钢联电子商务股份有限公司	15.81
45	奥园集团有限公司	25.24	95	中国保利集团公司	15.78
46	通鼎集团有限公司	24.15	96	海越能源集团股份有限公司	15.76
47	中国人寿保险（集团）公司	23.89	97	鑫荣懋集团股份有限公司	15.74
48	无锡市不锈钢电子交易中心有限公司	23.81	98	重庆市迪马实业股份有限公司	15.68
49	安徽省众城集团	23.65	99	四川华油集团有限责任公司	15.68
50	重庆华宇集团有限公司	23.34	100	广西柳州医药股份有限公司	15.67
				中国服务业企业 500 强平均数	9.77

表 10-10 2020 中国服务业企业 500 强资产利润率排序前 100 名企业

排名	企业名称	资产利润率/%	排名	企业名称	资产利润率/%
1	张家港保税区立信投资有限公司	31.28	51	宝龙地产控股有限公司	6.43
2	南京金宝商业投资集团股份有限公司	28.02	52	上海国际港务（集团）股份有限公司	6.37
3	唯品会（中国）有限公司	26.38	53	顺丰控股股份有限公司	6.26
4	福建发展集团有限公司	25.15	54	四川华油集团有限责任公司	6.02
5	安克创新科技股份有限公司	23.96	55	益丰大药房连锁股份有限公司	5.93
6	无锡市不锈钢电子交易中心有限公司	21.81	56	广州商贸投资控股集团有限公司	5.90
7	广州华多网络科技有限公司	20.80	57	中南出版传媒集团股份有限公司	5.85
8	网易公司	18.94	58	佛燃能源集团股份有限公司	5.84
9	路通建设集团股份有限公司	18.33	59	湖南佳惠百货有限责任公司	5.83
10	名创优品（广州）有限责任公司	17.43	60	中国航空油料集团有限公司	5.81
11	天弘基金管理有限公司	17.33	61	恒信汽车集团有限公司	5.77
12	宁波力勤资源科技开发有限公司	15.44	62	桂林彰泰实业集团有限公司	5.76
13	广州酷狗计算机科技有限公司	15.21	63	广西柳州医药股份有限公司	5.73
14	上海协通（集团）有限公司	14.23	64	绿城物业服务集团有限公司	5.60
15	天津拾起卖科技有限公司	14.21	65	广东合诚集团有限公司	5.45
16	江西绿滋肴控股有限公司	13.66	66	福建永荣兄弟集团有限公司	5.38
17	兴华财富集团有限公司	13.38	67	深圳市深粮控股股份有限公司	5.37
18	华东医药股份有限公司	13.11	68	中国国际技术智力合作集团有限公司	5.34
19	安徽亚夏实业股份有限公司	12.87	69	通鼎集团有限公司	5.32
20	爱尔眼科医院集团股份有限公司	11.59	70	佳都集团有限公司	5.27
21	深圳金雅福控股集团有限公司	11.54	71	广西云星集团有限公司	5.22
22	阿里巴巴集团控股有限公司	11.38	72	浙江中外运有限公司	5.15
23	张家港保税区旭江贸易有限公司	11.29	73	老百姓大药房连锁股份有限公司	5.13
24	合富辉煌集团控股有限公司	10.97	74	浙江金帝石化能源有限公司	5.10
25	中通快递股份有限公司	10.90	75	欧菲斯办公伙伴控股有限公司	5.02
26	海越能源集团股份有限公司	10.51	76	福建纵腾网络有限公司	5.00
27	福建网龙计算机网络信息技术有限公司	10.41	77	三只松鼠股份有限公司	4.93
28	申通快递股份有限公司	10.16	78	江苏省苏豪控股集团有限公司	4.75
29	深圳传音控股股份有限公司	10.11	79	浙江出版联合集团有限公司	4.71
30	张家港保税区日祥贸易有限公司	9.92	80	北京京东世纪贸易有限公司	4.69
31	腾讯控股有限公司	9.78	81	国能领航城市建设投资有限公司	4.57
32	北京学而思教育科技有限公司	9.76	82	东方明珠新媒体股份有限公司	4.57
33	江苏无锡朝阳集团股份有限公司	9.69	83	深圳市燃气集团股份有限公司	4.56
34	重庆华宇集团有限公司	9.10	84	中国移动通信集团有限公司	4.53
35	鑫荣懋集团股份有限公司	8.68	85	上海博尔捷企业集团有限公司	4.48
36	广州尚品宅配家居股份有限公司	8.64	86	大汉控股集团有限公司	4.47
37	傲基科技股份有限公司	8.26	87	月星集团有限公司	4.37
38	大参林医药集团股份有限公司	8.10	88	成都建国汽车贸易有限公司	4.36
39	振烨国际产业控股集团（深圳）有限公司	7.80	89	广微控股有限公司	4.20
40	圆通速递股份有限公司	7.53	90	中宁化集团有限公司	4.18
41	卓正控股集团有限公司	7.46	91	北京外企服务集团有限责任公司	4.15
42	福然德股份有限公司	7.31	92	上海永达控股（集团）有限公司	4.14
43	唐山港集团股份有限公司	7.21	93	中铁集装箱运输有限责任公司	4.10
44	重庆中昂投资集团有限公司	7.11	94	杭州解百集团股份有限公司	4.09
45	北京中能昊龙投资控股集团有限公司	7.08	95	浙江恒威投资集团有限公司	4.07
46	芒果超媒股份有限公司	6.77	96	江苏国泰国际集团股份有限公司	4.02
47	广州红海人力资源集团股份有限公司	6.75	97	福佳集团有限公司	4.01
48	深圳市昆商易糖供应链有限公司	6.75	98	重庆千信集团有限公司	4.01
49	宁波滕头集团有限公司	6.74	99	广州港集团有限公司	3.98
50	安徽文峰置业有限公司	6.63	100	北京江南投资集团有限公司	3.96
				中国服务业企业 500 强平均数	1.12

表 10-11 2020 中国服务业企业 500 强收入利润率排序前 100 名企业

排名	企业名称	收入利润率/%	排名	企业名称	收入利润率/%
1	重庆国际信托股份有限公司	40.97	51	北京江南投资集团有限公司	14.85
2	广东南海农村商业银行股份有限公司	36.34	52	华夏银行股份有限公司	14.74
3	网易公司	35.85	53	重庆中昂投资集团有限公司	14.46
4	重庆银行股份有限公司	35.68	54	渤海银行股份有限公司	14.35
5	贵州银行股份有限公司	33.29	55	北京学而思教育科技有限公司	14.22
6	广发证券股份有限公司	33.05	56	福建网龙计算机网络信息技术有限公司	13.93
7	广州华多网络科技有限公司	31.71	57	华夏幸福基业股份有限公司	13.89
8	天弘基金管理有限公司	30.58	58	爱尔眼科医院集团股份有限公司	13.80
9	阿里巴巴集团控股有限公司	29.32	59	广州港集团有限公司	13.77
10	海通证券股份有限公司	27.66	60	中国信达资产管理股份有限公司	13.58
11	张家口银行股份有限公司	27.11	61	青岛银行股份有限公司	13.12
12	上海国际港务（集团）股份有限公司	25.10	62	广州交通投资集团有限公司	13.09
13	中国建设银行股份有限公司	24.96	63	武汉农村商业银行股份有限公司	12.90
14	腾讯控股有限公司	24.73	64	中国平安保险（集团）股份有限公司	12.78
15	中国工商银行股份有限公司	23.97	65	天津银行股份有限公司	12.65
16	东莞农村商业银行股份有限公司	23.96	66	洛阳银行股份有限公司	12.55
17	招商银行股份有限公司	23.38	67	郑州银行股份有限公司	12.54
18	上海农村商业银行股份有限公司	23.09	68	中南出版传媒集团股份有限公司	12.43
19	中通快递股份有限公司	22.25	69	赣州银行股份有限公司	12.30
20	大华（集团）有限公司	21.02	70	龙湖集团控股有限公司	12.14
21	中国农业银行股份有限公司	20.84	71	重庆华宇集团有限公司	11.66
22	上海机场（集团）有限公司	20.69	72	曹妃甸国控投资集团有限公司	11.51
23	上海银行股份有限公司	20.69	73	广西北部湾银行股份有限公司	11.37
24	重庆农村商业银行股份有限公司	20.11	74	中国移动通信集团有限公司	11.19
25	中国银行股份有限公司	20.10	75	盛京银行股份有限公司	10.91
26	携程计算机技术（上海）有限公司	19.66	76	合富辉煌集团控股有限公司	10.91
27	卓越置业集团有限公司	19.26	77	泰康保险集团股份有限公司	10.89
28	青岛农村商业银行股份有限公司	18.76	78	安克创新科技股份有限公司	10.85
29	兴业银行股份有限公司	18.72	79	湖北省交通投资集团有限公司	10.72
30	广州农村商业银行股份有限公司	18.35	80	招商局集团有限公司	10.65
31	无锡农村商业银行股份有限公司	17.27	81	奥园集团有限公司	10.63
32	江苏江阴农村商业银行股份有限公司	17.10	82	万科企业股份有限公司	10.57
33	厦门禹洲集团股份有限公司	17.07	83	天津城市基础设施建设投资集团有限公司	10.15
34	北京银行股份有限公司	17.06	84	佳都集团有限公司	10.14
35	上海浦东发展银行股份有限公司	16.86	85	九江银行股份有限公司	10.12
36	交通银行股份有限公司	16.80	86	广西云星集团有限公司	9.85
37	长沙银行股份有限公司	16.73	87	安徽文峰置业有限公司	9.60
38	东方明珠新媒体股份有限公司	16.55	88	广州酷狗计算机科技有限公司	9.54
39	桂林彰泰实业集团有限公司	16.38	89	中锐控股集团有限公司	9.48
40	天津农村商业银行股份有限公司	16.25	90	上海大众公用事业（集团）股份有限公司	9.40
41	沧州银行股份有限公司	16.00	91	芒果超媒股份有限公司	9.25
42	民生银行股份有限公司	15.93	92	安徽亚夏实业股份有限公司	9.25
43	唐山港集团股份有限公司	15.86	93	江苏华地国际控股集团有限公司	9.06
44	江西银行股份有限公司	15.83	94	浙江出版联合集团有限公司	9.01
45	厦门中骏集团有限公司	15.66	95	厦门住宅建设集团有限公司	8.93
46	路通建设集团股份有限公司	15.59	96	武汉地产开发投资集团有限公司	8.90
47	宝龙地产控股有限公司	15.52	97	申能（集团）有限公司	8.64
48	重庆三峡银行股份有限公司	15.37	98	月星集团有限公司	8.64
49	融创中国控股有限公司	15.37	99	新华人寿保险股份有限公司	8.34
50	方正证券股份有限公司	15.28	100	名创优品（广州）有限责任公司	8.25
				中国服务业企业 500 强平均数	7.25

表 10-12 2020 中国服务业企业 500 强人均净利润排序前 100 名企业

排名	企业名称	人均净利润/万元	排名	企业名称	人均净利润/万元
1	张家港保税区旭江贸易有限公司	3308.35	51	东莞农村商业银行股份有限公司	71.76
2	重庆国际信托股份有限公司	2017.68	52	重庆千信集团有限公司	70.31
3	张家港保税区立信投资有限公司	1838.80	53	中国工商银行股份有限公司	70.15
4	北京江南投资集团有限公司	1303.35	54	龙湖集团控股有限公司	69.68
5	张家港保税区日祥贸易有限公司	1099.15	55	长沙银行股份有限公司	68.55
6	张家港市沃丰贸易有限公司	447.05	56	武汉联杰能源有限公司	67.77
7	天弘基金管理有限公司	401.79	57	郑州银行股份有限公司	67.68
8	张家港市泽厚贸易有限公司	302.85	58	天津银行股份有限公司	67.07
9	宁波力勤资源科技开发有限公司	235.02	59	重庆农村商业银行股份有限公司	63.50
10	广州华多网络科技有限公司	212.14	60	上海国际港务（集团）股份有限公司	61.86
11	深圳市昆商易糖供应链有限公司	199.56	61	宁波君安控股有限公司	61.73
12	天津现代集团有限公司	168.88	62	东华能源股份有限公司	61.20
13	重庆华宇集团有限公司	165.59	63	中国银行股份有限公司	60.57
14	上海银行股份有限公司	159.84	64	北京中能昊龙投资控股集团有限公司	60.50
15	卓越置业集团有限公司	149.58	65	福然德股份有限公司	60.42
16	腾讯控股有限公司	148.38	66	华夏幸福基业股份有限公司	60.03
17	上海农村商业银行股份有限公司	141.37	67	重庆中昂投资集团有限公司	59.83
18	浙江金帝石化能源有限公司	134.18	68	广州农村商业银行股份有限公司	59.36
19	福佳集团有限公司	132.54	69	洛阳银行股份有限公司	57.68
20	广州元亨能源有限公司	131.61	70	青岛银行股份有限公司	57.47
21	桂林彰泰实业集团有限公司	129.36	71	江苏江阴农村商业银行股份有限公司	57.38
22	阿里巴巴集团控股有限公司	127.07	72	华夏银行股份有限公司	56.69
23	大华（集团）有限公司	126.53	73	青岛农村商业银行股份有限公司	54.34
24	招商银行股份有限公司	122.12	74	厦门禹洲集团有限公司	52.39
25	深圳市东方嘉盛供应链股份有限公司	110.23	75	厦门中骏集团有限公司	51.10
26	兴业银行股份有限公司	108.95	76	振烨国际产业控股集团（深圳）有限公司	49.08
27	上海浦东发展银行股份有限公司	107.75	77	九江银行股份有限公司	47.92
28	杭州滨江房产集团股份有限公司	107.32	78	马上消费金融股份有限公司	47.33
29	中铁集装箱运输有限责任公司	104.87	79	安克创新科技股份有限公司	46.87
30	广州酷狗计算机科技有限公司	102.37	80	唐山港集团股份有限公司	46.21
31	网易公司	102.12	81	中国农业银行股份有限公司	45.71
32	重庆银行股份有限公司	99.77	82	沧州银行股份有限公司	45.36
33	广东南海农村商业银行股份有限公司	95.76	83	上海闽路润贸易有限公司	43.36
34	宝裕发展有限公司	93.27	84	天津农村商业银行股份有限公司	42.44
35	路通建设集团股份有限公司	92.54	85	弘阳集团有限公司	41.63
36	民生银行股份有限公司	91.32	86	重庆市金科投资控股（集团）有限责任公司	41.48
37	交通银行股份有限公司	90.57	87	张家口银行股份有限公司	41.09
38	安徽文峰置业有限公司	90.06	88	广西北部湾银行股份有限公司	40.96
39	海通证券股份有限公司	87.88	89	广西云星集团有限公司	40.80
40	盛京银行股份有限公司	87.53	90	江西银行股份有限公司	40.52
41	渤海银行股份有限公司	85.11	91	中国平安保险（集团）股份有限公司	40.14
42	无锡农村商业银行股份有限公司	83.25	92	新华人寿保险股份有限公司	39.88
43	中国信达资产管理股份有限公司	79.47	93	杭州东恒石油有限公司	39.59
44	海越能源集团股份有限公司	78.47	94	中锐控股集团有限公司	38.91
45	苏州裕景泰控股有限公司	78.41	95	碧桂园控股有限公司	38.86
46	青岛城市建设投资（集团）有限责任公司	77.81	96	泰康保险集团股份有限公司	38.67
47	中国建设银行股份有限公司	76.83	97	无锡市不锈钢电子交易中心有限公司	37.60
48	广发证券股份有限公司	76.32	98	赣州银行股份有限公司	37.33
49	贵州银行股份有限公司	73.93	99	宝龙地产控股有限公司	36.60
50	重庆三峡银行股份有限公司	71.86	100	福建永荣兄弟集团有限公司	36.03
				中国服务业企业500强平均数	17.85

表 10–13 2020 中国服务业企业 500 强人均营业收入排序前 100 名企业

排名	企业名称	人均营业收入/万元	排名	企业名称	人均营业收入/万元
1	张家港保税区立信投资有限公司	132227	51	天津现代集团有限公司	4515
2	张家港保税区旭江贸易有限公司	100947	52	上海钢联电子商务股份有限公司	4506
3	张家港市泽厚贸易有限公司	90281	53	浙江凯喜雅国际股份有限公司	4487
4	张家港市沃丰贸易有限公司	88842	54	日出实业集团有限公司	4087
5	张家港恒泰佳居贸易有限公司	78749	55	玖隆钢铁物流有限公司	3995
6	武汉联杰能源有限公司	61269	56	深圳市九立供应链股份有限公司	3974
7	江苏嘉奕和铜业科技发展有限公司	60121	57	宁波力勤资源科技开发有限公司	3852
8	广州元亨能源有限公司	44955	58	中铁集装箱运输有限责任公司	3767
9	江阴宝靖有色金属材料有限公司	42239	59	江苏大经供应链股份有限公司	3505
10	江阴市凯竹贸易有限公司	41341	60	厦门海澳集团有限公司	3478
11	深圳市昆商易糖供应链有限公司	40743	61	宁波海田控股集团有限公司	3361
12	江阴达赛贸易有限公司	39838	62	福建永荣兄弟集团有限公司	3346
13	江苏中电豪信电子科技有限公司	39228	63	广东鼎龙实业集团有限公司	3253
14	张家港保税区日祥贸易有限公司	38355	64	中基宁波集团股份有限公司	3226
15	浙江金帝石化能源有限公司	36417	65	前海人寿保险股份有限公司	2961
16	江阴市川江化工有限公司	30355	66	东浩兰生（集团）有限公司	2770
17	无锡市不锈钢电子交易中心有限公司	23363	67	河北省物流产业集团有限公司	2699
18	上海闽路润贸易有限公司	20049	68	宁波市绿顺集团股份有限公司	2599
19	江阴市金桥化工有限公司	19104	69	东华能源股份有限公司	2560
20	宁波君安控股有限公司	19094	70	深圳市爱施德股份有限公司	2512
21	青岛世纪瑞丰集团有限公司	19083	71	渤海人寿保险股份有限公司	2469
22	福建省福化工贸股份有限公司	16955	72	厦门象屿集团有限公司	2442
23	沐甜科技股份有限公司	16353	73	福建省人力资源服务有限公司	2380
24	源山投资控股有限公司	14143	74	振烨国际产业控股集团（深圳）有限公司	2366
25	浙江前程投资股份有限公司	12972	75	黑龙江倍丰农业生产资料集团有限公司	2344
26	上海新增鼎资产管理有限公司	12486	76	中国国际技术智力合作集团有限公司	2310
27	远大物产集团有限公司	12431	77	深圳金雅福控股集团有限公司	2142
28	天津津路钢铁实业有限公司	11407	78	神州数码集团股份有限公司	2133
29	宝裕发展有限公司	11157	79	上海均和集团有限公司	2121
30	深圳市东方嘉盛供应链股份有限公司	10310	80	海越能源集团股份有限公司	1964
31	广东优友网络科技有限公司	10302	81	厦门国贸控股集团有限公司	1948
32	西安迈科金属国际集团有限公司	9671	82	福佳集团有限公司	1880
33	上海龙宇燃油股份有限公司	9374	83	上海博尔捷企业集团有限公司	1788
34	常州市化工轻工材料总公司	9053	84	中国航空油料集团有限公司	1782
35	深圳市博科供应链管理有限公司	8953	85	物产中大集团股份有限公司	1766
36	北京江南投资集团有限公司	8774	86	兰州新区商贸物流投资集团有限公司	1758
37	苏州裕景泰控股有限公司	8706	87	重庆市中科控股有限公司	1748
38	厦门路桥工程物资有限公司	7931	88	南京金宝商业投资集团股份有限公司	1699
39	江阴长三角钢铁集团有限公司	7329	89	大洲控股集团有限公司	1678
40	杭州东恒石油有限公司	6552	90	杭州滨江房产集团股份有限公司	1642
41	厦门市嘉晟对外贸易有限公司	6387	91	厦门航空开发股份有限公司	1629
42	深圳市中农网有限公司	5975	92	天津拾起卖科技有限公司	1584
43	深圳市华富洋供应链有限公司	5853	93	江苏无锡朝阳集团股份有限公司	1509
44	深圳市信利康供应链管理有限公司	5702	94	上海天地汇供应链科技有限公司	1503
45	深圳市英捷迅实业发展有限公司	5541	95	卓尔控股有限公司	1478
46	重庆国际信托股份有限公司	4924	96	重庆华宇集团有限公司	1420
47	秦皇岛市天晖塑料有限公司	4919	97	四川省商业投资集团有限公司	1408
48	深圳市富森供应链管理有限公司	4910	98	天弘基金管理有限公司	1314
49	华南物资集团有限公司	4752	99	浙江华瑞集团有限公司	1311
50	重庆千信集团有限公司	4556	100	厦门建发集团有限公司	1271
				中国服务业企业500强平均数	249

表 10-14 2020 中国服务业企业 500 强人均资产排序前 100 名企业

排名	企业名称	人均资产/万元	排名	企业名称	人均资产/万元
1	重庆国际信托股份有限公司	146553	51	赣州银行股份有限公司	6779
2	江阴达赛贸易有限公司	48325	52	中国工商银行股份有限公司	6765
3	江阴市凯竹贸易有限公司	38571	53	东莞农村商业银行股份有限公司	6706
4	江苏嘉奕和铜业科技发展有限公司	35289	54	重庆农村商业银行股份有限公司	6702
5	北京江南投资集团有限公司	32881	55	青岛农村商业银行股份有限公司	6573
6	广州元亨能源有限公司	29585	56	中国光大集团有限公司	6529
7	张家港保税区旭江贸易有限公司	29308	57	广东南海农村商业银行股份有限公司	5954
8	江苏中电豪信电子科技有限公司	25634	58	天津现代集团有限公司	5911
9	张家港市沃丰贸易有限公司	18993	59	张家港保税区立信投资有限公司	5879
10	张家港市泽厚贸易有限公司	18496	60	海通证券股份有限公司	5876
11	青岛城市建设投资（集团）有限责任公司	18340	61	沧州银行股份有限公司	5867
12	上海银行股份有限公司	17616	62	卓越置业集团有限公司	5612
13	盛京银行股份有限公司	16425	63	武汉地产开发投资集团有限公司	5590
14	中国华融资产管理股份有限公司	15575	64	天津农村商业银行股份有限公司	5521
15	上海农村商业银行股份有限公司	14868	65	天津城市基础设施建设投资集团有限公司	5407
16	上海浦东发展银行股份有限公司	12621	66	中国农业银行股份有限公司	5362
17	重庆银行股份有限公司	11886	67	上海闽路润贸易有限公司	5121
18	兴业银行股份有限公司	11820	68	张家口银行股份有限公司	5030
19	交通银行股份有限公司	11609	69	江阴市川江化工有限公司	5014
20	江阴宝靖有色金属材料有限公司	11408	70	沐甜科技股份有限公司	4901
21	渤海银行股份有限公司	11365	71	青岛西海岸新区融合控股集团有限公司	4588
22	民生银行股份有限公司	11338	72	柳州银行股份有限公司	4582
23	张家港保税区日祥贸易有限公司	11081	73	深圳市华富洋供应链有限公司	4444
24	无锡农村商业银行股份有限公司	10787	74	上海龙宇燃油股份有限公司	4126
25	张家港恒泰佳居贸易有限公司	10726	75	北京首都开发控股（集团）有限公司	4076
26	郑州银行股份有限公司	10311	76	广发证券股份有限公司	3993
27	渤海人寿保险股份有限公司	10065	77	广州市城市建设投资集团有限公司	3745
28	天津银行股份有限公司	9872	78	源山投资控股有限公司	3720
29	武汉联杰能源有限公司	9526	79	武汉农村商业银行股份有限公司	3716
30	九江银行股份有限公司	9477	80	大华（集团）有限公司	3683
31	青岛银行股份有限公司	9397	81	吉林银行股份有限公司	3526
32	重庆三峡银行股份有限公司	9328	82	宁波君安控股有限公司	3427
33	中国信达资产管理股份有限公司	9213	83	福佳集团有限公司	3308
34	招商银行股份有限公司	9153	84	天津津路钢铁实业有限公司	3303
35	江西银行股份有限公司	9012	85	宝裕发展有限公司	3191
36	洛阳银行股份有限公司	8796	86	湖北省交通投资集团有限公司	3151
37	深圳市东方嘉盛供应链股份有限公司	8772	87	曹妃甸国控投资集团有限公司	3101
38	前海人寿保险股份有限公司	8530	88	马上消费金融股份有限公司	3040
39	杭州滨江房产集团股份有限公司	8528	89	深圳市昆商易糖供应链有限公司	2957
40	贵州银行股份有限公司	8494	90	深圳市富森供应链管理有限公司	2933
41	广西北部湾银行股份有限公司	8418	91	中国人寿保险（集团）公司	2904
42	华夏银行股份有限公司	8284	92	黑龙江倍丰农业生产资料集团有限公司	2723
43	长沙银行股份有限公司	8123	93	浙江金帝石化能源有限公司	2630
44	桂林银行股份有限公司	8111	94	广州越秀集团股份有限公司	2597
45	中国银行股份有限公司	7360	95	苏州裕景泰控有限公司	2572
46	中国建设银行股份有限公司	7327	96	中铁集装箱运输有限责任公司	2561
47	江苏江阴农村商业银行股份有限公司	7158	97	厦门路桥工程物资有限公司	2536
48	广州农村商业银行股份有限公司	7058	98	广西交通投资集团有限公司	2504
49	青岛世纪瑞丰集团有限公司	7034	99	浙江凯喜雅国际股份有限公司	2488
50	广州金融控股集团有限公司	6908	100	天津市政建设集团有限公司	2485
				中国服务业企业 500 强平均数	1608

表 10-15 2020 中国服务业企业 500 强收入增长率排序前 100 名企业

排名	企业名称	收入增长率/%	排名	企业名称	收入增长率/%
1	广州市城市建设投资集团有限公司	469.62	51	杭州东恒石油有限公司	37.98
2	昌宜（天津）模板租赁有限公司	390.95	52	宁波力勤资源科技开发有限公司	37.51
3	厦门市嘉晟对外贸易有限公司	348.90	53	融创中国控股有限公司	35.73
4	福建永荣兄弟集团有限公司	209.31	54	无锡市不锈钢电子交易中心有限公司	35.71
5	深圳市投资控股有限公司	177.81	55	申通快递股份有限公司	35.71
6	兰州新区商贸物流投资集团有限公司	172.11	56	上海景域文化传播股份有限公司	35.55
7	福建纵腾网络有限公司	139.63	57	中国国际技术智力合作集团有限公司	35.50
8	重庆华宇集团有限公司	138.06	58	阿里巴巴集团控股有限公司	35.26
9	陕西投资集团有限公司	108.07	59	福建发展集团有限公司	35.25
10	陕西龙记泰信房地产开发有限公司	102.61	60	广州地铁集团有限公司	34.68
11	宝裕发展有限公司	101.08	61	武汉地产开发投资集团有限公司	33.91
12	水发集团有限公司	92.79	62	上海闽路润贸易有限公司	33.86
13	江西绿滋肴控股有限公司	91.22	63	杭州市城市建设投资集团有限公司	33.56
14	江阴宝靖有色金属材料有限公司	89.74	64	江苏中电豪信电子科技有限公司	33.51
15	无锡市市政公用产业集团有限公司	87.54	65	西安曲江文化产业投资（集团）有限公司	33.39
16	上海中梁企业发展有限公司	87.14	66	广东粤海控股集团有限公司	33.29
17	广西交通投资集团有限公司	82.55	67	南京金宝商业投资集团股份有限公司	33.19
18	青岛西海岸新区融合控股集团有限公司	82.34	68	振烨国际产业控股集团（深圳）有限公司	33.19
19	新疆天富集团有限责任公司	82.04	69	宝龙地产控股有限公司	32.91
20	天津津路钢铁实业有限公司	77.89	70	大华（集团）有限公司	31.89
21	浙江华通控股集团有限公司	77.06	71	江苏无锡朝阳集团股份有限公司	31.20
22	张家港恒泰佳居贸易有限公司	75.46	72	重庆医药（集团）股份有限公司	31.16
23	广州开发区金融控股集团有限公司	73.92	73	广州越秀集团股份有限公司	30.75
24	四川邦泰投资有限责任公司	72.34	74	湖南省轻工盐业集团有限公司	30.61
25	源山投资控股有限公司	69.85	75	鹭燕医药股份有限公司	30.50
26	广东优友网络科技有限公司	65.61	76	龙湖集团控股有限公司	30.42
27	青岛城市建设投资（集团）有限责任公司	64.62	77	广西北部湾银行股份有限公司	30.25
28	兴华财富集团有限公司	62.60	78	马上消费金融股份有限公司	29.99
29	重庆千信集团有限公司	62.14	79	河北省国有资产控股运营有限公司	29.76
30	广西农村投资集团有限公司	60.93	80	广西投资集团有限公司	29.67
31	奥园集团有限公司	58.21	81	芒果超媒股份有限公司	29.40
32	上海天地汇供应链科技有限公司	57.88	82	中国保利集团公司	29.17
33	厦门海沧投资集团有限公司	55.53	83	武汉金融控股（集团）有限公司	28.49
34	北京学而思教育科技有限公司	54.93	84	天津捷通达汽车投资集团有限公司	28.49
35	重庆市金科投资控股（集团）有限责任公司	53.98	85	湖北省交通投资集团有限公司	28.20
36	建业控股有限公司	53.43	86	碧桂园控股有限公司	28.18
37	厦门经济特区房地产开发集团有限公司	52.21	87	绿城物业服务集团有限公司	27.90
38	美团点评	49.52	88	赣州银行股份有限公司	27.63
39	广发证券股份有限公司	49.37	89	上海钢联电子商务股份有限公司	27.61
40	珠海华发集团有限公司	48.78	90	安克创新科技股份有限公司	27.19
41	益丰大药房连锁股份有限公司	48.66	91	厦门路桥工程物资有限公司	27.19
42	四川省商业投资集团有限公司	46.20	92	甘肃省公路航空旅游投资集团有限公司	26.83
43	前海人寿保险股份有限公司	46.17	93	广西柳州医药股份有限公司	26.82
44	汇通达网络股份有限公司	45.97	94	曹妃甸国控投资集团有限公司	26.44
45	三只松鼠股份有限公司	45.30	95	上海新增鼎资产管理有限公司	26.28
46	海通证券股份有限公司	44.87	96	佛燃能源集团股份有限公司	26.16
47	欧菲斯办公伙伴控股有限公司	41.66	97	大参林医药集团股份有限公司	25.76
48	中宁化集团有限公司	41.08	98	弘阳集团有限公司	25.60
49	广州酷狗计算机科技有限公司	40.48	99	中通快递股份有限公司	25.59
50	重庆百事达汽车有限公司	38.89	100	浙江前程投资股份有限公司	25.56
				中国服务业企业 500 强平均数	11.98

表 10-16 2020 中国服务业企业 500 强净利润增长率排序前 100 名企业

排名	企业名称	净利润增长率/%	排名	企业名称	净利润增长率/%
1	维科控股集团股份有限公司	2720.94	51	中国大地财产保险股份有限公司	87.29
2	宝裕发展有限公司	2146.12	52	泰康保险集团股份有限公司	86.90
3	广州市城市建设投资集团有限公司	1068.10	53	开元旅业集团有限公司	85.65
4	广州地铁集团有限公司	844.74	54	新华人寿保险股份有限公司	83.76
5	河北省国有资产控股运营有限公司	716.47	55	海通证券股份有限公司	82.75
6	厦门市嘉晟对外贸易有限公司	684.07	56	安徽亚夏实业股份有限公司	77.69
7	广西北部湾国际港务集团有限公司	623.77	57	建业控股有限公司	75.41
8	携程计算机技术（上海）有限公司	530.49	58	广发证券股份有限公司	75.32
9	甘肃省公路航空旅游投资集团有限公司	526.34	59	名创优品（广州）有限责任公司	74.40
10	河北省国和投资集团有限公司	489.61	60	广西物资集团有限责任公司	73.01
11	重庆市金科投资控股（集团）有限责任公司	454.46	61	阿里巴巴集团控股有限公司	70.03
12	苏州裕景泰控股有限公司	452.32	62	成都建国汽车贸易有限公司	69.62
13	深圳市英捷迅实业发展有限公司	393.64	63	安克创新科技股份有限公司	69.11
14	水发集团有限公司	356.38	64	中国人民保险集团股份有限公司	66.55
15	四川省交通投资集团有限责任公司	325.76	65	南京大地建设集团有限公司	66.08
16	深圳市昆商易糖供应链有限公司	304.69	66	佳都集团有限公司	65.02
17	江苏嘉奕和铜业科技发展有限公司	283.33	67	中铁集装箱运输有限责任公司	64.66
18	广西农村投资集团有限公司	277.15	68	广东省广新控股集团有限公司	61.79
19	山东省商业集团有限公司	273.63	69	厦门住宅建设集团有限公司	61.01
20	广州国资发展控股有限公司	254.75	70	重庆市中科控股有限公司	60.86
21	网易公司	245.20	71	兴华财富集团有限公司	60.21
22	武汉联杰能源有限公司	243.86	72	浙江英特药业有限责任公司	58.61
23	广州交通投资集团有限公司	209.60	73	杭州解百集团股份有限公司	57.83
24	广东粤海控股集团有限公司	209.40	74	合富辉煌集团控股有限公司	57.70
25	湖南友谊阿波罗控股股份有限公司	201.14	75	融创中国控股有限公司	57.12
26	远大物产集团有限公司	200.24	76	云南省能源投资集团有限公司	57.09
27	福建纵腾网络有限公司	183.99	77	重庆千信集团有限公司	56.49
28	厦门经济特区房地产开发集团有限公司	176.27	78	海越能源集团股份有限公司	55.60
29	深圳传音控股股份有限公司	172.80	79	宁波力勤资源科技开发有限公司	54.65
30	上海博尔捷企业集团有限公司	155.43	80	重庆城市交通开发投资（集团）有限公司	54.50
31	湖北省交通投资集团有限公司	151.57	81	中国太平洋保险（集团）股份有限公司	53.95
32	重庆华宇集团有限公司	151.55	82	唯品会（中国）有限公司	53.76
33	西安曲江文化产业投资（集团）有限公司	148.70	83	方正证券股份有限公司	52.35
34	内蒙古高等级公路建设开发有限责任公司	147.29	84	上海钢联电子商务股份有限公司	49.33
35	深圳能源集团股份有限公司	146.31	85	奥园集团有限公司	49.12
36	重庆港务物流集团有限公司	144.38	86	福建网龙计算机网络信息技术有限公司	49.09
37	安徽省安粮集团有限公司	143.45	87	青岛城市建设投资（集团）有限责任公司	47.56
38	张家港保税区日祥贸易有限公司	130.48	88	宁波市绿顺集团股份有限公司	47.10
39	江阴市川江化工有限公司	129.41	89	弘阳集团有限公司	45.48
40	北京控股集团有限公司	124.35	90	柳州银行股份有限公司	43.57
41	江阴达赛贸易有限公司	108.33	91	武汉商联（集团）股份有限公司	43.43
42	上海中梁企业发展有限公司	104.64	92	湖南省轻工盐业集团有限公司	43.19
43	中国联合网络通信集团有限公司	101.50	93	蓝润集团有限公司	42.51
44	汇通达网络股份有限公司	101.01	94	宝龙地产控股有限公司	42.44
45	四川省商业投资集团有限公司	94.68	95	鹭燕医药股份有限公司	41.91
46	晋能集团有限公司	94.45	96	安徽省众城集团	41.80
47	北京学而思教育科技有限公司	94.13	97	中国保利集团公司	41.79
48	天津津路钢铁实业有限公司	93.57	98	中国太平保险控股有限公司	40.97
49	江西绿滋肴控股有限公司	92.95	99	重庆市迪马实业股份有限公司	40.86
50	云南省投资控股集团有限公司	89.88	100	华远国际陆港集团有限公司	39.57
				中国服务业企业 500 强平均数	19.63

表 10-17　2020 中国服务业企业 500 强资产增长率排序前 100 名企业

排名	企业名称	资产增长率/%	排名	企业名称	资产增长率/%
1	秦皇岛市天晖塑料有限公司	728.40	51	招商局集团有限公司	38.48
2	福建永荣兄弟集团有限公司	545.68	52	无锡市市政公用产业集团有限公司	38.15
3	宝裕发展有限公司	253.36	53	广西投资集团有限公司	38.04
4	江苏嘉奕和铜业科技发展有限公司	222.02	54	重庆市金科投资控股（集团）有限责任公司	37.96
5	江阴宝靖有色金属材料有限公司	133.70	55	青岛城市建设投资（集团）有限责任公司	37.96
6	张家港市泽厚贸易有限公司	133.14	56	大华（集团）有限公司	37.68
7	厦门市嘉晟对外贸易有限公司	105.67	57	马上消费金融股份有限公司	36.14
8	广东优友网络科技有限公司	94.45	58	阿里巴巴集团控股有限公司	36.05
9	张家港保税区旭江贸易有限公司	86.08	59	杭州联华华商集团有限公司	35.94
10	天津拾起卖科技有限公司	81.76	60	源山投资控股有限公司	35.09
11	深圳传音控股股份有限公司	71.38	61	厦门建发集团有限公司	34.85
12	杭州东恒石油有限公司	69.91	62	万科企业股份有限公司	34.34
13	天津津路钢铁实业有限公司	69.30	63	张家港保税区立信投资有限公司	34.20
14	广州开发区金融控股集团有限公司	68.45	64	融创中国控股有限公司	34.05
15	名创优品（广州）有限责任公司	67.74	65	四川邦泰投资有限责任公司	33.98
16	桂林彰泰实业集团有限公司	65.40	66	中国南方航空集团有限公司	33.53
17	上海闽路润贸易有限公司	63.32	67	上海均和集团有限公司	33.21
18	青岛世纪瑞丰集团有限公司	62.29	68	大参林医药集团股份有限公司	32.66
19	绿城物业服务集团有限公司	59.45	69	永辉超市股份有限公司	32.11
20	三只松鼠股份有限公司	56.36	70	腾讯控股有限公司	31.85
21	浙江华通控股集团有限公司	56.35	71	四川省商业投资集团有限公司	31.61
22	深圳市东方嘉盛供应链股份有限公司	55.22	72	上海中梁企业发展有限公司	31.54
23	青岛西海岸新区融合控股集团有限公司	55.03	73	南京金宝商业投资集团股份有限公司	30.97
24	兴华财富集团有限公司	52.38	74	重庆百事达汽车有限公司	30.61
25	重庆华宇集团有限公司	51.66	75	深圳金雅福控股集团有限公司	29.80
26	蓝润集团有限公司	50.44	76	顺丰控股股份有限公司	28.94
27	江苏中电豪信电子科技有限公司	49.46	77	网易公司	28.93
28	奥园集团有限公司	49.00	78	龙湖集团控股有限公司	28.68
29	广州酷狗计算机科技有限公司	48.66	79	路通建设集团股份有限公司	28.55
30	杭州滨江房产集团股份有限公司	48.05	80	佛燃能源集团股份有限公司	28.54
31	昌宜（天津）模板租赁有限公司	47.00	81	苏州裕景泰控股有限公司	28.54
32	准时达国际供应链管理有限公司	46.98	82	湖南佳惠百货有限责任公司	28.16
33	安克创新科技股份有限公司	46.90	83	无锡商业大厦大东方股份有限公司	28.05
34	日出实业集团有限公司	46.38	84	珠海华发集团有限公司	28.03
35	江西绿滋肴控股有限公司	45.68	85	广西农村投资集团有限公司	27.70
36	宁波力勤资源科技开发有限公司	45.67	86	宁波市绿顺集团有限公司	27.55
37	厦门中骏集团有限公司	45.47	87	厦门禹洲集团股份有限公司	27.27
38	厦门路桥工程物资有限公司	43.89	88	弘阳集团有限公司	26.91
39	现代投资股份有限公司	43.88	89	齐鲁交通发展集团有限公司	26.83
40	建业控股有限公司	43.65	90	重庆医药（集团）股份有限公司	25.81
41	兰州新区商贸物流投资集团有限公司	42.80	91	深圳市投资控股有限公司	25.78
42	江阴市凯竹贸易有限公司	42.56	92	江阴达赛贸易有限公司	25.68
43	山西美特好连锁超市股份有限公司	42.05	93	安徽国祯集团股份有限公司	25.03
44	欧菲斯办公伙伴控股有限公司	41.99	94	中国太平保险控股有限公司	24.93
45	云南省能源投资集团有限公司	41.98	95	沐甜科技股份有限公司	24.90
46	振烨国际产业控股集团（深圳）有限公司	41.64	96	联发集团有限公司	24.90
47	福建纵腾网络有限公司	41.06	97	福然德股份有限公司	24.88
48	芒果超媒股份有限公司	41.01	98	广州华多网络科技有限公司	24.75
49	水发集团有限公司	40.95	99	汇通达网络股份有限公司	24.72
50	重庆千信集团有限公司	39.26	100	云南省投资控股集团有限公司	24.46
				中国服务业企业 500 强平均数	10.49

表 10-18 2020 中国服务业企业 500 强研发费用增长率排序前 100 名企业

排名	企业名称	研发费用增长率/%	排名	企业名称	研发费用增长率/%
1	宁波力勤资源科技开发有限公司	7011.46	51	中国联合网络通信集团有限公司	93.88
2	香江集团有限公司	5183.33	52	中国供销集团有限公司	91.51
3	绿地控股集团股份有限公司	1527.82	53	云南省投资控股集团有限公司	89.28
4	重庆医药（集团）股份有限公司	1087.50	54	江苏无锡朝阳集团股份有限公司	88.89
5	广东省广物控股集团有限公司	934.26	55	申能（集团）有限公司	85.67
6	无锡市市政公用产业集团有限公司	918.17	56	重庆千信集团有限公司	83.64
7	重庆城市交通开发投资（集团）有限公司	800.68	57	云南省建设投资控股集团有限公司	82.31
8	南昌市政公用投资控股有限责任公司	645.79	58	厦门经济特区房地产开发集团有限公司	81.47
9	中铁集装箱运输有限责任公司	630.30	59	广州市城市建设投资集团有限公司	77.00
10	北京首都开发控股（集团）有限公司	518.52	60	天津城市基础设施建设投资集团有限公司	75.16
11	北京控股集团有限公司	500.50	61	柳州银行股份有限公司	74.99
12	郑州银行股份有限公司	476.82	62	无锡市国联发展（集团）有限公司	74.57
13	陕西粮农集团有限责任公司	453.16	63	安徽新华发行（集团）控股有限公司	71.55
14	国能领航城市建设投资有限公司	432.77	64	厦门港务控股集团有限公司	69.40
15	佛燃能源集团股份有限公司	422.76	65	上海钢联电子商务股份有限公司	69.26
16	河北交通投资集团公司	412.92	66	益丰大药房连锁股份有限公司	65.74
17	中国航空油料集团有限公司	407.87	67	中宁化集团有限公司	64.79
18	浙江华通控股集团有限公司	401.15	68	绿城物业服务集团有限公司	63.80
19	华茂集团股份有限公司	375.63	69	广东粤海控股集团有限公司	61.93
20	振烨国际产业控股集团（深圳）有限公司	335.68	70	中国太平洋保险（集团）股份有限公司	61.32
21	湖北省交通投资集团有限公司	305.70	71	广西北部湾国际港务集团有限公司	60.92
22	上海博尔捷企业集团有限公司	298.94	72	浙江省海港投资运营集团有限公司	59.94
23	浙江省国际贸易集团有限公司	277.94	73	准时达国际供应链管理有限公司	57.87
24	云南省能源投资集团有限公司	268.72	74	江苏汇鸿国际集团股份有限公司	57.70
25	浙江省农村发展集团有限公司	250.00	75	天津银行股份有限公司	56.69
26	广西投资集团有限公司	243.47	76	厦门象屿集团有限公司	55.11
27	新疆天富集团有限责任公司	224.71	77	江西绿滋肴控股有限公司	53.77
28	四川省商业投资集团有限公司	221.92	78	新华人寿保险股份有限公司	52.91
29	厦门恒兴集团有限公司	221.21	79	广东南海农村商业银行股份有限公司	52.37
30	深圳市中农网有限公司	206.09	80	华东医药股份有限公司	51.97
31	东莞农村商业银行股份有限公司	164.58	81	北京能源集团有限责任公司	51.10
32	江苏江阴农村商业银行股份有限公司	155.62	82	汇通达网络股份有限公司	50.86
33	山东高速集团有限公司	151.03	83	神州数码集团股份有限公司	50.38
34	四川省交通投资集团有限责任公司	147.61	84	宁波滕头集团有限公司	50.00
35	广西北部湾银行股份有限公司	141.24	85	重庆对外经贸（集团）有限公司	50.00
36	北京首都旅游集团有限责任公司	140.89	86	无锡市交通产业集团有限公司	49.36
37	国家开发投资集团有限公司	138.32	87	佳都集团有限公司	49.32
38	申通快递股份有限公司	137.67	88	桂林银行股份有限公司	49.17
39	广西交通投资集团有限公司	133.51	89	陕西龙记泰信房地产开发有限公司	49.00
40	广东省广新控股集团有限公司	125.47	90	三只松鼠股份有限公司	47.23
41	中通快递股份有限公司	124.69	91	浙江省能源集团有限公司	46.88
42	中国通用技术（集团）控股有限责任公司	121.61	92	重庆市中科控股有限公司	46.00
43	杭州云创共享网络科技有限公司	119.40	93	武汉农村商业银行股份有限公司	44.12
44	齐鲁交通发展集团有限公司	112.72	94	招商银行股份有限公司	43.97
45	上海中梁企业发展有限公司	111.37	95	万向三农集团有限公司	43.77
46	水发集团有限公司	110.50	96	福建纵腾网络有限公司	43.19
47	唐山港集团股份有限公司	108.15	97	国家电网有限公司	43.01
48	内蒙古高等级公路建设开发有限责任公司	102.74	98	广州商贸投资控股集团有限公司	42.69
49	广西农村投资集团有限公司	102.15	99	内蒙古电力（集团）有限责任公司	40.79
50	鹭燕医药股份有限公司	96.21	100	新大陆科技集团有限公司	40.76
				中国服务业企业 500 强平均数	21.57

表 10-19　2020 中国服务业企业 500 强行业平均净利润

名次	行业名称	平均净利润/亿元	名次	行业名称	平均净利润/亿元
1	商业银行	362.76	22	公路运输	14.84
2	电讯服务	327.34	23	医疗卫生健康服务	13.79
3	邮政	306.80	24	综合能源供应	13.79
4	电网	232.47	25	医药及医药器材零售	13.46
5	多元化金融	220.77	26	水务	12.12
6	互联网服务	149.65	27	物流及供应链	7.36
7	保险业	110.09	28	连锁超市及百货	6.97
8	证券业	50.80	29	能源矿产商贸	6.86
9	住宅地产	48.14	30	文化娱乐	6.30
10	商业地产	46.80	31	铁路运输	6.13
11	水上运输	38.25	32	旅游和餐饮	4.69
12	综合服务业	35.03	33	生活消费品商贸	4.45
13	家电及电子产品零售	33.15	34	农产品及食品批发	4.28
14	航空运输	28.96	35	生活资料商贸	3.81
15	教育服务	25.11	36	汽车摩托车零售	3.24
16	港口运输	22.96	37	化工医药商贸	3.14
17	基金、信托及其他金融服务	20.99	38	国际经济合作（工程承包）	2.93
18	多元化投资	16.85	39	人力资源服务	2.58
19	机电商贸	16.55	40	综合商贸	2.25
20	软件和信息技术	15.77	41	金属品商贸	1.90
21	航空港及相关服务业	15.56	42	科技研发、规划设计	1.16

表 10-20 2020 中国服务业企业 500 强行业平均营业收入

名次	行业名称	平均营业收入/亿元	名次	行业名称	平均营业收入/亿元
1	电网	11004.23	22	铁路运输	508.02
2	邮政	6172.48	23	生活资料商贸	507.63
3	电讯服务	5023.70	24	商业地产	439.81
4	家电及电子产品零售	2782.11	25	公路运输	401.83
5	保险业	2321.64	26	综合能源供应	398.42
6	多元化金融	2270.27	27	物流及供应链	347.98
7	商业银行	1750.86	28	金属品商贸	308.93
8	综合服务业	1661.48	29	水务	304.97
9	水上运输	1601.30	30	港口运输	289.48
10	互联网服务	992.39	31	证券业	267.48
11	航空运输	931.54	32	生活消费品商贸	249.29
12	机电商贸	858.96	33	连锁超市及百货	248.36
13	住宅地产	713.42	34	旅游和餐饮	246.14
14	医药及医药器材零售	691.66	35	国际经济合作（工程承包）	176.81
15	多元化投资	606.34	36	教育服务	176.53
16	软件和信息技术	601.48	37	汽车摩托车零售	171.20
17	农产品及食品批发	594.91	38	航空港及相关服务业	136.42
18	综合商贸	584.36	39	文化娱乐	117.45
19	化工医药商贸	522.90	40	医疗卫生健康服务	99.90
20	能源矿产商贸	518.22	41	基金、信托及其他金融服务	97.49
21	人力资源服务	516.05	42	科技研发、规划设计	61.32

表 10-21 2020 中国服务业企业 500 强行业平均资产

名次	行业名称	平均资产/亿元	名次	行业名称	平均资产/亿元
1	邮政	105777.14	22	农产品及食品批发	664.52
2	商业银行	39497.12	23	医药及医药器材零售	528.86
3	多元化金融	22656.74	24	航空港及相关服务业	524.35
4	电网	17298.98	25	化工医药商贸	459.53
5	电讯服务	11191.76	26	能源矿产商贸	456.47
6	保险业	8978.07	27	软件和信息技术	449.92
7	水上运输	4398.97	28	旅游和餐饮	418.28
8	综合服务业	3201.18	29	铁路运输	402.49
9	证券业	2961.55	30	物流及供应链	396.35
10	住宅地产	2719.46	31	连锁超市及百货	288.03
11	公路运输	2432.24	32	文化娱乐	258.00
12	水务	2287.21	33	教育服务	257.25
13	航空运输	2037.66	34	综合商贸	239.94
14	商业地产	1817.29	35	国际经济合作（工程承包）	205.69
15	多元化投资	1726.30	36	生活消费品商贸	191.84
16	家电及电子产品零售	1656.02	37	生活资料商贸	169.12
17	互联网服务	1566.27	38	医疗卫生健康服务	118.95
18	基金、信托及其他金融服务	1006.92	39	金属品商贸	89.13
19	综合能源供应	941.12	40	汽车摩托车零售	81.71
20	机电商贸	913.14	41	人力资源服务	52.76
21	港口运输	857.16	42	科技研发、规划设计	49.99

表 10-22　2020 中国服务业企业 500 强行业平均纳税总额

名次	行业名称	平均纳税总额/亿元	名次	行业名称	平均纳税总额/亿元
1	电网	504.23	21	港口运输	16.80
2	邮政	360.46	22	能源矿产商贸	15.38
3	电讯服务	205.98	23	航空港及相关服务业	13.16
4	多元化金融	143.84	24	旅游和餐饮	12.63
5	商业银行	124.62	25	基金、信托及其他金融服务	11.36
6	住宅地产	69.77	26	物流及供应链	9.31
7	保险业	63.75	27	铁路运输	8.18
8	航空运输	46.19	28	连锁超市及百货	8.16
9	商业地产	45.39	29	综合商贸	7.08
10	家电及电子产品零售	33.68	30	人力资源服务	6.78
11	机电商贸	33.10	31	生活消费品商贸	6.14
12	综合服务业	29.15	32	国际经济合作（工程承包）	4.60
13	多元化投资	27.55	33	农产品及食品批发	4.56
14	证券业	26.22	34	文化娱乐	4.42
15	水务	22.25	35	生活资料商贸	3.60
16	医药及医药器材零售	21.76	36	汽车摩托车零售	2.48
17	互联网服务	19.66	37	化工医药商贸	2.20
18	软件和信息技术	19.14	38	金属品商贸	1.96
19	公路运输	19.14	39	科技研发、规划设计	1.92
20	综合能源供应	18.19	40	水上运输	0.97

表 10-23 2020 中国服务业企业 500 强行业平均研发费用

名次	行业名称	平均研发费用/亿元	名次	行业名称	平均研发费用/亿元
1	电讯服务	109.56	21	公路运输	1.88
2	电网	54.37	22	科技研发、规划设计	1.88
3	互联网服务	53.25	23	旅游和餐饮	1.82
4	软件和信息技术	31.33	24	生活资料商贸	1.26
5	家电及电子产品零售	17.47	25	生活消费品商贸	1.20
6	多元化金融	8.78	26	港口运输	1.12
7	机电商贸	8.39	27	人力资源服务	1.01
8	综合服务业	7.40	28	物流及供应链	0.99
9	基金、信托及其他金融服务	5.31	29	综合商贸	0.77
10	商业银行	5.26	30	证券业	0.68
11	医药及医药器材零售	3.93	31	连锁超市及百货	0.63
12	文化娱乐	3.73	32	农产品及食品批发	0.45
13	综合能源供应	3.38	33	化工医药商贸	0.40
14	保险业	3.32	34	航空港及相关服务业	0.32
15	多元化投资	3.13	35	金属品商贸	0.29
16	水务	3.12	36	汽车摩托车零售	0.27
17	住宅地产	2.67	37	商业地产	0.25
18	航空运输	2.65	38	铁路运输	0.11
19	能源矿产商贸	2.53	39	国际经济合作（工程承包）	0.08
20	邮政	1.89	40	水上运输	0.02

表 10-24　2020 中国服务业企业 500 强行业人均净利润

名次	行业名称	人均净利润/万元	名次	行业名称	人均净利润/万元
1	基金、信托及其他金融服务	250.42	22	能源矿产商贸	5.93
2	商业银行	69.39	23	教育服务	5.73
3	证券业	57.32	24	保险业	5.57
4	商业地产	49.31	25	综合服务业	5.56
5	互联网服务	46.97	26	公路运输	5.47
6	多元化金融	24.00	27	电网	5.43
7	住宅地产	21.70	28	水务	5.33
8	港口运输	15.69	29	化工医药商贸	5.24
9	金属品商贸	15.39	30	物流及供应链	5.23
10	铁路运输	13.08	31	医药及医药器材零售	5.02
11	生活资料商贸	12.99	32	航空运输	4.43
12	航空港及相关服务业	12.18	33	旅游和餐饮	4.12
13	综合能源供应	10.61	34	家电及电子产品零售	3.65
14	多元化投资	9.16	35	国际经济合作（工程承包）	3.53
15	电讯服务	8.77	36	邮政	3.34
16	文化娱乐	7.81	37	连锁超市及百货	3.02
17	机电商贸	6.71	38	农产品及食品批发	3.02
18	生活消费品商贸	6.69	39	人力资源服务	2.68
19	软件和信息技术	6.34	40	综合商贸	1.91
20	水上运输	6.34	41	科技研发、规划设计	1.32
21	汽车摩托车零售	6.18			

表 10-25 2020 中国服务业企业 500 强行业人均营业收入

名次	行业名称	人均营业收入/万元	名次	行业名称	人均营业收入/万元
1	金属品商贸	2500.24	22	水上运输	265.57
2	生活资料商贸	1728.95	23	综合服务业	263.93
3	基金、信托及其他金融服务	1163.32	24	医药及医药器材零售	257.76
4	铁路运输	1083.89	25	电网	257.01
5	化工医药商贸	833.13	26	物流及供应链	255.06
6	综合商贸	572.24	27	软件和信息技术	241.81
7	人力资源服务	537.72	28	国际经济合作（工程承包）	213.49
8	商业地产	463.44	29	港口运输	191.29
9	能源矿产商贸	448.16	30	公路运输	157.30
10	农产品及食品批发	443.66	31	文化娱乐	145.61
11	住宅地产	372.65	32	水务	144.63
12	生活消费品商贸	356.63	33	航空运输	142.64
13	机电商贸	348.29	34	电讯服务	134.61
14	互联网服务	340.58	35	保险业	124.17
15	汽车摩托车零售	340.19	36	连锁超市及百货	107.62
16	商业银行	333.88	37	航空港及相关服务业	106.78
17	多元化投资	329.77	38	旅游和餐饮	101.69
18	家电及电子产品零售	306.46	39	科技研发、规划设计	69.78
19	证券业	301.80	40	邮政	67.22
20	综合能源供应	287.88	41	教育服务	40.27
21	多元化金融	269.10			

表 10-26 2020 中国服务业企业 500 强行业人均资产

名次	行业名称	人均资产/万元	名次	行业名称	人均资产/万元
1	基金、信托及其他金融服务	12015.80	22	航空港及相关服务业	410.42
2	商业银行	7536.61	23	电网	404.02
3	证券业	3341.57	24	能源矿产商贸	394.75
4	多元化金融	2685.55	25	机电商贸	370.26
5	商业地产	1914.92	26	文化娱乐	319.86
6	住宅地产	1342.06	27	航空运输	312.01
7	邮政	1151.95	28	电讯服务	299.89
8	水务	1084.69	29	物流及供应链	290.51
9	多元化投资	938.87	30	生活消费品商贸	276.70
10	公路运输	911.80	31	国际经济合作（工程承包）	248.36
11	铁路运输	858.73	32	综合商贸	234.96
12	化工医药商贸	732.16	33	医药及医药器材零售	197.09
13	水上运输	729.55	34	家电及电子产品零售	182.42
14	金属品商贸	721.35	35	软件和信息技术	180.88
15	综合能源供应	662.59	36	旅游和餐饮	172.81
16	生活资料商贸	576.01	37	汽车摩托车零售	162.36
17	港口运输	566.41	38	连锁超市及百货	124.81
18	互联网服务	537.53	39	教育服务	58.69
19	综合服务业	508.52	40	科技研发、规划设计	56.87
20	农产品及食品批发	495.57	41	人力资源服务	54.98
21	保险业	472.88			

表 10-27 2020 中国服务业企业 500 强行业人均纳税总额

名次	行业名称	人均纳税总额/万元	名次	行业名称	人均纳税总额/万元
1	基金、信托及其他金融服务	135.57	21	农产品及食品批发	8.64
2	商业地产	47.83	22	互联网服务	8.48
3	住宅地产	34.56	23	生活消费品商贸	8.46
4	证券业	29.59	24	医药及医药器材零售	8.11
5	商业银行	29.24	25	软件和信息技术	7.69
6	多元化金融	18.56	26	公路运输	7.30
7	铁路运输	17.45	27	航空运输	7.07
8	金属品商贸	15.82	28	人力资源服务	7.06
9	多元化投资	14.98	29	综合商贸	6.94
10	机电商贸	13.42	30	国际经济合作（工程承包）	5.55
11	能源矿产商贸	13.30	31	电讯服务	5.52
12	综合能源供应	12.82	32	文化娱乐	5.48
13	生活资料商贸	12.27	33	旅游和餐饮	5.22
14	电网	11.78	34	汽车摩托车零售	4.92
15	港口运输	11.10	35	水上运输	4.11
16	水务	10.55	36	保险业	4.07
17	航空港及相关服务业	10.30	37	邮政	3.93
18	化工医药商贸	10.27	38	家电及电子产品零售	3.71
19	综合服务业	9.07	39	连锁超市及百货	3.42
20	物流及供应链	9.06	40	科技研发、规划设计	2.18

表 10-28　2020 中国服务业企业 500 强行业人均研发费用

名次	行业名称	人均研发费用/万元	名次	行业名称	人均研发费用/万元
1	基金、信托及其他金融服务	63.37	21	证券业	1.04
2	互联网服务	19.31	22	金属品商贸	0.84
3	软件和信息技术	12.59	23	化工医药商贸	0.84
4	科技研发、规划设计	6.08	24	物流及供应链	0.81
5	文化娱乐	5.35	25	农产品及食品批发	0.78
6	商业银行	4.64	26	港口运输	0.74
7	机电商贸	3.40	27	公路运输	0.72
8	电讯服务	2.94	28	人力资源服务	0.66
9	综合能源供应	2.31	29	旅游和餐饮	0.61
10	生活资料商贸	2.30	30	汽车摩托车零售	0.60
11	综合服务业	2.11	31	综合商贸	0.46
12	生活消费品商贸	1.65	32	保险业	0.37
13	水务	1.48	33	航空运输	0.34
14	家电及电子产品零售	1.45	34	铁路运输	0.24
15	多元化金融	1.44	35	连锁超市及百货	0.24
16	住宅地产	1.39	36	商业地产	0.22
17	多元化投资	1.36	37	航空港及相关服务业	0.19
18	医药及医药器材零售	1.34	38	国际经济合作（工程承包）	0.10
19	电网	1.27	39	水上运输	0.08
20	能源矿产商贸	1.11	40	邮政	0.02

表 10-29　2020 中国服务业企业 500 强行业平均资产利润率

名次	行业名称	平均资产利润率/%	名次	行业名称	平均资产利润率/%
1	医疗卫生健康服务	11.59	22	住宅地产	1.77
2	教育服务	9.76	23	证券业	1.72
3	互联网服务	8.68	24	铁路运输	1.52
4	人力资源服务	4.88	25	能源矿产商贸	1.50
5	软件和信息技术	3.51	26	航空运输	1.42
6	汽车摩托车零售	3.27	27	国际经济合作（工程承包）	1.42
7	航空港及相关服务业	2.97	28	电网	1.34
8	电讯服务	2.92	29	综合能源供应	1.31
9	商业地产	2.58	30	保险业	1.12
10	医药及医药器材零售	2.55	31	综合服务业	1.09
11	文化娱乐	2.44	32	多元化投资	0.98
12	连锁超市及百货	2.42	33	商业银行	0.92
13	生活消费品商贸	2.32	34	多元化金融	0.89
14	科技研发、规划设计	2.31	35	水上运输	0.87
15	生活资料商贸	2.26	36	综合商贸	0.80
16	金属品商贸	2.13	37	旅游和餐饮	0.69
17	基金、信托及其他金融服务	2.08	38	农产品及食品批发	0.58
18	港口运输	2.03	39	公路运输	0.54
19	家电及电子产品零售	2.00	40	化工医药商贸	0.49
20	机电商贸	1.81	41	水务	0.46
21	物流及供应链	1.79	42	邮政	0.29

第十一章
2020 中国企业 1000 家

为了扩大中国大企业的分析范围，更加全面地反映中国大企业的发展状况，中国企业联合会、中国企业家协会从2018年起，开展了中国企业1000家的申报排序发布工作，2020年继续推出2020中国企业1000家。前500名请见表8-1，后500名见下表。

表 2020中国企业1000家第501名至1000名名单

名次	企业名称	地区	营业收入/万元	净利润/万元	资产/万元	所有者权益/万元	从业人数/人
501	东方润安集团有限公司	江苏	3571465	64480	1158389	481062	4950
502	重庆市中科控股有限公司	重庆	3570828	11564	2035189	370883	2043
503	携程计算机技术（上海）有限公司	上海	3567000	701100	20020000	8873000	45100
504	江苏汇鸿国际集团股份有限公司	江苏	3557793	33700	2523300	529260	—
505	上海均瑶（集团）有限公司	上海	3550583	36213	9059679	1079903	19435
506	江苏大明金属制品有限公司	江苏	3549406	22184	1033962	184142	5720
507	华东医药股份有限公司	浙江	3544570	281312	2146397	1230948	12118
508	新华锦集团	山东	3544334	11513	1000441	251530	9200
509	安徽省交通控股集团有限公司	安徽	3535128	248016	25249316	7740652	27252
510	瑞康医药集团股份有限公司	山东	3525851	-92780	3246527	718649	10011
511	浙江省海港投资运营集团有限公司	浙江	3524907	280620	12362637	6275418	20461
512	歌尔股份有限公司	山东	3514780	86772	3466030	1610716	59611
513	新疆生产建设兵团建设工程（集团）有限责任公司	新疆维吾尔自治区	3509766	29324	5686190	992118	19215
514	香江集团有限公司	广东	3505313	194861	5382543	3512923	12945
515	杭州市城市建设投资集团有限公司	浙江	3489000	142720	13894178	4485305	33433
516	东营齐润化工有限公司	山东	3485044	102114	1877492	944400	1258
517	山东寿光鲁清石化有限公司	山东	3482724	53382	2111198	846507	2160
518	金东纸业（江苏）股份有限公司	江苏	3473697	203271	6602111	2007991	4404
519	海通证券股份有限公司	上海	3442864	952324	63679363	12609099	10837
520	创维集团有限公司	广东	3425405	58379	4733530	1058521	35000
521	新凤鸣集团股份有限公司	浙江	3414820	135469	2290053	1166024	10887
522	中国东方电气集团有限公司	四川	3405005	107618	9188284	1609902	20160
523	山东鲁花集团有限公司	山东	3390326	431789	2312628	1035148	26000
524	重庆医药（集团）股份有限公司	重庆	3384381	80373	2483276	655204	8109
525	鲁丽集团有限公司	山东	3383276	108074	1471710	833270	6366
526	天津亿联控股集团有限公司	天津	3372013	156735	10008455	3980052	10437
527	利时集团股份有限公司	浙江	3365802	84271	1527538	817104	6824
528	湖北省交通投资集团有限公司	湖北	3342957	358342	44033277	12606977	13973
529	大连西太平洋石油化工有限公司	辽宁	3313145	24303	824120	-152401	1051
530	华南物资集团有限公司	重庆	3307275	9087	530124	71368	696

续表

名次	企业名称	地区	营业收入/万元	净利润/万元	资产/万元	所有者权益/万元	从业人数/人
531	重庆市博赛矿业（集团）有限公司	重庆	3284639	68234	1335509	728388	8242
532	德龙钢铁有限公司	河北	3234246	190870	2063337	862073	7737
533	巨化集团有限公司	浙江	3216365	47517	3295330	718342	11421
534	得力集团有限公司	浙江	3211106	158208	2114714	725091	14365
535	安徽省安粮集团有限公司	安徽	3200145	7379	2467489	288360	3170
536	河北鑫海控股集团有限公司	河北	3192475	40244	926911	343126	1800
537	滨化集团	山东	3185043	53834	2059648	976780	5299
538	重庆对外经贸（集团）有限公司	重庆	3182510	15870	2173198	487106	7046
539	上海闽路润贸易有限公司	上海	3167713	6851	809097	17849	158
540	华新水泥股份有限公司	湖北	3143921	634230	3664538	2130904	16120
541	北京顺鑫控股集团有限公司	北京	3139536	526	3579000	254344	9200
542	万丰奥特控股集团有限公司	浙江	3137670	237059	3281581	1361522	12915
543	河北安丰钢铁有限公司	河北	3137288	259918	1654577	1051466	9735
544	苏州金螳螂企业（集团）有限公司	江苏	3125828	60018	4500851	464426	19448
545	圆通速递股份有限公司	上海	3115112	166770	2216097	1289366	14641
546	卓越置业集团有限公司	广东	3107271	598472	22455107	5272425	4001
547	福星集团控股有限公司	湖北	3075833	9573	5282187	347529	7112
548	河北天柱钢铁集团有限公司	河北	3060076	132551	1219042	541330	5404
549	心里程控股集团有限公司	广东	3054911	170118	2414715	1534458	2829
550	花园集团有限公司	浙江	3044771	61980	2473419	1053870	14326
551	利群集团股份有限公司	山东	3038679	50886	2240549	711069	11200
552	长沙银行股份有限公司	湖南	3036711	508025	60199773	4063269	7411
553	金龙精密铜管集团股份有限公司	重庆	3032301	5780	1378901	65163	7351
554	兰州新区商贸物流投资集团有限公司	甘肃	3029065	14019	1428893	680836	1723
555	文一投资控股集团	安徽	3025147	74343	5213519	2759002	22100
556	华芳集团有限公司	江苏	3018887	26349	860215	491542	10778
557	河北诚信集团有限公司	河北	3015255	299786	1658594	1187031	10238
558	淄博齐翔腾达化工股份有限公司	山东	3005769	62050	1413082	756036	2306
559	武汉当代科技产业集团股份有限公司	湖北	2998676	28667	9790990	1006199	29203
560	波司登股份有限公司	江苏	2989473	353239	3678253	2089932	24006
561	云南白药集团股份有限公司	云南	2966467	418373	4965805	3793810	8124
562	新八建设集团有限公司	湖北	2956606	87904	698698	449856	4850
563	腾达建设集团股份有限公司	浙江	2923022	47582	1429033	657363	9838
564	月星集团有限公司	上海	2910559	251482	5751398	1976199	10566
565	浙江元立金属制品集团有限公司	浙江	2903569	104470	2161828	552871	13000

续表

名次	企业名称	地区	营业收入/万元	净利润/万元	资产/万元	所有者权益/万元	从业人数/人
566	香驰控股有限公司	山东	2901671	73529	1503695	732019	3000
567	山东中海化工集团有限公司	山东	2876496	105997	1146386	636191	2655
568	天津港（集团）有限公司	天津	2849705	-41015	13876724	2854459	20248
569	杭州东恒石油有限公司	浙江	2837084	17141	588679	294887	433
570	天士力控股集团有限公司	天津	2836698	3422	6771520	2292717	21739
571	太平鸟集团有限公司	浙江	2834888	5852	1447033	46942	13638
572	河北东海特钢集团有限公司	河北	2824225	100594	1289552	679061	12367
573	万通海欣控股集团股份有限公司	山东	2816687	105377	3559468	1524597	3500
574	河南中原黄金冶炼厂有限责任公司	河南	2812191	47414	1696473	731593	1452
575	新七建设集团有限公司	湖北	2810811	—	748548	—	23918
576	江苏沃得机电集团有限公司	江苏	2807556	249728	5361827	1035807	13866
577	三花控股集团有限公司	浙江	2804796	111100	2270570	935013	22393
578	青岛啤酒股份有限公司	山东	2798376	184945	3731238	1917158	38169
579	山西建邦集团有限公司	山西	2771491	129950	1394796	862463	3050
580	四川九洲电器集团有限责任公司	四川	2765766	31927	2392802	631000	12172
581	中策橡胶集团有限公司	浙江	2758809	110970	2494415	992951	23624
582	厦门港务控股集团有限公司	福建	2755757	51933	4190989	649324	10675
583	河北省国和投资集团有限公司	河北	2751675	1816	552928	63487	2500
584	华立集团股份有限公司	浙江	2747211	22670	1979329	227809	10500
585	深圳市信利康供应链管理有限公司	广东	2702781	12929	987905	127389	474
586	河南金利金铅集团有限公司	河南	2684524	35464	733199	167303	2614
587	广州市水务投资集团有限公司	广东	2683758	120687	16880444	4600201	28403
588	广东省广业集团有限公司	广东	2675421	68258	4953902	1472191	22157
589	振石控股集团有限公司	浙江	2673261	129703	2719295	911695	6868
590	天津华北集团有限公司	天津	2665719	19081	1130361	647388	772
591	鹏鼎控股（深圳）股份有限公司	广东	2661462	292461	2885618	1982925	35050
592	中如建工集团有限公司	江苏	2654050	75744	644233	—	51954
593	张家港保税区立信投资有限公司	江苏	2644533	36776	117574	30427	20
594	新十建设集团有限公司	浙江	2640103	51293	115098	78530	7258
595	山东东方华龙工贸集团有限公司	山东	2627031	9042	1157215	478295	1500
596	山东永鑫能源集团有限公司	山东	2624646	7931	1585361	-16171	2167
597	郑州银行股份有限公司	河南	2620741	328512	50047813	3859032	4854
598	浙江大华技术股份有限公司	浙江	2614943	318814	2956465	1285958	13658
599	福建建工集团有限责任公司	福建	2611924	18437	4286289	408758	9213
600	宝龙地产控股有限公司	上海	2604163	404111	6287872	3184021	11042

续表

名次	企业名称	地区	营业收入/万元	净利润/万元	资产/万元	所有者权益/万元	从业人数/人
601	德邦物流股份有限公司	上海	2592210	32363	907798	405567	135375
602	四川航空股份有限公司	四川	2586527	10587	3581560	495882	16585
603	沐甜科技股份有限公司	广西壮族自治区	2583843	2544	774346	37072	158
604	湖南省交通水利建设集团有限公司	湖南	2574107	50393	2538820	450380	7325
605	郑州煤矿机械集团股份有限公司	河南	2572141	104025	2971259	1223973	17230
606	江西济民可信集团有限公司	江西	2570348	194430	1681976	697653	9451
607	广州市方圆房地产发展有限公司	广东	2566274	168406	7965536	1420628	5000
608	道恩集团有限公司	山东	2564876	7425	1112250	110240	3010
609	浙江东南网架集团有限公司	浙江	2564277	30617	2619861	945251	12068
610	哈尔滨电气集团有限公司	黑龙江	2563471	15568	6071442	1399027	16767
611	中兴建设有限公司	江苏	2553249	30694	643765	396373	54107
612	天津食品集团有限公司	天津	2551318	55927	3686988	1164304	9469
613	深圳传音控股股份有限公司	广东	2534592	179330	1774375	825399	15933
614	欣旺达电子股份有限公司	广东	2524066	75012	2358911	599368	8677
615	深圳华强集团有限公司	广东	2517255	103083	6827379	1530901	25528
616	天洁集团有限公司	浙江	2507853	119544	1216522	547722	1450
617	浙江富春江通信集团有限公司	浙江	2505819	32288	1932475	417067	4634
618	江西博能实业集团有限公司	江西	2498659	23467	1630975	512595	3000
619	杭州滨江房产集团股份有限公司	浙江	2495450	163122	12962535	1656737	1520
620	广东德赛集团有限公司	广东	2480471	23237	1715690	500150	16500
621	厦门中骏集团有限公司	福建	2477304	387965	15155565	1940964	7592
622	华鲁控股集团有限公司	山东	2471048	103757	3661851	856862	17548
623	中国万向控股有限公司	上海	2468181	98111	13567988	823872	17374
624	浙江英特药业有限责任公司	浙江	2459870	28451	1073147	204061	3943
625	江阴长三角钢铁集团有限公司	江苏	2455121	1494	49331	10209	335
626	兴惠化纤集团有限公司	浙江	2447283	17052	703220	440302	2512
627	江苏三木集团有限公司	江苏	2442192	72468	1329143	687697	6257
628	闻泰通讯股份有限公司	浙江	2440655	47669	1384844	152163	4122
629	农夫山泉股份有限公司	浙江	2439408	496794	1774540	988280	18291
630	江苏邗建集团有限公司	江苏	2434006	75414	2189417	722705	50802
631	纳爱斯集团有限公司	浙江	2426594	147397	2162695	1760398	12017
632	浙江方远控股集团有限公司	浙江	2418588	51996	1628272	340795	49850
633	宜华企业（集团）有限公司	广东	2409379	96425	5521439	1959114	50042
634	源山投资控股有限公司	上海	2404238	2756	632411	228646	170
635	日照港集团有限公司	山东	2401306	18554	6724274	1513145	8907

续表

名次	企业名称	地区	营业收入/万元	净利润/万元	资产/万元	所有者权益/万元	从业人数/人
636	华远国际陆港集团有限公司	山西	2397273	11953	10495024	3453827	20860
637	济源市万洋冶炼（集团）有限公司	河南	2394535	42383	414265	170547	3160
638	兴达投资集团有限公司	江苏	2389554	54704	748527	543410	960
639	江苏中超投资集团有限公司	江苏	2368860	4858	1192245	211985	5423
640	江苏无锡朝阳集团股份有限公司	江苏	2361886	18149	187279	129810	1565
641	江苏江润铜业有限公司	江苏	2361259	10463	361153	166635	256
642	浙江协和集团有限公司	浙江	2359267	25743	713742	157900	1247
643	山东垦利石化集团有限公司	山东	2353969	92170	1661361	836272	2701
644	江苏长电科技股份有限公司	江苏	2352628	8866	3358189	1262743	23017
645	广西物资集团有限责任公司	广西壮族自治区	2350030	9505	1557631	486710	3188
646	重庆钢铁股份有限公司	重庆	2347760	92572	2697573	1939600	7377
647	广东粤海控股集团有限公司	广东	2342986	159899	11671671	3782226	13608
648	天合光能股份有限公司	江苏	2332169	64059	3649123	1195629	12743
649	江苏恒瑞医药股份有限公司	江苏	2328857	532802	2755647	2477532	24431
650	利泰集团有限公司	广东	2328593	8477	547769	172005	9000
651	奥盛集团有限公司	上海	2325678	81125	1105239	871196	1542
652	山鹰国际控股股份公司	安徽	2324094	136218	4254454	1441078	11553
653	厦门禹洲集团股份有限公司	福建	2324071	396680	14643513	2290315	7572
654	成都蛟龙投资有限责任公司	四川	2313707	194869	929876	757677	59375
655	无锡市不锈钢电子交易中心有限公司	江苏	2312911	3722	17068	15633	99
656	宜宾天原集团股份有限公司	四川	2310321	7876	1377275	496616	4440
657	申通快递股份有限公司	浙江	2308894	140831	1385522	913695	11139
658	胜达集团有限公司	浙江	2301352	99877	1288017	843283	3029
659	三宝集团股份有限公司	福建	2300347	80687	1089154	563450	3876
660	山西晋城钢铁控股集团有限公司	山西	2289893	121037	1783756	1216508	10700
661	河北鑫达钢铁集团有限公司	河北	2286640	17291	1745589	765561	8182
662	广发证券股份有限公司	广东	2280988	753892	39439106	9123398	9878
663	深圳市中金岭南有色金属股份有限公司	广东	2280052	85211	2032060	1093472	9611
664	宁波申洲针织有限公司	浙江	2266527	495854	3185486	2517245	85700
665	广西柳工集团有限公司	广西壮族自治区	2253284	39316	3755623	458351	16692
666	苏州创元投资发展（集团）有限公司	江苏	2248493	34262	2869777	555234	13454
667	中通快递股份有限公司	上海	2210995	492020	4513956	3755670	18578
668	深圳市富森供应链管理有限公司	广东	2209371	6485	1319815	71769	450
669	邯郸正大制管有限公司	河北	2205939	34419	375216	69525	4484
670	人福医药集团股份公司	湖北	2180661	84254	3501325	1015182	15711

续表

名次	企业名称	地区	营业收入/万元	净利润/万元	资产/万元	所有者权益/万元	从业人数/人
671	无锡市国联发展（集团）有限公司	江苏	2176526	156819	9401466	2380168	11353
672	浙江升华控股集团有限公司	浙江	2175894	22223	856288	408213	3103
673	浙江建华集团有限公司	浙江	2170979	7626	287090	92044	3036
674	河南济源钢铁（集团）有限公司	河南	2164291	113011	1646013	728644	6800
675	浙江宝利德股份有限公司	浙江	2160898	21170	701726	160462	2197
676	龙元建设集团股份有限公司	上海	2142709	102074	5944528	1086720	5116
677	达利食品集团有限公司	福建	2137525	384057	1994761	1627663	37975
678	广西汽车集团有限公司	广西壮族自治区	2135309	21333	1860634	559886	16025
679	水发集团有限公司	山东	2133783	48244	10713526	1391488	14027
680	新疆天富集团有限责任公司	新疆维吾尔自治区	2130694	341	4319712	743355	6590
681	孝义市鹏飞实业有限公司	山西	2130693	168363	5861635	—	13713
682	宗申产业集团有限公司	重庆	2130616	36619	2356274	400260	15999
683	天津纺织集团（控股）有限公司	天津	2126682	8126	1593090	303416	4032
684	晶澳太阳能科技股份有限公司	河北	2115548	125195	2852761	798939	22162
685	广微控股有限公司	上海	2114743	119699	2849932	1535840	9336
686	唐山瑞丰钢铁（集团）有限公司	河北	2114215	182818	1528519	1214237	6675
687	重庆万达薄板有限公司	重庆	2106052	16616	1074858	272987	2850
688	深圳能源集团股份有限公司	广东	2081700	170122	9611205	3008699	—
689	唐山三友集团有限公司	河北	2067135	25641	2596750	514774	18572
690	东莞农村商业银行股份有限公司	广东	2060173	493586	46120880	3381441	6878
691	凌源钢铁集团有限责任公司	辽宁	2058147	34373	2334046	258014	10138
692	联发集团有限公司	福建	2055610	117416	8357247	1060187	4240
693	宁波博洋控股集团有限公司	浙江	2050783	33839	585672	122627	6549
694	天津市医药集团有限公司	天津	2046596	53933	3168948	672256	12713
695	上海协通（集团）有限公司	上海	2043054	71139	499963	251627	1979
696	青岛世纪瑞丰集团有限公司	山东	2041847	1880	752684	31460	107
697	福建省汽车工业集团有限公司	福建	2033451	1797	3364669	281133	16957
698	山西安泰控股集团有限公司	山西	2025787	48765	1697968	288823	6204
699	大华（集团）有限公司	上海	2025066	425648	12391118	2551285	3364
700	牧原食品股份有限公司	河南	2022133	611436	5288658	2310773	50319
701	张家港保税区旭江贸易有限公司	江苏	2018946	66167	586156	167514	20
702	上海仪电（集团）有限公司	上海	2008670	7440	7109777	1269259	14039
703	上海胜华电缆（集团）有限公司	上海	2006281	-12078	769240	160042	4311
704	上海春秋国际旅行社（集团）有限公司	上海	1995657	120489	3146912	854984	10995
705	大亚科技集团有限公司	江苏	1994838	63205	1472638	230225	10565

续表

名次	企业名称	地区	营业收入/万元	净利润/万元	资产/万元	所有者权益/万元	从业人数/人
706	南京新华海科技产业集团有限公司	江苏	1991425	45431	1155691	486609	1668
707	天津恒兴集团有限公司	天津	1988900	75381	794002	640385	900
708	攀枝花钢城集团有限公司	四川	1986373	957	836971	-205944	10985
709	桂林力源粮油食品集团有限公司	广西壮族自治区	1984531	77781	657229	250251	8400
710	万马联合控股集团有限公司	浙江	1975970	2931	1367941	131319	5241
711	广西农村投资集团有限公司	广西壮族自治区	1964000	23353	5678158	652163	32945
712	山东鑫海科技股份有限公司	山东	1958424	330706	2523982	1057721	8629
713	青岛城市建设投资（集团）有限责任公司	山东	1921500	118123	27839800	5964234	1518
714	淄博商厦股份有限公司	山东	1911852	15549	570798	259086	10020
715	江苏上上电缆集团有限公司	江苏	1907934	77664	834058	613389	4464
716	安徽出版集团有限责任公司	安徽	1907099	35097	2624180	844223	4544
717	武汉联杰能源有限公司	湖北	1899330	2101	295308	164134	31
718	石家庄北国人百集团有限责任公司	河北	1896858	43916	1242693	429421	16179
719	安徽辉隆投资集团有限公司	安徽	1896549	9987	930793	95843	2852
720	天津现代集团有限公司	天津	1896219	70928	2482767	1032268	420
721	广西贵港钢铁集团有限公司	广西壮族自治区	1893454	30679	777529	267317	2674
722	久立集团股份有限公司	浙江	1891745	30855	849550	207222	3944
723	浙江华友钴业股份有限公司	浙江	1885283	11953	2326698	774775	6936
724	三环集团有限公司	湖北	1880555	6821	2363662	780601	17377
725	盐城市国有资产投资集团有限公司	江苏	1875244	26263	4549775	1224863	2162
726	正和集团股份有限公司	山东	1864034	19189	614190	264125	1360
727	福建福海创石油化工有限公司	福建	1858276	318933	3952614	1689184	474
728	宁波建工股份有限公司	浙江	1855543	24028	1576876	289443	4593
729	中国西电集团有限公司	陕西	1851722	36738	4081992	1386807	16978
730	浙江舜江建设集团有限公司	浙江	1851571	82982	731821	596204	36819
731	中国庆华能源集团有限公司	北京	1848642	-68514	6734759	617477	9600
732	吉林银行股份有限公司	吉林	1847361	121146	37636853	3119399	10673
733	辛集市澳森钢铁有限公司	河北	1842836	98233	805603	739487	6550
734	玲珑集团有限公司	山东	1835184	101006	3278124	690878	18400
735	广州珠江实业集团有限公司	广东	1833792	90506	10073820	1937630	15955
736	明阳新能源投资控股集团有限公司	广东	1819042	93824	5404216	1600849	5475
737	人本集团有限公司	浙江	1818778	55300	1189271	323685	21076
738	北京东方雨虹防水技术股份有限公司	北京	1815434	206594	2241566	974000	8036
739	九江银行股份有限公司	江西	1814542	183721	36335160	2472559	3834
740	致达控股集团有限公司	上海	1813795	23894	2247297	436749	4121

续表

名次	企业名称	地区	营业收入/万元	净利润/万元	资产/万元	所有者权益/万元	从业人数/人
741	河南神火集团有限公司	河南	1808186	-36960	5993298	1376	29256
742	张家港市泽厚贸易有限公司	江苏	1805613	6057	369910	1500	20
743	广州市城市建设投资集团有限公司	广东	1792995	18456	21170108	12054884	5653
744	润华集团股份有限公司	山东	1791429	47303	1424900	707615	5217
745	秦皇岛宏兴钢铁有限公司	河北	1789746	180713	935780	790594	5062
746	厦门金龙汽车集团股份有限公司	福建	1789059	18137	2596560	443431	13526
747	瑞声科技控股有限公司	广东	1788375	222237	3420729	1935119	39385
748	青海盐湖工业股份有限公司	青海	1784917	-4585997	2253150	-3051999	15856
749	上海机场（集团）有限公司	上海	1782659	368809	9682767	6422674	18827
750	张家港市沃丰贸易有限公司	江苏	1776844	8941	379865	1505	20
751	江苏省苏豪控股集团有限公司	江苏	1773139	131187	2760887	936693	8942
752	中国江苏国际经济技术合作集团有限公司	江苏	1768149	29269	2056941	312710	8282
753	北京学而思教育科技有限公司	北京	1765255	251059	2572543	1710680	43831
754	诸城外贸有限责任公司	山东	1761615	71719	2019079	959437	7078
755	山东寿光巨能控股集团有限公司	山东	1759493	42246	1185367	695318	7967
756	广州立白企业集团有限公司	广东	1758504	64759	1863800	1057497	3462
757	上海景域文化传播股份有限公司	上海	1745488	-1526	598147	384069	2389
758	青岛银行股份有限公司	山东	1741450	228482	37362215	2991546	3976
759	厦门钨业股份有限公司	福建	1739551	26068	2347117	737436	13842
760	山东联盟化工集团有限公司	山东	1727974	60956	1000770	562292	6623
761	中原出版传媒投资控股集团有限公司	河南	1713869	54703	1749263	901201	16447
762	山东荣信集团有限公司	山东	1712770	64335	511822	342842	2378
763	宁波华翔电子股份有限公司	浙江	1709343	98111	1713061	914895	14993
764	广州视源电子科技股份有限公司	广东	1705270	161090	997338	492868	4814
765	安徽楚江科技新材料股份有限公司	安徽	1704797	46101	846146	547684	6035
766	吉林亚泰（集团）股份有限公司	吉林	1701033	5346	5943362	1441729	19597
767	宁波君安控股有限公司	浙江	1699353	5494	305027	64261	89
768	维科控股集团股份有限公司	浙江	1699067	41355	1654547	188049	6654
769	金猴集团有限公司	山东	1683656	38585	540978	331469	3045
770	山东龙大肉食品股份有限公司	山东	1682236	24087	631814	232222	5210
771	深业集团有限公司	广东	1678744	226384	13906738	3540393	20840
772	唐山东海钢铁集团有限公司	河北	1677302	144388	1028681	758577	5856
773	长春欧亚集团股份有限公司	吉林	1672731	23841	2275961	322655	11487
774	广博控股集团有限公司	浙江	1670250	20076	1698109	381440	3600
775	恒尊集团有限公司	浙江	1664781	40424	1770595	436749	11272

续表

名次	企业名称	地区	营业收入/万元	净利润/万元	资产/万元	所有者权益/万元	从业人数/人
776	厦门翔业集团有限公司	福建	1660297	81099	3838086	1114610	14851
777	浙江天圣控股集团有限公司	浙江	1651738	100255	1176788	303750	2824
778	潍坊特钢集团有限公司	山东	1650624	59318	980062	348645	6780
779	海天建设集团有限公司	浙江	1627240	53375	1681699	54168	—
780	重庆交通运输控股（集团）有限公司	重庆	1623323	36821	2610198	923324	38725
781	山东潍焦控股集团有限公司	山东	1621877	18555	1060469	215354	3647
782	安徽华源医药集团股份有限公司	安徽	1614184	18518	1269683	201281	8400
783	广州无线电集团有限公司	广东	1609771	51025	3918183	749573	43337
784	河南交通投资集团有限公司	河南	1605472	90165	19015016	4547540	29815
785	桂林银行股份有限公司	广西壮族自治区	1604880	117110	31227346	1983791	3850
786	顾家集团有限公司	浙江	1599518	372	2142471	542584	13800
787	深圳市华富洋供应链有限公司	广东	1597811	9138	1213234	74301	273
788	精工控股集团有限公司	浙江	1593311	17377	2317664	274055	10618
789	天津城市基础设施建设投资集团有限公司	天津	1588770	161327	83145067	24810188	15376
790	山东远通汽车贸易集团有限公司	山东	1586189	6845	636296	363704	6058
791	唐山东华钢铁企业集团有限公司	河北	1585437	38131	784144	386528	6117
792	浙江甬金金属科技股份有限公司	浙江	1582776	33281	518989	289748	1422
793	万邦德医药控股集团股份有限公司	浙江	1579490	15703	380054	163832	2100
794	广西南丹南方金属有限公司	广西壮族自治区	1568581	34477	1042042	428829	3860
795	京基集团有限公司	广东	1567992	309241	8422966	1961230	4629
796	深圳市大疆百旺科技有限公司	广东	1567974	78201	776647	250955	8457
797	河北港口集团有限公司	河北	1567051	-2901	6143096	2451362	13531
798	江西合力泰科技有限公司	江西	1559021	86661	2288854	780714	11000
799	广州岭南国际企业集团有限公司	广东	1544272	61628	1582424	642964	12981
800	广州红海人力资源集团股份有限公司	广东	1540594	9188	136178	22624	1496
801	唐人神集团股份有限公司	湖南	1535505	20236	728090	332565	9754
802	歌山建设集团有限公司	浙江	1529121	30177	805758	341610	36170
803	江阴市金桥化工有限公司	江苏	1528292	1360	179327	15744	80
804	广州金融控股集团有限公司	广东	1516217	98059	63832642	2751083	9240
805	福建百宏聚纤科技实业有限公司	福建	1515545	104785	1972079	860479	8956
806	江苏西城三联控股集团有限公司	江苏	1515372	-36376	473366	-191743	2698
807	赛轮集团股份有限公司	山东	1512784	119518	1787733	706786	11334
808	天津农村商业银行股份有限公司	天津	1511915	245743	31968260	2910532	5790
809	浙江华通控股集团有限公司	浙江	1508744	25559	4325455	319140	6521
810	青岛农村商业银行股份有限公司	山东	1505416	282480	34166738	2441527	5198

续表

名次	企业名称	地区	营业收入/万元	净利润/万元	资产/万元	所有者权益/万元	从业人数/人
811	鹭燕医药股份有限公司	福建	1500887	25589	753799	179168	4819
812	砂之船商业管理集团有限公司	重庆	1500527	24555	1914641	711635	1862
813	泰豪集团有限公司	江西	1496147	76109	2235543	724809	6957
814	隆基乐叶光伏科技有限公司	陕西	1490013	20966	1998178	858014	16987
815	广州商贸投资控股集团有限公司	广东	1487590	87855	1489543	627810	5743
816	广西柳州医药股份有限公司	广西壮族自治区	1485682	68542	1195821	437278	4215
817	鹏欣环球资源股份有限公司	上海	1478731	31082	1006424	642026	1526
818	广东东阳光科技控股股份有限公司	广东	1476721	111248	2640706	592513	13222
819	常州市化工轻工材料总公司	江苏	1475638	2443	188382	13015	163
820	杭州汽轮动力集团有限公司	浙江	1469583	14664	1876916	620329	4982
821	深圳市天健（集团）股份有限公司	广东	1466528	123619	4031337	959092	9530
822	江南集团有限公司	江苏	1452422	36893	1557948	629391	3269
823	南京华新有色金属有限公司	江苏	1447500	6973	120885	101674	175
824	东方日升新能源股份有限公司	浙江	1440425	97365	2560949	824842	7195
825	格林美股份有限公司	广东	1435401	73527	2684103	1048452	5080
826	广东宏川集团有限公司	广东	1432410	22191	750175	212440	1180
827	洛阳银行股份有限公司	河南	1431563	179669	27398501	1964592	3115
828	杭州联华华商集团有限公司	浙江	1430336	39147	1338376	68020	13802
829	湖南黄金集团有限责任公司	湖南	1423916	−1784	1037165	164568	6725
830	河南明泰铝业股份有限公司	河南	1414762	91700	1176800	704237	5000
831	马上消费金融股份有限公司	重庆	1412652	85339	5481531	644045	1803
832	深圳市东方嘉盛供应链股份有限公司	广东	1412431	15101	1201714	157856	137
833	洛阳国宏投资集团有限公司	河南	1409080	57028	2427374	1318377	2278
834	安徽淮海实业发展集团有限公司	安徽	1406772	37087	964998	224990	6055
835	利欧集团股份有限公司	浙江	1403262	30953	1332256	813263	5420
836	深圳市燃气集团股份有限公司	广东	1402527	105783	2321575	1101995	7223
837	江苏大经供应链股份有限公司	江苏	1402175	1928	93111	27658	400
838	湖南永通集团有限公司	湖南	1401000	18340	732482	350528	4116
839	泰开集团有限公司	山东	1388082	34448	1507718	241410	12526
840	黑龙江飞鹤乳业有限公司	黑龙江	1374998	446193	1530893	804215	—
841	卫华集团有限公司	河南	1374139	38491	717052	351951	5770
842	黑龙江倍丰农业生产资料集团有限公司	黑龙江	1371136	6437	1593181	192181	585
843	无锡华东重型机械股份有限公司	江苏	1368718	35697	734579	494249	1066
844	深圳市宝德投资控股有限公司	广东	1363317	14360	1439689	314372	1489
845	广田控股集团有限公司	广东	1363180	13431	5199774	1070909	5153

续表

名次	企业名称	地区	营业收入/万元	净利润/万元	资产/万元	所有者权益/万元	从业人数/人
846	上海韦尔半导体股份有限公司	上海	1363167	46563	1747622	792639	2865
847	陕西粮农集团有限责任公司	陕西	1361646	6500	916971	360724	2088
848	上海源耀农业股份有限公司	上海	1358641	4658	116508	44466	769
849	安徽天大企业（集团）有限公司	安徽	1354048	30607	981164	243696	1555
850	欧派家居集团股份有限公司	广东	1353336	183944	1481387	955891	21660
851	上海龙宇燃油股份有限公司	上海	1349796	655	594130	389906	144
852	天津钢铁集团有限公司	天津	1345382	-93746	7806328	2249929	5753
853	安徽新华发行（集团）控股有限公司	安徽	1341994	38264	3487400	911365	6794
854	天津市宝来工贸有限公司	天津	1340612	31430	209950	161420	1927
855	安徽中鼎控股（集团）股份有限公司	安徽	1339672	25432	2170907	554955	22474
856	福建省交通运输集团有限责任公司	福建	1331063	24178	3560473	1074641	30174
857	深圳市兆驰股份有限公司	广东	1330220	113472	2198574	975195	11376
858	安徽丰原集团有限公司	安徽	1326778	41333	1537015	465147	12000
859	广东鸿粤汽车销售集团有限公司	广东	1326420	-5679	504337	-43834	2942
860	上海华虹（集团）有限公司	上海	1318352	-40356	6869725	1108055	9066
861	广西农垦集团有限责任公司	广西壮族自治区	1317440	27621	5629272	2528432	51575
862	东北特殊钢集团股份有限公司	辽宁	1315057	13082	2606081	801061	15077
863	阳光电源股份有限公司	安徽	1300333	89255	2281912	859419	3891
864	江西银行股份有限公司	江西	1295281	205059	45611853	3445626	5061
865	北京时尚控股有限责任公司	北京	1294922	15546	1806430	606767	8799
866	搜于特集团股份有限公司	广东	1292399	20755	832425	544346	1754
867	山东时风（集团）有限责任公司	山东	1285614	9603	811626	599506	11653
868	祥兴（福建）箱包集团有限公司	福建	1282556	72349	361996	316230	10897
869	广东优友网络科技有限公司	广东	1277468	1295	192907	3837	124
870	厦门市嘉晟对外贸易有限公司	福建	1277303	2658	434160	46657	200
871	无锡市交通产业集团有限公司	江苏	1271690	17415	5207370	1776059	11149
872	武汉农村商业银行股份有限公司	湖北	1270780	163939	29948975	2308032	8059
873	河北荣信钢铁有限公司	河北	1261968	27936	769427	326801	3855
874	石家庄君乐宝乳业有限公司	河北	1260585	36456	1133232	62114	11500
875	广州元亨能源有限公司	广东	1258735	3685	828366	203598	28
876	现代投资股份有限公司	湖南	1255783	97621	3554849	1010061	3498
877	太原重型机械集团有限公司	山西	1255436	-57156	4836563	190020	13464
878	青岛澳柯玛控股集团有限公司	山东	1254290	17510	826190	280315	7761
879	中海外能源科技（山东）有限公司	山东	1252225	-44378	612641	176752	900
880	上海博尔捷企业集团有限公司	上海	1251300	3668	81824	12928	700

名次	企业名称	地区	营业收入/万元	净利润/万元	资产/万元	所有者权益/万元	从业人数/人
881	芒果超媒股份有限公司	湖南	1250066	115629	1707821	878386	4185
882	迪尚集团有限公司	山东	1249517	49787	1044585	382322	20471
883	中哲控股集团有限公司	浙江	1245974	4928	349586	67663	5824
884	瑞星集团股份有限公司	山东	1242407	7764	1790088	447964	3206
885	景德镇黑猫集团有限责任公司	江西	1238618	-1786	1876038	272148	9439
886	浙江省农村发展集团有限公司	浙江	1237664	15026	1623513	155143	1996
887	江苏文凤化纤集团有限公司	江苏	1236849	28105	278148	40282	1185
888	鲁南制药集团股份有限公司	山东	1235162	99002	1678621	769618	16329
889	东方明珠新媒体股份有限公司	上海	1234460	204306	4469223	2919387	8637
890	广西云星集团有限公司	广西壮族自治区	1231834	121338	2326448	753570	2974
891	广州酷狗计算机科技有限公司	广东	1230281	117415	771967	517426	1147
892	惠科股份有限公司	广东	1226696	57481	3837173	382433	7680
893	广州地铁集团有限公司	广东	1223387	99387	38924670	25522	28726
894	山西杏花村汾酒集团有限责任公司	山西	1217632	89496	1841126	677744	15815
895	连云港兴鑫钢铁有限公司	江苏	1217259	70501	654453	407867	3108
896	浙江富陵控股集团有限公司	浙江	1216903	40705	882954	415738	1002
897	哈药集团有限公司	黑龙江	1215548	4182	1620097	301227	15149
898	湖南博深实业集团有限公司	湖南	1212033	14313	645544	556656	1069
899	成都建国汽车贸易有限公司	四川	1204792	28565	655332	192402	6400
900	曹妃甸国控投资集团有限公司	河北	1204188	138580	13689235	6552222	4414
901	浙江金帝石化能源有限公司	浙江	1201764	4428	86799	16791	33
902	雅迪科技集团有限公司	江苏	1200238	60621	1048658	284820	4341
903	铜陵精达特种电磁线股份有限公司	安徽	1199743	43769	624677	355232	3265
904	浙江出版联合集团有限公司	浙江	1198587	108033	2291560	1486310	7412
905	健康元药业集团股份有限公司	广东	1198015	89435	2543761	1035596	12699
906	四川华油集团有限责任公司	四川	1197990	57024	946462	363670	3918
907	开氏集团有限公司	浙江	1196269	11797	803739	399602	3000
908	海越能源集团股份有限公司	浙江	1195963	47788	454617	303212	609
909	宏润建设集团股份有限公司	浙江	1194336	35082	1573161	322228	22095
910	青岛西海岸新区融合控股集团有限公司	山东	1191992	40700	10552717	3435595	2300
911	厦门夏商集团有限公司	福建	1184725	40277	1481645	399000	5638
912	重庆银行股份有限公司	重庆	1179104	420749	50123186	3694943	4217
913	青岛海湾集团有限公司	山东	1177500	79770	1923454	500684	3771
914	浙江中外运有限公司	浙江	1176217	14245	276758	61793	2351
915	杭州云创共享网络科技有限公司	浙江	1167202	-12576	330220	145397	1420

续表

名次	企业名称	地区	营业收入/万元	净利润/万元	资产/万元	所有者权益/万元	从业人数/人
916	老百姓大药房连锁股份有限公司	湖南	1166318	50871	992430	348715	28000
917	安徽环新集团股份有限公司	安徽	1157230	39175	1249219	228370	6091
918	广州港集团有限公司	广东	1154705	159010	3994298	1607109	10695
919	广东省丝绸纺织集团有限公司	广东	1154182	9285	723001	193672	2930
920	林州凤宝管业有限公司	河南	1153608	23694	1026140	362982	3921
921	广东省广告集团股份有限公司	广东	1153569	14948	876042	537896	3148
922	黑龙江省建工集团有限责任公司	黑龙江	1152260	8229	1785417	316686	5234
923	大连冰山集团有限公司	辽宁	1151874	6939	1460903	116509	11136
924	新和成控股集团有限公司	浙江	1149535	115891	4031260	1133912	15163
925	玖隆钢铁物流有限公司	江苏	1142472	3117	494831	155744	286
926	龙蟒佰利联集团股份有限公司	河南	1141989	259398	2594278	1387094	9085
927	江阴模塑集团有限公司	江苏	1140819	13310	988987	280010	8455
928	天津国威有限公司	天津	1138845	-1390	159198	96213	39
929	安徽古井集团有限责任公司	安徽	1138411	153801	1998356	579560	11908
930	路通建设集团股份有限公司	山东	1137092	177216	966725	876997	1915
931	黑龙江鑫达企业集团有限公司	黑龙江	1134401	57705	1647662	603867	899
932	广东兴发铝业有限公司	广东	1132058	65437	771061	309292	8354
933	山东淄博傅山企业集团有限公司	山东	1131680	16853	629176	295097	6216
934	浙江中财管道科技股份有限公司	浙江	1127350	77546	628676	410355	8832
935	浙江凯喜雅国际股份有限公司	浙江	1126282	3352	624476	95553	251
936	湖南兰天集团有限公司	湖南	1126029	4005	257090	69077	3125
937	福建三安集团有限公司	福建	1125357	-39064	5655376	932968	—
938	厦门航空开发股份有限公司	福建	1125318	10883	436406	140923	691
939	即发集团有限公司	山东	1122927	28791	650333	389602	19982
940	唐山港集团股份有限公司	河北	1120910	177765	2465949	1712902	3847
941	宁波中华纸业有限公司	浙江	1118603	47159	2272104	382131	2576
942	厦门恒兴集团有限公司	福建	1118454	56017	1716778	744663	1647
943	大参林医药集团股份有限公司	广东	1114116	70266	867193	423990	26762
944	上海晨光文具股份有限公司	上海	1114110	106008	756511	420150	5652
945	浙江永利实业集团有限公司	浙江	1113277	75439	2328871	1451410	3185
946	广西洋浦南华糖业集团股份有限公司	广西壮族自治区	1110253	9551	1941213	594333	12602
947	中铁四局集团第五工程有限公司	江西	1108054	17108	421303	141958	2284
948	浙江海正药业股份有限公司	浙江	1107178	9307	2146556	627422	8072
949	湖南省煤业集团有限公司	湖南	1106711	14721	1230572	—	—
950	深圳市深粮控股股份有限公司	广东	1105998	36350	677507	442075	1189

续表

名次	企业名称	地区	营业收入/万元	净利润/万元	资产/万元	所有者权益/万元	从业人数/人
951	江苏省金陵建工集团有限公司	江苏	1100530	79634	1298593	891623	676
952	桂林彰泰实业集团有限公司	广西壮族自治区	1097836	179807	3119518	835537	1390
953	浙江新安化工集团股份有限公司	浙江	1095725	37821	1089409	569609	5988
954	宁波方太厨具有限公司	浙江	1094448	138658	1199282	702290	6372
955	普联技术有限公司	广东	1088675	227969	1775921	1593099	10785
956	湖南粮食集团有限责任公司	湖南	1082958	-14785	1698250	162098	4113
957	四川宏达（集团）有限公司	四川	1081341	-11431	3574163	700388	15807
958	春风实业集团有限责任公司	河北	1074153	8147	407621	192963	6753
959	瑞声光电科技（常州）有限公司	江苏	1074120	66206	1602748	794580	19168
960	天津住宅建设发展集团有限公司	天津	1072562	4875	3849381	594629	38320
961	云南云内动力集团有限公司	云南	1071866	9157	2078829	234852	2609
962	贵州银行股份有限公司	贵州	1070553	356364	40938880	3388924	4820
963	安徽天康（集团）股份有限公司	安徽	1063330	38645	514594	349414	4310
964	福建省闽南建筑工程有限公司	福建	1062588	29777	337479	290985	41600
965	河北交通投资集团公司	河北	1060301	-68965	19529011	3408460	—
966	中设建工集团有限公司	浙江	1059049	21923	388237	294235	26712
967	重庆智飞生物制品股份有限公司	重庆	1058732	236644	1094242	141283	—
968	西安曲江文化产业投资（集团）有限公司	陕西	1057244	863	6924438	1316072	8705
969	万友汽车投资有限公司	重庆	1055271	-1666	627407	90325	5811
970	宁波滕头集团有限公司	浙江	1052785	33737	500465	129676	11120
971	江阴江东集团公司	江苏	1052326	60144	494609	367781	6630
972	南京大地建设集团有限责任公司	江苏	1051798	25257	838126	308337	1841
973	北方国际集团有限公司	天津	1047969	-1764	692758	102230	1582
974	蓝池集团有限公司	河北	1047011	9168	481872	235940	3115
975	重庆三峡银行股份有限公司	重庆	1044313	160526	20838530	1544246	2234
976	爱玛科技集团股份有限公司	天津	1042383	52153	783281	203383	4641
977	浙江蓝天实业集团有限公司	浙江	1041584	5502	1011643	369888	2389
978	江苏济川控股集团有限公司	江苏	1040755	176755	1019968	504262	9661
979	杭州金鱼电器集团有限公司	浙江	1038934	7080	623985	46098	5437
980	金沙河集团有限公司	河北	1038566	34323	267106	153928	4300
981	广州华多网络科技有限公司	广东	1036275	328611	1579890	1167405	1549
982	河南蓝天集团有限公司	河南	1035601	5704	1158131	170664	2015
983	长业建设集团有限公司	浙江	1030740	9948	320569	120379	51226
984	深圳市博科供应链管理有限公司	广东	1029599	896	164823	17177	115
985	益丰大药房连锁股份有限公司	湖南	1027617	54375	917528	450831	24219

续表

名次	企业名称	地区	营业收入/万元	净利润/万元	资产/万元	所有者权益/万元	从业人数/人
986	中南出版传媒集团股份有限公司	湖南	1026085	127569	2180585	1366954	13346
987	天津市新宇彩板有限公司	天津	1025721	16276	392324	85318	1822
988	浙江勤业建工集团有限公司	浙江	1023932	11135	423280	—	31990
989	苏州裕景泰控股有限公司	江苏	1018599	9174	300977	30892	117
990	三只松鼠股份有限公司	安徽	1017301	23874	484164	189528	4200
991	上海龙旗科技股份有限公司	上海	1014858	5536	614806	99866	7122
992	玫德集团有限公司	山东	1012311	113933	1263075	884908	11308
993	安徽省贵航特钢有限公司	安徽	1010188	96025	315937	114709	3020
994	博威集团有限公司	浙江	1008904	15596	1052002	160391	5849
995	深圳市三诺投资控股有限公司	广东	1007158	30267	974807	353835	8500
996	广西北部湾银行股份有限公司	广西壮族自治区	1005535	114352	23503007	1452068	2792
997	公牛集团股份有限公司	浙江	1004044	230372	741656	555130	13884
998	安徽叉车集团有限责任公司	安徽	1003599	32611	1072563	297964	8096
999	东方鑫源集团有限公司	重庆	1000159	225705	967747	—	6500
1000	石家庄常山纺织集团有限责任公司	河北	1000006	−135	1612112	226396	6200
	合计		9563099205	427764083	33473245920	4599846520	38191100

第十二章
中国部分地区企业100强数据

表 12-1 2020 天津市企业 100 强

排名	企业名称	营业收入/万元	排名	企业名称	营业收入/万元
1	中国石化销售股份有限公司华北分公司	26918103	51	天津市新宇彩板有限公司	1025721
2	中海石油（中国）有限公司天津分公司	8426881	52	天津三星电机有限公司	992116
3	天津荣程祥泰投资控股集团有限公司	7933072	53	曙光信息产业股份有限公司	952647
4	天津一汽丰田汽车有限公司	6116288	54	天津捷通达汽车投资集团有限公司	936801
5	渤海银行股份有限公司	5806765	55	天津恒运能源集团股份有限公司	922434
6	中国石油化工股份有限公司天津分公司	5598134	56	渤海人寿保险股份有限公司	921057
7	中铁十八局集团有限公司	5236968	57	中集现代物流发展有限公司	911119
8	国网天津市电力公司	4608156	58	中国能源建设集团天津电力建设有限公司	859834
9	天津友发钢管集团股份有限公司	4474922	59	嘉里粮油（天津）有限公司	848236
10	天津泰达投资控股有限公司	4246755	60	丰益油脂科技有限公司	844886
11	中交第一航务工程局有限公司	3917276	61	天津市金桥焊材集团股份有限公司	830363
12	天津银行股份有限公司	3596109	62	天津市建工工程总承包有限公司	797767
13	长城汽车股份有限公司天津哈弗分公司	3527996	63	天津源泰德润钢管制造集团有限公司	770111
14	一汽-大众汽车有限公司天津分公司	3495769	64	天津津路钢铁实业有限公司	741457
15	中国建筑第六工程局有限公司	3438403	65	玖龙纸业（天津）有限公司	725345
16	天津亿联控股集团有限公司	3372013	66	天弘基金管理有限公司	724019
17	天津港（集团）有限公司	2849705	67	中国人寿保险股份有限公司天津市分公司	704386
18	天士力控股集团有限公司	2836698	68	华润天津医药有限公司	689618
19	天津华北集团有限公司	2665719	69	天津电装电子有限公司	683690
20	中国铁路设计集团有限公司	2653080	70	中国联合网络通信有限公司天津市分公司	672253
21	天津食品集团有限公司	2551318	71	中粮佳悦（天津）有限公司	659395
22	中国石油天然气股份有限公司大港石化分公司	2375721	72	天津拾起卖科技有限公司	657226
23	中国石油集团渤海钻探工程有限公司	2223033	73	奥的斯电梯（中国）有限公司	648382
24	天津纺织集团（控股）有限公司	2126682	74	上海烟草集团有限责任公司天津卷烟厂	636549
25	中沙（天津）石化有限公司	2054113	75	天津娃哈哈宏振食品饮料贸易有限公司	634963
26	中冶天工集团有限公司	2050088	76	天津市建筑材料集团（控股）有限公司	630693
27	天津市医药集团有限公司	2046596	77	中国石油天然气股份有限公司天津销售分公司	616802
28	中国石油天然气股份有限公司大港油田分公司	2011642	78	京瓷（中国）商贸有限公司	608987
29	天津恒兴集团有限公司	1988900	79	三星高新电机（天津）有限公司	600359
30	天津现代集团有限公司	1896219	80	中材（天津）国际贸易有限公司	593371
31	中国石化销售股份有限公司天津石油分公司	1777231	81	中国水电基础局有限公司	573570
32	中国电建市政建设集团有限公司	1732455	82	天津顶益食品有限公司	571414
33	天津城市基础设施建设投资集团有限公司	1588771	83	天津市政建设集团有限公司	554632
34	国网电商科技有限公司	1586744	84	中国移动通信集团天津有限公司	530317
35	天津农村商业银行股份有限公司	1511916	85	天津立中集团股份有限公司	511180
36	中国烟草总公司天津市公司	1481904	86	天津红日药业股份有限公司	500294
37	天津钢铁集团有限公司	1345382	87	三六零科技集团有限公司	472635
38	天津市宝来工贸有限公司	1340612	88	九三集团天津大豆科技有限公司	448475
39	天津启润投资有限公司	1340254	89	瓜子汽车服务（天津）有限公司	445568
40	工银金融租赁有限公司	1322600	90	天津大桥焊材集团有限公司	441668
41	天津航空有限责任公司	1280748	91	天津天宁苏宁易购商贸有限公司	434816
42	国药控股天津有限公司	1232152	92	弗兰德传动系统有限公司	406471
43	中国天辰工程有限公司	1220848	93	中铁十六局集团第二工程有限公司	406050
44	天津国威有限公司	1138845	94	中石化第四建设有限公司	400185
45	天津住宅建设发展集团有限公司	1072562	95	天津大通投资集团有限公司	389505
46	中国平安人寿保险股份有限公司天津分公司	1066899	96	邦基正大（天津）粮油有限公司	387547
47	北方国际集团有限公司	1047969	97	瓜子融资租赁（中国）有限公司	367537
48	爱玛科技集团股份有限公司	1042383	98	天津雅迪实业有限公司	350676
49	中国汽车工业工程有限公司	1028190	99	京粮（天津）粮油工业有限公司	343100
50	中交天津航道局有限公司	1027942	100	天津海钢板材有限公司	340319

发布单位：天津市企业联合会、天津市企业家协会。

表 12-2 2020 上海市企业 100 强

排名	企业名称	营业收入/万元	排名	企业名称	营业收入/万元
1	上海汽车集团股份有限公司	84332437	51	月星集团有限公司	2910559
2	中国宝武钢铁集团有限公司	55220616	52	中国二十冶集团有限公司	2751905
3	交通银行股份有限公司	45988600	53	德邦物流股份有限公司	2592210
4	绿地控股集团股份有限公司	42782271	54	上海苏宁易购销售有限公司	2569063
5	中国太平洋保险（集团）股份有限公司	38548878	55	中国万向控股有限公司	2468181
6	上海浦东发展银行股份有限公司	34393200	56	上海振华重工（集团）股份有限公司	2459559
7	中国建筑第八工程局有限公司	24610993	57	源山投资控股有限公司	2404238
8	上海万科企业有限公司	22332027	58	奥盛集团有限公司	2325678
9	上海建工集团股份有限公司	20549671	59	申通快递有限公司	2305665
10	上海医药集团股份有限公司	18656580	60	中通快递股份有限公司	2210995
11	东浩兰生（集团）有限公司	17492307	61	中芯国际集成电路制造有限公司	2149346
12	益海嘉里金龙鱼粮油食品股份有限公司	17074342	62	龙元建设集团股份有限公司	2142709
13	太平人寿保险有限公司	16694932	63	广微控股有限公司	2114743
14	光明食品（集团）有限公司	15551918	64	上海卓钢链电子商务有限公司	2102526
15	复星国际有限公司	14298213	65	江南造船（集团）有限责任公司	2077582
16	上海电气（集团）总公司	14172695	66	上海协通（集团）有限公司	2043054
17	中国东方航空集团有限公司	13340695	67	大华（集团）有限公司	2025066
18	上海烟草集团有限责任公司	13221377	68	上海仪电（集团）有限公司	2008670
19	上海钢联电子商务股份有限公司	12257175	69	上海胜华电缆（集团）有限公司	2006281
20	上海均和集团有限公司	10604753	70	上海春秋国际旅行社（集团）有限公司	1995657
21	东方国际（集团）有限公司	10320481	71	致达控股集团有限公司	1813795
22	中国石化上海石油化工股份有限公司	10034605	72	沪东中华造船（集团）有限公司	1790360
23	上海银行股份有限公司	9809078	73	上海机场（集团）有限公司	1782659
24	美团点评	9752853	74	上海景域文化传播股份有限公司	1745488
25	国网上海市电力公司	8966052	75	鹏欣环球资源股份有限公司	1478731
26	上海永达控股（集团）有限公司	7638745	76	上海外高桥造船有限公司	1425812
27	中智上海经济技术合作有限公司	6993625	77	上海韦尔半导体股份有限公司	1363167
28	上海圆迈贸易有限公司	6928912	78	上海源耀农业股份有限公司	1358642
29	百联集团有限公司	6426771	79	上海龙宇燃油股份有限公司	1349796
30	上海城建（集团）公司	5803079	80	上海华虹（集团）有限公司	1318352
31	上海中梁企业发展有限公司	5695985	81	上海大名城企业股份有限公司	1304317
32	上海华谊（集团）公司	5509381	82	中国建材国际工程集团有限公司	1268024
33	上海新增鼎资产管理有限公司	5344029	83	上海博尔捷企业集团有限公司	1251300
34	老凤祥股份有限公司	4962866	84	东方明珠新媒体股份有限公司	1234460
35	申能（集团）有限公司	4880455	85	上海晨光文具股份有限公司	1114110
36	中国大地财产保险股份有限公司	4331959	86	中兵（上海）有限责任公司	1061214
37	上海宝冶集团有限公司	4183183	87	上海龙旗科技股份有限公司	1014858
38	上海农村商业银行股份有限公司	3831116	88	上海天地汇供应链科技有限公司	966499
39	环旭电子股份有限公司	3720419	89	上海交运（集团）公司	932587
40	上海国际港务（集团）股份有限公司	3610163	90	正泰电气股份有限公司	927465
41	携程计算机技术（上海）有限公司	3567000	91	上海紫江企业集团股份有限公司	921096
42	上海均瑶（集团）有限公司	3550583	92	欧普照明股份有限公司	835486
43	海通证券股份有限公司	3442864	93	五冶集团上海有限公司	820901
44	中铁上海工程局集团有限公司	3253109	94	上海亚泰财富企业集团有限公司	801155
45	上海闽路润贸易有限公司	3167713	95	上海金发科技发展有限公司	772253
46	万丰锦源控股集团有限公司	3137670	96	上海起帆电缆股份有限公司	764724
47	中铁二十四局集团有限公司	3136121	97	上海家化联合股份有限公司	759695
48	圆通速递股份有限公司	3115112	98	中锐控股集团有限公司	738709
49	拼多多公司	3014189	99	上海申华控股股份有限公司	735884
50	国泰君安证券股份有限公司	2994931	100	上海临港经济发展（集团）有限公司	732189

发布单位：上海市企业联合会、上海市企业家协会。

表 12-3 2020 重庆市企业 100 强

排名	企业名称	营业收入/万元	排名	企业名称	营业收入/万元
1	重庆市金科投资控股（集团）有限责任公司	19066570	51	重庆力帆控股有限公司	822934
2	龙湖集团控股有限公司	15102643	52	中建桥梁有限公司	807767
3	重庆长安汽车股份有限公司	14415949	53	重庆国际信托股份有限公司	787918
4	重庆市迪马实业股份有限公司	7890422	54	中石化重庆涪陵页岩气勘探开发有限公司	782245
5	重庆华宇集团有限公司	7776600	55	重庆市农业投资集团有限公司	732576
6	重庆化医控股（集团）公司	5626144	56	重庆百事达汽车有限公司	725663
7	英业达（重庆）有限公司	5315578	57	重庆润通控股（集团）有限公司	685654
8	重庆建工投资控股有限责任公司	5276158	58	万科（重庆）企业有限公司	683846
9	重庆市能源投资集团有限公司	5109427	59	重庆巨能建设（集团）有限公司	661635
10	隆鑫控股有限公司	5023542	60	重庆跨越（集团）股份有限公司	660444
11	重庆农村商业银行股份有限公司	4852677	61	重庆万泰建设（集团）有限公司	649915
12	国网重庆市电力公司	4751529	62	重庆港务物流集团有限公司	649556
13	太极集团有限公司	4551692	63	重庆桐君阁股份有限公司	644243
14	重庆机电控股（集团）公司	4459503	64	重庆苏宁易购销售有限公司	616381
15	重庆中昂投资集团有限公司	4254075	65	重庆药友制药有限责任公司	614363
16	重庆小康控股有限公司	4052024	66	重庆平伟科技（集团）有限公司	612003
17	中国烟草总公司重庆市公司	3787810	67	重庆城市交通开发投资（集团）有限公司	604943
18	重庆千信集团有限公司	3695145	68	中国船舶重工集团海装风电股份有限公司	602489
19	重庆轻纺控股（集团）公司	3683239	69	中国石化集团重庆川维化工有限公司	591497
20	重庆市中科控股有限公司	3570828	70	中铁隧道集团一处有限公司	576975
21	重庆医药（集团）股份有限公司	3384381	71	欧菲斯办公伙伴控股有限公司	567899
22	华南物资集团有限公司	3307275	72	重庆公路运输（集团）有限公司	559379
23	重庆市博赛矿业（集团）有限公司	3284639	73	重庆惠科金渝光电科技有限公司	545499
24	重庆对外经贸（集团）有限公司	3182510	74	重庆渝发建设有限公司	538823
25	金龙精密铜管集团股份有限公司	3032302	75	重庆平伟汽车科技股份有限公司	499936
26	重庆钢铁股份有限公司	2347760	76	重庆兴渝投资有限责任公司	494159
27	西南铝业（集团）有限责任公司	2161871	77	重庆河东控股（集团）有限公司	492500
28	宗申产业集团有限公司	2130616	78	九禾股份有限公司	487863
29	重庆万达薄板有限公司	2106053	79	国家电投集团重庆电力有限公司	480274
30	重庆京东方光电科技有限公司	2049326	80	重庆惠科金扬科技有限公司	458332
31	中冶建工集团有限公司	2015165	81	重庆鸽牌电线电缆有限公司	444687
32	上汽依维柯红岩商用车有限公司	1744055	82	浙商中拓集团（重庆）有限公司	442336
33	重庆交通运输控股（集团）有限公司	1623323	83	重庆长安工业（集团）有限责任公司	437986
34	砂之船商业管理集团有限公司	1500527	84	重庆三峰环境集团股份有限公司	436398
35	重庆永辉超市有限公司	1482262	85	重庆国瑞控股集团有限公司	435410
36	马上消费金融股份有限公司	1412652	86	重庆传音科技有限公司	425596
37	中交二航局第二工程有限公司	1338958	87	重庆建峰工业集团有限公司	424319
38	中国建筑第二工程局有限公司西南分公司	1302127	88	中铁十八局集团隧道工程有限公司	421148
39	爱思开海力士半导体（重庆）有限公司	1221053	89	重庆拓达建设（集团）有限公司	420386
40	重庆银行股份有限公司	1179104	90	中铁八局集团第一工程有限公司	391677
41	重庆智飞生物制品股份有限公司	1058732	91	重庆华轻商业有限公司	384336
42	万友汽车投资有限公司	1055271	92	昆仑金融租赁有限责任公司	377799
43	中冶赛迪集团有限公司	1044728	93	巴斯夫聚氨酯（重庆）有限公司	372148
44	重庆三峡银行股份有限公司	1044313	94	重庆昕晖房地产开发（集团）有限公司	364730
45	永辉物流有限公司	1013112	95	重庆啤酒股份有限公司	358192
46	重庆美的制冷设备有限公司	1010346	96	重庆市南岸区城市建设发展（集团）有限公司	351323
47	东方鑫源集团有限公司	1000159	97	重庆紫光化工股份有限公司	351108
48	中铁十一局集团第五工程有限公司	965010	98	重庆建设工业（集团）有限责任公司	345907
49	中国四联仪器仪表集团有限公司	938562	99	长安汽车金融有限公司	333822
50	庆铃汽车（集团）有限公司	891149	100	中铁五局集团第六工程有限公司	330081

发布单位：重庆市企业联合会（企业家协会）。

表 12-4 2020 山东省企业 100 强

排名	企业名称	营业收入/万元	排名	企业名称	营业收入/万元
1	山东能源集团有限公司	35849683	51	沂州集团有限公司	4098971
2	海尔集团公司	29001580	52	山东科达集团有限公司	4010299
3	兖矿集团有限公司	28548036	53	山东恒源石油化工股份有限公司	3991005
4	山东魏桥创业集团有限公司	27928123	54	中国石化青岛炼油化工有限责任公司	3989007
5	潍柴控股集团有限公司	26459705	55	齐鲁交通发展集团有限公司	3939196
6	国网山东省电力公司	23120528	56	富海集团有限公司	3758793
7	山东钢铁集团有限公司	19174170	57	中国移动通信集团山东有限公司	3742623
8	海信集团有限公司	12686273	58	山东清源集团有限公司	3722540
9	中国重型汽车集团有限公司	11585399	59	山东齐成石油化工有限公司	3680345
10	山东东明石化集团有限公司	11266029	60	山东新希望六和集团有限公司	3633685
11	浪潮集团有限公司	11234474	61	一汽解放青岛汽车有限公司	3631330
12	南山集团有限公司	11117000	62	中建八局第二建设有限公司	3631005
13	日照钢铁控股集团有限公司	9840773	63	新华锦集团	3544334
14	万达控股集团有限公司	9532554	64	瑞康医药集团股份有限公司	3525851
15	利华益集团股份有限公司	9101527	65	歌尔股份有限公司	3514781
16	晨鸣控股有限公司	8627570	66	东营齐润化工有限公司	3485044
17	山东高速集团有限公司	8479337	67	山东寿光鲁清石化有限公司	3482725
18	山东黄金集团有限公司	7681256	68	山东鲁花集团有限公司	3390326
19	华泰集团有限公司	7498149	69	鲁丽集团有限公司	3383276
20	永锋集团有限公司	6918852	70	滨化集团	3185043
21	万华化学集团股份有限公司	6805067	71	上汽通用东岳汽车有限公司	3132263
22	中国石油化工股份有限公司齐鲁分公司	6710632	72	利群集团股份有限公司	3038679
23	山东海科控股有限公司	6600025	73	淄博齐翔腾达化工股份有限公司	3005769
24	山东招金集团有限公司	6570833	74	香驰控股有限公司	2901671
25	青建集团	6515076	75	山东中海化工集团有限公司	2876496
26	中化弘润石油化工有限公司	6352618	76	山东恒邦冶炼股份有限公司	2853608
27	山东如意时尚投资控股有限公司	6318159	77	万通海欣控股集团股份有限公司	2816688
28	中融新大集团有限公司	6168847	78	青岛啤酒股份有限公司	2798376
29	山东京博控股集团有限公司	6080974	79	上汽通用五菱汽车股份有限公司青岛分公司	2632561
30	中铁十四局集团有限公司	5713587	80	山东东方华龙工贸集团有限公司	2627031
31	山东太阳控股集团有限公司	5242492	81	山东永鑫能源集团有限公司	2624646
32	天元建设集团有限公司	5137474	82	山东华星石油化工集团有限公司	2596625
33	威高集团有限公司	4959070	83	道恩集团有限公司	2564876
34	新凤祥控股集团有限责任公司	4814084	84	山东昌邑石化有限公司	2518978
35	中铁十局集团有限公司	4642651	85	华鲁控股集团有限公司	2471048
36	中车青岛四方机车车辆股份有限公司	4580854	86	日照港集团有限公司	2401306
37	山东金诚石化集团有限公司	4513001	87	山东垦利石化有限公司	2353970
38	华勤橡胶工业集团有限公司	4464823	88	水发集团有限公司	2133783
39	诸城外贸有限责任公司	1761616	89	山东海王银河医药有限公司	2041947
40	山东泰山钢铁集团有限公司	4320816	90	青岛世纪瑞丰集团有限公司	2041848
41	中建八局第一建设有限公司	4308102	91	山东航空集团有限公司	1964119
42	山东九羊集团有限公司	4305631	92	山东鑫海科技股份有限公司	1958424
43	山东创新金属科技有限公司	4280726	93	青岛城市建设投资（集团）有限责任公司	1921523
44	山东中矿集团有限公司	4262888	94	淄博商厦股份有限公司	1911852
45	山东渤海实业股份有限公司	4261012	95	乐金显示（烟台）有限公司	1887623
46	西王集团	4250818	96	正和集团股份有限公司	1864034
47	石横特钢集团有限公司	4245040	97	鲁西集团有限公司	1843664
48	山东汇丰石化集团有限公司	4244303	98	玲珑集团有限公司	1835184
49	山东省商业集团有限公司	4203381	99	润华集团股份有限公司	1791429
50	山东金岭集团有限公司	4152181	100	山东寿光巨能控股集团有限公司	1759494

发布单位：山东省企业联合会和山东省工业和信息化厅。

表 12-5　2020 浙江省企业 100 强

排名	企业名称	营业收入/万元	排名	企业名称	营业收入/万元
1	阿里巴巴集团控股有限公司	50971100	51	浙江宝业建设集团有限公司	3724316
2	物产中大集团股份有限公司	35892249	52	华东医药股份有限公司	3544570
3	浙江吉利控股集团有限公司	33081765	53	浙江省海港投资运营集团有限公司	3524907
4	青山控股集团有限公司	26260199	54	杭州市城市建设投资集团有限公司	3489000
5	浙江恒逸集团有限公司	21516382	55	新凤鸣集团股份有限公司	3414821
6	浙江荣盛控股集团有限公司	20563698	56	利时集团股份有限公司	3365802
7	绿城中国控股有限公司	20180000	57	巨化集团有限公司	3216366
8	海亮集团有限公司	18797284	58	得力集团有限公司	3211106
9	浙江省交通投资集团有限公司	15047210	59	万丰奥特控股集团有限公司	3137670
10	天能控股集团有限公司	14013209	60	花园集团有限公司	3044771
11	杭州市实业投资集团有限公司	13343296	61	腾达建设集团股份有限公司	2923022
12	万向集团公司	13050755	62	浙江元立金属制品集团有限公司	2903569
13	超威电源集团有限公司	12490654	63	中航国际钢铁贸易有限公司	2873491
14	浙江省兴合集团有限责任公司	11913833	64	杭州东恒石油有限公司	2837084
15	中国石化销售股份有限公司浙江石油分公司	11519841	65	太平鸟集团有限公司	2834888
16	中国石油化工股份有限公司镇海炼化分公司	11347656	66	三花控股集团有限公司	2804796
17	浙江省能源集团有限公司	11180546	67	银泰商业（集团）有限公司	2804146
18	雅戈尔集团股份有限公司	11161447	68	西子联合控股有限公司	2784028
19	杭州钢铁集团有限公司	10670187	69	中策橡胶集团有限公司	2758810
20	中天控股集团有限公司	10603657	70	华立集团股份有限公司	2747211
21	传化集团有限公司	9268111	71	振石控股集团有限公司	2673262
22	宁波金田投资控股有限公司	9255700	72	浙江大华技术股份有限公司	2614943
23	浙江中烟工业有限责任公司	9167316	73	浙江东南网架集团有限公司	2564277
24	杭州锦江集团有限公司	8284830	74	天洁集团有限公司	2507853
25	正泰集团股份有限公司	8054552	75	浙江富春江通信集团有限公司	2505819
26	桐昆控股集团有限公司	7918943	76	杭州滨江房产集团股份有限公司	2495450
27	广厦控股集团有限公司	7739853	77	浙江英特药业有限责任公司	2459871
28	浙江省建设投资集团有限公司	7564948	78	兴惠化纤集团有限公司	2447283
29	奥克斯集团有限公司	7353051	79	闻泰通讯股份有限公司	2440655
30	中基宁波集团股份有限公司	7148984	80	农夫山泉股份有限公司	2439408
31	远大物产集团有限公司	6774851	81	纳爱斯集团有限公司	2426594
32	浙江省国际贸易集团有限公司	6392986	82	浙江方远控股集团有限公司	2418588
33	宁波均胜电子股份有限公司	6169890	83	浙江协和集团有限公司	2359267
34	德力西集团有限公司	5985488	84	申通快递股份有限公司	2308894
35	杭州海康威视数字技术股份有限公司	5765811	85	胜达集团有限公司	2301352
36	浙江前程投资股份有限公司	5344503	86	宁波申洲针织有限公司	2266527
37	红狮控股集团有限公司	5184828	87	浙江升华控股集团有限公司	2175894
38	浙江富冶集团有限公司	5096054	88	浙江建华集团有限公司	2170980
39	杉杉控股有限公司	5055360	89	浙江宝利德股份有限公司	2160898
40	杭州娃哈哈集团有限公司	4644095	90	龙元建设集团股份有限公司	2142710
41	人民电器集团有限公司	4538646	91	宁波博洋控股集团有限公司	2050783
42	富通集团有限公司	4508115	92	万马联合控股集团有限公司	1975971
43	祥生实业集团有限公司	4487037	93	久立集团股份有限公司	1891745
44	浙江中成控股集团有限公司	4314472	94	浙江华友钴业股份有限公司	1885283
45	宁波富邦控股集团有限公司	4013602	95	宁波建工股份有限公司	1855543
46	森马集团有限公司	3951139	96	浙江舜江建设集团有限公司	1851571
47	卧龙控股集团有限公司	3851776	97	万华化学（宁波）有限公司	1835665
48	华峰集团有限公司	3827489	98	人本集团有限公司	1818779
49	舜宇集团有限公司	3784870	99	台化兴业（宁波）有限公司	1729471
50	浙江龙盛控股有限公司	3767260	100	宁波华翔电子股份有限公司	1709344

发布单位：浙江省企业联合会、浙江省企业家协会。

表 12-6 2020 湖南省企业 100 强

排名	企业名称	营业收入/万元	排名	企业名称	营业收入/万元
1	湖南华菱钢铁集团有限责任公司	13309331	51	中车株洲电机有限公司	810766
2	中国建筑第五工程局有限公司	12623251	52	五凌电力有限公司	783584
3	湖南中烟工业有限责任公司	10369274	53	山河智能装备股份有限公司	742736
4	湖南建工集团有限公司	10248028	54	湖南省现代农业产业控股集团有限公司	735327
5	国网湖南省电力有限公司	8761667	55	中国铁建重工集团股份有限公司	728167
6	三一集团有限公司	8757632	56	中国邮政集团公司湖南省分公司	716491
7	中国烟草总公司湖南省公司	8579983	57	湖南电广传媒股份有限公司	707702
8	蓝思科技集团	7786080	58	湖南省轻工盐业集团有限公司	667844
9	中国石化销售股份有限公司湖南石油分公司	5534484	59	安克创新科技股份有限公司	665474
10	湖南博长控股集团有限公司	5103093	60	方正证券股份有限公司	659494
11	大汉控股集团有限公司	4632228	61	湖南省茶业集团股份有限公司	654841
12	中国石油化工股份有限公司长岭分公司	4489984	62	长沙格力暖通制冷设备有限公司	631850
13	中联重科股份有限公司	4330739	63	郴州市金贵银业股份有限公司	619920
14	步步高投资集团股份有限公司	4152575	64	湖南申湘汽车星沙商务广场有限公司	607773
15	湖南有色金属控股集团有限公司	3297466	65	湖南望新建设集团股份有限公司	601862
16	长沙银行股份有限公司	3036712	66	金杯电工股份有限公司	584432
17	中车株洲电力机车研究所有限公司	3018037	67	中国航发南方工业有限公司	583763
18	中国水利水电第八工程局有限公司	2732632	68	湘电集团有限公司	571381
19	中国石油化工股份有限公司巴陵分公司	2662604	69	湖南高岭建设集团有限公司	560816
20	湖南省交通水利建设集团有限公司	2574107	70	中兵红箭股份有限公司	532163
21	五矿二十三冶建设集团有限公司	2459538	71	湖南湘科控股集团有限公司	528786
22	中车株洲电力机车有限公司	2306091	72	绝味食品股份有限公司	517196
23	华融湘江银行股份有限公司	1924703	73	湖南邦普循环科技有限公司	515492
24	中国石油天然气股份有限公司湖南销售分公司	1638137	74	天元盛世控股集团有限公司	510190
25	唐人神集团股份有限公司	1535505	75	中车时代电动汽车股份有限公司	501512
26	长沙市比亚迪汽车有限公司	1532974	76	湖南航天有限责任公司	501373
27	湖南吉利汽车部件有限公司	1470213	77	湖南科伦制药有限公司	491421
28	湖南黄金集团有限责任公司	1423916	78	湖南新长海发展集团有限公司	486568
29	湖南永通集团有限公司	1401000	79	湖南宇腾有色金属股份有限公司	478525
30	中国电信股份有限公司湖南分公司	1363051	80	特变电工衡阳变压器有限公司	478268
31	现代投资股份有限公司	1255783	81	长沙京东厚成贸易有限公司	464538
32	芒果超媒股份有限公司	1250066	82	中华联合财产保险股份有限公司湖南分公司	448493
33	湖南博深实业集团有限公司	1212033	83	望建（集团）有限公司	448365
34	老百姓大药房连锁股份有限公司	1166318	84	广发银行股份有限公司长沙分行	443323
35	湖南兰天集团有限公司	1126029	85	湖南对外建设集团有限公司	435135
36	湖南省煤业集团有限公司	1106711	86	长沙中兴智能技术有限公司	413555
37	湖南粮食集团有限责任公司	1082958	87	道道全粮油股份有限公司	411673
38	益丰大药房连锁股份有限公司	1027617	88	湖南博瑞医药健康产业集团有限公司	400690
39	中南出版传媒集团股份有限公司	1026086	89	湖南省桂阳银星有色冶炼有限公司	400107
40	爱尔眼科医院集团股份有限公司	999010	90	湖南顺天建设集团有限公司	394574
41	国药控股湖南有限公司	998308	91	中国能源建设集团湖南火电建设有限公司	384046
42	中国联合网络通信有限公司湖南省分公司	940361	92	湖南金荣企业集团有限公司	380000
43	株洲旗滨集团股份有限公司	930576	93	湖南杉杉能源科技股份有限公司	372029
44	中国电建集团中南勘测设计研究院有限公司	899798	94	长沙水业集团有限公司	368745
45	大唐华银电力股份有限公司	899316	95	湖南口味王集团有限责任公司	367600
46	湖南省沙坪建设有限公司	890168	96	红星实业集团有限公司	365529
47	湖南佳惠百货有限责任公司	885580	97	湖南金龙电缆有限公司	364215
48	泰格林纸集团股份有限公司	884870	98	长沙通程控股股份有限公司	364020
49	湖南友谊阿波罗控股股份有限公司	868657	99	伟大集团	361888
50	长沙中联重科环境产业有限公司	817325	100	株洲千金药业股份有限公司	352524

发布单位：湖南省企业和工业经济联合会。

表 12-7 2020 广东省企业 100 强

排名	企业名称	营业收入/万元	排名	企业名称	营业收入/万元
1	中国平安保险（集团）股份有限公司	116886700	51	振烨国际产业控股集团（深圳）有限公司	5204196
2	华为投资控股有限公司	85883300	52	欧菲光集团股份有限公司	5197413
3	中国华润有限公司	65462930	53	广州智能装备产业集团有限公司	5110062
4	正威国际集团有限公司	61389924	54	广东省能源集团有限公司	4969129
5	中国南方电网有限责任公司	56634191	55	广东省交通集团有限公司	4911233
6	碧桂园控股有限公司	48590800	56	奥园集团有限公司	4867451
7	恒大集团有限公司	47756100	57	玖龙环球（中国）投资集团有限公司	4769779
8	富士康工业互联网股份有限公司	40869758	58	广东海大集团股份有限公司	4761259
9	招商银行股份有限公司	39716100	59	天音通信有限公司	4622446
10	腾讯控股有限公司	37728900	60	广州轻工工贸集团有限公司	4490918
11	广州汽车工业集团有限公司	37072213	61	中信证券股份有限公司	4313970
12	万科企业股份有限公司	36789388	62	深圳金雅福控股集团有限公司	4262228
13	雪松控股集团有限公司	28515808	63	名创优品（广州）有限责任公司	4253261
14	美的集团股份有限公司	27938050	64	时代中国控股有限公司	4243338
15	保利发展控股集团股份有限公司	23593356	65	广东省广物控股集团有限公司	4178447
16	珠海格力电器股份有限公司	20050833	66	广州国资发展控股有限公司	4148991
17	深圳市投资控股有限公司	19933980	67	广州农村商业银行股份有限公司	4099293
18	中国南方航空集团有限公司	15500239	68	中国中电国际信息服务有限公司	4036590
19	广州医药集团有限公司	13305081	69	中海壳牌石油化工有限公司	3929485
20	华侨城集团有限公司	13098215	70	海信家电集团股份有限公司	3745304
21	比亚迪股份有限公司	12773852	71	宏旺投资集团有限公司	3721063
22	TCL集团股份有限公司	12732811	72	深圳市中农网有限公司	3656789
23	顺丰控股股份有限公司	11219340	73	香江集团有限公司	3505313
24	中国广核集团有限公司	10985062	74	创维集团有限公司	3425406
25	广州市建筑集团有限公司	10509851	75	大悦城控股集团股份有限公司	3378662
26	广东鼎龙实业集团有限公司	10408353	76	卓越置业集团有限公司	3107271
27	阳光保险集团股份有限公司	10161977	77	心里程控股集团有限公司	3054911
28	招商局蛇口工业区控股股份有限公司	9767218	78	天马微电子股份有限公司	3028197
29	前海人寿保险股份有限公司	9413791	79	国药控股广州有限公司	2934889
30	广州富力地产股份有限公司	9081397	80	金发科技股份有限公司	2928592
31	中兴通讯股份有限公司	9073658	81	宝武集团广东韶关钢铁有限公司	2853415
32	神州数码集团股份有限公司	8680338	82	广州银行股份有限公司	2801765
33	唯品会（中国）有限公司	8675323	83	深圳市信利康供应链管理有限公司	2702781
34	中国国际海运集装箱（集团）股份有限公司	8581534	84	广州市水务投资集团有限公司	2683758
35	龙光交通集团有限公司	8066445	85	广东省广业集团有限公司	2675422
36	珠海华发集团有限公司	7926925	86	鹏鼎控股（深圳）股份有限公司	2661463
37	富德生命人寿保险股份有限公司	7758236	87	中国联塑集团控股有限公司	2634452
38	温氏食品集团股份有限公司	7312041	88	广州市方圆房地产发展有限公司	2566274
39	广州工业投资控股集团有限公司	6719103	89	深圳传音控股股份有限公司	2534593
40	广东省广新控股集团有限公司	6718229	90	欣旺达电子股份有限公司	2524066
41	金地（集团）股份有限公司	6308421	91	深圳华强集团有限公司	2517255
42	立讯精密工业股份有限公司	6251631	92	合景泰富集团控股有限公司	2495600
43	深圳海王集团股份有限公司	6077614	93	广东德赛集团有限公司	2480471
44	广东省广晟资产经营有限公司	6034546	94	宜华企业（集团）有限公司	2409379
45	雅居乐集团控股有限公司	6023900	95	广东领益智造股份有限公司	2391582
46	网易公司	5924115	96	广东粤海控股集团有限公司	2342986
47	广东省建筑工程集团有限公司	5880155	97	纳思达股份有限公司	2329585
48	广州越秀集团有限公司	5860136	98	利泰集团有限公司	2328593
49	深圳市爱施德股份有限公司	5596932	99	广东广青金属科技有限公司	2298828
50	国药集团一致药业股份有限公司	5204576	100	广发证券股份有限公司	2280988

发布单位：广东省企业联合会。

表 12-8 2020 广西壮族自治区企业 100 强

排名	企业名称	营业收入/万元	排名	企业名称	营业收入/万元
1	广西投资集团有限公司	18003288	51	广西湘桂糖业集团有限公司	613107
2	广西建工集团有限责任公司	11301827	52	中粮油脂（钦州）有限公司	606685
3	广西柳州钢铁集团有限公司	10136167	53	广西扬翔股份有限公司	591397
4	上汽通用五菱汽车股份有限公司	8572655	54	广西华业投资集团有限公司	527402
5	广西北部湾国际港务集团有限公司	7068778	55	广西中鼎文华实业集团有限公司	521378
6	广西电网有限责任公司	6929532	56	广西城建建设集团有限公司	506463
7	广西交通投资集团有限公司	4803763	57	广西防城港核电有限公司	491246
8	广西北部湾投资集团有限公司	4616343	58	广西桂鑫钢铁集团有限公司	479628
9	广西壮族自治区农村信用社联合社	4204546	59	中国邮政集团有限公司广西壮族自治区分公司	478902
10	南宁富桂精密工业有限公司	4195882	60	广西福地金融投资集团有限公司	473804
11	中国烟草总公司广西壮族自治区公司	4111891	61	国投钦州发电有限公司	464335
12	广西玉柴机器集团有限公司	4098772	62	防城港澳加粮油工业有限公司	433911
13	广西盛隆冶金有限公司	3603360	63	桂林国际电线电缆集团有限责任公司	430147
14	沐甜科技股份有限公司	2583843	64	广西凤糖生化股份有限公司	422334
15	广西中烟工业有限责任公司	2402395	65	桂林建安建设集团有限公司	411322
16	广西物资集团有限责任公司	2350030	66	嘉里粮油（防城港）有限公司	409078
17	广西柳工集团有限公司	2253284	67	北海宣臻科技有限公司	393091
18	广西汽车集团有限公司	2135309	68	燕京啤酒（桂林漓泉）股份有限公司	390134
19	东风柳州汽车有限公司	2134470	69	广西梧州中恒集团股份有限公司	381405
20	广西金川有色金属有限公司	1998404	70	中国联合网络通信有限公司广西壮族自治区分公司	381185
21	桂林力源粮油食品集团有限公司	1984531	71	广西盛天投资集团有限公司	374211
22	广西农村投资集团有限公司	1964000	72	福达控股集团有限公司	360575
23	广西贵港钢铁集团有限公司	1893454	73	润建股份有限公司	360146
24	中国移动通信集团广西有限公司	1872318	74	中电广西防城港电力有限公司	355976
25	十一冶建设集团有限责任公司	1636890	75	广西登高集团有限公司	351116
26	桂林银行股份有限公司	1604880	76	华润电力（贺州）有限公司	350936
27	广西壮族自治区机电设备有限责任公司	1593234	77	广西东糖投资有限公司	350750
28	广西南丹南方金属有限公司	1568581	78	广西粤桂广业控股股份有限公司	350199
29	广西柳州医药股份有限公司	1485682	79	华润水泥（平南）有限公司	329495
30	广西农垦集团有限责任公司	1317440	80	国电广西电力有限公司	325102
31	中国电信股份有限公司广西分公司	1260650	81	广西博世科环保科技股份有限公司	324360
32	广西云星集团有限公司	1231834	82	广西南城百货有限责任公司	318254
33	广西洋浦南华糖业集团股份有限公司	1110253	83	广西新华书店集团有限公司	311438
34	桂林彰泰实业集团有限公司	1097836	84	广西旅游发展集团有限公司	295247
35	广西信发铝电有限公司	1006872	85	南宁建宁水务投资集团有限公司	283714
36	广西北部湾银行股份有限公司	1005535	86	广西壮族自治区百色电力有限公司	281437
37	强荣控股集团有限公司	997332	87	广西三创科技有限公司	272210
38	广西裕华建设集团有限公司	950215	88	浙商中拓集团（广西）有限公司	259299
39	中国大唐集团有限公司广西分公司	892358	89	广西参皇养殖集团有限公司	256705
40	广西林业集团有限公司	843768	90	皇氏集团股份有限公司	249564
41	广西平铝集团有限公司	836535	91	广西鼎华商业股份有限公司	229890
42	广西渤海农业发展有限公司	834000	92	中铝广西有色稀土开发有限公司	225728
43	大海粮油工业（防城港）有限公司	802821	93	扶绥新宁海螺水泥有限公司	215625
44	广西贵港建设集团有限公司	737264	94	广西华南建设集团有限公司	207208
45	南宁威宁投资集团有限公司	714884	95	广西纵览线缆集团有限公司	204086
46	柳州银行股份有限公司	684798	96	广西壮族自治区通信产业服务有限公司	201025
47	中国铝业股份有限公司广西分公司	677754	97	广西丰林木业集团股份有限公司	194272
48	广西崇左海中贸易有限责任公司	643143	98	广西华翔贸易有限公司	187138
49	广西惠禹粮油工业有限公司	641933	99	南宁百货大楼股份有限公司	185780
50	广西方盛实业股份有限公司	614671	100	桂林三金集团股份有限公司	180712

发布单位：广西企业与企业家联合会。

表 12-9 2020 深圳市企业 100 强

排名	企业名称	营业收入/万元	排名	企业名称	营业收入/万元
1	中国平安保险（集团）股份有限公司	116886700	51	深圳迈瑞生物医疗电子股份有限公司	1655599
2	华为投资控股有限公司	85883300	52	深圳市华富洋供应链有限公司	1597812
3	正威国际集团有限公司	61389924	53	中国建筑第二工程局有限公司华南分公司	1539555
4	恒大集团有限公司	47756100	54	深圳前海微众银行股份有限公司	1487033
5	招商银行股份有限公司	39716100	55	华润三九医药股份有限公司	1470192
6	腾讯控股有限公司	37728900	56	深圳市天健（集团）股份有限公司	1466529
7	万科企业股份有限公司	36789388	57	深圳中电投资股份有限公司	1445961
8	比亚迪股份有限公司	12773852	58	格林美股份有限公司	1435401
9	顺丰控股股份有限公司	11219340	59	深圳市东方嘉盛供应链股份有限公司	1412431
10	中国广核集团有限公司	10985062	60	国信证券股份有限公司	1409291
11	招商局蛇口工业区控股股份有限公司	9767218	61	深圳市燃气集团股份有限公司	1402527
12	中兴通讯股份有限公司	9073658	62	深圳市宝德投资控股有限公司	1367942
13	神州数码集团股份有限公司	8680338	63	深圳市天行云供应链有限公司	1340599
14	中国国际海运集装箱（集团）股份有限公司	8581534	64	深圳市兆驰股份有限公司	1330220
15	中国航空技术深圳有限公司	8378913	65	深圳长城开发科技股份有限公司	1322382
16	深圳市怡亚通供应链股份有限公司	7183367	66	中国华西企业有限公司	1239841
17	金地（集团）股份有限公司	6341993	67	惠科股份有限公司	1226697
18	立讯精密工业股份有限公司	6251631	68	中国宝安集团股份有限公司	1200438
19	中信银行股份有限公司信用卡中心	6047627	69	健康元药业集团股份有限公司	1198015
20	深圳市爱施德股份有限公司	5596932	70	深圳市全药网药业有限公司	1197659
21	深圳市龙光控股有限公司	5579383	71	深圳市英唐智能控制股份有限公司	1195029
22	中国燃气控股有限公司	5431210	72	深圳市深粮控股股份有限公司	1105998
23	国药集团一致药业股份有限公司	5204576	73	普联技术有限公司	1088676
24	振烨国际产业控股集团（深圳）有限公司	5204196	74	中国长城科技集团股份有限公司	1084378
25	欧菲光集团股份有限公司	5197413	75	中国南玻集团股份有限公司	1047203
26	天音通信有限公司	4622446	76	本码（深圳）实业有限公司	1043645
27	深圳金雅福控股集团有限公司	4262228	77	深圳航天工业技术研究院有限公司	1015636
28	深圳市海王生物工程股份有限公司	4149270	78	深圳市三诺投资控股有限公司	1007158
29	深圳市中农网有限公司	3656789	79	深圳市裕同包装科技股份有限公司	984488
30	创维集团有限公司	3425406	80	深圳广田集团股份有限公司	963235
31	TCL 华星光电技术有限公司	3407677	81	深圳市水务（集团）有限公司	899072
32	大悦城控股集团股份有限公司	3378662	82	鑫荣懋集团股份有限公司	876729
33	卓越置业集团有限公司	3107271	83	深圳市长盈精密技术股份有限公司	865521
34	心里程控股集团有限公司	3054912	84	深圳市特发集团有限公司	852009
35	欣旺达电子股份有限公司	2897606	85	深圳市理士新能源发展有限公司	836272
36	深圳市信利康供应链管理有限公司	2702781	86	深圳市九立供应链有限公司	834535
37	鹏鼎控股（深圳）股份有限公司	2661463	87	富士施乐高科技（深圳）有限公司	798263
38	深圳传音控股股份有限公司	2534593	88	海能达通信股份有限公司	784354
39	深圳华强集团有限公司	2517255	89	深圳市共进电子股份有限公司	784084
40	太平财产保险有限公司	2331824	90	深圳市天珑移动技术有限公司	773711
41	深圳市中金岭南有色金属股份有限公司	2280052	91	人人乐连锁商业集团股份有限公司	760062
42	中铁南方投资集团有限公司	2238470	92	深圳麦克韦尔科技有限公司	752938
43	深圳市富森供应链管理有限公司	2209371	93	深圳市得润电子股份有限公司	748621
44	广深铁路股份有限公司	2117835	94	深圳市汇川技术股份有限公司	739037
45	深圳能源集团股份有限公司	2081700	95	深圳市康冠科技股份有限公司	724319
46	中建科工集团有限公司	2027701	96	深圳市新南山控股（集团）股份有限公司	723798
47	中国烟草总公司深圳市公司	1910612	97	深圳市中洲投资控股股份有限公司	721317
48	深圳市德赛电池科技股份有限公司	1844269	98	深圳烟草工业有限责任公司	709382
49	瑞声科技控股有限公司	1788375	99	南海油脂工业（赤湾）有限公司	700213
50	深业集团有限公司	1678744	100	深圳市海王星辰医药有限公司	688440

发布单位：深圳市企业联合会。

第十三章
2020 世界企业 500 强

表 2020世界企业500强

上年排名	排名	企业名称	国家/地区	营业收入/百万美元	净利润/百万美元	总资产/百万美元	股东权益/百万美元	员工人数/人
1	1	沃尔玛	美国	523964	14881	236495	74669	2200000
2	2	中国石油化工集团公司	中国	407009	6793	317516	107742	582648
5	3	国家电网公司	中国	383906	7970	596616	251478	907677
4	4	中国石油天然气集团公司	中国	379130	4443	608086	282758	1344410
3	5	荷兰皇家壳牌石油公司	荷兰	352106	15842	404336	186476	83000
6	6	沙特阿美公司	沙特阿拉伯	329784	88211	398349	275959	79000
9	7	大众公司	德国	282760	15542	547811	136687	671205
7	8	英国石油公司	英国	282616	4026	295194	98412	72500
13	9	亚马逊	美国	280522	11588	225248	62060	798000
10	10	丰田汽车公司	日本	275288	19096	487466	185626	359542
8	11	埃克森美孚	美国	264938	14340	362597	191650	74900
11	12	苹果公司	美国	260174	55256	338516	90488	137000
19	13	CVS Health 公司	美国	256776	6634	222449	63864	290000
12	14	伯克希尔-哈撒韦公司	美国	254616	81417	817729	424791	391500
14	15	联合健康集团	美国	242155	13839	173889	57616	325000
17	16	麦克森公司	美国	231051	900	61247	5092	70000
16	17	嘉能可	瑞士	215111	-404	124076	40274	88246
21	18	中国建筑集团有限公司	中国	205839	3333	294070	20234	335038
15	19	三星电子	韩国	197705	18453	304908	220458	287439
18	20	戴姆勒股份公司	德国	193346	2661	339456	68853	298655
29	21	中国平安保险（集团）股份有限公司	中国	184280	21627	1180489	96639	372194
25	22	美国电话电报公司	美国	181193	13903	551669	184221	247800
27	23	美源伯根公司	美国	179589	855	39172	2879	21500
26	24	中国工商银行	中国	177069	45195	4322528	384195	445106
20	25	道达尔公司	法国	176249	11267	273294	116778	107776
23	26	鸿海精密工业股份有限公司	中国台湾	172869	3731	110790	41367	757404
22	27	托克集团	新加坡	171474	872	54151	6477	5106
24	28	EXOR 集团	荷兰	162754	3417	193739	16864	268979
37	29	Alphabet 公司	美国	161857	34343	275909	201442	118899
31	30	中国建设银行	中国	158884	38610	3651645	318167	370169
30	31	福特汽车公司	美国	155900	47	258537	33185	190000

续表

上年排名	排名	企业名称	国家/地区	营业收入/百万美元	净利润/百万美元	总资产/百万美元	股东权益/百万美元	员工人数/人
229	32	信诺	美国	153566	5104	155774	45338	73700
35	33	开市客	美国	152703	3659	45400	15243	201500
46	34	安盛	法国	148984	4317	876458	78452	99843
36	35	中国农业银行	中国	147313	30701	3571542	279707	467631
28	36	雪佛龙	美国	146516	2924	237428	144213	48200
38	37	嘉德诺	美国	145534	1363	40963	6328	49500
41	38	摩根大通公司	美国	142422	36431	2687379	261330	256981
34	39	本田汽车	日本	137332	4192	189335	74140	218674
32	40	通用汽车公司	美国	137237	6732	228037	41792	164000
40	41	沃博联	美国	136866	3982	67598	23512	287000
33	42	三菱商事株式会社	日本	135940	4924	167018	48370	86098
44	43	中国银行	中国	135091	27127	3268838	265831	309384
43	44	威瑞森电信	美国	131868	19265	291727	61395	135000
51	45	中国人寿保险（集团）公司	中国	131244	4660	648393	19346	180401
45	46	安联保险集团	德国	130359	8858	1134954	83060	147268
60	47	微软	美国	125843	39240	286556	102330	144000
72	48	马拉松原油公司	美国	124813	2637	98556	33694	60910
61	49	华为投资控股有限公司	中国	124316	9062	123270	42366	194000
55	50	中国铁路工程集团有限公司	中国	123324	1535	152983	14558	302394
47	51	克罗格	美国	122286	1659	45256	8602	435000
39	52	上海汽车集团股份有限公司	中国	122071	3706	121931	35847	151785
49	53	房利美	美国	120304	14160	3503319	14608	7500
59	54	中国铁道建筑集团有限公司	中国	120302	1359	155598	12448	364907
42	55	俄罗斯天然气工业股份公司	俄罗斯	118009	18593	352398	227147	473800
53	56	宝马集团	德国	116638	5501	255945	66585	133778
50	57	卢克石油公司	俄罗斯	114621	9895	95773	63859	101000
58	58	美国银行	美国	113589	27430	2434079	264810	208131
62	59	家得宝	美国	110225	11242	51236	-3116	415700
52	60	日本邮政控股公司	日本	109915	4449	2647344	100029	245472
54	61	Phillips 66 公司	美国	109559	3076	58720	24910	14500
64	62	日本电报电话公司	日本	109448	7867	212956	83845	319039

续表

上年排名	排名	企业名称	国家/地区	营业收入/百万美元	净利润/百万美元	总资产/百万美元	股东权益/百万美元	员工人数/人
75	63	美国康卡斯特电信公司	美国	108942	13057	263414	82726	190000
63	64	中国海洋石油总公司	中国	108687	6957	184922	81253	92080
56	65	中国移动通信集团公司	中国	108527	12145	266190	148744	457565
92	66	意大利忠利保险公司	意大利	105921	2988	577558	31831	71936
91	67	法国农业信贷银行	法国	104972	5422	1984003	70621	73037
79	68	Anthem 公司	美国	104213	4807	77453	31728	70600
69	69	美国富国银行	美国	103915	19549	1927555	187146	259800
71	70	花旗集团	美国	103449	19401	1951158	193242	200000
57	71	瓦莱罗能源公司	美国	102729	2422	53864	21803	10222
65	72	日本伊藤忠商事株式会社	日本	100522	4611	101042	27722	151430
99	73	汇丰银行控股公司	英国	98673	7383	2715152	183955	235351
70	74	西门子	德国	97937	5835	163785	52461	385000
97	75	太平洋建设集团	中国	97536	3455	63695	29529	453635
66	76	俄罗斯石油公司	俄罗斯	96313	10944	208549	72743	335000
48	77	通用电气公司	美国	95214	-4979	266048	28316	205000
93	78	中国交通建设集团有限公司	中国	95096	1333	232053	18358	197309
80	79	中国华润有限公司	中国	94758	3572	232277	32981	396456
372	80	英国保诚集团	英国	93736	783	454214	19477	18125
84	81	戴尔科技公司	美国	92154	4616	118861	-1574	165000
76	82	雀巢公司	瑞士	92107	12546	123859	50375	291000
66	83	日产汽车	日本	90863	-6174	157090	50057	144933
94	84	现代汽车	韩国	90740	2557	168220	60595	114032
N.A.	85	英国法通保险公司	英国	90615	2340	742524	12407	8542
90	86	德国电信	德国	90135	4328	191562	35588	210533
89	87	意大利国家电力公司	意大利	89907	2433	192409	34095	68253
N.A.	88	英杰华集团	英国	89647	3251	609327	22792	31181
87	89	中国第一汽车集团公司	中国	89417	2848	70354	27802	129580
101	90	中国邮政集团公司	中国	89347	4441	1518543	54604	927171
119	91	正威国际集团	中国	88862	1807	23171	14548	18103
112	92	中国五矿集团有限公司	中国	88357	230	133442	9961	199486
85	93	西班牙国家银行	西班牙	88257	7292	1709073	112320	189769

续表

上年排名	排名	企业名称	国家/地区	营业收入/百万美元	净利润/百万美元	总资产/百万美元	股东权益/百万美元	员工人数/人
98	94	软银集团	日本	87440	-8844	344752	54720	80909
77	95	博世集团	德国	86990	1781	99927	43758	398150
106	96	信实工业公司	印度	86270	5625	154196	59955	195618
73	97	SK集团	韩国	86163	616	114175	14430	108911
81	98	家乐福	法国	85905	1264	57020	11157	321383
104	99	法国巴黎银行	法国	85058	9148	2429674	120605	194001
82	100	东风汽车公司	中国	84049	1328	71423	14289	154641
96	101	标致	法国	83643	3583	78305	21409	214478
139	102	京东集团	中国	83505	1764	37286	11751	227730
103	103	乐购	英国	82700	1240	66795	16954	293963
109	104	强生	美国	82059	15119	157728	59471	132200
111	105	中国南方电网有限责任公司	中国	81978	1833	134036	52948	283639
102	106	日立	日本	80639	806	91886	29240	301056
181	107	恒力集团	中国	80588	2077	33773	5199	90555
107	108	国家能源投资集团	中国	80498	4264	251272	59956	331373
88	109	中国中化集团公司	中国	80376	473	78799	7622	60049
110	110	法国电力公司	法国	80278	5770	340406	52153	161522
149	111	中国宝武钢铁集团	中国	79932	2901	123777	39264	196378
121	112	中国人民保险集团股份有限公司	中国	79788	3204	162687	26337	198951
83	113	埃尼石油公司	意大利	79513	166	138549	53695	32053
108	114	州立农业保险公司	美国	79395	5593	294823	116232	57672
118	115	日本永旺集团	日本	78930	246	102575	9512	290196
123	116	空中客车公司	荷兰	78883	-1524	128413	6706	134931
122	117	塔吉特公司	美国	78112	3281	42779	11833	368000
114	118	国际商业机器公司	美国	77147	9431	152186	20841	383800
148	119	雷神技术公司	美国	77046	5537	139716	41774	243200
74	120	巴西国家石油公司	巴西	76589	10151	229740	73323	57983
68	121	波音	美国	76559	-636	133625	-8617	161100
116	122	索尼	日本	75972	5355	213189	38173	111700
105	123	引能仕控股株式会社	日本	75897	-1729	74131	21385	40983
N.A.	124	荷兰全球保险集团	荷兰	75344	1387	494247	27410	23757

续表

上年排名	排名	企业名称	国家/地区	营业收入/百万美元	净利润/百万美元	总资产/百万美元	股东权益/百万美元	员工人数/人
128	125	房地美	美国	75125	7214	2203623	9122	6892
137	126	中国中信集团有限公司	中国	75115	3647	1074806	52164	304260
168	127	Centene 公司	美国	74639	1321	40994	12551	56600
127	128	皇家阿霍德德尔海兹集团	荷兰	74162	1977	46568	15807	232000
132	129	联合包裹速递服务公司	美国	74094	4440	57857	3267	377640
125	130	日本生命保险公司	日本	74048	1767	741012	18094	92122
78	131	Uniper 公司	德国	73652	683	49112	12780	11743
182	132	阿里巴巴集团	中国	73166	21450	185027	106452	117600
95	133	墨西哥石油公司	墨西哥	72820	-18039	101602	-105766	125735
129	134	北京汽车集团	中国	72554	747	71909	9904	114315
145	135	慕尼黑再保险集团	德国	72537	3049	322750	34187	39662
134	136	中粮集团有限公司	中国	72149	414	85847	12500	110896
133	137	美国劳氏公司	美国	72148	4281	39471	1972	260000
135	138	英特尔公司	美国	71965	21048	136524	77504	110800
238	139	苏黎世保险集团	瑞士	71792	4147	404688	35004	54030
130	140	泰国国家石油有限公司	泰国	71502	2994	82952	29335	27987
136	141	美国邮政	美国	71154	-8813	25633	-71532	565021
124	142	德国邮政敦豪集团	德国	70895	2936	58555	15845	504871
115	143	巴斯夫公司	德国	70723	9425	97593	46576	117628
184	144	Facebook 公司	美国	70697	18485	133376	101054	44942
169	145	中国医药集团	中国	70690	912	56506	10339	155622
120	146	安赛乐米塔尔	卢森堡	70615	-2454	87908	38521	191248
177	147	碧桂园控股有限公司	中国	70335	5725	273792	21813	101784
152	148	联邦快递	美国	69693	540	54403	17757	374198
142	149	大都会人寿	美国	69620	5899	740463	66144	49000
170	150	华特迪士尼公司	美国	69570	11054	193984	88877	223000
117	151	印度石油公司	印度	69246	-126	43609	12617	34996
138	152	中国恒大集团	中国	69127	2501	316778	20917	133123
131	153	松下	日本	68897	2076	57542	18491	259385
140	154	中国兵器工业集团公司	中国	68714	1284	61502	16642	204378
180	155	布鲁克菲尔德资产管理公司	加拿大	67826	2807	323969	35013	151000

续表

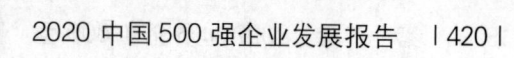

上年排名	排名	企业名称	国家/地区	营业收入/百万美元	净利润/百万美元	总资产/百万美元	股东权益/百万美元	员工人数/人
146	156	宝洁公司	美国	67684	3897	115095	47194	97000
161	157	中国电力建设集团有限公司	中国	67371	773	139084	11272	180416
141	158	中国电信集团公司	中国	67365	1803	129343	54126	401965
126	159	Engie 集团	法国	67220	1101	179352	37137	171103
154	160	百事公司	美国	67161	7314	78547	14786	267000
166	161	三菱日联金融集团	日本	67135	4858	3114383	124659	138570
150	162	交通银行	中国	66564	11186	1422054	113879	87828
151	163	中国航空工业集团公司	中国	65909	578	144798	27769	417798
144	164	中国化工集团公司	中国	65767	-1251	121160	-1321	145526
153	165	第一生命控股有限公司	日本	65434	298	555307	15189	63719
179	166	哈门那公司	美国	64888	2707	29074	12037	46000
156	167	保德信金融集团	美国	64807	4186	896552	63115	51511
155	168	ADM 公司	美国	64656	1379	43997	19208	38100
113	169	Equinor 公司	挪威	64357	1843	118063	41139	21412
353	170	英国劳埃德银行集团	英国	64297	3733	1104491	63050	63069
163	171	瑞士罗氏公司	瑞士	63434	13430	80440	31702	97735
157	172	三井物产株式会社	日本	63327	3601	109247	35326	45624
147	173	丸红株式会社	日本	62799	-1816	58481	14023	49515
165	174	艾伯森公司	美国	62455	466	24735	2278	270000
143	175	雷诺	法国	62160	-158	137125	38795	179565
202	176	绿地控股集团有限公司	中国	61965	2134	164478	11327	52576
162	177	丰田通商公司	日本	61570	1247	42058	11073	66067
159	178	Seven & I 控股公司	日本	60952	2002	55604	23689	98039
172	179	西斯科公司	美国	60114	1674	17967	2503	69000
187	180	迪奥公司	法国	60071	3288	105315	12212	149685
418	181	宏利金融	加拿大	59969	4222	624040	37898	35000
197	182	洛克希德-马丁	美国	59812	6230	47528	3127	110000
210	183	Alimentation Couche – Tard 公司	加拿大	59118	1834	22608	8923	133000
173	184	惠普公司	美国	58756	3152	33467	-1193	56000
167	185	联合利华	英国/荷兰	58179	6296	72738	14807	149867
158	186	马来西亚国家石油公司	马来西亚	58027	7975	152218	95157	47669

续表

上年排名	排名	企业名称	国家/地区	营业收入/百万美元	净利润/百万美元	总资产/百万美元	股东权益/百万美元	员工人数/人
203	187	中国建材集团	中国	57626	-105	85590	5547	204936
178	188	东京电力公司	日本	57407	466	110649	27209	37892
188	189	招商银行	中国	57252	13443	1064823	87759	84683
160	190	印度石油天然气公司	印度	57171	1538	66642	27372	30105
242	191	中国保利集团	中国	57147	2031	188479	12766	100393
174	192	法国兴业银行	法国	56852	3635	1522315	71303	129586
199	193	中国太平洋保险（集团）公司	中国	55800	4016	219408	25615	111247
171	194	韩国浦项制铁公司	韩国	55592	1600	68642	38446	35261
206	195	万喜集团	法国	54788	3649	102253	22940	222397
164	196	欧尚集团	法国	54672	-1638	38708	7077	308137
237	197	腾讯控股有限公司	中国	54613	13507	136955	62120	62885
186	198	日本制铁集团公司	日本	54465	-3969	68890	24444	116462
248	199	法国国家人寿保险公司	法国	54365	1580	494267	21767	5353
194	200	Energy Transfer 公司	美国	54213	3592	98880	21827	12812
176	201	西班牙电话公司	西班牙	54197	1278	133428	19213	113819
204	202	高盛	美国	53922	8466	992968	90265	38300
218	203	摩根士丹利	美国	53823	9042	895429	81549	60431
190	204	卡特彼勒	美国	53800	6093	78453	14588	102300
192	205	百威英博	比利时	53723	9171	236648	75722	171915
189	206	广州汽车工业集团	中国	53662	565	43838	6472	105780
185	207	LG 电子	韩国	53464	27	38796	12393	74000
254	208	万科企业股份有限公司	中国	53253	5627	248360	26998	131505
196	209	美洲电信	墨西哥	52323	3518	81132	9422	191523
249	210	物产中大集团	中国	51954	396	13399	3613	20332
225	211	思科公司	美国	51904	11621	97793	33571	75900
211	212	山东能源集团有限公司	中国	51893	730	44552	10024	153545
219	213	巴西 JBS 公司	巴西	51859	1539	31412	7369	242000
240	214	拜耳集团	德国	51807	4579	141712	53131	103824
198	215	辉瑞制药有限公司	美国	51750	16273	167489	63143	88300
191	216	伊塔乌联合银行控股公司	巴西	51728	6875	407131	34044	94881
251	217	中国铝业公司	中国	51649	273	93948	17381	156286

续表

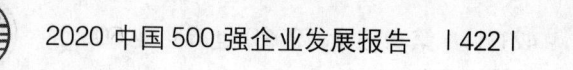

上年排名	排名	企业名称	国家/地区	营业收入/百万美元	净利润/百万美元	总资产/百万美元	股东权益/百万美元	员工人数/人
214	218	河钢集团	中国	51345	−94	66333	10242	127116
241	219	HCA 医疗保健公司	美国	51336	3505	45058	−2808	245000
216	220	上海浦东发展银行	中国	51313	8507	1006833	79436	58253
236	221	印度国家银行	印度	51091	2788	555132	33204	249448
213	222	兴业银行	中国	50945	9534	1025838	77718	60455
256	223	加拿大皇家银行	加拿大	50863	9678	1087304	63554	82801
212	224	联想集团	中国	50716	665	32128	3198	63000
201	225	诺华公司	瑞士	50486	11732	118370	55474	103914
224	226	东京海上日动火灾保险公司	日本	50270	2389	233682	17832	41101
193	227	韩国电力公司	韩国	50257	−2013	170888	58373	47452
217	228	沃达丰集团	英国	49960	−1022	185456	67723	95219
227	229	起亚汽车	韩国	49894	1567	47864	25061	52448
205	230	德国大陆集团	德国	49783	−1371	47779	17280	241458
235	231	美国国际集团	美国	49746	3348	525064	65675	46000
208	232	德国联邦铁路公司	德国	49729	747	73885	16580	323944
332	233	瑞士再保险股份有限公司	瑞士	49314	727	238567	29251	15401
277	234	厦门建发集团有限公司	中国	49170	667	49004	7437	26732
244	235	招商局集团	中国	49126	5233	277918	50709	157635
354	236	日本出光兴产株式会社	日本	48892	−211	35967	9587	16020
209	237	日本三井住友金融集团	日本	48880	6474	2034455	86558	86443
231	238	住友商事	日本	48746	1576	75216	23542	72642
232	239	中国民生银行	中国	48528	7790	959249	74486	58933
255	240	俄罗斯联邦储蓄银行	俄罗斯	48340	13060	482464	72119	281338
245	241	日本 KDDI 电信公司	日本	48171	5884	88648	40570	44952
223	242	法国 BPCE 银行集团	法国	47911	3391	1501843	78466	100849
220	243	浙江吉利控股集团	中国	47886	1232	56805	9466	131426
226	244	圣戈班集团	法国	47650	1574	56101	21793	170639
200	245	雷普索尔公司	西班牙	47544	−4271	64981	27979	22754
222	246	MS&AD 保险集团控股有限公司	日本	47537	1316	214643	14696	41942
230	247	电装公司	日本	47400	626	52298	31435	170932
215	248	蒂森克虏伯	德国	47358	−343	39761	1909	162372

续表

上年排名	排名	企业名称	国家/地区	营业收入/百万美元	净利润/百万美元	总资产/百万美元	股东权益/百万美元	员工人数/人
228	249	Orange 公司	法国	47275	3365	119315	35610	146768
388	250	友邦保险集团	中国香港	47242	6648	284132	57508	23000
270	251	美国运通公司	美国	47020	6759	198321	23071	64500
260	252	达美航空	美国	47007	4767	64532	15358	91224
289	253	中国光大集团	中国	46957	1990	748020	20775	79800
234	254	西班牙对外银行	西班牙	46892	3931	784210	54688	126973
348	255	意昂集团	德国	46861	1753	110631	10188	78948
285	256	默沙东	美国	46840	9843	84397	25907	71000
257	257	美国航空集团	美国	45768	1686	59995	−118	133700
264	258	特许通讯公司	美国	45764	1668	148188	31445	95100
253	259	沃尔沃集团	瑞典	45690	3793	56077	14808	98280
233	260	伍尔沃斯集团	澳大利亚	45524	1925	16481	7217	196000
246	261	必和必拓集团	澳大利亚	45139	8306	100861	47240	28926
207	262	Finatis 公司	法国	45045	−616	41093	−458	209747
308	263	好事达	美国	44675	4847	119950	25998	46035
279	264	中国远洋海运集团有限公司	中国	44655	1087	125906	28203	118243
263	265	陕西延长石油（集团）公司	中国	44564	215	57549	19009	129920
286	266	中国华能集团公司	中国	44502	187	161663	14335	130764
295	267	多伦多道明银行	加拿大	44502	8781	1076921	66733	89031
221	268	巴西布拉德斯科银行	巴西	44491	5331	342747	33590	86136
259	269	和硕	中国台湾	44207	625	19033	5260	172995
268	270	美国纽约人寿保险公司	美国	44117	1004	330806	22032	11519
282	271	Talanx 公司	德国	44020	1033	199332	11391	21516
271	272	美国全国保险公司	美国	43982	830	239540	16271	28114
281	273	陕西煤业化工集团	中国	43798	120	78757	7555	120802
272	274	西班牙 ACS 集团	西班牙	43706	1077	43316	4958	190431
276	275	百思买	美国	43638	1541	15591	3479	125000
293	276	联合航空控股公司	美国	43259	3009	52611	11531	96000
261	277	韩华集团	韩国	43258	77	157646	3827	57967
278	278	美国利宝互助保险集团	美国	43228	1044	133644	23591	45000
298	279	埃森哲	爱尔兰	43215	4779	29790	14409	492000

续表

上年排名	排名	企业名称	国家/地区	营业收入/百万美元	净利润/百万美元	总资产/百万美元	股东权益/百万美元	员工人数/人
303	280	力拓集团	英国	43165	8010	87802	40532	46007
250	281	中国机械工业集团有限公司	中国	43122	452	55071	9838	146792
296	282	英国葛兰素史克公司	英国	43073	5927	105552	15106	99437
N.A.	283	陶氏公司	美国	42951	-1359	60524	13541	36500
291	284	厦门国贸控股集团有限公司	中国	42790	42	14656	1330	15178
258	285	丰益国际	新加坡	42641	1293	47049	16763	90000
287	286	法国布伊格集团	法国	42543	1325	44171	11679	130500
306	287	泰森食品	美国	42405	2022	33097	14082	141000
269	288	巴西银行	巴西	42180	4158	361081	26786	93190
288	289	赛诺菲	法国	42119	3141	126535	66148	100409
262	290	中国联合网络通信股份有限公司	中国	42052	721	81001	20576	243790
239	291	德意志银行	德国	41780	-6033	1456509	62694	87597
317	292	TJX公司	美国	41717	3272	24145	5948	286000
274	293	瑞银集团	瑞士	41482	4304	972183	54533	68601
267	294	麦德龙	德国	41371	-142	15803	2947	97606
318	295	兖矿集团	中国	41323	275	45731	4938	101166
301	296	雪松控股集团	中国	41277	122	16737	4097	30984
247	297	邦吉公司	美国	41140	-1280	18317	5913	24000
338	298	象屿集团	中国	41135	220	20008	2870	11635
N.A.	299	M&G公司	英国	41076	1429	299659	6788	8021
300	300	三菱电机股份有限公司	日本	41045	2040	40805	22483	146518
280	301	怡和集团	中国香港	40922	2838	97028	30351	464000
266	302	采埃孚	德国	40873	392	36310	7656	147797
292	303	Iberdrola公司	西班牙	40783	3813	137347	42290	34306
284	304	汉莎集团	德国	40768	1358	47881	11389	118292
283	305	中国航空油料集团公司	中国	40487	569	9712	3689	13705
297	306	美国教师退休基金会	美国	40454	2460	615042	38872	16533
312	307	美的集团股份有限公司	中国	40440	3505	43349	14596	134897
273	308	山东魏桥创业集团	中国	40426	792	34842	10222	111121
275	309	巴拉特石油公司	印度	40410	431	19952	4832	12171
315	310	意大利联合圣保罗银行	意大利	40359	4681	915993	62253	89102

续表

上年排名	排名	企业名称	国家/地区	营业收入/百万美元	净利润/百万美元	总资产/百万美元	股东权益/百万美元	员工人数/人
327	311	大和房建	日本	40288	2149	42818	15533	47133
304	312	德国艾德卡公司	德国	39824	381	8844	2252	381000
313	313	费森尤斯集团	德国	39632	2108	75208	18832	294134
307	314	甲骨文公司	美国	39506	11083	108709	21785	136000
299	315	麦格纳国际	加拿大	39431	1765	25790	10831	165000
362	316	国家电力投资集团公司	中国	39407	180	171460	15579	123010
343	317	通用动力	美国	39350	3484	48841	13577	102900
326	318	法国国营铁路集团	法国	39308	-897	107809	-9817	276350
329	319	迪尔公司	美国	39258	3253	73011	11413	73489
294	320	马士基集团	丹麦	39198	-84	55399	28098	83512
392	321	德国中央合作银行	德国	39144	1895	627847	27821	27560
341	322	耐克公司	美国	39117	4029	23717	9040	76700
391	323	前进保险公司	美国	39022	3970	54895	13673	41571
333	324	苏宁易购集团	中国	38971	1425	34003	12622	117669
342	325	大众超级市场公司	美国	38463	3005	24507	16863	207000
305	326	巴西联邦储蓄银行	巴西	38407	5339	321486	20053	84066
320	327	巴克莱	英国	38337	4178	1510233	85336	80800
352	328	长江和记实业有限公司	中国香港	38166	5084	155421	61181	300000
361	329	青山控股集团	中国	38012	826	10122	3120	70426
325	330	乔治威斯顿公司	加拿大	37765	182	36876	5868	194000
346	331	Enbridge 公司	加拿大	37735	4300	125921	50936	11300
322	332	中国航天科工集团公司	中国	37604	1959	50065	19982	147712
336	333	巴西淡水河谷公司	巴西	37570	-1683	91713	40067	71149
324	334	日本明治安田生命保险公司	日本	37466	1912	394318	13476	43676
395	335	可口可乐公司	美国	37266	8920	86381	18981	86200
314	336	万通互惠理财公司	美国	37253	3701	290731	18893	9896
265	337	印度塔塔汽车公司	印度	37242	-1703	42602	8342	77990
N. A.	338	菲尼克斯集团控股公司	英国	37215	109	321426	6338	4417
334	339	日本三菱重工业股份有限公司	日本	37172	801	46134	11274	81631
328	340	瑞士 ABB 集团	瑞士	37015	1439	46108	13526	144400
330	341	Tech Data 公司	美国	36998	375	13269	3120	15000

续表

上年排名	排名	企业名称	国家/地区	营业收入/百万美元	净利润/百万美元	总资产/百万美元	股东权益/百万美元	员工人数/人
310	342	荷兰国际集团	荷兰	36990	4369	997275	57238	55063
358	343	江西铜业集团公司	中国	36980	170	22646	3734	25333
321	344	森宝利公司	英国	36831	193	34667	9030	111900
309	345	全球燃料服务公司	美国	36819	179	5992	1890	5500
331	346	加拿大鲍尔集团	加拿大	36810	874	368078	10932	30600
290	347	霍尼韦尔国际公司	美国	36709	6143	58679	18494	113000
319	348	康菲石油公司	美国	36670	7189	70514	34981	10400
350	349	日本瑞穗金融集团	日本	36669	4126	1986297	69964	57264
355	350	意大利邮政集团	意大利	36667	1502	267413	10885	126445
340	351	江苏沙钢集团	中国	36488	718	41506	8486	46581
323	352	中国航天科技集团公司	中国	36209	2628	68555	30302	177905
364	353	中国能源建设集团	中国	36111	395	61054	5286	122560
368	354	阳光龙净集团有限公司	中国	35909	614	60053	3757	26363
400	355	联合服务汽车协会	美国	35617	4006	173733	35331	35076
349	356	富士通	日本	35483	1472	29494	11483	129609
360	357	瑞士信贷	瑞士	35473	3402	762180	42252	47860
398	358	加拿大丰业银行	加拿大	35101	6314	826481	51379	101813
339	359	爱信精机	日本	34810	221	36945	11846	119535
316	360	利安德巴塞尔工业公司	荷兰	34727	3390	30435	8044	19100
359	361	中国中车集团	中国	34704	523	61803	10278	176348
363	362	台积公司	中国台湾	34620	11452	75554	53835	51297
377	363	损保控股有限公司	日本	34587	1127	110834	10125	47535
344	364	Exelon 公司	美国	34438	2936	124977	32224	32713
356	365	日本钢铁工程控股公司	日本	34305	-1819	42992	15055	64009
382	366	安达保险公司	瑞士	34186	4454	176943	55331	33000
441	367	安徽海螺集团	中国	33916	1773	31609	7453	55952
416	368	美国诺斯洛普格拉曼公司	美国	33841	2248	41089	8819	90000
369	369	金川集团	中国	33824	298	16570	5028	29291
386	370	中国华电集团公司	中国	33808	310	118038	11511	94790
302	371	路易达孚集团	荷兰	33786	230	19538	4786	16509
387	372	第一资本金融公司	美国	33766	5546	390365	58011	51900

续表

上年排名	排名	企业名称	国家/地区	营业收入/百万美元	净利润/百万美元	总资产/百万美元	股东权益/百万美元	员工人数/人
366	373	Plains GP Holdings 公司	美国	33669	331	29969	2155	5000
455	374	国泰金融控股股份有限公司	中国台湾	33511	2031	335796	25746	56764
396	375	欧莱雅	法国	33436	4197	49172	33020	87974
351	376	三菱化学控股	日本	33418	497	47489	10828	69609
365	377	广达电脑公司	中国台湾	33313	516	20505	4525	77930
381	378	艾伯维	美国	33266	7882	89115	−8172	30000
384	379	英美烟草集团	英国	33021	7279	186761	84638	59989
345	380	佳能	日本	32961	1148	43883	24780	187041
370	381	中国电子科技集团公司	中国	32948	1743	57865	22500	177443
379	382	斯伦贝谢公司	美国	32917	−10137	56312	23760	105000
449	383	StoneX 集团	美国	32897	85	9936	594	2012
337	384	Enterprise Products Partners 公司	美国	32789	4591	61733	24764	7300
393	385	现代摩比斯公司	韩国	32649	1966	40306	27960	32065
375	386	中国电子信息产业集团有限公司	中国	32447	138	47019	8936	138603
374	387	普利司通	日本	32340	2684	36320	23484	143589
429	388	西北互助人寿保险公司	美国	32294	1268	290318	24216	5964
380	389	3M 公司	美国	32136	4570	44659	10063	96163
357	390	铃木汽车	日本	32086	1235	30904	15523	68499
378	391	住友生命保险公司	日本	32063	48	357565	6863	42954
451	392	中国太平保险集团有限责任公司	中国	31912	586	118439	5323	65957
408	393	雅培公司	美国	31904	3687	67887	31088	107000
383	394	CHS 公司	美国	31901	830	16448	8610	10703
403	395	康帕斯集团	英国	31736	1416	16399	4109	596452
390	396	仁宝电脑	中国台湾	31723	225	12766	3535	81743
397	397	CRH 公司	爱尔兰	31682	2159	41877	19014	86951
406	398	Inditex 公司	西班牙	31584	4063	31460	16525	176611
413	399	Travelers 公司	美国	31581	2622	110122	25943	30800
389	400	马自达汽车株式会社	日本	31551	112	25795	10176	50479
385	401	鞍钢集团公司	中国	31469	−209	47781	7763	126909
371	402	东芝	日本	31179	−1054	31308	8696	125648
471	403	富邦金融控股股份有限公司	中国台湾	31013	1893	285161	20276	44388

续表

上年排名	排名	企业名称	国家/地区	营业收入/百万美元	净利润/百万美元	总资产/百万美元	股东权益/百万美元	员工人数/人
427	404	SAP 公司	德国	30839	3717	67585	34509	100330
440	405	斯巴鲁公司	日本	30758	1404	30479	15850	35045
347	406	冀中能源集团	中国	30666	-114	33149	2287	107359
N.A.	407	Coles 集团	澳大利亚	30601	1026	6860	2355	113000
419	408	美敦力公司	爱尔兰	30557	4631	89694	50091	101013
394	409	台湾中油股份有限公司	中国台湾	30546	1050	26754	10210	15836
412	410	菲尼克斯医药公司	德国	30509	6	10512	2828	32009
401	411	法国航空-荷兰皇家航空集团	法国	30432	325	34497	2564	83097
407	412	法国威立雅环境集团	法国	30431	699	46040	6660	178021
411	413	施耐德电气	法国	30397	2701	50511	24200	135307
N.A.	414	武田药品公司	日本	30272	407	118637	43708	47495
N.A.	415	法国达飞海运集团	法国	30254	-229	32731	5052	86700
373	416	澳大利亚联邦银行	澳大利亚	29967	6127	685114	48827	45165
436	417	Medipal 控股公司	日本	29921	349	15215	4152	15422
N.A.	418	加拿大永明金融集团	加拿大	29905	2045	229216	18046	22719
450	419	英美资源集团	英国	29870	3547	56152	24795	63000
443	420	CFE 公司	墨西哥	29869	2261	115748	32974	90621
422	421	菲利普-莫里斯国际公司	美国	29805	7185	42875	-11577	73500
468	422	小米集团	中国	29795	1454	26362	11676	18170
N.A.	423	上海建工集团股份有限公司	中国	29746	569	36935	4745	42762
498	424	泰康保险集团	中国	29502	3212	134299	11657	57372
415	425	Coop 集团	瑞士	29485	528	19804	9328	78264
434	426	KB 金融集团	韩国	29470	2842	448446	33325	26702
417	427	森科能源公司	加拿大	29385	2185	68977	32425	12889
420	428	关西电力	日本	29288	1196	70443	14090	31850
402	429	首钢集团	中国	29274	40	71543	17623	97903
497	430	蒙特利尔银行	加拿大	29160	4333	648452	38865	45513
404	431	慧与公司	美国	29135	1049	51803	17098	61600
405	432	英国电信集团	英国	29097	2203	65851	18319	105300
428	433	法国邮政	法国	29082	920	326618	14169	225693
367	434	中国兵器装备集团公司	中国	29063	988	48802	10109	176326

续表

上年排名	排名	企业名称	国家/地区	营业收入/百万美元	净利润/百万美元	总资产/百万美元	股东权益/百万美元	员工人数/人
448	435	海尔智家股份有限公司	中国	29060	1188	26911	6875	99757
414	436	珠海格力电器股份有限公司	中国	29024	3575	40624	15814	88846
463	437	CJ集团	韩国	28986	229	34923	3900	59915
410	438	波兰国营石油公司	波兰	28977	1121	18804	10193	22337
399	439	江森自控国际公司	爱尔兰	28969	5674	42287	19766	104000
311	440	英国森特理克集团	英国	28934	-1305	24045	1605	29147
421	441	艾睿电子	美国	28917	-204	16401	4812	19300
N.A.	442	深圳市投资控股有限公司	中国	28855	1594	100422	26814	67518
439	443	新疆广汇实业投资（集团）有限责任公司	中国	28711	90	39224	5465	77400
N.A.	444	林德集团	英国	28677	2285	86612	49074	79886
437	445	住友电工	日本	28578	669	28542	13895	283910
435	446	国际航空集团	英国	28548	1920	40026	7658	66034
376	447	GS加德士	韩国	28541	388	17667	9511	3283
431	448	Migros集团	瑞士	28540	348	66220	18160	90863
442	449	华夏保险公司	中国	28494	122	84176	3200	500000
470	450	日本电气公司	日本	28469	920	28900	8427	112638
493	451	赛峰集团	法国	28424	2739	48048	13885	95443
424	452	纬创集团	中国台湾	28416	220	11482	2467	70286
432	453	达能	法国	28303	2159	50914	19351	102449
453	454	日本中部电力	日本	28200	1504	50901	17233	28448
N.A.	455	盛虹控股集团有限公司	中国	27870	487	13562	2809	30631
461	456	铜陵有色金属集团	中国	27819	-65	12549	1153	22860
N.A.	457	维亚康姆CBS公司	美国	27812	3308	49519	13207	26280
456	458	Financière de l'Odet公司	法国	27806	136	63203	4281	83801
N.A.	459	山东钢铁集团有限公司	中国	27755	22	51265	3542	51300
489	460	Dollar General公司	美国	27754	1713	22825	6703	143000
494	461	Achmea公司	荷兰	27593	537	100441	11429	13801
495	462	Rajesh Exports公司	印度	27590	170	4064	1393	409
464	463	大同煤矿集团有限责任公司	中国	27557	-159	53030	7103	152733
452	464	曼福集团	西班牙	27520	682	81385	9938	34324

续表

上年排名	排名	企业名称	国家/地区	营业收入/百万美元	净利润/百万美元	总资产/百万美元	股东权益/百万美元	员工人数/人
438	465	中国大唐集团公司	中国	27464	427	108896	15846	95748
486	466	美国合众银行	美国	27325	6914	495426	51853	69651
426	467	三星人寿保险	韩国	27291	839	270485	30846	5346
473	468	海亮集团有限公司	中国	27209	175	8206	2688	20196
425	469	联合信贷集团	意大利	27169	3775	960378	68933	84245
458	470	东日本旅客铁道株式会社	日本	27102	1825	78996	28691	85114
423	471	KOC 集团	土耳其	27053	774	25453	6102	92990
478	472	米其林公司	法国	27013	1960	35554	14845	121339
N.A.	473	上海医药集团股份有限公司	中国	27005	591	19672	19672	47778
467	474	喜力控股公司	荷兰	26828	1217	52196	8971	85853
N.A.	475	X5 零售集团	荷兰	26808	302	17301	1877	307444
447	476	拉法基豪瑞集团	瑞士	26589	2235	56450	27655	72452
485	477	中国通用技术（集团）控股有限责任公司	中国	26559	490	28310	6488	43197
N.A.	478	星巴克公司	美国	26509	3599	19220	-6232	346000
446	479	任仕达公司	荷兰	26500	678	11401	5019	38280
481	480	阿迪达斯集团	德国	26459	2212	23211	7628	59533
444	481	三星 C&T 公司	韩国	26396	901	39700	20839	16580
488	482	Fomento Económico Mexicano 公司	墨西哥	26319	1075	33765	13346	314656
459	483	奥地利石油天然气集团	奥地利	26259	1962	45317	14605	19845
445	484	德科集团	瑞士	26221	814	11865	4422	35000
465	485	山西焦煤集团有限责任公司	中国	26179	212	48744	6166	196034
484	486	河南能源化工集团	中国	26163	-306	39364	2404	164236
N.A.	487	百时美施贵宝公司	美国	26145	3439	129944	51598	30000
466	488	诺基亚	芬兰	26096	8	43917	17201	98322
462	489	潞安集团	中国	26078	105	35870	4928	106188
N.A.	490	广西投资集团有限公司	中国	26060	78	70591	5220	30605
433	491	西太平洋银行	澳大利亚	26001	4772	611338	44136	33288
430	492	西班牙能源集团	西班牙	25991	1568	46173	11842	12138
N.A.	493	中国核工业集团有限公司	中国	25975	1105	119401	19333	156300
N.A.	494	US Foods Holding 公司	美国	25939	385	11288	3709	28000

续表

上年排名	排名	企业名称	国家/地区	营业收入/百万美元	净利润/百万美元	总资产/百万美元	股东权益/百万美元	员工人数/人
480	495	亿滋国际	美国	25868	3870	64549	27275	80000
N. A.	496	中国中煤能源集团有限公司	中国	25846	308	56841	10123	122827
N. A.	497	帕卡公司	美国	25600	2388	28361	9706	27000
N. A.	498	赛默飞世尔科技公司	美国	25542	3696	58381	29675	75000
469	499	山西阳泉煤业（集团）有限责任公司	中国	25491	-82	35409	3897	101817
482	500	山西晋城无烟煤矿业集团	中国	25386	22	42257	6259	127336

第十四章
中国500强企业按照行业分类名单

第十四章 中国500强企业按照行业分类名单

表 中国500强企业按照行业分类

行业名次	公司名称	通讯地址	邮政编码	名次(1)	名次(2)	名次(3)
农林牧渔业						
1	黑龙江北大荒农垦集团总公司	黑龙江省哈尔滨市香坊区红旗大街175号	150036	173	—	—
煤炭采掘及采选业						
1	国家能源投资集团有限责任公司	北京市东城区安定门西滨河路22号	100011	29	—	—
2	山东能源集团有限公司	山东省济南市经十路10777号山东能源大厦	250014	57	—	—
3	陕西煤业化工集团有限责任公司	陕西省西安市高新区锦业路1号都市之门B座	710065	70	—	—
4	兖矿集团有限公司	山东省邹城市凫山南路298号	273500	75	—	—
5	冀中能源集团有限责任公司	河北省邢台市中兴西大街191号	054000	100	—	—
6	大同煤矿集团有限责任公司	山西省大同市矿区新平旺	037003	115	—	—
7	山西焦煤集团有限责任公司	山西省太原市新晋祠路一段1号	030024	121	—	—
8	河南能源化工集团有限公司	河南省郑州市郑东新区CBD商务外环路6号国龙大厦	450046	122	—	—
9	山西潞安矿业（集团）有限责任公司	山西省长治市襄垣县侯堡镇	046204	123	—	—
10	中国中煤能源集团有限公司	北京市朝阳区黄寺大街1号	100120	126	—	—
11	阳泉煤业（集团）有限责任公司	山西省阳泉市北大西街5号	045000	127	—	—
12	山西晋城无烟煤矿业集团有限责任公司	山西省晋城市城区北石店镇	048006	128	—	—
13	中国平煤神马能源化工集团有限公司	河南省平顶山市矿工中路21号	467000	133	—	—
14	开滦（集团）有限责任公司	河北省唐山市新华东道70号	63018	251	—	—
15	淮北矿业（集团）有限责任公司	安徽省淮北市人民中路276号	235006	302	—	—
16	内蒙古伊泰集团有限公司	内蒙古鄂尔多斯市东胜区天骄北路伊泰集团	017000	331	—	—
17	淮河能源控股集团有限公司	安徽省淮南市田家庵区洞山中路一号	232001	415	—	—
18	山东中矿集团有限公司	山东招远市辛庄镇南潘家村东	265400	428	—	—
19	贵州盘江煤电集团有限责任公司	贵州省贵阳市观山湖区林城西路95号	550000	454	—	—
20	徐州矿务集团有限公司	江苏省徐州市云龙区钱塘路7号	221000	471	—	—
21	安徽省皖北煤电集团有限责任公司	安徽省宿州市西昌路157号	234000	481	—	—
石油、天然气开采及生产业						
1	中国石油天然气集团有限公司	北京市东城区东直门北大街九号	100007	3	—	—
2	中国海洋石油集团有限公司	北京市东城区朝阳门北大街25号	100010	15	—	—
3	陕西延长石油（集团）有限责任公司	陕西省西安市雁塔区唐延路61号延长石油科研中心	710075	68	—	—
4	缘泰石油有限公司	北京市朝阳区东三环中路5号财富金融中心50层	100020	452	—	—
电力生产						
1	中国华能集团有限公司	北京市西城区复兴门内大街6号	100031	69	—	—
2	国家电力投资集团有限公司	北京市西城区北三环中路29号院1号楼	100029	82	—	—

注：名次（1）为2020中国企业500强中的名次，名次（2）为2020中国制造业企业500强中的名次，名次（3）为2020中国服务业企业500强中的名次。

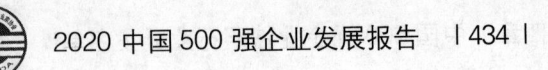

续表

行业名次	公司名称	通讯地址	邮政编码	名次(1)	名次(2)	名次(3)
3	中国华电集团有限公司	北京市西城区宣武门内大街2号中国华电大厦	100031	94	—	—
4	中国大唐集团有限公司	北京市西城区广宁伯街1号	100033	116	—	—
5	中国核工业集团有限公司	北京市西城区三里河南三巷1号	100822	125	—	—
6	中国广核集团有限公司	广东省深圳市福田区深南大道2002号中广核大厦	518028	196	—	—
7	广东省能源集团有限公司	广东省广州市天河东路8号粤电广场A座	510630	373	—	—
农副食品						
1	新希望集团有限公司	四川省成都市锦江区金石路376号新希望中鼎国际	610021	134	48	—
2	正邦集团有限公司	江西省南昌市高新区艾溪湖一路569号	330096	240	103	—
3	通威集团有限公司	四川省成都市高新区天府大道中段588号通威国际中心	610093	254	110	—
4	双胞胎（集团）股份有限公司	江西省南昌市高新区火炬大街799号	330096	293	132	—
5	广东海大集团股份有限公司	广东省广州市番禺区南村镇万博四路42号海大大厦2座701	511445	390	180	—
6	三河汇福粮油集团有限公司	河北省三河市燕郊开发区汇福路8号	065201	417	197	—
7	山东渤海实业股份有限公司	山东省青岛市北崂山区香港东路195号	266071	430	202	—
8	桂林力源粮油食品集团有限公司	广西桂林市叠彩区中山北路122号	541001	—	357	—
9	山东鲁花集团有限公司	山东省莱阳市龙门东路39号	265200	—	248	—
10	牧原食品股份有限公司	河南省南阳市内乡县灌涨镇水田村	474350	—	351	—
11	上海源耀农业股份有限公司	上海市浦东新区航鹤路2268号	201317	—	427	—
12	广西农垦集团有限责任公司	广西南宁市七星路135号	530022	—	436	—
13	金沙河集团有限公司	河北省邢台市沙河市纬三路59号	054100	—	494	—
食品						
1	万洲国际有限公司	香港九龙柯士甸道西1号环球贸易广场76楼7602B	—	132	47	—
2	光明食品（集团）有限公司	上海市华山路263弄7号	200040	135	49	—
3	北京首农食品集团有限公司	北京市朝阳区曙光西路28号	100028	143	52	—
4	温氏食品集团股份有限公司	广东省云浮市新兴县新城镇东堤北路9号温氏集团总部	527400	279	123	—
5	北京顺鑫控股集团有限公司	北京市顺义区站前街1号院1号楼顺鑫国际商务中心	101300	—	259	—
6	香驰控股有限公司	山东省滨州市博兴县工业园（经济开发区）	256500	—	273	—
7	天津食品集团有限公司	天津市河西区气象台路96号	300074	—	298	—
8	达利食品集团有限公司	福建省泉州市惠安县紫山镇林口	362100	—	337	—
9	诸城外贸有限责任公司	山东省潍坊市诸城市密州路东首	262200	—	380	—
10	山东龙大肉食品股份有限公司	山东省烟台莱阳市龙门东路99号	265200	—	391	—
11	唐人神集团股份有限公司	湖南省株洲市国家高新技术产业开发区栗雨工业园	412007	—	404	—
12	安徽丰原集团有限公司	安徽省蚌埠市禹会区胜利西路777号	233000	—	434	—
13	广西洋浦南华糖业集团股份有限公司	广西南宁市青秀区民族大道118-3号	530022	—	480	—

续表

行业名次	公司名称	通讯地址	邮政编码	名次(1)	名次(2)	名次(3)
饮料						
1	内蒙古伊利实业集团股份有限公司	内蒙古呼和浩特市金山开发区金山大道8号	010110	238	101	—
2	维维集团股份有限公司	江苏省徐州市云龙区维维大道300号	221111	468	221	—
3	农夫山泉股份有限公司	浙江省杭州市西湖区葛衙庄181号	310024	—	308	—
4	黑龙江飞鹤乳业有限公司	黑龙江省哈尔滨市松北区创新三路600号科技大厦33层	150028	—	422	—
5	石家庄君乐宝乳业有限公司	河北省石家庄市鹿泉区铜路36号	050200	—	443	—
酒类						
1	四川省宜宾五粮液集团有限公司	四川省宜宾市翠屏区岷江西路150号	644007	199	82	—
2	贵州茅台酒股份有限公司	贵州省仁怀市茅台镇	564501	239	102	—
3	稻花香集团	湖北省宜昌市夷陵区龙泉镇龙沙街1号	443112	348	160	—
4	泸州老窖集团有限责任公司	泸州市酒业园区爱仁堂广场	646000	366	169	—
5	青岛啤酒股份有限公司	山东省青岛市东海西路35号青啤大厦	266071	—	281	—
6	山西杏花村汾酒集团有限责任公司	山西省汾阳市杏花村镇	032205	—	454	—
7	安徽古井集团有限责任公司	安徽省亳州市谯城区古井镇	236800	—	470	—
轻工百货生产						
1	宜华企业（集团）有限公司	广东省汕头市金砂路52号汕头国际大酒店六楼	515041	—	310	—
2	大亚科技集团有限公司	江苏省丹阳市经济开发区齐梁路99号	212300	—	354	—
3	广博控股集团有限公司	浙江省宁波市海曙区石碶街道车何广博工业园	315153	—	393	—
4	顾家集团有限公司	浙江省杭州市钱塘新区白杨街道20号大街128号	310018	—	397	—
5	欧派家居集团股份有限公司	广东省广州市白云区广花三路366号	510450	—	429	—
6	祥兴（福建）箱包集团有限公司	福建省福清市龙江路558号	350300	—	441	—
7	上海晨光文具股份有限公司	上海市奉贤区金钱公路3469号3号楼	201406	—	478	—
纺织印染						
1	山东魏桥创业集团有限公司	山东省邹平经济开发区魏纺路1号	256200	81	22	—
2	山东如意时尚投资控股有限公司	山东省济宁市高新区如意工业园	272000	311	139	—
3	江苏阳光集团有限公司	江苏省江阴市新桥镇陶新路18号	214426	467	220	—
4	澳洋集团有限公司	江苏省张家港市杨舍镇塘市澳洋国际广场A座	215618	489	233	—
5	华芳集团有限公司	江苏省苏州市张家港市城北路178号华芳国际大厦	215600	—	267	—
6	兴惠化纤集团有限公司	浙江省杭州市萧山区衙前镇吟龙村	311209	—	305	—
7	天津纺织集团（控股）有限公司	天津空港经济区中心大道东九道6号天纺大厦	300308	—	341	—
8	浙江天圣控股集团有限公司	浙江省绍兴市越城区解放大道649号宁波银行金融大厦20层	312000	—	394	—
9	北京时尚控股有限责任公司	北京市东城区东单三条33号	100005	—	439	—
服装及其他纺织品						
1	海澜集团有限公司	江苏省江阴市新桥镇海澜工业园	214426	174	72	—
2	雅戈尔集团股份有限公司	浙江省宁波市海曙区鄞县大道西段2号	315153	193	78	—

续表

行业名次	公司名称	通讯地址	邮政编码	名次(1)	名次(2)	名次(3)
3	红豆集团有限公司	江苏省无锡市锡山区东港镇港下兴港路红豆集团总部	214199	282	125	—
4	杉杉控股有限公司	浙江省宁波市鄞州区日丽中路777号	315100	367	170	—
5	森马集团有限公司	浙江省温州市瓯海区娄桥工业园南汇路98号	325000	461	216	—
6	波司登股份有限公司	江苏省常熟市古里镇白茆波司登工业园	215532	—	270	—
7	宁波申洲针织有限公司	浙江省宁波市北仑区大港工业城甬江路18号	315800	—	330	—
8	宁波博洋控股集团有限公司	浙江省宁波市海曙区启文路157弄6号	315012	—	347	—
9	金猴集团有限公司	山东省威海市和平路106号	264200	—	390	—
10	迪尚集团有限公司	山东省威海市世昌大道16号	264200	—	447	—
11	中哲控股集团有限公司	浙江省宁波市鄞州区泰星巷合和国际南楼9楼	315100	—	448	—
12	即发集团有限公司	山东省青岛市即墨区流浩河二路386号即发技术中心	266200	—	476	—
13	浙江永利实业集团有限公司	浙江省绍兴市柯桥区金柯桥大道1418号永利大厦	312030	—	479	—
家用电器制造						
1	海尔集团公司	山东省青岛市崂山区海尔路1号	266101	74	20	—
2	美的集团股份有限公司	广东省佛山市顺德区北滘镇美的大道6号	528311	80	21	—
3	珠海格力电器股份有限公司	广东省珠海市香洲区前山金鸡西路789号	519070	107	40	—
4	四川长虹电子控股集团有限公司	四川省绵阳市高新区绵兴东路35号	621000	150	57	—
5	TCL集团股份有限公司	广东省惠州市仲恺高新区惠风三路17号TCL科技大厦	516006	167	69	—
6	海信集团有限公司	山东省青岛市市南区东海西路17号	266071	168	70	—
7	奥克斯集团有限公司	浙江省宁波市鄞州区日丽中路757号奥克斯大厦25F	315100	278	122	—
8	创维集团有限公司	广东省深圳市南山区科技园高新南四道创维半导体设计大厦东座22层	518057	—	245	—
9	深圳市兆驰股份有限公司	广东省深圳市龙岗区南湾街道下李朗社区李朗路一号兆驰创新产业园	518000	—	433	—
10	青岛澳柯玛控股集团有限公司	山东省青岛经济技术开发区前湾港路315号	266510	—	445	—
11	宁波方太厨具有限公司	浙江省宁波市杭州湾新区滨海二路218号	315336	—	483	—
12	杭州金鱼电器集团有限公司	浙江省杭州市西湖区天目山路159号现代国际大厦A座16楼	310013	—	493	—
13	深圳市三诺投资控股有限公司	广东省深圳市南山区滨海大道3012号三诺智慧大厦	518000	—	500	—
造纸及包装						
1	晨鸣控股有限公司	山东省寿光市农圣东街2199号	262700	246	107	—
2	华泰集团有限公司	山东省东营市广饶县大王镇潍高路251号	257335	275	119	—
3	山东太阳控股集团有限公司	山东省济宁市兖州区友谊路1号	272100	352	161	—
4	玖龙环球（中国）投资集团有限公司	广东省东莞市松山湖园区新城路12号	523808	389	179	—
5	金东纸业（江苏）股份有限公司	江苏省镇江市大港兴港东路8号	212132	—	244	—
6	山鹰国际控股股份公司	安徽省马鞍山市勤俭路3号	243021	—	322	—

续表

行业名次	公司名称	通讯地址	邮政编码	名次(1)	名次(2)	名次(3)
7	胜达集团有限公司	浙江省杭州市萧山区市心北路2036号东方至尊国际中心	311215	—	325	—
8	宁波中华纸业有限公司	浙江省宁波市海曙县（区）丁家街108号	315012	—	477	—
石化及炼焦						
1	中国石油化工集团有限公司	北京市朝阳区朝阳门北大街22号	100728	1	1	—
2	山东东明石化集团有限公司	山东省东明县石化大道27号	274500	186	77	—
3	利华益集团股份有限公司	山东省东营市利津县大桥路86号	257400	235	98	—
4	盘锦北方沥青燃料有限公司	辽宁省盘锦市辽东湾新区一号路	124221	285	126	—
5	山东海科控股有限公司	山东省东营市北一路726号海科大厦	257088	296	134	—
6	山东京博控股集团有限公司	山东省滨州市博兴县经济开发区	256500	320	147	—
7	旭阳控股有限公司	北京市丰台区南四环西路188号五区21号楼	100070	323	150	—
8	辽宁嘉晨控股集团有限公司	辽宁省营口市老边区营大路66号	115005	333	153	—
9	金澳科技（湖北）化工有限公司	湖北省潜江市章华北路66号	433132	394	182	—
10	山东金诚石化集团有限公司	山东省淄博市桓台县马桥镇	256405	407	190	—
11	山东汇丰石化集团有限公司	山东省淄博市桓台果里镇石化南路	256410	436	204	—
12	山东恒源石油化工股份有限公司	山东省德州市临邑县恒源路111号	251500	457	213	—
13	富海集团有限公司	山东省东营市河口区黄河路37号	257200	480	228	—
14	山东清源集团有限公司	山东省淄博市临淄区金岭镇清源商务中心	255400	484	230	—
15	山东齐成石油化工有限公司	山东省广饶县河辛路以东，石大路以南	257300	492	235	—
16	东营齐润化工有限公司	山东省东营市广饶县丁庄街道	257000	—	242	—
17	山东寿光鲁清石化有限公司	山东省潍坊寿光市羊口镇渤海工业园	262714	—	243	—
18	大连西太平洋石油化工有限公司	辽宁省大连经济技术开发区港兴大街500号	116610	—	251	—
19	河北鑫海控股集团有限公司	河北省渤海新区黄骅港南疏港路中段	061113	—	256	—
20	万通海欣控股集团股份有限公司	山东省东营市东营区庐山路1036号万通大厦	257000	—	277	—
21	山东东方华龙工贸集团有限公司	山东省东营市广饶县经济开发区团结路673号	257300	—	290	—
22	山东永鑫能源集团有限公司	山东省滨州市博兴县湖滨工业园	256512	—	291	—
23	山东垦利石化集团有限公司	山东省东营市垦利县垦利街道胜兴路1001号	257500	—	316	—
24	孝义市鹏飞实业有限公司	山西省吕梁市孝义市振兴街鹏飞总部	032300	—	339	—
25	山西安泰控股集团有限公司	山西省介休市安泰工业园区	032002	—	350	—
26	正和集团股份有限公司	山东省东营市广饶县石村辛桥	257342	—	365	—
27	中国庆华能源集团有限公司	北京市朝阳区建国门外光华东里8号中海广场中楼38层	100020	—	368	—
28	山东荣信集团有限公司	山东省邹城市邹城工业园区荣信路666号	273517	—	385	—
29	山东潍焦控股集团有限公司	山东省潍坊市昌乐县朱刘街道团结路109号	262404	—	396	—
30	中海外能源科技（山东）有限公司	山东省日照市岚山区虎山镇西潘村北侧沿海路西侧	276800	—	446	—
轮胎及橡胶制品						
1	杭州市实业投资集团有限公司	浙江省杭州市西湖区保俶路宝石山下四弄19号	310007	152	59	—
2	华勤橡胶工业集团有限公司	山东省济宁市兖州区华勤工业园	272100	413	194	—

行业名次	公司名称	通讯地址	邮政编码	名次(1)	名次(2)	名次(3)
3	重庆轻纺控股（集团）公司	重庆市两江新区高新园黄山大道中段7号	401121	491	234	—
4	中策橡胶集团有限公司	浙江省杭州市钱塘新区1号大街1号	310018	—	284	—
5	玲珑集团有限公司	山东省烟台市招远市金龙路777号	265400	—	370	—
6	浙江富陵控股集团有限公司	浙江省绍兴市越城区斗门街道富陵	312075	—	456	—
7	江阴模塑集团有限公司	江苏省江阴市周庄镇长青路8号	214423	—	468	—
8	黑龙江鑫达企业集团有限公司	黑龙江省哈尔滨市平房区哈南工业新区哈南一路9号	150010		471	
9	浙江中财管道科技股份有限公司	浙江省绍兴市新昌县新昌大道东路658号	312500	—	474	
化学原料及化学品制造						
1	中国化工集团有限公司	北京市海淀区北四环西路62号	100080	45	13	—
2	江阴澄星实业集团有限公司	江苏省江阴市梅园大街618号	214432	198	81	
3	传化集团有限公司	浙江省杭州萧山钱江世纪城民和路945号传化大厦	311200	232	95	
4	云天化集团有限责任公司	云南省昆明市滇池路1417号	650228	286	127	
5	万华化学集团股份有限公司	山东省烟台市福山区烟台市开发区三亚路3号	164002	289	130	
6	贵州磷化（集团）有限责任公司	贵州省贵阳市观山湖区金阳北路237号开磷城	550081	306	138	
7	上海华谊（集团）公司	上海市静安区常德路809号	200040	346	158	
8	金浦投资控股集团有限公司	江苏省南京市鼓楼区马台街99号五楼	210009	416	196	
9	山东金岭集团有限公司	山东省广饶县博家路588号	257300	444	207	
10	宜昌兴发集团有限责任公司	湖北省宜昌市兴山县古夫镇高阳大道58号	443700	465	218	
11	新疆天业（集团）有限公司	新疆石河子经济技术开发区北三东路36号	832000	470	223	
12	浙江龙盛控股有限公司	浙江省绍兴市上虞区道墟街道龙盛大道1号	312368	478	227	
13	巨化集团有限公司	浙江省衢州市柯城区巨化集团有限公司办公室	324004	—	254	
14	滨化集团	山东省滨州市黄河五路869号	256600	—	257	
15	河北诚信集团有限公司	河北省石家庄市元氏县元赵公路南	051130		268	
16	淄博齐翔腾达化工股份有限公司	山东省淄博市临淄区杨坡路206号	255400		269	
17	山东中海化工集团有限公司	山东省东营市河口区湖滨新区西湖路245号	257200		274	
18	道恩集团有限公司	山东省烟台市龙口市西城区东首	265700		295	
19	江苏三木集团有限公司	江苏省宜兴市官林镇三木路85号	214258		306	
20	纳爱斯集团有限公司	浙江省丽水市括苍南路19号	323000		309	
21	宜宾天原集团股份有限公司	四川省宜宾市翠屏区下江北中元路1号	644004		324	
22	浙江升华控股集团有限公司	浙江省德清县下渚湖下仁公路99号	313200		335	
23	唐山三友集团有限公司	河北省唐山市南堡开发区	063305		345	
24	福建福海创石油化工有限公司	福建省漳州市古雷港经济开发区腾龙路84号	363216		366	
25	青海盐湖工业股份有限公司	青海省格尔木市黄河路28号	816099		379	
26	广州立白企业集团有限公司	广东省广州市荔湾区陆居路2号立白中心	510170		382	
27	山东联盟化工集团有限公司	山东省寿光市东城商务区27号楼（农圣街以北、豪源路以西）	262704	—	384	—
28	广东东阳光科技控股股份有限公司	广东省韶关市乳源县乳城镇侯公渡	512721	—	411	
29	瑞星集团股份有限公司	山东省泰安市东平县彭集镇瑞星工业园区	271509	—	449	

续表

行业名次	公司名称	通讯地址	邮政编码	名次(1)	名次(2)	名次(3)
30	景德镇黑猫集团有限责任公司	江西省景德镇市昌江区历尧	333000	—	450	—
31	青岛海湾集团有限公司	山东省青岛市市崂山区海口路62号	266061	—	462	—
32	天津国威有限公司	天津市西青区学府工业区学府商务大厦二层258室	300000	—	469	—
33	浙江新安化工集团股份有限公司	浙江省建德市新安江街道江滨中路新安大厦1号	311600	—	482	—
化学纤维制造						
1	恒力集团有限公司	江苏省苏州市吴江区盛泽镇恒力路1号	215226	28	8	—
2	浙江恒逸集团有限公司	浙江省杭州市萧山区市心北路260号南岸明珠3幢	311215	99	35	—
3	浙江荣盛控股集团有限公司	浙江省杭州市萧山区益农镇荣盛控股大楼	311247	102	37	—
4	盛虹控股集团有限公司	江苏省苏州市吴江区盛泽镇纺织科技示范园	215228	111	41	—
5	桐昆控股集团有限公司	浙江省嘉兴市桐乡市梧桐街道振兴东路（东）55号商会大厦1单元2301室－1	314500	260	114	—
6	三房巷集团有限公司	江苏省江阴市周庄镇三房巷路1号	214423	280	124	—
7	恒申控股集团有限公司	福建省福州市长乐区文武砂镇长乐恒申合纤科技有限公司办公楼	350200	368	171	—
8	福建永荣控股集团有限公司	福建省福州市长乐区空港工业区鹏程路28号	350212	370	173	—
9	江苏华宏实业集团有限公司	江苏省江阴市周庄镇澄杨路1128号	214423	466	219	—
10	新凤鸣集团股份有限公司	浙江省桐乡市洲泉镇工业区德胜路888号	314513	—	246	—
11	兴达投资集团有限公司	江苏省无锡市锡山区东港镇锡港南路88号	214196	—	312	—
12	福建百宏聚纤科技实业有限公司	福建省晋江市龙湖镇枫林工业区	362241	—	405	—
13	江苏文凤化纤集团有限公司	江苏省海安市长江西路105号	226600	—	451	—
14	开氏集团有限公司	浙江省杭州市萧山区衙前镇衙前路432号	311209	—	461	—
药品制造						
1	上海医药集团股份有限公司	上海市太仓路200号上海医药大厦	200020	118	45	—
2	广州医药集团有限公司	广州市荔湾区沙面北街45号	510130	155	61	—
3	扬子江药业集团	江苏省泰州市扬子江南路一号	225321	237	100	—
4	深圳海王集团股份有限公司	广东省深圳市南山区科技园科技中三路1号海王银河科技大厦	518057	321	148	—
5	太极集团有限公司	重庆市渝北区大竹林恒山东路18号	401120	404	187	—
6	四川科伦实业集团有限公司	四川省成都市青羊区百花西路36号	610071	446	208	—
7	石药控股集团有限公司	河北省石家庄高新技术产业开发区黄河大道226号	050035	495	237	—
8	云南白药集团股份有限公司	云南省昆明市呈贡区云南白药街3686号	650500	—	271	—
9	天士力控股集团有限公司	天津市北辰区普济河东道2号 天士力现代中药城	300410	—	275	—
10	江西济民可信集团有限公司	江西省南昌市高新区艾溪湖北路688号中兴软件园14栋	330096	—	294	—
11	华鲁控股集团有限公司	山东省济南市历下区舜海路219号华创管理中心A座22楼	250102	—	304	—
12	江苏恒瑞医药股份有限公司	江苏连云港市经济开发区昆仑山路7号	222047	—	320	—

续表

行业名次	公司名称	通讯地址	邮政编码	名次(1)	名次(2)	名次(3)
13	人福医药集团股份公司	湖北省武汉市东湖高新技术开发区高新大道666号	430075	—	334	—
14	天津市医药集团有限公司	天津市河东区八纬路109号	300171	—	348	—
15	鲁南制药集团股份有限公司	山东省临沂市红旗路209号	276006	—	452	—
16	哈药集团有限公司	黑龙江省哈尔滨市道里区群力大道7号	150070	—	457	—
17	健康元药业集团股份有限公司	广东省深圳市南山区高新北区朗山路17号健康元大厦	518057	—	460	—
18	新和成控股集团有限公司	浙江省新昌县七星街道大道西路418号	312500	—	466	—
19	浙江海正药业股份有限公司	浙江省台州市椒江区外沙路46号	318000	—	481	—
20	重庆智飞生物制品股份有限公司	重庆市江北区金源路7号25楼	400020	—	489	—
21	江苏济川控股集团有限公司	泰兴市大庆西路宝塔湾	225400	—	492	—
医疗设备制造						
1	威高集团有限公司	山东省威海市兴山路18号	264210	375	176	—
水泥及玻璃制造						
1	中国建材集团有限公司	北京市海淀区复兴路17号国海广场2号楼	100036	47	14	—
2	安徽海螺集团有限责任公司	安徽省芜湖市文化路39号	241000	92	30	—
3	北京金隅集团股份有限公司	北京市东城区北三环东路36号环球贸易中心D座2106	100013	180	74	—
4	红狮控股集团有限公司	浙江省兰溪市东郊上郭	321100	356	164	—
5	天瑞集团股份有限公司	河南省汝州市广成东路63号天瑞集团	467599	397	183	—
6	沂州集团有限公司	山东省临沂市罗庄区傅庄街道办事处	276018	449	209	—
7	奥盛集团有限公司	上海市浦东新区商城路518号17楼	200120	—	321	—
8	华新水泥股份有限公司	湖北省武汉市东湖高新区高新大道426号华新大厦	430074	—	258	—
9	吉林亚泰（集团）股份有限公司	吉林省长春市二道区吉林大路1801号	130031	—	389	—
其他建材制造						
1	北京东方雨虹防水技术股份有限公司	北京市朝阳区高碑店北路康家园4号楼	100123	—	373	—
2	万邦德医药控股集团股份有限公司	浙江省湖州市吴兴区织里镇栋梁路1688号	313008	—	401	—
3	天津市新宇彩板有限公司	天津市西青区精武镇民兴路8号	300382	—	495	—
黑色冶金						
1	中国宝武钢铁集团有限公司	上海市浦东新区世博大道1859号宝武大厦1号楼	200126	32	9	—
2	河钢集团有限公司	河北省石家庄市裕华区体育南大街385号	50023	59	18	—
3	江苏沙钢集团有限公司	江苏省苏州市张家港市锦丰镇	215625	87	27	—
4	鞍钢集团有限公司	辽宁省鞍山市铁东区五一路63号	114001	98	34	—
5	首钢集团有限公司	北京市石景山区石景山路68号首钢厂东门	100041	105	38	—
6	山东钢铁集团有限公司	山东省济南市高新区舜华路2000号舜泰广场4号楼	250101	113	43	—
7	北京建龙重工集团有限公司	北京市丰台区南四环西路188号总部基地十二区50号楼	100070	137	50	—
8	南京钢铁集团有限公司	江苏省南京市六合区卸甲甸	210035	148	55	—

第十四章 中国500强企业按照行业分类名单

续表

行业名次	公司名称	通讯地址	邮政编码	名次(1)	名次(2)	名次(3)
9	湖南华菱钢铁集团有限责任公司	湖南省长沙市天心区湘府西路222号	410004	154	60	—
10	冀南钢铁集团有限公司	河北省邯郸市武安市南环路南侧	056300	160	64	—
11	中天钢铁集团有限公司	江苏省常州市中吴大道1号	213011	161	65	—
12	敬业集团有限公司	河北省石家庄市平山县	050400	166	68	—
13	河北津西钢铁集团股份有限公司	河北省迁西县三屯营镇	064302	182	75	—
14	杭州钢铁集团有限公司	浙江省杭州市拱墅区半山路178号	310022	201	84	—
15	酒泉钢铁（集团）有限责任公司	甘肃省嘉峪关市雄关东路12号	735100	209	86	—
16	广西柳州钢铁集团有限公司	广西柳州市柳北区北雀路117号	545002	214	88	—
17	辽宁方大集团实业有限公司	北京南四环西路188号总部基地15区9号楼	100070	217	89	—
18	日照钢铁控股集团有限公司	山东省日照市沿海路600号	276806	219	90	—
19	河北新华联合冶金控股集团有限公司	河北省沧州市渤海新区	061113	221	91	—
20	包头钢铁（集团）有限责任公司	内蒙古包头市昆区河西工业园区包钢信息大楼	014010	242	105	—
21	太原钢铁（集团）有限公司	山西省太原市尖草坪2号	030003	257	112	—
22	天津荣程祥泰投资控股集团有限公司	天津市开发区盛达街9号701	300450	258	113	—
23	河北普阳钢铁有限公司	河北省武安市阳邑镇村东	056305	262	115	—
24	金鼎钢铁集团有限公司	河北省邯郸市武安工业园区青龙山工业园区	056300	277	121	—
25	永锋集团有限公司	山东省德州市齐河县齐安大街116号	251100	287	128	—
26	新余钢铁集团有限公司	江西省新余市渝水区冶金路1号	338001	300	136	—
27	昆明钢铁控股有限公司	云南省昆明市安宁市昆明钢铁控股有限公司	650302	305	137	—
28	武安市裕华钢铁有限公司	河北省邯郸市武安市上团城乡崇义四街村北	056300	312	140	—
29	本钢集团有限公司	辽宁省本溪市明山区环山路36号	117000	317	145	—
30	河北新武安钢铁集团文安钢铁有限公司	河北省武安市南环路	056300	319	146	—
31	四川省川威集团有限公司	四川省成都市龙泉驿区车城东6路5号	610100	322	149	—
32	福建大东海实业集团有限公司	福建省福州市长乐区松下镇大祉村军民路14号	350200	337	154	—
33	福建省三钢（集团）有限责任公司	福建省三明市梅列区工业中路群工三路	365000	341	155	—
34	唐山港陆钢铁有限公司	河北省遵化市崔家庄乡邦宽公路南侧杨家庄村	064200	359	165	—
35	河北新金钢铁有限公司	河北省武安市武邑路骈山村东	056300	371	174	—
36	安阳钢铁集团有限责任公司	河南省安阳市殷都区梅元庄安钢大道502号	455000	392	181	—
37	四川德胜集团钒钛有限公司	四川省乐山市沙湾区铜河路南段8号	614900	403	186	—
38	山东泰山钢铁集团有限公司	山东省济南市莱芜区汶源西大街西首泰钢经贸楼	271199	420	199	—
39	石横特钢集团有限公司	山东省肥城市石横镇	271612	435	203	—
40	德龙钢铁有限公司	河北省邢台市邢台县南石门镇中尹郭村	054009	—	253	—
41	河北安丰钢铁有限公司	河北省秦皇岛市昌黎县靖安镇	066600	—	261	—
42	河北天柱钢铁集团有限公司	河北省唐山市丰润区银城铺镇殷官屯村东	064000	—	263	—
43	河北东海特钢集团有限公司	河北省唐山市滦州市茨榆坨工业园区	63700	—	276	—
44	振石控股集团有限公司	浙江省桐乡市凤凰湖大道288号	314500	—	287	—
45	重庆钢铁股份有限公司	重庆市长寿经开区钢城大道1号	401258	—	318	—
46	三宝集团股份有限公司	福建省漳州市芗城区浦南镇店仔圩经济开发区	363004	—	326	—

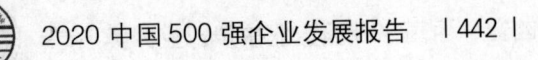

续表

行业名次	公司名称	通讯地址	邮政编码	名次(1)	名次(2)	名次(3)
47	山西晋城钢铁控股集团有限公司	山西省晋城市巴公装备制造工业园区	048002	—	327	—
48	河北鑫达钢铁集团有限公司	河北省唐山市迁安市沙河驿镇政上炉村	064400	—	328	—
49	河南济源钢铁（集团）有限公司	河南省济源虎岭高新技术产业开发区	459000	—	336	—
50	唐山瑞丰钢铁（集团）有限公司	河北省唐山市丰南区小集镇工业区	063303	—	343	—
51	凌源钢铁集团有限责任公司	辽宁省凌源市钢铁路3号	122500	—	346	—
52	广西贵港钢铁集团有限公司	广西贵港市南平中路	537101	—	361	—
53	辛集市澳森钢铁有限公司	河北省辛集市南智邱镇赵马村村东	052360	—	369	—
54	秦皇岛宏兴钢铁有限公司	河北省秦皇岛西部经济开发区昌黎循环经济产业园滦明大街1号	066602	—	376	—
55	唐山东海钢铁集团有限公司	河北省滦州经济开发区（雷庄镇东、205国道南侧）	063700	—	392	—
56	潍坊特钢集团有限公司	山东省潍坊市钢厂工业园潍钢东路	261201	—	395	—
57	唐山东华钢铁企业集团有限公司	河北省唐山市丰南区小集镇宋一村	063303	—	399	—
58	天津钢铁集团有限公司	天津市东丽区津塘公路398号	300301	—	430	—
59	东北特殊钢集团股份有限公司	辽宁省大连市金州新区大连登沙河临港工业区河滨南路18号	116105	—	437	—
60	河北荣信钢铁有限公司	河北省唐山市迁安市沙河驿镇管庄子村	064400	—	442	—
61	连云港兴鑫钢铁有限公司	江苏省灌南县堆沟港镇船舶工业园区	222523	—	455	—
62	安徽省贵航特钢有限公司	安徽省池州市贵池区牛头山镇前江工业园区	247115	—	498	—
一般有色						
1	正威国际集团有限公司	广东省深圳市福田区深南大道7888号东海国际中心A座29层	518040	23	5	—
2	中国铝业集团有限公司	北京市海淀区西直门北大街62号	100082	58	17	—
3	江西铜业集团有限公司	江西省南昌市高新区昌东大道7666号	330096	86	26	—
4	金川集团股份有限公司	甘肃省金昌市金川路98号	737103	93	31	—
5	铜陵有色金属集团控股有限公司	安徽省铜陵市长江西路有色大院	244001	112	42	—
6	海亮集团有限公司	浙江省杭州市滨江区滨盛路1508号海亮大厦	310051	117	44	—
7	陕西有色金属控股集团有限责任公司	陕西省西安高新路51号高新大厦	710075	149	56	—
8	中国有色矿业集团有限公司	北京朝阳区安定路10号中国有色大厦北楼	100029	157	62	—
9	南山集团有限公司	山东省龙口市南山工业园	265706	194	79	—
10	宁波金田投资控股有限公司	浙江省宁波市江北区胡坑基路88号050幢4-4	315034	233	96	—
11	云南锡业集团（控股）有限责任公司	云南省红河州个旧市金湖东路121号	661000	271	117	—
12	洛阳栾川钼业集团股份有限公司	河南省洛阳市栾川县城东新区画眉山路伊河以北	471500	288	129	—
13	白银有色集团股份有限公司	甘肃省白银市白银区友好路18号	730900	315	143	—
14	宁夏天元锰业集团有限公司	宁夏中卫市中宁县中宁新材料循环经济示范区	755103	329	152	—
15	浙江富冶集团有限公司	浙江省杭州市富阳区鹿山街道谢家溪	311407	365	168	—
16	新凤祥控股集团有限责任公司	山东省聊城阳谷县石佛镇新凤祥大厦	252300	386	178	—
17	河南豫光金铅集团有限责任公司	河南省济源市荆梁南街1号	459000	412	193	—
18	山东创新金属科技有限公司	山东邹平县城北外环路东首创新工业园	256200	425	201	—

续表

行业名次	公司名称	通讯地址	邮政编码	名次(1)	名次(2)	名次(3)
19	西部矿业集团有限公司	青海省西宁市城西区五四大街56号	810001	464	217	—
20	盛屯矿业集团股份有限公司	福建省厦门市思明区展鸿路81号特房波特曼财富中心A座33层	361000	482	229	—
21	万基控股集团有限公司	河南省新安县万基工业园	471800	494	236	—
22	河南金利金铅集团有限公司	河南省济源市承留镇南勋村	459000	—	286	—
23	天津华北集团有限公司	天津市北辰区津围公路15号	300040	—	288	—
24	济源市万洋冶炼（集团）有限公司	河南省济源市思礼镇思礼村	454690	—	311	—
25	深圳市中金岭南有色金属股份有限公司	广东省深圳市罗湖区清水河街道清水河社区清水河一路112号深业进元大厦塔楼2座303C	518000	—	329	—
26	山东鑫海科技股份有限公司	山东省莒南县经济开发区西五路中段	276600	—	359	—
27	浙江华友钴业股份有限公司	浙江省桐乡经济开发区二期梧振东路18号	314500	—	363	—
28	河南神火集团有限公司	河南省永城市东城区光明路17号	476600	—	375	—
29	厦门钨业股份有限公司	福建省厦门市思明区展鸿路81号特房大厦21-22层	361009	—	383	—
30	安徽楚江科技新材料股份有限公司	安徽省芜湖市鸠江区龙腾路88号	241000	—	388	—
31	广西南丹南方金属有限公司	广西河池市南丹县车河镇丰塘坳（河池·南丹工业园区）	547204	—	402	—
32	鹏欣环球资源股份有限公司	上海市长宁区虹桥路2188弄51号	200336	—	410	—
33	南京华新有色金属有限公司	江苏省南京经济技术开发区恒竞路59号	210046	—	414	—
34	龙蟒佰利联集团股份有限公司	河南省焦作市中站区冯封办事处	454191	—	467	—
35	广东兴发铝业有限公司	广东省佛山市三水区乐平镇中心园D区5号	528100	—	472	—
36	博威集团有限公司	浙江省宁波市鄞州区云龙镇鄞州大道东段1777号	315137	—	499	—
贵金属						
1	紫金矿业集团股份有限公司	福建省上杭县紫金大道1号	364200	151	58	—
2	中国黄金集团有限公司	北京市东城区安定门外大街9号	100011	197	80	—
3	山东黄金集团有限公司	山东省济南市高新区舜华路2000号舜泰广场3号楼	250100	269	116	—
4	山东招金集团有限公司	山东省招远市招金大厦温泉路118号	265400	297	135	—
5	老凤祥股份有限公司	上海市徐汇区漕溪路270号	200235	374	175	—
6	河南中原黄金冶炼厂有限责任公司	河南省三门峡市产业集聚区209国道南侧	472100	—	278	—
7	湖南黄金集团有限责任公司	湖南长沙市长沙县人民东路211号韵动汇1号栋9楼	410129	—	417	—
金属制品加工						
1	青山控股集团有限公司	浙江省温州市龙湾区龙祥路2666号A幢1306室	325058	84	24	—
2	中国国际海运集装箱（集团）股份有限公司	广东省深圳市蛇口工业区港湾大道2号中集集团研发中心	518067	247	108	—
3	江苏新长江实业集团有限公司	江苏省江阴市夏港街道滨江西路328号长江村	214442	295	133	—
4	湖南博长控股集团有限公司	湖南省冷水江市轧钢路5号	417500	364	167	—
5	天津友发钢管集团股份有限公司	天津市静海区大邱庄镇尧舜度假村	301606	411	192	—
6	山东九羊集团有限公司	山东省济南市莱芜区羊里镇政通路2号	271100	423	200	—

续表

行业名次	公司名称	通讯地址	邮政编码	名次(1)	名次(2)	名次(3)
7	法尔胜泓昇集团有限公司	江苏省江阴市澄江中路165号	214434	458	214	—
8	宏旺投资集团有限公司	广东省肇庆高新区工业大道30号办公楼	526238	485	231	—
9	广西盛隆冶金有限公司	广西防城港市经济开发区	538004	499	238	—
10	东方润安集团有限公司	江苏省常州市武进区湟里镇东方路5号	213155	—	239	—
11	江苏大明金属制品有限公司	江苏省无锡市通江大道1518号	214191	—	240	—
12	福星集团控股有限公司	湖北省汉川市沉湖镇福星街1号	431608	—	262	—
13	金龙精密铜管集团股份有限公司	重庆市万州区江南新区南滨大道1999号1号楼A区10楼	404100	—	266	—
14	浙江元立金属制品集团有限公司	浙江省丽水市遂昌县元立大道479号	323300	—	272	—
15	山西建邦集团有限公司	山西省侯马市北郊工业园区	043400	—	282	—
16	浙江东南网架集团有限公司	浙江省杭州市萧山区衙前镇衙前路593号	311209	—	296	—
17	江苏江润铜业有限公司	江苏省宜兴市官林镇金辉工业园A区	214251	—	314	—
18	浙江协和集团有限公司	浙江省杭州市萧山区红山农场	311234	—	315	—
19	邯郸正大制管有限公司	河北省邯郸市成安县工业区聚良大道9号	056700	—	333	—
20	重庆万达薄板有限公司	重庆市涪陵区李渡工业园区盘龙路6号	408000	—	344	—
21	天津恒兴集团有限公司	天津市静海区静海镇北环工业园	301600	—	355	—
22	久立集团股份有限公司	浙江省湖州市镇西镇长生桥	313012	—	362	—
23	山东寿光巨能控股集团有限公司	山东省潍坊市寿光市渤海南路1757号	262700	—	381	—
24	精工控股集团有限公司	浙江省绍兴市越城区斗门街道世纪西街1号	312000	—	398	—
25	浙江甬金金属科技股份有限公司	浙江省兰溪经济开发区创业大道99号	321100	—	400	—
26	江苏西城三联控股集团有限公司	江苏省无锡江阴市临港街道三联村静堂里路21号	214400	—	406	—
27	河南明泰铝业股份有限公司	河南省巩义市回郭镇人和路北段	451283	—	418	—
28	天津市宝来工贸有限公司	天津市静海区大邱庄镇海河道6号	301606	—	431	—
29	林州凤宝管业有限公司	河南省林州市陵阳镇凤宝大道东段凤宝特钢办公室	456561	—	464	—
30	山东淄博傅山企业集团有限公司	山东省淄博市高新区四宝山街道办事处傅山村	255084	—	473	—
31	福建三安集团有限公司	福建省厦门市思明区吕岭路1721-1725号	361009	—	475	—
32	春风实业集团有限责任公司	河北省衡水市冀州区冀新西路86号	053200	—	485	—
33	江阴江东集团公司	江苏省江阴市周庄镇至公东路71号	214423	—	490	—
34	玫德集团有限公司	山东省济南市平阴县工业园区105国道南玫德玛钢科技园	250400	—	497	—
锅炉及动力装备制造						
1	潍柴控股集团有限公司	山东省潍坊市高新技术产业开发区福寿东街197号	261061	83	23	—
2	上海电气（集团）总公司	上海市四川中路110号	200002	145	53	—
3	广西玉柴机器集团有限公司	广西玉林市玉柴大道2号	537005	450	210	—
4	卧龙控股集团有限公司	浙江省绍兴市上虞区人民西路1801号	312300	469	222	—
5	中国东方电气集团有限公司	四川省成都市高新西区西芯大道18号	611731	—	247	—
6	哈尔滨电气集团有限公司	黑龙江省哈尔滨市松北区创新一路1399号	150028	—	297	—

续表

行业名次	公司名称	通讯地址	邮政编码	名次(1)	名次(2)	名次(3)
7	杭州汽轮动力集团有限公司	浙江省杭州市庆春东路68号杭州汽轮国际大厦18楼	310016	—	412	—
物料搬运设备制造						
1	卫华集团有限公司	河南省长垣市卫华大道西段	453400	—	423	—
2	无锡华东重型机械股份有限公司	江苏省无锡市高浪东路508号华发大厦B座24F	214131	—	424	—
工程机械及零部件						
1	徐州工程机械集团有限公司	江苏省徐州市金山桥经济开发区驮蓝山路26号	221004	241	104	—
2	三一集团有限公司	湖南省长沙市长沙县国家经济开发区三一工业城	410100	243	106	—
3	中联重科股份有限公司	湖南省长沙市银盆南路361号	410013	419	198	—
4	江苏沃得机电集团有限公司	江苏省丹阳市丹北镇埤城工业园内	212300	—	279	—
5	郑州煤矿机械集团股份有限公司	河南省郑州市经济技术开发区第九大街167号	450016	—	293	—
6	广西柳工集团有限公司	广西柳州市柳太路1号	545007	—	331	—
7	山东时风（集团）有限责任公司	山东省高唐县鼓楼西路	252800	—	440	—
8	太原重型机械集团有限公司	山西省太原市万柏林区玉河街53号	030024	—	444	—
工业机械及设备制造						
1	天洁集团有限公司	浙江省诸暨市牌头镇天洁工业园区	311825	—	300	—
2	江西博能实业集团有限公司	江西上饶经济技术开发区七六西路博能集团	334100	—	302	—
3	人本集团有限公司	浙江省温州经济技术开发区滨海五道515号	325025	—	372	—
4	利欧集团股份有限公司	浙江省温岭市东部产业集聚区第三街1号	317500	—	420	—
5	大连冰山集团有限公司	辽宁省大连经济技术开发区辽河东路106号	116630	—	465	—
电力电气设备制造						
1	中国电子科技集团公司	北京市朝阳区曙光西里19号	100022	95	32	—
2	中国电子信息产业集团有限公司	北京市海淀区中关村东路甲66号	100080	96	33	—
3	天能控股集团有限公司	浙江省长兴县画溪工业功能区包桥路18号	313100	147	54	—
4	超威电源集团有限公司	浙江省长兴县城南路18号	313100	171	71	—
5	正泰集团股份有限公司	浙江省乐清市柳市镇工业区正泰大楼	325603	256	111	—
6	德力西集团有限公司	浙江省乐清市柳市镇柳青路1号	325604	327	151	—
7	新疆特变电工集团有限公司	新疆维吾尔自治区昌吉回族自治州昌吉市北京南路189号特变商务区	831100	353	162	—
8	广州智能装备产业集团有限公司	广东省广州市新港东1238号万胜广场B座19楼	510330	361	166	—
9	中科电力装备集团有限公司	安徽蚌埠国家高新技术开发区长征南路829号	233010	400	184	—
10	人民电器集团有限公司	浙江省乐清市柳市镇车站路555号	325604	405	188	—
11	富通集团有限公司	浙江省杭州市富阳区富春街道馆驿路18号	311400	408	191	—
12	宁波富邦控股集团有限公司	浙江省宁波市海曙区长春路2号	315010	455	212	—
13	双良集团有限公司	江苏省江阴市利港街道西利路88号	214444	460	215	—
14	远东控股集团有限公司	江苏省宜兴市高塍镇远东大道6号	214257	473	224	—
15	远景能源有限公司	江苏省江阴市申港街道申庄路3号	214443	488	232	—
16	歌尔股份有限公司	山东省潍坊市高新区东方路268号	261031	—	241	—
17	三花控股集团有限公司	浙江省新昌县七星街道下礼泉村	312500	—	280	—

续表

行业名次	公司名称	通讯地址	邮政编码	名次(1)	名次(2)	名次(3)
18	欣旺达电子股份有限公司	广东省深圳市宝安区石岩街石龙社区颐河	518108	—	299	—
19	浙江富春江通信集团有限公司	浙江省杭州市富阳区江滨东大道138号	311401	—	301	—
20	广东德赛集团有限公司	广东省惠州市云山西路12号德赛大厦23层	516003	—	303	—
21	晶澳太阳能科技股份有限公司	河北省宁晋县新兴路123号	055550	—	342	—
22	上海仪电（集团）有限公司	上海市徐汇区田林路168号	200233	—	352	—
23	中国西电集团有限公司	陕西省西安市唐兴路7号	710075	—	367	—
24	广州视源电子科技股份有限公司	广东省广州市黄埔区云埔四路6号	510530	—	387	—
25	泰豪集团有限公司	江西南昌高新区高新大道590号	330096	—	408	—
26	格林美股份有限公司	广东省深圳市宝安区宝安中心区兴华路南侧荣超滨海大厦A座20层	518101	—	416	—
27	泰开集团有限公司	山东省泰安高新区中天门大街中段	271000	—	421	—
28	阳光电源股份有限公司	安徽省合肥市高新区习友路1699号	230088	—	438	—
29	铜陵精达特种电磁线股份有限公司	安徽省铜陵市经济技术开发区黄山大道北段988号	244061	—	459	—
30	瑞声光电科技（常州）有限公司	江苏省常州市武进区科教城远宇科技大厦	213164	—	486	—
电线电缆制造						
1	亨通集团有限公司	江苏省苏州市吴江区中山北路2288号	215200	200	83	—
2	中天科技集团有限公司	江苏省南通市崇川区齐心路88号中天科技南通科创中心	226463	314	142	—
3	江苏中超投资集团有限公司	江苏省宜兴市西郊工业园区振丰东路999号	214200	—	313	—
4	上海胜华电缆（集团）有限公司	上海市浦东新区沪南路7577号胜华科技大厦	201314	—	353	—
5	万马联合控股集团有限公司	浙江省杭州市天目山路181号天际大厦11楼	310030	—	358	—
6	江苏上上电缆集团有限公司	江苏省溧阳市上上路68号	213300	—	360	—
7	江南集团有限公司	江苏省宜兴市官林镇新官东路53号	214251	—	413	—
8	安徽天康（集团）股份有限公司	安徽省天长市仁和南路20号	239300	—	488	—
风能、太阳能设备制造						
1	协鑫集团有限公司	江苏省苏州工业园区新庆路28号协鑫能源中心	215000	213	87	—
2	晶科能源有限公司	江西省上饶市广信区经开区	334000	343	156	—
3	新疆金风科技股份有限公司	新疆乌鲁木齐经济技术开发区上海路107号	830026	475	225	—
5	天合光能股份有限公司	江苏省常州市新北区天合光伏产业园天合路2号	213031	—	319	—
6	明阳新能源投资控股集团有限公司	广东省中山市火炬开发区火炬路22号	528437	—	371	—
4	隆基乐叶光伏科技有限公司	陕西省西安市经济技术开发区尚稷路8989号西安服务外包产业园创新孵化中心B楼	710018	—	409	—
7	东方日升新能源股份有限公司	浙江省宁波市宁海县梅林街道塔山工业园区	315609	—	415	—
计算机及办公设备						
1	联想控股股份有限公司	北京市海淀区科学院南路2号融科资讯中心B座17层	100190	50	15	—
2	欧菲光集团股份有限公司	广东省深圳市光明区公明街道松白公路华发路段欧菲光科技园	518106	355	163	—
3	舜宇集团有限公司	浙江省余姚市阳明街道舜宇路66-68号	315400	477	226	—

行业名次	公司名称	通讯地址	邮政编码	名次(1)	名次(2)	名次(3)
4	得力集团有限公司	浙江省宁波市宁海县得力工业园	315600	—	255	—
5	浙江大华技术股份有限公司	浙江省杭州市滨江区滨安路1199号	310053	—	292	—
6	闻泰通讯股份有限公司	浙江省嘉兴市南湖区亚中路777号	314001	—	307	—
7	瑞声科技控股有限公司	广东省深圳市南山区粤兴三道6号南京大学深圳产学研基地	518057	—	378	—
8	深圳市宝德投资控股有限公司	广东省深圳市福田区深南大道1006号国际合作中心C座10楼	518000	—	425	—
通信设备制造						
1	华为投资控股有限公司	广东省深圳市龙岗区坂田华为基地	518129	11	2	—
2	小米集团	北京市海淀区毛纺路58号院3号楼小米总部	100085	101	36	—
3	中兴通讯股份有限公司	广东省深圳市南山区科技南路55号中兴通讯	518057	236	99	—
4	中国信息通信科技集团有限公司	湖北省武汉市江夏区光谷大道高新四路6号	430205	347	159	—
5	福建省电子信息(集团)有限责任公司	福建省福州市鼓楼区正祥中心2号楼16层	350001	437	205	—
6	四川九洲电器集团有限责任公司	四川省绵阳市科创园区九华路6号	621000	—	283	—
7	深圳市大疆百旺科技有限公司	广东省深圳市南山区西丽街道松白路1051号百旺创意工厂	518057	—	403	—
8	普联技术有限公司	广东省深圳市南山区科技中区科苑路5号南楼	518057	—	484	—
9	上海龙旗科技股份有限公司	上海市徐汇区漕宝路401号1号楼	200233	—	496	—
半导体、集成电路及面板制造						
1	北京电子控股有限责任公司	北京市朝阳区三里屯西六街6号乾坤大厦A座	100027	162	66	—
2	立讯精密工业股份有限公司	广东省东莞市清溪镇青皇村青皇工业区葵青路17号	523650	313	141	—
3	心里程控股集团有限公司	广东省深圳市福田区深南大道1006深圳国际创新中心A座25、26楼	518000	—	264	—
4	鹏鼎控股(深圳)股份有限公司	广东省深圳市宝安区燕罗街道燕川社区松罗路鹏鼎园区	518127	—	289	—
5	江苏长电科技股份有限公司	江苏省江阴市长山路78号	214400	—	317	—
6	上海韦尔半导体股份有限公司	上海市浦东新区上科路88号豪威科技园7层	201210	—	426	—
7	上海华虹(集团)有限公司	上海市浦东新区张江高科技园区碧波路177号A区四楼	201203	—	435	—
8	惠科股份有限公司	广东省深圳市宝安区石岩街道石龙社区德政路惠科工业园1栋	518108	—	453	—
汽车及零配件制造						
1	上海汽车集团股份有限公司	上海市威海路489号	200041	13	3	—
2	中国第一汽车集团有限公司	吉林省长春市新红旗大街1号	130013	21	4	—
3	东风汽车集团有限公司	湖北省武汉市经济技术开发区东风大道特1号	430056	25	7	—
4	北京汽车集团有限公司	北京市顺义区双河大街99号北京汽车产业基地	101300	35	10	—
5	广州汽车工业集团有限公司	广东省广州市天河区珠江新城兴国路23号广汽中心	510623	54	16	—
6	浙江吉利控股集团有限公司	浙江省杭州市滨江区江陵路1760号	310051	65	19	—
7	华晨汽车集团控股有限公司	辽宁省沈阳市大东区东望街39号	110044	120	46	—

续表

行业名次	公司名称	通讯地址	邮政编码	名次(1)	名次(2)	名次(3)
8	万向集团公司	浙江省杭州市萧山经济技术开发区	311215	159	63	—
9	比亚迪股份有限公司	广东省深圳市坪山区比亚迪路3009号	518118	165	67	—
10	中国重型汽车集团有限公司	山东省济南市高新区华奥路777号	250101	183	76	—
11	长城汽车股份有限公司	河北省保定市朝阳南大街2266号	071000	224	92	—
12	江铃汽车集团有限公司	江西省南昌市迎宾北大道666号	330001	229	94	—
13	江苏悦达集团有限公司	江苏省盐城市亭湖区世纪大道东路2号	224007	234	97	—
14	奇瑞控股集团有限公司	安徽省芜湖市经济技术开发区长春路8号	241006	272	118	—
15	陕西汽车控股集团有限公司	陕西省西安市经济技术开发区泾渭新城陕汽大道1号	710200	276	120	—
16	宁波均胜电子股份有限公司	浙江省宁波市高新区清逸路99号	315040	316	144	—
17	安徽江淮汽车集团控股有限公司	安徽省合肥市包河区东流路176号	230022	384	177	—
18	郑州宇通企业集团	河南省郑州市管城区宇通路宇通工业园	450016	438	206	—
19	重庆小康控股有限公司	重庆市沙坪坝区井口镇沙坪坝工业园A区	400033	453	211	—
20	万丰奥特控股集团有限公司	浙江新昌江滨西路518号	312500	—	260	—
21	广西汽车集团有限公司	广西柳州河西路18号	545007	—	338	—
22	福建省汽车工业集团有限公司	福建省福州市闽侯县高新区海西园高新大道7号	350108	—	349	—
23	三环集团有限公司	湖北省武汉市东湖新技术开发区佳园路33号	430074	—	364	—
24	厦门金龙汽车集团股份有限公司	福建省厦门市湖里区东港北路31号港务大厦7、11层	361013	—	377	—
25	宁波华翔电子股份有限公司	浙江省宁波市象山县西周镇镇安路104号	315722	—	386	—
26	赛轮集团股份有限公司	山东省青岛市黄岛区茂山路588号	266500	—	407	—
27	安徽中鼎控股（集团）股份有限公司	安徽省宁国经济技术开发区	242300	—	432	—
28	安徽环新集团股份有限公司	安徽省安庆市开发区迎宾大道16号区	246000	—	463	—
29	云南云内动力集团有限公司	云南自由贸易试验区昆明片区经开区经景路66号	650200	—	487	—
摩托车及零配件制造						
1	隆鑫控股有限公司	重庆市九龙坡区石坪桥横街2号附5号	400051	369	172	—
2	宗申产业集团有限公司	重庆市巴南区炒油场宗申工业园	400054	—	340	—
3	雅迪科技集团有限公司	江苏省无锡市锡山区安镇大成工业园东盛路	214100	—	458	—
4	爱玛科技集团股份有限公司	天津市静海经济开发区南区爱玛路5号	301600	—	491	—
轨道交通设备及零部件制造						
1	中国中车集团有限公司	北京市海淀区西四环中路16号院5号楼	100036	91	29	—
航空航天						
1	中国航空工业集团有限公司	北京市朝阳区曙光西里甲5号院19号楼	100028	44	12	—
2	中国航天科工集团有限公司	北京市海淀区阜成路甲8号中国航天科工大厦	100048	85	25	—
3	中国航天科技集团有限公司	北京市海淀区阜成路16号航天科技大厦	100048	88	28	—
兵器制造						
1	中国兵器工业集团有限公司	北京市西城区三里河路44号	100821	40	11	—
2	中国兵器装备集团有限公司	北京市海淀区车道沟十号	100089	106	39	—
船舶制造						
1	江苏扬子江船业集团	江苏省无锡市江阴市江阴-靖江工业园区联谊路1号	214532	406	189	—

续表

续表

行业名次	公司名称	通讯地址	邮政编码	名次(1)	名次(2)	名次(3)
综合制造业						
1	中国五矿集团有限公司	北京市海淀区三里河路 5 号	100044	24	6	—
2	复星国际有限公司	上海市黄浦区复兴东路 2 号复星商务大厦	200010	142	51	—
3	无锡产业发展集团有限公司	江苏省无锡市梁溪区县前西街 168 号	214031	178	73	—
4	新华联集团有限公司	北京市通州区台湖政府大街新华联集团总部大厦 10 层	101116	205	85	—
5	万达控股集团有限公司	山东省东营市垦利行政办公新区万达大厦	257500	228	93	—
6	杭州锦江集团有限公司	浙江省杭州市拱墅区湖墅南路 111 号锦江大厦 20-22 楼	310005	252	109	—
7	广州工业投资控股集团有限公司	广东省广州市荔湾区花地大道南 657 号	510375	291	131	—
8	重庆化医控股（集团）公司	重庆市北部新区星光大道 70 号天天星 A1 座	401121	344	157	—
9	华西集团有限公司	江苏省江阴市华士镇华西新市村民族路 2 号	214420	402	185	—
10	重庆机电控股（集团）公司	重庆市两江新区黄山大道中段 60 号	401123	414	195	—
11	鲁丽集团有限公司	山东省潍坊市寿光市侯镇政府驻地	262724	—	249	—
12	利时集团股份有限公司	浙江省宁波市鄞州区投资创业中心诚信路 518 号	315105	—	250	—
13	重庆市博赛矿业（集团）有限公司	重庆市渝中区邹容路 131 号世界贸易中心 47 楼	400010	—	252	—
14	花园集团有限公司	浙江省东阳市南马镇花园村花园大厦	322121	—	265	—
15	华立集团股份有限公司	浙江省杭州市余杭区五常大道 181 号	310023	—	285	—
16	成都蛟龙投资有限责任公司	四川省成都市双流区蛟龙港管委会	610200	—	323	—
17	苏州创元投资发展（集团）有限公司	江苏省苏州市姑苏区大石头巷 25 号	215000	—	332	—
18	攀枝花钢城集团有限公司	四川省攀枝花市东区新宏路 7 号 24 幢	617000	—	356	—
19	致达控股集团有限公司	上海市延平路 121 号 29 楼	200042	—	374	—
20	安徽淮海实业发展集团有限公司	安徽省淮北市相山区人民中路 278 号	235000	—	419	—
21	安徽天大企业（集团）有限公司	安徽省天长市铜城镇振兴路	239300	—	428	—
房屋建筑						
1	中国建筑股份有限公司	北京市朝阳区安定路 5 号院 3 号楼中建财富国际中心	100029	4	—	—
2	中国铁道建筑集团有限公司	北京市海淀区复兴路 40 号	100855	14	—	—
3	太平洋建设集团有限公司	新疆乌鲁木齐市高新区第四平路 2288 号	830001	17	—	—
4	中南控股集团有限公司	江苏省海门市上海路 899 号	226100	78	—	—
5	上海建工集团股份有限公司	上海市虹口区东大名路 666 号	200080	103	—	—
6	南通三建控股有限公司	江苏省海门市狮山路 131 号	222610	140	—	—
7	北京城建集团有限责任公司	北京市海淀区北太平庄路 18 号	100088	177	—	—
8	陕西建工控股集团有限公司	陕西省西安市莲湖区北大街 199 号	710003	181	—	—
9	四川省铁路产业投资集团有限责任公司	四川省成都市高新区天府一街 535 号两江国际 A 栋	610000	184	—	—
10	广西建工集团有限责任公司	广西南宁市良庆区平乐大道 19 号	530200	185	—	—
11	中天控股集团有限公司	浙江省杭州市城星路 69 号中天国开大厦	310020	203	—	—
12	广州市建筑集团有限公司	广东省广州市广卫路 4 号	510030	207	—	—

续表

行业名次	公司名称	通讯地址	邮政编码	名次(1)	名次(2)	名次(3)
13	湖南建工集团有限公司	湖南省长沙市天心区芙蓉南路一段788号	410004	211	—	—
14	北京建工集团有限责任公司	北京市西城区广莲路1号建工大厦	100055	227	—	—
15	龙光交通集团有限公司	广东省深圳市宝安区兴华路南侧龙光世纪大厦	518000	255	—	—
16	广厦控股集团有限公司	浙江省杭州市莫干山路231号17楼	310005	266	—	—
17	浙江省建设投资集团有限公司	浙江省杭州市文三西路52号浙江省建投大厦	310013	273	—	—
18	南通四建集团有限公司	江苏省南通市通州区新世纪大道999号祥云楼	226300	274	—	—
19	江苏南通二建集团有限公司	江苏省启东市人民中路683号	226200	281	—	—
20	甘肃省建设投资（控股）集团总公司	甘肃省兰州市七里河区西津东路575号	730050	294	—	—
21	青建集团	山东省青岛市市南区南海支路5号	266071	299	—	—
22	四川华西集团有限公司	四川省成都市解放路二段95号	610081	301	—	—
23	成都兴城投资集团有限公司	四川省成都市高新区濯锦东路99号	610000	308	—	—
24	山西建设投资集团有限公司	山西示范区新化路8号	30032	309	—	—
25	江苏省苏中建设集团股份有限公司	江苏省南通市海安中坝南路18号	226600	324	—	—
26	广东省建筑工程集团有限公司	广东省广州市荔湾区流花路85号	510013	332	—	—
27	上海城建（集团）公司	上海市徐汇区宛平南路1099号	200032	336	—	—
28	重庆建工投资控股有限责任公司	重庆市北部新区金开大道1596号	401122	351	—	—
29	融信（福建）投资集团有限公司	上海市青浦区虹桥世界中心L1B栋9号	200010	357	—	—
30	安徽建工集团控股有限公司	安徽省合肥市黄山路459号安建国际大厦26—29楼	230031	358	—	—
31	江苏南通六建建设集团有限公司	江苏省如皋市城南街道解放路9号	226500	377	—	—
32	山河控股集团有限公司	湖北省武汉市武昌区徐东大街岳家嘴山河大厦30F	430000	393	—	—
33	江西省建工集团有限责任公司	江西省南昌市青山湖区北京东路956号	330029	401	—	—
34	浙江中成控股集团有限公司	浙江省绍兴市凤林西路123号	312000	422	—	—
35	河北建工集团有限责任公司	河北省石家庄市友谊北大街146号	050051	431	—	—
36	龙信建设集团有限公司	江苏省海门市北京东路1号	226100	439	—	—
37	通州建总集团有限公司	江苏省南通市高新区新世纪大道998号通州建总大厦	226300	442	—	—
38	河北建设集团股份有限公司	河北省保定市五四西路329号	071000	447	—	—
39	山东科达集团有限公司	山东省东营市东营区府前大街65号	257091	456	—	—
40	云南省城市建设投资集团有限公司	云南省昆明市官渡区环湖东路昆明滇池国际会展中心1号馆办公区	650000	476	—	—
41	浙江宝业建设集团有限公司	浙江省绍兴市柯桥区杨汛桥镇杨汛路228号	312028	483	—	—
土木工程建筑						
1	中国铁路工程集团有限公司	北京市海淀区复兴路69号9号楼中国中铁大厦	100039	12	—	—
2	中国交通建设集团有限公司	北京市西城区德胜门外大街85号	100088	19	—	—
3	中国电力建设集团有限公司	北京市海淀区车公庄西路22号海赋国际A座	100048	41	—	—
4	中国能源建设集团有限公司	北京市朝阳区西大望路26号院1号楼	100022	89	—	—
5	中国化学工程集团有限公司	北京市东城区东直门内大街2号	100007	195	—	—

续表

行业名次	公司名称	通讯地址	邮政编码	名次(1)	名次(2)	名次(3)
6	天元建设集团有限公司	山东省临沂市兰山区银雀山路63号	276000	360	—	—
7	广西北部湾投资集团有限公司	广西南宁市中泰路11号北部湾大厦北楼1401室	530029	399	—	—
电网						
1	国家电网有限公司	北京市西城区西长安街86号	100031	2	—	1
2	中国南方电网有限责任公司	广东省广州市科学城科翔路11号	510530	27	—	13
3	内蒙古电力（集团）有限责任公司	内蒙古呼和浩特市赛罕区前达门路9号	010040	253	—	101
水务						
1	北京控股集团有限公司	北京市朝阳区化工路59号焦奥中心2号楼	100023	216	—	87
2	北京首都创业集团有限公司	北京市东城区朝阳门北大街6号首创大厦15层	100027	391	—	147
3	南昌市政公用投资控股有限责任公司	江西省南昌市青山湖区湖滨东路1399号	330000	427	—	157
4	齐鲁交通发展集团有限公司	山东省济南市历下区龙奥西路1号银丰财富广场D座	250101	463	—	170
5	湖北省交通投资集团有限公司	湖北省武汉市洪山区珞瑜路1077号东湖广场	430074	—	—	196
6	广州市水务投资集团有限公司	广东省广州市天河区临江大道501号	510655	—	—	216
7	水发集团有限公司	山东省济南市经十东路33399号	250001	—	—	248
8	天津城市基础设施建设投资集团有限公司	天津市和平区大沽北路161号城投大厦	300040	—	—	293
9	广东省广告集团股份有限公司	广东省广州市珠海区新港东路996号保利世界贸易中心G座	510080	—	—	354
10	路通建设集团股份有限公司	山东省东营市东营区东城府前大街55号金融港G座	257000	—	—	356
11	无锡市市政公用产业集团有限公司	江苏省无锡市解放东路800号	214002	—	—	388
12	天津市政建设集团有限公司	天津市河西区环岛西路4号别墅	300221	—	—	496
综合能源供应						
1	云南省能源投资集团有限公司	北京市西城区西便门内大街40号2号楼二层	100053	189	—	76
2	浙江省能源集团有限公司	浙江省杭州市天目山路152号	310007	192	—	79
3	新奥控股投资股份有限公司	河北省廊坊市经济技术开发区华祥路	065001	231	—	95
4	北京能源集团有限责任公司	北京市朝阳区永安东里16号CBD国际大厦A区	100022	307	—	117
5	重庆市能源投资集团有限公司	重庆市渝北区洪湖西路12号	401121	362	—	134
6	四川省能源投资集团有限责任公司	四川省成都市锦江区毕昇路468号	610000	363	—	135
7	福建省能源集团有限责任公司	福建省福州市鼓楼区五四路75号海西商务大厦35层	350001	379	—	139
8	申能（集团）有限公司	上海市闵行区虹井路159号申能源中心	201103	380	—	140
9	东华能源股份有限公司	江苏省张家港保税区出口加工区东华路668号	215634	398	—	150
10	广州国资发展控股有限公司	广东省广州市天河区临江大道3号发展中心9楼	510623	445	—	165
11	无锡市国联发展（集团）有限公司	江苏省无锡市滨湖区金融一街8号	214131	—	—	245
12	新疆天富集团有限责任公司	新疆石河子市52小区北一路2号	832000	—	—	249
13	深圳能源集团股份有限公司	广东省深圳市福田区深南中路2068号华能大厦东区33楼	518031	—	—	251
14	深圳市燃气集团股份有限公司	广东省深圳市福田区梅坳八路深燃大厦	518000	—	—	314

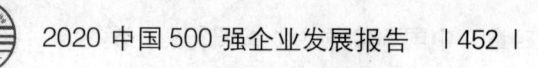

续表

行业名次	公司名称	通讯地址	邮政编码	名次(1)	名次(2)	名次(3)
15	浙江金帝石化能源有限公司	浙江省杭州市萧山区宁围街道民营企业发展大厦A座26楼	311215	—	—	342
16	四川华油集团有限责任公司	四川省成都市高新区天府一街695号中环岛广场A座1507	610041	—	—	344
17	安徽国祯集团股份有限公司	安徽省合肥市高新技术开发区科学大道91号	230088	—	—	411
18	天津拾起卖科技有限公司	天津市南开区宾水西道奥城商业广场C6南8层	300110	—	—	465
19	佛燃能源集团股份有限公司	广东省佛山市禅城区南海大道中18号	528000	—	—	472
20	上海大众公用事业（集团）股份有限公司	上海市徐汇区中山西路1515号8楼	200235	—	—	493
铁路运输						
1	中国铁路物资集团有限公司	北京市海淀区复兴路17号国海广场C座	100036	298	—	114
2	中铁集装箱运输有限责任公司	北京市西城区鸭子桥路24号中铁商务大厦	100055	496	—	178
公路运输						
1	浙江省交通投资集团有限公司	浙江省杭州市钱江新城五星路199号明珠国际商务中心	310020	139	—	59
2	甘肃省公路航空旅游投资集团有限公司	甘肃省兰州市城关区南昌路1716号	730030	172	—	70
3	山东高速集团有限公司	山东省济南市历下区龙奥北路8号	250098	249	—	99
4	广东省交通集团有限公司	广东省广州市珠江新城珠江东路32号利通广场58-61层	510623	376	—	137
5	安徽省交通控股集团有限公司	安徽省合肥市望江西路520号	230088	—	—	188
6	重庆交通运输控股（集团）有限公司	重庆市北部新区高新园青松路33号	401121	—	—	287
7	现代投资股份有限公司	湖南省长沙市天心区芙蓉南路二段128号现代广场	410004	—	—	331
8	广州地铁集团有限公司	广东省广州市海珠区新港东路1238号万胜广场A塔	510330	—	—	338
9	河北交通投资集团公司	河北省石家庄市桥西区新石北路52号	050091	—	—	368
10	上海交运（集团）公司	上海市恒丰路288号10楼	200070	—	—	395
11	万合集团股份有限公司	河北省邯郸市机场路与河大路交叉口东行50米	056001	—	—	476
12	苏汽集团有限公司	江苏省苏州市留园路288号	215008	—	—	487
13	内蒙古高等级公路建设开发有限责任公司	内蒙古自治区呼和浩特市新城区哲里木路9号	010051	—	—	489
水上运输						
1	中国远洋海运集团有限公司	上海市浦东新区滨江大道5299号	200127	67	—	38
2	浙江中外运有限公司	浙江省宁波市海曙区解放南路69号	315010	—	—	349
港口服务						
1	广西北部湾国际港务集团有限公司	广西南宁市良庆区体强路12号北部湾航运中心	530021	284	—	111
2	上海国际港务（集团）股份有限公司	上海市虹口区东大名路358号国际港务大厦	200080	498	—	180
3	浙江省海港投资运营集团有限公司	浙江省宁波市鄞州区宁东路269号宁波环球航运广场	315040	—	—	190
4	天津港（集团）有限公司	天津市滨海新区（塘沽）津港路99号	300461	—	—	210
5	厦门港务控股集团有限公司	福建省厦门市湖里区东港北路31号港务大厦2512	361000	—	—	213
6	日照港集团有限公司	山东省日照市东港区黄海一路91号	276826	—	—	233

续表

行业名次	公司名称	通讯地址	邮政编码	名次(1)	名次(2)	名次(3)
7	河北港口集团有限公司	河北省秦皇岛市海港区海滨路35号	066002	—	—	295
8	广州港集团有限公司	广东省广州市越秀区沿江东路406号港口中心	510100	—	—	352
9	唐山港集团股份有限公司	河北省唐山市海港经济开发区唐山港大厦	063611	—	—	360
航空运输						
1	中国南方航空集团有限公司	广东省广州市白云区齐心路68号	510403	136	—	57
2	中国国际航空股份有限公司	北京天竺空港经济开发区天柱路30号	101312	146	—	62
3	中国东方航空集团有限公司	上海市闵行区虹翔三路36号东航之家	201100	153	—	63
4	四川航空股份有限公司	四川省成都市双流国际机场四川航空大厦	610000	—	—	222
5	厦门航空开发股份有限公司	福建省厦门湖里区高崎南五路222号航空商务广场3号楼10层	361006	—	—	359
航空港及相关服务业						
1	上海机场(集团)有限公司	上海市虹桥机场迎宾二路200号	200335	—	—	275
2	厦门翔业集团有限公司	福建省厦门市思明区仙岳路396号翔业大厦17楼	361000	—	—	286
3	重庆港务物流集团有限公司	重庆市江北区海尔路298号	400025	—	—	468
邮政						
1	中国邮政集团有限公司	北京西城区金融大街甲3号	100808	22	—	11
物流及供应链						
1	厦门建发集团有限公司	福建省厦门市思明区环岛东路1699号建发国际大厦43楼	361008	62	—	34
2	顺丰控股股份有限公司	广东省深圳市南山区科技南一路创智天地大厦B座1楼	518000	190	—	77
3	河北省物流产业集团有限公司	河北省石家庄市中华北大街三号C座922房间	050000	330	—	123
4	振烨国际产业控股集团(深圳)有限公司	广东省深圳市南山区粤海街道高新中一道2号长园新材料港6栋2楼	518000	354	—	133
5	广西交通投资集团有限公司	广西南宁市青秀区民族大道146号三祺广场	530022	388	—	146
6	深圳金雅福控股集团有限公司	广东省深圳市罗湖区深南东路4003号世界金融中心A座29楼	518010	429	—	158
7	广东省广物控股集团有限公司	广东省广州市天河区珠江新城兴国路21号广物中心	510623	441	—	163
8	圆通速递股份有限公司	上海市青浦区华新镇新协路28号	201708	—	—	202
9	兰州新区商贸物流投资集团有限公司	甘肃省兰州市兰州新区综合保税区综合服务楼C区	730314	—	—	206
10	深圳市信利康供应链管理有限公司	广东省深圳市南山区兴海大道3044号信利康大厦33楼	518000	—	—	215
11	德邦物流股份有限公司	上海市青浦区徐泾镇明珠路1018号	201702	—	—	221
12	沐甜科技股份有限公司	广西柳州市桂中大道南端2号阳光壹佰城市广场25栋9-1	545001	—	—	223
13	华远国际陆港集团有限公司	山西省太原市长风西街1号丽华大厦A座	030021	—	—	234
14	申通快递股份有限公司	浙江省玉环市机电工业园区	317600	—	—	241
15	中通快递股份有限公司	上海市青浦区华新镇华志路1685号	201708	—	—	243

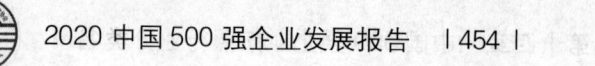

续表

行业名次	公司名称	通讯地址	邮政编码	名次(1)	名次(2)	名次(3)
16	深圳市富森供应链管理有限公司	广东省深圳市福田区福华三路星河发展中心大厦6、7层	518000	—	—	244
17	深圳市华富洋供应链有限公司	广东省深圳市南山区科文路1号 华富洋大厦5楼	518057	—	—	292
18	深圳市东方嘉盛供应链股份有限公司	广东省深圳市福田保税区市花路10号东方嘉盛大厦6楼	518000	—	—	312
19	江苏大经供应链股份有限公司	江苏省江阴市澄杨路268号	214400	—	—	315
20	福建省交通运输集团有限责任公司	福建省福州市台江区江滨中大道356号物流信息大厦19－22层	350014	—	—	322
21	玖隆钢铁物流有限公司	江苏省张家港市锦丰镇兴业路2号玖隆大厦	215625	—	—	355
22	深圳市博科供应链管理有限公司	广东省深圳市福田保税区桃花路30号综合信兴三期东座7楼	518000	—	—	379
23	上海天地汇供应链科技有限公司	上海市闵行区紫秀路100号2号楼3楼B座	201103	—	—	389
24	准时达国际供应链管理有限公司	广东省深圳市龙华区东环二路二号 D13 栋	518000	—	—	391
25	青海省物产集团有限公司	青海省西宁市朝阳东路34－2号	810003	—	—	413
26	深圳市英捷迅实业发展有限公司	广东省深圳市福田区深南大道与泰然九路交界东南本元大厦4A	518042	—	—	414
27	深圳市九立供应链股份有限公司	广东省深圳市罗湖区沿河北路1002号瑞思A座17楼	518003	—	—	415
28	浙江华瑞集团有限公司	浙江省杭州市萧山区建设一路66号华瑞中心1号楼28楼	311215	—	—	416
29	福建纵腾网络有限公司	福建省福州市仓山区建新镇劳光村112号劳光综合楼四层	035000	—	—	450
30	四川安吉物流集团有限公司	四川省宜宾市翠屏区红坝路99号	644000	—	—	462
31	深圳市昆商易糖供应链有限公司	广东省深圳市福田区福强路（文化创意园）AB座3层A306A	518071	—	—	466
电信服务						
1	中国移动通信集团有限公司	北京市西城区金融大街29号	100033	16	—	8
2	中国电信集团有限公司	北京市西城区金融街31号	100033	42	—	22
3	中国联合网络通信集团有限公司	北京市西城区金融大街21号 中国联通大厦	100033	73	—	41
软件和信息技术（IT）						
1	浪潮集团有限公司	山东省济南市高新区浪潮路1036号	250101	188	—	75
2	神州数码集团股份有限公司	北京市海淀区上地9街9号数码科技广场	100085	244		96
3	深圳传音控股股份有限公司	广东省深圳市南山区白石路3609号深圳湾科技生态园9栋B1座23楼	518057	—	—	225
4	广州无线电集团有限公司	广东省广州市天河区黄埔大道西平云路163号	510656	—	—	289
互联网服务						
1	北京京东世纪贸易有限公司	北京市亦庄经济开发区科创十一街18号C座2层201室	100176	26		12
2	阿里巴巴集团控股有限公司	北京市朝阳区望京阿里中心A座	100102	34		17
3	腾讯控股有限公司	广东省深圳市南山区海天二路33号腾讯滨海大厦	518057	52		28
4	上海钢联电子商务股份有限公司	上海市宝山区园丰路68号	200444	176		72

续表

行业名次	公司名称	通讯地址	邮政编码	名次(1)	名次(2)	名次(3)
5	美团点评	上海市长宁区蒲松北路 60 号申亚时代广场 ABC 座	200500	222	—	90
6	唯品会（中国）有限公司	广东省广州市荔湾区花海街 20 号自编 6 号楼	510145	245	—	97
7	百度网络技术有限公司	北京海淀区上地十街 10 号百度大厦	—	263		104
8	网易公司	广东省广州市天河区科韵路 16 号广州信息港 E 栋网易大厦	100085	328		122
9	通鼎集团有限公司	江苏省苏州市吴江区震泽镇八都经济开发区小平大道 8 号	215233	409		151
10	汇通达网络股份有限公司	江苏省南京市玄武区钟灵街 50 号汇通达大厦 603	210000	426		156
11	深圳市中农网有限公司	广东省深圳市福田区福强路文化创意园二期 A301	518017	493		177
12	携程计算机技术（上海）有限公司	上海市金钟路 968 号凌空 SOHO18 号楼	200335	—		183
13	无锡市不锈钢电子交易中心有限公司	江苏省无锡新吴区硕放薛典北路 82 号硕放不锈钢物流园 B 幢三楼	214000			240
14	上海景域文化传播股份有限公司	上海市嘉定区景域大道 88 号驴妈妈科技园 1 号楼	201803			280
15	广东优友网络科技有限公司	广东省深圳市福田区金田路安联大厦 B 座 3601	518000			326
16	东方明珠新媒体股份有限公司	上海市徐汇区宜山路 757 号	200233			335
17	杭州云创共享网络科技有限公司	浙江省杭州市萧山区启迪路 198 号杭州湾信息港 F 幢 15 楼	311200			350
18	广州华多网络科技有限公司	广东省广州市番禺区南村镇万达广场 B－1 座	511442	—	—	377
19	三只松鼠股份有限公司	安徽省芜湖市弋江区高新技术开发区久盛路 8 号	241002			383
20	网宿科技股份有限公司	上海市徐汇区斜土路 2899 号光启文化广场 A 栋 5 楼	200030			481
21	欧菲斯办公伙伴控股有限公司	重庆渝中区经纬大道 333 号 2 幢 15 层	400021			492
22	傲基科技股份有限公司	广东省深圳市龙岗区平湖街道华南大道一号华南国际印刷纸品包装物流区（一期）P09 栋 102 号	518000			497
能源矿产商贸						
1	中国航空油料集团有限公司	北京市海淀区马甸路 2 号航油大厦	100088	79		44
2	晋能集团有限公司	山西示范区南中环街 426 号山西国际金融中心 2 号楼	030002	204		81
3	山西煤炭进出口集团有限公司	山西省太原市长风街 115 号	030006	339		127
4	江苏中利控股集团有限公司	江苏省常熟市高新技术产业开发区常昆路 8 号	215500	451		167
5	重庆千信集团有限公司	重庆市两江新区星光大道 98 号土星商务中心 B3 座 17 楼	401121	487		175
6	杭州东恒石油有限公司	浙江省杭州市下城区东新路 580 号	310014	—		211
7	张家港保税区旭江贸易有限公司	江苏省苏州市张家港市锦丰镇永新路 1 号	215600			257
8	上海龙宇燃油股份有限公司	上海市浦东新区东方路 710 号 25 楼	200122			320
9	广州元亨能源有限公司	广东省广州市越秀区东风东路 850 号锦城大厦 1801 室	510600			330
10	海越能源集团股份有限公司	浙江省诸暨市西施大街 59 号	311800			345
11	天津恒运能源集团股份有限公司	天津市塘沽海洋高新技术开发区金江路 45 号	300451			397
12	厦门海澳集团有限公司	福建省厦门市海沧区钟林路 12 号商务大厦 19 楼	361026			483

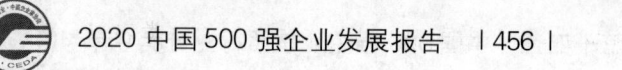

续表

行业名次	公司名称	通讯地址	邮政编码	名次(1)	名次(2)	名次(3)
化工医药商贸						
1	中国中化集团有限公司	北京市复兴门内大街 28 号凯晨世贸中心中座 F11	100031	31	—	15
2	福建省福化工贸股份有限公司	福建省福州市鼓楼区省府路 1 号石化楼	350001	385	—	144
3	瑞康医药集团股份有限公司	山东省烟台市芝罘区机场路 326 号	264000	—	—	189
4	江阴市金桥化工有限公司	江苏省江阴市澄江中路 118 号国贸大厦 10 楼	214431	—	—	298
5	广东宏川集团有限公司	广东省东莞市松山湖松科苑一栋	523808	—	—	308
6	河南蓝天集团有限公司	河南省驻马店市驿城区解放路 68 号	463000	—	—	378
7	日出实业集团有限公司	浙江省宁波市鄞州县（区）天童南路 588 号宁波商会国贸中心 A 座 42 楼	315100	—	—	431
8	江阴市凯竹贸易有限公司	江苏省江阴市滨江西路 2 号 1 幢 525 室	214000	—	—	432
9	浙江万丰企业集团公司	浙江省杭州市萧山区北干街北二路万丰大厦	311200	—	—	436
10	湖南省轻工盐业集团有限公司	湖南省长沙市雨花区时代阳光大道西 388 号轻盐阳光城 A 座	410000	—	—	459
11	中宁化集团有限公司	浙江省宁波市鄞州区江东北路 495 号和丰创意广场谷庭楼 16 楼	315000	—	—	467
12	江阴市川江化工有限公司	江苏省江阴市璜土镇澄路 3808-5 号 1090 席	214431	—	—	478
13	福建永荣兄弟集团有限公司	福建省福州市长乐区首占新区永荣广场五楼	350200	—	—	480
14	江苏中电豪信电子科技有限公司	江苏省江阴市滨江西路 2 号 2 幢 508 室	214000	—	—	486
机电商贸						
1	中国通用技术（集团）控股有限责任公司	北京丰台区西三环中路 90 号	100055	119	—	52
2	广东省广新控股集团有限公司	广东省广州市海珠区新港东路 1000 号保利世界贸易中心	510308	292	—	113
3	佳都集团有限公司	广东省广州市天河区新岑四路 2 号 802B	510653	—	—	449
生活消费品商贸						
1	浙江省国际贸易集团有限公司	浙江省杭州市下城区中山北路 308 号	310003	304	—	116
2	江苏国泰国际集团股份有限公司	江苏省张家港市杨舍镇国泰大厦 30-31 楼	215600	318	—	119
3	广州轻工工贸集团有限公司	广东省广州市越秀区沿江东路 407 号	510199	410	—	152
4	江苏汇鸿国际集团股份有限公司	江苏省南京市秦淮区白下路 91 号汇鸿大厦	210001	—	—	184
5	新华锦集团	山东省青岛市崂山区松岭路 131 号新华锦发展大厦	266101	—	—	187
6	太平鸟集团有限公司	浙江省宁波市海曙区环城西路南段 826 号	315000	—	—	212
7	江苏省苏豪控股集团有限公司	江苏省南京市软件大道 48 号 A 座 519 室	210012	—	—	277
8	砂之船商业管理集团有限公司	重庆渝北区奥特莱斯路 1 号	401122	—	—	304
9	搜于特集团股份有限公司	广东省东莞市道滘镇新鸿昌路 1 号	523170	—	—	325
10	厦门市嘉晟对外贸易有限公司	福建省厦门市思明区塔埔东路 165 号 1803 单元	361008	—	—	327
11	广东省丝绸纺织集团有限公司	广东省广州市越秀区东风西路 198 号	510180	—	—	353
12	浙江凯喜雅国际股份有限公司	浙江省杭州市下城区体育场路 105 号	310004	—	—	357
13	万事利集团有限公司	浙江省杭州市江干区天城路 68 号 B 幢 17 楼	310021	—	—	394
14	广州尚品宅配家居股份有限公司	广州市天河区花城大道 85 号 3501 房之自编 01-05 单元	510623	—	—	437

行业名次	公司名称	通讯地址	邮政编码	名次(1)	名次(2)	名次(3)
15	安克创新科技股份有限公司	湖南长沙高新区中电软件园一期7栋7/8楼	410000	—	—	460
农产品及食品批发						
1	中粮集团有限公司	北京市朝阳区朝阳门南大街8号中粮福临门大厦	100020	36	—	18
2	中国供销集团有限公司	北京市西城区宣武门外大街甲1号环球财讯中心B座10层	100052	163	—	66
3	安徽省安粮集团有限公司	安徽省合肥市金寨路389—399号盛安广场20楼	230061	—	—	198
4	江苏无锡朝阳集团股份有限公司	江苏省无锡市槐古路2号	214000	—	—	235
5	陕西粮农集团有限责任公司	陕西省西安市未央区凤城七路89号	710018	—	—	319
6	浙江省农村发展集团有限公司	浙江省杭州市下城区武林路437号农发大厦	310006	—	—	334
7	厦门夏商集团有限公司	福建省厦门市思明区厦禾路939号华商大厦17楼	361004	—	—	347
8	深圳市深粮控股股份有限公司	广东省深圳市福田区福虹路9号世贸广场A座13楼	518033	—	—	363
9	湖南粮食集团有限责任公司	湖南省长沙市开福区芙蓉北路1119号	410201	—	—	365
10	江苏省粮食集团有限责任公司	江苏省南京市玄武区中山路338号苏粮国际大厦25-27楼	210008	—	—	406
11	鑫荣懋集团股份有限公司	广东省深圳市龙岗区平湖华南城发展中心10楼	518100	—	—	407
12	宁波市绿顺集团有限公司	浙江省宁波市鄞州区大戴街2号	315040	—	—	444
13	万向三农集团有限公司	浙江省杭州市萧山经济技术开发区	311215	—	—	482
生产资料商贸						
1	物产中大集团股份有限公司	浙江省杭州市下城区环城西路56号	310006	56	—	31
2	广东鼎龙实业集团有限公司	广东省广州市天河区广州大道北63号希尔顿花园酒店18楼品牌管理中心	510630	208	—	83
3	厦门路桥工程物资有限公司	福建省厦门市海沧区海虹路5号	361026	479	—	173
4	浙江建华集团有限公司	浙江省杭州市拱墅区沈半路2号	310015	—	—	246
5	安徽辉隆投资集团有限公司	安徽省合肥市包河区延安路1779号	230051	—	—	266
6	常州市化工轻工材料总公司	江苏省常州市天宁区桃园路19号	213003	—	—	307
7	黑龙江倍丰农业生产资料集团有限公司	黑龙江省哈尔滨市松北区新湾路88号	150028	—	—	317
8	厦门恒兴集团有限公司	福建省厦门市思明区鹭江道100号财富中心大厦42F	361001	—	—	361
9	广东天禾农资股份有限公司	广东省广州市越秀区东风东路709号	510080	—	—	401
10	新疆农资（集团）有限责任公司	新疆乌鲁木齐市中山路2号	830002	—	—	453
11	江阴达赛贸易有限公司	江苏省江阴市滨江西路2号1幢525室	214000	—	—	458
12	秦皇岛市天晖塑料有限公司	河北省秦皇岛市海港区北港镇姚周村西	066000	—	—	498
金属品商贸						
1	东岭集团股份有限公司	陕西省宝鸡市金台区金台大道69号	721004	169	—	68
2	西安迈科金属国际集团有限公司	陕西省西安高新区锦业路12号迈科中心45层	710000	191	—	78
3	上海均和集团有限公司	上海市浦东新区陆家嘴环路166号未来资产大厦35层	200120	202	—	80
4	大汉控股集团有限公司	湖南省长沙市望城经济技术开发区普瑞大道1段1555号金桥国际市场集群2区4栋5楼	410200	396	—	149

续表

行业名次	公司名称	通讯地址	邮政编码	名次(1)	名次(2)	名次(3)
5	华南物资集团有限公司	重庆市江北区红黄路1号1幢15-1	400020	—	—	197
6	上海闽路润贸易有限公司	上海市杨浦区国宾路36号万达广场B座11楼	200433	—	—	200
7	张家港保税区立信投资有限公司	江苏省苏州市张家港市锦丰镇永新路1号	215600	—	—	218
8	江阴长三角钢铁集团有限公司	江苏省江阴市澄山路2号	214400	—	—	231
9	青岛世纪瑞丰集团有限公司	山东省青岛市市南区中山路44-60号百盛国际商务中心37楼	266000	—	—	255
10	武汉联杰能源有限公司	湖北省武汉市青山区建设三路1栋1-7层2028号	430000	—	—	264
11	张家港市泽厚贸易有限公司	江苏省苏州市张家港市锦丰镇永新路1号	215600	—	—	272
12	张家港市沃丰贸易有限公司	江苏省苏州市张家港市锦丰镇永新路1号	215600	—	—	276
13	苏州裕景泰控股有限公司	江苏省张家港市锦丰镇兴业路2号（江苏扬子江国际冶金工业园玖隆物流园1209A）	215000	—	—	382
14	宁波力勤资源科技开发有限公司	浙江省宁波市高新区光华路299弄宁波研发园C区10幢10-11楼	315000	—	—	396
15	江苏嘉奕和铜业科技发展有限公司	江苏省江阴市徐霞客镇璜塘工业园环北路211号	214000	—	—	427
16	张家港保税区日祥贸易有限公司	江苏省苏州市张家港市锦丰镇永新路1号	215625	—	—	429
17	天津津路钢铁实业有限公司	天津市滨海新区开发区西区环泰南街89号	300462	—	—	433
18	昌宜（天津）模板租赁有限公司	天津市空港经济区经三路203号	300000	—	—	441
19	宝裕发展有限公司	广东省佛山市禅城区季华五路22号季华大厦南附楼第4-6层	528000	—	—	464
20	江阴宝靖有色金属材料有限公司	江苏省江阴市青年广场23号2217室	214400	—	—	499
21	福然德股份有限公司	上海市宝山区潘泾路3759号	201908	—	—	500
综合商贸						
1	厦门国贸控股集团有限公司	福建省厦门市湖里区仙岳路4688号国贸中心A栋2901单元	361004	72	—	40
2	浙江省兴合集团有限责任公司	浙江省杭州市下城区延安路312号	310006	179	—	73
3	东方国际（集团）有限公司	上海市虹桥路1488号	200336	210	—	84
4	中基宁波集团股份有限公司	浙江省宁波市鄞州区县（市）天童南路666号	315153	283	—	110
5	远大物产集团有限公司	浙江省宁波市鄞州区惊驾路555号泰富广场A座1416室	315040	290	—	112
6	四川省商业投资集团有限公司	四川省成都市文武路42号新时代广场A座7楼	610000	462	—	169
7	重庆对外经贸（集团）有限公司	重庆市渝北区星光大道80号	401121	—	—	199
8	广西物资集团有限责任公司	广西南宁市邕宁区龙岗大道21号	530200	—	—	236
9	维科控股集团股份有限公司	浙江省宁波市海曙区柳汀街225号2210	315000	—	—	284
10	湖南博深实业集团有限公司	湖南省长沙市岳麓区岳麓大道233号湖南科技大厦16层	410013	—	—	339
11	北方国际集团有限公司	天津市和平区大理道68号	300050	—	—	373
12	浙江蓝天实业集团有限公司	浙江绍兴柯桥笛扬路富丽华大酒店28层	312030	—	—	376
13	宁波海田控股集团有限公司	浙江省宁波市江北区文教路72弄16号	315020	—	—	419
14	张家港恒泰佳居贸易有限公司	江苏省张家港市东方新天地9幢B905室	—	—	—	426

续表

行业名次	公司名称	通讯地址	邮政编码	名次(1)	名次(2)	名次(3)
连锁超市及百货						
1	永辉超市股份有限公司	福建省福州市鼓楼区湖头街120号	350001	248	—	98
2	百联集团有限公司	上海市黄浦区中山南路315号百联大厦13楼	200010	303	—	115
3	物美科技集团有限公司	北京市海淀区西四环北路158号物美慧科大厦	100142	424	—	155
4	名创优品（广州）有限责任公司	广东省广州市荔湾区康王中路486号和业广场25层	510170	433	—	160
5	山东省商业集团有限公司	山东省济南市经十路9777号鲁商国奥城	250014	440	—	162
6	步步高投资集团股份有限公司	湖南省长沙市岳麓区高新区东方红路657号步步高大厦	410000	443	—	164
7	武汉商联（集团）股份有限公司	湖北省武汉市江汉区唐家墩路32号国创大厦B座	430015	490	—	176
8	利群集团股份有限公司	山东省青岛市崂山区海尔路83号金鼎大厦	266061	—	—	204
9	月星集团有限公司	上海市普陀区中山北路3300号环球港A座写字楼41楼	200060	—	—	209
10	淄博商厦股份有限公司	山东省淄博市张店区中心路125号	255000	—	—	262
11	石家庄北国人百集团有限责任公司	河北省石家庄市中山东路188号	050000	—	—	265
12	长春欧亚集团股份有限公司	吉林省长春市飞跃路2686号	130012	—	—	285
13	广州商贸投资控股集团有限公司	广东省广州市越秀区西湖路12号23楼	510030	—	—	305
14	杭州联华华商集团有限公司	浙江省杭州市下城区庆春路86号	310003	—	—	310
15	江西绿滋肴控股有限公司	江西省南昌市小蓝经济开发区小蓝中大道518号	330200	—	—	390
16	无锡商业大厦大东方股份有限公司	江苏省无锡市中山路343号	214001	—	—	393
17	湖南佳惠百货有限责任公司	湖南省怀化市佳惠农产品批发大市场（佳惠总部）	418000	—	—	403
18	河北省新合作控股集团有限公司	河北省石家庄市东岗路8号	050000	—	—	405
19	湖南友谊阿波罗控股股份有限公司	湖南省长沙市芙蓉区朝阳前街9号	410001	—	—	408
20	山西美特好连锁超市股份有限公司	山西省太原市和平北路2014号	030000	—	—	420
21	青岛利客来集团股份有限公司	山东省青岛市李沧区京口路58号	266000	—	—	446
22	杭州解百集团股份有限公司	浙江省杭州市城北路208号坤和中心36-37楼	310006	—	—	474
23	江苏华地国际控股集团有限公司	江苏省无锡市梁溪区县前东街1号金陵饭店21楼	214000	—	—	494
汽车摩托车零售						
1	上海永达控股（集团）有限公司	上海市黄浦区瑞金南路299号	200023	270	—	109
2	恒信汽车集团股份有限公司	湖北省武汉市汉阳区龙阳大道67号	430000	382	—	142
3	河北省国和投资集团有限公司	河北省石家庄市北二环东路68号	050033	—	—	214
4	利泰集团有限公司	广东省佛山市禅城区季华五路10号金融广场23楼	528000	—	—	238
5	浙江宝利德股份有限公司	浙江省杭州市西湖区求是路8号公元大厦南楼503	310013	—	—	247
6	广微控股有限公司	上海市长宁区天山路1717号SOHO天山广场T1座30层	200051	—	—	250
7	润华集团股份有限公司	山东省济南市经十西路3999号润华汽车园	250117	—	—	274
8	山东远通汽车贸易集团有限公司	山东省临沂市兰山区通达路319号	276000	—	—	294
9	湖南永通集团有限公司	湖南省长沙市开福区三一大道303号永通商邸A座	410000	—	—	316

续表

行业名次	公司名称	通讯地址	邮政编码	名次(1)	名次(2)	名次(3)
10	广东鸿粤汽车销售集团有限公司	广东省广州市白云区白云大道北958号鸿粤集团办公楼	510000	—	—	323
11	成都建国汽车贸易有限公司	四川省成都市天府新区麓山大道二段36号	641000	—	—	340
12	湖南兰天集团有限公司	湖南省长沙市岳麓大道3599号河西汽车城	—	—	—	358
13	万友汽车投资有限公司	重庆市渝中区华盛路7号企业天地7号楼20层	400043	—	—	370
14	蓝池集团有限公司	河北省邢台市桥西区汽车文化名城	054000	—	—	374
15	天津捷通达汽车投资集团有限公司	天津市西青经济开发区大寺高新技术产业园储源道018号	300385	—	—	392
16	浙江恒威投资集团有限公司	浙江省宁波市江北区洪塘工业B区江北大道1236弄9号	315033	—	—	410
17	广东合诚集团有限公司	广东省佛山市顺德大良广珠公路新松路段	528300	—	—	418
18	安徽亚夏实业股份有限公司	安徽省宁国市宜黄线亚夏汽车大厦	242300	—	—	423
19	上海申华控股股份有限公司	上海市宁波路1号中华金融大厦21F	200002	—	—	435
20	重庆百事达汽车有限公司	重庆市渝北区龙溪街道松牌路521号	401147	—	—	438
21	山西大昌汽车集团有限公司	山西省太原市小店区平阳南路88号	030032	—	—	442
22	宁波轿辰集团股份有限公司	浙江省宁波市高新区星海南路16号轿辰大厦19楼	315040	—	—	445
23	广州南菱汽车股份有限公司	广东省广州市白云区白云大道北1399号	510440	—	—	461
家电及电子产品零售						
1	苏宁控股集团	江苏省南京市玄武区徐庄软件园苏宁大道1号	210042	18	—	9
2	国美控股集团有限公司	北京市朝阳区霄云路26号鹏润大厦B座	100016	53	—	29
3	深圳市爱施德股份有限公司	广东省深圳市南山区沙河西路3151号健兴科技大厦C座8楼	518055	345	—	130
4	南京新华海科技产业集团有限公司	江苏省南京市玄武区珠江路435号华海大厦A层	210018	—	—	259
医药及医疗器材零售						
1	中国医药集团有限公司	北京市海淀区知春路20号中国医药大厦	100195	37	—	19
2	九州通医药集团股份有限公司	湖北省武汉市汉阳区龙阳大道特8号	430051	218	—	88
3	华东医药股份有限公司	浙江省杭州市莫干山路866号	310006	—	—	186
4	重庆医药（集团）股份有限公司	重庆市渝中区大同路1号	400010	—	—	194
5	浙江英特药业有限责任公司	浙江省杭州市滨江区江南大道96号中化大厦	310051	—	—	230
6	安徽华源医药集团股份有限公司	安徽省太和县沙河东路168号	236600	—	—	288
7	鹭燕医药股份有限公司	福建省厦门市湖里区安岭路1004号	361006	—	—	303
8	广西柳州医药股份有限公司	广西柳州市官塘大道68号	545000	—	—	306
9	老百姓大药房连锁股份有限公司	湖南省长沙市开福区青竹湖路808号	410100	—	—	351
10	大参林医药集团股份有限公司	广东省广州市荔湾区龙溪大道410号、410-1号	510000	—	—	362
11	益丰大药房连锁股份有限公司	湖南省长沙市麓谷高新区金洲大道68号	415000	—	—	380
商业银行						
1	中国工商银行股份有限公司	北京市西城区复兴门内大街55号	100140	5	—	2
2	中国建设银行股份有限公司	北京市西城区金融大街25号	100033	7	—	4
3	中国农业银行股份有限公司	北京市东城区建国门内大街69号	100005	8	—	5

续表

行业名次	公司名称	通讯地址	邮政编码	名次(1)	名次(2)	名次(3)
4	中国银行股份有限公司	北京市复兴门内大街1号	100818	9	—	6
5	交通银行股份有限公司	上海市银城中路188号	200120	43	—	23
6	招商银行股份有限公司	广东省深圳市福田区深南大道7088号	518040	48	—	25
7	上海浦东发展银行股份有限公司	上海市中山东一路12号	200002	60	—	32
8	兴业银行股份有限公司	福建省福州市湖东路154号中山大厦	350003	61	—	33
9	民生银行股份有限公司	北京市西城区复兴门内大街2号	100031	64	—	36
10	华夏银行股份有限公司	北京市东城区建国门内大街22号华夏银行大厦	100005	141	—	60
11	北京银行股份有限公司	北京市西城区金融大街丙17号北京银行大厦	100033	170	—	69
12	上海银行股份有限公司	上海自由贸易试验区银城中路168号	200120	220	—	89
13	渤海银行股份有限公司	天津市河东区海河东路218号	300012	335	—	125
14	盛京银行股份有限公司	辽宁省沈阳市沈河区北站路109号	110013	372	—	136
15	重庆农村商业银行股份有限公司	重庆市江北区金沙门路36号	400023	383	—	143
16	广州农村商业银行股份有限公司	广东省广州市天河区珠江新城华夏路1号信合大厦20楼	510623	448	—	166
17	上海农村商业银行股份有限公司	上海市黄浦区中山东二路70号	200002	472	—	171
18	天津银行股份有限公司	天津市河西区友谊路15号	300201	500	—	181
19	长沙银行股份有限公司	湖南省长沙市岳麓区滨江路53号楷林国际B座长沙银行大厦	410004	—	—	205
20	郑州银行股份有限公司	河南省郑州市郑东新区商务外环路22号	450046	—	—	219
21	东莞农村商业银行股份有限公司	广东省东莞市东城区鸿福东路2号	523123	—	—	252
22	吉林银行股份有限公司	吉林省长春市东南湖大路1817号	130033	—	—	269
23	九江银行股份有限公司	江西省九江市濂溪区长虹大道619号	332000	—	—	271
24	青岛银行股份有限公司	山东省青岛市香港中路68号青岛银行12楼办公室	266000	—	—	281
25	桂林银行股份有限公司	广西壮族自治区桂林市临桂区公园北路8号	541100	—	—	291
26	天津农村商业银行股份有限公司	天津市河西区马场道59号国际经济贸易中心A座	300203	—	—	300
27	青岛农村商业银行股份有限公司	山东省青岛市崂山区秦岭路6号1号楼	266061	—	—	302
28	洛阳银行股份有限公司	河南省洛阳市洛阳新区开元大道与通济街交叉口	471023	—	—	309
29	江西银行股份有限公司	江西省南昌市红谷滩新区金融大街699号	330038	—	—	324
30	武汉农村商业银行股份有限公司	湖北省武汉市江岸区建设大道618号	430015	—	—	329
31	重庆银行股份有限公司	重庆市江北区永平门街6号	400010	—	—	348
32	贵州银行股份有限公司	贵州省贵阳市南明区中华南路149号中都大厦	550002	—	—	367
33	重庆三峡银行股份有限公司	重庆市江北区江北城汇川门路99号东方国际广场	400000	—	—	375
34	广西北部湾银行股份有限公司	广西壮族自治区南宁市青秀路10号	530028	—	—	384
35	广东南海农村商业银行股份有限公司	广东省佛山市南海区桂城南海大道北26号	528200	—	—	402
36	沧州银行股份有限公司	河北省沧州市运河区迎宾大道天成首府南侧	061001	—	—	428
37	赣州银行股份有限公司	江西省赣州市章贡区赣江源大道26号	341000	—	—	430
38	无锡农村商业银行股份有限公司	江苏省无锡市金融二街9号	214125	—	—	440
39	柳州银行股份有限公司	广西壮族自治区柳州市中山西路12号	545001	—	—	456

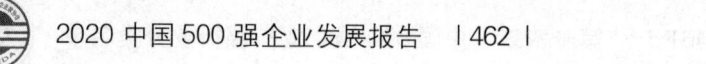

续表

行业名次	公司名称	通讯地址	邮政编码	名次(1)	名次(2)	名次(3)
40	张家口银行股份有限公司	河北省张家口市桥东区胜利北路51号	075000	—	—	457
41	江苏江阴农村商业银行股份有限公司	江苏省江阴市砂山路2号汇丰大厦	214431	—	—	485
保险业						
1	中国人寿保险（集团）公司	北京市西城区金融大街17号中国人寿中心	100000	10	—	7
2	中国人民保险集团股份有限公司	北京市西城区西长安街88号中国人保大厦	100031	30	—	14
3	中国太平洋保险（集团）股份有限公司	上海市黄浦区中山南路1号	200120	51	—	27
4	中国太平保险控股有限公司	香港铜锣湾新宁道8号中国太平大厦第一期22层	—	97	—	46
5	泰康保险集团股份有限公司	北京市西城区复兴门内大街156号泰康人寿大厦	100031	104	—	47
6	华夏人寿保险股份有限公司	北京市海淀区北三环西路西海国际中心1号楼	100086	110	—	50
7	新华人寿保险股份有限公司	北京市朝阳区建国门外大街甲12号新华保险大厦	100022	130	—	55
8	阳光保险集团股份有限公司	北京市朝阳区朝外大街乙12号昆泰国际大厦17层	100020	212	—	85
9	前海人寿保险股份有限公司	广东省深圳市罗湖区宝安北路2088号深业物流大厦	518023	230	—	94
10	富德生命人寿保险股份有限公司	广东省深圳市福田区益田路荣超商务中心A栋32层	518048	265	—	106
11	中华联合保险集团股份有限公司	北京市丰台区丽泽商务区南区凤凰嘴街3号中华保险大厦	100071	378	—	138
12	中国大地财产保险股份有限公司	上海自由贸易试验区银城中路501号第26、27、28层	200120	418	—	153
13	渤海人寿保险股份有限公司	天津市和平区南京路219号 天津中心A座30层	300051	—	—	398
证券业						
1	兴华财富集团有限公司	河北省邯郸市武安市上团城西	056300	421	—	154
2	海通证券股份有限公司	上海市黄浦区广东路689号	200001	—	—	193
3	广发证券股份有限公司	广东省广州市天河区珠江新城马场路26号广发证券大厦	510627	—	—	242
4	方正证券股份有限公司	湖南省长沙市天心区湘江中路二段36号华远国际中心37层	410002	—	—	463
基金、信托及其他金融服务						
1	马上消费金融股份有限公司	重庆市渝北区黄山大道中段52号渝兴广场B2栋4-8楼	401121	—	—	311
2	重庆国际信托股份有限公司	重庆市渝中区民权路107号重庆信托大厦	400010	—	—	425
3	天弘基金管理有限公司	天津市河西区马场道59号天津国际经济贸易中心A座16层	300203	—	—	439
多元化金融						
1	中国平安保险（集团）股份有限公司	广东省深圳市福田区益田路5033号平安金融中心	519033	6	—	3
2	中国中信集团有限公司	北京市朝阳区光华路10号中信大厦	100020	33	—	16
3	招商局集团有限公司	香港干诺道中168-200号信德中心招商局大厦40楼	—	63	—	35
4	中国光大集团有限公司	北京市西城区太平桥大街25号中国光大中心13层	100033	66	—	37

续表

行业名次	公司名称	通讯地址	邮政编码	名次(1)	名次(2)	名次(3)
5	中国华融资产管理股份有限公司	北京市西城区金融大街8号	100033	187	—	74
6	中国信达资产管理股份有限公司	北京市西城区闹市口大街9号院1号楼	100031	225	—	92
7	上海新增鼎资产管理有限公司	上海市浦东新区御北路385号4号楼	—	350	—	132
8	武汉金融控股（集团）有限公司	湖北省武汉市长江日报路77号投资大厦	430015	387	—	145
9	中国万向控股有限公司	上海市浦东新区陆家嘴西路99号万向大厦	200120	—	—	229
10	河南交通投资集团有限公司	河南省郑州市金水东路26号	450016	—	—	290
11	广州金融控股集团有限公司	广东省广州市天河区体育西路191号中石化大厦B塔26楼	510620	—	—	299
12	新大陆科技集团有限公司	福建省福州市马尾区儒江西路1号新大陆科技园	350015	—	—	469
住宅地产						
1	碧桂园控股有限公司	广东省佛山市顺德区北郊镇碧桂园大道1号碧桂园中心	528312	38	—	20
2	恒大集团有限公司	广东深圳市南山区海德三道1126号卓越后海中心36楼	518054	39	—	21
3	绿地控股集团股份有限公司	上海市打浦路700号绿地总部大厦	200023	46	—	24
4	万科企业股份有限公司	广东省深圳市盐田区大梅沙环梅路33号万科中心	518083	55	—	30
5	融创中国控股有限公司	天津市南开区宾水西道奥城商业广场C7-10层	300381	131	—	56
6	龙湖集团控股有限公司	重庆市渝江区天山大道西段32号A幢	401123	138	—	58
7	华侨城集团有限公司	广东省深圳市南山区华侨城办公楼	518053	158	—	65
8	卓尔控股有限公司	湖北省武汉市盘龙城经济开发区巨龙大道特1号卓尔创业中心	432200	223	—	91
9	弘阳集团有限公司	江苏省南京市大桥北路9号弘阳大厦	210031	226	—	93
10	荣盛控股股份有限公司	河北廊坊开发区春明道北侧	065001	250	—	100
11	珠海华发集团有限公司	广东省珠海市香洲区昌盛路155号	519020	259	—	102
12	重庆华宇集团有限公司	重庆市渝北区泰山大道东段118号	401121	264	—	105
13	蓝润集团有限公司	四川省成都市天府新区华府大道1号蓝润置地广场	610213	310	—	118
14	广州越秀集团股份有限公司	广东省广州市天河区珠江新城珠江西路5号广州国际金融中心64楼	510623	334	—	124
15	上海中梁企业发展有限公司	上海市普陀区丹巴路99号苏宁天御国际广场C2栋	200062	338	—	126
16	北京首都开发控股（集团）有限公司	北京市东城区沙滩后街22号	100009	342	—	129
17	福佳集团有限公司	辽宁省大连市沙河口区兴工街4号新天地广场A栋24楼	116021	395	—	148
18	重庆中昂投资集团有限公司	重庆市渝中区上清寺路1号4楼	400015	432	—	159
19	天津泰达投资控股有限公司	天津经济技术开发区盛达街9号	300457	434	—	161
20	陕西龙记泰信房地产开发有限公司	陕西省西安市高新区科技二路76号陕商投资大厦	710065	459	—	168
21	北京江南投资集团有限公司	北京市朝阳区红坊路8号	100176	474	—	172
22	北京金融街投资（集团）有限公司	北京西城区金融大街33号通泰大厦B座11层	100033	486	—	174
23	建业控股有限公司	河南省郑州市金水区农业东路与如意西路建业总部港E座	450003	497	—	179

续表

行业名次	公司名称	通讯地址	邮政编码	名次(1)	名次(2)	名次(3)
24	重庆市中科控股有限公司	重庆市南岸区茶园新区新天泽国际总部城A5栋2单元	401336	—	—	182
25	香江集团有限公司	广东省广州市番禺区番禺大道锦绣香江花园会所办公楼	511400	—	—	191
26	天津亿联控股集团有限公司	天津市东丽区金钟河大街3699号	300240	—	—	195
27	苏州金螳螂企业（集团）有限公司	江苏省苏州市姑苏区西环路888号	215004	—	—	201
28	文一投资控股集团	安徽省合肥市瑶海区包公大道18号文一集团	230011	—	—	207
29	广州市方圆房地产发展有限公司	广东省广州市天河区体育东路28号方圆大厦	510000	—	—	224
30	杭州滨江房产集团股份有限公司	浙江省杭州市江干区庆春东路38号	310020	—	—	227
31	厦门中骏集团有限公司	福建省厦门高崎南五路208号中骏集团大厦	361006	—	—	228
32	厦门禹洲集团股份有限公司	福建省厦门市思明区湖滨南路55号禹洲广场	361003	—	—	239
33	联发集团有限公司	福建省厦门市湖里大道31号	361006	—	—	253
34	大华（集团）有限公司	上海市宝山区华灵路698号	200442	—	—	256
35	天津现代集团有限公司	天津市和平区滨江道219号利华佳商厦	300022	—	—	267
36	广州珠江实业集团有限公司	广东省广州市越秀区环市东路371-375号世贸中心大厦南塔28-30楼	510095	—	—	270
37	广田控股集团有限公司	广东省深圳市罗湖区深南东路2098号	518001	—	—	318
38	广西云星集团有限公司	广西南宁区青秀区金湖路59号地王大厦34层	530028	—	—	336
39	桂林彰泰实业集团有限公司	广西桂林南宁良庆区五象大道660号彰泰城AB栋	530200	—	—	364
40	天津住宅建设发展集团有限公司	天津市和平区马场道66号	300050	—	—	366
41	南京大地建设集团有限责任公司	江苏省南京市华侨路56号大地建设大厦27楼	210029	—	—	372
42	卓正控股集团有限公司	河北省保定市七一东路2358号卓正大厦	071000	—	—	387
43	安徽省众城集团	安徽省合肥市庐阳区濉溪路99号	230001	—	—	404
44	绿城物业服务集团有限公司	浙江省杭州市西湖区文一西路767号西溪国际B座	310012	—	—	412
45	安徽文峰置业有限公司	安徽省合肥市经开区繁华大道与金寨路交口文峰中心27层	230000	—	—	422
46	中锐控股集团有限公司	上海市长宁区金钟路767-2号	200335	—	—	434
47	厦门住宅建设集团有限公司	福建省厦门市思明区莲富大厦写字楼8楼/20楼	361009	—	—	448
48	大洲控股集团有限公司	福建省厦门市思明区鹭江道2号第一广场	361001	—	—	452
49	四川邦泰投资有限责任公司	四川省成都市高新区益州大道北段333号东方希望中心22楼	610041	—	—	473
50	厦门经济特区房地产开发集团有限公司	福建省厦门市思明区展鸿路81号特房波特曼财富中心A座51-53层	361000	—	—	477
51	合富辉煌集团控股有限公司	广东省广州市天河区金穗路一号邦华环球广场9楼	510627	—	—	490
商业地产						
1	华夏幸福基业股份有限公司	北京市朝阳区东三环北路霞光里18号佳程广场A座7层	100027	206	—	82
2	重庆市迪马实业股份有限公司	重庆市江北区大石坝东原中心7号楼36层	400021	261	—	103
3	奥园集团有限公司	广东省广州市番禺区南村镇万惠一路48号2302	511440	381	—	141

续表

行业名次	公司名称	通讯地址	邮政编码	名次(1)	名次(2)	名次(3)
4	卓越置业集团有限公司	广东省深圳市福田中心区福华三路卓越世纪中心1号楼65层	518048	—	—	203
5	宝龙地产控股有限公司	上海市闵行区新镇路1399号宝龙大厦	201101	—	—	220
6	武汉地产开发投资集团有限公司	湖北省武汉市江汉区常青路9号地产大厦	430000	—	—	386
7	北京中能昊龙投资控股集团有限公司	北京市丰台区海鹰路6号院7号楼1层101室	100070	—	—	421
多元化投资						
1	厦门象屿集团有限公司	福建省厦门市象屿路99号国际航运中心E栋11楼	361006	77	—	43
2	阳光龙净集团有限公司	福建省福州市台江区望龙二路1号47楼	350005	90	—	45
3	深圳市投资控股有限公司	广东省深圳市福田区深南中路4009号投资大厦18楼	518048	108	—	48
4	重庆市金科投资控股（集团）有限责任公司	重庆市两江新区春兰三路地勘大厦12楼	400000	114	—	51
5	国家开发投资集团有限公司	北京市西城区阜成门北大街6号-6国际投资大厦A座	100034	144	—	61
6	云南省建设投资控股集团有限公司	云南省昆明市经济技术开发区信息产业基地林溪路188号	650501	156	—	64
7	云南省投资控股集团有限公司	云南省昆明市西山区人民西路285号云投商务大厦	650100	164	—	67
8	陕西投资集团有限公司	陕西省西安市碑林区朱雀路中段1号金信国际大厦	710061	268	—	108
9	广东省广晟资产经营有限公司	广东省广州市天河区珠江新城珠江西路17号广晟国际大厦50-58楼	510623	325	—	120
10	国能领航城市建设投资有限公司	北京市朝阳区工人体育场东路甲2号13层1301	100027	326	—	121
11	四川省交通投资集团有限责任公司	四川省成都市二环路西一段90号四川交投大厦	610041	340	—	128
12	浙江前程投资股份有限公司	浙江省宁波市鄞州区高新区研发园B区1幢6楼	315048	349	—	131
13	杭州市城市建设投资集团有限公司	浙江省杭州市西湖区益乐路25号嘉文商务大楼	310012	—	—	192
14	武汉当代科技产业集团股份有限公司	湖北省武汉市东湖新技术开发区光谷大道116号当代中心	430000	—	—	208
15	源山投资控股有限公司	上海市浦东新区陆家嘴环路166号35层	200437	—	—	232
16	广东粤海控股集团有限公司	广东省广州市天河区天河路208号粤海天河城大厦45楼	510620	—	—	237
17	广西农村投资集团有限公司	广西南宁市厢竹大道30号	530023	—	—	260
18	青岛城市建设投资（集团）有限责任公司	山东省青岛市崂山区海尔路166号永业大厦	266100	—	—	261
19	盐城市国有资产投资集团有限公司	江苏省盐城市世纪大道669号	224005	—	—	268
20	广州市城市建设投资集团有限公司	广东省广州市越秀区中山四路228号城投大厦	510030	—	—	273
21	宁波君安控股有限公司	浙江省宁波市高新县菁华路58号君安大厦A座	315000	—	—	283
22	洛阳国宏投资集团有限公司	河南省洛阳市洛龙区金城寨街78号8幢6层、7层	471000	—	—	313
23	无锡市交通产业集团有限公司	江苏省无锡市运河东路100号	214031	—	—	328
24	曹妃甸国控投资集团有限公司	河北省自由贸易试验区曹妃甸片区曹妃甸工业区市政服务大厦B座9019室	063200	—	—	341

续表

行业名次	公司名称	通讯地址	邮政编码	名次(1)	名次(2)	名次(3)
25	青岛西海岸新区融合控股集团有限公司	山东省青岛市黄岛区长江中路485号国汇金融中心A座1211室	266500	—	—	346
26	厦门海沧投资集团有限公司	福建省厦门市海沧区钟林路8号海投大厦	361026	—	—	399
27	广州交通投资集团有限公司	广东省广州市海珠区广州大道南1800号交投集团716室	510288	—	—	417
28	南宁威宁投资集团有限责任公司	广西南宁市锦春路15号威宁大厦2005室	530021	—	—	443
29	河北省国有资产控股运营有限公司	河北省石家庄市桥西区站前街10号	050001	—	—	451
30	南京金宝商业投资集团股份有限公司	江苏省南京市江宁区天元东路257号	211100	—	—	454
31	广州开发区金融控股集团有限公司	广东省广州市黄埔区科学大道60号A2栋开发区金控中心33楼	510000	—	—	471
32	重庆城市交通开发投资（集团）有限公司	重庆市渝北区梧桐路6号	401120	—	—	479
人力资源服务						
1	中国国际技术智力合作集团有限公司	北京市朝阳区光华路7号汉威大厦西区25层	100004	175	—	71
2	北京外企服务集团有限责任公司	北京市朝阳区广渠路18号院世东国际B座13层	100022	215	—	86
3	广州红海人力资源集团股份有限公司	广东省广州市越秀区万福路137号三楼	510110	—	—	297
4	上海博尔捷企业集团有限公司	上海市静安区梅园路77号人才大厦19楼	—	—	—	332
5	福建省人力资源服务有限公司	福建省福州市鼓楼区六一北路金三桥大厦A座6楼	350001	—	—	475
科技研发、规划设计						
1	福建发展集团有限公司	福建省福州市湖前路58号	350003	—	—	455
2	中国成达工程有限公司	四川省成都市天府大道中段279号成达大厦	610041	—	—	484
3	中国海诚工程科技股份有限公司	上海市宝庆路21号	200031	—	—	495
国际经济合作（工程承包）						
1	中国江苏国际经济技术合作集团有限公司	江苏省南京市北京西路5号	210008	—	—	278
旅游和餐饮						
1	北京首都旅游集团有限责任公司	北京市朝阳区雅宝路10号凯威大厦	100020	267	—	107
2	上海春秋国际旅行社（集团）有限公司	上海市长宁区空港一路528号航友宾馆2号楼	200335	—	—	258
3	开元旅业集团有限公司	浙江省杭州市萧山区市心中路818号	311202	—	—	400
4	四川众心乐旅游资源开发有限公司	四川省成都市高新区天府二街269号	—	—	—	409
5	岭南生态文旅股份有限公司	广东省东莞市东城区东源路33号	523125	—	—	424
文化娱乐						
1	安徽出版集团有限责任公司	安徽省合肥市政务文化新区翡翠路1118号	230071	—	—	263
2	中原出版传媒投资控股集团有限公司	河南省郑州市金水东路39号	450016	—	—	282
3	浙江华通控股集团有限公司	浙江省绍兴市上虞区曹娥街道越爱路66号	312300	—	—	301
4	安徽新华发行（集团）控股有限公司	安徽省合肥市北京路8号	230051	—	—	321
5	芒果超媒股份有限公司	湖南省长沙市开福区金鹰影视文化城	410003	—	—	333
6	广州酷狗计算机科技有限公司	广东省广州市天河区黄埔大道中315号自编1-17	510665	—	—	337
7	浙江出版联合集团有限公司	浙江省杭州市西湖区天目山路40号	310013	—	—	343
8	西安曲江文化产业投资（集团）有限公司	陕西省西安曲江新区雁翔路3168号雁翔广场1号楼18、19、20层	710061	—	—	369

续表

行业名次	公司名称	通讯地址	邮政编码	名次(1)	名次(2)	名次(3)
9	中南出版传媒集团股份有限公司	湖南省长沙市营盘东路38号	410005	—	—	381
10	湖南电广传媒股份有限公司	湖南省长沙市开福区浏阳河大桥东	410000	—	—	447
11	福建网龙计算机网络信息技术有限公司	福建省福州市鼓楼区温泉支路58号	350001	—	—	488
12	广东省广播电视网络股份有限公司	广东省广州市珠江西路17号广晟国际大厦37层	510623	—	—	491
教育服务						
1	北京学而思教育科技有限公司	北京市海淀区丹棱街丹棱soho	100080	—	—	279
医疗卫生健康服务						
1	爱尔眼科医院集团股份有限公司	湖南省长沙市天心区芙蓉中路三段388号	410015	—	—	385
综合服务业						
1	中国华润有限公司	香港湾仔港湾道26号华润大厦49层	518001	20	—	10
2	中国保利集团公司	北京市东城区朝阳门北大街1号保利大厦28层	100010	49	—	26
3	中国机械工业集团有限公司	北京市海淀区丹棱街3号	100080	71	—	39
4	雪松控股集团有限公司	广东省广州市黄埔区凯创大道2511号雪松中心	810700	76	—	42
5	新疆广汇实业投资（集团）有限责任公司	新疆乌鲁木齐市新华北路165号广汇中天广场34层	830002	109	—	49
6	广西投资集团有限公司	广西南宁市青秀区民族大道109号	530028	124	—	53
7	东浩兰生（集团）有限公司	上海市延安中路837号	200040	129	—	54
8	上海均瑶（集团）有限公司	上海市徐汇区肇嘉浜路789号均瑶国际广场37楼	200032	—	—	185
9	广东省广业集团有限公司	广东省广州市天河区金穗路1号31楼	510623	—	—	217
10	深圳华强集团有限公司	广东省深圳市深南中路华强路口华强集团1号楼	518031	—	—	226
11	上海协通（集团）有限公司	上海市静安区永和路318号18号楼505室	200072	—	—	254
12	广州岭南国际企业集团有限公司	广东省广州市越秀区流花路122号 中国大酒店商业大厦4层	510015	—	—	296
13	宁波滕头集团有限公司	浙江省宁波市奉化区萧王庙街道滕头村	315500	—	—	371
14	华茂集团股份有限公司	浙江省宁波市海曙区高桥镇望春工业区龙嘘路125号	315175	—	—	470

后 记

一、《中国 500 强企业发展报告》是由中国企业联合会、中国企业家协会组织编写的全面记载和反映中国 500 强企业改革和发展的综合性大型年度报告。

二、为深入贯彻落实习近平新时代中国特色社会主义思想和党的十九大及十九届二中、三中、四中全会精神，促进我国企业做强做优做大，培育具有全球竞争力的世界一流企业，并为国内外各界提供中国大企业发展的相关数据与研究信息，我会连续第 19 年参照国际惯例推出了中国企业 500 强及其与世界企业 500 强的对比分析报告，连续第 16 年推出了中国制造业企业 500 强、中国服务业企业 500 强及其分析报告，在此基础上连续第 10 年推出了中国跨国公司 100 大及其分析报告，连续第 2 年推出了中国战略性新兴产业领军企业 100 强及其分析报告。国务院领导多次做出批示，希望中国企业联合会继续把这方面的工作做好。2020 中国企业 500 强、中国制造业企业 500 强、中国服务业企业 500 强、中国跨国公司 100 大、战新产业领军企业 100 强的产生得到了各有关企联（企协）、企业家协会和相关企业的大力支持，在此深表感谢！

三、本报告为中国企业联合会、中国企业家协会的研究成果。各章的作者为：第一章：刘兴国；第二章：陆峰；第三章：高蕊；第四章：李建明；第五章：姚可微、何伟；第六章：崔新健、欧阳慧敏；第七章：殷恒晨；第八章至第十四章：张德华、吴晓、滑婷。全书由郝玉峰统稿，参加编辑工作的有：郝玉峰、缪荣、刘兴国、高蕊、张德华、吴晓、王艳华、王晓君、张薇、滑婷、黄鹏，等等。

四、凡引用本报告研究数据、研究成果的，应注明引自"中国企业联合会《2020 中国 500 强企业发展报告》"，未经授权不得转载 2020 中国企业 500 强、2020 中国制造业企业 500 强、2020 中国服务业企业 500 强、2020 中国跨国公司 100 大、战新产业领军企业 100 强名单。

五、2021 年我会将继续对中国企业 500 强、中国制造业企业 500 强、中国服务业企业 500 强进行分析研究，出版《中国 500 强企业发展报告》，申报 2021 中国企业 500 强、2021 中国制造业企业 500 强、2021 中国服务业企业 500 强的企业，请与我会研究部联系，电话：010 – 88512628、

68701280、68431613、88413605；传真：010-68411739。

六、本报告得到了中国企业管理科学基金会、正威国际集团、泰康保险集团、埃森哲、金蝶集团、北京大成律师事务所、中国保险行业协会、中国可持续发展工商理事会、复旦管理学奖励基金会、工业和信息化科技成果转化联盟、中国移动通信集团有限公司、浪潮集团有限公司、振烨国际产业控股集团（深圳）有限公司、厦门邑通软件科技有限公司、北京牡丹电子集团有限责任公司、麦斯特人力资源有限公司的大力支持，在此特别致谢！

由于时间仓促，本报告难免出现疏漏和不尽人意之处，恳请经济界、企业界及其他各界人士提出宝贵意见和建议。

在本书即将出版之际，我们还要向一直负责本书出版的企业管理出版社表示感谢！

编者

二〇二〇年九月

2020

中国企业500强

2020中国企业500强
2020中国制造业企业500强
2020中国服务业企业500强

部分企业介绍

王文银

正威国际集团董事局主席

正威国际集团创始人、董事局主席王文银，安徽安庆人，现任全国政协委员，中国企业家协会副会长，中国生产力促进中心协会主席，广东省工商联副主席，安徽省工商联副主席，深圳市工商联副主席，深商联理事会主席，深圳市企业联合会、深圳市企业家协会会长，广东省安徽商会创会会长，深圳市文化创意行业协会创会会长，2015年、2016年、2017年、2018年、2019年中国企业500强大会联合会主席等社会职务；荣获全球最具创造力的华商领袖、中国优秀企业家、《财富》2013年中国最具影响力商界领袖、2013——2014年度全国优秀企业家、2014年广东年度经济风云人物、2015年亚太经济领袖（卓越贡献）、2016年广东省优秀中国特色社会主义事业建设者、2016年广东功勋企业家、2017年亚太最具社会责任经济领袖（卓越贡献）、2018年全球最具影响力的商界领袖、2019中国经济年度人物等。

在带领正威持续健康发展的同时，王文银始终高度重视企业社会责任的践行，积极投身教育、慈善等社会公益事业，真情回馈社会，致力于环境友好，谋求可持续发展。

461~196 位 2009—2010年
118~81 位 2011—2012年

正威国际集团是由产业经济发展起来的新一代电子信息和新材料完整产业链为主导的高科技产业集团，近年来大力发展产业投资与科技智慧园区开发、战略投资与财务投资、交易平台等业务。在金属新材料领域位居世界前列。

集团目前拥有员工20000余名，总部位于中国广东省深圳市，应全球业务发展，在国内成立了华东、北方、西北总部，在亚洲、欧洲、美洲等地设有国际总部。2019年，集团实现营业额逾6000亿元，位列2020年世界500强第91名。

集团采用区隔互动式人才战略主导的关联多元化新商业模式，在做大做强新一代电子信息主业的同时，积极向金属新材料、非金属新材料

![AMER 正威 世界500强]

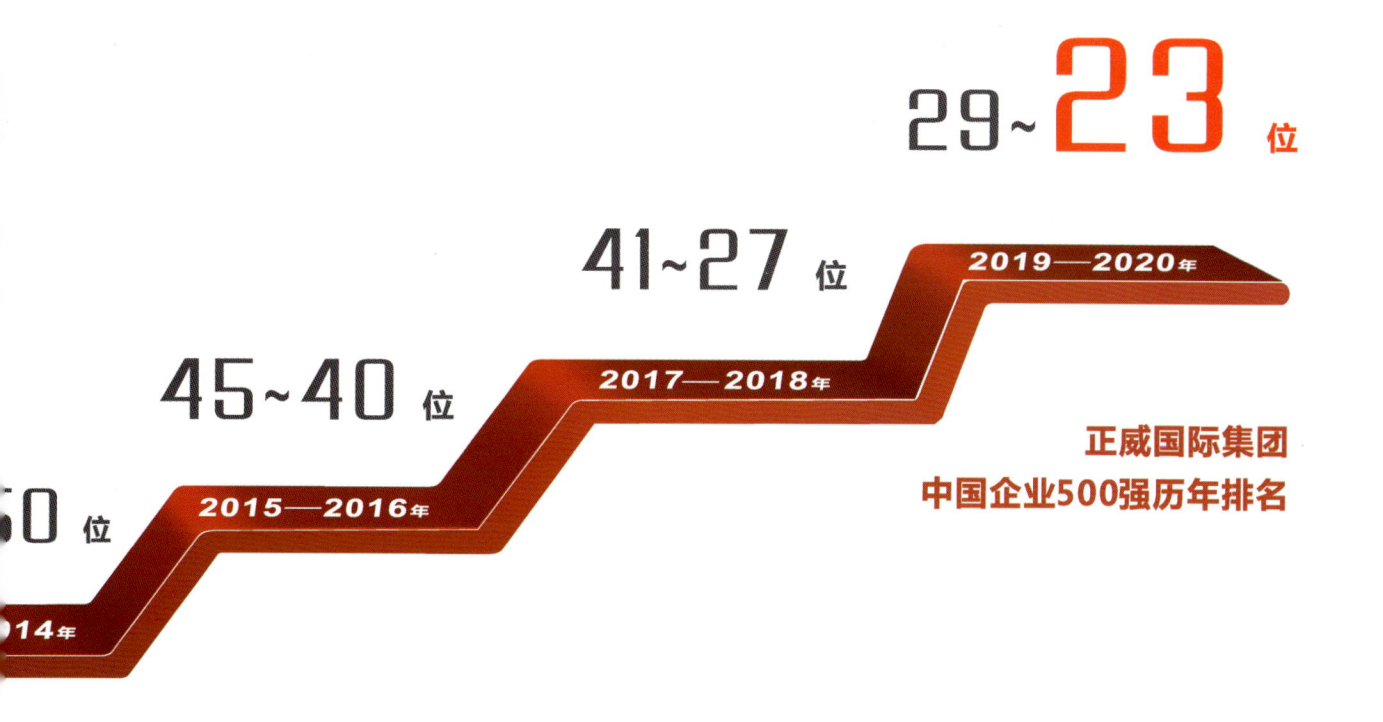

正威国际集团 中国企业500强历年排名

- 2013—2014年：50位
- 2015—2016年：45~40位
- 2017—2018年：41~27位
- 2019—2020年：29~23位

正威国际集团简介

等领域进军。集团在全球拥有三大研发中心，即瑞士研发中心、美国研发中心和新加坡研发中心，同时与国内外知名高等院校，如哈佛大学、牛津大学、剑桥大学、北京大学、中国科技大学、华盛顿大学、纽约大学、香港城市大学、南方科技大学、安徽大学等合作发展教育事业。

集团在全球拥有超过10平方公里的商业开发园区，100平方公里工业开发园区，1000平方公里采矿区，10000平方公里矿区面积，10万平方公里探矿权面积，已探明矿产资源储量总价值逾10万亿元；已累积专利2000多项，2020年将新增专利350多项。历经20多年的发展，集团实现了从区域的、单一行业到世界的、全产业链的发展格局。集团的发展得益于党和国家的英明领导，得益于改革开放政策好，得益于对五大规律的正确把握，得益于开阔的人才发展空间与人力资源整合，得益于公司经济学与方案经济学的指导与实践深化。

随着经济全球化进程的不断加快和中国经济体制改革的纵深推进，集团将顺势而上，努力实施国际化市场、国际化人才、国际化管理，以及"大增长极、大产业链、大产业园"的新商业模式。秉承文、战、投、融、管、退，即文战先行，投融并举，管退有序的企业发展哲学，走超常规发展之路，打造全球产业链最完整、产品质量最好、最值得信赖和尊重的服务商，进入世界百强企业行列，实现正威"振兴民族精神，实现产业报国"的企业使命！

泰康 Taikang
泰康保险集团　世界500强企业
FORTUNE GLOBAL 500 2020

泰康之家居民
实景拍摄

泰康之家养老社区十九城：北京、上海、广州、成都、苏州、武汉、三亚、杭州、长沙、厦门、南昌、沈阳、南宁、宁波、合肥、深圳、南京、重庆、郑州

咨询热线
40060-95522

住泰康之家
活出自己的精彩

我今年77岁，

退休前是一名电力高级工程师，搞了一辈子科研。

3年前，我入住泰康之家，开始学习芭蕾形体艺术。

心中有梦想，处处有舞台。

泰康之家 高品质养老社区

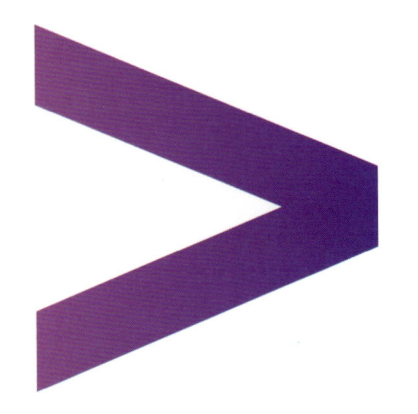

埃森哲公司注册成立于爱尔兰，是一家全球领先的专业服务公司，依靠卓越的数字化能力，为客户提供战略与咨询、互动营销、技术和运营服务及解决方案。凭借独特的业内经验与专业技能，以及翘楚全球的卓越技术中心和智能运营中心，其业务涵盖40多个行业，以及企业日常运营部门的各个职能。埃森哲是《财富》全球500强企业之一，目前拥有约51.3万名员工，服务于120多个国家的客户。埃森哲坚持以创新促发展，帮助客户提升绩效，持续创造价值。

中国企业数字转型的卓越伙伴

创新资源
- 客户
- 生态伙伴
- 风投加速器
- 初创公司
- 学术机构

商业研究院	高科技风投	技术研究院	数字工作室	创新中心	交付中心
发掘行业趋势数据驱动洞察	发掘行业投资新兴企业并结为合作伙伴	重新定义技术研发并创造商业价值	快速敏捷地构建创新解决方案	展示并运用行业解决方案	将创新实现于所有领域和环节

战略与咨询	互动营销	技术服务	运营服务
商业战略/技术战略 行业咨询/管理咨询 技术咨询 应用智能 创新中心	创新体验 增长、产品及文化设计 技术及体验平台 创意、媒体及市场战略 营销活动、内容及渠道整合	技术应用 智能平台 云及基础架构 软件开发 安全 技术研发/创投 生态联盟	通用业务流程服务： 财会/采购/营销 行业业务流程服务： 银行/保险/医疗保健

创新资源
- 埃森哲之道
- 专家队伍
- 投资并购
- 行业及职能专长
- 员工学习平台
- 商业方法论及工具

©2020埃森哲版权所有。

accenture
埃森哲

最值得托付的企业服务平台

1993年	680万	8000万	699亿元	20万
金蝶创建	超过 680 万家企业及非营利性机构使用金蝶软件及云服务	超过 8000 万用户使用金蝶软件及云服务	2019年"双11"金蝶管易云商家交易额达 699 亿元	金蝶云支撑 20 万家门店的零售业务 链接千万终端消费者

Kingdee

金蝶国际软件集团有限公司（以下简称金蝶）始创于 1993 年，是香港联交所主板上市公司（股票代码：0268.HK），总部位于中国深圳。以"致良知、走正道、行王道"为核心价值观，以"全心全意为企业服务，让阳光照进每一个企业"为使命，致力成为"最值得托付的企业服务平台"。

在中国企业云服务市场不断探索，金蝶不仅连续 14 年稳居成长型企业应用软件市场占有率第一，更连续 2 年在企业级 SaaS 云服务市场占有率排名第一。此外，金蝶是率先入选 Gartner 全球市场指南（Market Guide）的中国企业 SaaS 云服务厂商。

金蝶旗下的多款云服务产品获得标杆企业的青睐，包括金蝶云·苍穹（大企业云服务平台）、金蝶云·星空（中大型、成长型企业创新云服务平台）、金蝶精斗云（小微企业的一站式云服务）、云之家（智能协同办公服务）、管易云（电商行业云）、车商悦（汽车经销行业云）及我家云（物业行业云）等。金蝶通过管理软件与云服务，已为世界范围内超过 680 万家企业、政府等组织提供服务。

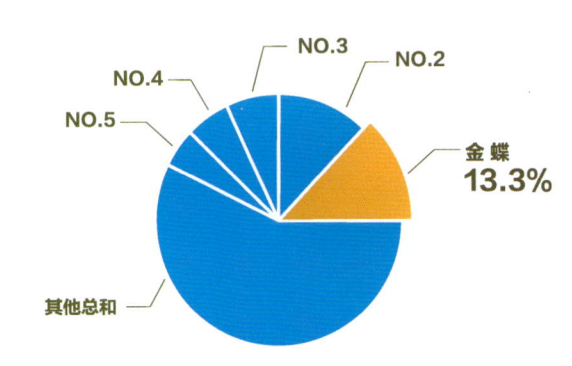

2019中国企业级 ERM SaaS 应用软件市场占比：金蝶 13.3%

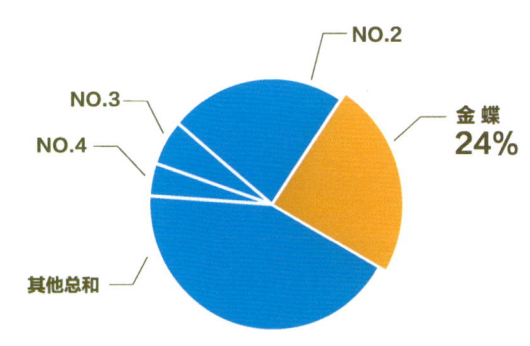

2019中国财务云市场占比：金蝶 24%

*数据来自IDC研究报告
《中国年度企业级应用软件SaaS市场跟踪报告（2019）》

与各行各业一起
推动中国经济发展

伴随20多年的招商局集团、万科、温氏集团、合生创展集团、兴发铝业、深圳华侨城集团等行业标杆与金蝶风雨同舟、砥砺前行，金蝶已深深根植于各行各业。

50%+
财富中国100强企业
超过一半选择金蝶

50%+
制造行业中国TOP 20
超过一半选择金蝶

50%
金蝶的系统支持着
全球50%的钢铁生产

50%
家居行业中国TOP 10
一半选择金蝶

50%
3C数码行业中国TOP 5
一半选择金蝶

50%
政府及公共事业国产中间件
超过一半选择金蝶

60%
全球10大港口
6个选择金蝶
处理全球吞吐量43%

66%
地产企业中国Top 15
10个选择金蝶

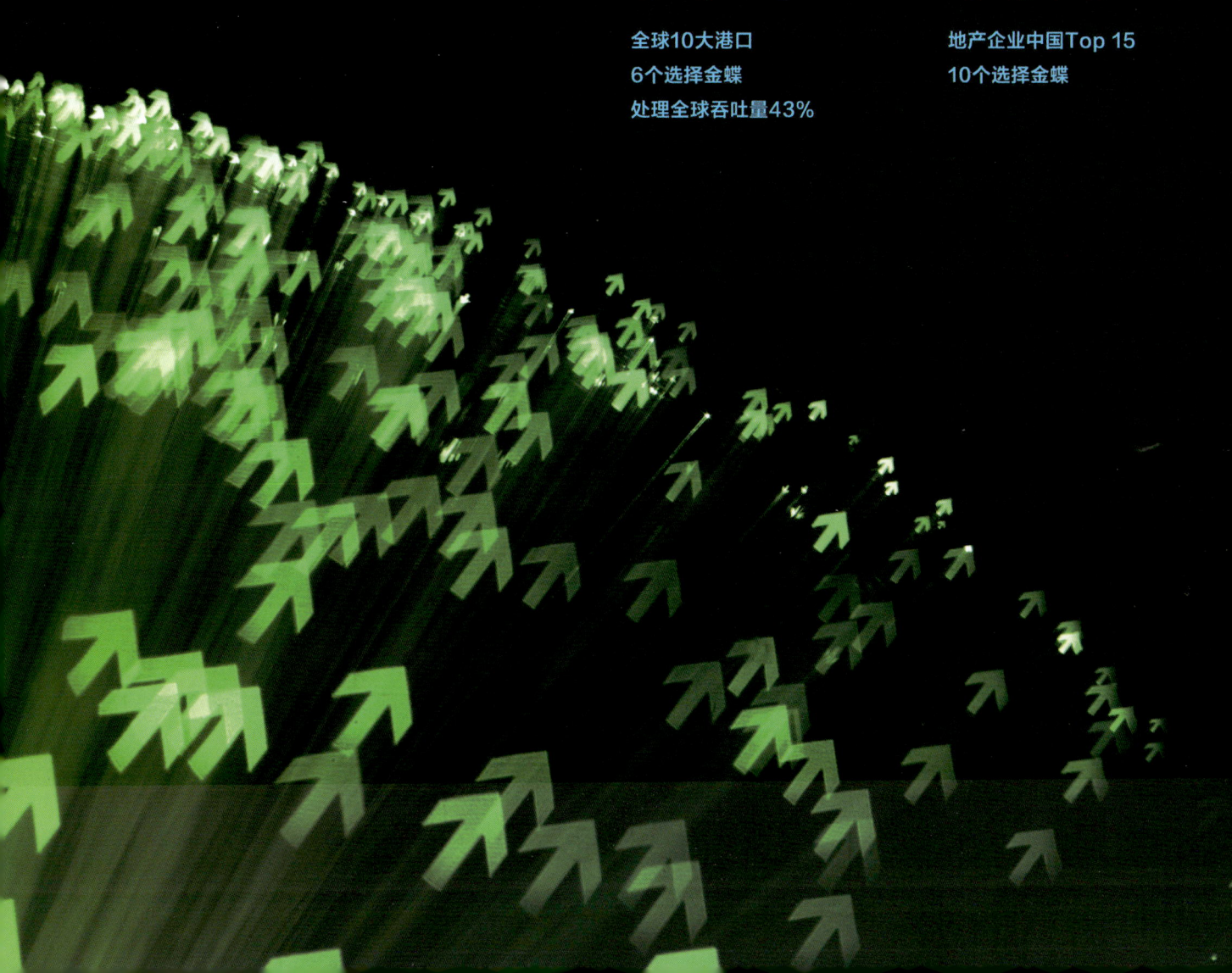

大成 DENTONS

北京大成律师事务所

北京大成律师事务所（以下简称大成）1992年在北京成立，秉承"志存高远，海纳百川，跬步千里，共铸大成"的核心文化理念，以客户需求为中心，致力于为国内外客户提供专业、全面、优质、高效的法律服务。多次荣获"全国优秀律师事务所"等荣誉称号，并连续多年被《钱伯斯》《法律500强》《亚洲法律杂志》等国际知名法律评级机构重点推荐。

大成是一家多中心的律师事务所，在全球拥有逾10000名律师，服务超过70个国家，业务遍及加拿大、澳大利亚、美国、英国和欧洲、中东、非洲、拉丁美洲，以及整个亚太地区和加勒比海地区，为客户提供丰富的本土经验，帮助他们在各个地区开展业务或解决争议。大成也多次荣登"Acritas 全球精英律所品牌""BTI全球律所品牌精英"等榜单前10强。

Acritas Part of Thomson Reuters	Chambers AND PARTNERS	CHINA BUSINESS LAW JOURNAL 商法
Acritas 2018 年 全球精英律所 品牌指数第 10 名	钱伯斯亚太法律指南 能源与矿产资源领域 连续 6 年上榜	连续 4 年荣膺《商法》 （China Business Law Awards） 能源及自然资源 卓越律所大奖（2017—2020）

- 10500+ 律师总数
- 70+ 国家
- 180+ 办公室
- 19000+ 人员总数
- 14000+ 创收人员
- 80+ 工作语言
- US$48,600,000+ 公益法律服务及志愿活动价值
- 700+ 钱伯斯上榜律师
- 90+ Lexpert 上榜律师

大成的企业合规团队依托大成全球法律服务网络，积累了丰富的知识和实操经验，在众多领域就合规及风险管理问题提供全方位的法律意见。帮助客户进行合规管理、危机管理及政府调查应对，帮助客户减轻和避免遭受行政、民事、刑事责任的风险。

大成中国区的企业合规综合性专业团队，是事务所进行企业合规法律业务管理的机构。整合大成全国企业合规专业法律服务资源，实现大成全国企业合规专业法律服务和业务管理的一体化建设；从事专业指导和业务管理，提升大成企业合规业务整体专业水平；打造大成企业合规法律服务团队品牌，为大成企业合规法律业务的规范化、规模化、专业化、品牌化做出贡献。

大成在该领域的主要服务包括：

- 合规管理体系建立
- 行政监管合规
- 刑事合规
- 国际制裁合规
- 重点业务领域合规专项
- 反腐败、反贿赂合规
- 出口管制与贸易合规
- 数据保护合规
- 反垄断与国家安全审查合规
- 海外工程建设合规
- 知识产权合规等
- 合规尽职调查
- 内部合规调查
- 执法调查应对
- 合规培训
- 法律法规解读及趋势研判
- 涉及合规问题的争议解决

如需进一步信息，可发送邮件至 beijing@dentons.cn
地址：北京市朝阳区东大桥路 9 号侨福芳草地大厦 7 层　电话：010-58137799

辽宁盘锦石化基地

中国兵器工业集团有限公司

中国兵器工业集团有限公司是我军机械化、信息化、智能化装备发展的骨干，是全军毁伤打击的核心支撑，是现代化新型陆军体系作战能力科研制造的主体，是"一带一路"建设和军民融合发展的主力。

2019年，中国兵器工业集团有限公司确立了"以习近平新时代中国特色社会主义思想为指引，把贯彻落实党中央决策部署作为最高战略，以履行好强军首责、推动高质量发展为工作主线，努力建设具有全球竞争力的世界一流企业"的新时代发展方针，贯彻新发展理念，强党建、抓创新、调结构、推改革，利润总额、净利润等平稳增长，经营规模在军工集团中名列前茅，军工任务完成情况考核位列军工集团第一，军贸出口成交稳居军工集团排头兵，连续16个年度蝉联国务院国资委经营业绩考核A级，位列世界500强企业排名第154位。

大口径厚壁无缝钢管 　　超重型数控单柱移动立式铣车床 　　国内市场占有率位居第一的非公路矿用车

集团公司深入贯彻落实习近平总书记重要指示批示精神，始终坚持国家利益高于一切，始终秉承"把一切献给党"人民兵工精神，为国防现代化建设和国民经济发展做出了重要贡献。坚持陆军、海军、空军、火箭军、战略支援部队和公安武警装备协调发展，自主创新攻克了一大批核心关键技术，实现了兵器科技由战术层面向战略层面的突破，迈入了与发达国家同台竞技、局部领域领跑的新阶段；坚持推动民品制造业高质量发展，大力发展高档数控机床、汽车零部件、石油与精细化工、特种化工、新材料、工程机械、民爆服务、光电信息等优势民品产业，着力推进北斗地基增强系统建设与运行、北斗短报文服务、北斗应用"走出去"；坚持着力推动海外石油、矿产、国际工程承包、国际产能合作等"一带一路"重大标志性项目建设走深走实，国际化经营水平不断提升。

中国兵器工业集团定点扶贫的云南红河县哈尼梯田项目

伊拉克艾哈代布油田夜景

孟加拉燃煤电站项目

南京钢铁集团

南钢党委书记、董事长 黄一新

因钢铁报国而落成，由钢铁强国而发展。南京钢铁集团（以下简称南钢）始建于1958年，是江苏钢铁工业摇篮，中国大型钢铁联合企业、国家级高新技术企业，先后荣获"全国文明单位""亚洲质量奖""全国质量奖""全国用户满意企业""中国最佳诚信企业""十大卓越品牌钢铁企业""钢铁行业竞争力极强（最高等级A+）企业""全国企业文化建设优秀单位""新中国70周年最具品牌影响力企业""国家级绿色工厂""智能制造示范基地""钢铁行业改革开放40周年功勋企业"等重要荣誉。"十三五"期间，南钢创新推出JIT+C2M智能制造模式和全员合伙人制度，广受关注。

南钢智慧中心效果图

南钢JIT+C2M智能工厂正式投产

绿色南钢

南钢再登"绿色发展标杆企业榜单"

南钢荣膺高质量建设江北新主城特别贡献奖

南钢入选江苏高质量发展标杆企业榜

2018年，南钢首进中国企业500强营收超千亿元方阵；2019年，位居江苏省十大企业、南京市制造业企业首位。

南钢坚持高质量党建引领企业高质量发展，持续提升运营、创新、产业链、裂变、组织、全球化6个能级，打造"2+3+5+4"的国际级、国家级及省级高端研发平台，构建钢铁+新产业"双主业"相互赋能的复合产业链生态系统。在钢铁产业重点打造世界一流的中厚板精品基地和国内一流的特钢精品基地、复合材料基地等；新产业着力拓展能源环保、新材料、智慧制造、航空航天、现代物流、钢铁产业链等领域。

新时代，新征程。南钢以"创建国际一流受尊重的企业智慧生命体"为愿景，确立"一体三元五驱动"战略，致力打造创新驱动、数字化转型及新产业裂变三条成长曲线，实现指数级增长，推进企业从"高原"向"高峰"攀登，建设"钢铁＋新产业"双百亿利润、管理市值达到千亿美元的全球化高科技产业集团、世界头部企业，成为钢铁行业转型发展的引领者，做世界级智能化工业脊梁，把企业建设为绿色智慧发展、产城融合的典范和美好生活的家园。

南钢向社会捐赠疫情防控紧缺物资

全国乡村医生南钢扶贫队员出征仪式

建龙集团办公楼外景

"只争第一
点滴做起"

北京建龙重工集团有限公司

　　北京建龙重工集团有限公司是一家集资源、钢铁、船舶、机电等新产业于一体的大型企业集团。集团经营的产业涵盖多种资源勘探、开采、选矿、冶炼、加工、机电产品制造等完整产业链条，目前拥有4430万吨矿石（铁、铜、钼、钒、磷矿等）的开采和选矿能力、4000万吨粗钢冶炼和轧材能力、150万载重吨造船能力、1500万千瓦防爆电机和风力电机制造能力，以及1.5万吨五氧化二钒的冶炼能力、360万吨焦炭生产能力。

　　2019年，集团控股公司完成钢产量3119万吨、铁精粉557万吨、交船8艘，完成主营业务收入1520亿元，实现利润总额67.95亿元，上缴税金54.88亿元。截至2020年6月，集团总资产规模达到1430亿元。

　　企业自成立以来，一贯秉承"只争第一，点滴做起"的企业精神和"诚信、规则、团队、卓越、共赢"的核心价值观，坚持客户至上，精细管控，以自主研发技术改造，带动规模扩大和产品结构优化升级；坚持"绿水青山就是金山银山"的环保理念，注重环境保护和节能减排，大力开展绿色工厂建设；注重利人惠己，永续经营，通过企业并购重组和行业拓展，实现了企业裂变式发展。

　　展望未来，集团将担负起"成就建龙人事业梦想"的企业使命，继续以"只争第一，点滴做起"的企业精神为指引，坚持以市场为导向、以效益为核心，完善产业布局，利用产业链整合的优势，做强传统制造业，做精战略性新兴产业，大力发展钢铁及贸易资源，实现集团产业结构的整体升级；通过提升技术创新能力，有序推进工业4.0体系建设和数字化转型，实现企业可持续发展，打造具有国际竞争力的重工产业集团，朝着"引领行业进步、深受社会尊重、员工引以自豪的重工产业集团"这一宏伟愿景不断迈进。

彩涂卷板产品

冷轧彩涂生产线

650mm带钢冷轧机组生产现场

高速线材生产线

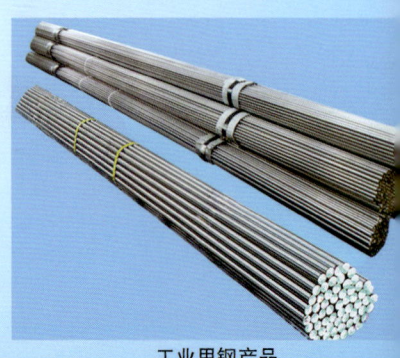

工业用钢产品

杭州市实业投资集团有限公司

　　杭州市实业投资集团有限公司成立于2001年6月，注册资本60亿元，是杭州市政府直属的国有大型投资集团。经过19年的改革发展，集团目前拥有控参股企业57家，职工近3万名，获AAA级信用评级、"中国企业500强"称号。截至2019年年末，集团合并总资产557亿元，净资产175亿元。

　　集团坚持聚焦"打造产商融结合的国际化投资平台"的战略目标，构建完成资源运作平台、资本营运平台、资产管理平台、资产营运平台、国际贸易平台及若干产业集团的"4+1+X"发展格局，持续深耕高端制造业、产业园区建设与运营、战略新兴产业股权投融资与经营管理、货物贸易及相关投资和服务四大主业，旗下杭叉集团股份有限公司、杭州锅炉集团股份有限公司、杭华油墨股份有限公司、杭州热联集团股份有限公司、浙江华丰纸业集团有限公司、新中法高分子材料股份有限公司、浙江轻机实业有限公司等均处于国内或行业领先地位。

　　站在新的发展起点，集团将积极把握杭州创建全国数字经济第一城和实施"新制造业计划"的历史机遇，以"产业投资+产业服务+资本运作"为抓手，为集团高质量发展不断注入强劲动力。集团真诚期待与更多企业和社会各界携手合作，共创互赢！

广药集团 Guangzhou Phar. Holdings | 广药白云山 GUANGZHOU BYS HOLDINGS

广药白云山 爱心满人间

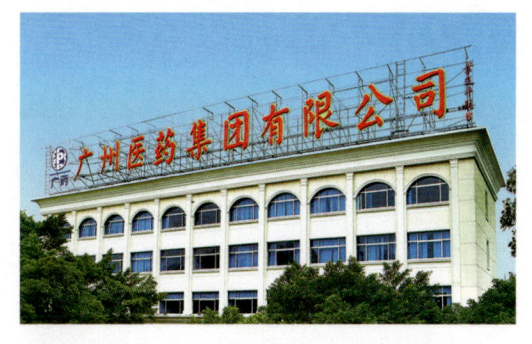

Guangzhou Pharmaceutical Holdings Limited
广州医药集团有限公司

广州医药集团有限公司（以下简称广药集团）秉承"广药白云山，爱心满人间"的企业理念，弘扬"合作、济世、诚实、奉献、勤奋、创新"的企业精神，一直致力于提升大众健康水平，降低医疗费用。广药集团主要从事药品、大健康产品、医疗器械等医药相关产品的研发、生产、销售及医疗养生服务，旗下拥有中国药品领先品牌"白云山"，拥有12家中华老字号企业，其中10家逾百年历史，420年历史的"陈李济"是获得吉尼斯世界纪录的"世界最长寿制药厂"。2019年，广药集团销售收入超过1330亿元，位居中国企业500强第160位。

广药集团将通过弘扬激情、活力、理性、从容、向上、向善、奉献、乐施的"16字精神"，众志成城把广药集团打造成为独具产业特色、文化鲜明的世界一流企业。

广州医药集团有限公司

党委书记、董事长　邱录军

公司简介

　　云投集团成立于1997年，注册资本242亿元，定位为省政府的投资主体、融资平台和经营实体，控股省管企业云南金控、云南城投、云南能投和云南贵金属集团，现为富滇银行第一大股东、红塔证券第二大股东、中银国际证券第四大股东，获得国内"AAA"、国际"BBB"信用评级和全国第40家、云南省首家TDFI资格企业，为助推云南产业转型发展和经济稳定增长发挥了重要骨干作用。自成立以来，云投集团在云南省重点项目建设中累计完成投资超过1944亿元，累计融资突破3914亿元，带动社会投资5599亿元，发展成为云南省目前资产规模最大的综合类投资控股企业。截至2019年年末，云投集团资产总额3756亿元，全年实现合并营业收入总额1283亿元，合并利润总额32亿元，合并净利润27亿元。

　　立足于在全省经济社会发展中特有的功能定位和平台作用，集团进一步明晰了"151"发展战略，即积极打造省级国有资本投资运营综合平台，重点培育发展"大公益、大金融、大数据、

云投集团大楼外形

新昆玉铁路

大文旅、大康养"和"一带一路"的"5大+1"核心产业板块，并推动传统基础建设、现代农林、能源及贸易物流等综合业务板块提质增效、转型升级，推动高质量发展。以"资本管控"为主线探索构建定位清晰、职责明确的"集团总部资本层—专业公司资产层—经营单元执行层"三级架构，总部转型为资本管控和运营母体，探索资本投资运营模式，增强国企活力、影响力和抗风险能力。通过发挥集团融资、投资拉动、资源整合和资本运作能力优势，承担好省委、省政府确定的重大战略和社会事业任务，培育发展竞争性、前瞻性和战略性产业，成为省委、省政府深化国资国企改革的重要抓手、战略资源整合的中枢平台、国有资本战略布局的"调节器"，尽快成为世界500强企业。

大理崇圣寺三塔

新昆华医院

云投林纸6万吨生活用纸项目一期2.4万吨成功投料试生产照片

柬埔寨吴哥国际机场效果图

云南省云上云中心

敬业集团
JINGYE GROUP

厂区风景 　　　　　　　　　　　　污水养鱼 　　　　　　　　　　　　敬业创新中心

企业概况

敬业集团是以钢铁为主业，下辖总部钢铁、乌兰浩特钢铁、英国钢铁、云南敬业钢铁，兼营钢材深加工、增材制造3D打印、国际贸易、旅游的跨国集团，现有员工27000名。2019年销售收入1274亿元，上缴税金45.3亿元，位列中国企业500强第217名。2017年入选工信部第一批绿色工厂，荣膺"钢铁行业改革开放40周年功勋企业""2017京津冀最具影响责任品牌"。"敬业"商标是中国驰名商标，品牌价值505.68亿元人民币。

产品研发：主要产品螺纹钢、中厚板、热卷板、冷轧板、镀锌板、异型钢、型钢、钢轨，是全球大型螺纹钢生产基地，国家高强钢筋生产示范企业、国家高新技术企业。敬业集团在全球22个国家设立分公司和办事机构，产品出口到80多个国家和地区，被中国中铁、中国电建等多家央企列为优秀供应商。

转型升级：为进一步提升企业竞争力，敬业集团引进全球行业领先的高精尖技术——增材制造技术和短流程薄带铸轧技术。同时，大手笔运作钢材深加工，逐步打造年产值超500亿元的钢结构、钢筋加工、冷轧、汽车改装、制管装备园区；敬业集团收储10万亩山场，规划"一个基地、四大景区"蓝图，建设黄金寨、王母山、迪山云顶、太行风情小镇四

螺纹钢产品 　　　　　　　　　　　热卷板产品 　　　　　　　　　　　英钢产品

大景区，打造华北大型康养旅游基地，并积极运作物流、贸易、金融等非钢经济，拓展全球业务！

国际化：为推进国际化进程，敬业集团于2020年3月9日完成对英国第二大钢铁公司——英国钢铁有限公司（以下简称英钢）的收购。英钢产能450万吨，主要产品为钢轨、H型钢、高端线材、异型钢等高品质钢材。收购英钢加快了敬业高质量发展步伐，同时向世界钢铁行业展现了中国钢铁的竞争力和影响力。

社会责任：敬业集团发展时刻不忘回报社会，投资2亿元修建钢城路；注资5000万元成立河北敬业公益基金会，每年拿出400多万元奖励平山优秀学子，累计捐资达1288万元；2020年新冠肺炎疫情期间，累计捐赠2350万元现金、10万只口罩……多年来，敬业集团积极参与修路、建校、扶贫等公益事业，累计投入超8亿元。

发展愿景：敬业集团将认真贯彻党的十九大精神，朝着国内效益最好、国际一流的企业目标大步前行，为实现产业报国贡献力量。

敬业集团办公楼

北大荒农垦集团有限公司（黑龙江省农垦总局）

简 介

第十三届全国人大代表
北大荒农垦集团有限公司（黑龙江省农垦总局）
党委书记、局长、董事长
王守聪

北大荒农垦集团有限公司（黑龙江省农垦总局）
党委副书记、副董事长、总经理
杨宝龙

　　北大荒农垦集团有限公司是黑龙江垦区整体改制后的企业集团（加挂黑龙江省农垦总局的牌子），由财政部代表国务院履行出资人职责的大型央企，从事农业及农产品生产经营管理业务、投资经营管理业务及其他业务，是国家级生态示范区及国家现代化大农业示范区。辖区土地总面积5.54万平方公里，现有耕地4448万亩、林地1362万亩、草地507万亩、水面388万亩。下辖9个分、子公司，108个农（牧）场有限公司，978家国有及国有控股企业。总人口162.3万人，从业人口53.2万人。

黑龙江农垦开发建设始于1947年，作为我国农业先进生产力的代表，在屯垦戍边、发展生产、支援国家建设、保障国家粮食安全方面做出了重大贡献，形成了组织化程度高、规模化特征突出、产业体系健全的独特优势，是国家关键时刻抓得住、用得上的重要力量。目前，垦区已经具备超过440亿斤粮食综合生产能力和400亿斤商品粮保障能力。粮食生产连续9年稳定在400亿斤以上，实现"十六连丰"，为保障国家粮食安全做出了重大贡献。垦区在创造了巨大物质财富的同时，还创造了以"艰苦奋斗、勇于开拓、顾全大局、无私奉献"为主要内涵的北大荒精神，激励着一代又一代北大荒人在建设现代化大农业的伟大征程上开拓前进。

2019年，北大荒农垦集团有限公司营业收入1233.6亿元，利税21.9亿元，实现利润3.1亿元，位列中国企业500强第161位，中国农业生产企业第一位。2020年"北大荒"品牌价值突破千亿元达1028.36亿元，位居中国500强最具价值品牌排行第50位。

当前和今后一个时期，北大荒农垦集团有限公司紧紧围绕"三大一航母"战略目标，通过实施"1213"工程体系，即以"绿色智慧厨房"为牵引，用"双控一服务"建设大基地，用"一体两翼"建设大企业，用"三库一中心"建设大产业，借力"北大荒"千亿元品牌价值，进军世界财富500强，由"大粮仓"向"大粮商"再向"国际新型食品供应商"转变，加快中国农业品牌的全球化步伐。

航化作业

金秋收获

雅戈尔
YOUNGOR

集团董事长 李如成

公司简介

  雅戈尔集团创建于1979年，总部位于东海之滨的浙江省宁波市，是全国纺织服装行业龙头企业。2019年度实现销售收入1116亿元，利润总额54亿元，实缴税收28亿元，位居中国民营企业500强第66位。截至2019年年底，雅戈尔集团总资产1014亿元，净资产312亿元。经过41年的发展，已形成以品牌发展为核心，纺织服装、地产开发、金融投资等多元并进、专业化发展的综合性国际化企业集团。

  41年来雅戈尔集团始终把打造国际品牌作为企业发展的根基，围绕转型升级、科技创新，砥砺前行，确立了高档品牌服饰的行业龙头地位，品牌价值258.29亿元。YOUNGOR主品牌持续保持国内男装领域主导品牌地位，形成了以

YOUNGOR品牌为主体，MAYOR、Hart Schaffner Marx、HANP、YOUNGOR LADY为延伸的立体化品牌体系。

雅戈尔集团已经与ZEGNA、LORO PIANA、CERRUTI 1881、ALUMO、ALBINI五大国际面料商建立战略合作联盟，以"全球面料、红帮工艺、高性价比"打造中国自主高端男装品牌"MAYOR"。收购了拥有130多年历史的美国男装品牌Hart Schaffner Marx亚太区经营权，重新定位美式休闲，强调轻商务、重户外、类运动，将产品年轻化、休闲化，在发展的同时融入女装，实行男女装并行的策略，塑造全新的Hart Schaffner Marx品牌形象。

目前，雅戈尔集团正以标准化、自动化、信息化、智能化、数字化、平台化"六化合一"的建设理念，全面打造拥有花园式生产环境、人性化管理、智能化流水线、信息透明化的中国智能制造精品工厂，并通过强有力的品牌、有竞争力的成本、快速反应的体系、良好的体验平台、高科技手段的应用及线上线下融合，助力"智慧营销"的建设。

未来，雅戈尔集团将继续秉承"创国际品牌，铸百年企业"的企业愿景，传承"诚信、务实、责任、勤俭、和谐、包容"的企业文化，力争通过30年的努力将雅戈尔集团建设成时尚王国。

智能制造车间

广东鼎龙实业集团有限公司
DINGLONG GROUP COMPANY LIMITED

广东鼎龙实业集团有限公司（以下简称鼎龙集团）始创于20世纪90年代，集团公司注册于2005年，总部位于广州。集团以文旅产业、地产开发、贸易产业链、矿产业四大产业为核心，以酒店投管、物业管理、新零售、港口及航空产业、现代农业、大健康六大产业为协同，拥有A股上市公司鼎龙文化（002502.SZ）。2019年，集团总营收突破1000亿元，荣膺2020年中国民营企业500强、中国服务业民营企业100强。

鼎龙集团深耕"大文旅+""大康养+"产业模式，通过整合健康、养老、旅居等多元素融合，构建"文化传承、生态环保、乡村振兴"三重价值体系，在中国成功打造多个文旅综合体，拥有数万亩文旅土地储备，并形成"滨海欢乐王国系、滨海度假系、森林温泉系、生态文化系"等大文旅产品，致力打造世界级旅游目的地及国际会议中心。

鼎龙贸易产业链是一家全产业链布局平台，覆盖大宗商品交易三大领域："工业品""农产品"和"矿产品"。布局全球物流、仓储及码头等供应链资产，为产业链上下游企业提供系统全方位服务。以"互联网+""物联网+""大数据"为驱动，提供专业产业链服务。集团控股云南中钛科技有限公司拥有丰富的钛矿资源，砂钛铁矿资源量占全国砂钛矿储量超50%。岩矿钛矿物量0.9亿吨以上，合计钛精矿储量1.3亿吨以上，远景储量超3亿吨，矿产储值超千亿。

集团旗下上市公司鼎龙文化，下辖19家子公司，分布北京、上海、深圳、杭州、福州等多个城市，公司主要从事影视剧投资、拍摄、制作、发行和网络游戏研发、发行和运营，致力打造具有中国特色的文化产业。

多年来，鼎龙集团积极践行"乡村振兴战略"，以文旅项目为基地，整合周边资源，振兴乡村经济，乡村振兴成果作为典型登上"学习强国"平台全国推广。

鼎龙集团长期致力社会公益，先后荣获"2019年度广东扶贫济困红棉杯金杯""宋庆龄基金会特别爱心合作伙伴""扶贫济困十佳杰出贡献单位""南方公益文化环保奖"等殊荣。多年来，集团成功打造"粤西年例暨非遗文化节"IP，成为具有全国影响力的文化盛事。

鼎龙湾项目航拍图

鼎龙湾德萨斯水世界

鼎龙文化代表影视作品

鼎龙湾福朋喜来登酒店

鼎龙十里桃江

鼎龙钛矿产业

鼎龙年例文化节

甘肃省公路航空旅游投资集团有限公司
GANSU PROVINCIAL HIGHWAY AVIATION TOURISM INVESTMENT GROUP CO.,LTD

党委副书记、董事长　石培荣

　　石培荣，中共党员，北京大学工商管理硕士，正高级会计师、高级经济师，国务院政府特殊津贴获得者，"全国五一劳动奖章获得者"，甘肃省领军人才。

董事长石培荣（图右7）代表公航旅集团与中国银行、巴克莱银行签署战略合作协议。2016年11月，公航旅集团在国际资本市场成功发行5亿美元债券，这是甘肃本地企业首次在境外发行美元债券。

集团简介

　　甘肃省公路航空旅游投资集团有限公司（以下简称公航旅集团），是集公路、航空、旅游、金融为一体的国有独资投资公司，成立于2011年1月，注册资本1000亿元。

　　公航旅集团以习近平新时代中国特色社会主义思想为指引，深入贯彻落实党的十八大、十九大精神，按照甘肃省委省政府"公路促民航、交通带旅游"的决策部署，坚持"以路为主、适度多元、融合发展"战略，成功布局公路、航空、旅游、金融、保险、贸易、文化传媒等业务板块，下属50多家子（分）公司。截至2020年6月，资产总额超过5600亿元，净资产超过2000亿元，比成立之初均增长8倍。2019年，营业收入1240亿元，利润超过10亿元。国内主体信用为AAA正面展望，境外主体信用等级为BBB+，先后七次荣获甘肃省"省长金融奖"。

　　成立9年来，公航旅集团累计融资3600亿元，融资方式填补甘肃多项空白，融资规模屡创甘肃多个第一。累计投资建成高速公路2300多公里，占甘肃已建成高速公路的一半以上。建成兰州中川机场二期等民用机场，建成甘肃首个通航机场并成功举办首届丝绸之路（张掖）国际通航大会。投资开发省内多个旅游景区，张掖丹霞晋级国家5A级景区，跻身世界地质公园，已成为甘肃旅游的靓丽名片。金融板块已成为甘肃金融业务涵盖最广的综合金融服务平台，并建成中国西北最先进的金融仓储基地，为促进区域经济发展注入了活力。

甜永高速公路控制性工程天宁沟特大桥是黄土地区亚洲第二高墩，甜永高速由公航旅集团出资、公建集团建设，是国家推进西部大开发、实施"一带一路"倡议骨干路网的重要组成部分，属于甘肃省列重大建设项目。

甘肃公航旅集团所属合资通用航空公司——甘肃公航旅金汇通航公司直升机正在开展应急救援演练活动。

丹霞热气球节。张掖丹霞景区是甘肃公航旅集团投资开发并运营的国家5A级景区，并跻身"联合国教科文组织世界地质公园"，成为甘肃省旅游产业发展的一张靓丽的名片。

公航旅张掖国际露营地门牌。张掖国际露营基地是由甘肃公航旅集团投资建设运营的集住宿、餐饮、娱乐、汽车配套服务等为一体的大型房车露营基地，也是目前甘肃省投资最大、功能最齐全、业态分布最完善的旅游综合体。

上海银行
Bank of Shanghai

上海银行股份有限公司（以下简称上海银行）成立于1995年12月29日，总行位于上海，是上海证券交易所主板上市银行，股票代码601229。

上海银行以"精品银行"为战略愿景，以"精诚至上，信义立行"为核心价值观，近年来通过推进专业化经营和精细化管理，服务能级不断增强，普惠金融、供应链金融、科创金融、民生金融、投资银行、交易银行、跨境银行、金融市场、消费金融、养老金融、在线金融等特色逐步显现。近年来，上海银行把握金融科技趋势，以更智慧、更专业的服务，不断满足企业和个人客户日趋多样化的金融服务需求。

上海银行主动对接国家战略和上海"三大任务、一大平台"，发挥协同作用，提升区域服务能级；深化服务实体经济，加大小微信贷投放力度，搭建普惠金融线上模式，形成了以"上行e链"为核心的供应链金融体系；将零售业务作为重中之重，从客户经营、基础支撑、生态建设等方面打造零售经营体系；开展数字化转型，以端到端的思维、全旅程的理念、颠覆式创新思维，推进科技与业务深度融合；稳健经营，规范管理，着力提升风险经营管理能力。

上海银行目前在上海、北京、深圳、天津、成都、宁波、南京、杭州、苏州、无锡、绍兴、南通、常州、盐城、温州等城市设立分支机构，形成长三角、京津冀、粤港澳大湾区和中西部重点城市的布局框架；发起设立四家村镇银行、上银基金管理有限公司、上海尚诚消费金融股份有限公司，设立境外子公司上海银行（香港）有限公司，并通过其设立了境外投行机构上银国际有限公司。

上海银行自成立以来市场影响力不断提升，截至2019年年末，总资产22370.82亿元，较2018年年末增长10.32%；实现净利润202.98亿元，同比增长12.55%。在英国《银行家》杂志公布的2020年全球银行1000强中，按一级资本排名位列全球银行业第73位。未来上海银行将不断提升能力、持续夯实基础，在精品银行建设的道路上不断奋进。

以诚相守 不负所期

1995——2020 25th

上海银行股票代码：601229.SH　24小时客户服务热线：95594

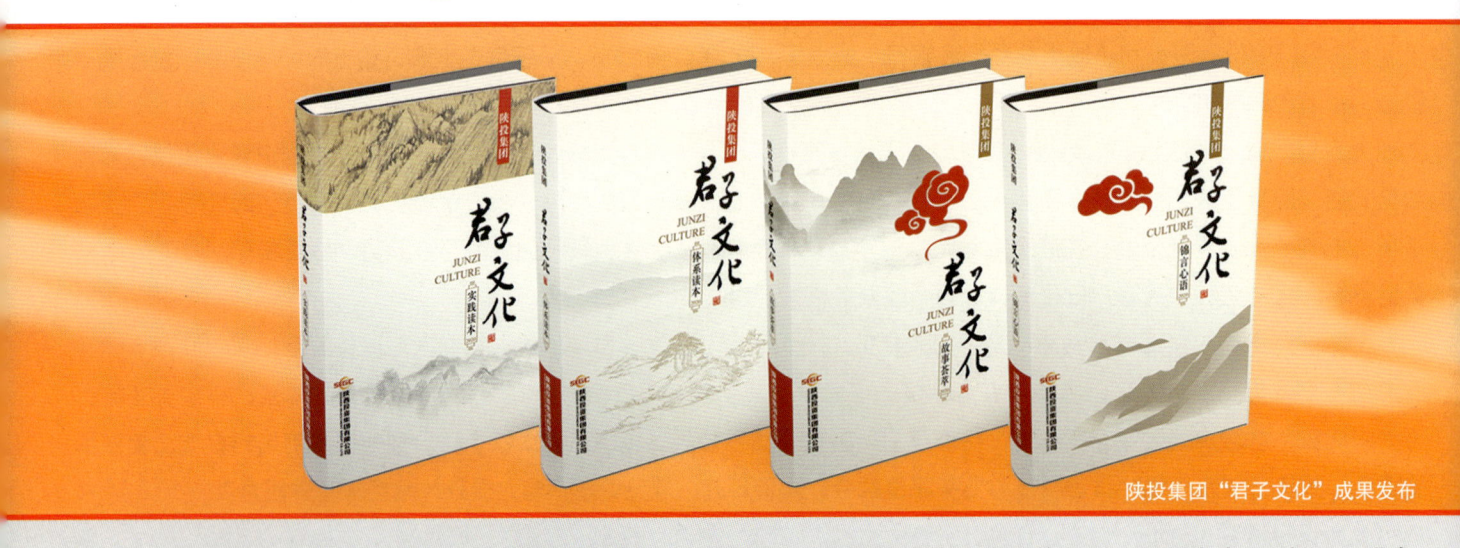

陕西投资集团有限公司
SHAANXI INVESTMENT GROUP CO., LTD.

陕投集团"君子文化"成果发布

  陕西投资集团有限公司（以下简称陕投集团）是陕西省首家国有资本投资运营公司，注册资本100亿元，现有总资产近1700亿元，全系统员工2万多人。

  陕投集团秉承"追寻价值、引领发展"的使命与担当，坚持金融和实业"两轮驱动"战略，打造形成了能源产业阵地稳固、金融产业优势突出、新兴产业蓬勃发展的产业体系。实体产业方面，涵盖地质勘探、煤炭开发、电力、新能源、盐化工、航空、现代物流、房地产酒店及战略新兴产业等；金融产业方面，涉及证券、信托、基金、期货、融资租赁、财务公司等。

  自1991年成立至今，陕投集团连续28年保持盈利，两次荣获"全国五一劳动奖状"，在省国资委组织的年度综合业绩考核中一直保持A类排名。2019年，实现营业收入773亿元，利润总额38亿元。

  "十三五"，陕投集团将完成"11525"规划目标：累计完成投资1000亿元以上，实现控股发电装机1000万千瓦以上，控股煤炭产能5000万吨/年以上，总资产达到2000亿元以上，年营业收入达到500亿元以上，资产证券化率提高至60%，打造成为中国一流国有资本投资运营公司。

陕投集团首个自主建设风电项目——陕能榆阳小壕兔一期100MW风电项目

陕投集团水电岚河公司蔺河口大坝

陕投集团外观大楼

陕投集团下属陕航集团与贝尔直升机签约合作的贝尔407直升机

陕投集团与北京华联联合打造的西安SKP，成为陕西西安南门外时尚新地标

陕西省首个大型煤电一体化外送项目——赵石畔煤电项目

向刚果（金）第一夫人德尼兹基金会捐赠防疫物资

以中西文化融合促进全球业务协同发展

洛阳栾川钼业集团股份有限公司

洛阳栾川钼业集团股份有限公司（以下简称洛阳钼业、公司）属于有色金属矿采选业，主要从事基本金属、稀有金属的采、选、冶等矿山采掘及加工业务和矿产贸易业务。目前，公司主要业务分布于亚洲、非洲、南美洲、大洋洲和欧洲五大洲，是全球主要的白钨生产商和第二大的钴、铌生产商，亦是全球前五大钼生产商和领先的铜生产商，磷肥产量位居巴西第二位，同时公司基本金属贸易业务位居全球前三。洛阳钼业在香港联交所和上海证券交易所两地上市，股份代号分别为HK03993和SH603993。

2019年，公司收入687亿元，归属于上市公司股东净利润18.6亿元。截至2019年年底，总资产1169亿元。位列2019年全球40强矿业上市公司第18位、中国跨国公司100大第34位、中国制造业企业500强第284位、中国民营企业500强第327位、中国有色金属企业营业收入50强第18位。

近年来，洛阳钼业牢牢把握科技创新这一主线，积极融入国家发展战略，以工业互联网、5G新技术为依托，实施"三大改造"（智能化改造、绿色化改造和技术改造），率先在全国范围内建成数字矿山系统、智能遥控露天采矿生产线、纯电动矿用卡车、5G无人智慧矿山。

洛阳钼业的愿景是成为一家受人尊敬的世界级资源公司。秉承"精英管理、成本控制、持续改善、成果分享"的经营理念，持续提升公司的成本优势，坚持内生发展和外延投资双轮驱动公司发展，持续管理和优化资产负债表，挖掘并发挥与矿产贸易业务的协同效应，凭借公司规模、产业链、技术、资金、市场和管理方面的综合竞争优势和多元化的融资路径，稳步实现公司战略目标。

于中国境内运营的钼钨无人矿山

总部位于瑞士日内瓦的埃珂森贸易公司

于巴西境内运营的铌磷矿

于刚果（金）境内运营铜钴矿

于澳洲境内运营的北帕克斯铜金矿

广州工业投资控股集团有限公司

集团简介

广州工业投资控股集团有限公司（以下简称广州工控）是在广州市委、市政府关于到2020年完成国有资本85%以上投向前瞻性战略性产业、先进制造业与现代服务业、基础设施与民生保障等关键领域要求的背景下，由广钢集团、万宝集团、万力集团三家联合重组而成。

广钢集团、万宝集团、万力集团均是广州市发展历史悠久、文化积淀深厚的知名企业，三家集团产品类型多样，在目标客户、销售渠道、技术储备、人力资源等方面有较大的协同空间，有利于广州工控充分运用三家集团的资源储备，对主营业务进行调整，剥离落后产能，推进资源整合，加快向高新技术企业转型。

重组后的广州工控，拥有万宝、五羊、万力轮胎等多个知名品牌，以及山河智能（上市公司代码：002097）、金明精机（上市公司代码：300281）两家上市公司，企业总数达百余家，员工总数3万余人，在高端装备制造、材料制造、制冷家电、橡胶化工等多个领域具备良好的产业基础和技术积累。

广州工控将按照"优化产业布局、提升资源价值、推进创新发展"的要求，转变发展方式，调整产业结构，实施跨越式发展，加快打造具有竞争力的大型制造业骨干企业。广州工控将以科技创新和资本运营为驱动力，充分整合现有资源，构建"1+1+N"的发展新局，即构建一个科创中心、一个战略投资平台，发力高端装备制造、材料制造、制冷家电、橡胶化工、汽车零部件、供应链服务等多个产业。力争到2021年，广州工控实现主营收入超1000亿元，2023年实现主营收入1650亿元，成为广州市制造业骨干企业，在2025年实现主营收入超2000亿元，迈入世界500强的阵营。

广州工控
山河智能飞机

广州工控广钢新材料

广州工控万宝压缩机

山河智能盾构机

广州工控万力轮胎

广州工控万宝冰箱

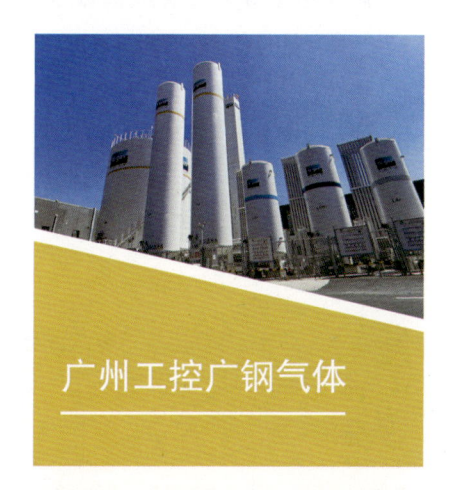

广州工控广钢气体

甘肃建投

甘肃省建设投资（控股）集团有限公司（以下简称甘肃建投），是甘肃省国有资本投资公司、甘肃省大型国有建设投资运营商，连续八次入围中国500强企业，连续六次荣膺"全球最大250家国际承包商"。2020年，甘肃建投正式改制更名，成为甘肃省首批国有资本投资公司试点单位之一，实现了从生产经营向资本投资商的华丽转身，成为全省基础设施领域最大的投资商、建筑行业的引领者、海外业务的开拓者、新业态的探索者。

甘肃建投10万平方米装配式钢结构保障房项目。

进入新时代，按照建筑产业化发展趋势，甘肃建投打造了甘肃最大的钢结构生产基地，在兰州新区、天水、榆中重点打造了三大装配式建筑产业园，发展PC、PS构件，建设了10万平方米装配式钢结构住宅小区，形成了具有独立自主产权的钢结构+三板装配式建筑模式，被列为国家试点企业和示范项目。

依托企业装配式建筑的良好发展基础，甘肃建投于2019年承担了甘肃省"一会一节"甘南合作文旅会展中心的投融资建设任务。采用EPC工程总承包模式，以科技创新为引领，新型建筑工业化为核心，全周期信息化管理为手段，对传统建筑业建造方式进行了升级、更新，造就了甘肃省首个全装配式钢结构公共建筑。

甘肃建投用短短不到百天时间，打造的甘肃省"一会一节"甘南合作文旅会展中心。该项目"创造了新的甘肃速度"，体现了现代产业化的绿色建造、智慧建造、工业建造。

甘肃建投积极践行五大发展理念，致力于落实国家战略决策，创新实践5G+新基建,培育现代服务业，服务乡村振兴战略，形成了产业新格局和市场竞争新集群，以此树立了一流建设投资运营商的鲜明形象，创造出了"量质同升"的发展新局面。积极构建地企合作的富民兴陇新模式，培育和优化满足社会、经济、文化、生态可持续发展的新业态和新产业。

全国砂石行业首个5G＋绿色智慧矿山项目落地甘肃建投，成立"绿色智慧矿山联合实验室",以"产、学、研、用"一体化模式,在矿山安全、环保、智能化等方面进行深入探索和研究,为甘肃省矿山行业科技创新和高质量发展做出贡献。

甘肃建投主动与中国核建、中核四〇四签订战略合作框架协议，以此更好地服务于国家战略、服务全省发展、优化国有资本布局、提升产业竞争力。

甘肃建投深耕海外市场40余年。从1978年承担中国政府援建多哥"人民联盟之家"工程开始，先后在亚洲、非洲、欧洲、拉丁美洲40余国开展经援项目建设、国际工程承包、经济技术合作、劳务合作、国际贸易、建材生产加工等多元业务，建成了一大批在海外有较大影响的经援工程和国际承包工程。借助"一带一路"东风，甘肃建投目前已发展形成以国际建筑工程承包为主，技术与劳务合作、进出口贸易、医药制造、酒店管理、旅游开发、海外房地产、机械租赁和建材生产加工制作为辅的多元化经营格局。

甘肃建投承建的科特迪瓦国家剧场

由甘肃建投承建的津巴布韦国家体育场工程，被誉为中津两国人民世世代代友好的纪念碑，被原外经贸部授予"援外工程先进集体"称号。

成都興城
BETTER CITY

FOR
BETTER
CITY

成都兴城投资集团有限公司是成都市重要的国有资本投资运营公司和国际化城市综合开发运营商，主营建筑产业、城市综合开发、医疗健康、文体旅游、金融、资本运营和资产管理产业板块。国内主体信用评级AAA、国际信用评级BBB+。中国中西部地区首家加入达沃斯世界经济论坛国有企业，全国企业文化建设最佳实践企业，位居成都服务类企业榜首。截至2020年6月底，集团资产总额7487亿元，设全资及控股子公司254家，银行机构649家，员工33000人。

投身城市空间布局调整和城市功能品质提升，先后打造了成都市东部、南部共56平方公里城市副中心及龙泉山丹景台、二环高架、双流国际机场等1000多个城市重点项目；建成高品质地产住宅和新型社区1885万平方米，完成四川省最大易地扶贫搬迁——39.9万平方米昭觉县集中安置项目。正参与北京大兴机场、香港机场、镇巴（川陕界）至广安高速公路、第31届世界大学生运动会22个场馆改造和大运村建设。

以"服务市民高质量生活需求"为导向，打造133平方公里天府绿道锦城公园，累计接待游客超千万人次，连续登陆冬季达沃斯世界经济论坛，向世界递上城市"生态名片"。加快落地国家医疗中心、华西国际肿瘤医院等超百亿高端医疗项目。"血必净"注射液入选中国中药抗疫方案《三药三方》，纳入国家中医药管理局多版《新型冠状病毒感染的肺炎诊疗方案》。旗下青城豪生酒店成功承接2019年第八届中日韩领导人会晤等重要活动。兴城足球俱乐部在成立一年半时间里，实现从成冠至中甲的"四连跳"，为成都打造世界赛事名城加油助力。

加快资本证券化步伐，是中国西部地区首家同时发行美、欧元债国有企业。2019年，通过资本市场收购天津红日药业（300026）、北京中化岩土集团（002542）两家上市公司控制性股权；2020年，出资165亿元竞得成都农商银行35亿股股权，成为最大股东，同步启动三年上市计划。近三年，累计对外融资金额超过1000亿元，广聚全球优质资本助力城市经济发展。

天府绿道——桂溪公园

双流国际机场（鲁班奖）

成都南部新区

郫都区战旗村新型社区

成都2019年十大名盘——人居·东湖长岛

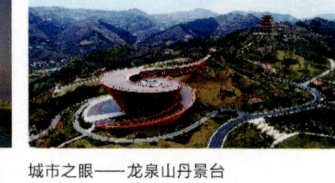

城市之眼——龙泉山丹景台

四川省最大易地扶贫搬迁——昭觉县集中安置项目

成都兴城足球俱乐部

未来，成都兴城投资集团有限公司将抢抓"成渝地区双城经济圈"建设时代机遇，以新发展理念全面参与城市开发建设和民生服务供给，为成都融入"双循环"、唱好"双城记"、建好"示范区"、夺取"双胜利"贡献力量。

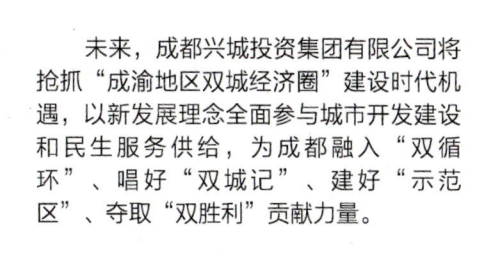

企业介绍 Company Profile

蓝润集团创始于1997年，经20余年实干笃行，已成长为"中国企业500强""中国民营企业500强"，2019年位列"四川民营企业100强"第四位，是四川省重点培育的大企业大集团。目前，集团旗下成员企业逾130家、控股上市公司2家，拥有员工近2万人，2019年集团产值630亿元。

蓝润集团坚守"实业报国、服务民生"的发展宗旨，以肉类养殖加工板块为发展重点，以"医食住行用"等民生产业为发展方向，打造以农牧为主体的综合类产业运营集团。

蓝润集团旗下产业代表项目

蓝润集团 ▶ 中国企业500强 ｜ 肉类养殖加工 ｜ 医疗康养 ｜ 供应链服务 ｜ 住宅开发 ｜ 商业开发运营 ｜ 酒店管理 ｜ 物业服务

产业布局 Industrial Layout

农牧板块	于四川、山东分别布局 为全国多个地区提供安全优质的肉食产品	**地产板块**	深耕四川 为川内居民提供优质的居住、出行及消费体验
供应链板块	成立于广东省深圳市 产品及服务覆盖全国17个省，60%的县镇	**医疗康养板块**	成立于上海 服务华东区域的多个城市及县镇

农牧板块 集团旗下五仓农牧，深耕西南区域，打造以"9+1"全产业链为发展模式的现代农牧企业，在四川省巴中市、达州市、南充市等地投资230亿元，规划建设年出栏700万头的生猪产业基地，被纳入2020年四川省重点推进项目。

地产板块 集团旗下蓝润地产作为"城市综合服务运营商"，持续加大对商业、酒店、服务业等相关产业投入力度，不断构建新盈利增长点，与蓝润集团旗下各产业形成协同发展模式，打造高质量、具有蓝润特色的城市运营产业链条，目前已建立"地产开发""商业运营""酒店管理"及"物业服务"融合的"四位一体"运营体系。目前，已累计布局住宅开发项目100余个，拥有10座润道商业街、10座城市综合体与产业园区、4家商旅及度假酒店。

供应链板块 成员企业保达实业立足深圳，聚焦消费类电子产品供应链服务，业务覆盖全国60%县镇，与三大运营商达成战略合作，是阿里巴巴签约认证的线上供应链企业。

医疗康养板块 成员企业运盛医疗（600767，SH）成立于上海，以医疗信息化作为业务支撑，深入基层为近300万人口建立医疗大数据档案，实现了全生命周期的医疗数据互联共享。

社会责任 Social Responsibility

蓝润集团以业务发展促进产业链延伸，直接或间接提供就业岗位上百万个；通过深化产业布局，践行产业扶贫，助力脱贫攻坚；积极响应号召，推进"万企帮万村"精准扶贫，为困难地区援建教育基础设施，对口帮扶贫困家庭，开展助学敬老等活动

在面对自然灾害及其他灾难时，蓝润集团积极驰援一线。"5·12"汶川特大地震发生后，迅速汇聚企业力量，前往一线抗震救灾；新冠肺炎疫情期间，集团累计捐款捐物700余万元，并派遣医疗队驰援武汉，为商户减免租金共渡难关。

蓝润集团及旗下产业向相关机构进行抗疫捐款

双胞胎

双胞胎集团总部大楼

双胞胎集团董事长 鲍洪星

双胞胎高效母猪场

现代化工厂

现代化生产车间

　　双胞胎集团（以下简称双胞胎）成立于1998年，是中国企业500强，农业产业化国家重点龙头企业，是一家专业从事生猪养殖、养猪服务、饲料销售、玉米收储的全国性大型农牧企业，现有分公司200余家，员工15000人，销售收入超660亿元。

　　双胞胎掌握核心科技，现拥有专业研发人员400多名，硕博人员100多名，成立院士、博士工作站，在荷兰、法国等国家成立研究所，储备了大量的养猪核心技术和饲料核心技术，拥有国家CNAS认证的实验室和国家企业技术中心以及国家专利100多项，并两次荣获国家科技进步二等奖。

　　双胞胎过去是饲料公司，现在为养猪公司，坚持"以客户为中心"，构建"全球最大最好的养猪服务平台"，为养殖户提供全方位解决方案，降低养殖风险，提升经济效益，让养猪更简单。双胞胎现有母猪场120多个，服务部120多个，计划2020年生猪上市500万头，存栏900万头，2021年生猪上市2000万头，2025年生猪上市7000万头，实现三分天下有其一。

国能领航城市建设投资有限公司

公司简介

国能领航城市建设投资有限公司（以下简称国能领航），是中国国际能源集团控股有限公司及其合资公司在2016年重组后成立的战略合作投资平台，业务涉及新能源的开发、能源交易、城市改造、科技园区的开发、城市基础设施的投资建设运营、房地产及城市综合开发，旗下拥有众多控股公司、合资公司、合作企业。截至到2019年年底，国能领航实现总资产（含合资和控股公司）2100亿元人民币，销售收入总额（含合资和控股公司）3760亿元人民币，利税（含合资和控股公司）71亿元人民币。其中，本部销售收入达到603亿元人民币，利润总额达到23.76亿元人民币。

2019年，按照中央经济工作会议关于"中央企业要在国家生态建设中担当重任"的指示精神，在国务院国资委的支持下，国能领航与大型中央企业中国诚通集团共同投资发起设立中国诚通生态有限公司，并经国务院国有企业改革领导小组批准成为国有企业混合所有制改革第四批试点企业。借助于中国诚通集团在中央企业中最强大的资本运营平台，在生态环境部直属中国环境科学研究院、水利部直属中国水利水电研究院、住建部直属中国城市规划院的合作支持下，国能领航与中国诚通生态强强联合，在水环境综合整治、绿地生态系统、智慧园林、城市基础设施建设、城市升级改造等领域均取得重大发展。

国能领航始终为推进生态文明建设，构建美丽绿色中国贡献智慧和力量。

国 能 智 慧 科 技 园

福建大东海厂区

大東海集团
GREAT DONG HAI CORPORATION

董事长　林国镜

福建大东海集团是集钢铁制造、房地产、建筑、物业管理、金融投资、船运、化工、经贸等多种行业于一体的综合性集团企业。旗下拥有唐山金属板材制造有限公司、福建大东海实业集团有限公司、福建日出东海投资有限公司、福建凯森房地产有限公司、香港国创国际控股有限公司、香港国创船务有限公司等30余家企业，拥有发明专利5项，员工20000余人，董事长为林国镜先生。

福建大东海实业集团厂区　　　热轧卷板

福建大东海厂部办公区效果图

　　集团所辖的福建大东海实业集团有限公司位于福州长乐滨海工业区，占地面积3000余亩，主要产品为热扎带肋钢筋（盘螺、棒材）和热轧光圆钢筋等。为响应国家供给侧改革号召，进一步优化产品结构，集团加大投资通过产能置换，实施精品汽车板材和冷轧技改项目。集团坚持走"科技含量高、资源消耗少、环境污染小、经济效益好"的新型工业化发展道路，全力推进绿色钢铁建设和绿色、清洁生产，二氧化硫、氮氧化物、颗料物等污染物排放全部达到国家超低排放标准，成为福建省第一批执行环保超低排放标准的钢铁企业。

　　集团所辖的唐山金属板材制造有限公司是河北省重点项目，占地1500亩，投资160亿元，年产500万吨精品冷轧产品。大东海集团先后获得中国质量检验协会颁发的"全国冶金行业质量领先品牌"、"全国质量检验稳定合格产品""全国产品和服务质量诚信示范企业""中国315诚信品牌""中国优质产品""国家质量监督合格红榜产品"重点推行企业；中国质量万里行"重质量、讲信誉、守合同"全国维护消费者权益诚信承诺单位。

　　近年来，集团发挥多产业协同发展的优势，立足本土，深耕城市运营、聚焦区域发展，积极推动城市人居革新。大东海地产集团坚持"品质感动生活"的品牌理念，推动城市人居革新，让企业发展与城市发展同频共振。截至目前，大东海地产集团开发项目规模、土地储备、销售货值已跻身福州房地产开发商第一阵营。

　　由实业的"铸造基因"到地产的"匠造能力"，集团不忘初心，致力于打造国内领先的融合新科技、健康、环保等理念的"匠心产品+人文情怀"品质之路的综合性产业集团。

　　在重视企业发展的同时，集团始终积极响应党和国家的号召，真诚履行社会责任，热心回报社会，以可持续战略规划去实践、参与公益慈善活动，实现企业经营发展、社会责任、企业文化的高度融合。

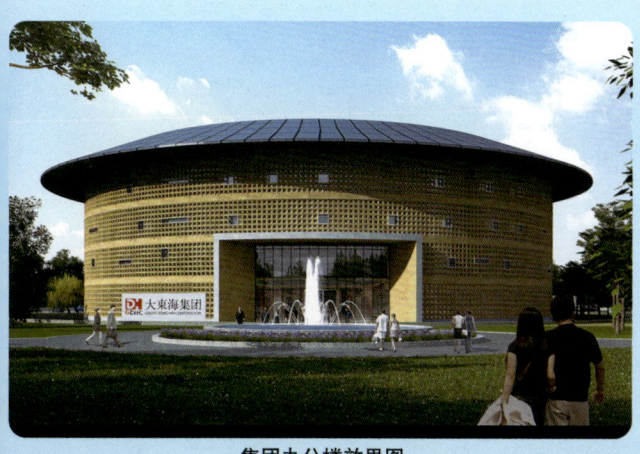

集团办公楼效果图 　　　　　　大东海新天地项目

北京总部（北京振烨大厦）

振烨国际集团
ZHENYE INTERNATIONAL GROUP

振烨国际产业控股集团

林烨主席

　　振烨国际产业控股集团是以实体产业为主的综合性新兴产业集团，目前在北京、上海、深圳、广州设有四大总部，主要业务包括产业投资、产品研发及孵化、大宗贸易、财富管理、资产管理、保险经纪与代理等，涵盖大健康、大消费、现代物流商贸、先进制造、新能源、文化传媒创意、电子商务、金融八大产业。其中，大健康产业涵盖生命科学、医疗养生等领域，金融产业涉及保险经纪、股权投资、创业投资、证券投资及供应链金融，现代物流商贸产业包括产业园区管理、智慧产业园区运营、共享办公、重大资产重组等。

　　2019年，集团营业收入超520亿元，入选2020年中国企业500强、中国民营企业500强、广东百强企业、深圳百强企业榜单。

　　集团以党建为引领，成立了党委、纪委、团委、工会、妇联，组织健全，入选中央党校民营党建优秀案例，党建写进集团章程，并多年被评为党建先进单位、双拥模范单位等。

北京总部
地址：北京市海淀区板井路79号
电话：010-88478966

深圳总部
地址：深圳市南山区粤海街道高新中一道2号长园新材料港6栋2楼
电话：0755—86967786　0755—86958385

集团一直将人才作为企业发展的第一战略资源和生产力，建立并完善了各项人才培养、成长和发展的激励机制，通过优化人才结构和提高人才素质，支持企业建成具有创新和可持续发展能力的现代化产业控股集团。

目前，集团是广东省企业联合会（广东省企业家协会）副会长单位、深圳市企业联合会（深圳市企业家协会）常务副会长单位、深圳市文化创意行业协会常务副会长、深圳市诚信联盟会长单位。未来，振烨国际产业控股集团将进军世界百强企业行列，实现"实业兴邦，产业报国"的企业使命。

林烨：
- 振烨国际产业控股集团创始人，董事局主席

社会职务：
- 广东省企业家协会副会长
- 江西省美好家园公益慈善中心副理事长
- 深圳市企业家协会常务副会长
- 深圳市文化创意行业协会常务副会长
- 深圳市江西广丰商会名誉会长

荣誉称号：
- 中国共产党优秀党员
- 年度爱心企业家贡献奖
- 深圳双拥年度人物
- 2020中国投资十大领军人物

在带领集团行稳致远、健康发展的同时，林烨主席积极践行企业社会责任，指导集团积极响应国家精准扶贫政策，助力脱贫攻坚贡献力量，发起成立"一行天下"公益慈善基金会，是江西省美好家园公益慈善中心副理事长，历年来在国防教育、军民共建、公益慈善等方面投入了大量的资金和心血。

◆ 上海总部（上海越秀大厦）　　◆ 深圳总部（联合广场）　　◆ 广州总部（中惠国际金融中心）

上海总部
地址：上海市浦东新区福山路越秀大厦二十七楼
电话：021-68403889

广州总部
地址：广东省广州市南沙区中惠国际金融中心25楼2502

四川能投党委书记、董事长　孙云

四川能投攀枝花公司在金沙江干流控股开发的金沙水电站（在建）

　　四川省能源投资集团有限责任公司（以下简称四川能投）成立于2011年2月21日，注册资本93.16亿元。公司为四川省人民政府批准组建的国有资本投资公司，是四川推进能源基础设施建设、加快重大能源项目建设的重要主体。

　　四川能投秉承"开发能源、服务四川、辐射西部"使命愿景，经过10年发展，业务板块科学布局，经营业绩初具规模。截至2019年年末，公司旗下各级子企业300余家，拥有川能动力和四川能投发展股份两家上市公司，投资项目遍及四川省21个市州，并不断向云南、青海、北海等地拓展，业务涵盖电网、水电、风电、光伏、生物质发电、分布式能源、燃气、矿业、节能环保、水务、化工、金融、贸易、旅游康养、物业、建设、教育、大健康、锂电产业链、智慧城市等20余个领域，拥有除核电以外的全部电源业务及项目，资产总额逾1500亿元、营业收入超500亿元、利润总额20亿元，在"中国企业500强"榜单排名第391位，"中国服务业企业500强"榜单排名第139位。

　　当前，公司正抢抓国家新时代西部大开发、成渝地区双城经济圈建设等机遇，按照"突出主业、优化辅业，主辅互动、协同发展"发展路径，持续优化以能源化工、现代服务业为主业，节能环保、工程建设、矿业开发、工业制造、数字经济等多元板块协同发展的"2+5"新型产业格局。利用四川天然气大省资源禀赋，积极参与四川"气大庆"战略，加快构建页岩气勘探、开采、转化全产业链，全面布局绿色化工、精细化工、高端化工，推动实现动能强劲、运行稳定、效益持续增长的高质量发展，力争"十四五"末实现总资产3000亿元、营业收入1000亿元、利润总额30亿元，奋力成长为四川省万亿级能源化工产业龙头和西部一流、国内领先的能源化工综合性企业集团。

"2+5"产业格局

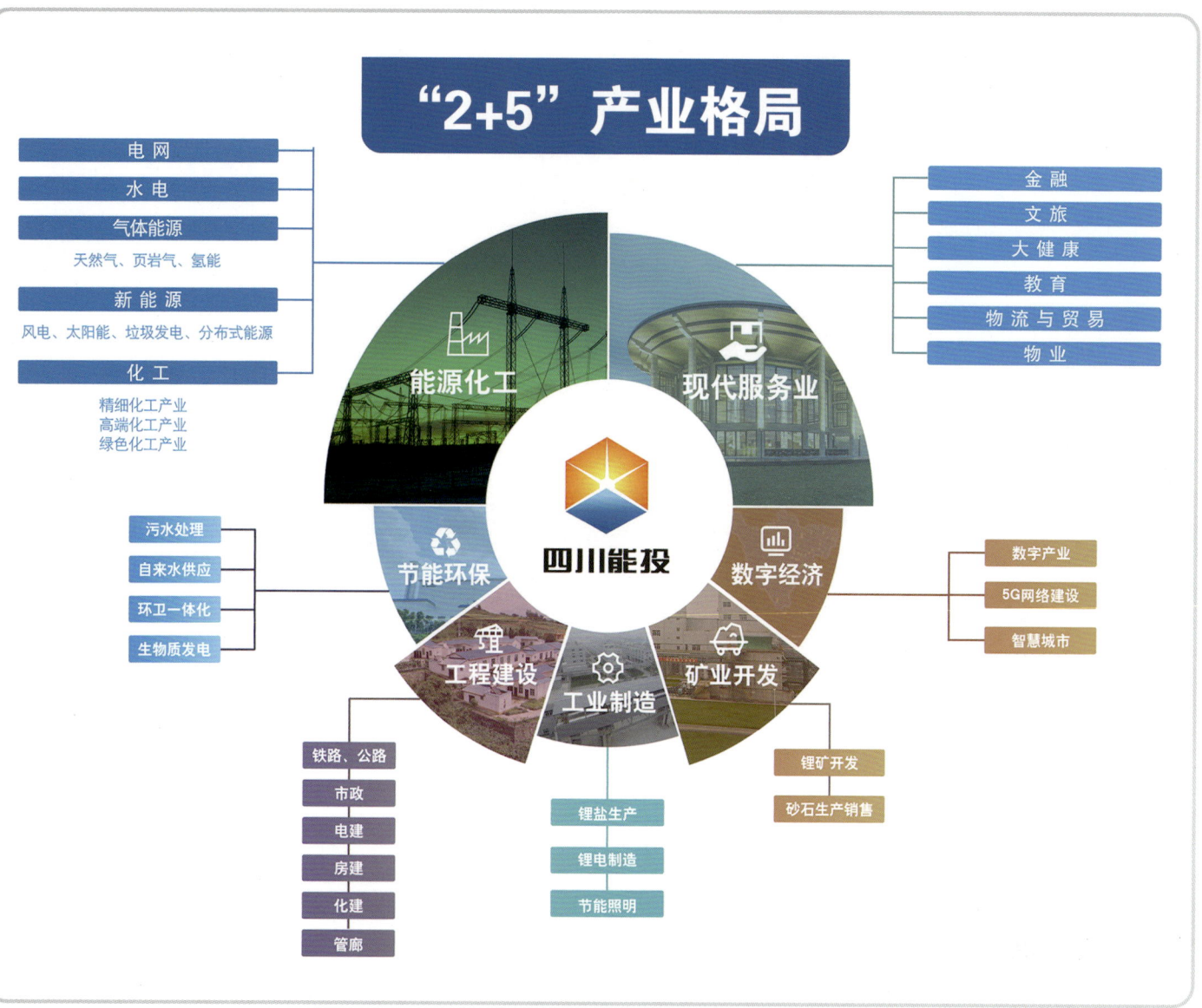

能源化工
- 电网
- 水电
- 气体能源
  - 天然气、页岩气、氢能
- 新能源
  - 风电、太阳能、垃圾发电、分布式能源
- 化工
  - 精细化工产业
  - 高端化工产业
  - 绿色化工产业

现代服务业
- 金融
- 文旅
- 大健康
- 教育
- 物流与贸易
- 物业

节能环保
- 污水处理
- 自来水供应
- 环卫一体化
- 生物质发电

数字经济
- 数字产业
- 5G网络建设
- 智慧城市

工程建设
- 铁路、公路
- 市政
- 电建
- 房建
- 化建
- 管廊

工业制造
- 锂盐生产
- 锂电制造
- 节能照明

矿业开发
- 锂矿开发
- 砂石生产销售

四川能投"2+5"产业布局

四川能投风电公司盐边大型农风光互补试验基地

四川能投水电集团雀儿山110千伏输变电工程

四川能投天然气公司建设的中国西部首座加氢加油站

四川能投化学新材料公司年产120万吨精对苯二甲酸（PTA）项目

四川能投环境公司盐亭盈基1×30MW生物质发电项目

四川能投水务公司建设的河南省长垣市引黄调蓄项目工程

泸州老窖集团有限责任公司
LUZHOULAOJIAO GROUP CO., LTD

老窖集团公司"战狼训练营"开训典礼举行

老窖集团金融板块子集团
——泸州嘉信控股集团有限公司成立

泸州老窖集团有限责任公司（以下简称老窖集团）成立于2000年，总部位于"中国酒城"泸州，是泸州市国有独资骨干企业。

在"天地同酿、人间共生"的企业哲学引领指导下，老窖集团秉承"敬人敬业、激情超越"的企业精神，坚持"尚法、感恩、创新、实干"的核心价值观，以"挺进世界500强"为目标，采取"重品牌、轻资产、多杠杆"的经营策略，实业和金融双轮驱动，走出了一条以资本经营为核心的"控制力发展型"之路。

经过多年发展，老窖集团已成为跨地区、跨行业、跨所有制的大型企业集团，形成了"1+3+N"的组织架构，即："1"是泸州老窖集团有限责任公司，"3"是泸州老窖股份有限公司、华西证券股份有限公司、泸州银行股份有限公司三大上市公司，"N"是智同商贸、龙马兴达、汇鑫租赁、鸿利智汇等多家在行业内颇具实力的骨干子公司。近年来，老窖集团呈现出高速增长、高质量发展的良好态势。2019年，老窖集团实现营业收入507.1亿元，利润总额82.56亿元，资产总额达2335.17亿元。

未来，老窖集团将抢抓"一带一路"倡议和成渝双城经济圈建设等机遇，持续深化改革、创新发展，不断提升企业核心竞争力，持续推动国有资本做强做优做大，为早日实现"成为具有全球影响力的产融控股集团"的宏伟愿景而不懈奋斗！

老窖集团爱仁堂办公区域

叙永县政府、酒业园区管委会、老窖集团
——叙永县"1+N"产业扶贫项目开工仪式

老窖集团"众爱班"开班仪式

老窖集团旗下子公司
——鸿利智汇公司LED体验馆

中国白酒供应链集成创新基地
——醉清风酒业股份有限公司数字化酿酒车间展厅

老窖集团打造的国家4A级旅游景区
——花田酒地景区

老窖集团旗下物流板块,以泸州港为依托,不断提升物流运行效率和物流服务质量

坐落于中国(广西)自由贸易试验区南宁片区的北投大厦

广西北部湾投资集团有限公司由原广西北投集团（2007年成立）与广西新发展交通集团（2003年成立）于2018年9月战略重组成立，是广西壮族自治区人民政府直属大型国有独资企业集团。

重组后的广西北部湾投资集团有限公司业务布局主要为交通基建、产城投资、口岸物流、环保水务、金融五大板块，集设计咨询、技术研发、投资开发、施工建造、运营维护为一体，产业链完整、行业全覆盖，具备大型工程项目的全过程运作综合实力，能为基建全领域提供投资融资、咨询规划、设计建造、管理运营等一揽子解决方案，致力于成为立足北部湾经济区、对接东盟、面向全球的具有核心竞争力的千亿级龙头企业。

广西北部湾投资集团有限公司历史悠久、文化醇厚、业绩辉煌，是广西基础设施建设的主力军和排头兵。现有广西路桥集团、广西交通设计集团、广西交科集团、广西北投地产集团、广西北投环保水务集团、广西北投口岸集团等企业24家，在业内享有较高的品牌知名度，主要经济指标居广西壮族自治区直属企业前列，连续在广西国资委业绩考核中获评A级企业。

▲ 路径575米的钢管混凝土拱桥平南三桥实现合龙——自主研发的超500米级钢管混凝土拱桥建造技术处于世界领先水平

▲ 发挥勘察设计、施工、运营维护等全产业链优势建设的贺州至巴马高速公路，加速地区东融步伐

▲ 智慧交通创新团队结合行业信息化需求，打造智能交通系列产品，运用大数据、人工智能、物联网等技术提供全方位服务

集团公司具有四大独特优势

1 **全产业链优势**。集团公司建筑资质全覆盖，产业链整合能力较强，运作实施的基建项目周期短、成本低、品质好。

2 **人才技术优势**。集团公司系交通建设人才小高地、技术大熔炉，中高级职称专业技术人员达5000人，约占员工总数的30%，拥有多个院士团队和"3室4站13心1高地"科技创新集群（3个国家行业重点实验室、1个博士后科研工作站、3个院士工作站、13个国家和省部级技术研究中心、1个广西交通建设人才小高地），获"鲁班奖""詹天佑奖""国家科技进步奖""广西壮族自治区主席质量奖""全球基础设施光辉大奖"等省部级以上荣誉500余项，自主创新的拱桥建造技术达国内领先、世界先进水平。

3 **大型项目运作综合能力优势**。集团公司依托全产业链作支撑，并有雄厚的资金实力和融资优势，可以确保大型工程项目能够顺利实施。

4 **品牌优势**。集团公司信用评级为AAA，拥有2家公路工程施工总承包特级资质企业，拥有在全国交通行业具有重要影响力的科研咨询企业、西部交通勘察设计综合能力突出企业。

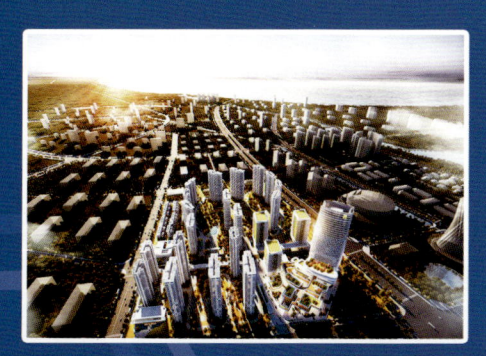

▲ 引领北海城市向东发展的56万平地标综合体——北投观海上城

▲ 南宁市心圩江环境综合整治工程PPP项目的上游污水处理厂

▲ 全国最繁忙的陆路边境口岸之一——广西凭祥友谊关口岸

迈进新时代，开启新征程。广西北部湾投资集团有限公司以习近平新时代中国特色社会主义思想为指引，全面贯彻党的十九大和十九届二中、三中、四中全会精神，主动融入国家发展大局，大力实施"一三四五"战略目标，为把集团公司建设成为以北部湾经济区为核心、国内一流、国际知名的基础设施领域全产业链综合服务运营商而努力奋斗。

广西北部湾投资集团有限公司愿与社会各界精诚合作，携手并进，共同创造美好未来！

稻花香藏酒洞

稻花香集团：匠心酿造美好生活

　　北纬30度，有一条著名的"长江名酒地带"。稻花香集团（以下简称稻花香）便处于这条名酒地带，坐落于宜昌市夷陵区龙泉镇，三面环山，一面靠水，气候温和，是天然的酿酒之地。

　　1982年起步，1992年创立"稻花香"白酒品牌。近40年来，稻花香坚守实体经济，践行强企富民宗旨，目前已发展成以白酒为主业，物流、配套、文化旅游为辅的"一主三辅"产业集群的大型企业集团，并连续多年蝉联中国企业500强、中国民营企业500强。

　　稻花香旗下"稻花香""关公坊""清样""君之红"等被认定为"中国驰名商标"。"稻花香"被认定为"中华老字号"，并入选"中国新八大名酒"。2020年，"稻花香"连续第17上榜"中国500最具价值品牌"，品牌价值达805.86亿元。

　　多年来，稻花香坚持用匠心酿好酒，以"工匠精神"打造产品，推出了清样、原浆、活力、珍品等系列产品，可满足政务、商务、个性化定制等不同消费需求。目前，稻花香销售网络已遍及全国28个省（自治区、直辖市）、300多个大中城市、1000多个县。

集团地址：湖北省宜昌市夷陵区龙泉镇
服务热线：400-895-9999

稻花香酒业生产车间　　稻花香活力型生产线　　稻花香第五酿造车间

稻花香集团厂区

金诚石化 JINCHENG PETROCHEMICAL

山东金诚石化集团是以石油炼化为主的现代化企业集团，始建于1992年，总资产150亿元，已经连续13年入围中国企业500强。荣获"中国石油和化工优秀民营企业""全国安康杯竞赛优胜单位""全国节能减排先进单位""国家两化融合贯标试点企业""山东省安全生产基层基础工作先进企业""山东省文明单位""山东省诚信企业""山东省功勋企业"等称号。

集团原油一次加工能力590万吨，按照炼化一体化的布局，正加快向高端化工方向发展。生产工艺、技术能力、产品质量均达到国内先进水平。

2020年6月，投产了高端特种油加氢装置，加工能力60万吨/年，生产高端润滑油基础油和医药食品级白油，HVI Ⅲ+类8#、10#、12#润滑油基础油填补了国内生产的空白。

根据集团发展规划，将按照炼化一体化的发展规划向着高端化工方向发展，建成以高端化工为主的炼化企业集团。

综合办公楼

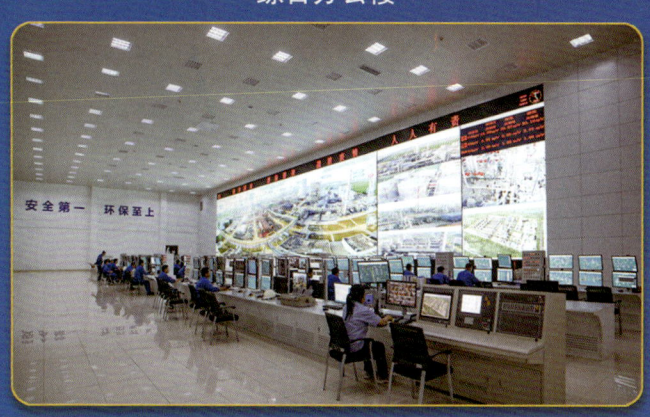

智能化控制中心

高端特种油加氢装置

淮南地处长三角腹地，是淮河生态经济带重要节点，合肥都市圈核心城市。

淮河能源控股集团发轫于淮南煤矿。淮南煤矿1897年开埠建矿，至今已跨越了3个世纪、走过了120多年风雨历程，历史上曾是全国五大煤矿之一，素有"华东煤都""动力之乡"的美誉。

淮河能源控股集团是全国14个亿吨级煤炭基地和6个大型煤电基地之一，国家首批循环经济试点企业、中华环境友好型煤炭企业、国家级创新型试点企业，安徽省煤炭产量规模、电力规模最大的企业之一。

淮河能源控股集团坚定不移推进高质量发展，坚持不唯规模、不图虚名，坚定不移去产能、精主业、还欠账、降负债、推上市、抓改革、促转型，形成以煤、电、气三大能源为主业，物流、金融、科研技术等多产业协同发展格局，发展方式、发展内涵、发展动力正在发生着重要而深远的变化。目前，集团拥有现代化大型矿井12对，其中淮南本土9对、内蒙古鄂尔多斯3对，核定产能7610万吨。拥有全资、控股、参均股电厂23座，电力总装机规模3781万千瓦，权益规模1669万千瓦，煤电联营"淮南模式"获得国家高度认可并推向全国。率先投资建设国内内河芜湖长江LNG接收站及配套船舶LNG加注站、调峰储备LNG罐箱项目，参股江苏滨海LNG接收站，在建天然气长输管线近1200公里，全面推进天然气电厂、分布式能源、集中供热、城镇燃气、煤层气勘探开发等项目。淮南矿区煤层气正式进入省天然气管网，成为安徽省天然气三大运营平台之一。

奋进新时代，淮河能源坚持以习近平新时代中国特色社会主义思想为指引，践行"创新、协调、绿色、开放、共享"新发展理念和"忠诚、敬业、坚韧、开放、创新、协同"企业精神，保持战略定力，深化改革创新，沿着煤、电、气三大能源主业的产业链、服务链、价值链，合理产业布局、优化产业结构、强化产业协同，努力把企业打造成为具有区域影响力的现代大型综合能源服务集团。

集团公司领导班子

煤业公司

西部煤电集团

电力公司

清洁能源气化站

工程院

顾桥循环经济工业园

ZOOMLION 中联重科股份有限公司

中联重科股份有限公司詹纯新董事长

2018年3月，中联重科3200吨履带起重机成功起吊福建福清华龙一号6号机组穹顶

中联重科：以智能制造实现高质量发展新篇章

中联重科股份有限公司（以下简称中联重科）创立于1992年，主要从事工程机械、农业机械等高新技术装备的研发制造，是业内首家A+H股上市公司。20多年的创新发展，使中联重科逐步成长为一家全球化企业，主导产品覆盖10大类别、56个产品系列、600多个品种，为全球6大洲近100个国家的客户创造价值，拥有覆盖全球的完备销售网络和强大服务体系。

作为中国装备制造龙头企业，近年来，中联重科专注创新驱动，加速推进数字化转型，全面发力智能制造，取得明显成效，企业实现了高质量发展，品牌影响力持续提升。

中联重科自2014年启动"产品4.0"工程以来，坚持"技术为根、产品为本"的发展理念，以"一支好队伍、一批好产品、一个好机制"的"三好"标准打造公司科研体系，掌握了一批核心技术，打造了一批王牌产品，培育了一批新的产业。至今，公司累计上市4.0产品已超过200款。卓越的产品不仅使销量节节攀升，更有力地提升了市场竞争力，市场持续强化，受到了客户的广泛好评。

与此同时，中联重科以"云营销"等新业态强化经营，2020年上半年，中联重科开展了60余场产品订购、新品发布、服务指导等直播，用匠心力作和真诚关爱凝聚客户，探索了发展路径，创下了更优的市场局面，复工"成绩单"赢得了央媒多次点赞。

2019年1月，中联重科启动智慧产业城项目建设，开启打造世界一流装备制造产业新高地的新征程。通过建设智慧产业城，将传统制造全面升级为智能制造，打造人工智能产业，将现代工业和谐融入自然生态之中。当前，中联智慧产业城的建设施工正在按计划有序推进，同时公司携手国际知名管理咨询机构启动了"面向未来·引领30年"项目，将以构建中联智慧产业城为契机，打造世界级的"灯塔工厂"和高端装备智能制造样本。

2019年10月，中联重科下线全球最大吨位内爬式动臂塔机LH3350-120

2020年2月，中联重科土方机械公司首场大型实景嗨购直播

2020年5月，中联重科下线全球首台纯电动汽车起重机

2020年7月，中联重科智慧产业城土方园区高强钢备料中心即将封顶

中联重科麓谷工业园全系列产品展示坪

中联重科全球最长101米碳纤维臂架泵车

广州农商银行
GUANGZHOU RURAL COMMERCIAL BANK

  作为广州地区首家在香港上市的本地法人银行，广州农商银行坚守战略定力、回归实体主业，实现了规模、效益和质量的均衡发展。2019年年报显示，广州农商银行全年营业收入236.57亿元，同比增长14.47%；净利润79.11亿元，同比增长15.79%；总资产规模达8941.54亿元，在全国农商银行中位居前列。

  围绕服务三农、服务实体经济、服务小微企业，广州农商银行在增加普惠金融产品供给，改善金融服务水平等方面不断发力。广州农商银行始终以"三农"为立行之本，并因政策和市场变化不断搭建灵活丰富的乡村振兴金融服务体系，在乡村振兴金融领域精耕细作，为"三农"客户提供更加贴身、便利、优质的金融服务。截至2019年年末，广州农商银行涉农贷款余额363.06亿元，较2019年年初增长55.05亿元，增长率17.87%。

  广州农商银行践行"助力实业 融惠民生"的责任担当，充分履行本土金融机构社会责任，积极参与、大力支持粤港澳大湾区建设，通过支持先进制造、发展供应链金融、推广批量融资、加强政银合作及扩大服务领域等多项

举措，积极支持实体经济发展。截至2019年年末，广州农商银行给予粤港澳大湾区重大基础设施建设项目授信总额196.8亿元。

在普惠与小微业务方面，广州农商银行不断完善普惠金融专营体系建设，优化创新普惠金融服务产品，提升系统平台服务能力、开展政银合作，助力优化营商环境等措施，为普惠小微客户提供更加灵活、便捷和经济的金融服务。截至2020年6月30日，该行普惠型小微企业贷款余额295.45亿元，较2020年年初增加62.96亿元，增速27.08%；服务小微客户数23917户，较2020年年初增加6510户；累计发放贷款加权平均利率4.99%，较2019年全年下降0.97个百分点。

未来，广州农商银行将继续坚持市场逻辑、坚守战略定位，坚定不移服务实体经济，奋力开创高质量发展新局面，坚定地朝着"成为中国乃至世界一流好银行"的战略目标稳步前进。

F1中国大奖赛官方指定供应商

缘泰石油有限公司（Yutime Petroleum Company Ltd.）是一家综合性国际能源企业集团，公司以引领能源行业的可持续转型和创新为目标，致力于以可持续的产品、服务和解决方案助力人类和地球更好发展。

缘泰石油有限公司以石化产业为起点，通过创建绿色石化产业集群，实现炼化行业的转型升级，同时以强大的国际资源整合能力和领先的创新技术应用为基础，在化工领域引领和推动石化产业的智能化建设和流程型工业的智能变革。依托于完善的原料供应体系和大数据、云计算、人工智能的先进科技，布局产业链下游智能终端网络，为消费者带来与众不同的加油体验，助力实现智慧城市和智慧生活。

利用布局全球的产业链优势，缘泰石油有限公司打通国际能源贸易、仓储运输和码头建设等环节，积极推动并实现能源产业的全球化发展。在寻求不同地区常规油气田、页岩油气田和炼厂合作的同时，更看向生物质能的未来，引入国际顶尖团队探索生物化工的创新机遇，探索世界可持续发展的新可能。

Power the world for good.

缘泰石油有限公司紧随世界能源发展的变革趋势，打造领先的研发体系，并与全球科研机构广泛交流，持续探寻新方法、使用新技术、创造新方案，支持和引领行业转型升级。凭借高效、环保的燃油品质成为 Formula 1 中国大奖赛官方指定供应商，在更大范围创造正向影响力。

缘泰石油有限公司始终将助力能源产业生态创新和地球未来的可持续发展放在首位，为每个人提供日常生活的最优支持，为每一个我们进入的行业带来变革，为我们生存的地球带来长远的利益。

山东恒源石油化工股份有限公司
Shandong Hengyuan Petrochemical Company Limited

▶ 企业简介 Company profile

山东恒源石油化工股份有限公司是一家以石油化工为主业，集石油炼制与后续化工为一体的国有控股大型企业，历经50年开拓发展，已成长为蕴藏着巨大发展潜质的现代化、国际化石油化工企业，连续跻身"山东企业100强""中国化工企业500强""中国制造业企业500强""中国民营外贸500强"，2018年荣列中国企业500强。

企业境内公司占地1800亩（1亩≈666.67平方米），在岗员工1100人，一次加工能力350万吨/年，是省级安全标准化达标企业，已获批国家发改委350万吨/年进口原油使用权和国家商务部原油非国营贸易进口资格，拥有主体生产装置10余套，汽柴油、液化气等产品十几种。

作为中国地炼海外并购案及国家"一带一路"项目的成功典范，2016年2月企业完成51%股权并购。现境外公司位于波德申，是马来西亚上市炼油公司，主营成品油炼化和制造，产品包括汽柴油、燃料油、航空煤油、混合芳烃等，生产能力12万桶/日。

2019年企业境内外公司主营收入合计399亿元。

目前，企业正积极响应国家政策号召，深入推行新旧动能转换战略，以搬迁转型和国际产能合作大力推动企业规模化、产业化和高端化发展。境内搬迁规划以高端碳材料和苯乙烯下游化工产业为方向，坚定由炼油转型升级向高端化工发展；境外，继续深入拓展国际合作，积极打造"一带一路"合作新平台，通过内外联动、协同发展，做好全球战略布局，真正实现健康可持续发展。

鲲翼搏伟业，志达竞风流！公司董事长、总经理王有德诚携有志之士，同策同力，共拓宏图！

原油公司：0534-4435818　　销售公司：0534-4434666
E-mail:hysh@hyshjt.com　　传真：0534-4225918　　地址：山东省德州市临邑县恒源路111号

把握变化未来

恒源（马来西亚）炼油有限公司
Hengyuan Refining Company Berhad

HRC第60次年度股东大会

Stock Code:4324 Add:Batu1,Jalan Pantai,71000 Port Dickson,Negeri Sembilan,Malaysia

成就现代企业

RUKEE 龙记泰信

中国房地产全产业链服务商

龙记泰信，以现代手法诠释府院精髓

龙记泰信院落大家——观园项目实景

龙记泰信荣耀府邸——檀府项目实景

公司简介

龙记泰信，通过15年产业链深耕，标准化体系运营，持续提升产品和服务，已经成为一家以房地产开发为核心业务的跨地区、跨行业、专业规范的大型企业集团。经营范围涵盖了房地产投资与开发、项目代建、商业运营、工程建设、园林景观建设、工程装饰、房地产金融、物资集采与贸易、物业管理、智慧社区运营等诸多领域，业务遍布上海、山东、河南、江苏、陕西、甘肃、浙江、湖北、四川等20余个省市。

龙记泰信肩负"筑造精彩生活"的崇高使命，坚持"中国品质地产践行者"的品牌愿景，积极把握行业发展前沿趋势，通过深入研究、探索，依托龙记住宅产品研究院，与国内外顶尖建筑设计、景观设计团队合作，把盛唐文化与现代设计理念融合，将东方文化记忆用非同一般的方式承续，同时融入科技、绿色应用，打造出了一系列新中式产品，引领市场发展，被行业赞誉为"新一代国风住宅产品大师"。

近年来，龙记泰信先后启动两轮"百亿投资计划"，重点聚焦中国关天经济带、中原经济区、黄河三角洲经济区、苏浙沪皖、湘鄂及川渝六大区域，目前在建面积超500万平方米，土地储备4000余亩。

龙记泰信城市商业——苏州海星生活广场实景

用服务创造价值与客户共成长

四川省商业投资集团有限责任公司

集团简介

四川省商业投资集团有限责任公司（以下简称四川商投）是四川省人民政府批准成立的省属国有大型骨干企业，是四川首家新组建的国有资本投资公司、省属唯一的现代商贸流通服务产业投资平台。公司注册资本100亿元，下辖16个二级子集团、125个子公司。主要聚焦民生服务、生产服务和科技服务三大投资方向，业务涵盖放心食品、医药健康、现代供应链、城乡配套建设、产业服务等领域。拥有四川粮油、四川中医药大健康、四川物流、四川外贸、四川商建、四川糖酒、天府菜油、川酒连锁、老厨房、四川烹饪、天府优品、川商食品、三餐福等系列企业和产品品牌。

四川商投党委书记、董事长 代 平

近年来，四川商投先后实施两次重组，整合四川省粮油集团、物资集团、长江集团、外贸集团、物流股份等省属国企，在四川国资布局上首次形成了比较完整的大体系、多层次、全链条的商贸流通企业集团。通过不断深化改革，企业盈利能力、运营效率持续提升，连续9年营收、利润年均增长30%以上。2019年，集团实现营收394亿元、资产总额176.6亿元，入选国务院国资委国企改革"双百行动"企业，并评为四川省优秀服务业企业。

目前，四川商投积极发挥"承接政府调控、承接国资监管、促进现代服务产业发展和国有资本投资"四大平台功能，着力打造国内一流、深耕现代服务业的国有资本投资公司，为繁荣商业、服务民生、助推经济发展做出新的贡献。

四川商投物流集装箱基地堆场

四川商投下属四川彭山国家粮食储备库

四川商投川芎绿色规范化生产基地（中国优质道地中药材十佳规范化种植基地）

四川商投西南食谷项目（粮油储备、加工、展示交易一体化园区）

徐矿集团
XUZHOU COAL MINING GROUP
1882

党委书记、董事长 冯兴振

坐落于徐州大龙湖畔的徐矿集团总部

建成新疆最大的井工煤矿——天山矿业公司俄霍布拉克煤矿

建成集发电、供热和大数据于一体的江苏华美热电公司

徐矿集团是具有138年煤炭开采历史的国际化特大型省属能源集团，具有纯正的红色基因。产业涉及煤炭、电力、煤化工和能源服务外包、矿业工程、煤矿装备等能源及关联领域。总资产500亿元，是全球煤炭综合竞争力30强、全球能源企业综合竞争力500强、中国大企业500强。

进入新时代，徐矿集团深入贯彻习近平新时代中国特色社会主义思想，坚持新发展理念，坚持稳中求进工作总基调，确立了"把企业效益实现好、把职工利益维护好、把社会责任履行好"的战略愿景，制订了建设国际化特大型省属能源集团的发展目标，把服务江苏能源安全保障作为最大使命，把融入地方发展作为最大责任，把让全体徐矿人都能过上好日子作为最大追求，坚持"五满"理念总引领，实施"一体两翼"总路径，推进"六大能源"基地总布局，2017年，乱中求稳，扭亏为盈，力挽狂澜稳了下来；2018年，稳中求进，聚焦主业，进中有为走了出来；2019年，进中求优，破解难题，坚定前行好了起来，企业三年三大步，累计实现经营活动现金净流入106亿元，偿还历史欠账100多亿元，上缴国家税费近100亿元，职工收入三年增长了64%，用于改善民生支出超过30亿元，占江苏全省78.6%的55户集体企业退出了历史舞台，实现了从稳下来、走出来向好起来、强起来稳健迈进的历史性转变，迈入了高质量发展的良性轨道，创造性出台了具有江苏特点、徐矿特色的产业工人改革建设"十条"，创出了产业接续、人员安置、生态治理三大全国行业"样本"，走出了一条资源型企业转型重生的徐矿之路。

率先建成国内本安智能生态文明矿井——郭家河煤业公司

运营质量和效益水平位居全国同类装置前列——陕西长青能化公司

江苏省首个智能化工作面开采启动仪式——张双楼矿74104智能化工作面

同心奋进新时代——徐矿集团2020年大型春节联欢晚会

徐矿集团领导为驰援武汉医疗队医护人员壮行

建设运营孟加拉国现代化矿井——巴拉普库利亚煤矿

坐落于河西新城的南京新地标——徐矿广场

把采煤塌陷地变成绿水青山的国家4A级景区——潘安湖

效果图

效果图

效果图

效果图

江南集团
JIANGNAN GROUP

　　北京江南集团，成立于2004年，总注册资金9.9亿元，是一家以房地产开发为主，集投资管理、旅游度假、养老产业、房屋销售、物业管理、建筑设计、商业贸易、文化传媒于一体的跨行业、跨地区的投资管理集团。集团凭借雄厚的资本实力，储备了多个优质开发项目资源，项目遍布北京、环首都经济圈及粤港澳大湾区等地。

　　数年来，当众多同行追逐着"高周转""高收益"的时候，江南集团深耕北京东南四环区域，注重将东西方文化融入产品的打造，引领了一个豪宅人居时代。四环繁盛，有目共睹。居所静谧，人之所需。集团着力打造的四环平层公园大宅柏林郡找到繁华宁静的折中点，打造北京城市秘境。

　　伴随着中国产业结构优化与转型升级的浪潮，集团将产业地产作为发展的战略性业务，致力于以云平台为枢纽，建立互联网数据中心，重塑园区发展新生态。北京江南集团发展至今，始终以"专业化城市建设者"的开发理念自勉，未来将为社会奉献越来越多的精品之作。

效果图

效果图

宏旺集团
HONGWANG GROUP

宏旺投资集团有限公司（以下简称宏旺）是专业生产冷轧不锈钢卷板和彩钢精加工产品的企业集团，核心产品为200系、300系、400系冷轧不锈钢卷板及整卷、平板彩钢精加工产品，广泛应用于餐饮厨具、医疗器械、家用电器、汽车配件、建筑装潢等领域。

宏旺，以创新发展新思维推动产业的变革与升级。2005年，宏旺成为国内第一家宽幅冷轧卷材民营企业。2013年，在国内率先打造不锈钢五连轧及配套连续退火酸洗机组，开启了国内不锈钢冷轧行业由可逆式轧制到全连续轧制时代的转变。2018年，福建宏旺五尺五连轧机组投产，填补了中国民营五尺产品的空白。2019年，阳江宏旺一期四机架连轧连退酸洗联合机组试产，是冷轧不锈钢行业"智能化"机组。2019年，首次向行业推出了整卷镜面、整卷PVD真空镀膜、纳米无指纹、整卷抗菌、耐磨、耐候等功能型不锈钢核心产品，推动了精加工行业的技术革命和产业整合。

宏旺秉承"打造最具竞争力的不锈钢冷轧企业"的公司愿景，努力践行技术引领发展的理念，坚持科研创新、工艺创新、产品创新，现已获批221项国家专利。宏旺正在打造研发实验室，建设产学研博士工作站和高标准的行业材料检测中心、不锈钢应用展示中心，责无旁贷的推动建立不锈钢表面加工标准、行业装饰镀膜领域的产品标杆，致力为客户提供更质优价美的产品。

宏旺研发实验室 　　　阳江宏旺集控中心 　　　福建宏旺三连轧产线

阳江宏旺"黑灯工厂" 　　　整装待发的宏旺成品 　　　五彩斑斓的宏旺彩钢

规格随您订　颜色任您选

重庆千信集团有限公司
CHONGQING HTW CORPORATION

重庆千信集团有限公司(以下简称千信集团)成立于2016年，系大型国有投资集团，注册资本42.56亿元。产业立足西南地区，辐射全国,主营业务涵盖大宗商品贸易、工贸一体的供应链服务、港口运营、现代物流、新能源、环保及其他新兴产业等诸多领域。

千信集团秉承"诚信向上，有义有利"的经营理念和"团队协作，天道酬勤"的企业文化,在业内树立了良好的企业形象和社会声誉。立足于工业资本的重组平台、新型能源环保项目的综合运营平台、现代物流贸易的产业服务平台的"三大功能"定位，坚持规模与效益并重,以新经济逻辑构建多元化产业生态链，推进物流与贸易并驾齐驱，能源与资源开发利用协同发展，形成各业务板块相互融通、叠加递进的犄角合力，提高经济效益和社会效益。

征程万里风正劲，重任千钧再扬鞭。千信集团将继续踏浪前行，在新时代的浪潮中激流勇进，彰显出当代企业的风采，为实现企业高质量发展和打造成为一流国有资本投资集团公司而不懈努力！

千信集团-电子商务中心

千信集团-新能源光伏项目

千信集团-能源环保项目

河北东海特钢集团有限公司
Hebei Donghai Special Steel Group Co., Ltd

  河北东海特钢集团有限公司座落在华北工业重镇唐山，东临渤海，北依燕山，西、南毗邻京、津，紧靠天津港、京唐港、曹妃甸三大港口，相邻京哈、唐津、唐港高速，又是首钢、河钢的近邻，地理、资源及人才技术优势非常明显。

  公司成立于2009年，员工总数12000余人，现已形成焦化、烧结、白灰、球团、炼铁、炼钢、轧钢、制氧、煤气和余热发电、矿渣综合利用、烟尘治理、污水处理与循环利用等完整的循环经济产业链。主要生产钢筋混凝土用热轧带肋钢筋和碳素结构钢、优质碳素结构钢、低合金高强度钢、冷轧冲压用中宽带钢及热轧卷板等。产品已覆盖华北、华中、华东、华南、东北等主要省市。

  公司坚持走"品种、质量、效益"之路，成立了技术中心，拥有省级研发机构，建立品牌培育管理体系和质量控制体系，现已形成产、学、研、销一体的自主创新体系。主要产品热轧卷板及钢筋混凝土用热轧带肋钢筋，已获得河北省名优产品、中钢协"金杯奖"。

  公司已通过质量管理体系、测量管理体系、职业健康安全管理体系、环境管理体系、能源管理体系、冶金产品等认证。

  公司始终秉持"提高效益、创造财富、惠泽员工、回馈社会"的企业宗旨，坚持"创新、效率、诚信、共赢"企业精神，引一流人才，争一流指标，创一流效益，建一流企业，追求卓越，创新发展，高效服务于京津冀协同发展的经济发展战略和"一带一路"倡议。

热轧钢带    盘螺    热轧带肋钢筋

鹏鼎控股
AVARY HOLDING

鹏鼎控股董事长 沈庆芳

鹏鼎时代大厦

鹏鼎控股(深圳)股份有限公司（以下简称鹏鼎控股）成立于1999年4月29日，2018年于深圳证券交易所上市，股票代码002938。

为主要从事各类印制电路板的设计、研发、制造与销售的专业服务公司，专注于为行业领先客户提供全方位PCB产品及服务。公司在深圳、秦皇岛、淮安及印度建立了现代化制造基地，产品销售及服务范围横跨中国、日本、韩国、美国、越南、印度等国家。随着公司规模的扩大，公司的营业收入实现了稳定增长，于2012年创下百亿营收，2019年已成长至266亿元。不仅于2018年作为深圳企业代表，入选第三批工信部"制造业单项冠军示范企业"，据Prismark资料，自2017年起已连续三年位居全球PCB行业排名领先地位。

鹏鼎控股的经营理念及实践当中重视"企业的社会责任"及"学习型组织"的建立，高度重视研究开发工作及产学研合作，从选才、育才、用才上去发掘、培养及深耕，在深圳市设立的研发中心于2014年被评为"深圳市企业技术中心"，产学研合作迄今已达21个研究单位包括清华大学深圳研究生院、北京大学深圳研究生院、哈尔滨工业大学（深圳）以及台湾工业技术研究院、中国台湾清华大学及中原大学等多所知名学府及研究机构。截至2020年6月30日，公司累计取得国内外专利共计743件。通过运用先进的研发技术，配合高效率、低成本的运营手段，构建出一个体系完善、布局合理的PCB产供销体系，打造了"效率化、合理化、自动化、无人化"的现代化工厂，成为业内极具影响力的重要厂商。

成功的企业不只考虑到营收和获利之绩效，更要以人类幸福和环境永续发展为出发点，落实"发展科技、造福人类、精进环保、让地球更美好"的经营使命，提出"鹏鼎七绿"的理念，透过绿色创新、绿色采购、绿色生产、绿色运筹、绿色服务、绿色再生、绿色生活7个主题，涵盖在企业所有营运过程中，全方位、全面向的导入环保的理念，迄今已收获各行业共77项绿色环保相关荣誉的肯定，于2018年更赢得国际大厂苹果电脑赞誉为"一家环保意识和举措超群的供货商"，并在2019年获得国际水资源管理联盟(AWS)白金奖项认证，连续两年载入全球供货商责任报告书的专篇介绍，获得肯定享誉国际。

鹏鼎控股以"诚信、责任、创新、卓越、利人"的核心价值观，积极承担与践行对员工、对客户、对策略伙伴及股东和社会的责任，构建了清晰的经营理念充分研究行业发展动态，坚持与世界一流的客户合作，不断加强研发创新，及时掌握市场的潮流与趋势，制订出使企业快速发展的战略。

在5G、大数据、人工智能、物联网等快速发展的大环境下，PCB行业将迎来新的发展机遇。鹏鼎控股已经做好准备，继续领导全球PCB产业发扬光大，培育更多人才，加强创新、放眼全球。

深圳园区 　　　　　　　　　　　　深圳第二园区

淮安园区 　　　　淮安综保厂 　　　秦皇岛园区

DARE GLOBAL 大亚集团

数字赋能　创新智造

大亚科技集团始建于1978年，是中国民营企业500强、中国制造业企业500强、国家高新技术企业、农业产业化国家重点龙头企业、国家重点林业龙头企业，为上市公司"大亚圣象"（股票代码000910）的控股股东和圣象集团的全资控股公司。目前，集团拥有家居、新材料、汽配和转型四大产业板块。

家居产业是集团的主导产业。近年来，集团坚持以创办资源节约型和环境友好型企业为遵循，先后投资70余亿元，建成了亚洲著名的人造板生产制造基地、世界知名的圣象品牌企业、中国著名的家居体验馆和全球车轮智造的样板企业，形成了以家居产业为主导，以新材料和汽配产业为两翼，以转型为驱动的现代产业体系。2020年，圣象地板和大亚人造板分别以572.59亿元和182.81亿元的品牌价值，双双荣膺"中国500最具价值品牌"，继续位居中国家居行业前列。

大亚将秉承"追求卓越、挑战极限"的企业精神，恪守"勇于变革、锐意创新，服务客户、追求极致，共享成长、奋斗不息"的企业核心价值观，坚定不移实施"四大战略"，矢志将集团建设成为一家引领生活质感的世界级卓越公司。

大亚科技集团董事长　陈建军

圣象地板品牌价值证书

大亚高密度纤维板生产线

大亚工业园区

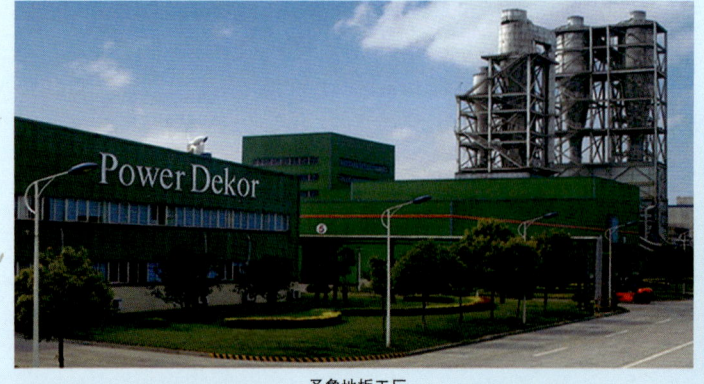

圣象地板工厂

大亚人造板工厂

福建福海创石油化工有限公司
Fujian FuHaiChuang Petrochemical Co.,Ltd.

一、企业基本情况

福建福海创石油化工有限公司位于福建漳州古雷港经济开发区，占地面积约290公顷，现有员工1500余人。公司致力于"绿色发展、石化行业引领"企业愿景的实现，引进世界先进的生产设备和专利技术，建设年产450万吨精对苯二甲酸（PTA）、年产160万吨对二甲苯（PX）及自备热电厂、液体化工码头、散杂货码头等公用配套项目，年销售收入超500亿元。

二、转型升级

为拓宽加工原料种类，增加产品种类及提高产品附加值，增强市场竞争力，未来5年公司将投资500余亿元，启动原料适应性技改项目和乙烯及下游深加工联合体项目。该项目具有良好的经济效益和社会效益。

三、提高发展质量

公司在推行石化产业规模效应的同时，致力于降本增效、节能减排管理，目前PX项目、PTA项目具有综合能物耗低、本质安全性高等优点，充分体现了公司绿色发展、高质量发展的新发展理念。公司乙烯及下游深加工联合体项目将成为石化产业高质量发展的典范，将极大地促进中国石化产业的发展。

公司党委书记、董事长方向阳现场指导工作

公司党委副书记、总经理李玉光发放春节慰问品

主要产品—PX（对二甲苯）

主要产品—PTA（对苯二甲酸）

PTA包装线

翔鹭码头卸船机

公司厂区全景

宏兴钢铁
HONGXING STEEL

董事长　王占宏先生

宏兴钢铁办公楼

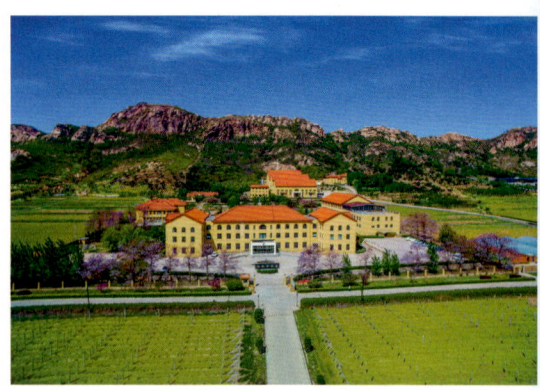

宏兴钢铁——朗格斯酒庄

宏兴钢铁——沙雕海洋乐园

秦皇岛宏兴钢铁有限公司（以下简称宏兴钢铁）成立于2002年，经过10余年发展，目前已成为以钢铁为主业，兼营红酒产业、滨海旅游产业、度假休闲大健康产业的大型综合性民营钢铁联合企业，综合实力位于河北省百强企业、中国制造业企业500强之列。现注册资本金52.65亿元，在册职工5000余人，主营产品为优质碳素结构钢、低碳热轧圆盘条、热轧钢带、热轧光圆钢筋和热轧带肋钢筋，产品销往国内多个省、市地区，获得了社会和客户广泛认可，具有较强的竞争优势。终端产品建筑用钢筋已取得国家质检总局核发的工业产品生产许可证。2019年，实现营业收入178.97亿元，实现利润总额23.40亿元，上缴国家税金9.06亿元。为地方经济发展、财政税收做出了应有的贡献，起到了良好的示范带动作用。

2020年是宏兴钢铁脱胎换骨、创新发展的元年，大范围实施升级改造工程，始终秉持"务实、奋进、诚信、高效"的企业宗旨和"以人为本、科学发展、回报社会、共建和谐"的经营理念，积极贯彻落实党的十九大高质量发展精神，致力于打造"绿色、智能、现代化、田园式钢铁企业"。专注钢铁主业实体经济发展、加强产品质量品牌建设，坚决贯彻落实国家钢铁产业发展政策，同时加大多业态发展投资力度，继续发扬"拼搏进取、创新求强"的宏兴精神，积极承担民营企业的社会责任，发挥出在社会经济发展中应尽的社会责任和力量。

宏兴钢铁生产厂区

PENGXIN 鹏欣资源

刚果（金）SMCO工厂鸟瞰图

鹏欣环球资源股份有限公司（以下简称鹏欣资源），前身为上海中科合臣股份有限公司，2000年9月在中国上海成立，并于2003年在上海证券交易所上市，股票代码为600490。

鹏欣资源通过"产业+金融、投资+并购""内生式增长+外延式扩张"的发展路径，从此前单一的铜资源逐渐发展成为铜、钴、金"三驾马车"并驾齐驱。近几年来，鹏欣资源始终坚持"走出去"发展战略，积极响应国家"一带一路"倡议，秉承"全球资源对接中国市场"的发展理念，全方位拓展国际产能合作。鹏欣资源高度契合国家资源储备战略的发展方向，充分发挥国内技术和产能优势，进行技术输出，培育海外生产基地，积极开展国际产能的合资合作。公司核心资产位于世界上著名的刚果（金）的加丹加弧形铜钴成矿带及南非西北克拉克斯多普金矿富集地带。经过多年的深耕，公司已分别在两国建立起以铜、黄金的采矿、选冶为核心业务的产业链，并同步聚焦新能源产业相关矿种，如镍、钴、锂等新材料。值得一提的是，2019年度刚果（金）全年生产阴极铜37475吨，较上年增长12.25%，创历史新高；南非CAPM奥尼金矿复产工作稳步推进，实现了日产1000吨的产能目标。2020年，在稳固海外矿业生产的基础上，公司实行海内外"双轮驱动"，继续深化业务转型升级工作。公司积极响应习近平总书记"绿水青山就是金山银山"的生态文明建设理念和国土资源部加快推进矿山生态修复的指导意见，于2020年年初控股投资云南欣玺空间生态修复发展有限公司，以矿山修复为切入口，成功签订首单并正式进军绿色生态修复行业，践行"合规开发、精致修复、产业植入"的三位一体生态修复新模式产业链。

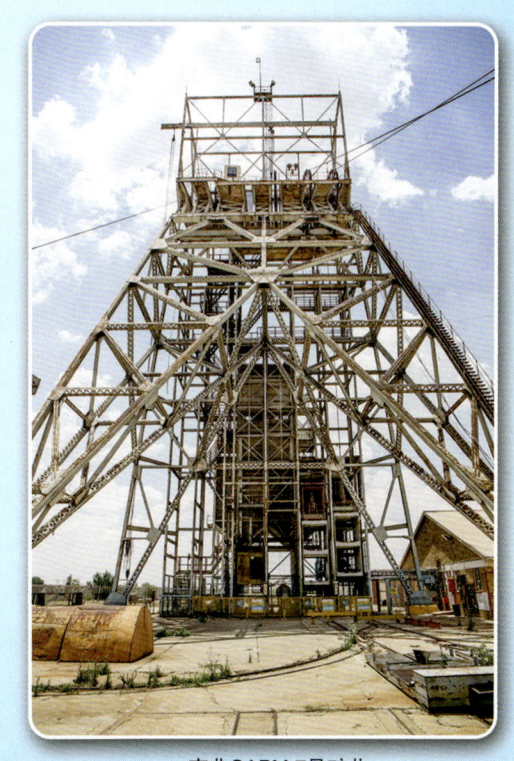

未来，鹏欣资源将不断前行，进一步实施国际化、规模化的多元发展战略，向"全球领先的综合资源服务商"的转型升级不懈努力。

南非CAPM 7号矿井

南非CAPM厂区图

刚果（金）SMCO露天采场

刚果（金）SMCO氢氧化钴项目一期开工奠基仪式暨刚果（金）钴矿石交易中心成立仪式

卓越集团　稳健前行　有质量增长

1996年从深圳出发，历经24年耕耘发展，卓越集团形成四大航道业务布局——地产开发、城市更新、资产运营、金融投资。2020年，卓越集团总资产超过2200亿元，其中资产管理规模超过1000亿元。累计开发面积超2500万平方米，自持一线核心地段商业面积近120万平方米，土地储备面积近5000万平方米。

在"战略驱动，有质量的增长"经营方针指导下，卓越集团坚持"1+1+X"的全国战略布局，精准布局粤港澳大湾区、长三角经济圈及其他核心一、二线高成长城市，足迹遍布全国32城，目前已开发170余个住宅项目，多个项目领跑区域市场。

卓越集团多年来一直坚持轻重并举，形成了"住宅+商办"的双引擎运营模式，成为商业资产运营管理的先行者。卓越商管作为卓越集团旗下最重要的业务之一，获得长期信用最高级AAA评级。仅在深圳，在建和开发的写字楼就已超过40余座。卓越的商业运营项目也已遍布深圳福田、后海、前海、宝安四大中心区，成为四个中心区举足轻重的商业开发及运营商。

凭借成熟的资产管理及城市商务区运营能力，卓越集团资产运营航道覆盖了资产管理、商业管理、酒店管理、物业管理、产城融合等业务，通过自持物业、股权投资、轻资产输出管理等模式，持续提升轻资产运营质量和效率。卓越物业更是众多知名高新科技企业、互联网企业的"战略合作伙伴"。而卓越商管为卓越集团塑造出巨大的差异化竞争优势，成为卓越穿越周期向前发展的"压舱石"。

卓越集团始终坚持以前瞻性的国际眼光与高度的社会责任感参与到城市的建设与运营中，积极践行着布局全国核心一、二线及高增长城市的发展战略，正怀揣着"追求卓越、不断超越"的心，不断向"城市综合运营的世界级标杆"的目标迈进。

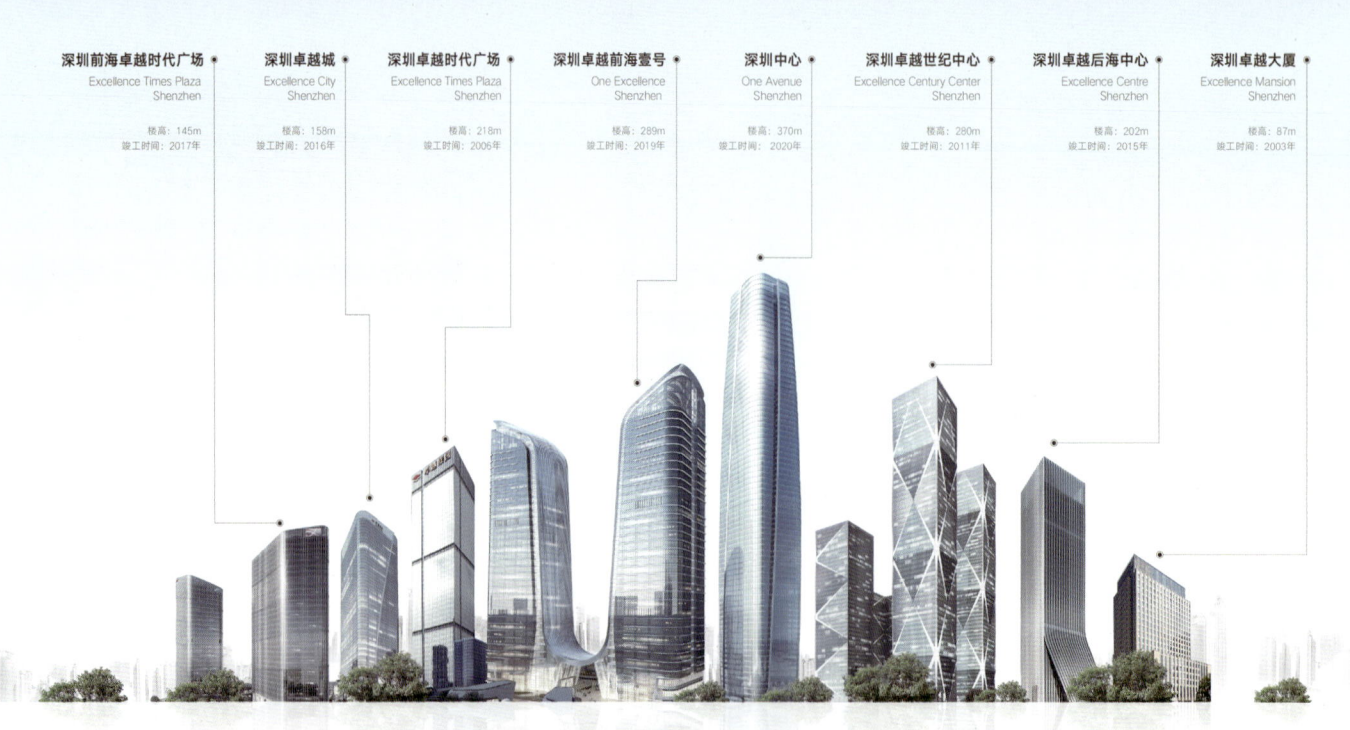

项目	楼高	竣工时间
深圳前海卓越时代广场 Excellence Times Plaza Shenzhen	145m	2017年
深圳卓越城 Excellence City Shenzhen	158m	2016年
深圳卓越时代广场 Excellence Times Plaza Shenzhen	218m	2006年
深圳卓越前海壹号 One Excellence Shenzhen	289m	2019年
深圳中心 One Avenue Shenzhen	370m	2020年
深圳卓越世纪中心 Excellence Century Center Shenzhen	280m	2011年
深圳卓越后海中心 Excellence Centre Shenzhen	202m	2015年
深圳卓越大厦 Excellence Mansion Shenzhen	87m	2003年

卓越集团深圳部分项目展示

卓越集团 Excellence Group
共领卓越人生

共 筑 卓 越 人 生

无锡市不锈钢电子交易中心

公司简介

　　无锡市不锈钢电子交易中心（以下简称无锡不锈钢）是在传统商品市场发展起来的大宗商品产业互联网平台，成立14年来以年均20%以上的速度持续、快速增长，逐步成为具有国际影响力且服务实体经济成效显著的"全国民营企业500强"和"中国互联网百强"企业，是国内大宗商品交易市场与现代供应链的标杆企业。无锡不锈钢的电解镍、钴、铟的货物交收量占国内消费量的40%以上，不锈钢的货物交收量占国内消费量10%以上，其形成的电解镍、钴等价格已经取得了国际认可的定价权。

1. 推动现货贸易形式的转型升级

通过无锡不锈钢平台线上交易、交收，已经成为现货贸易的重要形式，平台简化了贸易流程、提升了贸易效率。同时，随着贸易模式的转变，也促使众多中小贸易企业从贸易型逐步向加工型和服务型的转变，无锡不锈钢已成为全球著名的镍、钴、铟和不锈钢现货电子交易市场。

2. 平台价格成为现货贸易的基准价格，具有国际认可的定价权

无锡不锈钢平台价格已成为国内电解镍、电解钴的定价依据，现货市场已经形成以参考无锡不锈钢平台价格进行升贴水报价的贸易模式。无锡不锈钢平台交易价格被央视财经频道、汤森路透采集，伦敦金属交易所、芝加哥商品交易所计划增加以无锡不锈钢平台价格作为结算价的镍和钴指数合约。

3. 建立覆盖全国的配套服务体系，提供一体化综合服务

无锡不锈钢产业企业客户覆盖全国32个省市、2个特别行政区，在全国4个主要贸易集散地区共设立了26个交收仓库，交收库容约100万平方米，为所有产业客户提供公共库存，同时与全国50余家物流配送企业达成合作。

4. 线上交易带动线下贸易，线上商流带动线下物流，促进产业融合

无锡不锈钢通过综合服务提供和生态圈打造，改变了传统的行业贸易流通模式，与产业客户建立了更加紧密的合作关系，线上交易带动线下贸易，线上商流带动线下物流，促进产业融合，为客户提供一体化现代供应链解决方案。

5. 线上平台与线下物流中心、加工中心融合发展，促进产业集聚

无锡不锈钢打造了硕放不锈钢物流园等不锈钢物流加工产业园。无锡硕放不锈钢物流园已成为全国著名的不锈钢产业集群，为全国范围不锈钢及金属行业企业提供交易、仓储、交收、融资、剪切、加工和配送等一体化服务，并带动无锡地区形成了全国著名的不锈钢产业集散地，并形成年交易额超1500亿元、年纳税额达6亿元的产业规模。

地址：江苏省无锡市新吴区硕放不锈钢物流园
电话:400-888-0353

盐城国投集团
Yancheng State-Owned Assets Group

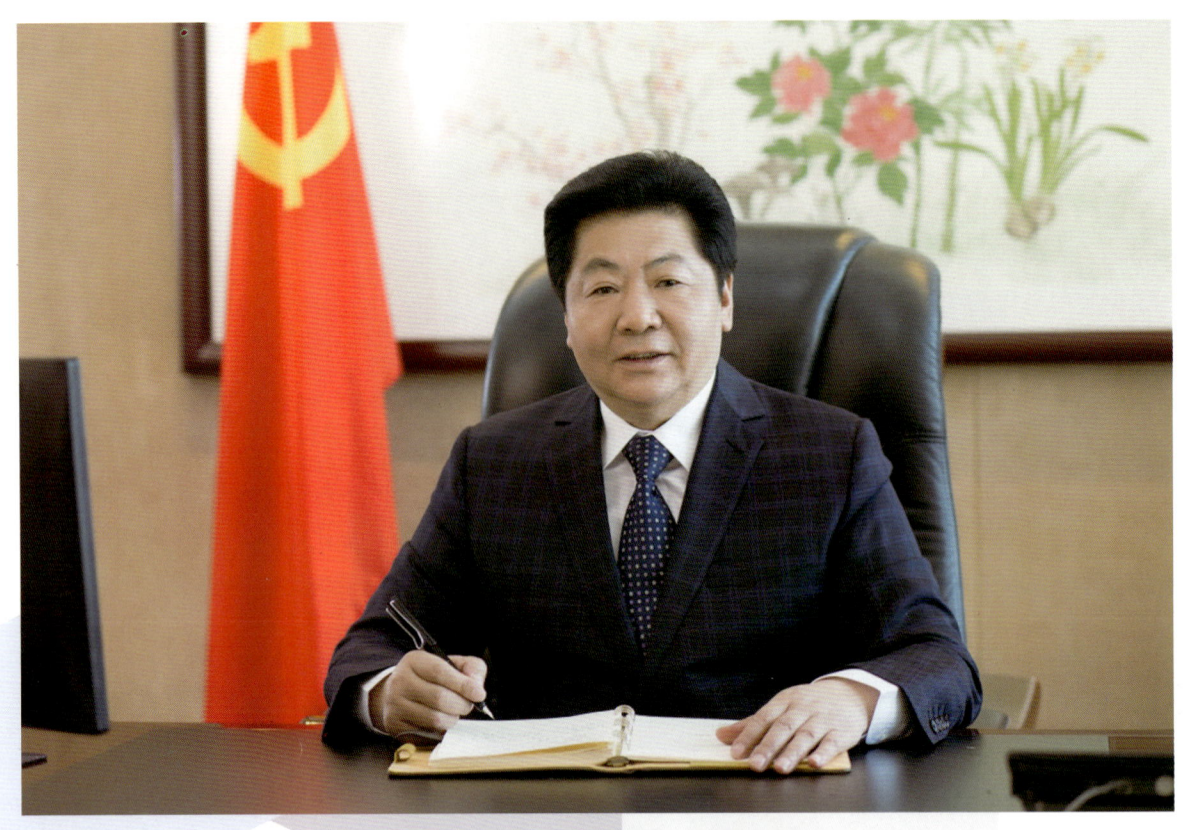

党委书记、董事长　戴同彬

盐城市国有资产投资集团有限公司（以下简称盐城国投集团）成立于2006年12月，由盐城市人民政府出资组建，注册资本金20亿元。截至2019年年末，集团总资产达454.98亿元，2019年实际开票收入187.52亿元。集团拥有盐城国能公司、江苏国新新能源乘用车公司、江苏奥新新能源汽车公司、盐城国投环境公司、盐城国投中科公司、盐城国投置业公司、盐城市国投工业地产公司、盐城市物资集团、盐城迎宾馆、江苏国鑫融资租赁公司等93家全资和控股子公司。

盐城国投集团自2012年率先实施转型发展，利用资本的力量全速推动产业布局，按照"集团多元化、子公司专业化"发展模式，形成以能源资源、高新科技为核

盐城国投集团大厦（国家优质工程奖）　　　　中国盐城（上海）国际科创中心

盐城先锋国际广场

江苏国新新能源乘用车公司 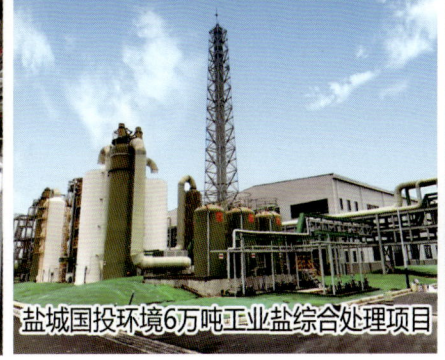　　盐城国投环境6万吨工业盐综合处理项目 　　盐城国投集团工业地产

心驱动力、以城市与工业地产和现代服务业为重要推动力的"2+2"四轮驱动产业格局，资产规模、经营业绩主要指标实现裂变式、倍增式增长，综合竞争力位居全市大企业集团前列，入选中国服务业企业500强、首届长三角服务业企业100强。

展望未来，盐城国投集团将坚持以习近平新时代中国特色社会主义思想为指导，主动抢抓国家战略交汇叠加机遇，深入践行盐城"两海两绿"发展路径，围绕"百年国投、千亿国投、万众国投"奋斗目标，全力打造具有一流竞争力、持续创新力和强大生命力的国有能源与高新科技产业投资集团，为盐城高质量发展做出新的更大贡献。

盐城国能公司开建H5#20万千瓦海上风电项目 　　盐城国能公司光伏电站

广州城投
GUANGZHOU CITY CONSTRUCTION INVESTMENT GROUP

广州城市新中轴线（以广州塔为界的北半轴）

广州市城市建设投资集团有限公司（以下简称广州城投）成立于2008年，是专业从事城市基础设施投融资、建设、运营管理的国有大型企业集团，具有片区开发一体化建设和品质化运营的全产业链综合能力，注册资本175.24亿元，银行信用评级AAA级。至2019年年底，下辖26家全资子公司、3家控股子公司，相对控股1家上市公司（神州数码，股票代码：00861.HK），拥有2家新三板公司（广州塔，证券代码：870972；建广环境，证券代码：871515），资产总额2117.01亿元，净资产约1229.6亿元。

围绕智慧城市投资建设运营综合服务商的愿景，强化科技、金融的引领和助推作用，广州城投布局形成以建设开发为龙头，资产经营为延伸，智慧城市为重点，金融投资为助推，建筑服务、城市能源服务等为增值补充的"1+3+X"现代产业生态体系。其中：

建设板块累计投融资建设达2000亿元，出色完成包括广州塔、花城广场、海心沙、内环路、新光快速路等约1300多个城市基础设施项目的投资建设。以PPP模式和政府代建方式做好琶洲互联网创新集聚区、广州南站核心区等建设，旗下

广州首架飞机融资租赁

金融城——效果图

海心沙——花城广场

政维修处担负着市政设施应急抢险任务。

金融板块是广州城投重点培育的战略板块之一，2019年代表广州市出资100万元参与南航集团混改。旗下城投投资公司至2019年年底规模超200亿元，开展广东首例飞机融资租赁，设立规模为500亿元的广州建设基金等多个产业基金；旗下广州基金，签约基金规模3300亿元，落地规模1510亿元。

经营板块是广州城投品质化运营的主体，拥有广州塔、花城汇、海心沙、流花展贸中心等综合物业150万平方米，在建增量商业项目100万平方米。负责广州东片5个区保障房的投资建设运营，接收4万多套保障房的运营管理，推进建设3万多套保障房。整合存量2万余亩土地资源，围绕文商旅、住房租赁等方向综合开发。

智慧城市板块是广州城投进军智慧城市建设的核心业务，发力"新基建"，全方位介入智慧城市解决方案服务。

广州南站地下空间——效果图

广州琶洲互联网集聚区——效果图

红海人力集团
HONGHAI HUMAN RESOURCES GROUP

专 业 让 做 事 更 简 单
PROFSSIONO MAKES THINGS SIMPLER

集团熊颖董事长（左三）参加防控新冠肺炎疫情新闻发布会

"返岗直通车"接送

防疫物资捐赠

新型冠状病毒肺炎防控工作牵动着全国上下的心。2020年年初疫情防控阻击战在全国打响，红海迅速反应，切实履行社会责任，密切关注疫情，用不同的方式积极为疫情防控贡献力量。

一、疫情防控期间捐资捐物献爱心

红海通过湖北省慈善总会向湖北武汉捐款共216万元，向武汉洪山区方舱医院捐赠生活物资30多批，向医护、快递、电力、环卫等4000家多企业捐赠防疫物资，受益员工人数达14万余人，累计捐物价值280多万。截至目前为止，共捐款捐物价值超过550万元。

二、在疫情形势逐渐好转阶段，红海主要从四个方面助力企业复工复产

（一）开展线上培训服务

积极开发和优化在线学习、直播课堂，组织人力资源方面的专家，开设公益政策宣讲课程。联合各协会及社团组织开展在线培训课程，让企业和员工能够快速了解国家及地方政策，保障劳资双方的合法权益，解决疫情下的人力资源服务难题。

（二）提供企业咨询服务

主动对接企业在疫情防控期间存在的人力资源管理工作需求，通过微信小程序"劳动法宝网"，为广大企业和职工提供疫情期间劳动法律相关问题的解答服务，实现在线即时问答。

（三）推出多项人才招聘服务

一是通过网络招聘帮助企业解决用工难题。利用全国180多家分公司的布点优势，将企业招聘信息在全国线下招聘点、招聘基地及线上渠道（官网、各公司微信号、微信群、红海直聘平台等）进行发布，助力客户单位及时复工补员。

二是与当地人社局等部门密切联系，获取当地紧缺及优质企业用工需求名单，参与各地"春风行动"线上招聘会。

三是应对部分服务行业无法复工的成本压力与制造业的"缺工"实际，提出共享用工计划，联合各地人力资源和社会保障局共同推动企业员工人力资源共享，缓解用工压力。

（四）提供员工返岗复工保障服务

红海捐资50万元启动"返岗直通车"，协调返岗包车和提供交通费用补贴，助力民营企业骨干员工顺利返穗返岗。首批"直通车"安排29辆大巴车，选派17名党员骨干担任专车志愿者，负责跟车和服务，备足相关防护和生活物资，将541名分布在12个地市的务工人员，接送回广州。

红海将坚守"为民生，促就业"的初心，面对疫情，将遵循政策指引，坚持科学防疫复工复产，为民营企业可持续发展提供专业可靠的人力资源服务，携手赢得疫情防控和经济发展的胜利，为社会和谐稳定做出贡献。

洛阳国宏投资集团有限公司

党委书记、董事长 符同欣

党委副书记、总经理 郭义民

　　洛阳国宏投资集团有限公司（以下简称国宏集团）成立于2013年6月，是经洛阳市人民政府批准设立的市属综合类国有资本投资（运营）公司（国有独资），致力于传统产业转型升级、战略新兴产业引导培育，统筹协调解决国企改革遗留问题。目前，国宏集团注册资本20亿元，拥有9家二级企业和64家三级全资、控股、参股企业，主营业务涵盖产业投资运营、资产运营管理、园区综合开发、资源投资开发和现代服务业五大板块。

　　作为洛阳市唯一工业领域投融资运营主体，国宏集团围绕功能定位，以市场化运营为导向，着重在工业领域发挥投融资、资本运营、资源集成、国资战略重组等综合功能。科学谋划顶层设计，制订了10年发展战略和2016—2020年、2021—2025年两期发展目标，确立了集团总部"战略引领，宏观管控"、二级企业"运营管理，保值增值"、三级企业"生产经营，成本控制"的复合型差异化管控体系。创新实施"国宏十法""国宏九条"，为洛阳市高质量发展做出积极贡献。

　　国宏集团拥有雄厚的资金实力和产业发展优势，经过多年发展，秉承"服务区域发展、提升自身价值"的企业使命，逐步建立起了科学高效的决策机制和完善的风险管理体系，在项目开发、论证决策、资源整合、投后管理、风险管控等方面探索出了一套规范有效的办法，市场竞争力和影响力凸显，经济效益稳步提升。2019年，国宏集团实现营业收入140.91亿元，实现利润总额6.71亿元，资产总额达到242.74亿元，净资产达到145.35亿元。成功跻身"2019中国服务业企业500强""2019河南企业100强"，并荣获"全国企业管理创新成果"二等奖。

　　2020年，面对新冠肺炎疫情的严峻形势，国宏集团快速行动，捐赠物资助力一线战疫，周密谋划推动重点企业复工复产，在彰显国企担当的同时，为国宏集团2020年经济运行保持稳中向好奠定了基础。

2020年"迎新春"团拜会

"丝路朗宸"洛德蒙特S60房车首批下线及交车仪式

60万吨/年工业三苯高端石化项目夜景

洛阳康达卡勒幅高端医疗影像器械

工业互联网展厅

Wynca 新安

绿色化学创造美好生活
Environmental friendly chemicals create a better life

新安股份 600596

新安集团创建于1965年，2001年成为上市公司，主营硅基新材料、作物保护两大产业，主要产品被广泛应用于农业生产、生物科技、航空航天、医疗卫生、新能源等多个领域，畅销全球100多个国家和地区，是国家创新型企业，国家高新技术企业，属中国制造业500强，中国化工500强，全球农化销售20强，中国氟硅行业领军企业。

硅基新材料围绕全产业链优势，聚焦发展下游细分市场，搭建专业性服务和解决方案平台，建立从硅矿冶炼、硅粉加工、单体合成、下游制品加工的完整产业链，形成硅橡胶、硅油、硅树脂、硅烷偶联剂四大系列产品。

作物保护以助力"农业丰产、农民丰收"为目标，打造农业综合服务生态圈，提供全方位的作物保护综合解决方案，形成了以草甘膦原药及剂型产品为主导，除草剂、杀虫剂、杀菌剂及信息素、性诱导剂为代表的生物防控等多品种同步发展的产品群，以及水稻、小麦、玉米、柑橘、草莓、茶叶、槟榔等作物的综合植保解决方案。

浙江新安化工集团股份有限公司
ZHEJIANG XINAN CHEMICAL INDUSTRIAL GROUP CO.,LTD

电话：0571-64723891

四川华油集团有限责任公司

CNG场站

便民业务

公司现有员工3310人，公司机关设11个职能部室、6个直属机构、8个直属单位。公司下属基层单位41个，CNG加气站30座、LNG站2座、调压计量站161座。

公司主营业务包括城市燃气、CNG、管道安装、防腐技术服务及产品、分布式能源、劳保用品等。市场主要分布在四川天府新区、成都市龙泉驿、双流、温江、郫都、泸州、自贡、宜宾、德阳、眉山、内江、江油等11个市（县），重庆主城区及长寿、万州、江津、永川，广西百色市，云南曲靖市、楚雄州，陕西榆林，贵州开阳，云南永仁，安徽定远等50多个市区县。

公司天然气用户规模达420万户，天然气年销量49.55亿立方米，各类燃气管道2.87万公里，市场区域10991平方公里，整体规模实力位居川渝地区终端燃气第一位，为地方经济发展和社会稳定做出了突出贡献。

公司地址：成都市高新区天府一街695号中环岛广场A座
邮政编码：610041
值班电话：028-86015788
前台电话：028-82978160
电子邮箱：schygs@petrochina.com.cn

安装业务

配气站

影视之都

音乐之岛

融合控股
RONGHE HOLDING

青岛西海岸新区融合控股集团有限公司（以下简称融合控股集团）成立于2018年11月26日，是青岛西海岸新区落实党的十九大精神、深化国资国企改革设立的国有资本投资运营集团，注册资本50亿元，总资产1175亿元，是青岛西海岸新区首家千亿级企业、首家AAA信用评级企业。融合控股集团始终坚持党建引领、创新驱动、高质量发展，深入践行经略海洋、军民融合等国家发展战略，优化国有资本战略投资布局，构建了"融""投""运""管""研"五位一体运营机制，打造了一支定位明确、功能科学、结构完善、坚强有力的"国企航母编队"。截至2019年年底，总资产从成立之初的660亿元增长到1055亿元，营业收入从65亿元增长到119.9亿元，分别增长59.8%、84.5%。

融合控股集团立足"走在青岛市国有投资运营公司前列，争创国内一流资本运营集团"目标，坚持市场逻辑、开放思维，以改革优存量，以市场布增量，逐步形成新一代信息技术、高端装备、人工智能、金融、教育、医养健康等战略性新兴产业格局，推动资源资产化、资产资本化、资本证券化。融合控股集团发挥国有资本市场化运作平台优势，与150余家央企、地方国企、行业龙头企业、科研机构协同创新，通过风投创投，培育孵化科技创新领军企业，促进"四新经济"发展；通过"资本运作+产业投资+金融服务+园区建设运营"，发展壮大集成电路产业集群、人工智能产业集群、装备制造与节能环保产业集群，促进产业链、资金链、人才链、技术链"四链合一"。承担山东自贸区青岛片区投资建设任务，担当中日（青岛）地方发展合作示范区建设运营主体，青岛桥头堡国际商务区、青岛经济技术开发区转型发展区、王台新动能产业基地、古镇口军民融合创新示范区、交通商务区等区域开发建设主体；中央美院青岛校区、中国海洋大学新校区、青岛大学附属医院分院等项目投资建设主体、教育医疗产业市场化运营主体，助力青岛建设开放、现代、活力、时尚的国际大都市和科技引领城，打造世界工业互联网之都。

啤酒之城

会展之滨

芯恩集成电路项目

中央美院青岛校区

青岛西站

贵州银行股份有限公司
BANK OF GUIZHOU COMPANY LIMITED

贵州银行党委书记、董事长　李志明

贵州银行党委副书记、行长　许安

公司简介

　　贵州银行股份有限公司（以下简称贵州银行）成立于2012年10月11日，总部位于贵州省贵阳市，是由原遵义、安顺、六盘水三家城市商业银行合并重组设立的省级地方法人金融机构，分支机构217家，覆盖全省所有市、州、县，员工5000余人。于2019年12月30日在香港联交所主板上市，股票代码6199.HK，是贵州省首家登陆国际资本市场的金融机构。

　　贵州银行始终坚持"用心的银行"服务理念，以用心打造"贡献卓越　幸福共享"的现代商业银行为愿景，加快转型发展步伐，着力形成对公、零售、金融市场并驾齐驱的稳定业务结构，不断提升服务全省经济

晨会瞬间

用心打造"贡献卓越 幸福共享"的现代商业银行

社会发展的能力和水平；正确处理好速度、规模和质量、效益之间的关系，持续加强公司治理，完善全面风险管理体系，筑牢防范化解金融风险的底线，确保在风险可控、安全有保障的前提下发展业务，全力实现高质量发展。

截至2019年年末，资产总额4093.89亿元，客户存款总额2602.66亿元，发放贷款和垫款净额1733.50亿元，不良贷款率1.18%，拨备覆盖率324.95%，2019年实现税前利润40.91亿元、净利润35.64亿元。

贵州银行在英国《银行家》杂志发布的"2020年全球银行1000强"榜单中排名全球第270位，在入围的国内银行中排名第45位；在中国银行业协会发布的"2019年中国银行业100强榜单"中，贵州银行排名第47位。贵州银行是贵州省首个拥有双AAA主体评级的法人金融机构。

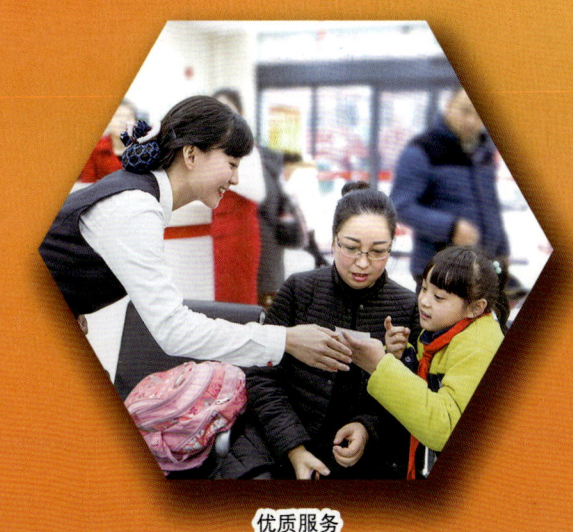

优质服务

四川众心乐旅游资源开发有限公司

公司领导工作照

四川众心乐旅游资源开发有限公司成立于2015年09月29日，注册资金1000万元，资产总额近200亿元。自成立以来，业务遍及整个西南地区，形成了旅游开发、旅游实业、金融投资三大板块，产业涵盖多个领域，并于2019年进入四川企业和四川服务业企业"双100强"。

目前，重点文旅项目包括中国科幻影视文化产业园、船石湖运动特色小镇、康定跑马山国家级旅游度假区等；主要运营服务包括成都红牌楼综合商业广场、川威大厦甲级写字楼、四川连界康养医院、漫城商业街及云南江川古滇国城等；金融投资方面形成年贸易总量近100亿元，行业内知名建筑集成服务商，其中，高速公路护栏板产能及焊丝的实际产销量位居省内前列。

企业发展愿景：缔造美好生活，实现企业价值
企业发展方针：夯实主业、做好两翼、加强合作
企业精神：团结、开放、奋进

以文化、体育、自然生态为核心，将公司打造成为一个国内知名、西南一流的百亿文旅产业集团。

中国科幻影视城整体规划效果图

康定跑马山国家级旅游度假区

国家南方·连界足球竞训基地

建筑集成产品

龙威酒店

青海省物产集团有限公司
QINGHAI MATERIALS INDUSTRY GROUP CO.,LTD.

推动新旧动能转换　做优做强三大园区

青海物产党委赴可可西里索南达杰保护站开展捐赠活动

青海曹家堡保税物流中心（B型）验收

青海物产全国职工书屋示范点揭牌仪式

  青海省物产集团有限公司（以下简称青海物产）是由青海省国资委监管的国有独资公司，所属二级子公司10户、三级子公司15户，占地面积近3000亩，拥有4.3公里铁路专用线，100多万平方米经营办公场所，连续入围"中国服务业企业500强"和"青海企业50强"，2019年分别位列第395名和第10名。

  青海物产"三大板块"主要由现代物流、工业生产、内外贸易组成，现代物流主要包括仓储物流、商贸物流、货运物流、冷链物流、保税物流、金融物流、信息物流、传媒物流、应急物流；内外贸易主要包括生产货物经销贸易、商品货物购销贸易、进出口货物国际贸易；工业生产主要包括铝及铝加工产业链、混装炸药产业链。

朝阳物流园

  青海物产"三大园区"主要由青海朝阳物流园、青海北川工业物流园、青海曹家堡保税物流园组成，通过优化布局，实现"三大园区"的资源共享、互联互通、协同发展。

  朝阳物流园：园区位于青海省西宁市城北区朝阳东路，占地面积363亩，拥有铁路专用线2.5公里。主要由朝阳物流交易中心、青藏物流商务中心、物产家美广场、城市快消品仓储分拨中心、机电市场、钢材市场、木材市场，以及民爆器材、剧毒危化、网络货运、文体产业等商贸物流业态组成。该园区正转型升级为青海省大型现代生活物流园区。

  北川工业物流园：园区位于西宁市以北宁张公路15公里处，占地1152亩，建有10万余平方米厂房、库房和4.5万平方米办公楼宇及场所，拥有1.8公里铁路专用线。主要业态有多式联运、司机之家、甩挂运输、应急物流，以及电解铝产业链等。园区依托现代生产型服务业基地，正大力推进现代制造业与现代服务业融合发展，努力打造百亿产值的北川多式联运物流园区。

  曹家堡保税物流园：园区位于海东河湟新区，青海曹家堡机场西侧4公里处。占地面积524亩，总建筑面积50余万平方米。主要由曹家堡保税物流中心（B型）、保税物流国际商务区、青藏高原全球商品保税直销中心、陆港口岸服务中心、青海昆仑国际会议中心、丝绸之路绿色博览中心组成。该项目作为青海省在"一带一路"国家重要物流节点布局建设的重大项目，是连接中亚、南亚、西亚及欧洲地区经济带的重要国际物流平台，是全方位、多层次、宽领域提升青海开放型经济发展，打造现代物流国际化水平的重要支撑平台。

青海曹家堡保税物流中心

北川工业物流园

保税物流园国际商务区

岭南股份
LINGNAN

公司简介
COMPANY PROFILE

岭南生态文旅股份有限公司（以下简称岭南股份）成立于1998年，于2014年在中小板上市（股票代码：SZ.002717）。经过 22 年的耕耘，岭南股份已发展成为集生态景观与水土治理、文化与旅游、投资与运营为一体的全国性集团化公司。旗下拥有园林、水务、文化、市政、设计五个集团，旅游康养、金融投资两个板块，实现七大产业板块协同发展。

立足于"城乡服务运营商"的定位，岭南股份近年来坚持"大生态+大文旅"双轮驱动，采取"做实园林、做大水务、做强文旅、做大市政"的经营策略，优化业务结构，调整城市布局，深耕粤港澳大湾区、长三角地区和京津冀地区等核心区域，务实经营、行稳致远。

2010—2018年间，岭南股份总资产增长近48倍，营业额增长近17倍，归母净利润增长近12倍。2019年，岭南股份营业收入79.57亿元，归属于上市公司股东净利润3.28亿元，实现了长期稳健经营。公司营业收入规模、利润规模均稳居行业前列，并连续位列2019年中国服务业企业500强、广东省民营企业100强。

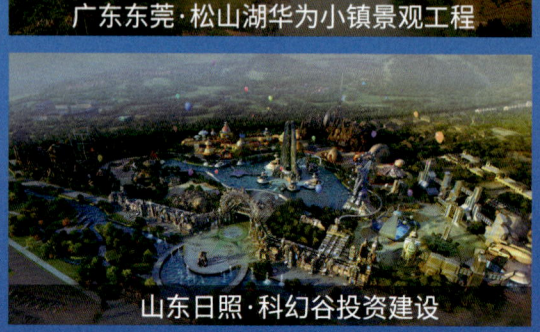

广东东莞·松山湖华为小镇景观工程

山东日照·科幻谷投资建设

北京·温榆河公园概念性规划设计

江苏宿迁·泗阳县城乡水环境巩固提升工程

张家港恒泰佳居贸易有限公司

恒泰佳居
HENGTAIJIAJU

张家港恒泰佳居贸易有限公司办公室地址位于获得联合国人居奖的中国百强县张家港——张家港市杨舍镇东方新天地10幢B905室，注册资本为10000万元，公司于2013年4月11日成立，主要经营化工原料及产品、医药原料等相关化学产品，还涉及商务咨询自营和代理各类商品及技术的进出口业务，有稳健的产品渠道、专业营销及技术团队。

公司作为综合性贸易企业，以乙二醇、PTA等大宗化工商品原料为主营业务。公司秉承着"诚信经营，合作共赢"的经营服务理念，建立了稳健的上下游渠道，经营方式与经营理念获得了业界的广泛认可。同时，公司建有完善的市场营销服务体系，和国内外各大供应商及银行有着良好的合作关系，7年来，逐步发展为华东地区最大的化工品现货服务商之一。公司2019年实现营业收入78亿元，与去年相比营业收入稳步提升。如今公司正向着产品多元化、服务专业化、经营规模化的目标不断发展，希望能在国家建设的新阶段中发挥企业优势，为国家与政府添砖加瓦。

办公地点

库区　　团队　　主营业务

湖南电广传媒股份有限公司
HUNAN TV & BROADCAST INTERMEDIARY CO.,LTD.

2020年4月13日，湖南有线5G视界、新品牌"蜗牛TV"发布会

2020年8月13日，达晨投资的新冠疫苗第一股康希诺生物股份公司登陆科创板，累计投资企业IPO突破100家

2020年2月8日，公司向湖北一线抗疫医院捐赠负压救护车

公司简介

湖南电广传媒股份有限公司成立于1998年，1999年3月在深圳证券交易所挂牌上市（证券代码：000917），中国传媒首发股，控股股东为湖南广播影视集团。目前，公司主营业务涵盖有线网络、文旅地产、投资、广告内容、游戏五大板块，旗下拥有湖南有线电视网络集团、深圳达晨创投、广州韵洪传播、北京影业、上海久之润、长沙世界之窗、长沙圣爵菲斯酒店、芒果文旅等全资、控股子公司共161家，投资企业500余家，基金管理规模300余亿元，员工总数1.1万人，年收入过百亿元。

公司屡获"全国文化体制改革工作先进单位""全国文化企业30强""中国最具竞争力创投机构"等政府、行

2020年3月31日,中国5G高新视频多场景应用国家广播电视总局重点实验室挂牌

集会议展览、旅游度假、商贸服务、文化交流、影视拍摄为一体的五星级金叶绿色酒店——圣爵菲斯大酒店

业高级别奖项,多次荣登"金牛上市公司百强综合榜",位列"湖南百强企业"第33位,拥有5G高新视频多场景应用国家广播电视总局重点实验室和博士后科研工作站。与美国狮门影业跨境合作,参拍电影《爱乐之城》《血战钢锯岭》赢得多项奥斯卡奖。

作为湖南广电两大上市公司之一,遵循省委对湖南广电提出的"做实一个集团,做优两个上市公司,做强四大业务板块,做成千亿芒果"战略要求,公司正紧紧围绕"投资+5G+文旅"战略重点,依托有线网络探索5G高新视频多场景应用和智慧广电建设,对标迪士尼研发具有芒果特质的主题乐园产品,积极推动把文旅产业打造成为湖南广电继湖南卫视、芒果超媒之后的第三个支柱产业,全力争当文化强省生力军,助力芒果千亿梦。

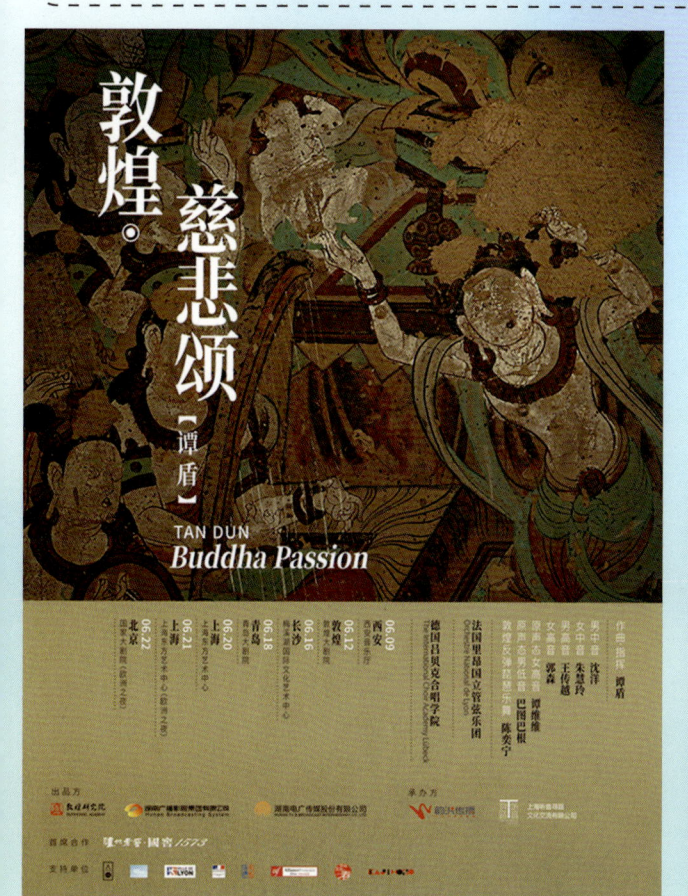

谭盾《敦煌·慈悲颂》2019中国巡演5个城市6场演出一票难求

在线舞蹈类游戏《劲舞团》现象级产品经久不衰

长沙世界之窗成为网红打卡地

广州开发区金融控股集团有限公司
Guangzhou Development District Financial Holdings Group Co., Ltd.

科技金融·和合共赢
FINANCE FOR SCI-TECH

开发区金控党委书记、董事长 严亦斌

  广州开发区金融控股集团有限公司（原广州凯得控股有限公司，以下简称开发区金控）成立于1998年，是广州开发区管委会为拓展资本运营和资产经营、优化产业结构、加速我区经济发展而设立的国有独资有限责任公司。现有控股企业14家，参股企业超110家，是粤开证券（830899.OC）、穗恒运A（000531.SZ）和利德曼（300289.SZ）的控股股东。截至2020年6月底，公司注册资本103亿元，总资产达909亿元。为中国银行间市场交易商协会会员，获国内最高"AAA"信用评级，具有穆迪"Baa1"、惠誉"BBB+"国际信用评级。2019年，成功率先发行知识产权证券化产品，凭借着独有的创新性、广泛的社会影响力和先行先试的示范效应，荣获深交所颁发的"优秀固定收益产品发行人"奖。

"金融服务+科技投资+园区运营"独特商业模式

  开发区金控以科技金融为主业，涵盖金融、科技、园区三大板块，打造了有别于其他金控集团的"金融服务+科技投资+园区运营"的特色商业运营模式，目前正朝着打造国内一流科技金控平台，建设粤港澳大湾区科技金融旗舰公司的目标迈进。

科技金融板块

拥有证券、保险、投资基金（种子、VC、PE和并购等基金）、融资担保、小额贷款、融资租赁以及股权交易、知识产权交易、金融资产交易等多层次现代金融服务体系。2019年，搭建一站式全链条科技金融服务超市，践行金融赋能实体经济。

旗下粤开证券股份有限公司在全国26个省、自治区、直辖市设立了81家分支机构，遍布华北、华中、华东、华南、西北等地区，形成多区域、多层次的网点布局结构。

科技投资板块

充分利用广州开发区作为广州实体经济主战场、科技创新主引擎、对外开放示范窗口，投资参股一批世界著名重大产业项目，包括与LG Display合作共同投资超800亿元，打造广州"全球显示之都"，携手百济神州、诺诚健华共建国际生物医药产业战略高地。

科技价值园区板块

建设运营的园区物业约400万平方米（含在建），包括创新创意大厦、孵化器、加速器、总部经济区、知识城国际创新驱动中心等华南地区乃至全国大型的产业园区集群，入驻企业600多家，大部分为IAB、NEM等高新技术企业。

金融服务超市揭牌　　　百济神州生物药一期项目竣工　　　科技企业加速器园区

> 科技金融服务

证券业务	保险业务
股权投资	小额贷款
投资基金	融资租赁
融资担保	股权交易
知识产权交易	金融资产交易

> 科技战略投资

LG 8.5代LCD项目	百济神州
LG8.5代OLED项目	诺诚健华
利德曼生物医药	光机电研究院
盈盛智创	信通院

> 科技价值园区

粤港澳大湾区(广州)科技金融中心
粤港澳大湾区生物安全创新港
中新广州知识城生物安全产业基地
商业广场ABC组团
创新基地
加速器
总部经济区(金融创新服务区)
创新大厦、创意大厦
知识城国际创新驱动中心

福建省人力资源服务有限公司

公司领导合照

公司简介

福建省人力资源服务有限公司（前身为福建省劳务派遣服务有限公司）成立于2003年，为福建省国资委的全资权属二级企业。2007年荣获中国就业促进学会授予"优秀劳务品牌"，2018年被人社部评为"全国人力资源诚信服务示范机构"。公司依托全省20家分公司、20家子公司形成的网络，为3000余家合作单位和超过14万的外派员工提供便捷、高效、全方位的人力资源服务。合作对象涉及金融、保险、石化、铁路、移动通信、交通运输、医药等多种行业，业绩、口碑处于省内同行业领先地位。

公司坚持不忘国企初心，以"促进就业、维护劳动者合法权益、构建和谐劳动关系"为己任，打造"派遣就业、技能培训、社会保障、依法维权"四位一体的福建特色，始终秉承"服务带动品牌，诚信回报社会"的发展理念，立足于传统人力资源行业，聚焦服务创新、管理创新和产品创新，将服务链延伸至家政、物业、人事代理及产业服务等板块，充分发挥大型人力资源服务机构的综合性服务功能。

联系电话：0591-87677525
公司地址：福建省福州市台江区江滨中大道386号国资大厦

服务产品 Service Products

- 劳务派遣 Dispatch
- 人力资源服务 Human Resources Services
- 人才招聘 Recruit
- 人才培训 Train
- 平台服务 Platform Services
- 家政服务 Home Service

公司荣誉 Honours

2004 — 福建省人民政府授予"福建省就业再就业先进个人"

2007 — 中国就业促进会授予"优秀劳务品牌"

2015 2016 — 连续两年在"亚太人力资源博览会"上荣获人力资源服务杰出贡献奖

2017 — 被福建省国资委妇工委评为"三八红旗集体""巾帼文明岗"

2018 — "全国人力资源诚信服务示范机构""六好"党建模范示范点"领军企业奖""省属企业先进基层党组织""二〇一七年度功勋企业"

2019 — "中国服务企业500强""2019福建服务企业100强""二〇一八年度功勋企业"公司的"劳动争议实践案例"被亚太人力资源与服务博览会评为最佳实践案例